京津冀城际铁路建设

——技术成果集——

京津冀城际铁路投资有限公司　　编著

中国铁道出版社有限公司

2022年·北　京

图书在版编目(CIP)数据

京津冀城际铁路建设技术成果集/京津冀城际铁路投资有限公司编著．—北京:中国铁道出版社有限公司,2022.12
ISBN 978-7-113-29673-5

Ⅰ.①京… Ⅱ.①京… Ⅲ.①城市铁路-铁路工程-科技成果-华北地区 Ⅳ.①U239.5

中国版本图书馆 CIP 数据核字(2022)第 175389 号

书　　名:**京津冀城际铁路建设技术成果集**
JINGJINJI CHENGJI TIELU JIANSHE JISHU CHENGGUO JI
作　　者:京津冀城际铁路投资有限公司

策　　划:徐　艳　王　健
责任编辑:王　健　冯海燕　　**编辑部电话**:(010)51873065
封面设计:郑春鹏
责任校对:孙　玫
责任印制:樊启鹏

出版发行:中国铁道出版社有限公司(100054,北京市西城区右安门西街 8 号)
网　　址:http://www.tdpress.com
印　　刷:北京联兴盛业印刷股份有限公司
版　　次:2022 年 12 月第 1 版　2022 年 12 月第 1 次印刷
开　　本:787 mm×1 092 mm 1/16　**印张**:33.75　**字数**:842 千
书　　号:ISBN 978-7-113-29673-5
定　　价:172.00 元

版权所有　侵权必究

凡购买铁道版图书,如有印制质量问题,请与本社读者服务部联系调换。电话:(010)51873174
打击盗版举报电话:(010)63549461

编委会

主　　任： 钟生贵　朱鹏飞

副 主 任： 张贵忠

成　　员： 苗子簃　郑大亮　黎豫生　卫荣格　许树生
徐　磊　王毅宏　于嘉祥　刘　峰　郁文涛
邱其璋　靳锐勇　王中勤　万忠泽　唐志勤
张鸿冰

参编人员：（按姓氏笔画排序）
马晨鹏　王二平　王在刚　王志强　王晓明
王鹏建　邓伟龙　艾少杰　冉红玲　冯　丛
吕绍强　刘敏杰　安彦鹏　许建军　芦振宇
李志勇　李利方　豆志峰　吴广盛　何　璠
邹青平　张旭彪　张啸宇　郭庆炎　曹宇澄
崔学军

前　言

推动京津冀协同发展，是党中央、国务院在新的历史条件下做出的重大决策部署，交通一体化是京津冀协同发展的骨骼系统和先行领域。2014 年 12 月，为落实京津冀协同发展重大国家战略，京津冀三省市政府和国铁集团共同发起成立京津冀城际铁路投资有限公司，通过投资主体一体化带动区域城际铁路网一体化，加快构建安全绿色、互联互通、高效密集的轨道交通网络，打造“轨道上的京津冀”，实现区域交通一体化率先突破。

2017 年以来，京津冀城际铁路投资有限公司承担的北京至唐山铁路、北京至天津滨海新区铁路、城际铁路联络线一期工程、石家庄至衡水至沧州至黄骅港城际铁路衡水至黄骅港段、天津至北京大兴国际机场铁路等 5 个项目相继开工，各项建设任务同期推进。自此，公司及下属 5 个项目管理机构，近 60 个项目部数以万计的铁路建设者，精心组织高质量服务工程建设，共克时艰抓好疫情防控，勇于创新高品质推进建设进度，京津冀大地上掀起了又一轮铁路建设热潮。

2020 年 10 月，为加快建成“轨道上的京津冀”，党中央、国务院从京津冀协同发展大局出发，决定改组京津冀城际铁路投资有限公司，由国铁集团控股。国家有号召，铁路有行动。公司在国铁集团党组的坚强领导下，深入贯彻落实京津冀协同发展领导小组会议精神，自觉担负起京津冀铁路一体化规划建设的主体责任，以深化改革新成效开创城际铁路建设新局面，更加奋发有为地推动京津冀城际铁路高质量发展，勇当中国式现代化建设的“火车头”。在国家和京津冀三地政府，以及北京局集团公司的全力支持下，京唐铁路和京滨铁路即将实现开通运营，京津冀城际铁路网规划建设工作取得阶段性重大成果。

行是知之始，知是行之成。在京唐铁路、京滨铁路等重点铁路项目建设中，公司高度重视工艺工法和科技创新工作，充分发挥科技创新提升工程质量的关键支撑作用，深化重点领域技术研究，促进科技成果转化，推进新技术应用，全力打造精品工程，全面提升工程品质。为让关心公司发展的领导和同仁了解在京津冀地区特殊的环保和重大活动保障等外部社会环境下，以及华北大地独特的地质水文气候环境下，铁路建设采取的解决方法和研究探索方向，公司通过对建设成果进行总结提炼，撷取建设过程中的典型截面，以期达到“窥斑知豹”的效果，筛选经实践检验适宜京津冀地域特点的具体做法，形成了这本《京津冀城际铁路建设技术成果集》。本书的出版，有助于阶段性固化科技成果，为公司后续在建项目的工法比选和项目推进提供有益的参考；有助于提高企业工程管理和技术人员的技术水平，打造创新型、专业型团队；有助于培育公司创新氛围，形成勇于创新、科技兴企的企业文化。本书也可为今后京津冀区域铁路建设提供有益的借鉴，对于高质量建设京津冀城际铁路具有重要推进作用，也深望本书能对类似项目建设、设计、施工等管理和技术人员有所帮助和启迪。

本书共四篇，主要围绕工程建设现场问题，分别介绍了路基、桥梁、隧道、轨道、“四电”、房建等工程建设过程中采用的成熟适用工艺工法、新技术，以及依托建设项目开展的科技创新工作。“工艺工法”篇，将经过实践验证适宜京津冀区域、取得良好应用效果的工艺工法进行了系统总结，提炼经验，升华实践，为类似工程工艺工法比选提供借鉴。“新技术”篇，将项目建设中运用的新技术、“五小革新”、典型做法等进行了总结，固化创新成果，提升整体技术水平。“研究探索”篇立足工程实践中发现的问题，对标全路技术创新趋势，通过理论和实践结合的方式，研究解决现场实际问题的方法，以期对区域城际铁路建造水平和行业技术发展起到一定程度探索作用。“成果展示”篇，通过已建成的工程实例，展现了“轨道上的京津冀”日新月异的新面貌。

在此，借本书的出版，向多年来大力支持公司发展的国铁集团、地方政府及相关单位深表感谢，向各方面领导及各界朋友们深表感谢，向长期奋战在建设一线的同志们致以敬意！

京津冀城际铁路投资有限公司
2022年12月

目 录

工 艺 工 法

中铁

十
四
局
中
铁

第1章 路基工程

1.1 路基防排水及防护施工

在京津冀地区城际铁路建设中结构形式主要以桥梁为主，但路基工程也是建设过程中不可或缺的一个重要环节，而路基防护工程是防治路基病害、保证路基稳定、改善环境景观、保护生态平衡的重要设施。合理运用先进、可靠、适用、合理的技术手段来保障防护工程质量成为工程技术管理的重要任务。

路基防护工程的类型可分为边坡坡面防护、沿河河堤河岸冲刷防护等。

京津冀地处华北平原，其地势低平，多在海拔 50 m 以下，是典型的冲积平原。在铁路建设中，路基结构形式以路堤为主，而路堤堤坡防护形式又以拱形骨架护坡形式为主。

1.1.1 工艺(工法)简介

1. 拱形骨架护坡刻槽模筑施工

京唐铁路二标大厂站，施工里程改 DK45+300～改 DK48+516.63，路基全长 1.92 km，路基边坡防护主要采用拱形骨架护坡。为了改善骨架护坡，传统施工工艺对堤坡扰动破坏大、预留核心土不足等问题，经过多次试验，采用刻槽机刻槽法配合定型钢模模筑施工。

沟槽开挖采用刻槽机一次性开挖成型，开挖形成的断面标准、线形美观且效率较传统开挖方式有很大提升。混凝土浇筑采用定型钢模模筑施工一次浇筑成型，边坡防护整体性好，线形美观，施工质量好。该工法为传统工法创新改良，行业运用较为成熟，适用于土质路堤边坡防护工程。

2. 梯形水沟移动滑模施工

京唐铁路二标大厂站，施工里程改 DK45+300～改 DK48+516.63，路基全长 1.92 km，路基两侧排水系统设计为梯形排水沟。为了改善水沟传统施工工法功效低、整体性差的问题，经过多次探索与试验形成了梯形水沟滑模一次浇筑成型的施工工法。该方法功效高、质量好、线形美观。

开挖采用定型挖斗一次性开挖成型，可根据设计尺寸进行调整。施工前通过测量放线确定平面位置，开挖过程通过精确测量确保纵坡及标高。

滑模机的浇筑过程为整个工法的核心部分，当混凝土通过机械进料斗进入推进器后，启动液压泵站、油缸作伸缩运动，由推进器将混凝土推进到渠道成型模外壁所形成的梯形空腔内，渠槽压顶也同时挤压成型，利用液压油缸的推力作用和附着式振动器对混凝土的连续振动，有效增强了梯形渠内混凝土的密实度。利用液压油缸推料产生挤压的反作用力自行行走，沟槽两侧安放轨道，利用机械主体前边两侧导向滚轮进行连续作业，水沟一次性浇筑成型。

3. 防护栅栏施工

京唐铁路二标正线区间路基，施工里程改 DK43＋765.96～改 DK45＋300，路基全长 1.534 km，路基两侧设计采用 2.2 m 高度钢筋混凝土防护栅栏加 0.5 m 刺丝滚笼防护，防护栅栏设置在用地界以内 0.5 m 处。

(1)基础开挖采用挖机定型铲斗一次性开挖成型，开挖形成的基坑标准且效率较传统开挖方式有很大提升。

(2)开挖过程中的弃土由渣土车直接外运，减少对周围环境的影响；施工现场不需要安装模板，减少了材料堆放；施工流水作业，人走料清，不需要单独进行场地清理，能满足环保要求。

基础开挖采用定型挖斗一次性开挖成型，可根据设计尺寸进行调整。施工前通过测量放线确定平面位置，开挖过程通过精确测量确保结构尺寸及高程。

立柱用撑杆固定牢固后灌注基础混凝土。

栏片及上下槛安装采用机械配合人工安装。

1.1.2 施工准备

1. 技术准备

组织工程部、试验室、测量队、作业队等有关人员熟悉边坡拱形骨架设计图纸以及施工技术规范要求，并认真组织学习施工方案及工艺要求，质量检测标准及质量操作要点，材料质量要求及检测方式频率等。

2. 现场准备

根据施工现场清理坡面，保持坡面平顺，做好临时排水设施。

3. 机械设备准备

所有进场机械设备必须经进场验收报备后方可投入使用，同时做好标识，建立管理台账，同时明确相关责任人。

4. 测量准备

依据已报批的测量控制网，对测量组进行交底，组织测量人员对桩位进行精确放样。

5. 试验准备

在监理工程师见证下随机抽取相应的水泥、砂、碎石等材料样品，进行相关的原材料试验工作并报监理工程师审批。

1.1.3 人员、材料与设备

1. 拱形骨架护坡施工

(1)人员。劳动力组织情况见表 1。

表 1　劳动力组织

序号	人　员	数　量
1	管理人员	1
2	技术人员	1
3	开挖人员	3
4	刻槽机操作人员	2
5	模板安装人员	7
6	混凝土浇筑人员	7
7	收面人员	7
合　计		28 人

(2)材料。本工法无需特别说明的材料。

(3)设备。主要机具设备见表 2。

表 2　主要机具设备

序号	名　称	规格及型号	数　量	性　能
1	挖掘机	PC220	1 台	良好
2	刻槽机	PC220	1 台	良好
3	全站仪	DSZ2	1 台	良好
4	自卸汽车	红岩	2 辆	良好
5	罐车	12 m^3	3 辆	良好

2. 梯形水沟滑模施工

(1)人员。劳动力组织情况见表 3。

表 3　劳动力组织

序号	人　员	数　量
1	管理人员	1
2	技术人员	2
3	开挖人员	3
4	滑模机操作人员	3
5	运输、放料人员	5
6	收面人员	7
合　计		21 人

(2)材料。本工法无需特别说明的材料。

(3)设备。主要机具设备见表 4。

表 4　主要机具设备

序号	名　　称	规格及型号	数　　量	性　　能
1	挖掘机	PC220	1 台	良好
2	滑模机	UD-200	1 台	良好
3	水准仪	DSZ2	1 台	良好
4	自卸汽车	红岩	2 辆	良好
5	罐车	12 m^3	2 辆	良好

3. 防护栅栏施工

(1)人员

劳动力组织情况见表 5。

表 5　劳动力组织

序号	人　　员	数　　量
1	管理人员	1
2	技术人员	2
3	开挖人员	3
4	挖机操作人员	2
5	运输、放料人员	5
6	栅栏安装人员	15
合　　计		28 人

(2)材料

防护栅栏所选用的材料，应选用符合施工图要求的标准化产品。立柱和斜撑是防护栅栏的立体结构，应具有很好的稳定性和结构强度。连接构件有螺母、螺栓、垫片等。

防护栅栏进场时注意堆放，堆放时要减少变形和锈蚀或擦伤、破损。露天堆放时，堆放场地要平整，并高于周围地面，做好排水。

立柱、上槛、下槛及柱帽，运输中应有保护措施，可于其间夹草席、稻草、锯末或其他缓冲防振材料，竖向堆码层数不超过五层，高度不超过 600 mm。钢筋混凝土防护栅栏的栏片应竖向安排放置，其间夹缓冲材料，以防碰伤。

(3)设备

改装铲斗挖掘机 1 台，平板运输车 2 台，起重机 1 台，混凝土罐车 2 台。

1.1.4　工艺流程

1. 拱形骨架护坡施工

拱形骨架护坡施工工艺流程如图 1 所示。

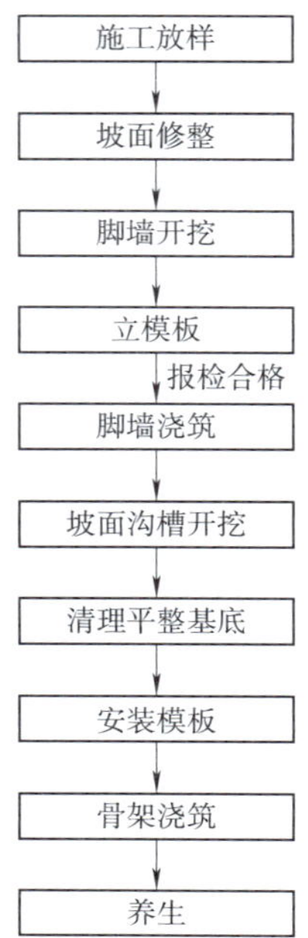

图 1　拱形骨架护坡施工工艺流程

2. 梯形水沟滑模施工

梯形水沟滑模施工流程如图 2 所示。

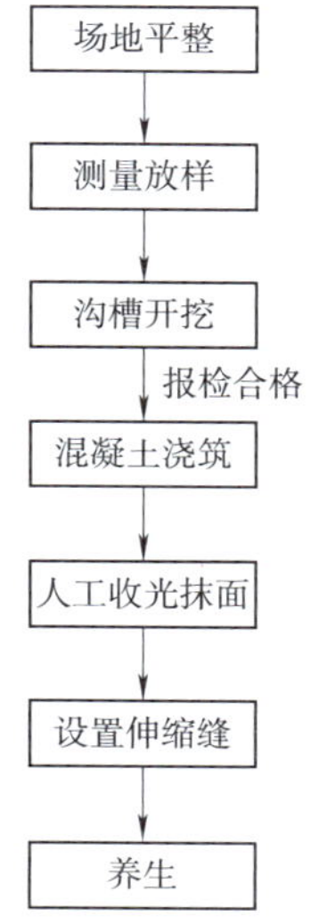

图 2　梯形水沟滑模施工工艺流程

3. 防护栅栏施工

防护栅栏施工工艺如图 3 所示。

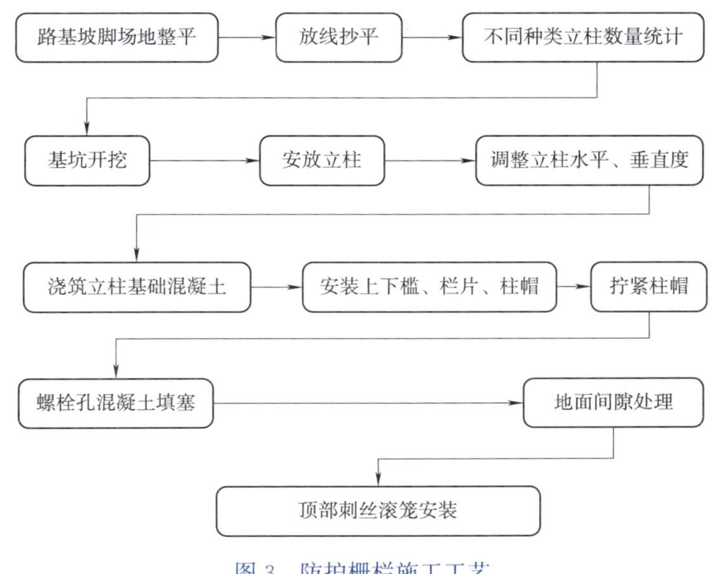

图 3　防护栅栏施工工艺

1.1.5　工艺方法与操作要点

1. 拱形骨架护坡施工

1)施工放样

以线路中线控制,依据设计图纸放出路肩、坡脚位置,确定坡比;放出结构物中线以及轮廓线。

2)坡面挂线修整

按照边坡坡度、基础高程等数据设固定的样板挂线,清刷表面松料层及浮料,填补坑凹并拍实使坡面平整,料基的压实度应与同层路基料压实度相同,以免下沉而使骨架产生裂缝,影响骨架的整体稳定性。坡面整修经验收合格后,方可进行下道工序施工。

3)护脚墙开挖

拱形骨架脚墙采用人工配合小型机械开挖的方法进行开挖,开挖时应严格控制好线形,基坑宽度尺寸比设计尺寸宽出约 50 cm 以便留出施工平台,离设计基底高程 20 cm 处采用人工进行清理以免超挖。开挖完成后及时清理基底虚土并夯实基底。

4)脚墙立模

模板采用组合钢模支设,模板安装时挂线控制整体线形,调整完成后对模板进行加固,安装完成后表面光洁、平整。模板安装中要保证接缝紧密,板体顺直。伸缩缝设置同骨架护坡对齐设置成通缝。

5)脚墙浇筑

脚墙混凝土浇筑,每隔 3~4 个拱设置伸缩缝一道,混凝土浇筑用 70 或 50 型插入式振捣棒,快插慢拔,均匀振捣,浇筑混凝土过程中不得中断,浇筑应按 30 cm 分层浇筑,按振捣棒作业范围(一般不超过 50 cm),插入下层混凝土 5~10 cm 分层均匀振捣,不得过振或漏振,表面翻浆无气泡为振捣密实。浇筑过程中,应有专人检查模板变形情况,控制浇筑速度,发现问题及时纠正。若脚墙基础与脚墙不能同时浇筑，应在基础浇筑完之后，在脚墙接触面处植入钢筋接茬，以保证基础与脚墙连成一个整体。

6）开挖沟槽

待脚墙混凝土强度达到设计要求后，开始对拱形骨架基槽开挖，基槽采用刻槽机开挖的方法，按设计要求在每条骨架的起讫点画线放样，基槽开挖时应注意几何尺寸位置的准确，开槽深度为垂直坡面以下 60 cm，对于拱圈弧部分基槽的开挖，应缓慢进行开挖，以保证弧形部分自然、平滑。布置拱的位置要求从路肩处向下开始，不足一个完整拱时，路堤坡脚处采用半个拱形或部分拱形补充。

骨架沟槽开挖遇有土工格栅时，采取工具切割的方法，严禁采取挖掘机挖断方式。

7）安装骨架模板

骨架沟槽开挖完成后，要根据骨架的形式，做出样板、线架，有关的各部尺寸的骨架模板、变化点的高程要标定在线架与样板上，施工中可经常检查、核对，准确控制结构尺寸。模板采用定型钢模板，加固措施配套设置。

8）混凝土浇筑

混凝土浇筑过程中要挂线施工，安装工人时刻观察所立的样板和线架是否稳固及尺寸是否错位。抹面收光要及时，保证混凝土表面光滑整洁。

9）养生

混凝土浇筑并收面后 6 h 内覆盖塑料薄膜或土工布进行封闭养生，洒水次数以混凝土表面湿润为宜，养护 7～14 d；当气温低于 5 ℃时，不得对混凝土洒水养生。

10）沉降缝

沿线路方向每 3～4 个拱设一道伸缩缝，缝宽 2 cm，缝宽要上下贯通、整齐垂直，缝内填塞沥青木板，深 20 cm。拱脚主骨架间下部护脚地面以上约 20 cm 处设置泄水孔（ϕ＝0.1 m），间距 2 m，孔口内侧包裹无纺土工布（400 g/m^2）并设置砂夹卵石袋反滤层。

2. 梯形水沟滑模施工

1）场地平整

施工前对原地面进行平整，根据排水方向调整出纵向的排水坡度。

2）测量放样

根据施工图纸，对施工段落水沟中心及边桩进行放样，为控制水沟线形直线段每隔 20 m 进行放样（曲线段根据曲线半径缩短间距），及时做引桩且标出桩顶标高，根据控制桩用白灰撒出水沟开挖线。

3）沟槽开挖

根据水沟沟槽尺寸定制标准定型挖斗，沟槽开挖采用挖机定型铲斗一次性开挖成型。挖前根据测量放样所放定位桩用白灰撒出开挖线，根据开挖线和挖机宽度撒出挖机作业行驶路线，作业时由现场领工员指挥挖机沿所撒行驶路线倒退行驶作业，确保沟槽线形美观，并根据引桩桩顶高程借助水准仪控制挖机所开槽的顶高程（为达到设计精度要求每 10 m 进行一次测量）。

4）混凝土浇筑

混凝土集中拌制，采用混凝土罐车运输到施工现场，混凝土坍落度控制在 100～140 mm。

施工现场由专门操作员操作滑模机作业，滑模机工作时首先启动附着式振动器为落料做准备，用起重机将混凝土吊运到滑模机进料斗内，当混凝土通过机械进料斗进入推进器后，启动液压泵站、油缸开始做伸缩运动，由推进器将混凝土推进到渠道成型模外壁所形成的梯形空腔内，这时成型模起作内模作用，固定成型混凝土在渠槽壁上，渠槽压顶也同时挤压成型，由于液压油缸的推力作用和振动器对混凝土的连续的振动，增强了梯形渠内混凝土的挤压强度和密实度。利用振动器的振动和液压油缸的推料，产生挤压和密实受力而自行行走的工作原理，采用沟槽两侧安放轨道，利用机械主体前边两侧导向滚轮进行连续的作业运动，水沟一次性浇筑成型。

5）人工抹面收光

滑模机浇筑成型后，由人工随后进行二次压光收面，修整线形，保证直线线形顺直，曲线线形圆顺。

6）设置沉降缝

水沟每 10 m 设置一道沉降缝，缝宽 2 cm，由人工利用定制的切刀切出沉降缝，待混凝土达到设计要求后，将沉降缝内多余混凝土凿除并用水冲洗干净，其内填塞沥青麻筋。

7）养护

混凝土浇筑并收面后 6 h 内覆盖塑料薄膜全封闭进行养生，当气温低于 5 ℃时，不得对混凝土洒水养生；洒水次数以混凝土表面湿润为宜。

3. 防护栅栏施工

1）基础开挖

基础开挖采用 60 型挖机开挖，定型方形料斗，整体提升出土，人工清底清边；开挖完成后，进行检测地基承载力，满足承载力≥100 kPa。

基础开挖前需抄平放线，基础位置撒白灰线，严格控制基础标高及线形。

2）安装

防护栅栏安装要做到“严、直、齐、美”，线路封闭严实，不留间隙；沿线路方向顺直，不忽近忽远；防护栅栏顶端与下端纵向过渡平滑整齐，不忽高忽低，要求整体效果美观，避免给人凌乱的感觉。安装前先整平场地，栅栏底部与地面间的距离按 10 cm 控制，不满足时应进行回填处理并夯实。

首先安放立柱，采用支撑架临时固定立柱，调整立柱方向、垂直度及高度；立柱调整固定后，进行混凝土浇筑；浇筑混凝土时，须振捣密实，且注意振捣棒不得触碰立柱，避免造成立柱松动。

其次，立柱基础混凝土强度达 70%时，方可拆除临时支撑架，并依次安装上下槛、栏片和柱帽；安装时，须专人指挥吊装，避免预制件碰撞，造成预制件损坏。

3）线路封闭方法

桥头封闭：对易攀爬进入墩顶的桥梁，在高度低于 3 m 的矮墩处应设栅栏封闭。防护栅栏结构与路基地段相同；桥头两端按包绕桥台全封闭。

涵洞封闭：防护栅栏应从涵顶通过，放线时应先满足涵顶宽度要求，使涵顶防护栅栏距涵洞两侧等距，两侧应保持相同角度。

排水沟封闭：防护栅栏跨越水沟等设施时，下部应设篦子封闭。

其他封闭：放线遇建筑物、铁路设备等情况时，应采用直角拐弯形式封闭，对建筑物、设备等应根据实际情况选择放入防护栅栏以内或以外。车站、正线与支线交汇等处防护栅栏应保证开口位置距封闭处 200 m 以上。

防护栅栏每根立柱外侧预制内凹的“禁止入内”字样，采用黑体字形，字高 140 mm，内部涂红色油漆。

1.1.6 质量控制

1. 拱形骨架护坡施工

1）工程质量控制标准

（1）骨架要求线形美观，直线顺直，曲线圆顺。

（2）混凝土强度符合设计要求，表面平整美观，沉降缝宽一致。

（3）挡水台应与骨架同时浇筑一次成型，严禁分次浇筑。

（4）骨架整体应平顺美观。

2）检验标准

检验项目及控制指标见表 6。

表 6 检验项目及控制指标

项次	检查项目	允许偏差	检验数量	检查方法和频率
1	平面位置	±50 mm	每段护坡抽样检验 4 点	采用符合精度要求的仪器量测
2	基底高程	±50 mm	每段护坡抽样检验 3 点	
3	坡顶高程	0，−20 mm	每段护坡抽样检验 3 点	
4	骨架净距	±50 mm	每段护坡抽样检验 6 处（上、中、下部各 2 处）	尺量
5	骨架宽度及边槽高度	≥设计值		尺量
6	骨架厚度及嵌置深度	≥设计值		尺量
7	护肩、镶边及基础厚度、宽度	≥设计值	每段护坡抽样检验 3 组	尺量
8	踏步宽度、厚度	≥设计值	每踏步抽样检验 1 处	尺量
9	坡面平整度	≤40 mm	每段护坡抽样检验 3 处	3.0 m 长直尺量测

2. 梯形水沟滑模施工

1）工程质量控制标准

（1）排水沟要求线形美观，直线线形顺直，曲线线形圆顺。

（2）混凝土强度符合设计要求，表面平整美观，沉降缝宽一致。

（3）截水沟应防止水流下渗和冲刷，对沟底纵坡较大的土质截水沟及截水沟的出水口，均应采用加固措施，防止渗漏和冲刷沟底及沟壁。

（4）排水沟应纵坡顺适、沟底平整、排水畅通，无冲刷和阻水现象，沟渠边坡必须平整稳定。

2）检验标准

检验项目及控制指标见表 7。

表 7 检验项目及控制指标

序号	检验项目	允许偏差	检验数量	检验方法
1	沟底中心位置	±100 mm	每 100 m 排水沟抽样检验 5 处	尺量
2	沟底高程	±20 mm		水准测量
3	净空尺寸	±20 mm		尺量
4	沟底坡度	不小于设计		坡度尺测量
5	水沟铺砌厚度	−10 mm		尺量
6	沟底平整度	25 mm/3 m		3.0 m 直尺尺量
7	沟顶高程	$^{0}_{-20}$ mm		水准测量

3. 防护栅栏施工

(1)在防护栅栏基础开挖前由测量队根据设计图纸进行放线确定位置，开挖完成后将底部整平夯实。

(2)混凝土浇筑时应分层浇筑，及时振捣均匀，混凝土浇筑完成后要设置专人进行养护。

(3)脱模时混凝土强度不得低于设计强度的 70%；出厂时，混凝土强度不得低于设计强度的 80%。立柱及门柱截面边长误差≤2.5 mm，高度误差≤5.0 mm，立柱中预留孔位误差≤2.0 mm。牛脚支撑及其上块状卡销的位置及尺寸误差≤2.0 mm。上槛、下槛、栏片和柱帽的各部分尺寸误差均应≤2.0 mm。

1.1.7 安全环保措施

(1)认真贯彻“安全第一，预防为主”的方针，建立完善的施工安全保证体系，执行安全生产责任制，明确各级人员的职责，抓好工程的安全生产。

(2)关键工序上墙，技术工种持证上岗，实行逐级安全技术交底制度。参与施工的人员均应经过培训和技术交底，熟悉施工序流程及关键环节。交叉施工的工程项目，对交叉施工作业内容、施工时间、安全注意事项等进行安全技术交底。

(3)与当地气象部门加强联系，了解近期气象预报，掌握雨汛情况，做到心中有数，一旦遇有灾害性天气和水情，及时做出部署。

(4)施工人员上岗要着装整齐，安全防护措施齐备，设备器具必须合理使用。严禁对运转中的设备进行维修、保养调整等作业。

(5)工地现场要挂有文明施工标牌、条幅，采用多种形式向项目部成员进行文明施工教育，提高全员文明施工意识；在工地醒目处设置工程简介牌，各工序设立施工牌。

(6)施工场地、料场要统一规划，统筹部署，规范整洁，施工使用的机具、设备要集中停放，固定机械设备要及时清洗养护，设备旁必须悬挂操作规程牌和设备标示牌，材料要分别堆码标示。

(7)施工中，负责保护施工范围内相关建筑物、管线，以保持周围环境协调。

(8)施工完毕后，及时进行施工场地清理，施工机具堆码、摆放整齐，机械车辆停放有序，保证施工场地整洁。

1.1.8 工程实例与效益分析

1. 拱形骨架护坡施工

本工法在京唐铁路二标大厂站路基中进行了充分的应用，该段路基边坡采用混凝土拱形骨架护坡。拱形骨架净距为 3 m×3 m，拱部骨架截面为 L 形，宽 0.4 m；主骨架截面为U 形，宽 0.6 m；骨架嵌入路基边坡深 0.4 m，外漏截水槽高 0.1 m，宽 0.1 m。基床表层以下坡面设 1.0 m 宽 C30 混凝土截水槽镶边，骨架护坡设矩形基础，宽 0.5 m，深 1.0 m。

该段落采用刻槽施工工法。在质量方面，传统工法挖掘机开挖基槽，超挖严重，对边坡土体扰动较大，预留核心土不足，基槽成型质量差，后续回填工作量大、回填难度高、质量难以保障。采用刻槽机刻槽施工，极大地减少了开挖土方，对边坡土体扰动小，基槽成型质量高，后续回填工作量小，回填质量得到有效保障。建设效果及施工图如图 4、图 5 所示。

图 4 土模开挖

图 5 成品效果

2. 梯形水沟滑模施工

本工法在京唐铁路二标大厂站路基中进行了充分的应用，该段路基设计于坡脚外2 m 设置梯形排水沟，沟身采用 C30 混凝土浇筑，厚 0.1 m，底宽 0.6 m，顶宽 1.8 m，沟深 0.6 m，每 10 m 设置一道伸缩缝，缝宽 20 mm。

该段落采用传统工法施工了 300 m，采用滑模施工工法施工了 800 m，两种工法对比明显。在质量方面，传统工法分两次浇筑，先浇筑底板再浇筑边墙，整体性较差，而且振捣时容易漏振形成蜂窝麻面或烂根；滑模工艺为整体浇筑，内有附着式振捣器不间断振捣，通过液压力反作用于混凝土上推动设备前进（设备重 3.5 t），如此循环，混凝土通过振捣及反复挤压后非常密实，通过对水沟混凝土进行回弹法检测及取芯法检测，其结果均满足设计及规范要求。在效率方面，传统工艺平均每人每天可完成 10 m，滑模工艺可以达到平均每人每天 40 m，速度是传统工艺的 4 倍。在经济方面，传统工法每完成 100 m 水沟需要10 个工天，而采用滑模工法只需要 2 个工天。因此，无论从质量、外观、效率以及经济方面对比，滑模工法均更优质高效。建设效果及施工图如图 6、图 7 所示。

图 6　滑模机调试

图 7　薄膜覆盖养护

3. 防护栅栏施工

本工法在京唐铁路二标大厂站路基防护栅栏施工中进行了充分的应用。

本标段内设计时速 200 km 及以上铁路，采用 2.2 m 高度钢筋混凝土防护栅栏加 0.5 m 刺丝滚笼；设计时速 200 km 以下铁路，采用 1.8 m 高度钢筋混凝土防护栅栏加 0.5 m 刺丝滚笼。

防护栅栏单元长度设计主要有 3.0 m、1.59 m、1.15 m 三种形式；地面纵坡小于 6°地段，防护栅栏单元长度为 3 m，6°～12°地段防护栅栏单元长度为 1.59 m，12°～36°地段防护栅栏单元长度为 1.15 m。由于本线地面纵坡均小于 6°，因此除涵洞外封闭处使用 1.15 m 单元长钢筋混凝土防护栅栏外，其余地段全部采用 3.0 m 单元长钢筋混凝土防护栅栏。

钢筋混凝土防护栅栏分四部分预制，包括立柱、上槛、下槛、栏片，混凝土等级均为 C30 钢筋混凝土。

(1)立柱：防护栅栏立柱截面尺寸为 18 cm×18 cm，立柱高 2.98 m，两侧设置 10 cm 长牛角支撑。牛角支撑用以搭接下槛，在台阶过渡处两侧牛腿高差 27 cm，在设置防护栅栏的起点、终点或其他建筑物连接时，单侧设牛角支撑。

(2)上槛及下槛：上槛分端部用和中间用两种形式，分别使用于防护栅栏起终点位置及中间位置，上槛高度 125 mm，宽度 180 mm，其下部有向下开口的卡槽，卡槽深度20 mm。下槛宽度 180 mm，2.2 m 高防护栅栏下槛高度 175 mm，1.8 m 高防护栅栏下槛高度 155 mm，其上部有向上的卡槽，深度 10 mm。

(3)栏片：预制钢筋混凝土栏片通过上下槛的卡槽固定。2.2 m 高防护栅栏栏片高度 1 875 mm，1.8 m 高防护栅栏栏片高度 1 495 mm。2.2 m 高防护栅栏栏片肋柱下部 1.0 m 间隙宽度为 105 mm，上部间隙宽度 120 mm，中间设置 100 mm 渐变段；1.8 m 高防护栅栏栏片间隙宽度 120 mm。

(4)柱帽：柱帽截面尺寸为 18 cm×18 cm，高度 15 cm。柱帽中心预留螺栓孔，用于立柱顶部及台阶过渡处前后上槛间的连接，拼装后螺栓孔采用 C30 细石混凝土封填。

(5)刺丝滚笼：刺丝滚笼的下缘距离钢筋混凝土防护栅栏上缘的垂直距离为 5 cm。

(6)栅栏门设置。栅栏门采用推拉式防护栅栏门，门宽度 3 m。

(7)立柱基础。一般土质地段,地基承载力≥100 kPa,防护栅栏立柱基础采用C25混凝土浇筑。2.2 m高防护栅栏基础尺寸60 cm×80 cm×90 cm,斜坡地段防护栅栏基础尺寸60 cm×60 cm×90 cm,1.8 m高防护栅栏基础尺寸60 cm×60 cm×70 cm。

埋入立柱时,应严格控制好位置,临时支撑加固定位后,用C25混凝土浇筑,并保证立柱横向不移位,竖向要垂直,待基础混凝土强度达到强度70%后方可撤除支撑。

本工法与传统工法相比,基坑成型质量好,土模法施工节约了措施费,产生了较好的经济效益。

建成效果及施工图如图8、图9所示。

图8　立柱加固

图9　整体效果

参编单位:中铁二局集团有限公司

参编人员:高锋、黄良杰

1.2 高速铁路路基帮宽泡沫轻质土施工工法

随着我国铁路建设的不断发展，既有铁路站场改扩建越发普遍，通常会引起既有路基帮宽。由于受场地条件限制，多数路基帮宽采用挡土墙进行收坡，造成帮宽路基填筑在狭窄空间内进行，此时如何保证路基填筑压实质量，如何确保既有线行车安全便显得尤为重要。目前泡沫轻质土在公路、市政建设领域应用较为广泛，在铁路建设领域也逐步开始应用。利用泡沫轻质土流动性强、自流平、强度高、质量轻等特性，可有效解决狭窄空间内路基填筑质量控制难的问题，同时也避免了大型机械施工引起的各类安全风险。

1.2.1 工艺(工法)简介

泡沫轻质土使用的工程材料主要有水泥、复合矿物掺合料、发泡剂、玻璃纤维，均为较常规材料，且泡沫轻质土生产采用一体化工作站，结构简单，安拆方便，采用泵管浇筑，无需使用大型机械填筑压实；在施工中采用泡沫轻质土代替常规填料的施工工艺，不仅解决了狭窄空间路基填筑压实质量难以保证的问题，也避免了帮宽路基、过渡段工后不均匀沉降，减少后期运营维护成本，而且避免了大型机械施工对营业线产生的安全风险。

1.2.2 施工准备

(1)地基处理施工完成并通过验收。

(2)挡土墙等支挡结构施工完成，具备路基填筑条件。

(3)场地平整完成，人员进场培训交底完成并考试合格。

(4)完成泡沫轻质土制备站安装与调试。

1.2.3 人员、材料与设备

泡沫轻质土劳动力组织情况见表1。

表1 劳动力组织

序号	职务	人数	职责分工
1	班(组)长	1	负责现场施工组织
2	技术员	1	负责技术管理
3	测量员	1	现场测量
4	质检员	1	质量监督
5	安全员	1	安全监督
6	试验员	1	试验检测
7	操作手	2	操作机组
8	普工	6	配合泡沫轻质土施工

主要材料配置见表 2。

表 2　主要材料配置

序号	材料名称	技　术　要　求
1	水泥	不低于 42.5 级
2	复合矿物掺合料	《矿物掺合料应用技术规范》(GB/T 51003—2014)
3	发泡剂	pH 值 5～10
4	玻璃纤维	《玻璃纤维无捻粗纱》(GB/T 18369—2008)
5	水	《铁路混凝土》(TB/T 3275—2018)

本工程采用的主要机具设备见表 3,试验仪器见表 4。

表 3　主要机具设备

序号	名　称	规　格	单　位	数　量
1	轻质土制备站	90 m^3/h	套	1
2	挖掘机	200	台	1
3	工程车辆	面包车	台	1
4	水池	30 m^3	个	2
5	配电箱	—	个	2
6	浆料输送管	3 in	m	600
7	气泡混合轻质土输送管	4 in	m	200
8	气泡混合轻质土输送管	3 in	m	100
9	汽车起重机	25 t	辆	1

表 4　试验仪器

序号	名　称	规格型号	单　位	数　量
1	流值测试仪	—	个	4
2	游标卡尺	≥30 cm	把	3
3	电子称	15 kg	台	6
4	标准量杯	1 L	个	6
5	试模	10 cm×10 cm×10 cm	件	15
6	试验桶	≥15 L	个	10
7	温湿计	—	个	1

1.2.4　工艺流程

泡沫轻质土工艺流程如图 1 所示。

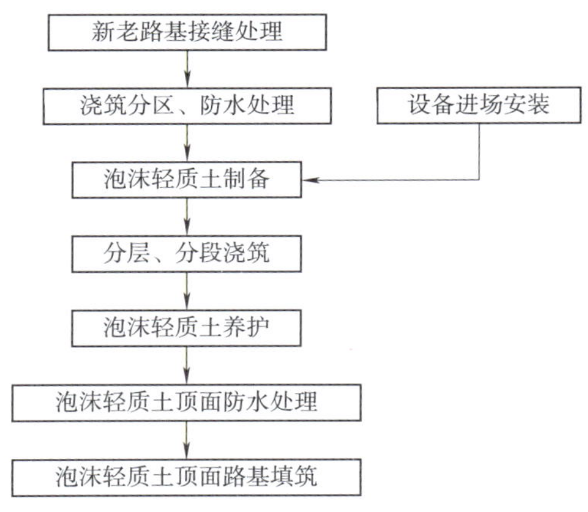

图 1　泡沫轻质土工艺流程

1.2.5　工艺方法与操作要点

1. 设备进场安装

泡沫轻质土制造设备包含卧式水泥罐、矿物掺合料罐、搅笼、操作间等设备，其中卧式水泥罐质量约为3 t(非邻近既有线的情况下以立式水泥罐为最佳)，采用 25 t 汽车起重机进行吊装，拌和机组安装及平面布置如图 2、图 3 所示。

图 2　拌和机组安装完成

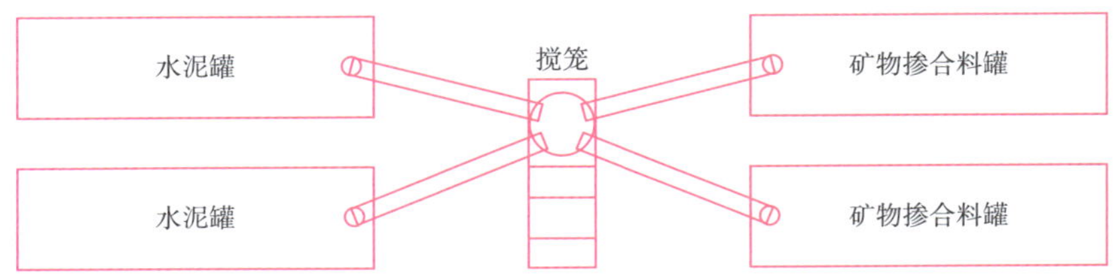

图 3　泡沫轻质土拌和站平面布置图

2. 泡沫轻质土制备工艺

泡沫轻质土制作采用现场制造搅拌法，具体生产工艺如图 4 所示。

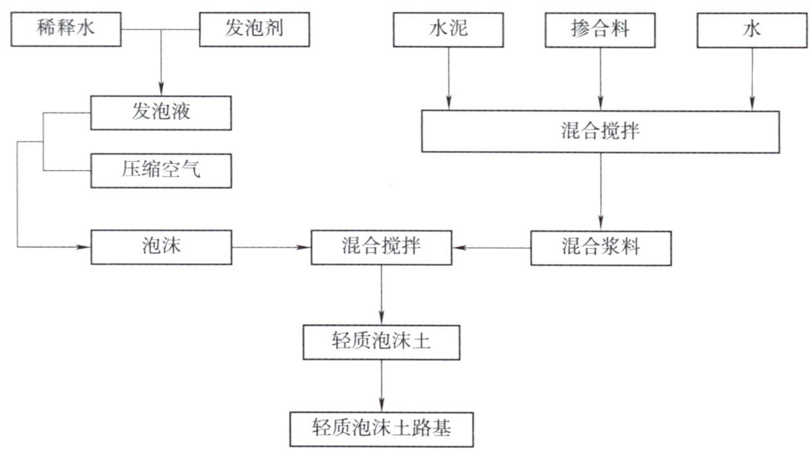

图 4 泡沫轻质土生产工艺

(1)泡沫轻质土在施工前应进行工艺性试验(图 5)，根据地质条件、承载力要求、沉降控制标准确定相应的配合比，确保选用的技术参数满足湿密度检测、流值检测、消泡试验及抗压强度等试验要求，试验方式为现场取样，室内试验。

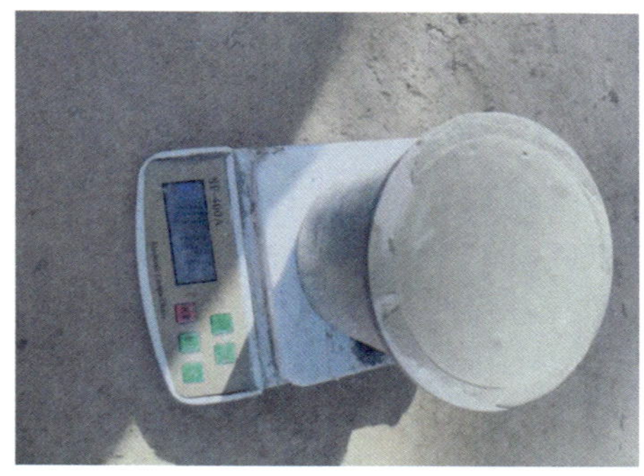

图 5 泡沫轻质土试验

(2)按照施工配合比，将拌和好的水泥浆与泡沫在泡沫轻质土自动化一体设备中充分混合，形成泡沫轻质土通过输送管输送至填筑现场。

(3)料浆制备完成到开始制备泡沫轻质土的间隔时间不宜超过 45 min。

(4)泡沫轻质土浇筑施工采用配管泵送方式浇筑。

3. 新老路基接缝处理

(1)路基边坡开挖台阶：泡沫轻质土浇筑前，为保证路基边坡整体性将骨架护坡及脚墙基础保留，拱圈内松散土清除后再开挖高 0.6 m 的台阶，台阶宽度不小于 1.0 m，开挖完成后采用小型机械进行碾压。

(2)挡土墙底板及边坡铺设镀锌钢丝网、复合土工膜，打入连接钢筋：高强加筋泡沫轻质土顶面以下 0.3 m、普通泡沫轻质土底面以上 0.5 m 处，以及泡沫轻质土与既有线边坡台阶面上 0.2 m 处各铺设一道镀锌钢丝网。泡沫轻质土每浇筑 2.0 m 厚，铺设一层镀锌钢丝网。钢丝网搭接时，相邻两块钢丝网间的重叠宽度应为 20 ~30 cm，并采用镀锌钢丝绑扎连接；复合土工膜采用热熔焊连接。

钢丝网铺设完成后于既有线边坡设 HRB400ϕ25 钢筋(钢筋要求防锈处理)锚固轻质混凝土，以加强既有边坡与泡沫轻质土的联结，钢筋长度为 2.0 m，预埋入既有线边坡 1.0 m，钢筋间距 1.0 m，梅花形布置，如图 6 所示。台阶开挖完成后铺设土工膜，如图 7 所示。

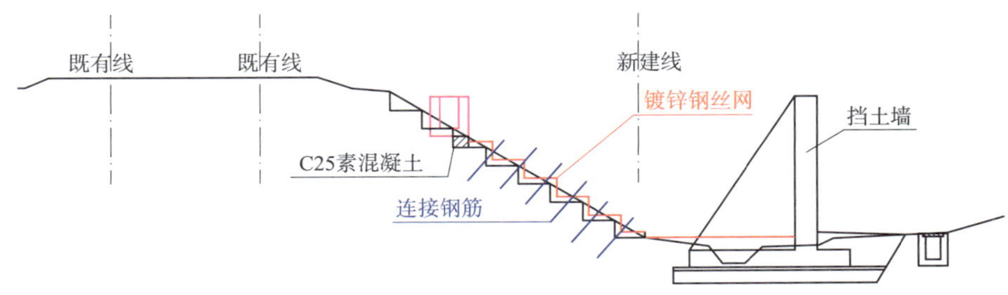

图 6　新老路基结合部位断面图

图 7　台阶开挖完成后铺设土工膜

4. 浇筑分区，防水处理

为减小泡沫轻质土水化热对浇筑质量影响，对泡沫轻质土采用分段、分区、分层浇筑；现浇泡沫轻质土沿线路方向一般每 7.5 m、10 m 设一道 3 cm 宽横向伸缩缝，其位置宜与挡土墙伸缩缝对齐，伸缩缝采用高密度泡沫板填充。泡沫轻质土分区浇筑如图 8 所示。

泡沫轻质土防水设置：

(1)既有线边坡和填料结合处及泡沫轻质土底面铺设一层复合土工膜。

(2)泡沫轻质土伸缩缝处(含挡土墙伸缩缝处)设一层横向背贴式止水带。

5. 分层、分段浇筑泡沫轻质土

按每个浇筑区路基高度进行划分，单层厚度宜在 0.6 ~0.8 m 范围内，以保证单层浇筑的正常施工时间在水泥浆初凝前完成。泡沫轻质土泵送至浇筑场地，利用其流动性大、自流平的特性进行浇筑。

图 8 泡沫轻质土分区浇筑

对两侧均有帮宽路基应对称填筑，保证既有路基稳定。

6. 泡沫轻质土养护

现浇泡沫轻质土宜分层浇筑，两层浇筑间隔时间宜为 10～16 h。当两层间隔时间超过 16 h 时，应及时覆盖或洒水保湿养护，直至下一层浇筑；现浇泡沫轻质土表面覆盖养护时应覆盖严密，并应保持膜内有凝结水。泡沫轻质土顶层施工完成后，应立即对表面保湿养护，养护时间不少于 7 d。

当环境温度低于 5 ℃时，现浇泡沫轻质土应采取保温养护措施。

7. 泡沫轻质土顶面防水

（1）泡沫轻质土与既有线边坡连接处的顶面，沿线路方向设 0.5 m 宽 C25 素混凝土隔水层及一道纵向背贴式止水带，详见图 9。

（2）泡沫轻质土顶面喷涂 5 mm 厚防水层，防水层采用Ⅱ型聚脲高分子材料喷涂，聚脲高分子防水层顶面铺设一层复合土工膜，如图 10、图 11 所示。

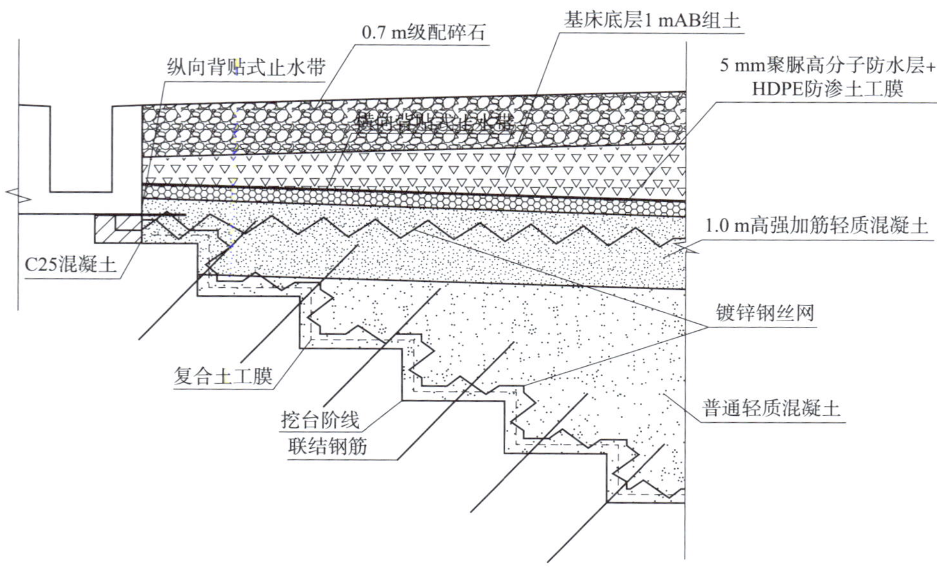

图 9 泡沫轻质土顶面防水处理示意图

图 10　泡沫轻质土顶面防水喷涂

图 11　复合土工膜焊接验收

(3)泡沫轻质土横向伸缩缝及泡沫轻质土与既有线边坡的连接处，设防水加强层，加强层的材料可采用喷涂聚脲防水涂料，厚度不宜小于 1.0 mm，加强层两边均应超出接缝不少于 200 mm。

8. 泡沫轻质土顶路基填筑

基床施工时必须在泡沫轻质土同条件养护强度达到 3.4 MPa 时方能展开施工，施工时，严禁自卸车、压路机、推土机等大型机械直接在泡沫轻质土顶面行走，应采取边卸料、边推平、边碾压的前进方式进行摊铺和碾压。泡沫轻质土顶部土方填筑如图 12 所示。

图 12　泡沫轻质土顶部土方填筑

9. 操作要点

(1)一般要求:

①泡沫轻质土施工前,应在现场浇筑区完成浇筑工艺性试验,确定现场施工用配合比、原材料浇筑性能、浇筑层厚、浇筑时间间隔等工艺参数。

②现浇泡沫轻质土施工环境温度宜为 5～35 ℃。

③水泥浆制备及供应应满足现场泡沫轻质土连续浇筑的要求。

(2)泡沫轻质土制备与浇筑:

①采用压缩空气与发泡剂溶液混合的方式生成泡沫,严禁搅拌发泡生成泡沫。

②制备机组应能设置稳定的发泡倍率,并生成标准泡沫密度的泡沫。

③现浇泡沫轻质土浇筑过程中,出料口宜埋入泡沫轻质土浇筑面下方 10～20 cm 处,并须不断翻动,避免形成剪切面;在移动浇筑管、自出料口取样、扫平表面时,出料口离当前泡沫轻质土表面的高差宜控制在 1 m 以内。

(3)与其他工序的衔接。现浇泡沫轻质土顶面应施工平整,以保证聚脲高分子防水层施工质量。

1.2.6 质量控制

1. 质量控制标准

泡沫轻质土质量及性能要求见表 5。

表 5 泡沫轻质土性能

序号	规 格	抗压强度(MPa)	抗压强度最小值(MPa)	沉陷率	抗冻指标
1	FLS700	1.2	1.0	≤2%	F50
2	FLS1000	4.0	3.4	≤2%	F100

2. 人员进场培训

实行岗位责任制,对现场施工和质检人员进行培训,强化质量意识,明确岗位责任。凡参加泡沫轻质土施工的人员未经培训合格不得上岗。

3. 原材质量控制

所有进场原材料均做进场检验,做到先检后用,杜绝不合格材料进入现场。

凡标识不清或认为质量有问题的材料、对质量保证资料有怀疑或与合同规定不符的材料及时清退出场。

4. 设备保障

采用性能稳定、自动化的泡沫轻质土专用施工设备,且施工前对设备试运行标定并调试,泡沫轻质土设备措施如下:

(1)派专人定期检查制备站操控及电器设备。

(2)配备先进的自动计量工具,确保配合比准确。

(3)发泡装置应采用压缩空气与发泡剂水溶液混合的方式生成泡沫,严禁搅拌发泡生成泡沫。

1.2.7 安全环保措施

1. 安全保证措施

(1)邻近既有线施工听从防护员指令,严禁翻越隔离栅栏。

(2)加强安全教育,对工人进行上岗前三级安全教育,经考试合格后方能上岗。

(3)进入施工现场必须按标准穿戴防护用品。

(4)夜间施工时在施工区域及道路上设置足够的照明。

(5)现场电源电箱及各种用电设备须严格接地接零和安装漏电保护开关,做到一闸一漏电保护开关,严禁一闸多用。

2. 环保措施

(1)项目开工前,对施工设备、防污设施及采用的施工方法等进行检查。

(2)地面冲洗物包括水泥、水泥浆、机械等清洗污水、发泡液和其他悬浮或溶解物质,经引入污泥井沉淀处理后再排放,禁止未经处理排放。

(3)分离后的施工废物料,运送到指定的处理场所进行处理。

(4)派专人每天检查收集现场编织袋等易漂浮物。

1.2.8 工程实例与效益分析

1. 工程实例

2022 年 5 月 16 日至 2022 年 6 月 20 日,本工法在新建天津至北京大兴国际机场铁路胜芳站路基帮宽中成功应用。

本工法在津兴铁路应用过程中,不但路基填筑质量得以保证,而且加快了施工进度,有效解决了挡土墙底部与扶壁间无法采用大型压路机碾压的施工问题,应用效果良好。

2. 效益分析

采用泡沫轻质土进行路基填筑是利用其流动性大、自流平的特性,回填面以下既有路基骨架护坡及脚墙无需破除,护坡底部可填充密实,泡沫轻质土填筑以后,护坡脚墙、泡沫轻质土、挡土墙之间可形成整体结构,更有利于既有路基边坡稳定。避免了帮宽路基工后不均匀沉降,减少后期运营维护成本。

津兴铁路胜芳站路基帮宽共 1.5 万 m^3 泡沫轻质土,按传统填料碾压填筑工艺需在天窗点内施工,共需约 32 个天窗点,按每月 15 个天窗点考虑,则需 65 d 完成路基填筑,采用泡沫轻质土实际施工工期为 35 d,节约工期 30 d。

本工法成功解决了铁路路基填筑过程中部分困难地段机械进场、物料运输困难、压实难度大等问题,也大大减小了施工过程中路基填筑对既有运营铁路行车安全的影响,为以后类似施工提供了可靠的实践经验和技术指标,具有一定的指导意义。

参编单位:中铁六局集团有限公司
参编人员:漆满良、舒思义

1.3 铁路路基与构筑物衔接处液压平板夯填施工工艺

在铁路涵洞、桥台、挡墙、沉降观测桩等构筑物与路基衔接处，大型压路机不宜碾压，存在边角部位压实不均匀、填筑压实质量不宜控制，导致路基易发生不均匀沉降。以往采用小型打夯机夯实的方法，存在劳动强度大、施工效率低、夯实质量差等缺陷。同时，构筑物背后的反滤层结构通常由人工进行装袋码放，存在人工装袋效率低、质量不均匀，造成码放不规范等问题。

通过对各类构筑物周边夯实和反滤层施工实践，总结施工经验，优化施工工艺，对于构筑物周边的夯实，采用挖掘机＋液压平板振动夯施工工艺，有效解决了构筑物衔接处路基小型打夯机施工质量难以保证的难题；对于反滤层施工，采用自动化流水装袋设备，保证反滤层装袋质量，以提高反滤层的施工质量。

1.3.1 工艺(工法)简介

袋装砂夹卵石反滤层自动化流水装袋设备主要由装袋机、称装平台、封装机和传送带组成，由称重设备控制每袋的装袋重量，然后由封装机进行封口，保证每袋的重量、尺寸一致，从而提高反滤层堆码质量。

液压平板振动夯由液压马达、偏心机构、夯板组成，在挖掘机提供动力时，液压夯利用液压马达带动偏心机构转动，转动产生的振动力及挖掘机的压力经夯板共同作用于被夯填料，使之密实。液压夯具有重量轻，操纵方便、灵活，夯实效果好等特点，可对构筑物四周的级配碎石、A、B、C组分等填料进行有效夯实。

采用以上两种施工工艺，以机械化作业代替人工，节省了劳动成本，提高了施工效率和施工质量，有效减小构筑物周边路基填筑后的沉降。

1.3.2 施工准备

(1)熟悉图纸，掌握图纸和规范等各类技术标准。

(2)现场施工便道通畅。

(3)场地平整完成，对应的基础处理、基础回填完成。

(4)填料(砂夹卵石)来源确定，相应原材料试验检测完成。

(5)构筑物验收合格，防水、排水等附属设施施工完成。

1.3.3 人员、材料与设备

劳动力组织见表1。

表1 劳动力组织

序号	人员配置	数　量	备　注
1	生产副经理	1	负责现场施工
2	技术员	1	现场技术管理

续上表

序号	人员配置	数　量	备　注
3	安全员	1	安全监督
4	质检员	1	质量监督
5	试验员	2	试验检测
6	材料员	1	材料保障
7	设备员	1	设备维护
8	测量员	3	现场测量
9	挖掘机司机	2	
10	自卸车司机	2	
11	工班长	1	
12	普工	3	现场整平

主要材料数量见表 2。

表 2　主要材料数量

序号	材　料	数　量	备　注
1	编织袋	依据工程量计算	有反滤层时采用
2	砂夹卵石	依据工程量计算	
3	台背回填材料	依据工程量计算	

主要机具配置见表 3。

表 3　主要机具设备

序号	设备名称	规格型号	数　量	备　注
1	挖掘机	小松 PC350	1	驱动液压平板夯
2	挖掘机	小松 PC120	1	填料摊铺
3	装载机	ZL50	1	现场填料倒运、摊铺
4	液压平板夯	单轴 340 kN	1	
5	自卸车	20 m^3	2	填料运输
6	反滤层自动化流水装袋机		1	
7	平板运输车	1	1	反滤层运输

1.3.4　工艺流程

施工工艺流程如图 1 所示。

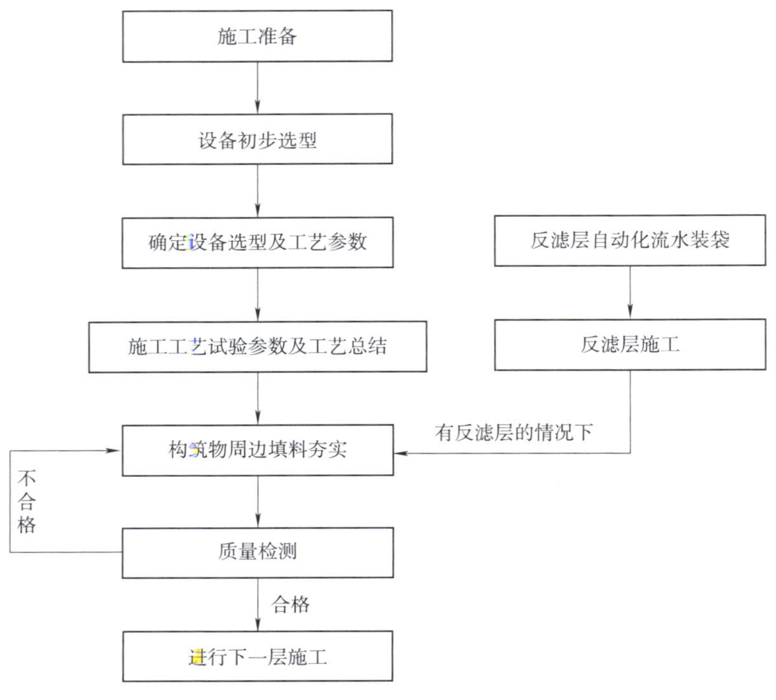

图 1　施工工艺流程

1.3.5　工艺方法与操作要点

1. 反滤层施工

当路基两侧设计为挡土墙时，一般需设置反滤层，反滤层一般设计为袋装砂夹卵石。反滤层自动化流水装袋设备可实现自动下料、自动称重、自动封口、传送带装车等流水化作业。从开始下料到装车，全过程用时约 20 s，仅需一人即可完成操作。

根据编织袋尺寸(40 cm×50 cm)及现场试验，每袋装袋质量按 19 kg 控制，可保证反滤层袋码放整齐、严密。路基填筑时，反滤层一次码放高度不宜超过填筑面 1.5 m。反滤层自动化流水装袋设备及反滤层施工效果如图 2 和图 3 所示。

图 2　反滤层自动化流水装袋设备

图 3　反滤层施工效果

2. 设备初步选型

设备初步选型前，先根据线路等级及设计要求，将构筑物衔接处路基的填筑质量标准进行确认。例如：设计速度 250 km/h 有砟轨道路基填筑压实标准见表 4。

表 4 路基填筑压实标准

部 位	线路等级及设计时速	填 料	项 目	单 位	指标要求
过渡段	正线 250 km/h 有砟轨道	掺 3%水泥级配碎石	压实系数 K		≥0.95
			地基系数 K_{30}	MPa/m	≥150
基床表层		A、B 组填料	压实系数 K		≥0.95
			地基系数 K_{30}	MPa/m	≥150
基床以下路堤		A、B、C1、C2 组填料	压实系数 K		≥0.92
			地基系数 K_{30}	MPa/m	≥130

根据填筑要求及平板夯的基本参数，对平板夯及挖掘机进行初步选型。根据构筑物衔接处路基填料设计情况，选择三种不同类型的机械组合方式，具体选型及参数见表 5。

表 5 平板夯参数及选用挖掘机型号

项 目	机械组合 1	机械组合 2	机械组合 3
激振力	340 kN	280 kN	240 kN
振动频率	120 Hz	120 Hz	90 Hz
底板尺寸	1 200 mm×900 mm	1 200 mm×900 mm	1 180 mm×700 mm
总质量	1 050 kg	990 kg	550 kg
振动方式	单轴振动	单轴振动	单轴振动
适用挖掘机	20～34 t	17～30 t	11～16 t
选用挖机	33 t	25 t	16 t

3. 确定压实参数及方式

津兴铁路 DK5＋471.23～DK6＋128.09 段路基工程，基床底层填料为 B 组料，经过工艺性试验，综合考虑工效及施工质量，并结合路基本体填料虚铺厚度，最终选定机械组合 1，即：激振力 340 kN 单轴振动平板夯＋33 t 挖掘机的组合方式。虚铺厚度按 35 cm 控制，压实厚度约 30 cm，压实方式为平板夯静压一遍，振动夯实两遍，再静压一遍。

4. 填筑夯实施工

施工前挡土墙、涵洞、桥台等构筑物主体以及防水层、止水带、渗水砖等相关工程施工完成，构筑物混凝土强度满足设计要求的 75%以上，基坑内杂物、积水清理干净，地基承载力满足设计要求后，开始进行施工。

首先按照工艺性试验确定好的厚度，在构筑物表面上用油漆画刻度线，以控制填料厚度，填料到场后，检验其含水率、粒径等参数，合格后开始进行摊铺，由于施工部位距离构筑物较近，摊铺一般利用小型机械设备并配合人工进行摊铺整平，以防止对既有构筑物的损坏。

摊铺完成后开始进行夯实，对于横向构筑物，有横坡要求的，按照从两侧向中间，由构筑物一侧向远离构筑物方向进行夯实，对于没有横坡要求的，也可按照从一侧向另一侧的方向进行夯实。对于纵向构筑物（如挡土墙），可按照沿线路方向顺序夯实。纵向构筑物（扶壁式挡墙内）夯填示意如图 4 所示，横向构筑物夯填示意如图 5 所示。

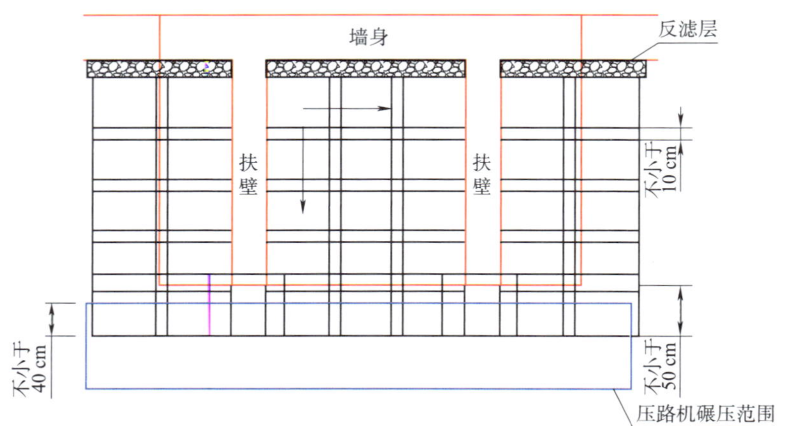

图 4　纵向构筑物（扶壁式挡墙内）夯填示意图

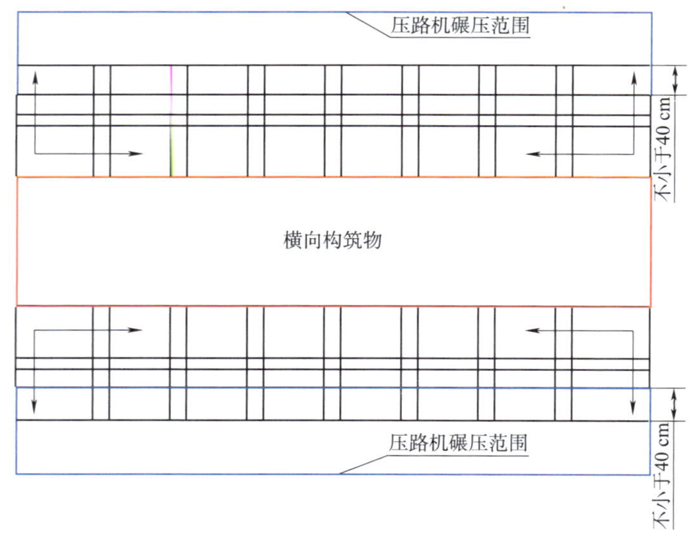

图 5　横向构筑物夯填示意图

夯实时夯机首先不开振动，利用平板对填料表面进行一遍抹光处理，然后开始夯实，夯实时每一次夯实搭接不小于 10 cm，同时下一遍夯实与上一遍夯实接缝错开。夯实的宽度要保证和大型压路机能碾压到的部位重合不小于 40 cm。夯实完成后按照规范及设计要求对压实系数 K、地基系数 K_{30}、动态变形模量 E_{vd} 等指标进行检测，检测合格后方可进行下一层施工。B 组填料夯实如图 6 所示，过渡段级配碎石夯实如图 7 所示。

图 6　B组填料夯实

图 7　过渡段级配碎石夯实

施工时，平板夯夯实区域与压路机碾压区域做到协调同步施工，以保证路基整体性，如果不能同步施工时，按照规范及设计要求做好搭接台阶。

1.3.6　质量控制

(1)对填料质量进行控制，避免超粒径填料混入运输车辆，试验员对每车填料进行检测，含水率、粒径等必须按照设计、规范及相应试验控制，不符合要求的填料立即清退出场。

(2)压实方式、设备选择、松铺厚度等施工参数根据工艺性试验确定。

(3)现场施工严格按照评估通过的工艺性试验参数进行施工。

(4)填料含水率控制在最佳含水率的±2%以内。

(5)对埋设的沉降观测装置进行保护并按设计要求进行观测。

(6)施工过程中注意对既有构筑物的保护。

(7)对于和路基不能同步填筑的构筑物，按照施工规范做好搭接台阶。

(8)对于横向构筑物(如涵洞)两侧均需填筑时，需要两侧对称填筑。

1.3.7　安全环保措施

(1)大型机械必须进行报验后方可进场施工。

(2)机械设备保养由专人负责并填写保养记录，定期对施工设备进行检查、保养、维修，确保设备正常运转，安全使用。

(3)机械作业由专人指挥，按照指挥顺序卸料、摊铺、碾压施工。

(4)各类操作人员必须持证上岗，上岗前进行安全教育培训。

(5)施工现场安全标识清晰醒目，夜间施工应安装足够的照明设备，保证夜间施工有良好的照明条件。

(6)夯实作业时，挖掘机回转半径内不得站人。

(7)袋装砂夹卵石反滤层使用的袋子需要及时收集管理，不得散放，避免污染环境。

(8)运输过程中对填料进行全覆盖，防止填料洒落造成污染，作业区域内采用洒水车及时洒水，避免扬尘。

1.3.8　工程实例与效益分析

1. 工程实例

(1)工程概况

津兴铁路一标路基工程位于永清县大辛阁乡，施工里程：DK5＋471.23～DK6＋128.09，长度约 657 m。

本段路基地基采用 CFG 桩加固处理；路基两侧设置扶壁式钢筋混凝土挡土墙，墙高 8～9 m，墙背设一层渗水片材和 0.3 m 厚袋装砂夹卵石反滤层；路基本体分为基床以下路堤、基床底层、基床表层，横向构筑物设置过渡段。设计基床以下路堤采用 A、B、C1、C2 组填料填筑，基床底层采用 A、B 组填料填筑，基床表层及过渡段采用级配碎石填筑。

(2)应用效果

该工艺方法在津兴铁路一标路基涵洞、桥台过渡段、扶壁式挡墙内、沉降观测桩四周填筑全过程应用，与传统小型打夯机相比，提高了施工质量，加快了施工进度，减少了施工成本，节约了劳动力，降低了劳动作业强度，有效解决了路基填筑大型压路机无法碾压到位的质量控制薄弱环节，应用效果良好，如图 8 所示。

图 8　B 组填料夯实后效果

2. 效益分析

(1)经济效益

津兴铁路一标长 657 m 路基两侧设置扶壁式挡墙，采用本工艺工法实施碾压的范围平均宽度为 2.2 m，填土高度为 8.2 m，每层压实厚度 30 cm，共计填筑 27 层；每一层需 20 h 完成，机械费用为 5 000 元，挖机司机人工费 600 元。利用小型打夯机，每一层需用 10 台打夯机夯实，18 h 完成，每一台打夯机配 2 名操作人员，人工费共计 13 500 元，每一层节约成本 7 900 元，填筑 27 层共计节约成本 21.33 万元。

(2)社会效益

利用挖掘机＋液压振动夯组合形式代替小型打夯机，对大型碾压设备无法碾压到位的部位进行夯实，可实现大型压路机不宜碾压的路基工程薄弱环节填筑质量达标，有效解决了路基在涵洞、桥台、挡墙、沉降观测桩等构筑物附近填筑质量不易控制的难题，避免了因施工缺陷导致的路基不均匀沉降，施工效率较小型打夯机大大提高。液压振动夯具有操作简便，维护方便，可靠性强，安全性高，夯实效果好，施工效率高等特点。津兴铁路路基填筑实践应用效果得到参建各方一致好评，为企业赢得了良好声誉，具有较好的推广应用价值。

参编单位：中铁十二局集团有限公司
参编人员：崔越超、马建刚

1.4 CFG 桩施工工艺工法

CFG 桩是在素混凝土桩基工艺基础上发展起来的新型桩体，桩体材料主要由碎石、砂、粉煤灰，与适量水泥和水拌制而成，通过长螺旋钻机成孔，泵送混合料成桩，将荷载传递至深层土体。通过桩体与桩间土体共同作用，组合成复合地基。京滨铁路部分路基段预设计路基深层地基处理采用型号为 PHC-AB-400 预应力混凝土管桩，预设计桩长为 26～38 m，后经地质补勘及现场试桩试验，实际入土深度为 24～28 m，改为采用 CFG 桩形式进行深层地基加固处理。该工法适用于类似软土路堤的深层地基加固处理。

1.4.1 工艺(工法)简介

CFG 桩通过单桩的摩擦力及群桩的应力分散作用，与桩间土和褥垫层一起构成 CFG 桩复合地基。其加固原理为当基础承受垂直荷载时，桩和桩间土均会发生沉降变形，由于桩的变形性远小于土的变形性，因此桩在受力后向上位移，伸入基础顶面设置的一定厚度的褥垫层中，垫层被不断调整并与桩间土良好接触，基础通过褥垫层也与桩间土形成良好接触，从而桩、桩间土、褥垫层组成了一个协同工作的复合受力整体，共同承担上部基础传递的荷载。

1.4.2 施工准备

根据设计文件提前绘制桩位平面布置图，制定合理的施工段落划分。施工现场管理人员熟悉设计文件、验收标准和技术标准，掌握施工方案、作业指导书等质量控制要点，进行安全教育培训和岗前培训，下发技术交底和安全技术交底。

良好地质条件进行施工场地清表，不良地质条件鱼塘、藕塘、稻田等需进行清淤并换填至桩顶高程 0.5 m 以上，回填段落碾压密实确保后续钻机就位平稳。

1.4.3 人员、材料与设备

劳动力组织见表 1。

表 1 劳动力组织

序号	人　员	人员职责	单　位	数　量
1	钻机司机	负责钻进成孔	名	8
2	泵车司机	负责泵送混凝土	名	4
3	运输车司机	负责运送混凝土	名	16
4	挖掘机司机	负责清整场地	名	4
5	修理工	负责机械维护与修理	名	1
6	电工	负责施工用电	名 1	
7	安全员	负责现场安全管理	名	4
8	测量员	负责测量放线	名	2
9	技术员	负责过程数据记录	名	8

主要机具设备情况见表 2。

表 2　主要机具设备

序号	机具名称	机具型号	单　位	数　量
1	长螺旋钻机	XR-40D	台	8
2	混合料输送地泵	HBT40A	台	4
3	混凝土运输车	SYGBJ-12	台	16
4	小型挖掘机	XG-932	台	4
5	电流表	F101KIT	台	4

1.4.4　工艺流程

施工工艺流程如图 1 所示。

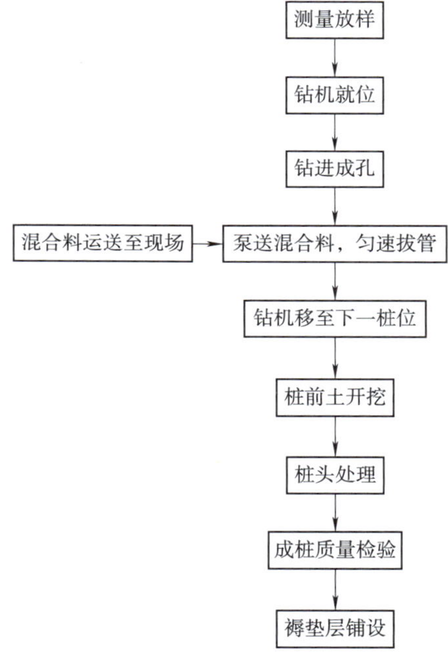

图 1　施工工艺流程

1.4.5　工艺方法与操作要点

1. 桩位放样

根据测量控制点采用 GPS 仪器放出 CFG 桩处理区域的控制桩，然后使用钢卷尺根据桩距传递放出桩位位置，做出井字形标记，并撒白灰标识，确保桩机准确就位。

CFG 桩钻孔采用隔桩跳打的顺序施工，如图 2 按 A1→C1→E1→B1→D1→F1→E2→C2→A2→F2→D2→B2…的顺序施工。

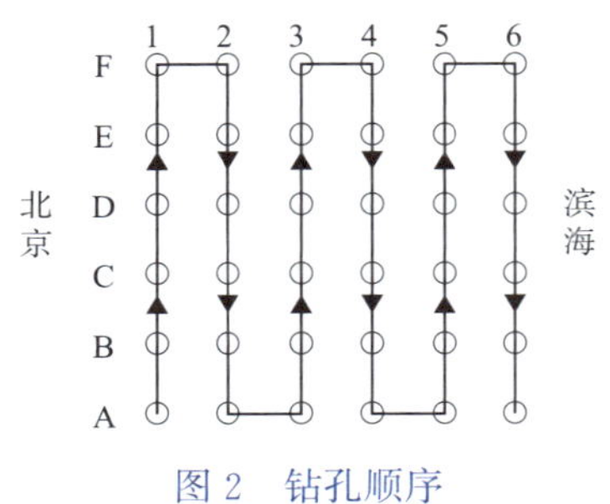

图 2　钻孔顺序

2. 钻机就位

通过钻机塔身前后和左右垂直标杆以及在导向架上标出对照线位置来调整钻机的水平度和钻杆的垂直度，保证钻杆垂直对准桩位中心，垂直度的容许偏差不大于 1%。并在钻进过程中，随时注意检查钻杆垂直度，及时进行调整校正。

3. 钻进成孔

钻孔开始时，关闭钻头阀门，向下移动钻杆至钻头触及地面，启动设备钻进。采用先慢后快的钻进速度，既能减少钻杆摇晃，又能较易检查纠正钻孔偏差。

钻孔至设计桩底高程时，依据动力头底面停留位置相应的钻机塔身标记复核桩长是否满足设计要求。施工时还需考虑施工工作面的高程差异，做相应增减。

钻进过程中做好钻进记录及地层变化时机具反应记录，电流表突变时记录并核对地质情况，终桩孔深采用桩长检算和电流测试双控复核。

4. 灌注及拔管

成孔至设计桩底高程后，停止钻进，准备泵送混合料。混合料由拌和站提供，混凝土罐车运输至现场，尽量缩短运输时间，保持混合料良好性能，运输至施工现场试验检测合格后方可灌注混合料。

开始泵送混合料需当钻杆芯部充满混合料后方可反向旋转提升，提钻过程中严格控制提升速度与旋转速度，严禁先提管后泵料。成桩的提拔速度宜控制在 3～3.5 m/ min（工艺性试桩阶段确定参数），成桩过程宜连续进行，避免因混合料供应不及时导致停机待料。灌注过程导管始终埋入混凝土内 1 m 左右，防止断桩。

5. 钻机移位

钻机移位进行下一根桩施工前，还应根据轴线或周围桩位位置对所施工桩位进行复核，保证桩位准确。

6. 桩间土开挖

挖除桩间土首先测定地面高程，做出标记，计算挖土深度，采用小型挖掘机将土挖至设计桩顶标高以上 20 cm 处，剩余 20 cm 人工清底挖除。

7. 桩头处理

测量桩顶高程并用红漆做好标记，采用截桩机截断桩头，施工时避免扰动桩头以下桩身质量。

8. CFG 桩检测

施工完成 7 d 后对桩身完整性进行检测，低应变取总桩数的 20%，每工点不少于3 根。施工完成 28 d 后对相应部位进行单桩承载力或复合地基承载力检测，静荷载试验取总桩数的 1‰，每工点不少于 3 根。

9. 铺设褥垫层

褥垫层内铺设土工格栅，首先铺设 0.15 m 厚碎石垫层，碾压密实后其上铺设一层土工格栅，再铺设 0.35 m 厚碎石层，格栅折回不小于 2 m，碾压密实后施工其上填土。

1.4.6 质量控制

严格落实测量双检制度，现场测量放样坚持闭合复核和换手复核，测量放样资料需经测量工程师与现场技术人员签认交接后用以现场施工。

加强混合料原材料进场检验，做好混合料出场及到场试验检测，灌注前确保运输道路畅通无障碍，拌和站需保证混合料及时连续供应，避免施工现场停机待料影响成桩质量。

关键部位、关键工序严格执行技术人员旁站制度，钻进及灌注成桩全过程要求现场技术员全程进行旁站监督，并做好施工过程数据记录。

1.4.7 安全环保措施

1. 安全措施

机械设备操作人员必须经过专业管理部门考核取得操作证或驾驶证后方可上机操作，定期检修维护设备，保证机械设备始终处于运行良好状态。

施工现场配置专职安全管理指挥人员，机械设备行走时由专职人员统一调度。操作人员启动设备前需环绕设备四周观察，确保作业半径内无作业人员。

带电机具使用前必须进行检查，机具外壳、电源线是否破损，有无接地装置，有无触电保安器，操作时应佩戴绝缘手套。

2. 环保措施

施工完成后的剩余混凝土不得随意丢弃，运至统一地点弃置或用于临建使用，混凝土运输车冲洗罐体应在指定地点进行。

钻孔机具清洗所产生的污水，以及其他生产生活废水引流至征地界内沉淀池经沉淀达标后排放，不得随意排放至农田、河渠。

钻孔产生的土体以及处理的桩头，及时清理并运至指定地点存放，不得随意倾倒堆弃，做好弃土弃料的临时苫盖和集中外运清理。

1.4.8 工程实例与效益分析

1. 工程实例

新建北京至天津滨海新区铁路宝坻至滨海新区段 JBSG-1 标段宝坻南站，全线路基深层地基处理均采用 CFG 桩加固，桩长为 24～28 m，桩径为 0.4 m，桩间距为 1.6 m，总计桩数 22 433 根，共计 549 719 m。

2. 效益分析

CFG 桩可通过增加桩长达到增大侧向摩擦力的方式提高地基承载力，具有一次成桩的施工优势。现有预制预应力混凝土管桩长度多为 12～15 m，需要较大地基承载力时必须进行接桩处理。本工程试桩阶段实践表明同地质同桩长条件下，采取 CFG 桩比预应力混凝土管桩单桩平均成桩时间节省约 6 min。变更设计费用增减对照加固 1.658 km 地基，采用 CFG 桩比预应力混凝土管桩费用减少 27.36 万元，地基加固处理每米平均减少费用 165 元。

在实现相同承载力效果的同时，CFG 桩桩身不配置钢筋，由此兼具良好的防腐蚀性能并节约大量钢材，值得在路基深层地基加固处理中推广应用。

参编单位：中铁一局集团有限公司

参编人员：王小刚、刘丰嘉

第2章　桥 涵 工 程

2.1　大直径钢筋笼加工工艺

随着铁路建设快速发展，大直径桩基础普遍应用。目前钢筋笼骨架加工采用人工或滚焊机加工的方式。人工加工方式主要存在安全隐患大、质量控制难、工作效率低等问题；滚焊机加工方式虽生产效率高，但加工大直径钢筋笼存在占地较多、运行维护成本高、设备性能不稳定等问题。

为解决大直径钢筋笼加工难题，中铁四局集团京唐七标项目部首次在钢筋笼加工领域引入了"翻转"理念，成功研制出一种大直径钢筋笼骨架胎具，并形成了大直径钢筋笼加工工艺。该工艺在铁路钢筋笼加工领域首次使用，处于行业先进水平。该工艺占地少，生产效率高，安全可靠，质量控制效果好，生产成本低（设备成本仅为滚焊机的10%），相关成果获得2018年国家发明专利，适宜在大直径钢筋笼加工生产中推广使用。

2.1.1　工艺（工法）简介

本工艺基于一种大直径钢筋笼骨架成型机专利技术的应用，形成了大直径钢筋笼整套施工方法。钢筋笼制作时，将主筋安放在半圆构件定位凹槽内，加强圈与钢筋笼半幅主筋进行焊接后，半圆旋转构件通过"翻转"与另外半圆固定构件对接后形成一个完整的钢筋笼骨架。骨架成型后，利用滚箍机缠绕箍筋，完成钢筋笼加工。

该工艺解决了主筋不顺直、间距不均匀等质量问题，机械化施工提高了施工工效，减少人员投入降低了施工成本，经现场实践应用，取得良好效果。

2.1.2　施工准备

针对钢筋笼加工组织项目管理人员和作业班组进行培训，进行技术交底和安全技术交底，施工方法、施工工艺、质量标准、安全措施等交底到作业班组各成员。

施工现场用电已准备完毕，施工前施工场地人员、材料、机具已就位。

钢筋笼制作生产区应满足钢筋笼原材料堆放、下料、制作及成品堆放及运输路线，结合门式起重机安装位置统一规划，定位胎具应安置于基础平整处，基础应为混凝土基础且地基使用仪器抄平。

2.1.3　人员、材料与设备

劳动力组织见表1，主要材料配置见表2，主要机具设备见表3。

表 1　劳动力组织

序号	人　员	人　数	备　注
1	队长	1	负责现场指挥、机械设备调配、安全工作
2	安全员	1	负责现场安全
3	普工	2	操作钢筋笼骨架成型机、钢筋滚轧机等机具
4	钢筋工	2	对钢筋进行加工及连接等
合　计		6	

表 2　主要材料配置

序号	材料名称	材料规格	单　位	数　量
1	钢筋	HRB400 级	t	200
2	钢筋	HRB300 级	t	80
3	机械连接套筒	45 号钢	个	10 000
4	方木	3 m×0.2 m×0.2 m	根	300
5	篷布	—	m^2	2 300

表 3　主要机具设备

序号	机具名称	设备型号	单　位	数　量
1	电焊机	BX1-500	台	2
2	钢筋切割机	QJ-40	台	2
3	钢筋弯圆机	GWH16	台	2
4	钢筋笼骨架成型机	—	台	1
5	电焊机	BX1-500	台	2
6	钢筋滚轧机	HGS-40F	台	1

2.1.4　工艺流程

施工工艺流程如图 1 所示。

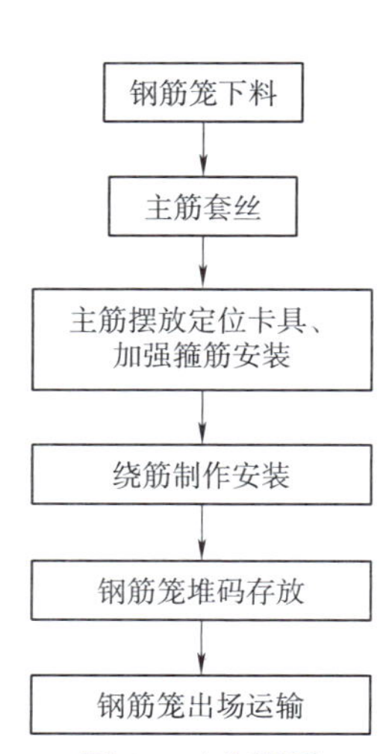

图 1　工艺流程

2.1.5　工艺方法与操作要点

1. 钢筋笼下料

1）钢筋除锈

钢筋生锈或者粘上油泥等污物，要用钢丝刷进行人工除锈、去污。在除锈过程中，如发现钢筋锈斑现象严重并已损伤钢筋截面，或除锈后发现钢筋表面有严重的麻坑、斑点、伤蚀截面时，禁止使用。

2）钢筋调直

HRB400 级钢筋局部弯曲，采用钢筋调直机进行调直。

3)钢筋切断

按照钢筋料表上的钢筋级别、直径、外形、下料长度，将同规格钢筋根据不同长度进行搭配，统筹排料，先断长料后断短料，以尽量减少断头，减少损耗，在工作台上加尺寸刻度并加设控制断料尺寸用的卡板，机械连接接头应将钢筋端头的热轧弯头切除，保证钢筋端头平直、圆整，无斜口、椭圆口、马蹄口。

2. 主筋套丝

将需要滚丝的一头端部切平，保证端头无弯折、扭曲。将需要滚轧的钢筋按要求固定在钢筋滚轧机上，根据设备使用说明、操作规程及预定的扣数进行滚轧加工。钢筋丝头的牙形、螺距必须与连接套的牙形、螺距相吻合，有效丝扣内的秃牙部分累计长度不大于一扣周长的 1/20 丝头，加工好后应套保护盖。

3. 主筋摆放定位卡具、加强箍筋安装

将主筋全部摆放在两个凹形卡槽内部，卡槽模具可设置多种定位模具，安装拆卸方便，既能固定主筋，也可以调整主筋间距。将用直螺纹套筒连接好的主筋一一对应放置在两个半圆构件内的定位卡槽内，用定位螺栓将主筋全部固定防止主筋脱离卡具，且不会影响钢筋笼骨架脱模，然后将加强箍筋与半圆旋转构件内的主筋进行焊接。

加强箍筋焊接内三角形式支撑抵抗钢筋笼骨架变形，设置 2 m 一道全部摆放在右侧可反转半圆构件内，与右侧的一端卡槽内部主筋焊接。右侧卡槽内加强箍筋焊接完成后，驱动转轴带动右侧可翻转半圆构件进行翻转，翻转过程中前后两个 1.5 kW 减速器同步工作控制转动速度，从而将两个半圆构件拼成一个完整的圆形卡槽，再将左侧主筋与加强箍筋进行焊接形成完整的钢筋笼骨架。

4. 钢筋笼骨架绕筋安装

通过大直径钢筋笼骨架加工胎具使钢筋笼骨架成型后，进行钢筋笼绕筋的安装。使用门式起重机四点吊装将钢筋笼骨架从骨架胎具上吊装安置在数控钢筋笼绕筋机上，进行绕筋的安装。绕筋与主筋采用点焊式固定，且每圈不少于 6 点与主筋点焊。制作好的钢筋笼骨架无套筒一端套上塑料保护帽保护螺牙，再使用门式起重机四点吊装钢筋笼骨架于成品堆放。

5. 钢筋笼堆码存放

将加工成型的钢筋骨架分区、分部、分层、分段按号码堆放整齐，同部位钢筋需堆放在一起且堆码层数不超过三层，保证施工方便。成品钢筋笼骨架区设置成品钢筋笼标识牌，注明使用部位、钢筋规格、钢筋简图、加工制作人及受检状态。

6. 钢筋笼出场运输

钢筋笼出场运输起吊前，对钢筋笼骨架成品各个焊点焊接情况再次检查，吊点设置四处，并对吊点位置进行加强处理防止脱焊，用平板车运至桩位处，交接于施工现场。

2.1.6 质量控制

1. 钢筋笼焊接

(1)钢筋笼加强箍筋采用焊接连接,螺旋箍筋采用点焊连接。

(2)加强箍筋接头采用双面搭接焊时,长度 10 cm。接头质量标准应满足现行《钢筋焊接及验收规程》(JGJ 18—2012)。

(3)焊接过程及时清渣,焊缝表面应光滑,焊缝应平缓过度,弧坑应填满。

(4)HRB400 钢筋选用二氧化碳保护焊焊接时,不得烧伤主筋。

(5)焊缝长度、宽度应满足设计要求。

2. 钢筋笼安装与连接

(1)钢筋笼主筋采用机械连接。

(2)结构构件中纵向受力钢筋的接头宜相互错开,同一截面上受力钢筋接头百分率不得超过 50%,钢筋机械连接的连接区段应按 35d 计算。

(3)直螺纹钢筋接头的安装可用管钳扳手拧紧,应使钢筋丝头在套筒中央位置相互顶紧。标准型接头安装后的外露螺纹不宜超过 2p(p 为螺纹的螺距),安装后应用扭力扳手校核拧紧扭矩,拧紧扭矩值应符合标准见表 4。

表 4 直螺纹接头安装时的最小拧紧扭矩值

钢筋直径(mm)	≤16	18～20	22～25	28～32
拧紧扭矩(N·m)	100	200	260	320

2.1.7 安全环保措施

1. 安全措施

(1)各项临时设施布置要合理、紧凑、整齐、有序、安全、卫生,严禁擅自随意搭建。

(2)钢筋笼存放、周转料机具等,要分类、分品种、分规格堆码,设置整齐、标识齐全。

(3)施工用电必须做到“一机一闸一漏”,所有钢筋施工机械严格按《机械安全操作规程》进行操作。

(4)配电箱及开关必须防雨,设门并配锁,进、出线口必须设在箱体下底面,箱内禁放杂物,并定期检查。

(5)严禁将电线拴在扒钉、钢筋或其他导电金属物上,经常检查线路及各接头处,防止触事故的发生。

(6)电工、电焊工必须穿绝缘鞋,戴绝缘手套,且必须持证上岗。

(7)钢筋笼吊装前,应采取措施防止其产生过大变形。

2. 环保措施

(1)机械施工排放的油污等废弃物应集中处理,定期清理外运,禁止随地丢弃。

(2)注意夜间施工的噪声影响,必须在夜间从事有噪声污染的施工,应先发安民告示,以征得附近居民的理解。

(3)凡对环境有污染的废物,如生产垃圾、废弃材料等,必须征得当地环保部门同意后,在指定的地点排放、堆码、掩埋或销毁。

2.1.8 工程实例与效益分析

京唐铁路站前七标管段内直径 2.0 m 桩基钢筋笼加工使用大直径钢筋笼骨架成型机胎具,通过卡槽定位保证相邻主筋之间的间距均匀且平行,有效提高了加工质量。钢筋笼骨架加工胎具的制作安装相对于大型滚焊机的使用成本仅占其 10%,质量控制较好,钢筋笼钢筋间距误差均能达到毫米级别并满足规范要求,远高于人工加工的质量。

1. 经济效益分析

传统大直径钢筋笼骨架主筋焊接采用人工滚转焊接,2 m 直径桩基主筋双筋 64 根的钢筋笼骨架焊接,操作过程 14 个工人每日可生产出 2 套成品钢筋笼骨架,平均每套钢筋笼骨架人工费用 2 100 元;使用大直径钢筋笼骨架成型机胎具操作仅需要 4 个工人每日可生产出 4 套成品钢筋笼骨架,平均每套钢筋笼骨架人工费用 300 元,每套 2 m 钢筋笼骨架可节约 1 800 元人工费用。

2. 工期效益分析

机械化作业操作方便,使用过程中只需要将钢筋笼主筋放置在定位卡槽里面,不需要人工转动沉重的钢筋笼骨架,钢筋笼加工工效翻一倍,有效缩短了施工工期。传统施工方法 2 m 直径桩基,操作过程 14 个工人每日仅生产出 2 套成品钢筋笼骨架;使用大直径钢筋笼骨架成型机胎具操作只需要 4 个工人每日便可生产出 4 套成品钢筋笼骨架。在节省 10 名操作工人的人工费用前提下,工作效率可提高一倍,在减员增效方面,取得较好的效益。

3. 质量效益分析

传统施工方法钢筋笼主筋过长后不顺直,主筋间距不易控制,钢筋笼骨架成型整体性差,吊装易变形。采用大直径钢筋笼骨架成型机钢筋笼主筋安装顺直,主筋间距控制精准,确保内箍筋截面垂直于主筋截面,钢筋骨架成型后整体性良好。

半圆旋转主筋安装、翻转后“全圆”主筋成笼如图 2、图 3 所示。

图 2 半圆旋转主筋安装

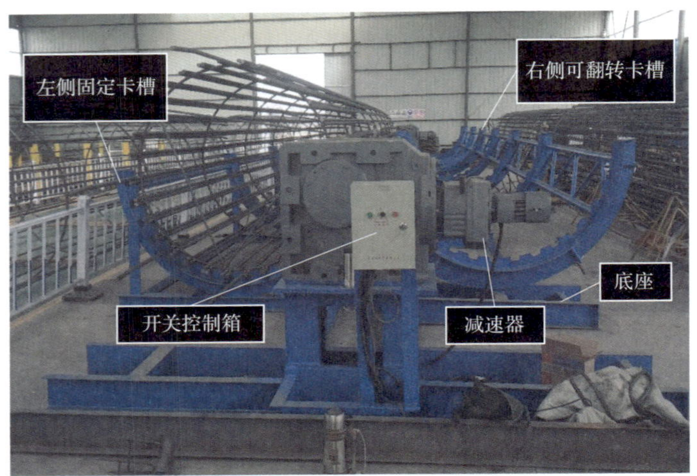

图 3　翻转后“全圆”主筋成笼

参编单位：中铁四局集团有限公司
参编人员：叶坤、王永刚

2.2 水中粉土、粉砂条件下双壁钢围堰下沉施工工法

高速铁路对线下工程的沉降和刚度要求高，铁路桥梁以其刚度大、沉降小等特点而得到更多的应用。因此施工中不可避免地要面对深水区域基础施工难题，对于深水基础，往往处于流急、地质条件复杂的环境，其施工条件和受力状况都比地上要复杂得多，施工中需要设置临时的防水挡水围堰，将水流阻断在围堰外部，将内部的基础或者桥墩施工转化为陆地环境施工。

桥梁深水基础防水围堰有以下几种结构形式：混凝土围堰、钢板桩围堰、钢套箱围堰（分为单壁钢围堰和双壁钢围堰）、钢吊箱围堰和钢管桩围堰。根据现场的水文、地质、安全、环水保要求等情况进行比选，混凝土围堰不适合水中作业；钢板桩围堰刚度小，适合水深 3 m 以内浅水基础，深水基础插打难度大；钢管桩围堰适合最大水深6 m 以内，止水效果稍差；钢吊箱和钢套箱，这两种施工工艺流程基本相同，钢吊箱更适合深基坑承台、水流湍急的条件下施工，而青龙湾减河最大水位深度 6.5 m，采用钢套箱双壁钢围堰施工更加经济适用。

钢套箱围堰按形状分为圆形、矩形和其他特殊形状，经比选本次施工采用矩形围堰，形状简单，方便施工。双壁钢围堰结构已广泛应用于桥梁深水基础的施工中，相对其他围堰形式，有着不可替代的优势。首先，双壁钢围堰承压能力强、结构刚度大，能提供更高的抽水水头差；其次，水下基础施工工期长，钢围堰可同步加工拼装，平行作业，大大缩短了工期；再次，围堰采用矩形结构，虽然增大了阻水面积，但围堰内壁可作为封底混凝土及承台施工的模板，既节约了成本，又省去了支模的时间；最后，双壁钢围堰拆除后的钢材可重复利用，降低了成本。

2.2.1 工艺(工法)简介

本工法以京滨铁路北辰特大桥跨青龙湾减河连续梁水中 72 号主墩双壁钢围堰下沉施工为依托，总结出水中粉土、粉砂条件下双壁钢围堰下沉施工工艺工法，很好地解决了双壁钢围堰下沉的难点和重点问题，将促进双壁钢围堰下沉施工技术的创新和发展。其 72 号墩围堰设计参数见表 1。

表 1 72 号墩围堰设计参数

序号	项　目	72 号墩	备　注
1	围堰总高度	21.5 m	
2	最高设计水位	+6.45 m	100 年一遇
3	围堰轮廓尺寸	33.7 m(横桥向)×22.8 m(顺桥向)	围堰内壁尺寸比承台大 5 cm
4	围堰壁厚	1.5 m	
5	围堰质量	596.4 t	包含内支撑，其中内支撑质量 34.5 t
6	围堰顶高程	+6.45 m	

续上表

序号	项　　目	72 号墩	备　　注
7	围堰底高程	−15.05 m	
8	承台顶高程	−1.672 m	
9	承台底高程	−10.172 m	
10	封底底高程	−15.05 m	
11	封底厚度	4.878 m	

根据设计图纸要求 72 号墩钢围堰的设计轮廓尺寸为：33.7 m（横桥向）×22.8 m（顺桥向）×21.5 m（高），壁厚 1.5 m，高度方向分为 5 节，每一节分为 12 个块段，第 1 节高 4.3 m，第 2 节高 3.75 m，第 3 节高 4.2 m，第 4 节高 4.3 m，第 5 节高 4.95 m，设置 2 道内支撑。

钢围堰由外壁板、内壁板，内外壁板竖向加劲肋，内外壁板之间水平加劲肋（环板）、内外壁之间水平桁架、水平内撑（及其竖向支撑）等组成。其中壁板、环板采用 Q235B 钢板，壁板竖向加劲肋、水平桁架采用 Q235B 角钢，内支撑 ϕ609×16 钢管采用 Q235B 钢材。围堰立面布置如图 1 所示，围堰地质柱状图如图 2 所示，双壁钢围堰平面布置如图 3 所示。

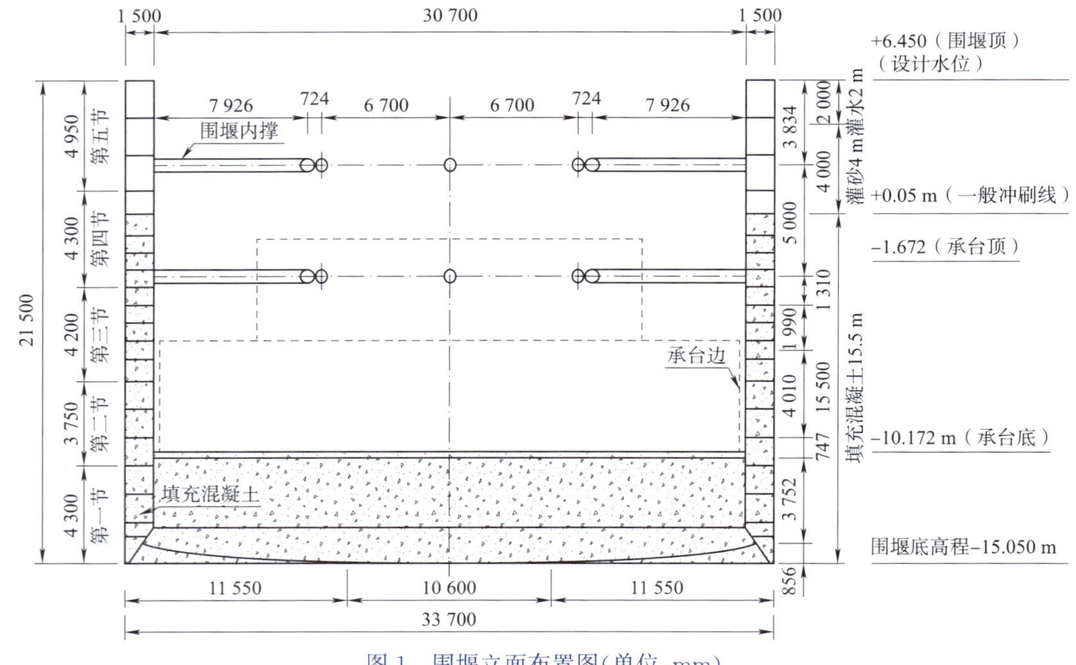

图 1　围堰立面布置图（单位：mm）

2.2.2　施工准备

双壁钢围堰结构通过加工厂分节预制，现场分节拼装定位、接高、挖吸泥、隔舱灌注混凝土及隔舱注水以实现围堰的平稳下沉。

在围堰拼装平台安装并检查完毕后，需在拼装平台上放样出围堰的具体位置并做好标记。首节围堰拼装完毕后测量围堰的位置和高差，以保证围堰初始下沉位置的精确。

时代成因	地层编号	层底深度（m）	层厚高程（m）	层厚（m）	地层剖面比例尺 1：200	岩土描述	标贯击数	基本承载力（kPa）
Q_4^m	④$_2$	4.70	−4.49	4.70		粉质黏土：褐灰色，软塑，含有机制，偶见贝壳碎片，0~0.2 m为淤泥		110
	④$_3$	5.80	−5.59	1.10		粉土：褐灰色，中密，潮湿，含云母及腐殖质	=15 5.45–5.75	120
	④$_{72}$	8.60	−8.39	2.80		粉砂：褐灰色，中密，饱和，成分以石英，长石为主，含云母	=20 6.35–6.85	150
	④$_1$	10.80	−10.59	2.20		黏土：褐灰色，软塑，含有机质及灰色条纹		110
	④$_2$	12.40	−12.19	1.60		粉质黏土：浅灰色，软塑，含灰色条纹，10.8~10.9 m为灰黑色泥炭层		110
Q_4^{al}	⑤$_2$	16.80	−16.59	4.40		粉质黏土：灰黄色，软塑，14.0 m以下硬塑，含锈斑及灰色条纹，偶见姜石		150
	⑤$_3$	19.50	−19.29	2.70		粉土：灰黄色，密实，潮湿，含锈斑及灰色条纹	=23 17.45–17.75	160
Q_3^{al}	⑥$_2$	21.20	−20.99	1.70		粉质黏土：灰黄色，硬塑，含锈斑，偶见贝壳碎片		160
	⑥$_3$	23.80	−23.59	2.60		粉土：灰黄色，密实，潮湿，含锈斑及云母，偶见贝壳碎片。		180

图 2　围堰地质柱状图

2.2.3　人员、材料与设备

实施过程中主要材料与设备根据总体施工进度计划安排进场，满足施工进度需求。主要设备有长臂挖掘机、轮胎式汽车起重机、拉森钢板桩水刀、三角形插拔设备及铰刀射水吸泥设备等，具体机具设备配置见表 2。

表 2　主要机具设备

序　号	设备名称	规格型号	数　　量
1	轮胎式汽车起重机	75 t、50 t	各 1 台
2	长臂挖掘机		2 台
3	平板车	50 t	4 台
4	混凝土运输车	15 m^3	12 台
5	发电机组		1 台
6	交流电焊机		12 台

续上表

序　号	设备名称	规格型号	数　　量
7	混凝土汽车泵		2台
8	同步连续千斤顶	150 t	8台
9	拉森钢板桩水刀		2套
10	三角形插拔设备		4套
11	铰刀射水吸泥设备		4套

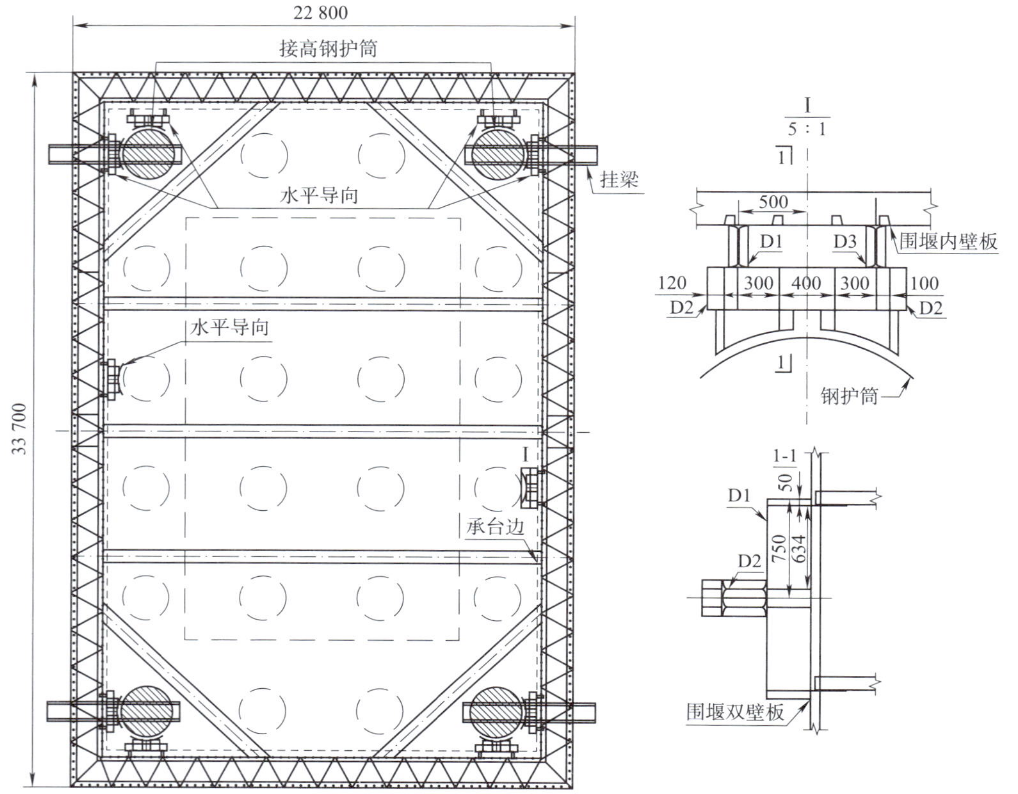

图3　双壁钢围堰平面布置图(单位:mm)

劳动力组织见表3。

表3　劳动力组织

序　号	工作内容	数　　量	备　　注
1	钢围堰加工	30	厂家制作
2	钢围堰组拼	15	现场块段拼装
3	平台拆除	10	
4	材料转运	10	
5	围堰下放、焊接	15	节段间焊接
合　　计		80	

2.2.4 工艺流程

采用工厂化集中加工，流程如图 4 所示。

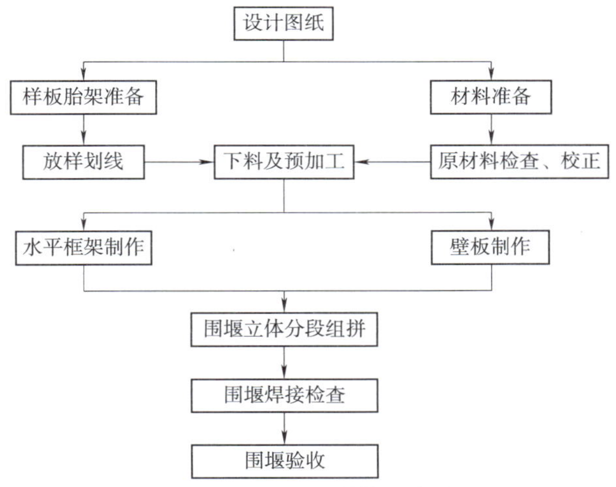

图 4 双壁钢围堰制作工艺流程

分节制作后，运至施工现场焊接组装，然后用履带式起重机逐块逐层拼装下放到位。双壁钢围堰拼装下沉流程如图 5 所示。

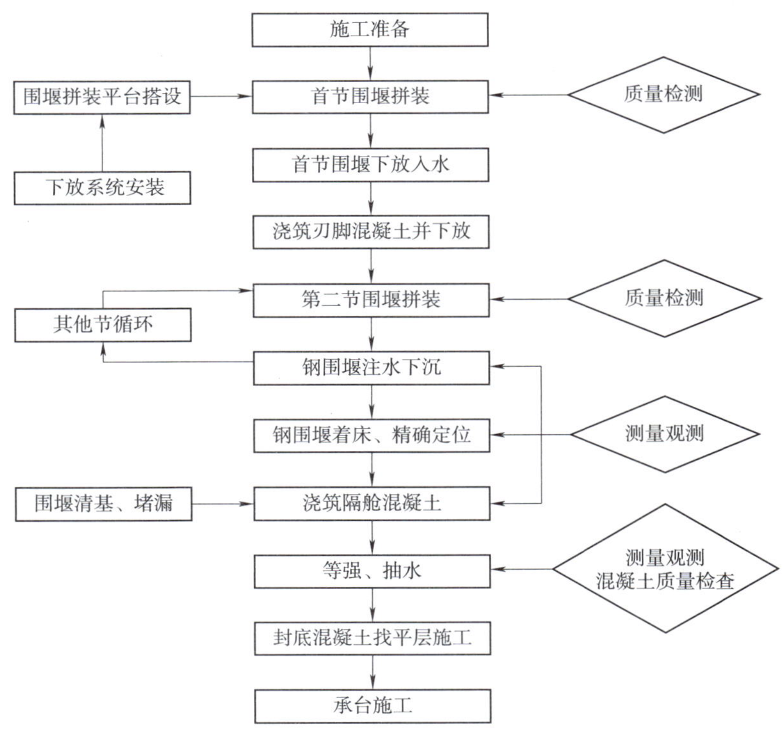

图 5 双壁钢围堰拼装下沉流程

2.2.5 工艺方法与操作要点

钢围堰施工前，需要将桩基施工的钻孔平台拆除和清理河床，形成锅底状；选取承台四角的 4 个钢护筒作为双壁钢围堰提升下放系统的支撑结构；大小里程横桥向，利用钢管柱上的工字钢作为支撑，搭设拼装平台；现场对称拼装，先拼装长边部分，再拼装短边部分，拼装完成后对拼接焊缝进行检查并进行渗水试验。

钢围堰上口固定及控制采用在钢护筒外侧焊接的临时导向装置，导向装置既起到对钢围堰壁体拼装时的临时支撑作用，同时也对钢围堰垂直度进行控制，如图 6 所示。

图 6　钢围堰限位器导向设置

内挖吸泥：先对围堰平面中心土层内挖吸泥，再由中心向周围一定范围内扩散，形成锅底状结构，当锅底高程低于刃脚处泥面高程 2～2.5 m 时，停止围堰中心内挖吸泥；增大吸泥范围，开始对刃脚附近泥土进行清理，此时围堰开始下沉；当锅底形状基本消失时，停止对刃脚附近泥土的清理，停止下沉，转由清理锅底，如此循环。

姿态稳定控制：刃脚处泥面高出刃脚一定高度的时候，刃脚处泥土将对刃脚产生一定程度的竖向端阻力，也可一定程度减小围堰的水平位移和倾斜程度，可控制围堰竖向下沉速度。后续节段重复上述操作。

2.2.6 质量控制

针对双壁钢围堰下沉实际情况，采取“以减小端阻力和侧摩阻力为主、增加配重为辅、分区减阻”的综合减阻措施。施工过程中注意如下事项：

(1)围堰下沉前复测围堰的结构尺寸、隔舱位置、垂直度，检查焊缝质量和有无渗漏。

(2)用全站仪测放出围堰纵横轴线上四个点形成十字线，依据纵横十字轴线调整围堰下沉过程的平面位置、扭转和垂直度偏差，记录好围堰下沉的技术数据。

(3)围堰注水要做到均匀、对称，注水速度与下放速度匹配，保证千斤顶持力不超限。

(4)准确实测钢护筒的位置和倾斜度,保证限位架的长度匹配。

(5)围堰底距河床面 1.0 m 时,对围堰进行精确定位。

(6)围堰下沉完成后,需对围堰位置、倾斜度进行复测,并监测围堰继续沉降情况。

(7)围堰下放到位固定牢靠后,严格按水下灌注混凝土的要求灌注隔舱混凝土。

2.2.7 安全环保措施

1. 安全措施

(1)用电安全管理措施:输电线路采用三相五线制和"三级配电二级保护",电线(缆)按要求架设,不可随地拖拉,各类电箱均安装在适当位置,并设有重复接地保护措施,重复接地电阻值不大于 10 Ω。执行"一机、一闸、一箱、一漏"制;电工作业时必须穿戴好个人防护用品,并严格执行电气安全操作规程,做到持证上岗。电工作业必须严格贯彻"装得正确,用得安全,修得及时,拆得彻底"的十六字方针。夜间电工值班必须两人同时上岗。

(2)设备安全管理:各大、中型机具设备、施工用船舶、压力容器、机动车辆(包括外借设备)的进场,均进行认真检查验收,填写验收记录;机械操作人员必须严格按安全措施规程执行,佩戴个人防护用品,做到持证上岗,每天要填写运转记录和例行保养记录;现场的大、中型机具设备、船舶和车辆必须有专人负责,起重吊装作业必须有专职指挥,持证上岗。

(3)高空作业安全管理:高处作业前,应系好安全带,穿好防滑软底鞋,扎紧袖口,衣着灵便;凡从事 2 m 以上高处作业人员,须定期进行体检,凡不适合高处作业者,均不得从事高处作业;高处作业所用的料具,应用绳索捆扎牢靠,小型料具应装在工具袋内吊运,并摆放在牢靠处,以防坠落伤人,严禁抛掷;施工区域的风力达到六级(包括六级)以上时,应停止高处和起重作业。

(4)防火安全管理:建立电工、焊工、木工、油漆工、危险品管理工、物资仓库管理工、化验、加油站(油库)等防火责任制,明确重点防火部位,落实安全防火措施,配备足够灭火器材;明火作业要按施工区域、层次划动火级别,办理相应"动火证",动火必须具有"二证、一器、一监护",严格管理。

2. 环保措施

(1)加强设备维护、保养工作,班前对大型设备进行检查,尽量避免水上作业时对设备进行维修。对于施工机械产生的废油料及润滑油等,采取隔离措施,集中收集至指定的场所处理。生产用油料必须严格保管,防止泄漏,污染河道。

(2)施工产生的固体废弃物严禁直接向水域倾倒,必须存放在指定位置集中处理。必要时,在每个水上墩位处设置浮网,防止漂浮物扩散。安排汽车在现场巡回打捞固体漂浮物。

(3)施工临时生产设施如施工设备维修、车辆保养、车辆冲洗等所产生的废水不得随意向河中排放。

(4)选用专业的第三方监测队伍,由其编制专项监测方案,采用专用的水质监测设备,定期进行水质监测,一旦发现水质超标,立即停止施工,会同建设单位、监理单位、河道管理单位等进行应急处理。

2.2.8 工程实例与效益分析

青龙湾减河双壁钢围堰施工工法通过实际应用，取得了很好的经济价值、社会价值和管理价值，为后续的钢围堰施工提供了重要的借鉴价值。

1. 经济价值

水中粉土、粉砂条件下双壁钢围堰下沉施工控制工艺总结能较好地解决双壁钢围堰下沉的各种问题，不但解决施工过程的技术难题，而且节约工期、减少风险，同时为项目节约大量的经济成本。

2. 社会价值

使用工厂化加工制作，利用先进的管理手段，为类似施工项目借鉴提供了一定的参考价值。

3. 管理价值

采用新工艺新工法加快进度、减少风险，为施工管理带来新的思路和方向；施工现场施工效率的全面提升，展示企业形象，增加科技价值。

参编单位：中铁十八局集团有限公司
参编人员：李宇航、贺学文

2.3 水中深基坑锁扣钢管桩围堰施工工艺

随着铁路建设快速发展，桥梁在施工中不可避免地要面对水中基础施工的难题，水中深基坑锁扣钢管桩围堰普遍得到应用。桥梁深水基础的防水围堰一般有以下几种结构形式：混凝土围堰、钢板桩围堰、钢套箱围堰（分为单壁钢围堰和双壁钢围堰）、钢吊箱围堰和锁扣钢管桩围堰。每种防水围堰都有自己的特点和适用条件，根据连续梁主墩基坑深度为 11.18 m，河流水深为 2.8 m，结合京津冀地区地质环境，通过计算，钢板桩、锁扣钢管桩、双壁钢围堰结构的应力、位移、稳定性均满足要求。钢板桩围堰施工工期短、成本低，但整体稳定性差；锁扣钢管桩围堰施工工期短、成本较低、整体稳定性较好，但锁扣位置止水效果差；双壁钢围堰整体稳定性好，但成本高、工期长。结合本连续梁主墩基坑地质条件复杂、施工工期紧张等因素，最终选取了锁扣钢管桩围堰方案。

为解决锁扣钢管桩围堰锁扣位置止水效果差的缺陷，施工中通过优化钢管桩的锁扣形式，同时采取在锁扣内填充纤维袋并注浆的措施，有效解决了锁扣钢管桩在锁扣处渗水问题，保证了基坑作业的安全，为下一步施工提供了强有力的保障。

锁扣钢管桩围堰施工工艺具有施工工期短、成本较低、整体稳定性较好等特点，且满足河流水深较浅的水中深基坑支护要求，宜在类似工程条件下推广使用。

2.3.1 工艺（工法）简介

根据跨永定新河连续梁 888 号主墩基坑深度为 11.18 m，故选用 C 形锁扣式钢管桩制作水中墩钢围堰，经过基坑支护计算，采用 ϕ630 mm×10 mm 型钢管桩，钢管桩长21 m，锁扣采用 25 号工字钢和方管（200 mm×150 mm×10 mm）的结构形式，在方管短边开一细槽，卡入 25 号工字钢，如图 1 所示，利用搭建钢栈桥在水中插打钢管桩，全部插打完成后在锁扣内填充纤维袋并注浆。

该工艺解决了水中基坑深度大、下部结构施工工期紧等问题，减少人员设备的投入，从而降低了施工成本，经现场实践应用，取得良好效果。

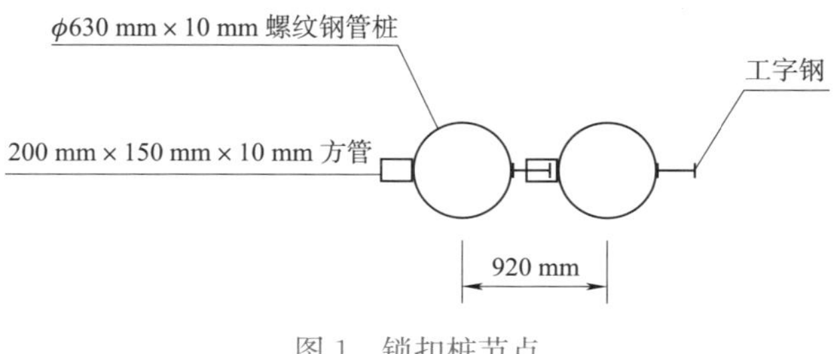

图 1　锁扣桩节点

2.3.2 施工准备

施工前对锁扣钢管桩围堰施工项目管理人员和作业班组进行技术交底、安全交底，主要包括施工方法、施工控制要点、质量控制标准、安全保障措施等内容。

施工现场用电准备完毕，施工场地、人员、材料、机具已就位。

施工平台搭设完成，厂内锁扣钢管桩预制加工完成，运至现场并验收合格。

2.3.3 人员、材料与设备

因水中基础施工工期紧、任务重，同时将锁扣钢管桩、型钢支撑等材料进场，进行现场拼装，充分利用和创造场地条件，加强施工组织管理，采取围檩提前焊接整体吊装等措施，缩短工序衔接时差，力争多工序同时施工，达到缩短工期的目的。主要材料配置见表 1，主要机具设备见表 2。

表 1　主要材料配置

序号	材料名称	规　　格	单　位	数　量
1	钢管桩	ϕ630 mm×10 mm	m	2 268
2	方管	200 mm×150 mm×10 mm	m	2 268
3	工字钢	25	m	2 268
4	钢支撑	609 mm×14 mm	m	335.2
5	围檩	45b	m	580.8
6	纤维袋	200 mm×150 mm	m	2 270
7	水泥	42.5 级	t	70

表 2　主要机具设备

序号	设备名称	规　　格	单　位	数　量
1	履带式起重机	100 t	台	2
2	振动锤	150 型	台	1
3	汽车起重机	QY25	台	2
4	电焊机	BZ-300	台	3
5	水泵	4BA-12	台	2
6	注浆机	UB-6	台	1
7	全站仪	徕卡 TS16	台	1
8	水准仪	徕卡 NA728	台	1

2.3.4 工艺流程

工艺流程如图 2 所示。

2.3.5 工艺方法与操作要点

1. 锁扣钢管桩插打

(1)利用钢护筒和钻孔平台安装导向架，钢管桩紧贴导向架插打，保证其垂直度，同时在导向架上预先标示出每根管桩的位置，以便随时检查校正。

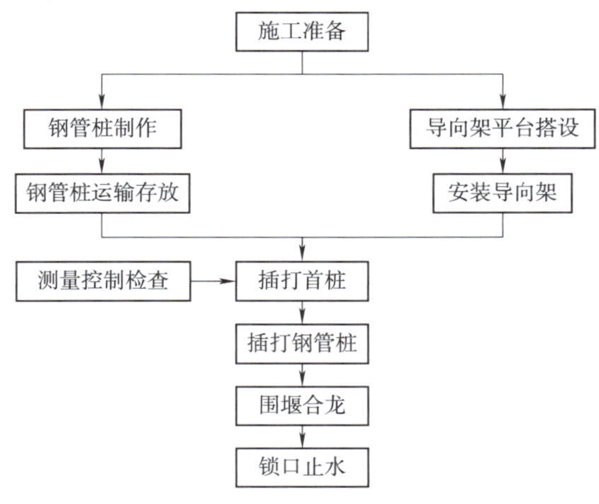

图 2　工艺流程

(2)履带式起重机将钢管桩吊至插点处进行插桩,对准桩与定位桩的锁扣,锁扣涂抹上润滑油,开动液压机,夹紧钢管桩,试开振动锤 30 s 左右,无异常后开动振动锤打桩下沉。

(3)第 1 根钢管桩插打至指定位置(预留 2 m)时停止插打,然后进行第 2 根钢管桩插打,第 2 根钢管桩插打至与第 1 根钢管桩齐平时,停止第 2 根钢管桩插打,将第 1 根钢管桩剩余部分插打到位,再开始第 3 根钢管桩插打,插打至与第 2 根钢管桩平齐时停止插打,将第 2 根钢管桩剩余部分插打到位,如此循环施工。

(4)在打桩过程中,控制打桩锤下降的速度,使桩保持竖直,为防止锁扣中心线平面位移,在打桩前进方向的钢管桩锁扣处设置卡板,阻止管桩位移。

锁扣钢管桩插打如图 3 所示。

图 3　锁扣钢管桩插打

2. 纠偏

(1)第 1 根钢管桩沉入后的垂直度影响到整个围堰其他钢管桩的垂直度,其打入时要缓慢些,打入到设计深度一半时暂停沉桩,检查桩身的垂直度是否在 0.5%以内,如满足要求则继续开启振动锤沉桩,否则拔出重打。

(2)剩余钢管桩在定位架和锁扣的共同作用下,一般不会产生较大偏差,只需每插打 10 根做一次检查,保证桩身的垂直度控制在 0.5%以内,桩中心位置偏差 5 cm 以内。

(3)若桩身存在偏斜,应及时纠偏。

3. 合龙

(1)锁扣钢管桩由围堰上游分两头插打,到下游合龙。

(2)钢管桩围堰合龙前,在插打至最后 5 根桩时,准确测量剩余合龙宽度,调整锁扣钢管桩中心间距,确保钢管桩围堰精准合龙,如图 4 所示。

图 4　锁扣钢管桩合龙

4. 锁扣钢管桩锁扣注浆

(1)清孔:当钢管桩围堰施工完成后,即对方管锁扣进行清理作业,采用直径 3 cm 的硬塑料导管插入到锁扣深处,注入高压水进行清孔作业,将锁扣内的泥沙杂物清理干净,清孔的深度必须低于基坑底部至少 1 m。

(2)插入压浆管和纤维袋:清孔完成后,立即在方管锁扣内穿入细长的纤维袋,纤维袋中裹着直径 3 cm 的塑料管,插入封底位置以下 0.9 m 深度。

(3)注水泥浆:水泥浆用注浆泵通过塑料管从孔底向上灌注,边注浆边提升导管,直至孔口溢出水泥浆为止,水胶比 0.45,注浆压力为 0.8 MPa。

锁扣处采用填充纤维袋并注浆的方法,既可以有效止水,又可以避免锁扣被水泥浆粘住,不会影响后续钢管桩的拔除作业。

2.3.6 质量控制

(1)施工前严格按照设计要求进行施工轴线控制点放样,导向架导梁间距适宜,并保证一定刚度和坚固度,不能随钢管桩打设发生下沉和变形。

(2)施工中经常检查并保证导向架中心线在设计的钢管桩轴线上,若有偏离则应及时校正恢复,以确保导向架在钢管桩轴线上。

(3)打桩时经常上下活动钢管桩,应避免快速一次插打到位致使钢管桩下部偏转。

(4)打桩锤选择功率适当,对易产生偏斜的地层和部位,应控制适当的打入速度,发生偏斜及时纠正。

2.3.7 安全环保措施

(1)施工平台四周设置围栏及安全网,防止人员坠落。

(2)做好高空作业安全防护措施,穿戴好救生衣等安全防护用品,高空作业所用的工具、材料严禁投掷。

(3)吊运钢管桩时,要检查起重装置和绳索的可靠性和安全性,要有专人指挥,绳索在使用中,定期检查并作必要的维护。

(4)起吊物体时,吊物下严禁站人,设专职人员指挥,加强安全教育培训,风力达到 6 级以上时禁止吊装作业。

(5)当施工期水位超过围堰设计水位时,暂停作业,人员撤离。

2.3.8 工程实列与效益分析

1. 经济价值

该工法很好地解决了双壁钢围堰施工过程中尺寸大、结构重、拼装焊接要求质量高、下沉、着床精度高等诸多不便,应用锁扣钢管桩围堰施工技术有效提高了施工质量,节约了工期 53 d,减少了施工成本 300 余万元,降低了劳动作业强度,应用效果良好。

2. 社会价值

使用现代先进设备,为类似水中深基坑围堰施工提供了先进可行的技术和工法。

3. 管理价值

采用锁扣钢管桩工法能够加快施工进度、减少过程风险,施工效率的全面提升,为主体工程按期交付提供有力保障,维护了企业良好的社会形象。

参编单位:中铁十八局集团有限公司
参编人员:翁秋云、石鑫

2.4 桥墩流水槽裂缝防治工法

京唐铁路桥墩形式大部分为双线圆端形实体桥墩，墩身直线段中间设置竖向流水凹槽，其作用是进行集中排水管固定作用。但是在施工过程中发现，由于流水槽为 20 cm 深的圆弧凹槽，有较大的混凝土应力，在施工完成后发现此处非常容易产生竖向裂缝。通过前期施工墩身调查，承台以上 3 m 范围内裂缝较为明显，承台以上 3～5 m 范围存在细微裂缝，承台 5 m 以上范围内基本无裂缝，裂缝的出现严重影响了桥墩的耐久性及外观质量。

京唐铁路项目在桥墩施工中经过深入研究墩身流水槽裂缝形成的原因，通过多项举措，总结形成墩身流水槽裂缝防治工法，有效地解决了墩身流水槽裂缝问题，确保了桥墩混凝土的外观质量及耐久性。

2.4.1 工艺（工法）简介

墩身流水槽裂缝防治工法是通过严控钢筋保护层厚度、凹槽处安装防裂钢丝网片、安装墩顶滴灌养护管、桥墩“穿衣戴帽”四大措施，解决了墩身流水槽裂缝质量通病问题，使得墩身外观质量大幅提升，保证了混凝土的耐久性。

2.4.2 施工准备

针对墩身施工组织项目管理人员和作业班组进行培训，下发技术交底和安全技术交底，施工方法、施工工艺、质量标准、安全措施等交底到作业班组各成员。

施工现场用电已准备完毕，施工前施工场地人员、材料、机具已就位。

2.4.3 人员、材料与设备

根据资源配置，每个桥墩施工点作为一个作业面，每个作业面劳动力组织见表 1、主要机具设备投入见表 2。

表 1 劳动力组织

序号	工班名称	承担施工任务范围	配制人员
1	模板工班	墩身模板安装	8
2	钢筋工班	墩身钢筋制安	8
3	混凝土工班	墩身混凝土浇筑振捣及养护	8
4	管理人员	全面组织协调墩身施工	5
合 计			29

表 2　主要机具设备

序号	机具设备名称	型　　号	数　　量
1	起重机	25 t	1
2	混凝土运输车	HJG5256GJB	5
3	发电机	50 kW	1
4	汽车泵	45 m	1
5	电焊机	BX1-500	2
6	振捣棒	50	4
7	水泵	100 W	2

2.4.4　工艺流程

工艺流程如图 1 所示。

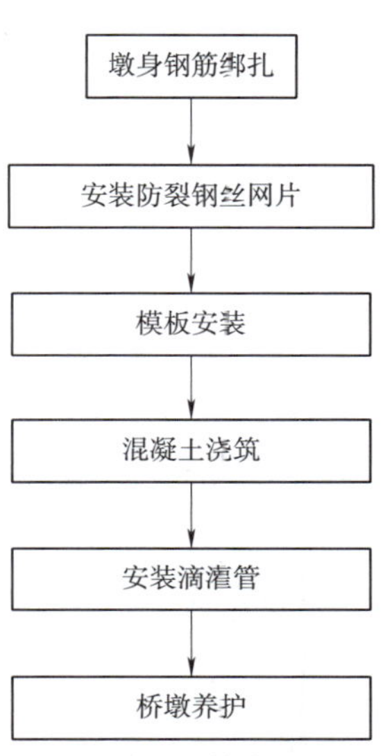

图 1　工艺流程

2.4.5　工艺方法与操作要点

1. 严控钢筋保护层

为了保证承台与桥墩墩身良好粘结，除了按设计位置、数量及间距预埋墩身钢筋以外还应将承台顶面彻底凿毛，要求凿出后能露出混凝土石子、表面无松动。钢筋安装前先搭设脚手架(内外均设)作施工平台和定位支撑，钢筋的安装应保证结构尺寸、位置准确，应采取可靠的定位和支垫措施来保证保护层厚度不小于设计要求 5 cm。使用专用的混凝土垫块，确保不露筋，垫块设置数量为 4 个/m^2。墩身流水槽钢筋绑扎如图 2 所示，墩身钢筋绑扎如图 3 所示。

图 2　墩身流水槽钢筋绑扎

图 3　墩身钢筋绑扎

2. 安装防裂网片

(1)网片规格

网片采用钢丝直径 0.7 mm、网格 15 mm×15 mm、宽 1 m 的镀锌钢丝网片。

(2)网片布设范围

竖直方向:高度<5 m 的墩身,通长铺设;高度≥5 m 的墩身,自承台顶面以上 5 m 范围铺设。水平方向:流水槽中线两侧各 40 cm。

(3)安装方法

在墩身钢筋绑扎完成后,将硬质钢丝网片与墩身流水槽处钢筋进行绑扎,在钢筋与钢丝网片之间支垫 ϕ20 的短钢筋。为保证混凝土石子能够顺利通过,钢丝网片竖向每间隔 1 m 预留 35~50 mm 的空隙。抗裂钢丝网片安装形式如图 4 所示,抗裂钢丝网片安装范围如图 5 所示,安装就位后的抗裂钢丝网片如图 6 所示。

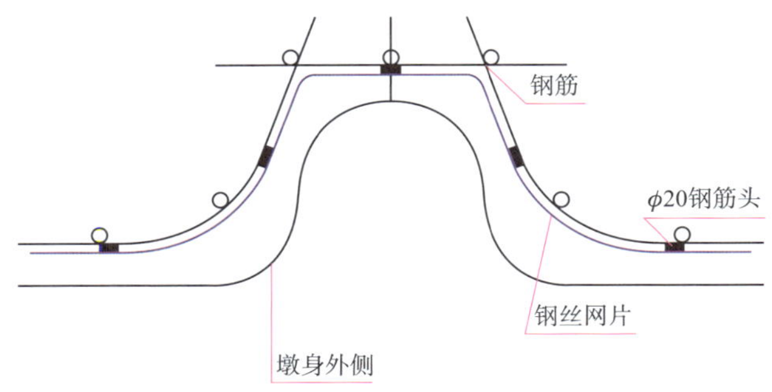

图 4　抗裂钢丝网片安装形式

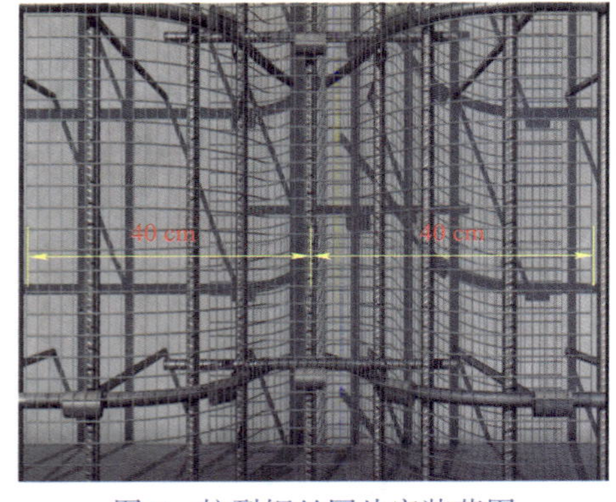

图 5　抗裂钢丝网片安装范围

图 6　安装就位后的抗裂钢丝网片

3. 混凝土浇筑

以墩身横纵中心线为轴将振捣区域分为四个区,每个区配一台插入式振动棒负责振捣,同时考虑预备两台振捣棒。振动要求:振捣棒移动间距不大于作用半径的 1.5 倍,且要求插入下层混凝土中深度 5~10 cm,保证新老混凝土的结合,当振捣完毕需变换振捣棒在混凝土中的水平位置时,应边振捣边竖向缓慢拔出振捣棒,不得将振捣棒放在混凝土内平拖,不得用振捣棒驱赶混凝土。振捣时振捣棒不得碰撞模板、钢筋及预埋件。振捣人员在施工前必须经过专业培训,振捣以混凝土表面不泛浆,不再沉落,不泛气泡为度;严防漏振,同时要防止过振。如施工过程中混凝土表面泌水,应及时排除泌水以免出现表面水纹和泛砂,影响混凝土的外观质量。

4. 滴灌养护管安装

滴灌养护管采用直径 3 cm 不锈钢钢管根据墩顶的形状工厂加工,运输至现场后组装而成，围绕墩顶一圈。为了使墩顶均匀受到养护，钢管每隔 20 cm 用 2 mm 电钻开出水孔。在墩身流水槽处使用三通连接塑料管道，使用水泵将养护用水送至墩身顶部，进行滴灌养护。滴灌养护管安装如图 7 所示，滴灌管滴灌效果如图 8 所示。

图 7　滴灌养护管安装

图 8　滴灌管滴灌效果

5. 桥墩养护

墩顶滴灌管安装完成后，立即采用墩身养护衣对墩身包裹养护，以防止水分散发和高低温的影响。墩身采用成型墩身包裹外衣，墩身养护衣根据墩顶较大、墩身形状规则的特点进行定做，形成墩身“穿衣戴帽”的养护形式（图 9）。成型的墩身养护衣从工厂定做，中间使用拉线进行紧固，使用加绳箍等方式保证与混凝土面密贴和不被风刮破。在墩底设置 1 个养护水箱，使用高扬程水泵将养护用水打至墩顶滴灌管内，采用滴灌的方式使水沿墩身缓缓流下，墩底设置汇水槽道，将养护用水收集，循环利用，如图 10 所示。

图 9　桥墩“穿衣戴帽”

图 10　养护循环用水

6. 检查验收

桥墩养护完成后进行验收，主要观察桥墩流水槽处裂缝产生情况，流水槽处混凝土密实平整、颜色均匀、不得出现混凝土裂缝。

2.4.6 质量控制

(1)钢筋保护层必须符合设计要求,严禁保护层过大或者过小,造成因钢筋保护层问题而导致开裂。

(2)防裂钢丝网片安装过程需要进行检查,确保防裂钢丝网片与墩身钢筋使用 ϕ20 钢筋支垫,防止钢丝网片密贴在墩身钢筋上面。

(3)混凝土坍落度控制要满足 160～180 mm,避免产生浮浆及流砂现象。

(4)模板拆除应确保混凝土表面及棱角不受损伤。

(5)拆模时混凝土表层与环境温差不应大于 15 ℃,防止温差影响使混凝土开裂。

(6)桥墩养护水泵设置定时开关,确保夜间同样得到足够的养护。

2.4.7 安全环保措施

(1)收集的各种固体废弃物必须按照相关规定进行处理或统一运输到指定位置,避免洒落污染周边环境。

(2)施工用水必须规范,在冲洗或养护混凝土的过程中,避免施工用水对周边环境的污染。

(3)混凝土等材料运输过程中注意便道要洒水,避免扬尘。

2.4.8 工程实例与效益分析

中铁十四局集团有限公司京唐铁路六标项目经理部标段内的桥墩均使用桥墩流水槽裂缝防治工法进行施工。通过控制钢筋保护层、安装防裂钢丝网片(每桥墩增加 30 元)、墩顶滴灌养护、桥墩穿衣戴帽等施工工艺,良好地控制了桥墩混凝土外观质量,加强了混凝土结构的耐久性,确保了工程质量得到有效控制,节约了墩身普通养护方法的人力和时间成本。墩身流水槽处细部及养护完成后墩身效果如图 11、图 12 所示。

图 11 墩身流水槽处细部

图 12 养护完成后墩身效果

参编单位:中铁十四局集团有限公司

参编人员:白志涛、王照全

2.5　高速铁路多梁型箱梁快速高效预制施工工法

随着我国高速铁路建设的快速发展，箱梁预制施工技术得到了广泛应用，我国自主研发的高速铁路箱梁已成为国内高铁建设必不可少的重要产品。高新制梁场承担京唐铁路7标697榀箱梁预制任务，含无砟32 m、24 m、20 m双线，无砟32 m、24 m单线以及有砟32 m、24 m单线共计7种梁型，预制箱梁种类多、数量多导致预制施工过程中作业复杂、工装种类多、交叉作业难度增大、机械设备协调难度提高，影响预制质量及施工效率。为此，高新制梁场在施工研究过程中，充分考虑多梁型箱梁实现工装通用化快速高效施工的总体要求，工艺工法上针对性采取应对措施，进一步实现质量稳定、安全可靠、绿色高效的施工目的。

2.5.1　工艺(工法)简介

(1)梁场信息化控制中心：梁场在场内建立了独立的信息化控制中心，打造数字化预制梁场，动态监管预制生产过程的实际情况。

(2)数字化钢筋加工厂：通过对数字化加工设备改造，在设备安装智能控制器，实现设备加工信息的自动采集和远程控制，加工数据实时呈现等。

(3)智能化拌和站：通过信息化手段实现混凝土生产全环节的智能管控和质量追溯，实现拌和站集中操控少人化、业务流程自动化、质量卡控标准化，为施工提供质量保障。

(4)多梁型箱梁预制台座设计：采用横列2+3(2双+3单)模式的生产线集中布置方式，便于组织流水化作业施工，提高施工效率。

(5)可调式通用化单线钢筋绑扎胎具：创新改进绑扎胎具使用，实现了无/有砟单线钢筋笼可在同一绑扎胎具内进行绑扎作业，实现了工装通用化。

(6)全自动箱梁模板打磨机：采用钢丝滚刷仿形设计，集电气、自动与液压控制于一体，实现箱梁模板的打磨、抛光、除尘、喷涂等全流程作业。

(7)接触网基础预埋件检测定位工装：通过水晶板(四周含水平气泡)和接触网预埋件检测定位工装的使用，提高了施工效率，保证了接触网基础预埋件安装质量。

(8)多梁型存梁台座设计：存梁台座采用单双共用的存梁设计方式，各种梁型可交替存放，避免了因多梁型而导致存梁受到一定的局限性，达到高效施工的目的。

(9)智能化张拉一体台车：在传统简易工装架的基础上，通过搭载遥控电动底盘，标准化车架系统，集成智能张拉设备，实现了千斤顶精准定位、辅助安装。

(10)智能锚穴凿毛、切割机器人：在智能系统的控制下，按照预设轨迹自动行走定位，实现了对锚穴孔的全自动凿毛和钢绞线切割作业。

(11)智能压浆一体台车：集水泥和压浆剂仓储、配料搅拌、自动压浆、计量、语音提示、数据采集等功能于一体的车载设备。

(12)防水层智能喷涂机器人：按照预设轨迹自动行走定位，结合3D打印技术，进行循环喷涂作业。

(13)自动喷淋养护系统：通过自动喷淋养护系统的运转，箱梁实现了对梁板顶面、侧面、底面及腔内进行全自动养护。

(14)箱梁快速检测关键技术:含箱梁模型自动获取技术、箱梁模型快速重建技术、箱梁外观尺寸自动计算技术、箱梁徐变监测技术等的关键技术。

2.5.2 施工准备

针对箱梁预制组织项目管理人员和作业班组进行培训,下发技术交底和安全技术交底,施工方法、施工工艺、质量标准、安全措施等交底到作业班组各成员。

施工现场用电已准备完毕,施工前施工场地人员、机具等已就位。

2.5.3 人员、材料与设备

劳动力组织见表1。

表1 劳动力组织

序号	班组	人数
1	梁场项目部	49
2	模板一班	6
3	模板二班	6
4	钢筋一班	30
5	钢筋二班	34
6	混凝土一班	13
7	混凝土一班	15
8	预应力班组	20
9	起重班	16

主要材料配置见表2。

表2 主要材料配置

序号	材料名称		单位	箱梁型号						
				无砟32 m双线	无砟24 m双线	无砟20 m双线	无砟32 m单线	无砟24 m单线	有砟32 m单线	有砟24 m单线
				单孔	单孔	单孔	单孔	单孔	单孔	单孔
1	C50混凝土		m^3	316.1	246.5	198.3	172.7	141.4	142.6	110.5
2	压浆用量		m^3	4.5	2	1.8	1.83	1.204	2.65	1.44
3	钢筋	HPB400(ϕ8)	t	0.145	0.12	0.113	0.118	0.098	0.096	78.58
4		HPB400(ϕ10)	t	—	—	—	—	—	0.75	0.65
5		HPB400(ϕ12)	t	1.944	1.285	1.3	1.1	0.88	—	—
6		HRB400(ϕ12)	t	16.200	12.699	10.579	9.825	7.623	10.506	8.098
7		HRB400(ϕ14)	t	—	—	—	2.259	2.258	—	—
8		HRB400(ϕ16)	t	14.795	11.885	10.139	17.651	13.281	8.066	5.931
9		HRB400(ϕ18)	t	11.464	8.378	6.620	0.880	0.633	4.462	3.765
10		HRB400(ϕ20)	t	3.664	3.672	3.241	0.943	0.943	1.369	1.369
11		HRB400(ϕ22)	t	4.525	4.525	4.545	—	—	—	—

续上表

序号	材料名称		单位	箱梁型号						
				无砟 32 m 双线	无砟 24 m 双线	无砟 20 m 双线	无砟 32 m 单线	无砟 24 m 单线	有砟 32 m 单线	有砟 24 m 单线
				单孔	单孔	单孔	单孔	单孔	单孔	单孔
12	预埋件	支座板	块	4	4	4	4	4	4	4
13		防落梁	块	4	4	4	4	4	4	4
14		预埋套筒	个	304	240	200	152	120	—	—
15		接触网螺栓		需设置时，QJ-A2 双线左右线各 6 根，单线仅设置单侧 6 根；QJ-B 双线左右线各 8 根，单线仅设置单侧 8 根；QYHJ 仅单线设置，单侧 8 根						
16		接触网预埋件		需设置时，QJ-A2 双线左右线各 1 块，单线仅设置单侧 1 块，QJ-B 双线左右线各 1 块，单线仅设置单侧 1 块						
17		下锚拉线螺栓		需设置时，双线按照左右线设置 8/16 个，单线仅单侧设置 4/8 个						
18		下锚拉线预埋件		需设置时，双线按照左右线设置 2/4 块，单线仅单侧设置 1/2 块						
19		吊装孔	个	8	8	8	8	8	8	8
20		接地端子		一般情况下设置 4 个，特殊情况下需设置 6 个						

主要机具设备见表 3。

表 3　主要机具设备

序号	设备名称	型　号	规　格	数　量
1	装载机	CG955	5 t	2
2	混凝土搅拌站	HZS180RE	180 m^3/h	2
3	混凝土运输车	ZLJ5256GJB	9 m^3	6
4	轮胎式提梁机	DLMI900-40.5A3	900 t	1
5	门式起重机	MG50/10-38A5	50/10 t	4
6	电动单梁桥式起重机	LDDQ16-28.5A4	16 t	2
7	混凝土输送泵	HBT80C-1816III	85 m^3/h	3
8	混凝土布料机	HGY21/2	20 m	4
9	提浆整平机	HCTZ-194	13 m	3
10	自动张拉系统	TYZ/60-Ⅶ/YT	0.5%FS	4
11	千斤顶	YDCQ3000	3 000 kN	4
12	智能压浆一体机	—	—	1
13	智能化张拉一体台车	—	—	1
14	柴油发电机组	300GF-C-D	300 kW	3
15	全自动数控钢筋调直切断机	GT4-14 型	ϕ6～14 mm	1
16	全自动钢筋弯曲机	GW55	ϕ6～50 mm	2
17	调直切断弯曲一体机	16 型	ϕ4～16 mm	2
18	立式数控钢筋弯曲中心	50 型	ϕ6～32 mm	1

续上表

序号	设备名称	型　　号	规　　格	数　　量
19	数控钢筋剪切线	300 型	50 mm	1
20	立式智能钢筋机器人	G2L32E-4	ϕ6～32 mm	1
21	全自动数控钢筋调直切断机	YGT4-12 型	ϕ4～12 mm	1
22	防水层智能喷涂机器人	—	—	1
23	全自动箱梁模板打磨机	—	—	1
24	智能锚穴凿毛、切割机器人	—	—	1

2.5.4　工艺流程

工艺流程如图 1 所示。

2.5.5　工艺方法与操作要点

1. 梁场信息化控制中心

梁场在场内建立了独立的信息化控制中心，信息化控制中心以创新为主线、智慧为手段，以工序管理为核心，以现场数据智能采集为基础，以智能工装设备为支撑，经过大数据分析处理，利用物联网、“互联网＋”等技术手段，打造数字化预制梁场，动态监管钢筋加工、预制生产、运输架设的实际情况。同时对接各个异构系统，开发新系统，从而实现了进度跟踪、生产排程、安全管理、质量管理、工料机管理的深度集成应用。满足计划、进度、物资、安全、质量等全环节的智能化管控及一体化协同作业。智能化指挥平台界面如图 2 所示。

2. 数字化钢筋加工厂

通过对数字化加工设备改造，在设备安装智能控制器，实现设备加工信息的自动采集和远程控制，加工数据实时呈现。并接入中铁四局数智工程物资系统，实现原材进场到消耗、钢筋加工到配送的管理，提高钢筋出材率，减少钢筋浪费，保证钢筋加工质量。

通过智能移动手持端直接录入信息，材料员按照盘或者捆点验，每点验一捆(盘)钢筋，及时进行信息录入，录入结果会传至钢筋管理平台，手持移动端打印出一张包含钢筋详细信息的二维码原材料牌，原材料牌可直接粘贴在进场原材铭牌处，进而完成原材进场点验。

现场加工工人依据原材领料单进行原材申领。通过扫描原材二维码，完成领料环节，系统中的原材架库存原材量自动完成扣减。

系统通过自动采集钢筋加工厂数据，实现自动盘点。

半成品发货前，现场清点人员确认好加工量，通过扫描二维码完成发货信息确认。

通过钢筋翻样软件，快速录入形成钢筋加工单，审核通过后，派发钢筋加工任务，并打印二维码。

系统会按照规格类型、加工工艺自动将任务分配至相应的加工设备中，并呈现加工设备承载的加工量。另外，根据实际情况，可对每一条任务项或者每一组任务进行整体的设备手工调整。

底模清理
安装支座、防落梁预埋钢板
材料检验(支座、防落梁预埋钢板和套筒为焊接好的外购件)（质量控制点）
侧模清理
侧模安装调整
钢筋加工（焊接）、绑扎
吊装钢筋、调整
钢筋、混凝土垫块检验
安装端模
端模清理，安装锚垫板
内模清理、拼装
穿入内模、调整
混凝土原材料检验
拌和站碎石清洗
混凝土强度、弹性模量试件制作
混凝土浇筑
混凝土制备、运输
梁体混凝土养护
松动内模、拆除端模
锚具检验、安装,千斤顶、表检验
梁体混凝土强度≥28.5 MPa
预张拉
钢绞线检验、下料、穿束
梁体混凝土强度≥33.5 MPa
拆除内模
拆模环境符合要求
梁体混凝土强度≥43.5 MPa
初张拉
千斤顶、表检验
起移梁、存梁
梁体混凝土强度≥53.5 MPa
梁体混凝土弹性模量≥35.5 GPa
凝土龄期≥10 d且≤30 d
终张拉
千斤顶、表检验
压浆材料检验，灰浆制备
管道真空压浆
抗压、抗折试件制作
锚穴进行凿毛处理封锚
钢筋制安，混凝土制运
封锚
强度试件制作
防水涂料检验
梁端面防水层
（场内不施工桥面防水）
安装桥牌
成品梁检测、验收
签发箱梁制造技术证明书
入库

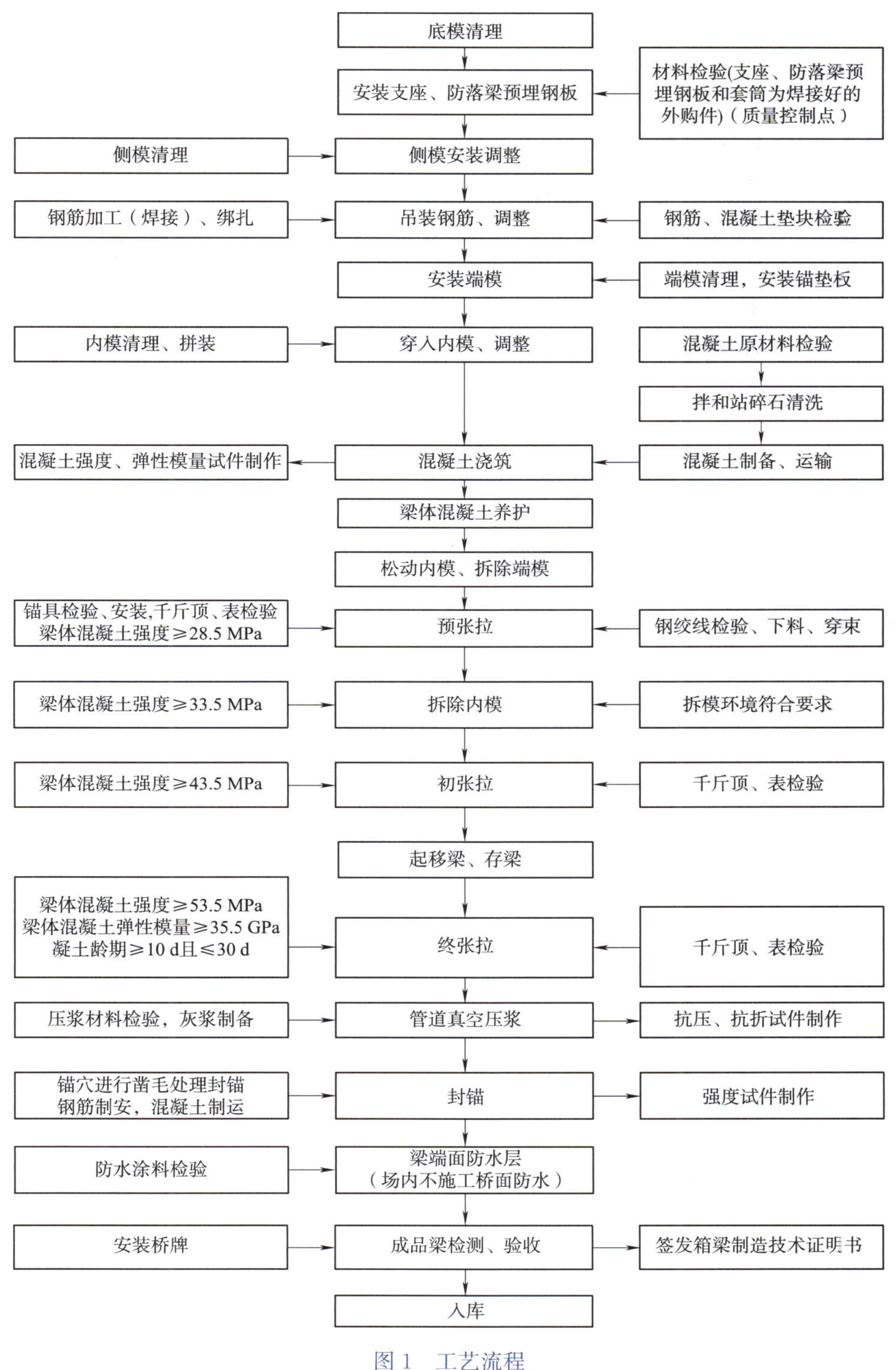

图1　工艺流程

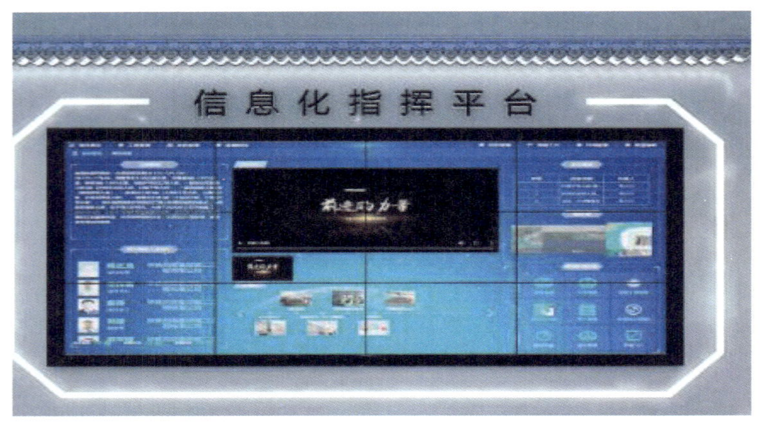

图 2　智能化指挥平台

按照部位、钢筋规格等分类输出加工方案，包含优化方案、半成品钢筋料牌。

在钢筋加工设备上，安装智能控制器，通过智能控制器对接弯箍机、调直切断机、弯曲中心、剪切线、锯切套丝、滚焊机等设备，实现后台软件对前台钢筋设备的智能启动，减少人员信息录入操作，并实时将钢筋加工数据上传至后台。半成品加工完成后，按照形象部位分类捆绑，并把已打印的半成品料牌挂接绑定上。

在钢筋设备上加装的智能控制器，将实时采集钢筋加工设备半成品加工数量。当钢筋半成品出库时，通过扫描半成品上的二维码料单，实时将出库信息发送至后台，质量大屏中可对其进行跟踪复核，同时自动计算半成品数量。

由管理研究院提供智能设备接口。

预制构件生产管理系统界面如图 3 所示。

图 3　预制构件生产管理系统

3. 智能拌和站

智能拌和站主要包含了物料管控、设备管理、核算管理等功能，如图 4 所示。

图 4 拌和站

通过信息化手段实现混凝土生产全环节的智能管控和质量追溯，旨在提升混凝土生产工效、混凝土品质和提升混凝土生产及混凝土浇筑的协同效率，实现拌和站集中操控少人化、业务流程自动化、质量卡控标准化，并集成地磅管理系统和视频监控系统，实现自动收料和物料消耗统计，为施工提供质量保障。

通过安装过磅影像系统，原材料进场时，自动抓拍车牌和自动称重，自动抓拍的原材进场照片和磅单一起永久保存，便于物资追溯。同时，实时将原材进场数据上传至铁路工程管理平台，同时上传至中铁四局物资管理系统。

在粉料仓底安装电子门禁系统，将磅房、收料员、送料司机纳入系统内，规范粉料来料、引导入库入仓流程，采用电子信息化手段，联动料仓门禁机吹灰控制系统，避免人为操作过程中可能产生的错误，包括发卡错误、吹灰错仓等。

在筒仓底部上料口约 3 m 位置配置智能电子物料牌，显示粉料名称、进场日期、生产批号等物料参数。在粉料罐上安装贴片式料位监测设备和一体化测温传感器，实时将筒仓余料和筒仓温度数据传至后台，该数据与拌和站 ERP 系统对接，随系统实时显示物料参数。

在料仓侧面设置 LED 数字显示系统，显示数据通过智能过磅系统、原材检验、拌和生产等系统，实时自动推送至料仓 LED 屏幕上，可实时显示材料名称、材料批次、库存数量、材料检验状态。

通过在粉料罐柱底安装贴片式料位传感器，在各种恶劣环境下使用自稳定承压头设计，始终保持正确的加载位置，实时监控筒仓料位数据，超出预警范围自动报警，防止冒仓。

由拌和站站长或技术员在铁路工程管理平台拌和站模块中下发混凝土生产任务，试验室系统接收到混凝土生产任务单后进行配合比设置推送配料通知单，线下拌和人员通过扫码录入工控机进行生产，实现自动拌和生产，并动态监控每盘混凝土的原材料用量、拌和时长等生产信息。同时生产拌和信息实时上传至中铁四局拌和站 BI，便于进行拌和站核算分析。

在仓内安装环境监测设备，对粉尘、噪声、温度、湿度、风速等环境指标，实时上传至环境监测平台。同时，将料仓喷雾除尘系统与扬尘监测数据关联，当监测数据超过设定的预警值时，自动喷射水雾。同时，也可后台远程操控，实现降温、降尘、加湿的目的。

通过对接无人值守地磅、拌和站控制系统，实现拌和站原材进销存、混凝土生产拌和、车辆油耗的汇总分析，拌和站实现运料管理、单机油料核算、预警管理。

4. 多梁型制梁台座设计

梁场按照横列式 2+3(2 双+3 单)生产线布置形式采用底模、侧模固定、钢筋整体吊装入模的布置方案形式，台座采用扩大基础处理(顶部预埋 500 mm×500 mm×10 mm 钢板)，上部单个钢管立柱通过 4 根高强螺栓与预埋钢板进行相连安装(制梁台座传统做法为扩大基础上部采用钢混结构)，双线制梁台座设置 3 排、单线设置 2 排均采用并列方式进行设置。在相同生产效率下，该设置形式具有占地面积小，建设投入费用低，钢管立柱可实现拆卸循环周转使用且梁场分区明确、布置紧凑，各工序互不干扰，便于组织平行流水化作业等特点，在多梁型箱梁预制场规划中具有很强的借鉴意义。单双线制梁台座基础平面布置如图 5 所示，制梁台座钢管立柱基础如图 6 所示。

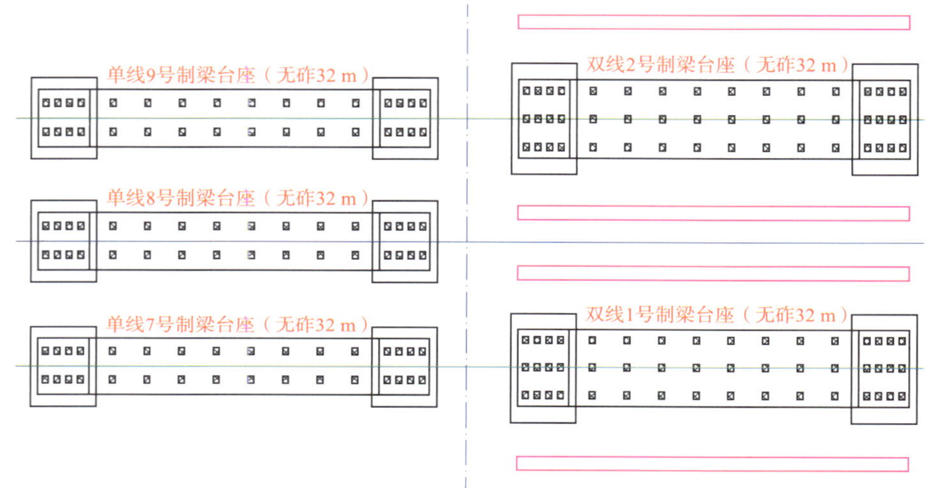

图 5　单双线制梁台座基础平面布置图

图 6　制梁台座钢管立柱基础

5. 多梁型存梁台座设计

多梁型制梁场，为了进一步实现多梁型箱梁存放时不受任何影响，以及根据单线箱梁数量较多的特点，通过对各梁型结构尺寸进行对比分析，存梁台座基础形式采用单双线共用存梁台座，条形基础+管桩，此设计方式可供 2 双/3 单进行双层存放。

存梁台座的设计方式实现了单双线箱梁共存的模式，各种梁型可灵活交替存放，避免了因多梁型而导致存梁受到一定的局限性，达到高效施工的目的，在多梁型箱梁预制场规划中具有很强的借鉴意义。存梁台座端部基础处理示意如图 7 所示。

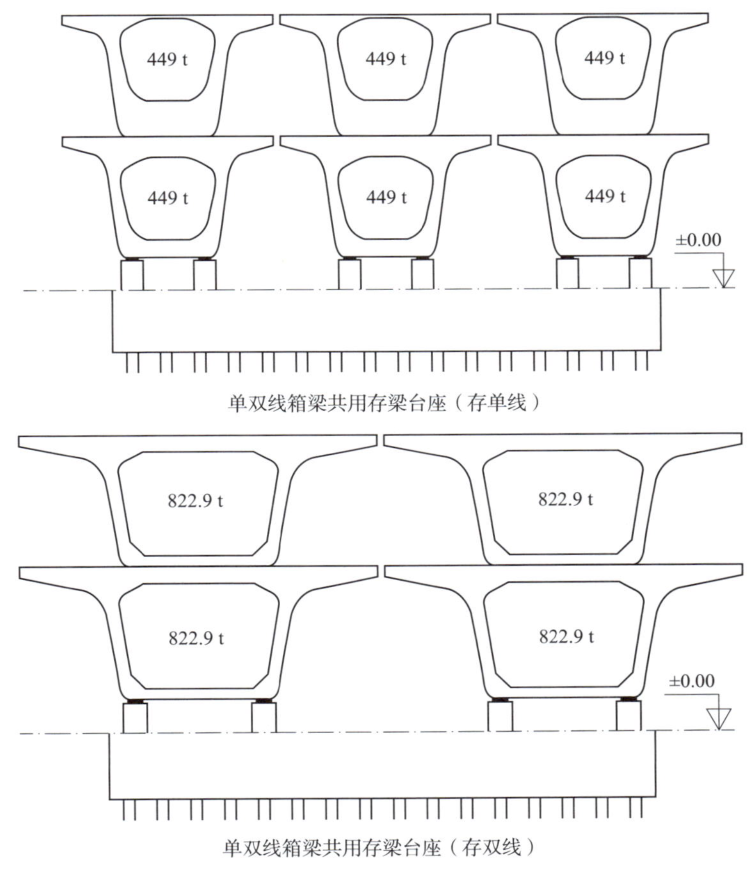

图 7　存梁台座端部基础处理示意图

6. 可调式通用化单线钢筋绑扎胎具

传统的梁体钢筋绑扎胎具只可绑扎同一种型号的钢筋笼，使多梁型箱梁钢筋笼绑扎作业受到一定的局限性，无砟及有砟单线箱梁型号多达 4 种，钢筋绑扎胎具型号数量也将随之增多，必将导致临时占地面积增大，施工成本投入过高。

为了最大限度减小绑扎胎具临时占地面积，尽可能地将多种型号绑扎胎具实现通用，通过对各梁型外形结构尺寸进行分析对比，决定对传统的单线钢筋绑扎胎具进行创新改进，经多次采用 CAD 制图研究，决定在绑扎胎具上安装可调式可移动螺杆。

对传统单线钢筋绑扎胎具的创新改进使用，通过可调节螺杆调节腹板角度以及底板宽度参数实现了无砟及有砟不同跨度单线箱梁的钢筋绑扎通用化工装，使多梁型单线箱梁不同跨度的钢筋骨架可在同一绑扎胎具实现通用，减少了绑扎胎具的投入数量及临时用地面积，为项目节省了大量费用开支。可调式通用化单线钢筋绑扎胎具现场安装如图 8 所示。

图 8　可调式通用化单线钢筋绑扎胎具现场安装

7. 全自动箱梁模板打磨机

采用钢丝滚刷仿形设计，集电气、自动与液压控制于一体，实现箱梁模板的打磨、抛光、除尘、喷涂等全流程作业。结构组成如图 9 所示。

(1)通过此系统解决传统箱梁模板打磨需要大量人力、耗时较长的问题，提高工作效率从而实现生产效益的提升。

(2)定位精准，可完全覆盖需打磨位置。

(3)模板打磨达到锈迹、灰浆、杂物无残留表面光滑的效果。

(4)模板打磨时长控制在 10 min 以内。

(5)全自动、数字化控制系统，可以手动、遥控、自动模式工作。

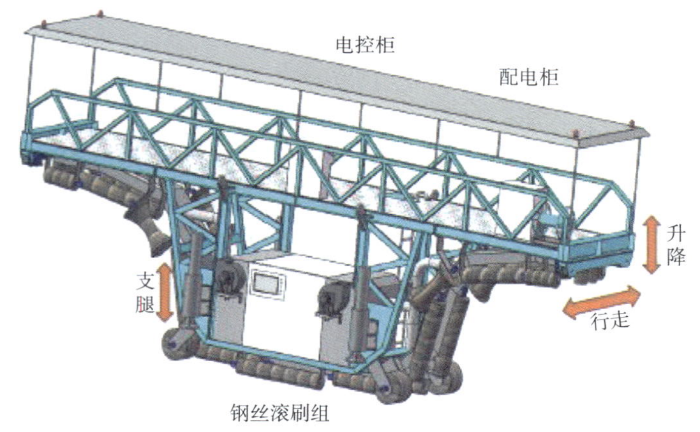

图 9　全自动箱梁模板打磨机

8. 接触网基础预埋件检测定位工装

箱梁接触网基础预埋件安装质量是高速铁路四电接口工程的重要检测指标，规范中明确要求：箱梁接触网基础预埋件螺栓与水平面安装垂直度小于 1 mm，螺栓相邻间距为 ±1 mm。

通过一种新型通用化工装[创新型接触网检测定位工装、水晶板(四周含水平气泡)]，满足多种接触网基础预埋件型号的安装使用，确保接触网基础预埋件的施工效率及施工质量。

通过创新型接触网检测定位工装以及水晶板(四周含水平气泡)的综合使用，在箱梁接触网基础预埋件的安装设计位置采用工装进行定位，将水晶板通过其表面螺栓孔套入预埋件螺栓，确保 4 根对角螺栓顶部距水晶板的距离相同且保证四周水平气泡完全居中，因接触网基础预埋件自重较大，通过工装固定确保了整个预埋件重心向下，避免了预埋件在惯性力的作用下向内侧倾倒造成侵限问题，同时水晶板可控制预埋件螺栓之间间距，在混凝土浇筑过程中可随时通过观察水晶板四周的水平气泡即可检测出预埋件的垂直度情况。接触网检测定位工装与水晶板综合使用如图 10 所示。

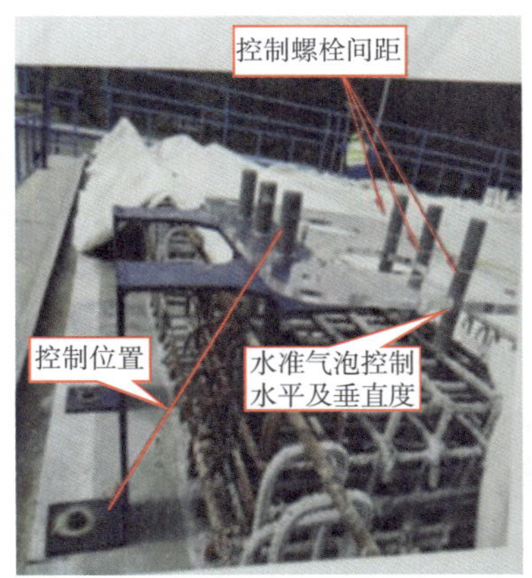

图 10　接触网检测定位工装与水晶板综合使用

在混凝土浇筑前后，对接触网基础螺栓位置、垂直度偏差进行测量验证，如图 11 所示。

(a) 混凝土浇筑前

(b) 混凝土浇筑后

图 11　锚栓位置与垂直度测量

混凝土浇筑前后锚栓的位置、垂直度偏差均满足小于 1 mm 的规范要求，如图 12、图 13 所示。

图 12　接触网 QJ-B 型

图 13　接触网 QJ-A2 型

9. 智能化张拉一体台车

在传统简易工装架的基础上，通过搭载遥控电动底盘，标准化车架系统，集成智能张拉设备，实现了千斤顶精准定位、辅助安装，如图 14 所示。

通过此设备提高张拉作业的工作效率和质量。千斤顶定位精准，保证与孔道锚具同心；张拉设备自动采集张拉数据以及数据处理；张拉不同步率满足规范要求。

图 14　智能化张拉一体台车

通过智能化张拉一体台车提高了预制箱梁张拉过程中钢绞线伸长量及同步率的合格率，确保预制梁的产品质量，降低因施工人员凭经验手动操作，误差率较高，对预应力施工质量影响较大的问题。智能张拉技术由于智能系统的高精度和稳定性，能完全排除人为因素干扰，有效确保预应力张拉施工质量。

10. 智能锚穴凿毛、切割机器人

以多功能运输底盘为载体，搭载智能化机械手臂，设计专用可互换的离心式凿毛与钢绞线切割刀头，在智能系统的控制下，按照预设轨迹自动行走定位，实现了对锚穴孔的全自动凿毛和钢绞线切割作业，如图 15 所示。

图 15　智能锚穴凿毛、切割机器人

(1)全自动凿毛和钢绞线切割作业，替代人工提高施工质量与效率。

(2)凿毛效果满足规范要求。

(3)钢绞线切割质量、预留长度满足规范要求。

(4)全自动、数字化控制系统，可以手动、遥控、自动模式工作；通过软件控制设备行走与机械臂的动作。配备无线网络通信功能，可与信息化平台联网。

11. 智能压浆一体台车

智能压浆一体台车，集水泥和压浆剂仓储、配料搅拌、自动压浆、计量、语音提示、数据采集等功能于一体的车载设备，如图 16 所示。

实现制浆、真空辅助压浆两大关键工序自动化协同控制，提高施工质量与效率。自动计量准确无误，搅拌时长可人为控制，孔道真空度满足规范要求。

图 16　智能压浆一体台车

12. 防水层智能喷涂机器人

以多功能运输底盘为载体，搭载智能化机械手臂、混合与喷涂装置，在智能系统的控制下，驱动双组分喷枪，实现自动计量、自动混合涂料，按照预设轨迹自动行走定位，结合 3D 打印技术，进行循环喷涂作业，如图 17 所示。

(1)实现以智能喷涂机器人替代人工作业，提高施工质量与效率。

(2)喷涂厚度、均匀度满足规范要求。

(3)全自动、数字化控制系统，可以手动、遥控、自动模式工作；通过软件控制设备行走与机械臂的动作，配备无线网络通信功能，可与信息化平台联网。

图 17　智能喷涂机器人

13. 自动喷淋养护系统

通过自动喷淋养护系统的运转，箱梁实现了对梁板顶面、侧面、底面及腔内进行全自动养护，如图 18 所示。其喷出的水均匀，可以达到全天候、全湿润的养护质量标准，养护效果极为显著，同时洒水系统从供水到工作完成，实现过程全自动控制，大大降低劳动强度，提高劳动生产率。

通过该工艺的研究，研究出一套自动喷淋养护系统，可满足多区域，多榀梁的养护，与单区域单套设备相比极大降低成本。喷淋养护区中间设置沉淀池，进行养护水回收利用，达到节约用水的目的。

箱梁自动洒水养护系统主要由云服务系统、信息化管理系统、现场自动采集控制系统、循环水控制系统、手机 App 等五部分组成。

箱梁自动洒水养护系统工作流程是通过 RFID 扫码设备自动识别养护台座上箱梁基本信息并通过无线网络启动现场自动采集控制系统，现场自动采集控制系统通过采集环境的温、湿度和系统预设的养护工艺开始全天候自动洒水养护，并实时记录洒水时间、洒水时长、洒水量、存梁区的环境温度、湿度，养护时间到达后自动停止并将养护信息上传给信息化系统；信息化系统通过以太网将数据上传给云服务平台，办公室计算机及手机 App 通过 IE 浏览器或 App 软件查看箱梁的养护信息。

图 18　自动喷淋养护系统

14. 箱梁快速检测关键技术

现阶段高速铁路箱梁检测均是采用人工配合普通水准仪、卷尺、水平尺等低精度检测设备的检测方法，存在检测误差大、耗时长、人力浪费大的缺点。

箱梁快速检测关键技术包含箱梁模型自动获取技术、箱梁模型快速重建技术、箱梁外观尺寸自动计算技术、箱梁徐变监测技术等的关键技术，监测系统如图 19 所示。可节约箱梁检测工艺的施工时间和人工成本，以及为箱梁预制质量提供有力的保障，从而形成快速施工，缩短工期，具有显著的技术效益。

图 19　箱梁外形快速检测系统

主要包含以下几项技术：

(1)智能点云数据采集平台研究：研究一种具有测量路径规划、可搭载三维扫描仪升降的环保智能采集平台，实现箱梁外形点云的自动采集。

(2)三维扫描仪研究：研究一种具有高精度、大范围的三维扫描仪，并开发基于目标球定位的软件定标系统。

(3)箱梁外形检测技术研究：研究基于三维激光扫描的箱梁外形检测系统，使其可满足不同梁型的检测，并对系统稳定性、误差分析、数据处理进行研究。

(4)箱梁徐变监测技术研究：研究一种基于三维激光扫描的箱梁徐变检测技术，达到无人参与、高精度持续检测的目的，并利用数据采集及传感系统，形成 c-s-t-d（徐变-时间-温度-湿度）曲线，可为箱梁徐变控制提供有力参考。

2.5.6 质量控制

(1)多梁型箱梁预制产品质量标准按照《高速铁路桥涵工程施工质量验收标准》（TB 10752—2018）、《铁路混凝土工程施工质量验收标准》（TB 10424—2018）、《高速铁路预制后张法预应力混凝土简支梁》（TB/T 3432—2016）等进行质量控制。

(2)各类钢材、预埋件、水泥、掺合料、外加剂等进场时均应出具质量证明书，工程试验室根据规定对原材料进行检验，检验合格并经监理工程师同意方可使用，不合格材料由物资设备部做退场处理，并做好监理见证工作。

(3)模板进场对外观质量、外形尺寸、扣件定位销数量、预留孔数量、标识牌数量规格、合格证书等进行验收，严格进行模板日常检查和定期检查，并做好相应的记录。

(4)浇筑混凝土前应对接触网基础进行复测，相关参数需满足设计要求。

(5)混凝土浇筑时试验室控制混凝土的坍落度、含气量、出机温度、入模温度，梁体养护符合相关要求。

(6)拆模后及时对梁体混凝土进行养护，保湿养护时间不少于 14 d。

(7)张拉设备按照要求定期进行校验，施工时严格按照规定的张拉顺序依次进行张拉。

(8)压浆前管道内应清除杂物及积水，压入管道内的水泥浆应饱满密实。

(9)防水层涂刷后应对其进行测量，保证涂刷厚度满足 1.5 mm 的要求。

(10)在存梁、吊运的过程中，应保证各吊点受力均匀，梁体四个支点应位于同一平面，误差不应大于 2 mm。

2.5.7 安全环保措施

1. 安全措施

(1)建立健全安全保证体系。以施工安全、人员安全、设备安全为主，与职工以及施工班组签定安全责任书，做到岗位职责明确，逐级落实安全生产制度。

(2)严格员工教育制度培训制度，参加施工的所有人员必须接受安全教育，熟知和遵守本工种的各项安全技术操作规程，经安全技术考核合格后方能上岗，上岗后定期或不定期的进行安全技术考核，未通过考核的不得上岗。特殊工种上岗前必须经过专业培训，具有劳动安全部门颁发的安全生产许可证。

(3)开工前,制定详细的安全施工方案和作业指导书,并在施工过程中严格执行。认真执行三检制度和交接班检查制度,发现问题立即采取措施,对关键部位、岗位,要设专人负责,制定防范措施和应急预案。

(4)机械设备使用要严格按照有关安全技术规程执行。操作人员要严格按照技术说明书要求进行操作,严格做到工前检查、工中观察、工后保养,严禁酒后操作,严禁机械带病运转和超负荷运转。

(5)定期组织对机电设备进行检查,对检查出的问题按"三不放过"的原则进行调查处理。

(6)张拉作业时设置"张拉危险、请勿靠近"警示牌,严禁非操作人员进入。定期检查维护好设备,张拉时统一指挥,发现异常时立即停止作业,查明原因。

2. 环保措施

(1)实施环境保护计划的主要措施是逐级建立环境保护目标责任制度。责任书的主要内容包括环境保护工作的目标、环境保护计划中的各主要指标、实施环境保护计划管理所采取的措施、落实责任书的有关考核奖惩要求。

(2)环境保护计划工作安排专人负责,经常了解和检查环境保护计划的执行情况,定期组织开展对环境计划人员的培训,认真做好环境保护计划各项指标的统计。

(3)维护设备使其保持良好的工作状态,正确处理废弃的油料或燃料。

(4)针对施工过程中产生的噪声对动植物及人体损害均较大,为了保护环境,应尽量减少噪声污染。

(5)施工营地生活、施工废水通过多级沉淀池沉淀后排放。

(6)施工营地设置集中垃圾收集地,设专人管理,经无害化处理后排放,定期填埋,严禁就地焚烧。

2.5.8 工程实例与效益分析

京唐铁路高新制梁场箱梁预制全过程采用高速铁路多梁型箱梁快速高效预制施工工法。按照此工艺进行施工,施工效率得到了很大的提高,为保证工期打下了坚实的基础。该工程开工日期为 2018 年 6 月 1 日,完工日期为 2021 年 5 月 3 日,在不考虑外部环境影响的前提下(架梁时间滞后影响),有效制梁工期紧密,共预制箱梁 724 孔。经施工单位精心组织施工,设计单位和监理单位进行了施工监测,施工的多梁型箱梁外形尺寸、预埋件安装、梁面平整度、混凝土性能等指标全部满足设计要求,得到业主单位和监理单位的认可,在多次观摩会上赢得好评(图 20),取得了良好的经济效益和社会效益。

1. 经济效益

本工艺结合现场施工实际,以施工图纸及相关规范为标准,进行了多层次、多方面的创新改进,通过本工艺的研究,优化传统制梁工艺,以高标准、高质量、严要求的施工技术水平,实现快速、高效的流水化制梁施工工艺,在制梁过程中,通过钢筋自动化生产线、可调式通用化单线钢筋绑扎胎具、全自动箱梁模板打磨机、接触网检测定位工装、水晶板、自动化张拉、自动化压浆、自动化喷淋养护等自动化、信息化施工技术应用等,在一定程度上提高了施工质量,加快了施工进度,节约了能源和资源,降低了工、料、机等各项费用支出,实现了绿色高

图 20　京津冀公司组织的梁场标准化观摩会

效制梁的目的，节约了施工成本，效果显著。

（1）自动喷淋养护系统：通过箱梁自动喷淋养护技术在高新制梁场箱梁预制施工中应用，通过对时间段的动态控制，平均每个台座减少养护用水 2 m^3；自动化记录上传数据，减少了人工记录和整理时间，综合可减少 4 名工人。

（2）全自动箱梁模板打磨喷涂一体机：在工作效率方面，传统工艺每次打磨需要 4～5 名工人，约 4 h 才能完成打磨及喷涂作业；采用该设备模板打磨约 15 min 即可完成。

（3）智能张拉一体台车：在工效方面，较传统张拉设备节约人工 50%。

（4）智能压浆一体车：采用该设备较传统施工减少作业人员的投入约 4 人，降低了劳动强度。

（5）智能凿毛、切割机器人：传统工艺需要 3 名工人施工，新设备无需人工操作，切割钢绞线仅需要 1.5 h 左右，凿毛时间降为 1 h 之内。

（6）智能防水喷涂机器人：传统工艺人工采用滚刷、刮涂的方法，每端面通常需要 1 名工人，3～4 层的涂刷，共计 2～3 h 的时间。采用此设备整个喷涂作业仅需 20 min 即可完成，提高施工质量与效率，同时避免了材料的浪费。

（7）多梁型制梁台座设计：梁场按照横列式 2＋3（2 双＋3 单）生产线布置，节约用地面积 15%。

（8）多梁型存梁台座设计：存梁台座的设计方式实现了单双线箱梁共存的模式，节约用地面积约 25%，节约临建成本投入约 20%。

（9）可调式通用化单线钢筋绑扎胎具：节约临时用地面积约 17%，节约临建成本投入约 13%。

2. 社会效益

本工艺推行的多梁型箱梁预制技术，与传统的箱梁预制技术相比，使工程质量得到稳定有效的控制，外观质量更是进一步得到了提高。该项技术成果为我国高速铁路多梁型箱梁预制奠定了坚实基础，扩大了企业的知名度，进一步提高了企业核心竞争力，为企业的长远发展打下了良好基础，具有较好的社会效益。此外高新制梁场多项施工工艺取得工法、专利、QC 等多项奖项，起到了良好的技术推广作用。

3. 环保节能效益

施工生产中合理安排工序衔接时间，科学运用各种大小型机械设备；预制场地远离职工生活区和附近居民生活住所，在临时设施建设、控制施工扬尘、降低噪声、环水保等方面均坚持“绿色化”要求，采取最大限度地节约资源与减少对环境负面影响。在保证质量安全的前提下，实现了“四节一环保”目标。

参编单位：中铁四局集团有限公司

参编人员：李慧明、李斌

2.6　高速铁路预制节段胶拼(48+80+48)m连续梁施工工法

预制节段桥梁结构已在我国公路桥梁建设中多有应用,但在大跨度铁路桥梁工程应用还不是很多。京唐铁路施工的2联(48+80+48)m节段胶拼连续梁为国内该类型最大跨度桥梁。该工法贯彻了当前"创新、协调、绿色、开放、共享"的发展理念,管理智能化和信息化,降低能耗,提升环保、可持续建桥理念,具有较好的社会效益,引领桥梁建设的发展方向。该工程的顺利实施,丰富了节段预制胶拼施工的适用范围,对同类工程具有重要借鉴意义。

本工法结合铁路总公司科技研究开发计划"铁路工程建造技术研究——铁路预应力混凝土连续梁节段预制拼装法建造关键技术研究"(课题号:2016G002-H),涵盖箱梁设计、施工装备研究、施工工法及验收标准、相关试验研究等多个方面,属国内技术前沿。依托相关成果编制的技术标准《京唐铁路潮白新河特大桥预应力混凝土梁节段预制拼装技术指南》已通过行业专家评审。中国铁建股份有限公司鉴定该工法关键技术达到国际领先水平,已申请实用新型专利《一种铁路节段胶拼连续梁短线法预制系统》(专利号:ZL 202121218558.9)等3项。

2.6.1　工艺(工法)简介

(48+80+48)m连续梁采用一次拼装三对预制节段即"小节段预制、大节段拼装"的平衡悬臂胶拼工艺。首次在高速铁路中采用长短线法结法施工大跨度连续梁,上部结构节段预制和下部结构的施工同时进行。施工过程中的攻关节段胶拼大跨连续梁技术,确保了节段胶拼梁新工艺的施工质量,取得了良好的经济、社会效益。主要特点如下:

(1)梁部和承台墩柱、梁部预制和安装分别流水施工,缩短了工期。

(2)梁体预制实现了工厂化,占地小;机械化、标准化程度高,质量易于控制。施工质量明显好于挂篮悬臂浇注施工;成桥以后梁体的徐变小,成桥线形好。

(3)等截面梁段采用长线法预制,变截面梁段采用短线法预制,通过液压精控系统控制模板,预制线形控制与拼装线形控制相结合,提高了线形控制的精度。

(4)施工安全性好,可在城市、高山峡谷等特殊环境施工。施工中减少了对环境的影响。

2.6.2　施工准备

与国内相关设计院及科研机构合作,协同完成高速铁路主跨80 m连续梁节段胶拼法施工工艺的研究工作。对方案中的一些难点和关键技术问题(如梁场布置、节段预制、节段存放段、节段运输、节段拼装、线形控制、体系转化等关键工序)进行专题研究。研制改进了拼装造桥机械设备;研制了短线法液压精控系统控制模板;采用一次拼装三对预制节段即"小节段预制、大节段拼装"的平衡悬臂胶拼工艺;优化连续梁0号块的设计划分,改进0号块的建造工艺。总结形成节段预制胶拼(48+80+48)m连续梁施工工法。

2.6.3 人员、材料与设备

施工过程中的劳动力组织见表 1，主要材料配置见表 2，主要机具设备见表 3。

表 1 劳动力组织

序号	人　员	所需人数	备　注
1	施工员、技术员	6	现场施工技术管理
2	测量员	3	现场测量及线形监控
3	模板工	15	节段胶拼梁预制
4	钢筋工	15	节段胶拼梁预制
5	混凝土工	10	节段胶拼梁预制
6	电焊工	5	钢结构焊接
7	电工	2	电气设备接线
8	装吊工	25	节段梁吊装架设
9	预应力张拉工	5	节段胶拼梁张拉
10	其他	7	涂胶、混凝土养护等

表 2 主要材料配置

序号	材料名称	规　格	单　位	数　量
1	混凝土	C55	m^3	2 741.54
2	钢筋		t	544.19
3	钢绞线		t	143.13
4	波纹管		m	6 886.3
5	钢料	HPB235	t	3.94
6	支座	7000-DX/ZX	个	2/2
7	支座	35000-DX/ZX/HX/GD		1/1/1/1
8	环氧密封胶		m^2	654.61

表 3 主要机具设备

序号	机具设备	型　号	单　位	数　量
1	门式起重机	200 t	套	1
2	门式起重机	20 t	套	1
3	钢轨	P50	m	1 000
4	发电机	200 kVA	台	1
5	测量塔		座	2
6	长线台座模板		套	3
7	造桥机	TPZ80/2500	台	1
8	运输车	200 t	台	1

续上表

序号	机具设备	型　号	单　位	数　量
9	灰浆搅拌机	LJJ325	台	2
10	压浆泵	UB3	台	2
11	张拉千斤顶	YCW400	台	5
12	电动油泵	ZB4	台	5
13	单束张拉千斤顶	YC26	台	2
14	穿心千斤顶	YC65A、YC100A	台	18

2.6.4　工艺流程

1. 节段预制工艺流程

节段预制工艺流程如图1所示。

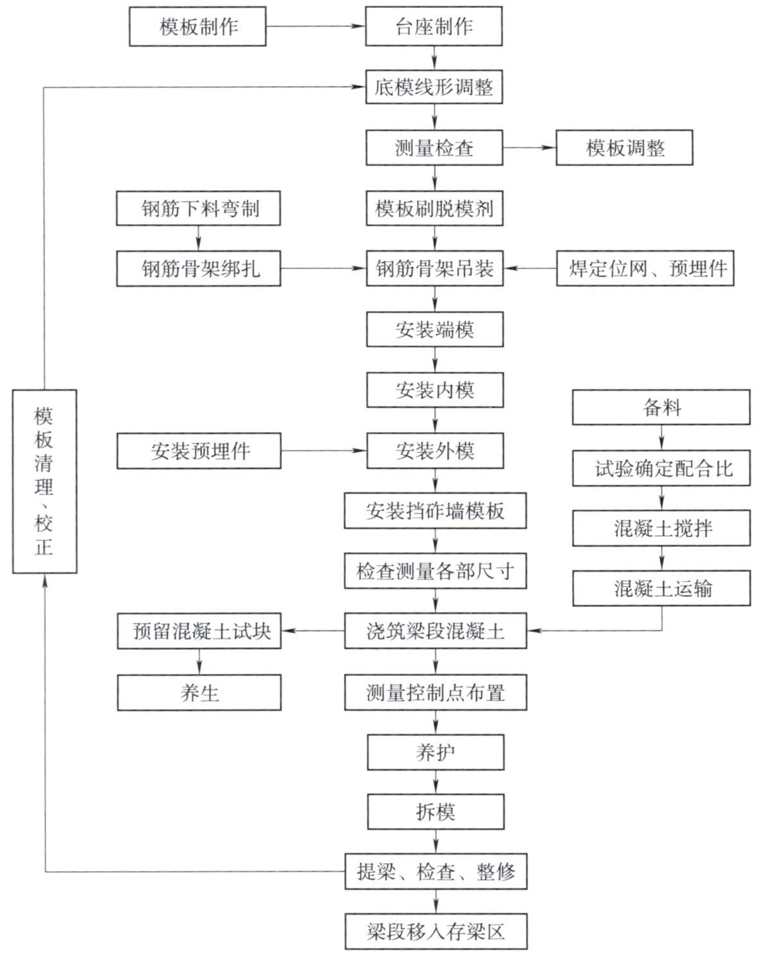

图1　节段预制工艺流程

2. 节段拼装工艺流程

节段拼装工艺流程如图 2 所示。

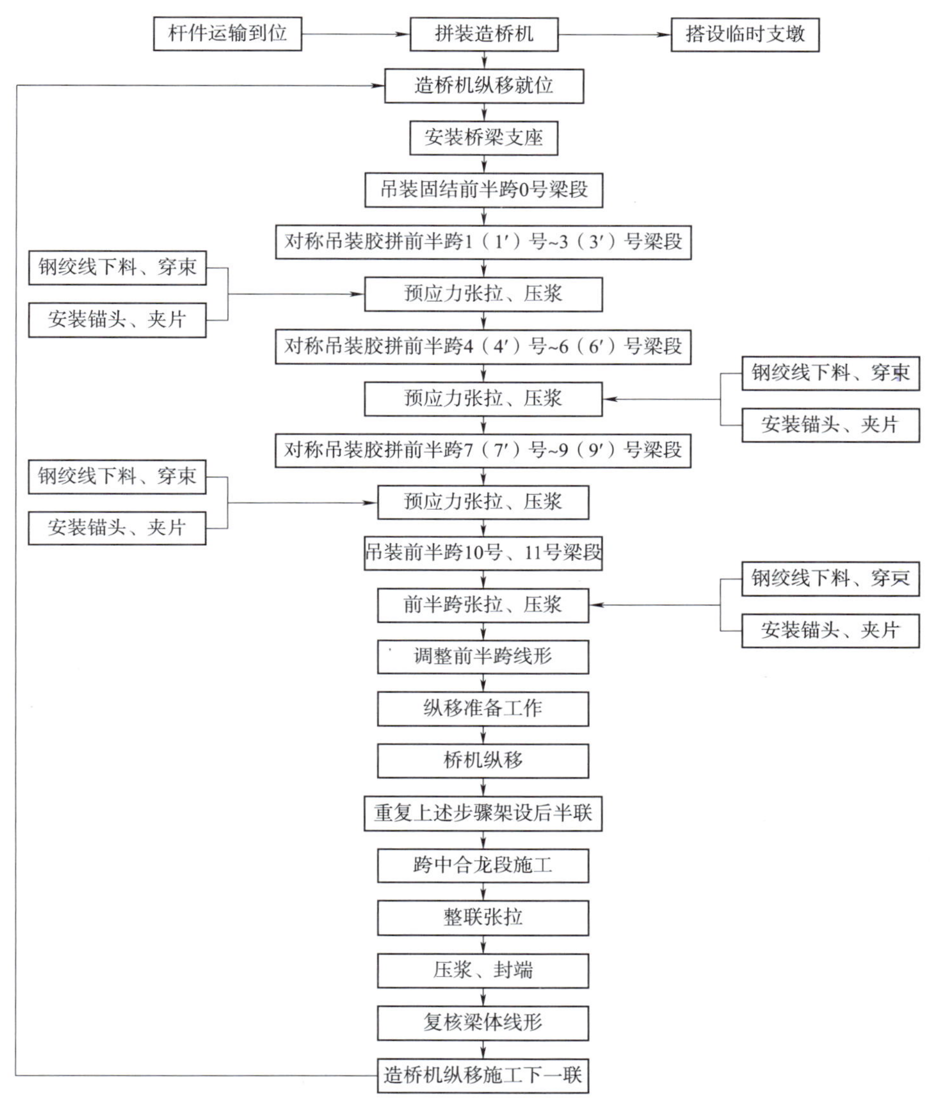

图 2　节段拼装工艺流程

2.6.5　工艺方法与操作要点

1. 节段预制

1)长短线法匹配预制

当前常用的节段预制方法主要有长线法和短线法两种。长线法发展较早,工艺比较成熟、全桥线形控制简单,但预制场地较大、台座基础要求高、工作效率低;短线法发展稍晚,预制场地较小、工作效率高,但其控制精度高。综合分析对比这两种施工方法,本桥采用长短线结合法预制节段,长短线结合法综合了短线法与长线法的优点。

连续梁梁段预制采用长短线结合法,变截面 0～6 号、0～6′号段在两个变高段短线台座上预制,等高梁段 7～11 号、7′～9′号段在长线台座上预制。通过测量塔上设置轴线强制定位基准点与高程定位基准点,控制调整节段模板的纵横轴线与标高。调整完模板位置后,进行混凝土浇筑、养生,节段吊运存放至存梁场。具体预制流程如图 3 所示。

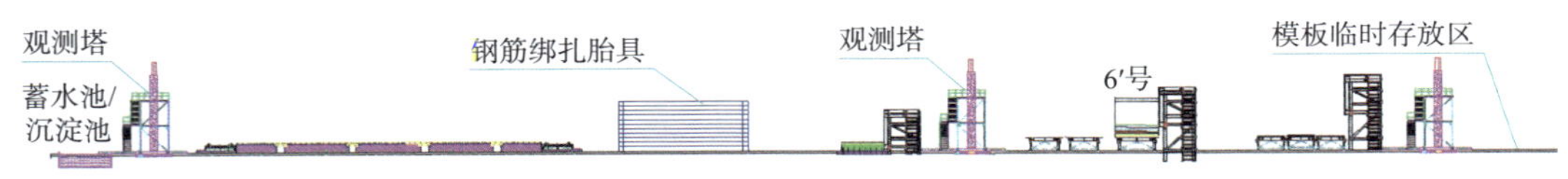

第一步:在“6～3 号段”短线台座上预制 6′号段

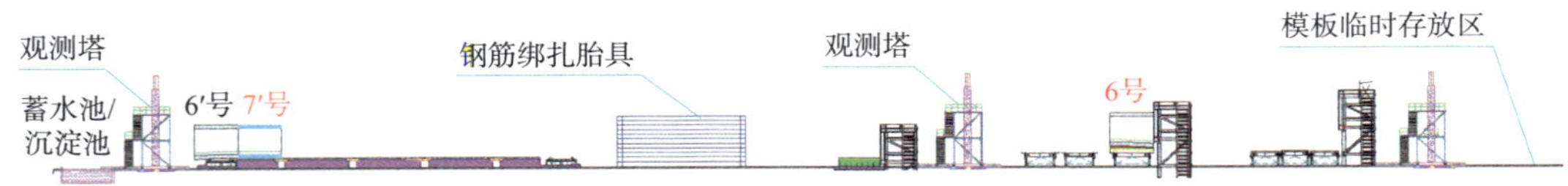

第二步:将“6～3 号段”短线台座预制 6′号段吊至长线三维台座小车上,匹配预制 7′号段,
在“6～3 号段”短线台座预制 6 号段

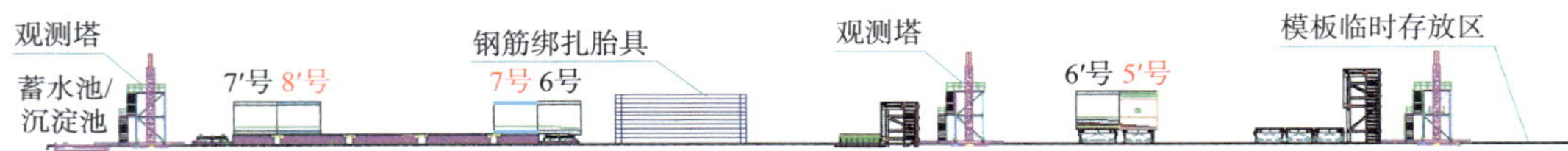

第三步:长线台座继续预制 8′号段,将“6～3 号段”短线台座预制 6 号段吊至长线另一侧三维台座小车上,
匹配预制 7 号段,将长线台座 6′号段吊至“6～3 号段”短线台座匹配预制 5′号段

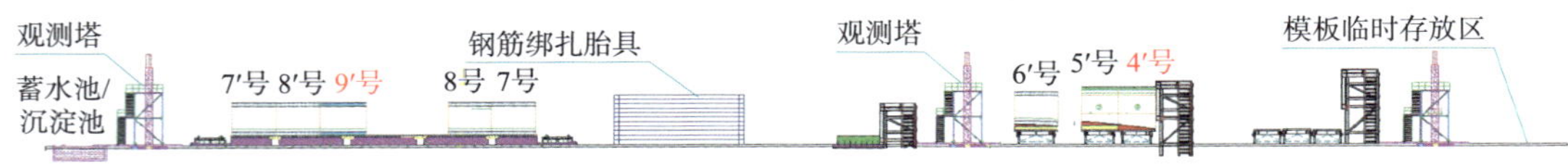

第四步:长线台座继续匹配预制 9′号和 8 号段,“6～3 号段”短线台座匹配预制 4′号段

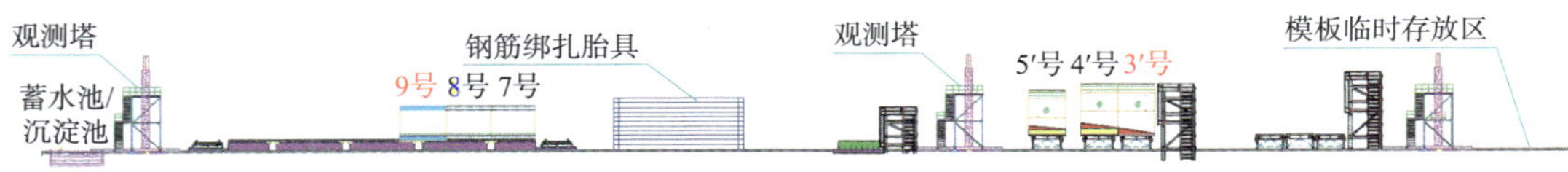

第五步:长线台座继续匹配预制 9 号,“6～3 号段”短线台座匹配预制 3′号段

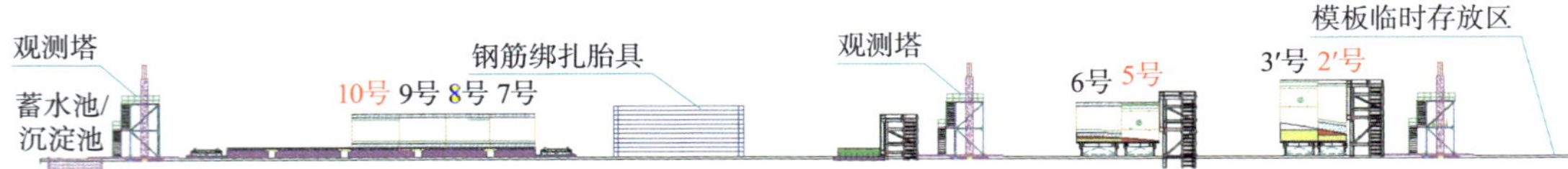

第六步:长线台座继续匹配预制 10 号段,将 6 号梁段移至“6～3 号段”短线台座匹配预制 5 号段,
将 3′号段吊至“2～0 号段”短线台座匹配预制 2′号段

图 3

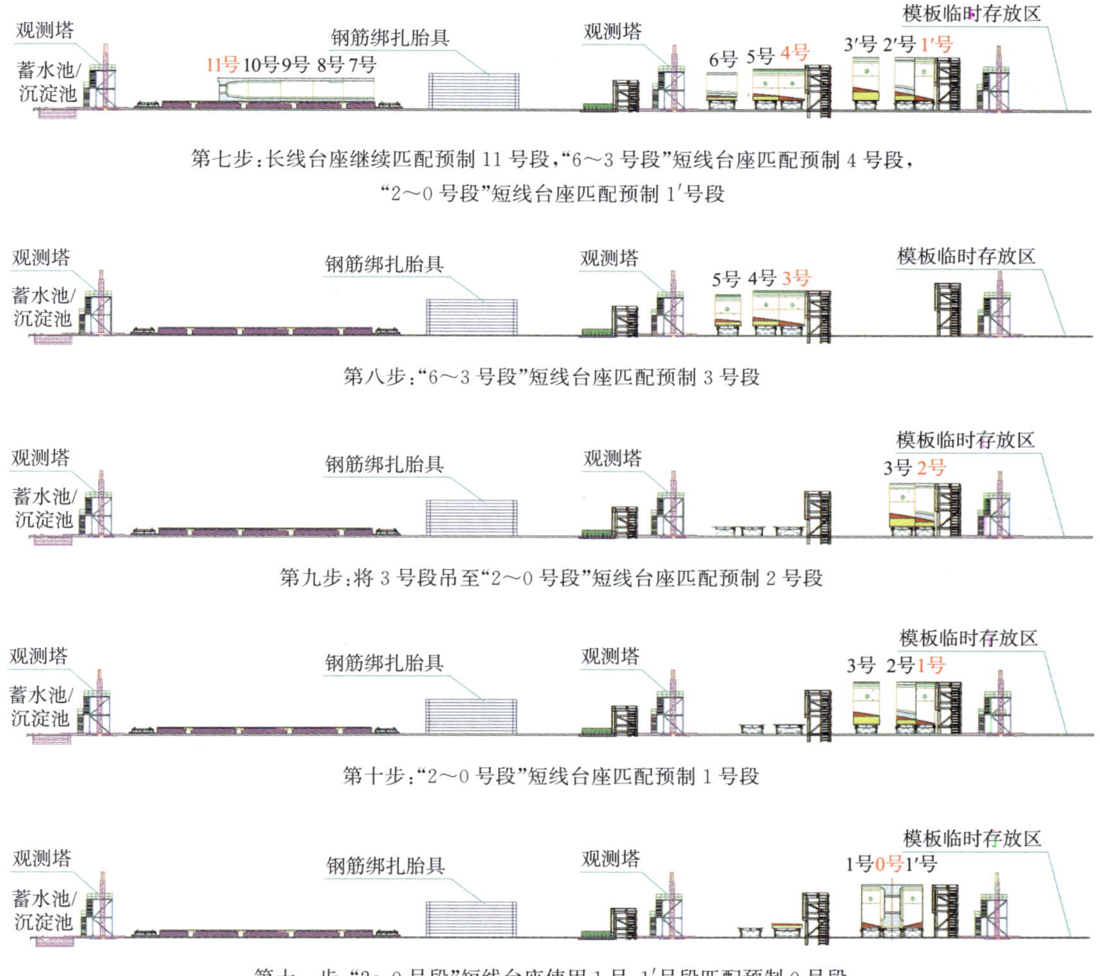

图 3　节段预制流程

2)模板施工工艺

预制节段钢模板由底模、外侧模、内模、端模及相互连接体系等组成，模板采用钢制模板。模板构造图如图 4 所示。

为了实现对箱梁的线形控制，将底模设置为可调固定式。同时底模通过计算，调整底模钢垫调整块的高度设置预拱度。调梁小车工作面一共有三层，上面两层为平面调节工作面，调节节段纵向和横向的位置，每一层均通过滑槽与下一层连接，使用液压装置调节，滑槽可以允许匹配节段在平面内两个正交方向的平动，以此进行平曲线的调整，三维调梁小车如图 5 所示。底下一层为高程调节工作面，四个角点安置四台液压千斤顶，用以调节节段控制点的高程，即竖曲线位置和超高。

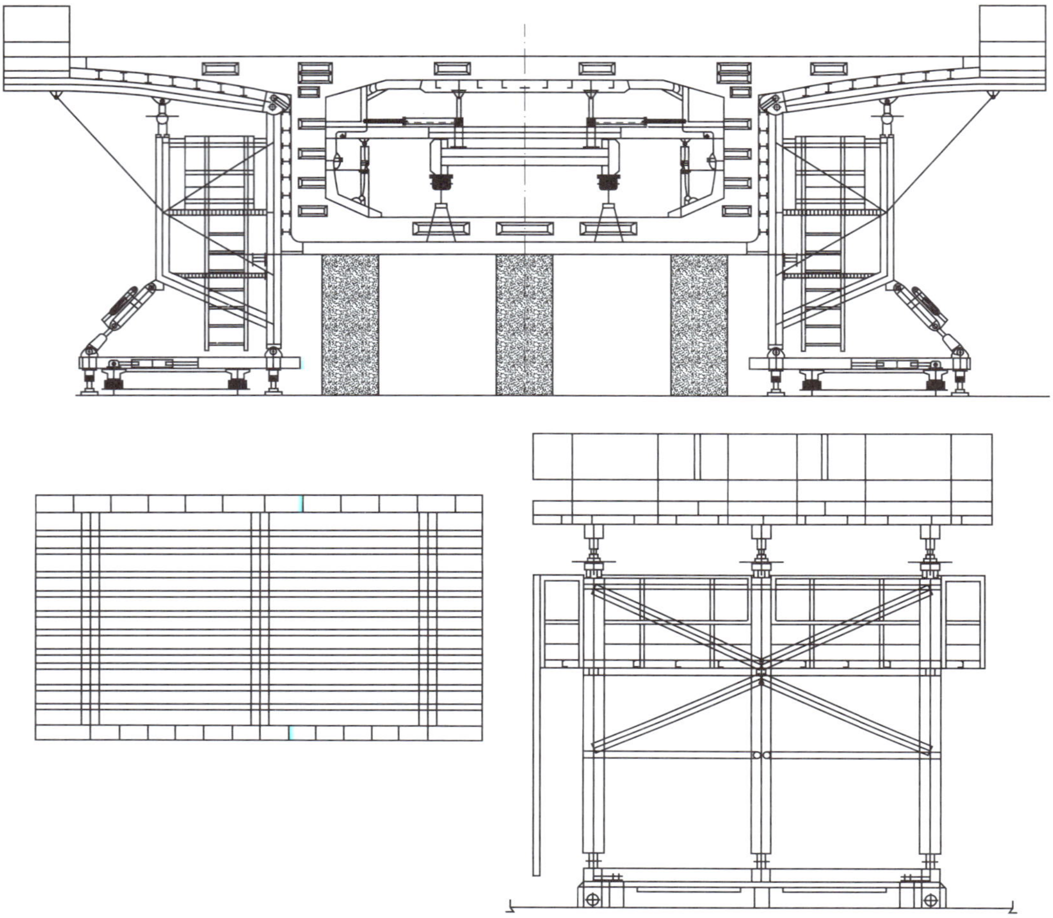

图 4　模板构造

图 5　三维调梁小车

为保证梁体外形尺寸的精度，采用侧模、内模、底模包端模、侧模包底模的方式，组合整体钢模，通过螺栓与底模、内外模连接固定，保证强度与刚度。剪力键及预应力孔道制孔器设计为拆卸式，端模上留有剪力键及预应力孔道制孔器螺栓孔。

节段预制模板，模板的刚度稳定性一定要符合施工情况。模板焊接牢固，模板必须拆装方便，转用灵活，模板表面平整光洁，加工质量符合相关钢结构加工验收标准，模板加工精度要求见表 4。

表 4　模板加工精度标准

序　号	项　　目	精度误差(mm)
1	各块模板平面几何尺寸允许误差	0，−2
2	每块模板对角线误差	3
3	模板表面平整度	1
4	板面及板侧挠度	1
5	面板端偏斜	≤0.5
6	组合内模及各套模板间(相邻节段)接缝错台	0.5
7	连接螺栓孔眼中心位置允许误差	0.5
8	肋高	±5
9	剪力键凹、凸槽平面位置允许误差	2
10	剪力键凹、凸槽几何尺寸允许误差	0.5
11	预应力管道及封锚位置允许误差	2

3)钢筋绑扎与安装

(1)施工流程

制梁场设有走行式龙门吊，梁段钢筋在钢筋绑扎胎具上绑扎，绑扎胎具如图 6 所示。钢筋骨架安装就位前在底模上标出中线或梁端线，据此控制梁体钢筋骨架的纵向安装位置，使钢筋骨架的纵向中心线与底模纵向中心线重合。钢筋绑扎如图 7 所示。

图 6　绑扎胎具

图 7　节段梁钢筋绑扎

(2)钢筋制作和绑扎吊装

梁体钢筋骨架的吊装采用横吊梁(扁担)四点起吊，钢筋骨架顶板钢筋下设型钢，扁担与型钢用倒链滑轮连接，并与底板钢筋连接，挂点均匀布置，应对挂点附近的钢筋绑扎点进行加强，如点焊连接，增加绑线根数并加入短钢筋，为防止挂点处绑线钢筋变形脱落。

4)混凝土浇筑与养护

混凝土浇筑顺序为先底板后腹板再顶板，水平分层厚度为 20～30 cm。浇筑底板时混凝土从顶板上挂溜槽下料，防止混凝土流动距离过长而离析。底板浇筑完成后，两边腹板对称浇筑，最后浇筑顶板。

在混凝土初凝前，完成测量测点的埋设。测点共设有 6 个，2 个轴线控制点，4 个标高控制点。轴线控制点为 U 形铝合金埋件，标高点为铆钉埋件。测点埋件位置要求准确，并在埋设完成后，采集测点三维坐标值，并计算和换算成该测点对应的安装阶段的线形坐标值。

2. 节段拼装造桥机

造桥机结构采用了新型分层分节的三角形桁架结构，节段之间连接采用对拉式双头螺柱连接形式，保证了接头的刚度，彻底消除了接头非常有害的空隙挠度；同时，造桥机主梁结构采用高强度低合金结构钢 Q460C 制造，减轻了结构自重，使主桁架在大悬臂86 m 的状态下，能保证前支腿挠度小于 1 m，进而能够成功登上前方墩顶。

采用上行悬挂、两跨迈步纵移式总体方案，主要由主桁框架系统、支承体系、吊梁天车、悬挂体系、纵移过孔装置、操作平台和附属结构等部分组成。

承重梁采用桁架型，直接承受其自身及混凝土梁重量。支撑系统分前支腿、中支腿、后支腿三部分，将承重主梁上的荷载传递到已成桥墩或箱梁上。回转天车负责节段的起吊、旋转、就位，悬吊系统将节段悬吊到承重主梁，运梁装置将预制场预制好的节段喂送到支架尾部，纵移过孔装置将支架纵移到下一待架孔位。

TPZ80/2500 型移动支架主要结构参数见表 5。

表 5　TPZ80/2500 型移动支架主要结构参数

序号	技术要求	性能参数
1	额定满悬挂能力及桥式起重机最大起重量	2 500 t 及 200 t
2	架设梁跨	≤64 m 简支箱梁或 48 m+80 m+48 m 连续梁
3	架设方式	胶、湿接缝节段拼装法架设
4	适应曲线半径	R≥2 500 m(摆臂 1.7 m)
5	适应线路纵坡	3%
6	桥式起重机纵移速度	0～5 m/min(重载)，0～10 m/min(空载)
7	过孔方式	迈步纵移式
8	运梁车	轮胎式，重载：200 t/21.5 m/min；空载：43 m/min
9	适应工作环境温度	−20 ℃±50 ℃
10	适应风力	6 级(工作状态)，11 级(非工作状态)
11	作业效率	10 d/孔(30 d/联)
12	外形尺寸	169.39 m×11 m×6.95 m
13	装机容量	200 kW
14	整机自重	1 200 t

3. 拼装架设与线形控制技术

1)节段吊装

提前在移动支架的悬吊纵梁上划出吊杆的位置线,采用梁场 200 t 门式起重机吊取梁段到运梁车上,运梁至移动支架回转桥式起重机下方,通过桥式起重机升降、纵移、旋转将梁段运到该梁段的相应位置,用钢棒和扁担梁将梁段悬挂在悬吊装置上,回转桥式起重机卸载,进而进行下一梁段的运输。

连续梁梁段吊装(图 8)顺序依次为:

(1)1 号、1′号、2 号、2′号、3 号、3′号(胶拼、张拉、压浆)。

(2)4 号、4′号、5 号、5′号、6 号、6′号(胶拼、张拉、压浆)。

(3)7 号、7′号、8 号、9 号、9′号、11 号、8′号、10 号,其中 7 号、9 号、9′号为下放梁段,9′号梁段下放至路面上,8′号、10 号为旋转梁,10 号旋转后并下放以保证 9 号段张拉空间。

(4)7 号、7′号、8 号、8′号、9 号、9′号就位(胶拼、张拉、压浆)。

(5)10 号、11 号就位(胶拼、张拉、压浆)。

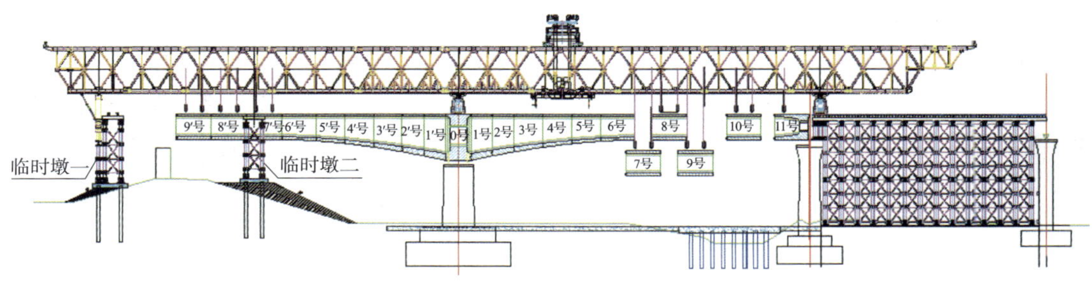

图 8　移动支架梁段吊装

2)造桥机施工步骤

(1)对称下梁段,分别为 1 号、1′号、2 号、2′号、3 号、3′号梁段,然后调整线形胶拼并临时张拉,最后张拉预应力钢绞线,如图 9 所示。

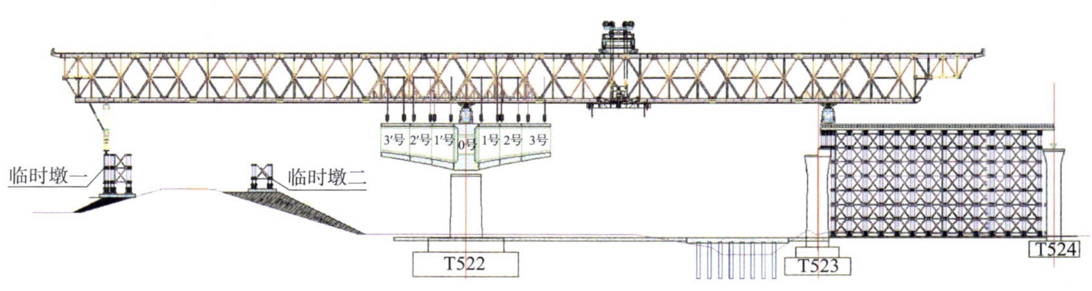

图 9　施工步骤一

(2)松钢棒,并对称下梁段,分别为 4 号、4′号、5 号、5′号、6 号、6′号梁段,然后调整线形胶拼并临时张拉,最后张拉预应力钢绞线,如图 10 所示。

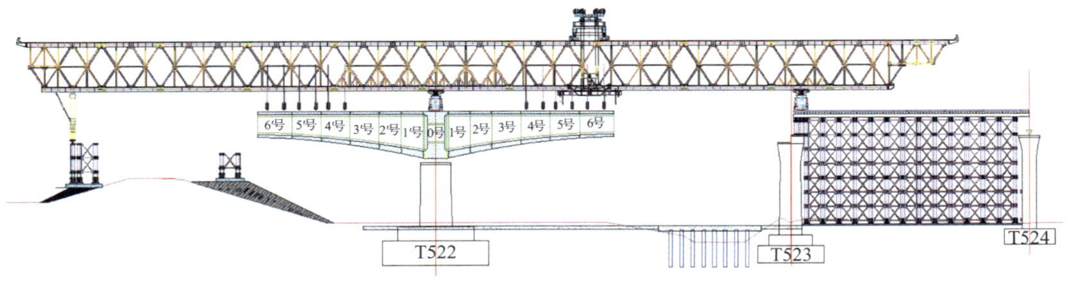

图 10 施工步骤二

(3)松钢棒,并对称下梁段,分别为 7 号、7′号、8 号、8′号、9 号、9′号、11 号、10 号梁段,其中 7 号、9 号为下放梁段,10 号为旋转梁段,如图 11 所示。

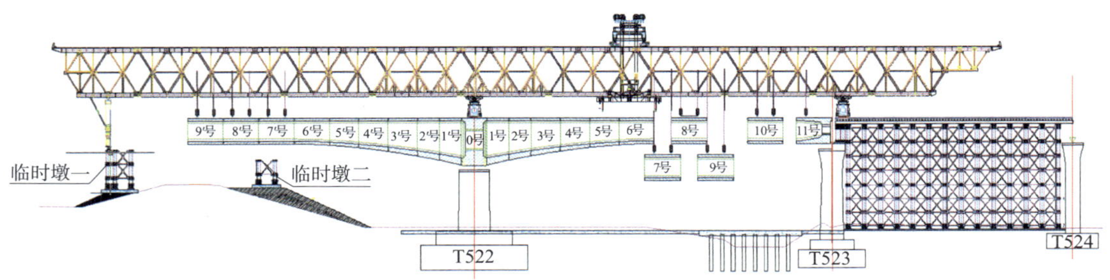

图 11 施工步骤三

(4)10 号梁段旋转后,下放挂于移动支架上,并将 7 号、9 号两片下放梁段正常吊挂,调整线形胶拼并临时张拉,最后张拉预应力钢绞线,如图 12 所示。

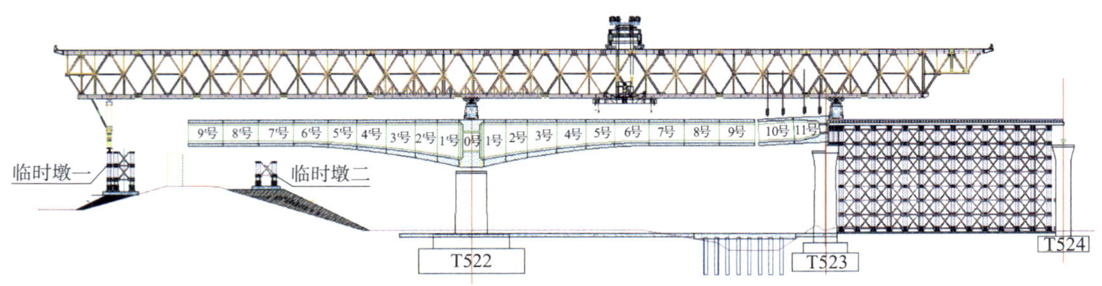

图 12 施工步骤四

(5)松 7～9 号、7′～9′号梁段吊杆,然后将 11 号梁段提升 0.45 m,并向大里程方向移动 0.65 m,并使用吊杆悬挂于移动支架下方,然后将 10 号段提升一定高度与 11 号段紧贴,并使其倾斜,能够满足预应力钢绞线的穿束和连接要求,悬挂 10 号段,保证 9 号、10 号梁段间 0.6 m 的操作间距,最后进行钢绞线的穿束,如图 13 所示。

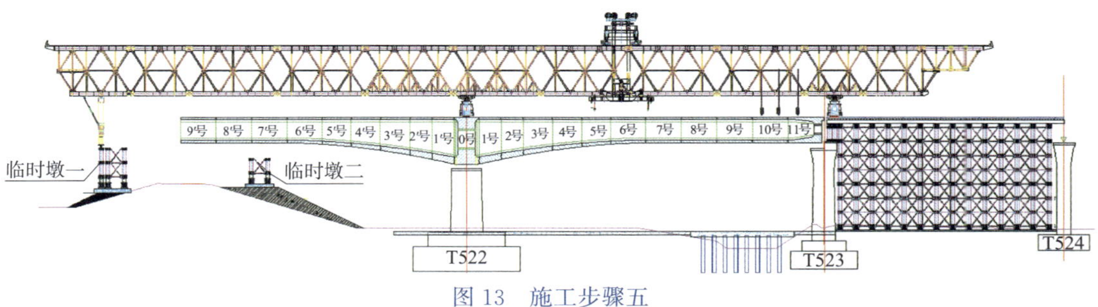

图 13 施工步骤五

(6)将 10 号、11 号调整线形胶拼并临时张拉,最后张拉预应力钢绞线,如图 14 所示。

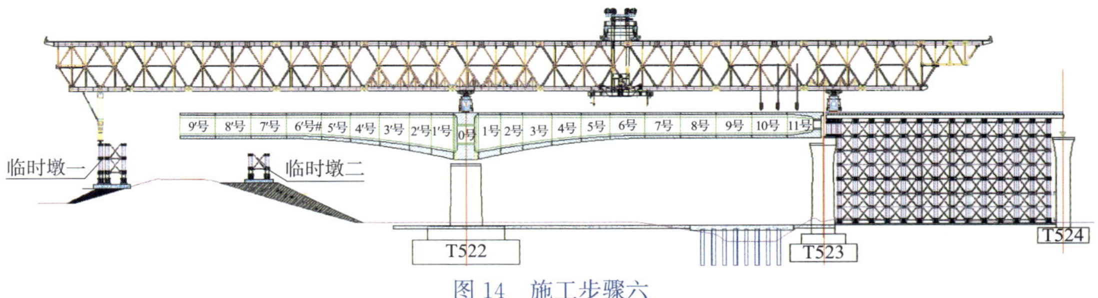

图 14 施工步骤六

(7)松 10 号、11 号梁段钢棒,80 m 连续梁半联架设完成,如图 15 所示。

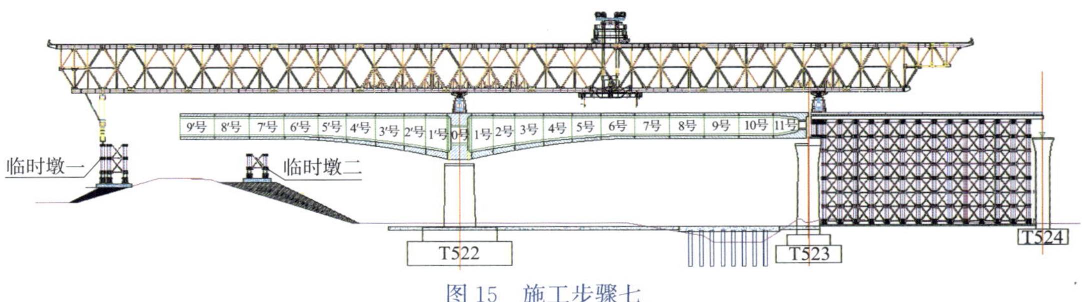

图 15 施工步骤七

(8)使用上述步骤架设 80 m 另外半联,如图 16 所示。

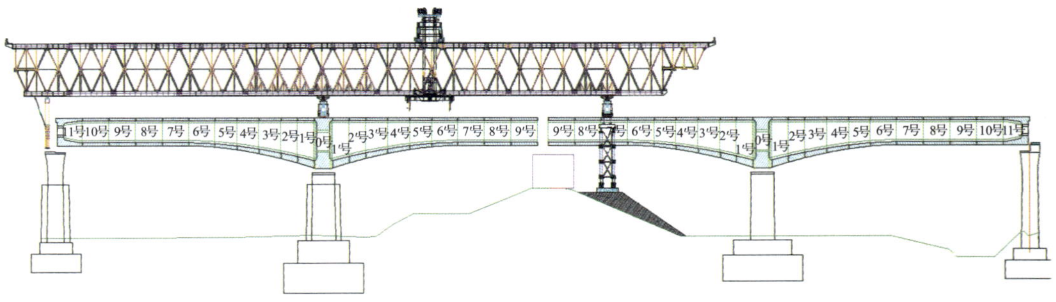
图 16 80 m 节段胶拼梁另半联对称架设

(9)对左右半联进行钢结构加固,并浇筑合龙段混凝土,最后张拉通桥钢绞线,80 m 连续梁架设完成,如图 17 所示。

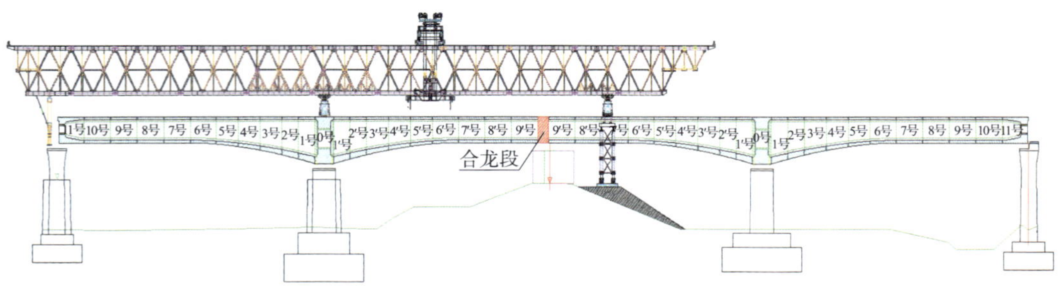

图 17　80 m 节段胶拼梁合龙

3)拼装线形控制

连续梁架设线形控制工艺始终贯穿施工的整个过程,因此,配套测量小组需全程跟踪测量架梁工程。

(1)0 号段测量的控制

连续梁中的第一节段(0 号段)是整跨的起点,直接控制着整跨的线形及轴线,故在进行安装时,必须精确定位 0 号段。精确定位是指节段纵向、横向和竖向三个方向的调位。横向以线路的中心线为基准,即要求线路中心线和梁体中心线(梁顶轴线控制点)重合;纵向以垫石十字线为基准,即支座中心线和垫石十字线重合;竖向以梁顶标高控制点高程为基准。

(2)整跨节段测量控制

一般来说,0 号段的位置可精确定位,直接支承于永久支座及临时钢筋混凝土支墩上,而后续节段的定位均以此为标准。为了保证拼装的梁体线形,减少合龙段处过大的线形偏差,及时清理和打磨剪力键及胶接面,节段逐一纠偏,避免误差积累造成合龙段偏差过大。

4)张拉施工工艺

0～9 号节段钢绞线长度短,采用穿束张拉施工。由于合龙段钢绞线长度约 180 m,波纹管曲线段长,采用先穿束的施工方法。

张拉施工前按规范要求做好千斤顶、油表、油泵等张拉机具的成组配套标定,根据设计控制应力和标定值反算油压表读数值,以便准确控制预应力钢绞线的张拉力。

5)合龙段施工工艺和体系转换

合龙段采用吊架施工,如图 18 所示。合龙段施工是整个箱梁施工重点部位,合龙段混凝土在一日温度最低时段(宜为温差变化较小的时间段),在尽可能短的时间内浇筑完成,并及时进行覆盖养生,在混凝土达到设计要求强度弹性模量后及时张拉预应力,减少或避免合龙段混凝土产生温度、收缩等破坏性裂缝。

图 18　合龙段施工

2.6.6 质量控制

1. 质量管理

本工程施工质量应符合以下标准：

(1)《高速铁路桥梁工程施工质量验收标准》(TB 10752—2018)。

(2)《铁路混凝土工程质量验收标准》(TB 10424—2018)。

(3)《京唐铁路潮白新河特大桥预应力混凝土梁节段预制胶拼技术指南》(京唐铁工字〔2019〕16号)。

此外还应符其他铁路工程相关规范要求。

2. 质量控制措施

(1)严把施工测量关。建立高程控制网和坐标控制网,定期对其进行复核;设立观测塔和目标塔,使用强制对中装置;埋设2个中线控制点和4个高程控制点;采用三维定位软件对节段各施工阶段的6个测量点坐标实施精密定位计算和分析;做好原始数据记录,并经复核签字后按规定分类存档。

(2)严把模板加工质量关。模板要有足够的强度和刚度,减少接缝,增强模板平整度,模板的质量是保证预制节段结构尺寸准确的前提,因此模板加工要求长宽误差不超过±0.5 mm,对角误差不超过±1.0 mm,表面平整度用2 m靠尺检查误差不超过±1.5 mm。

(3)应根据施工地区的常年温度变化、使用环境等情况,通过试验选用合适配比的粘结剂。粘结剂各项性能应满足技术指南及设计的要求;宜采用单侧涂胶,应涂抹均匀,厚度宜在2～3 mm,覆盖整个接缝面,不得出现断胶现象。其有效工作时间应按成孔拼装要求确定,不宜小于1 h。在冬期低温条件下使用时应满足产品要求,并采取保温措施。

2.6.7 安全环保措施

1. 安全管理措施

1)节段预制、存放安全保证措施

(1)门式起重机的走行轨道应根据设计轮压,对地基进行处理和加固。门式起重机及场内起重机作业由专人指挥,各类机械设备由专人操作。

(2)节段的存放不超过三层,且应防止梁段堆放的不合理受力。梁段间采用支垫,保证梁段顶面水平,对于变截面梁段做好防侧滑措施。

(3)编制施工组织设计,制定各个环节的安全控制措施,经监理审核批准,对作业人员进行全面的技术交底后实施。制定并落实班前设备检查制度、维修制度和班前交底制度。

2)节段安装施工安全保证措施

(1)造桥机应按现行国家标准《起重机械安全规程》的规定安装超载限制器、缓冲器、制动器、止轮器等安全装置。

(2)作业前认真检查造桥机各部位状态是否良好。造桥机上的通道、临边部位进行维护封闭。

(3)造桥机过孔时,对轨道、运行系统、导梁系统进行系统检查,确认系统正常,轨道障碍清除完毕。过孔后,对造桥机就位状态进行检查,确保工作可靠。

(4)节段起重作业指挥人员和操作人员位置要得当,防止节段有较大摆动时被挤伤、坠落。运梁时要有专人跟踪,发现有挂、卡、擦等现象及时调整。

2. 环保控制措施

(1)施工过程中严格遵守国家和当地关于建设工地现场环境保护标准及标准化工地要求。

(2)机械设备,如移动支架、油泵、运梁车等进行日常维修保养,保证设备完好。

(3)施工现场修建沉淀池,污水经沉淀处理后排入沟渠河道。在使用过程中,要采取防止油料跑、冒、滴、漏的措施,避免土壤受到污染。

(4)施工现场设立专门的废弃物临时贮存场地,废弃物应分类存放,对有可能造成二次污染的废弃物必须单独贮存,送到政府批准的单位或场所进行处理、消纳,对可回收的废弃物做到再回收利用。

2.6.8 工程实例与效益分析

1. 工程实例

新建京唐铁路潮白新河特大桥节段胶拼梁起止里程 DK101＋167.09(T501 墩)～DK102＋173.94(T523 墩),正线长度 1.01 km,跨越跨潮白新河大堤,位于潮白新河湿地公园内,河道宽度 800 m。孔跨布置为 1-(48＋80＋48)m 双线连续箱梁＋16-40 m 双线简支箱梁＋1-(48＋80＋48)m 双线连续箱梁。其中 T503～T521 墩在河道内,其他桥墩在河堤外侧,T522 墩身 9 m,T523 墩身高 13 m。此处连续梁及简支梁采用新工艺节段预制胶拼法施工,架梁选用 TPZ80/2500 型移动支架。该工程从 2019 年 6 月开工,2021 年 3 月完工。

该桥作为首例 80 m 跨度高速铁路连续梁胶接拼装施工,填补了国内铁路 80 m 跨铁路连续梁桥节段拼装施工的空白,攻克了一系列技术难题,形成了一整套完整工法和标准,培养了一批施工技术人才,同时,新研发的造桥机既适用于跨度≤64 m 的简支梁,也适用于跨度≤80 m 的连续梁,拓展了设备的应用范围,降低了成本。

节段预制胶接拼装连续箱梁的施工新工法,适应铁路桥梁建设工期短、工程量大、施工质量要求高的需求,能够达到“优质、高速、安全”建造大跨度混凝土连续梁的目标。运用该工法具有良好的社会和经济效益。

2. 经济效益

80 m 主跨连续梁施工采用节段胶拼施工工法,节段采用工厂化预制,实现了梁部预制与下部结构同时施工,大大加快了总体施工进度。保证混凝土质量同时提高了工效,提高了模板的周转率,降低了作业人员的劳动强度,提高了生产效率,节约了成本。消除了现浇梁混凝土存在的质量通病,外观及实体质量优于现浇梁,如大面积推广应用该胶拼梁新技术,通过规模效应,能迅速降低节段梁建场费用、模板投入、造桥机等大型设备在工程总费用中的比率,经济效益将得到大幅度提高。

节段预制胶拼法是一种能实现经济、质量双赢的模块化施工方法。两联(48＋80＋48)m 连续梁节约了各项施工综合成本费约 282 万元。

3. 社会效益

跨潮白新河 80 m 节段胶拼连续梁采用节段胶拼施工技术，节段胶拼预制构件体积小、重量轻，运输、拼装方便，具有施工速度快，建设周期短等优点。减少了对桥下道路及河道船舶通行的影响，减少高空作业对下方道路通行人员、车辆的安全风险。同时，本工法提供了一种安全可靠、技术先进的桥梁建造技术，在城市中修建类似桥梁可产生巨大的社会效益。

4. 节能、环保效益

节段胶拼梁工程施工中，梁体混凝土施工均在节段胶拼预场内进行，减少污水排放，废弃物、噪声污染等，避免了对潮白新河国家湿地公园造成环境污染及破坏，对地面交通及环境起到了良好的保护作用。施工节地、节材、节水，未对周边环境及地质产生不良影响，工程施工取得了良好的节能、环保效益，是绿色施工的代表，代表了未来桥梁施工的发展方向，具有良好的推广应用前景。

参编单位：中铁二十四局集团有限公司
参编人员：陈恒刚、王谨

2.7 大跨度高速铁路转体梁工程施工方法

随着高速铁路、城际客运专线等新建工程的增多,新建高速铁路跨越既有高铁或普铁的桥梁越来越普遍,目前多采用大跨度的连续梁或T构桥梁跨越既有高铁或普铁的设计形式。连续梁或T构梁采用常规挂篮悬浇法施工,因对铁路营业线行车安全隐患较大,目前已很少采用此施工方法。

桥梁转体施工方法是在平行于既有铁路且距既有铁路较远的位置施工墩身、预制现浇连续梁结构;在墩底设置转体球铰体系,按照常规挂篮法施工连续梁或T构梁,然后转体就位合龙的技术理念。施工项目大部分为邻近营业线C类施工,可全天候组织施工,加快了施工进度;在桥梁转体施工和中跨合龙段安排封锁天窗点内施工,封锁要点次数大幅减少,对运营中的高铁线和普铁线的行车安全得到了保证。

确保高速铁路和繁忙铁路干线的行车和既有设施的安全是工程项目安全管控的首要任务。在铁路跨越营业线施工中,如何减少、降低施工中对既有铁路行车运输的影响干扰尤为重要。

2.7.1 工艺(工法)简介

本施工工法依托新建城际铁路联络线一期工程廊坊特大桥,位于河北省廊坊市境内,在108～111号墩处采用(60+100+60)m转体连续梁跨越京沪铁路及京沪高铁。(60+100+60)m转体连续梁与京沪普铁线路交叉角度均为88°59′0″,京沪普铁里程为K66+304,该处京沪普铁为路基段;与京沪高铁交叉角度均为88°4′0″,京沪高铁里程为K51+238,该处京沪高铁为桥梁段。转体梁与京沪高铁、京沪铁路平面位置关系、立面位置关系如图1、图2所示。

本连续梁采用转体法施工,转体前梁体与京沪高铁平行,逆时针转体88°4′0″就位。转体球铰设计竖向承载能力为90 000 kN。分为上、下球铰和销轴三部分,下球铰面板上镶嵌聚四氟乙烯滑动片,上下面板间填充凡士林聚四氟乙烯粉。最大静摩擦系数为0.1,最大动摩擦系数为0.06。

转体连续梁为单箱单室变截面结构,梁体全长221.5 m,梁底沿纵向按二次抛物线,桥梁宽度11.3 m,桥梁建筑总宽11.65 m。梁体采用C50混凝土,箱梁采用纵向、竖向预应力体系。

本工法采用墩底转体的施工技术,在施工过程中,采用以下关键施工技术:

一是加强对紧邻高速铁路施工的监测。邻近高铁施工对高铁桥梁设施的沉降有较大影响和隐患,采用全自动全天候监测施工技术,根据第三方沉降监测数据,及时掌握京沪高铁轨道几何尺寸变化情况,如监测数据超标,应停工或减少、降低施工范围和频次,确保施工对轨道几何尺寸影响在标准范围内。

二是确保双转体线性准确。在铁路两侧同时转体施工,针对连续梁的线性控制及精确定位的相关标准,将线性控制测量数据实时导入BIM中,生成视频动漫模型校验核对,在过程中进行动态调整。

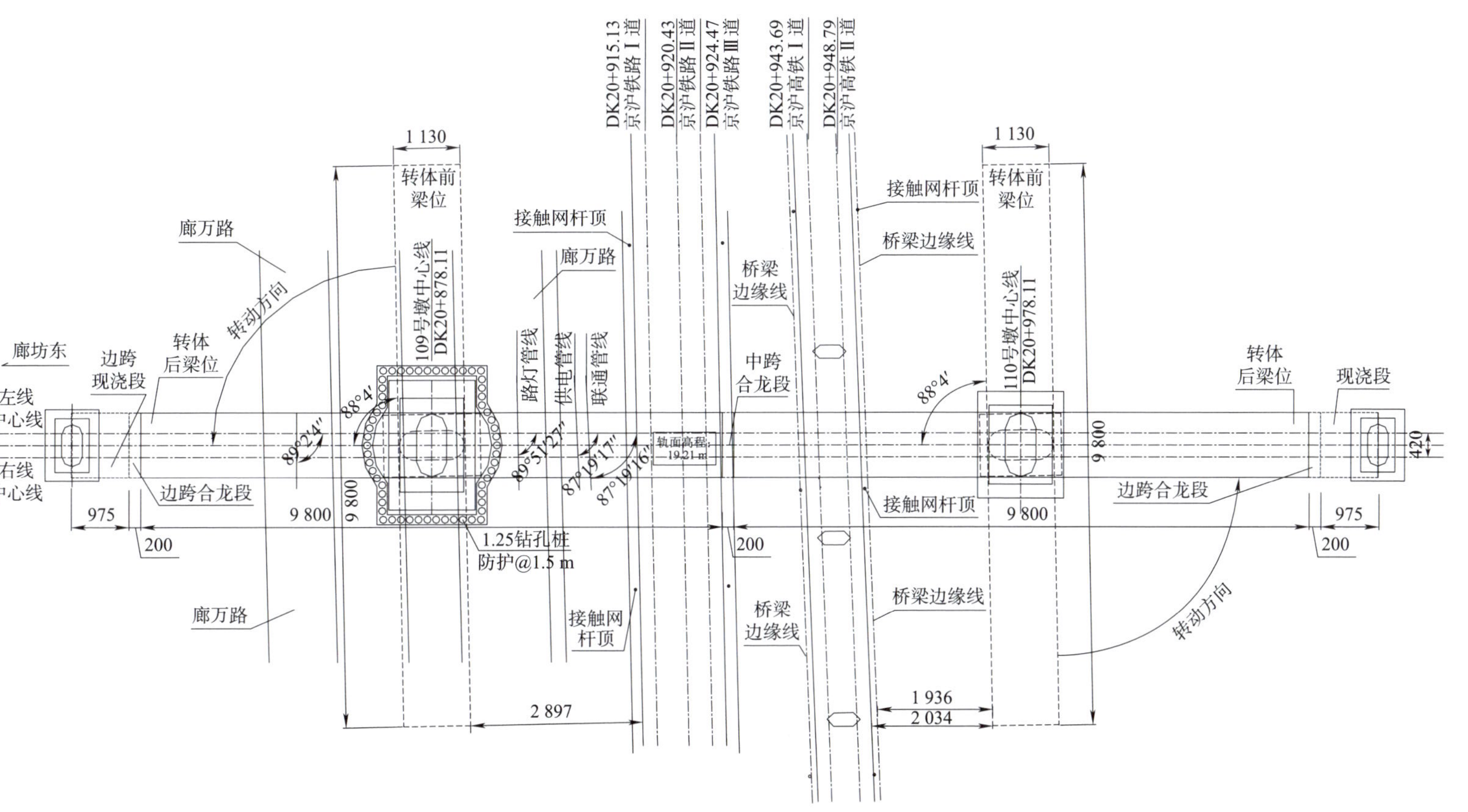

图1 转体梁与京沪高铁、京沪铁路平面位置关系(单位:mm)

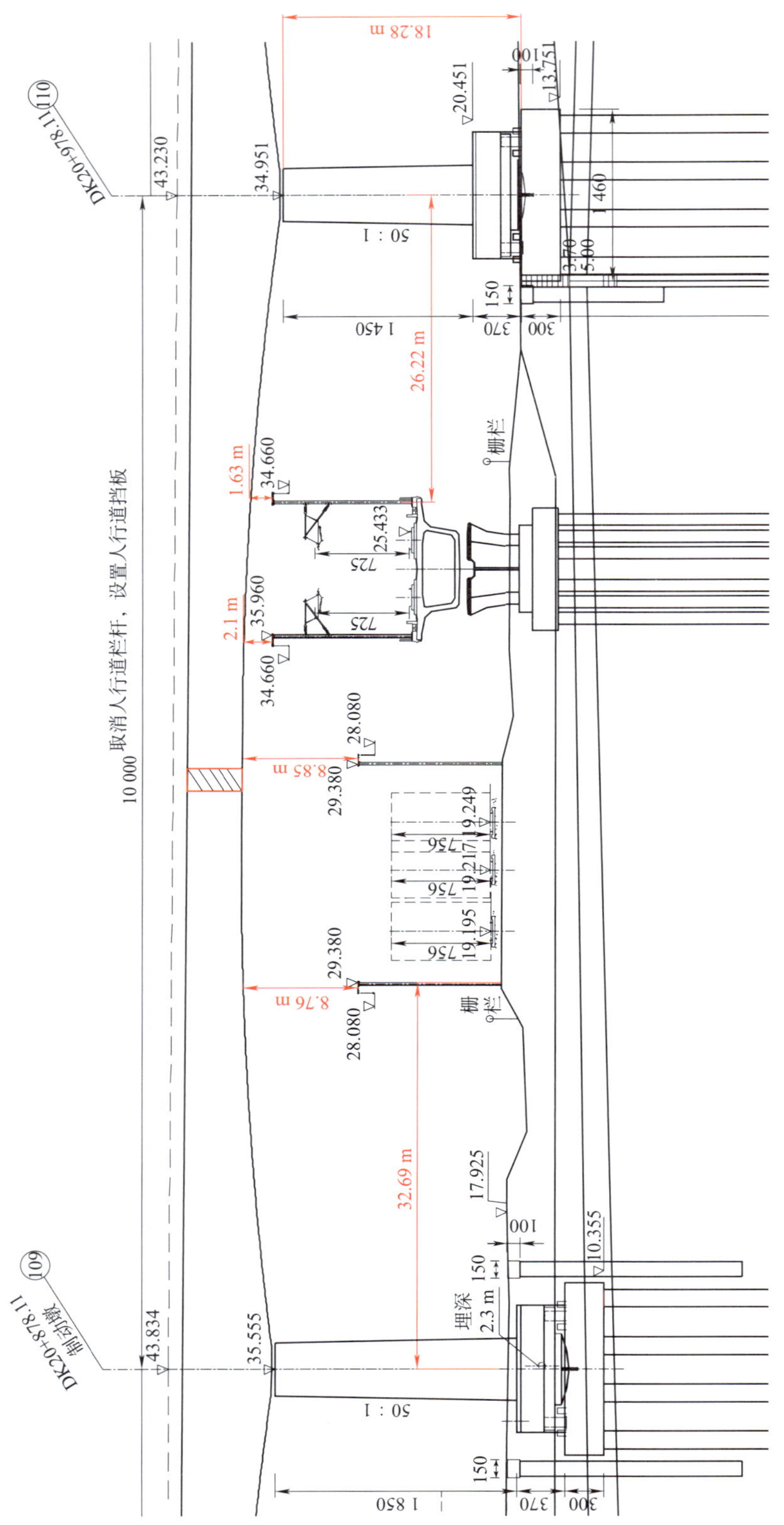

图 2　转体梁与京沪高铁、京沪铁路立面位置关系（单位：cm）

三是可视化动态模拟转体施工。转体同时上跨京沪高铁等5条线路，转体施工过程中施工难度大，封锁天窗不一致、协调组织困难多等，利用BIM施工技术对转体施工进行可视化模拟演练，确定了具体转体时间、合理的人员配备、机械配重以及施工组织。

四是BIM技术模拟球铰安装。转体球铰体系结构复杂，和球铰体系纵横连接的钢筋繁多，球铰骨架安装定位、水平高程控制困难等，应用BIM施工技术对球铰体系安装进行可视化技术交底，精准定位和控制水平高程在规范内，合理优化调整钢筋间距，避免钢筋与球铰体系的碰撞干扰，保证了球铰骨架安装精度、刚度、强度。

五是研发新型中跨合龙段快速移动吊架。中跨合龙段位于营业线上方，为重点控制影响行车安全风险隐患，设计一套简易吊架体系，具有模板、承重、走行、防护等系统，能够快速安全完成合龙段的施工，减少封锁点的次数。

优质高效地完成大跨度转体连续梁工程，减少、降低对京沪高铁等营业线的影响、干扰。积累、丰富了上跨既有高速铁路转体桥施工技术，总结了施工经验，优化完善了邻近高铁的施工技术方案，对今后类似转体桥工程的施工具有重要的借鉴意义，具有较高的推广应用价值。

2.7.2　施工准备

1. 技术准备

转体桥定性为营业线施工项目，收集、了解铁路局营业线施工办法和设备管理单位的要求，办理营业施工的相关手续及流程；编制专项施工方案，在铁路局逐级评审上报，与设备管理单位签订安全协议和配合协议，编制施工计划并上报审批，待施工计划批准后实施。

进行邻近营业线施工安全的教育培训，项目经理、现场负责人、技术人员、防护员、驻站联络员接受营业线施工培训，持证上岗。现场机械操作人员及作业人员经过培训上岗。

2. 现场准备

在铁路安全范围内施工，对转体桥施工范围内地下管线进行勘探确认，与管线管理单位联系沟通，在开工前，将管线改移至施工范围之外。

施工便道、施工场地平整、施工水电等按标准进行前期准备工作。

2.7.3　人员、材料与设备

1. 主要人员配置

施工投入的劳动力组织见表1。

表1　劳动力组织

序号	人员配置	人数
1	现场负责人(副经理)	1
2	领工员	2
3	防护员	4
4	技术员	2
5	测量员	2
6	质检员	2

续上表

序号	人员配置	人数
7	安全员	2
8	电工	1
9	钢筋工	15
10	混凝土工	10
11	模板工	10
12	电焊工	5
13	起重机司机	3
14	信号工	3
15	转体控制设备操作员	4

2. 主要施工材料

本工法施工投入的主要材料：预应力材料（包含预应力钢绞线、预应力混凝土用螺纹钢筋、锚具、波纹管、钢管），球铰材料（包含钢材、四氟乙烯滑块），盘扣式脚手架、钢管柱支架体系、混凝土原材料、普通钢筋、模板等。

3. 主要机具设备

施工投入的主要机具设备见表2。

表2　主要机具设备

序号	名　　称	型　号	单位	数量	备　　注
1	发电机	300 kW	台	1	备用电源
2	起重机	25 t	台	2	吊装小型材料
3	电焊机	ZX7	台	10	焊接钢筋
4	汽车泵		台	2	混凝土浇筑
5	挖掘机		台	2	基坑开挖，场地整平
6	张拉千斤顶	400 t	台	6	预应力张拉
7	压浆设备		台	2	孔道压浆
8	主控台	ZLD4000	台	2	配远程无线监控笔记本电脑
9	液压泵站	ZLD4000	台	2	供油系统
10	连续千斤顶	YCK-4000	台	4	动力系统
11	千斤顶	50 t	台	2	助推
12	液压千斤顶	800 t	台	4	称重
13	挂篮		套	4	连续梁

2.7.4 工艺流程

转体连续梁施工工艺流程如图 3 所示。

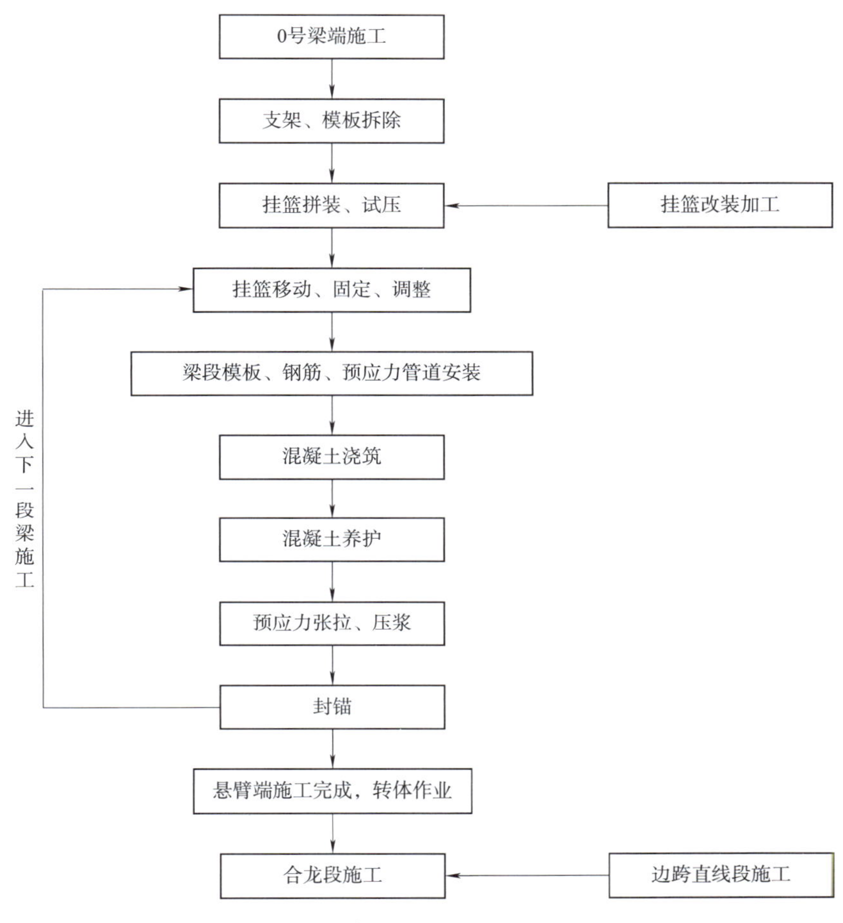

图 3 转体连续梁施工工艺流程

2.7.5 工艺方法与操作要点

1. 钻孔桩施工

钻孔桩按邻近营业线 C 类施工。根据地质情况，一般采用循环钻机或冲击钻机，因旋挖钻机架较高，如旋挖钻机倾覆，易侵入铁路安全线内，不允许采用旋挖钻机。钢筋笼吊装按邻近营业线 B 类施工或天窗点内施工。

2. 承台、墩身施工

主墩承台为大体积混凝土，编制大体积混凝土施工专项方案，加强养护措施，确保混凝土内外温差不大于 20 ℃。墩身高度在 20 m 之内均采取一次浇筑，墩身模板采用桁架式无对拉定型钢模板，施工过程中，严格控制浇筑速度，一般不超过 2 m/h，并安排专人检查墩身模板。

3. 球铰安装施工

1)施工工艺方法

球铰安装时分钢支架安装、滑道安装、下盘安装、中心销轴安装、四氟乙烯滑块及油脂填充、上球铰安装。转体系统共分四次进行浇筑,详见图4、图5。

第一步:浇筑下承台至球铰骨架底,并在混凝土顶面预埋滑道和下球铰骨架安装预埋角钢。

第二步:浇筑剩余下承台混凝土(含滑道和下球铰下混凝土)及转体牵引反力座混凝土。

第三步:浇筑上承台圆盘混凝土,浇筑过程中将撑脚内部混凝土一并灌注。

第四步:浇筑上转盘剩余部分混凝土。

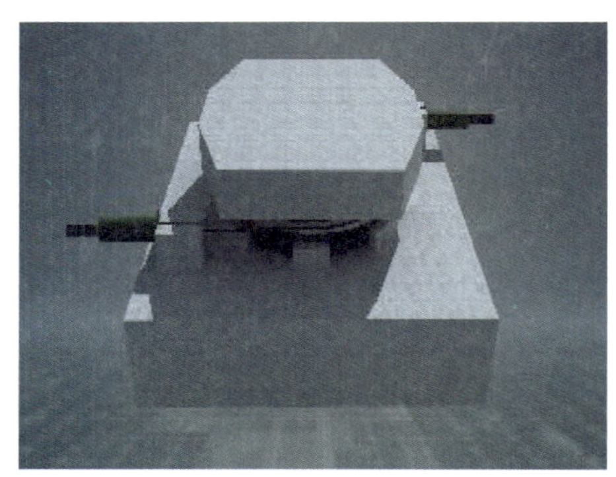

图4　转体系统结构总图

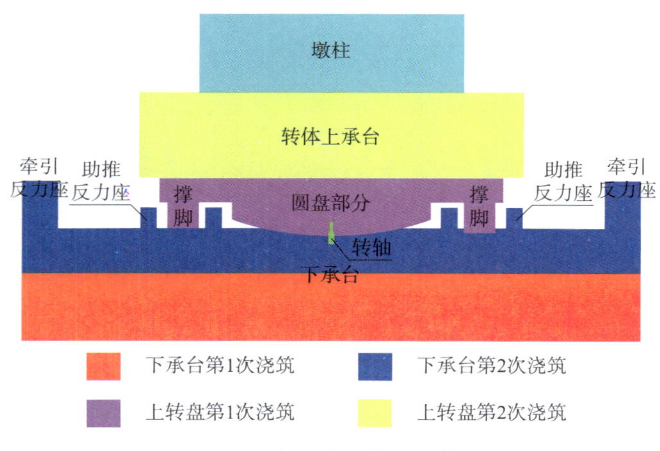

图5　上下承台和球铰体系立体示意图

2)施工操作要点

转体系统安装主要操作要点:球铰各部位安装精度控制;球铰系统试运转;转体系统上转盘混凝土浇筑;球铰牵引系统计算四项操作要点。

(1)球铰各部位安装精度控制

第一步:转体下承台第一次浇筑时,要严格控制球铰钢支架底部预埋件位置,采用全站仪精确放样，精准控制位置。

第二步：球铰下盘安装时，要对球铰钢骨架对应的下盘 8 个支撑点进行局部加强、牢固，防止下盘重量全部集中在钢骨架上后引起骨架支点位置局部变形。

第三步：球铰下盘、滑道安装时需用电子水准仪全程观测，确保球铰滑道相对高差不大于 2 mm，下盘安装相对高差不大于 0.5 mm，球铰下盘安装如图 6 所示。

第四步：四氟乙烯滑块安装时，下盘盘面及镶嵌孔采用磨光机进行打磨，打磨到新鲜板面为标准，表面灰尘及杂物用吸尘器清理干净，下盘面清理如图 7 所示。

图 6　球铰下盘安装

图 7　下盘面清理

第五步：定位轴套内积水及其他杂物人工清理干净并用空压机吹干，定位轴套和轴心的间隙为 19 mm，根据轴套及销轴的直径计算填满间隙所需要的润滑油脂数量，确保填充足够的润滑脂后将定位轴吊装就位，且钢管中心轴与球面截面圆平面保证垂直，倾斜度不大于 3‰，定位轴安装如图 8 所示。

第六步：为减小转体过程中上下盘之间摩擦阻力并防止杂物进入上下转动摩擦面，球铰上下盘之间采用润滑油脂与四氟乙烯粉均匀拌和后进行填充。整个安装过程要保持球面清洁，不得将杂物带至球面上，润滑油脂填充施工如图 9 所示。

图 8　定位轴安装

图 9　润滑油脂填充施工

(2)球铰系统试运转

第一步：下球铰润滑油脂填充施工完成后，及时将表面清理干净的上球铰吊装就位，吊装过程中人工配合上球铰定位，确保上盘中心对准定位轴后缓慢、轻落至下球铰上，就位后使之水平并与下球铰外圈间隙一致。

第二步:试转采用人工加力杆的方式对上盘进行试转,一方面靠上盘的自重将其与滑块顶面充分密贴,另一方面可以粗略测试上下盘之间的动摩擦系数大小,为正式转体施工提供经验数据。

第三步:封闭上下盘接缝试转完成后,人工去除被挤出的润滑油脂,用宽胶带对球铰上下盘的接缝进行密封,避免后续施工过程中杂物进入摩擦面,球铰试转施工如图 10 所示。

图 10　球铰试转施工

(3)转体系统上转盘混凝土浇筑

上转盘施工:上转盘是转体时的重要结构,在整个转体过程中是一个多项、立体的受力状态,受力较复杂。整个上转盘采用两次浇筑完成,第 1 次浇筑转台圆盘部分,第 2 次浇筑上转盘剩余部分,上转盘绑扎钢筋施工如图 11 所示。

牵引索设置:上球铰安装完成后,支立转盘圆弧形底模悬挑部分模板,预埋 2 束钢绞线作为牵引索。牵引索一端预埋锚固于牵引转盘内,牵引索固定端 P 形锚具,另一端绕前言转盘不少于 360°,牵引钢绞线长度为伸出牵引反力座+牵引千斤顶工作长度,上转盘内预埋牵引索 P 锚施工如图 12 所示。

图 11　绑扎上转盘钢筋

图 12　上转盘内预埋牵引索 P 锚

(4)球铰牵引系统计算

为确保转体顺利施工,需对转体牵引力、转体时间、钢绞线进行详细检算。

计算得出转动时最大启动牵引力,根据最大启动牵引力计算钢绞线所需数量,确保钢绞线数量满足启动要求。

根据转体角度 θ,上转盘直径 D,按公式对应弧长$=\pi D\theta/360$。通过弧长计算出钢绞线牵引长度 $L=$弧长$+$受力伸长值 L_1。计算出建议转体工作角速度 $\Delta\theta$,则完成 θ 角的转体所需时间 $t=\dfrac{\theta}{\Delta\theta}\times180\times3.14$。

4. 转体连续梁施工

转体连续梁在平行于既有铁路且距既有铁路较远的位置,按照常规挂篮法施工连续梁或 T 构梁,如主墩墩身较高,0 号块采用托架法施工,托架法 0 号块施工如图 13 所示,挂篮悬浇法转体连续梁施工如图 14 所示。

图 13　托架法 0 号块施工

图 14　挂篮悬浇法转体连续梁施工

5. 转体连续梁墩顶固结

连续梁为抵抗梁的纵向不平衡弯矩和横向不平衡弯矩、转体时牵引力引起的扭矩及转体时惯性力的影响,需要采取有效的临时固结措施,将连续梁与桥墩进固结为整体,转体就位后,体系转换时解除临时固结体系,该固结措施一般采用墩顶临时固结的方式。

临时固结施工方法：墩顶设临时支座并设置受力钢筋，将连续箱梁与桥墩进行临时固结，根据墩顶平面尺寸，每个桥墩设 4 个临时支座，采用 C50 混凝土，临时支座与垫石的净距离为 100 mm。临时支座的受力筋采用 ϕ32 精轧螺纹钢筋，每个支座设 10 根 ϕ32 精轧螺纹钢筋，每根精轧螺纹钢筋长度为 4.5 m，墩身及梁内锚固长度均分（均为 1.95 m），在螺纹钢筋底端设 2 层钢筋网片。墩顶临时固结平面示意图如图 15 所示。

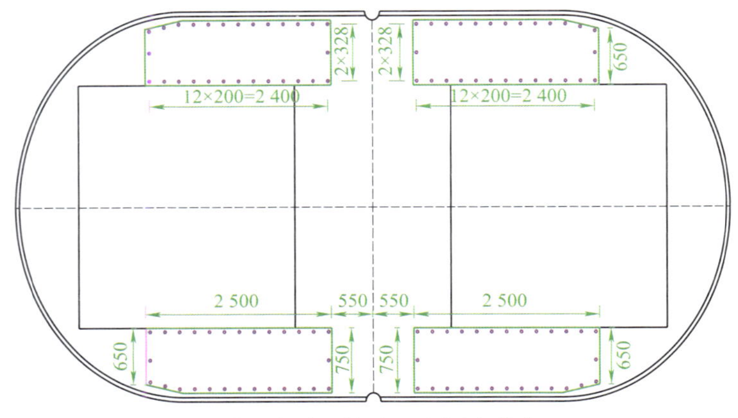

图 15　墩顶临时固结平面示意图（单位：mm）

6. 转体桥称重配重

1）施工方法

转体连续梁所有临时约束解除后观察撑脚与滑道间隙，检查偏心位置。

在上转盘底部均布 4 台千斤顶和 4 个位移传感器，用千斤顶施加力，用传感器测出梁体平衡状态时的临界值，通过计算测得配重数量。千斤顶传感器布置图如图 16 所示。

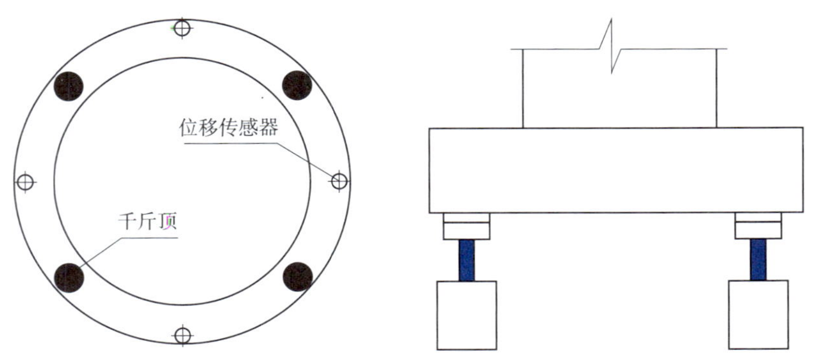

图 16　称重配重千斤顶布置图

2）施工操作要点

（1）称重、配重试验计算

在纵桥向大里程两台千斤顶同步均匀加载，当总荷载 P_1 逐级加载到 5 800 kN 时，使转动体克服最大静摩擦绕水平轴转动力矩和不平衡力矩。在纵桥向小里程侧两台千斤顶同步均匀加载，当总荷载 P_2 逐级加载到 3 600 kN 时，与不平衡力矩一起使转动体克服最大静摩

擦绕水平轴转动力矩。则

$$P_1L_1=M_G+M_Z$$

$$P_2L_2=M_Z-M_G$$

联立得 $M_Z=(5\ 800\times4.2+3\ 600\times4.2)/2=19\ 740\ \text{kN}\cdot\text{m}$

$$M_G=4\ 620\ \text{kN}\cdot\text{m}$$

偏心距 $e=M_c=4\ 620/80\ 000=0.058\ \text{m}=5.8\ \text{cm}$,偏向于大里程侧依据经验公式,通过纵桥向称重前横桥向撑脚与滑道间隙两侧保持均匀状态,且桥梁纵桥向顶升过程中位移计变化基本一致,纵桥向称重完成后横桥向两侧撑脚与滑道间隙基本无变化,可得出横桥向重心基本与设计中心点吻合,可不进行横桥向称重试验。

(2)称重配重结论

根据实测结果可知,墩梁体纵桥向偏心距为 5.8 cm,偏向于大里程侧,满足偏心距 5 cm$\leqslant e\leqslant$15 cm 规范要求,可不进行配重,横桥向处于平衡状态。

7. 转体施工

1)施工步骤

(1)试转

为了确保准时、安全、顺利的转体就位,在正式转体前需进行试转,对转体的启动力、转动力及设备性能等进行测试、记录和观察,为正式转体提供摩擦力系数、转体牵引力、转体角速度、转体时间、点动速度等技术数据,为转体准确顺利就位做好准备。

(2)正式转体

转体前应获取转体当天当地的气象信息,避免可能出现的大风对转体工作的危害,并采取有效防范措施。结合铁路的天窗时间,确定具体的转体时间点。各项工作全部就绪,气象条件符合要求,转体连续千斤顶、泵站、分控制台等安装调试,指挥总监控台各岗位人员到位后,转体人员接到总指挥长的转体指令后,启动动力系统设备,并使转体桥在连续、自动状态下转体运行就位。

2)施工操作要点

为确保转体顺利完成,转体千斤顶操作处、泵站、分控制台、指挥总监控台各岗位人员需指令统一,确保转体桥在连续、自动、不间断的状态下转体运行就位。

各检测点工作人员,实时监测桥梁设置的观测基点的位移、球铰、滑道、滑墩的转动情况,有异常及时反馈情况给控制台,总控人员应当立即下令停止转体施工。

桥面两端头中心轴线合龙前 2 m 内时,监测点工作人员开始给控制台倒数报告监测数据,每 10 cm 报告一次;在 30 cm 内,每 1 cm 报告一次,以便控制系统的操作人员能及时掌握转体情况,利于操作控制系统,使转体达到设计要求。

转体平转技术指标:

平转角度:顺时针旋转 88.07°(以施工时实际测量数据为准)。

平转速度:角速度 $\omega\leqslant0.015$ rad/min,主梁端部水平线速度:0.68 m/min。

转体精确定位控制:一是转体动力系统应具有自动控制和手动控制两种功能,当主梁端部即将到达设计位置前 100 cm 时,采用点动操作,并与测量人员密切配合,获取点动操作时最大弧长转体数据;二是点动操作、精确定位前,先对上部转体结构进行水平校正;三是设置转体限位装置，以防超转；四是在上转盘下设置千斤顶调整纵横向高程。

8. 转体连续梁中跨合龙施工

1)施工步骤

(1)吊架设计：中跨合龙梁段采用吊架法施工，有资质的设计单位对吊架结构进行设计验算，并由施工单位进行复核，确保合龙吊架结构的刚度、强度、稳定性满足营业线施工安全要求。

中跨合龙段的吊架由4大系统组成，分别为模板系统、承重系统、走行系统、防护系统，吊架结构示意图如图17所示。

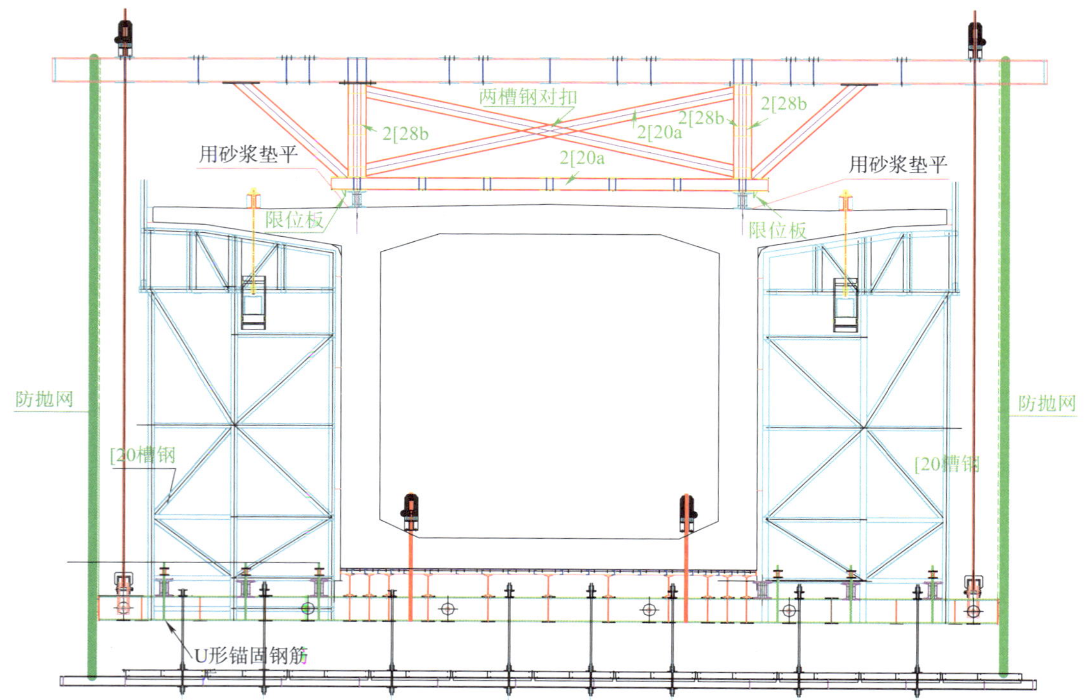

图17　吊架结构示意图

(2)吊架推入:吊架在普铁侧推入,在高铁侧边跨现浇段处安装动力系统,动力系统由 1 台卷扬机组成。卷扬机前端利用梁面预留的直径 25 mm 精轧螺纹和预留孔将卷扬机(卷扬机自带 14 号工字钢焊接的底座)固定在梁面上。卷扬机后端利用梁面预留孔和直径 28 mm 的钢丝绳拉紧固定。

吊架正式移入前,需进行试推试验,走行长度 17 m,过程中检查吊架承重系统、牵引系统、走行系统、防护系统、模板的稳定性及安全性,计算吊架走行速度。吊架试推试验按照邻近施工计划在点外进行,现场安排防护员进行防护。

吊架设计走行速度 0.5 m/min,依据吊架走行试验验证吊架设计走行速度是否合理,保证吊架系统的稳定。正式推入时参考试推试验数据进行施工,在一个天窗点内完成推入。

2)施工操作要点

(1)中跨合龙段处走行

吊架走行至距离中跨合龙口约 50 cm 时将卷扬机牵引替换为倒链牵引。配置 2 台 10 t 倒链,每台倒链由 2 名工人进行操作。

(2)轨道润滑处理

原方案要求在吊架走行时轨道顶部涂抹凡士林进行润滑处理。正式移入时,轨道润滑处理采用液体润滑油+凡士林的方式,确保轨道接触面的润滑效果。

(3)接地设置

点前期间,项目部对吊架、卷扬机进行了接地处理,采用接地线将吊架、卷扬机与防护墙的接地钢筋进行连接,防止雷雨天气造成触电事故。正式推入时解除接地,吊架就位后恢复接地连接。

3)其他说明

中跨合龙也可采用挂篮施工,但相比悬吊支架,挂篮移动慢,要点时间长,对营业线行车影响时间长。

9. 京沪高铁全自动沉降检测

1)施工步骤

为保证京沪高铁运行安全需对转体范围对应京沪高铁 6 个桥墩范围进行全自动检测。监测数据实时上传铁科平台。

检测内容如下:一是采用沉降变形自动监测系统实时监测既有京沪高铁桥墩沉降变形。二是采用双轴倾角计监测既有京沪高铁桥及 AT 所附近墩避雷针铁搭倾角变化。三是采用全向水平位移计监测转体梁施工对既有京沪高铁桥墩周边土体内部水平位移的影响。

2)操作要点

施工过程中,为确保高铁的运营行车安全,制定预警预报机制,预警指标按黄色、橙色、红色三级预警控制。

自动监测数据发生黄色预警时,检查基准点是否有变动,并和人工监测数据进行复核,确定测量数据无误;观察现场情况,加以记录,及时反映给相关单位;分析原因,进行深入观察监测。

发生橙色预警时,加密监测频次,与铁路主管部门联动,校核轨面平顺度,分析原因后,结合监测分析数据,研究指标超限原因,确定处置方案。

发生红色预警时,应立即停工,监测单位加密监测频次,同时与铁路主管部门联动,校核轨面平顺度,结合监测分析数据,研究指标超限原因,确定处置方案后,可恢复施工。

2.7.6 质量控制

转体桥质量控制关键点为球铰安装质量精度的控制,对启动转体牵引力、动转体牵引力、摩擦系数、转体的不平衡力矩、称重配重有直接影响。具体质量控制如下:

(1)将下球铰放置于已架好的底座骨架上,底座要有足够的强度和刚度,防止焊接或灌混凝土时变形使下球铰错位。

(2)严格控制水平标准和相对高差,使中心销轴套管竖直,球面周圈在同一水平面上。用螺栓固定下球铰,紧固牢靠,防止下球铰变形及错位。

(3)球铰下混凝土振捣密实,排出混凝土中气体。灌注完毕后清理下球铰凹球面及中心销轴套钢管,清除凹坑中的混凝土和积水,防止球面生锈。

(4)安装聚四氟乙烯滑板和涂抹凡士林,将凡士林四氟粉填至下球铰凹球面上,填满聚四氟乙烯滑板之间的间隙,凡士林面与四氟滑板面相平。整个安装过程注意保持球面清洁,不要将杂物带至球面上。

(5)球铰安装完毕后,用宽胶带纸将上下球铰边缘的缝隙密封,防止灰尘和雨水侵入。

转体桥的高性能混凝土的浇筑、预应力体系张拉压浆、连续梁线形控制等质量控制措施依据一般连续梁施工要求。

2.7.7 安全环保措施

1. 安全措施

本转体桥安全的重点为邻近营业线施工,确保既有京沪高铁、普铁行车安全是施工安全控制的第一要务。严格按铁路局营业线施工管理办法和评审通过的专项施工方案组织实施,过程中加强与铁路设备管理单位对接沟通,得到其支持帮助;做到不碰安全底线、不越安全红线。严格执行全自动检测预警制度及营业线管理制度,确保既有线行车安全。

2. 环保措施

按照国家、地方及业主有关环境保护的法律、法规和制度的要求编制工程的环保制度与措施,保证环保制度与措施的落实和执行。

定期对现场废弃的材料进行收集、处理;施工现场、生活区合理设置污水收集管沟、池,防止污水漫溢,并运输或排放到指定区域,严禁排放到河道或其他受控区域。场内的便道进行硬化处理,干燥天气对道路进行洒水防止扬尘。渣土的外运应采用密封的自卸车,防止泥浆外泄。

2.7.8 工程实例与效益分析

1. 工程实例

新建城际铁路联络线一期工程廊坊特大桥在跨京沪高铁及京沪普铁转体连续梁施工中,通过实施应用本施工工法,并不断优化完善,确保上跨高铁转体桥安全、快速、顺利完成,其中为确保铁路行车安全的施工方案、管控措施和组织安排等方面,得到北京铁路局相关部门、设备管理单位认可好评。

2. 效益分析

(1)经济效益

本项目通过对球铰安装、墩顶固结、称重配重、转体施工、中跨合龙段等施中的重难点工序进行研究攻关,在施工中有针对性进行控制和应对,避免了返工情况,产生了良好的经济效益。

利用 BIM 技术充分模拟转体结构钢筋绑扎过程中及梁体 0 号块钢筋绑扎过程中可能出现的问题,其中提前规避转体结构及梁体 0 号块钢筋碰撞点 4 536 个,约计节约施工成本 450 万元。

同时上跨普速铁路及高速铁路转体梁铁路限界内,采用吊架法施工中跨合龙段,经过施工方案的比选,具有施工效率高、工期短的优点,节约工期 3 个月。

相对于挂篮施工、吊架合龙施工将Ⅱ级要点施工由原来的 8 个减少为 2 个,减小了营业线要点施工压力。

本项目转体梁工程的成功,可为国内外同类型桥梁施工提供借鉴,通过应用本工法,可提高施工效率,具有良好的经济效益。

(2)社会效益

新建城际铁路联络线是北京大兴国际机场至北京首都国际机场的综合交通网络的重要组成部分,将北京的两大国际机场及北京城市副中心串联起来,形成快速、方便的铁路客运通道。跨京沪铁路及京沪高铁转体梁为整个项目的重点关键性工程,同时本转体桥也是北京局管辖范围内首个上跨京沪高铁转体梁工程,以此项目总结形成的施工工艺、工法,为后续同类工程提供施工方法、经验,具有较高的推广应用价值。

参编单位:中铁十局集团有限公司
参编人员:李博、张志刚

2.8 尼尔森体系提篮式钢管混凝土系杆拱桥施工工法

随着高速铁路施工技术快速发展,铁路线路平纵面的技术标准也在不断提高,新建高速铁路与河流、道路、铁路的斜交角度也越来越小,需要设计跨度大、建筑结构高度小的桥梁,并具有足够的竖向、横向刚度、强度和稳定性,满足高速列车安全、平稳、舒适的运营要求。铁路下承式尼尔森体系提篮式钢管混凝土系杆拱桥具有造型美观,建筑高度低,跨越能力强,外部静定结构,适应性强,桥梁结构刚度、强度大,造价经济、养护方便等特点,现已在高铁建设中广泛推广应用,特别适于具有美学要求的市区及风景区应用。

城际铁路联络线一期工程廊坊特大桥于 221～222 号墩间跨越龙河,采用 1-144 m 钢管混凝土简支拱桥进行跨越,线路与龙河斜交角度为 34°37′。本简支系杆拱桥位于平坡直线上。144 m 简支系杆拱桥为目前京津冀高速铁路建设工程中最大跨度简支系杆拱桥。通过研究该工法有效地解决了尼尔森体系提篮式钢管拱脚拱肋定位,钢管混凝土顶升,多箱室、大跨度预应力系梁高性能混凝土浇筑,同截面、密集纵向预应力张拉,斜拉吊杆安装张拉等各项技术难题,适宜在类似工程条件下推广应用。

2.8.1 工艺(工法)简介

系杆拱桥是一种集拱与梁的优点于一身的桥型,它将拱与梁两种基本结构形式组合在一起,共同承受荷载,充分发挥梁受弯、拱受压的结构性能和组合作用,拱端的水平推力用拉杆承受,使拱端支座不产生水平推力。

尼尔森体系提篮系杆拱是一种结构新颖,受力形式复杂的下承式无推力系杆拱,用斜拉杆来代替竖直拉杆成为尼尔森体系;以预应力混凝土系梁平衡钢管拱水平推力,以斜拉杆为主要受力结构的无推力结构体系。这种拱桥内部为超静定体系,外部则为静定,因此对墩台不均匀沉降无影响。

尼尔森体系提篮式钢管系杆拱桥一般均采用先梁后拱的施工工艺,施工过程中需要解决的问题有抛物线提篮式拱脚拱肋定位,拱肋混凝土顶升,多箱室、长大跨度高性能混凝土浇筑,同截面、密集纵向预应力张拉,斜拉吊杆安装张拉等各项技术难题。

本工法以廊坊特大桥跨龙河 1-144 m 简支拱桥作为示例,详细介绍简支拱系梁施工,在拱脚、拱肋定位,拱肋钢管高性能混凝土施工,吊杆安装等技术难题的控制重点及要点。施工现场如图 1 所示。

2.8.2 施工准备

1. 技术准备

审核设计图纸,编制危大工程专项施工方案,并按规定进行专家论证,完成审批。办理跨越河流、道路等相关施工手续。对现场作业人员进行交底,指导现场施工。

2. 现场准备

根据施工方案,对现场场地、临时用电、临时用水、便道、网络等进行施工。

图 1　施工现场

2.8.3　人员、材料与设备

1. 劳动力组织

劳动力组织见表 1。

表 1　劳动力组织

序号	人员配置	人数
1	现场负责人(副经理)	1
2	领工员	4
3	技术员/测量员/试验员	4/2/2
4	安全员、质检员	3
5	电工	1
6	混凝土工班	40
7	模板工班	50
8	钢筋工班	50
9	预应力张拉工班	30
10	钢结构工班	30
11	泵车司机	4
12	起重机司机	4
13	信号工	4

2. 主要施工材料

施工投入的主要材料有钢管柱膺架支撑体系 2 套、纵横向预应力体系材料、拱肋钢结构体系、吊杆体系、钢筋、混凝土原材等。

3. 主要机具设备

施工投入的主要机具设备见表 2。

表 2　主要机具设备

序号	设备名称	型　号	单位	数　量
1	发电机	250 kW	台	1
2	张拉千斤顶	YCW250/YCW400	台	4/4
3	高压油泵	ZB4/500	台	4
4	灰浆泵	BW-180/2　1.5 MPa	台	1
5	汽车起重机	30 t/220 t	台	3/2
6	混凝土灌车	12 m^3	台	12
7	混凝土地泵	SY5110HBC90	台	6
8	埋弧自动电焊机	BX1-500	台	4
9	超声探伤仪	—	台	2
10	平板车	—	台	2
11	电动葫芦	20 t	台	2

2.8.4　工艺流程

简支拱系梁施工工艺流程如图 2 所示，简支拱拱肋、混凝土压注施工工艺流程如图 3 所示。

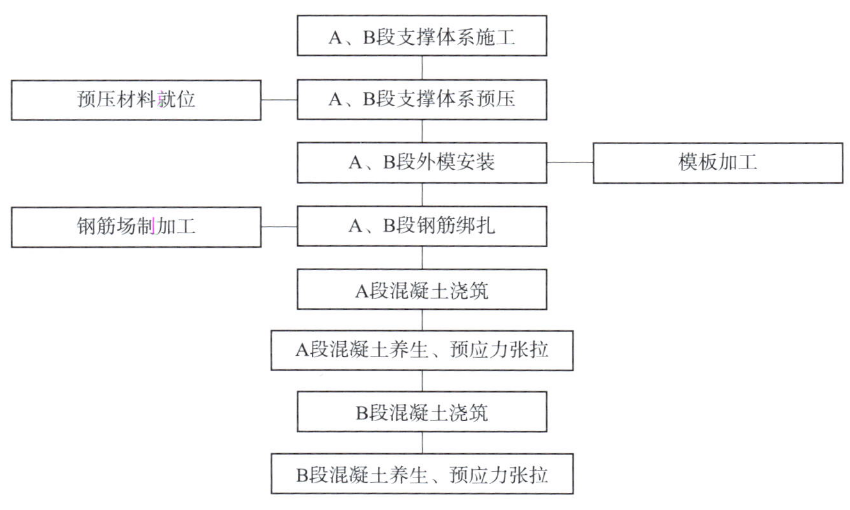

图 2　简支拱系梁施工工艺流程

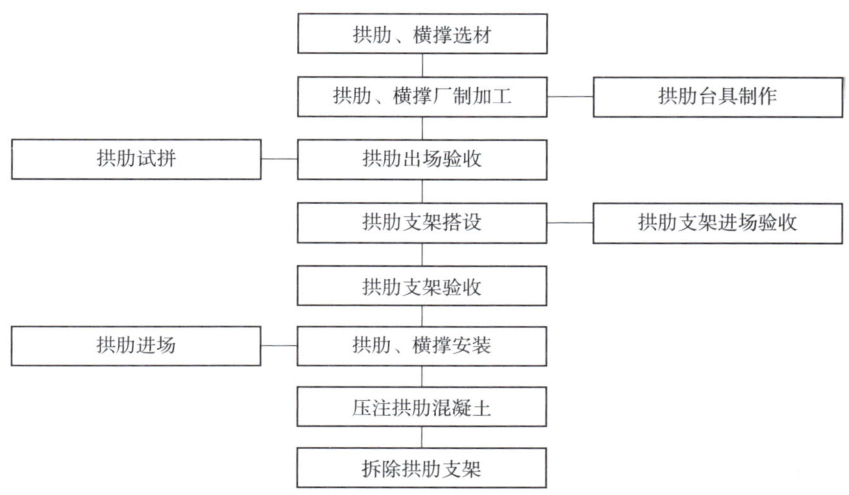

图 3　简支拱拱肋、混凝土压注施工工艺流程

2.8.5　工艺方法与操作要点

1. 预应力混凝土系梁施工

1)施工工艺方法

(1)预应力混凝土系梁施工采用钢管立柱贝雷梁膺架法施工。首先按照专项施工方案对钢管立柱基础进行设计检算,按设计基础形式施工,地基完成后安装钢管柱,后依次安装砂箱、横向分配梁、纵向贝雷梁,贝雷梁顶部安装横向工字钢,工字钢顶部安装模板体系。

(2)模板体系安装完成后进行钢筋绑扎,钢筋绑扎时注意吊杆下锚箱预埋、拱肋支架钢板预埋、拱脚预埋、预应力管道定位等各种预埋件施工。

(3)钢筋、预埋件施工完成后安装内模,进行混凝土浇筑。

2)施工操作要点

(1)钢管立柱膺架支撑体系安装完成后进行预压,测得每孔支架弹性变形和消除非弹性变形,并绘制预拱度曲线图,如图 4 所示。在底板模板安装时预留系梁的预拱度,确保底板线性平顺。

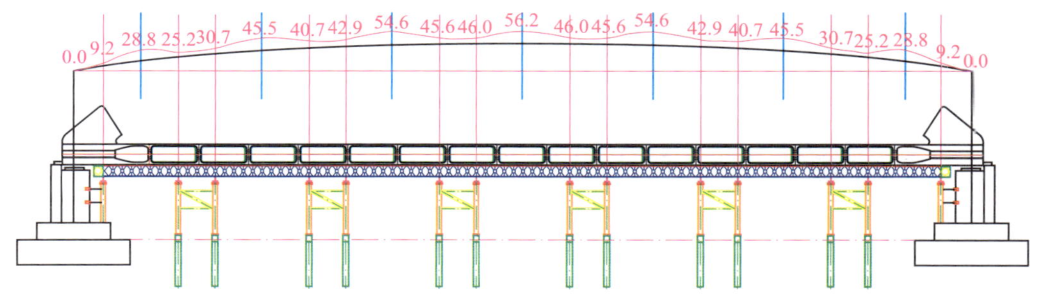

图 4　简支拱底板预拱度曲线(单位:mm)

(2)各类预埋件安装位置需准确无误,吊杆、拱脚、预应力体系等需加强观测,务必确保定位准确。

(3)梁体模板放线时应计算梁体自然收缩徐变及张拉收缩徐变,提前预留徐变值,确保梁体长度满足设计要求。

2. 钢管拱脚安装定位

1)施工工艺方法

通过 BIM 技术对简支拱拱脚钢筋、预应力及拱脚混凝土相互碰撞问题进行模拟,并确定系梁定位钢筋、预应力束穿入钢管拱脚孔眼位置,穿入孔眼采用现场开孔方式。拱脚钢筋、预应力碰撞模拟如图 5 所示。

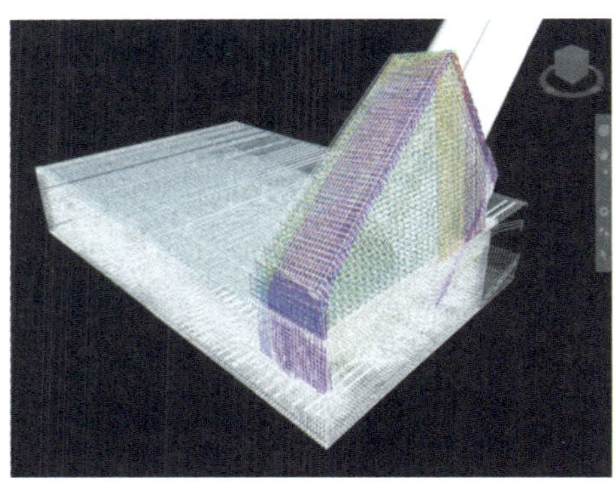

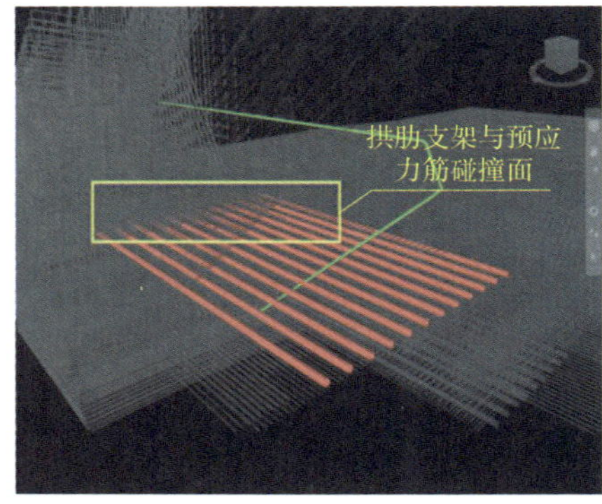

图 5 拱脚钢筋、预应力碰撞模拟

为确保拱脚稳定,拱脚处模板采用 1.2 cm 钢板代替竹胶板,同时支架体系底部采用型钢支垫或增大底部接触面积。拱脚处型钢布置如图 6 所示。

图 6 拱脚处型钢布置

2)施工操作要点

(1)拱脚定位时要对拱脚底部模板进行单独检算,加密拱脚处底部贝雷梁、工字钢,同时将竹胶板更换成钢模板,确保底部线性稳定。

(2)拱脚处钢筋、预应力筋及钢管比较密集,充分发挥 BIM 模型,提前优化拱肋支架布置、拱脚钢筋形状及拱肋钢管开孔位置,要确保拱肋钢管及横向预应力体系位置准确,严禁改动拱脚钢管及横向预应力筋位置。

3. 钢管拱肋安装定位

1)施工工艺方法

(1)利用 BIM 技术建立拱肋模型,CAD 选取拱肋分段处的坐标,在系梁处放出分段位置拱肋支架,对拱肋支架进行分解。拱肋分节示意图如图 7 所示。

图 7　拱肋分节示意图

(2)利用 midas 软件检算拱肋支架、系梁及系梁支架受力,确保支架整体稳定性。

(3)拱肋支架搭设完成后,用全站仪在拱肋元宝梁处精确定位拱肋弧度位置,切割元宝梁至放线位置,如图 8 所示。

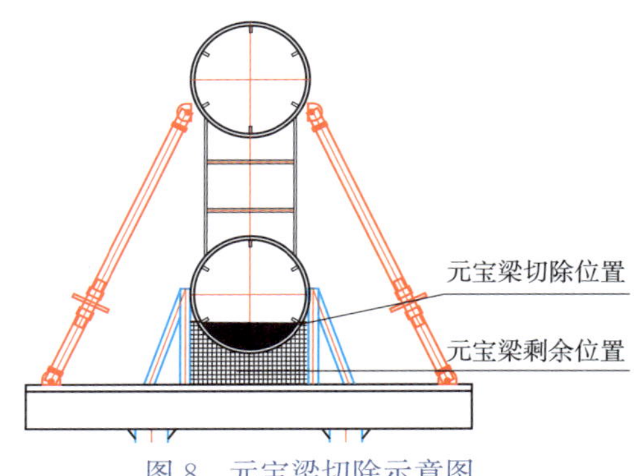

图 8　元宝梁切除示意图

(4)拱肋节段预拼装。主拱在厂内预拼装时采用半幅拱肋预拼装,以保证主拱的制作精度。搭设拼装用搭胎,进行主拱肋的预拼装。以拱脚段为基准,将各拱肋节段吊入试拼平台上,各节段与地样相吻合,检查确定各拱肋节段节点位置坐标、轮廓线位置和各节段定位装置位置,符合要求后,拼装及焊接吊装段接头法兰,拼装焊接运输段之间时定位角钢。拱肋节段厂内预拼装示意如图 9 所示。

(5)拱肋分段安装顺序:按设计要求从两端对称依次按预拼编号顺序吊装拱段,最后进行合龙段的架设施工,每一分段按照起吊→对位→临时固结→调整线形→定位焊接→调整线形→正式合龙的顺序吊装。

(6)拱段对位:起吊前拴好溜绳,用起重机起吊第一分段,起吊至设计位置,吊钩稍许松钩使拱段后端落在拱脚上连接,使拱脚承担部分重量,通过支架顶部的微调装置,以使调整拱肋线形。

(7)线形调整:利用支架上可调斜撑配合起重机调整拱段测量并调整拱段中心线至设计

图 9　拱肋节段厂内预拼装示意图

桥轴线(误差不大于监控指令要求)。拧紧拴接处的高强螺栓,复测安装拱段的线形。吊点拱肋采用 20 工字钢固定,工字钢与下分配横梁及拱肋钢管之间焊接固定。拱肋安装及临时支架如图 10 所示,拱肋焊接如图 11 所示。

重复上述步骤完成全部拱肋安装。

图 10　拱肋安装及临时支架示意图

图 11　拱肋焊接示意图

2)施工操作要点

(1)钢管拱肋支架搭设时要严格按照检算的方案进行搭设,严禁随意更改支架,各支架接缝处要密贴,连接螺栓要使用加力杆紧固。

(2)钢管元宝梁使用氧气乙炔进行切割时要预留 2~3 mm 至设计位置,切割完成后采用磨光机对元宝梁处进行打磨至设计位置。

(3)钢管拱肋顶部线性调整时,不能使两侧可调斜撑单独受力,必须采用起重机辅助,待高强螺栓全部紧固后方可解开起重机吊点。

4. 钢管混凝土顶升

1)施工工艺方法

(1)钢管混凝土采用连续顶升施工工艺,拱肋混凝土分上管、下管、腹腔共计三次顶升,每次顶升时均一次性顶升到位。分别在拱肋上管、下管、腹腔的最高点设置排气孔。

(2)由于本桥拱脚处顶升口距地面高度低(10 m),所以本次泵送采用一级泵送施工,若拱脚顶升孔距地面高度高,可采用二级泵送施工。顶升时在每处拱脚配置一台 SY5110HBC90 地泵,共计 4 台地泵同步进行混凝土顶升,并现场备用 2 台。

2)施工操作要点

(1)混凝土顶升前需根据流体力学能量方程 $\Delta P=\gamma h+\sum p$,按照混凝土顶升高度计算顶升压力,充分考虑地泵选型,确保地泵满足顶升要求。

(2)混凝土顶升方量在 350~530 m^3 之间,混凝土方量大、强度等级高,且均在钢管内流动,管涌高度在 28 m,顶升时间控制在 6 h 以内。在顶升时间内要确保拱肋内管涌一直涌动,不得停止。施工前要充分检测混凝土质量,对混凝土进行试拌、静置、检测,确保混凝土性能稳定。

(3)混凝土顶升前需对混凝土配合比性能进行多次试配调整,确保混凝土各项性能满足顶升要求;同时对罐车运输路径详细调查,并且详细计算混凝土所需方量,根据地泵顶升速度配置罐车数量,将混凝土全部连续运送至施工现场,无需补方。

(4)混凝土顶升是要保证四处拱脚同步均匀顶升,拱脚、系梁要均匀受力,避免拱肋半幅偏载。

(5)施工现场要充分考虑地泵、起重机、挖机、汽车泵等备用机械,顶升前要仔细检查地泵状态,确保顶升机械性能良好。

(6)顶升过程要安排专人对钢管进行敲击检查,一是要确保顶升速率一致,二是要确保顶升过后拱肋内无空腔,若发现空腔,立即开孔补灌混凝土。另外还需安排人员观察顶部排气孔是否处于正常排气状态,顶升时应连续顶升,直至排气孔均匀流出密实混凝土。

(7)顶升时要对钢管拱肋、拱脚、系梁等结构物进行实时观测,确保钢管拱脚、拱肋、系梁线性稳定。

5. 斜拉吊杆施工

1)施工工艺方法

(1)吊杆按尼尔森体系布置,在吊杆平面内,吊杆水平夹角 50.8°~73.1°,吊杆纵向间距为 8 m,两交叉吊杆之间的横向中心距离为 0.341 m,吊杆均采用 127 根 $\phi 7$ 高强低松弛镀锌平行钢丝束,冷铸镦头锚,索体采用 PES(FD)低应力防腐索体,并外包不锈钢防护。吊杆张拉端设置于拱肋端。吊杆内设磁通量传感器以便对施工过程及后期吊杆应力进行长期监测,全桥共设 32 对吊杆。

(2)拉索进场后,将吊杆放在相应索号的安装位置上,然后将吊杆拱肋端与提升钢丝绳进行连接,启动提升卷扬机,锚头提升至拱肋端索导管口位置时,施工人员在施工平台上进行辅助操作,通过手拉葫芦调整吊杆角度,配合提升卷扬机将吊杆锚头穿过拱肋索导管,然后安装张拉设备。吊杆安装如图 12 所示。

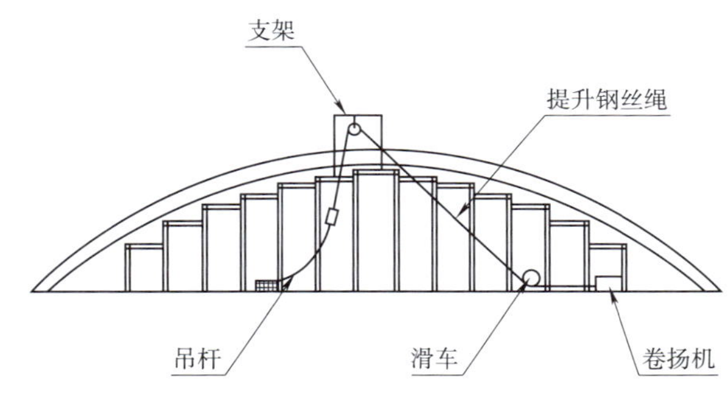

图 12　吊杆安装示意图

(3)在吊杆安装完成后及桥面系荷载加载完成后对全桥索力进行调整,共分 2 次进行,本项目张拉端位于拱肋上。索力检测人员在拱肋用张拉千斤顶,拉杆、夹具等配套设备,对吊杆进行张拉。

2)施工操作要点

(1)简支拱吊杆为成品材料,加工时要加强驻场监造管理,确保吊杆加工质量。

(2)吊杆进场后要检查吊杆出厂质量证明文件,确保吊杆合格。

(3)吊杆安装时应严格按照吊杆编号进行安装,防止吊杆混装。

(4)吊杆张拉时严格按照图纸张拉顺序分级张拉,张拉时会同第三方监控单位采用动测仪检测吊杆张拉后应力值,第一遍张拉完成后全桥进行测量后计算第二遍张拉应力值。待二期恒载加载完成后进行第三遍索力值调整。

2.8.6　质量控制

本工程主要质量控制要点在于系梁施工、钢管拱脚定位、钢管拱肋结构加工安装、钢管混凝土顶升、斜拉吊杆安装、张拉等方面。

1. 预应力混凝土系梁施工控制要点

系梁钢筋绑扎、大体积混凝土浇筑、预应力张拉压浆为系梁施工的质量控制重点。

2. 钢管拱脚定位

拱脚预埋骨架的施工次序:根据施工图纸给出的钢管拱脚坐标,焊接拱脚支撑定位支架,并将拱脚支架根部定位,拱肋支架间距 50 cm,拱肋顶部 2 m 范围的拱肋支架高出拱肋 50 cm,方便顶部拱肋定位,拱肋定位准确后将拱肋支架焊接成整体,防止浇筑拱肋混凝土时拱肋上浮、偏移。拱肋支架安装时应尽量避开预应力管道。

3. 钢管拱肋加工安装质量控制要点

主要质量控制要点：一是拱肋的施工线形控制；二是钢管拱肋的加工控制；三是钢管拱肋的预拼装控制；四是钢管拱肋的轴线控制；五是钢管拱肋的合龙控制。

4. 钢管混凝土顶升质量控制

在钢管拱肋节段支架上搭设敲击检查平台。钢管混凝土顶升密实度检测可采用人工敲击与超声波检测相结合的办法，检测次数不少于 3 次，宜为浇筑 7 d 后、28 d 后和验收前。

人工敲击检查可沿钢管周边选取等距离的若干点，从拱脚往拱顶进行。人工敲击检查结果异常时，应加大检测密度，确定超声波检测范围。超声波检测发现异常时，应进行钻孔复检。当检测发现钢管混凝土拱肋脱粘率大于 20%或脱粘空隙厚度大于 3 mm 时，应对脱粘处进行钻孔压浆补强处理，压浆时采用同拱肋混凝土强度相同的混凝土。

在顶升过程中，严格选择与控制粗、细骨料的规格和质量，严格控制好混凝土的扩展度、含气量；混凝土拌和的时间适度；现场和拌和站信息通畅，混凝土调度信息畅通，罐车位置能进行精确定位，确保钢管混凝土顶升连续，顶升时间选定应合理，尽量减少临界温差。顶升时安排专人敲击拱肋，确保拱肋混凝土顶升质量。

2.8.7　安全环保措施

(1)本系杆拱桥：材料存储、运输与使用、施工机械、特种设备、施工消防、施工用电、高处作业、起重吊装、拆除作业、高空作业安全防护措施、起重吊装防护等安全保证措施必须满足《铁路工程基本作业施工安全技术规程》(TB 10301—2020)规定。

(2)按照国家当地及业主有关环境保护的法律、法规和制度的要求编制工程的环保制度与措施，保证环保制度与措施的落实和执行。

(3)定期对现场废弃的材料进行收集、处理；施工现场、生活区合理设置污水收集管沟、池，防止污水漫溢，并运输或排放到指定区域，严禁排放到河道或其他受控区域。场内的便道进行硬化处理，干燥天气对道路进行洒水防止扬尘。废泥浆的外运应采用密封的自卸车，防止泥浆外泄。

2.8.8　工程实例与效益分析

1. 工程实例

廊坊特大桥于 DK24＋816.06～DK24＋964.36 处跨越龙河，采用 1-144 m 尼尔森体系提篮式钢管混凝土简支拱桥进行跨越，线路与龙河斜交角度为 34°37′。本简支拱梁桥位于平坡直线上。

系梁全长 148 m，计算跨度 144 m，分 B、A、B 三个节段。结构布置采用刚性系梁刚性拱。梁端采用矩形截面，桥面宽 18.3 m，梁高 3.0 m。普通段采用单箱三室预应力混凝土箱形截面，桥面宽 17.5 m，梁高 3.0 m，长 131 m。箱梁顶板厚度 35 cm，梁端局部加厚到 85 cm；底板厚度为 35 cm，，梁端局部加厚到 85 cm；横向四腹板，厚度为 35 cm，梁端局部加厚至 135 cm(边腹板局部加厚至 130 cm)；吊点处设横梁，横梁厚度 40～60 cm。

钢管拱的中间矢跨比 $f/L=1/5$，拱肋立面投影矢高 28.52 m，拱肋采用二次抛物线，拱肋面内方程为：$y=4\times28.8(144x-x^2)/1\,442$，拱顶处两拱肋中心距 7.884 m。拱肋横断面采用哑铃型钢管混凝土等截面，截面高度 $h=4.0$ m，钢管外径为 1.3 m，由 20 mm 厚的钢板卷制而成，每根拱肋的两钢管之间用 $\delta=20$ mm 的腹板连接。每隔一段距离，在圆形钢管内设加劲箍，在两腹板中焊接拉杆。主梁采用 C55 混凝土，拱管内灌注 C55 自密实补偿收缩混凝土，封锚用 C55 干硬性补偿收缩混凝土。拱肋钢管、横撑及吊杆的上锚箱均采用 Q345qE 钢材。

本工法在廊坊特大桥跨龙河 1-144 m 简支拱桥中已顺利实施。顺利地解决了系梁施工、拱脚定位、拱肋安装、高性能钢管混凝土顶升、拱肋斜拉吊杆安装、张拉等施工中存在的技术重难点，增加了桥梁拱肋结构的强度，最大化提高了简支拱的质量，为后续类似拱桥施工提供了很好的借鉴案例。简支拱现场航拍如图 13 所示。

图 13　简支拱现场航拍

2. 效益分析

(1)经济效益

本工法通过对尼尔森体系提篮式钢管混凝土系杆拱的拱脚和拱肋安装定位，钢管混凝土顶升，多箱室、大跨度预应力系梁高性能混凝土浇筑，同截面、密集纵向预应力张拉，斜拉吊杆安装张拉等各项技术难题的研究，不断研究探讨、优化施工方案，优化了工序步骤，减少了劳动力数量，提高了机械使用率，节约施工成本共计约 200 万元。

(2)社会效益

新建城际铁路联络线是北京大兴国际机场综合交通网络的重要组成部分，将北京两大机场及北京城市副中心串联起来，形成快速客运通道。龙河作为廊坊市重要的水系为永定河重要支流，防洪、灌溉作用尤为重要。新建高速铁路与已开通的机场高速公路并行，提篮式钢管系杆拱桥的造型美观提升了铁路工程形象。新建跨龙河提篮式钢管系杆拱桥将成为城际联络线上的地标性工程。

参编单位：中铁十局集团有限公司

参编人员：李博、张志刚

第3章 隧道工程

3.1 明挖隧道深基坑小直径围护桩快速施工技术

在工程建设中，钻孔灌注桩是一种十分常见的深基坑围护结构形式。当选用钻孔灌注桩作为基坑围护桩时，常以排桩的形式出现。铁路明挖隧道基坑深度一般大于 5 m，围护桩长度较长，铁路的线性工程决定了明挖隧道围护桩数量庞大。围护桩施工速度是制约明挖隧道后序施工的卡控点，如何提高围护桩的施工速度，是实现工期目标的重要因素。

围护桩的流水施工步序包括钻孔、钢筋笼安装、水下混凝土灌注等工序，其中钢筋笼孔口连接是制约流水施工的控制步序。考虑钢筋笼孔口连接时间长，安全风险高，连接质量不易控制，如长时间未灌注混凝土，还将存在塌孔风险。中铁二十二局城际联络线 3 标项目部从流水施工立足，优化钢筋笼连接安装工序，引入整笼吊装工艺，有效减少钢筋笼安装时间，实现了围护桩流水快速施工。该工艺成桩效率高，施工安全、施工质量好，缩短了工期，节约了人工和机械成本，适宜旋挖钻等快速成孔类工装。

3.1.1 工艺(工法)简介

采用旋挖钻孔施工，合理组织现场施工，形成流水连续作业，整体缩短成桩时间，是旋挖钻成桩的优点。流水施工中，旋挖钻成孔速度快，钢筋笼分段安装，孔口焊接速度慢，成为形成流水施工的制约因素。采用整笼一次下放安装，解除孔口施焊，既节省了时间，大大加快了成桩速度，又保证了钢筋焊接质量。

通过对深基坑小直径围护桩快速施工技术的研究，在深基坑围护桩施工中，保证了施工质量、工期。同时在施工过程中的各个环节总结了经验，并通过各个工序进行有效的研究，达到资源合理有效配置，工序安排合理，快速施工的目标。

目前我国长钢筋笼钻孔桩施工普遍采用孔口分节安装，速度慢，效率低，质量难以保证，本项目采用整体吊装方案，地面焊接钢筋笼，加速了成桩速度，每个桩平均节约 2～3 h，大大提高了效率，节约了时间成本，满足了进度要求，有效解决了焊接速度慢的问题。综合节约成本约 210 万元。

3.1.2 施工准备

熟悉设计文件、规范和施工组织设计，做好图纸会审记录，统计围护桩类型、工程量，编制围护桩专项施工方案，完善作业指导书，对进场人员进行安全技术交底培训。仔细勘察现场，考虑钢筋笼设计长度，确保钢筋笼整笼制作要求，满足整笼起吊条件，确认场地及运输通道无影响吊装的地上缆线或其他障碍物，且应充分考虑钢筋笼运输距离，择优建设钢筋加工场。

3.1.3 人员、材料与设备

1. 人员方面

按单个钻机配备管理人员和施工人员，钻机一般为 24 h 作业，按两班人员配备。劳动力组织见表 1。

表 1 劳动力组织

编号	工　种	单　位	数　量
1	技术员	人	2
2	安全员	人	2
3	试验员	人	2
4	测量员	人	2
5	起重机司机	人	4
6	信号工	人	2
7	旋挖钻操作手	人	2
8	钢筋工	人	20
9	电工	人	1
10	焊接工	人	8
11	混凝土工	人	10

2. 材料方面

主要材料配置见表 2。

表 2 主要材料配置

序号	名　称	规　格
1	钢护筒	2 m 长壁厚 6～8 mm
2	钢筋	HRB400ϕ28、ϕ25、ϕ22，HPB300ϕ12、ϕ10
3	钢丝绳	6×37+1 直径 15 mm，直径 17.5 mm
4	混凝土	C30

3. 设备方面

根据不同施工任务合理安排施工机械，提前规划、安排，保证施工过程中机械的功效最高。单台钻机配备的主要机具设备见表 3。

表 3 主要机具设备

序号	名　称	型　号	数　量
1	旋挖钻机	SER30	1
2	挖掘机	PC400-6	2
3	起重机	QY25	2
4	旋挖钻头	3050	4

续上表

序号	名　称	型　号	数　量
5	泥浆泵	80DL20	8
6	地笼机	TYGJL3000	2
7	履带式起重机	50 t	3

3.1.4 工艺流程

钻孔灌注桩施工工艺流程如图1所示。

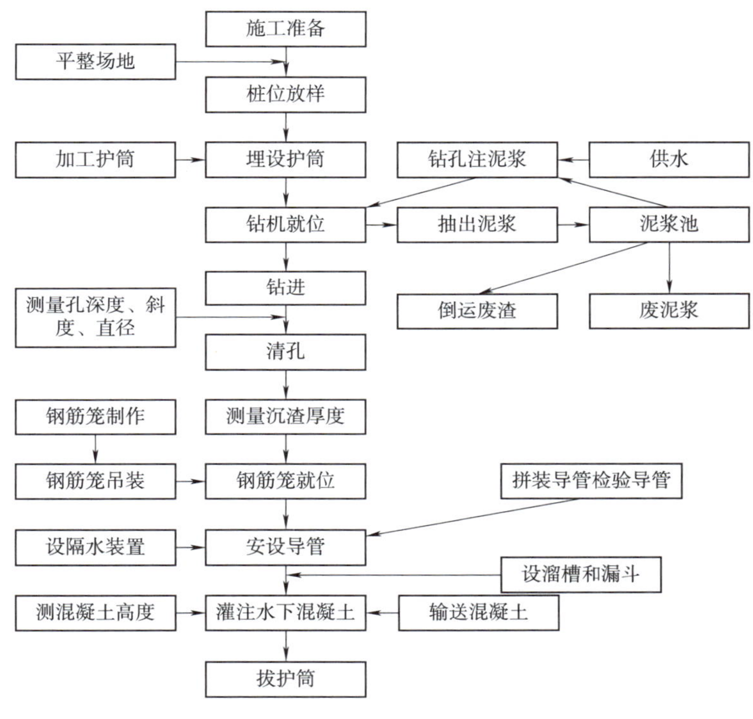

图1　钻孔灌注桩施工工艺流程

3.1.5 工艺方法与操作要点

1. 工艺工法

本工法适用于场地空旷，无临近的高架缆线处。桩径不大于1 m，钢筋加工场1 km范围内采用履带式起重机运输，超过1 km需另设钢筋加工场。

首先将钢筋原材按设计要求下料，主筋每根进行连接，加工到设计长度；利用钢筋笼骨架胚具，将骨架一次加工成型；再将钢筋笼骨架吊装至地笼机，进行箍筋施工，完成钢筋笼整笼制作，孔口钢筋笼安装对比见表4。采用履带式起重机吊运至现场或存放区域。

钻孔桩成孔后，利用履带式起重机和加工制作的滑轮组，将钢筋笼由平吊状态，转换成完全直立状态，履带式起重机带笼运输至孔口，下放钢筋笼，完成钢筋笼安装。

表 4　孔口钢筋笼安装对比(32 m)

工法名称	孔口连接时间(h)	吊装时间(h)	工序总时间(h)	备　注
分节孔口连接	4.7	0.5	5.2	钢筋笼按 12 m×3 分段,孔口接头 28 个×2 次,以焊接为例,工效:10 min/(人·个)×2 人
整笼一次安装	0	0.25	0.25	
工序时间差	4.7	0.25	4.95	

现场按钻孔、清孔、钢筋笼下放、导管安装、浇筑混凝土流水组织施工,将钢筋笼连接工序放钢筋场进行,可大幅度缩短钢筋笼安装时间,实现围护桩流水作业,有效提高施工速度。

2. 控制要点

(1)围护桩桩位计算。钻孔灌注桩作为隧道基坑围护结构,垂直度控制不良,易造成倾斜,影响主体结构,可根据下式计算围护桩垂直度偏差限值:

$$\Delta a = hr \times 100$$

式中　Δa——允许最大倾斜值(cm),此处取 5 cm;

h——基坑深度(m);

r——垂直度(‰)。

本项目基坑最大深度 25 m,可计算垂直度需控制在 2‰之内,目前工艺水平很难达到,为了减小倾斜风险,采用围护桩点位水平外移 10 cm。据此对围护桩位置进行二次布位,利用 Excel 自带的二次开发工具 VBA 与 CAD 协同操作,能在较短时间内完成围护桩二次布置并形成放样资料。总体流程如下:

Excel VBA 计算左中线点位,展图至 CAD→CAD 绘制隧道外轮廓线→按外移10 cm 绘制施工桩位→提取桩位坐标→导入 Excel VBA 反算复核坐标→整理形成放样数据。

(2)根据设计图纸和钢筋规格,将单根钢筋笼主筋连接至设计长度,并分类堆码。

(3)根据钢筋笼主筋间距,加工钢筋笼骨架胚具,利用骨架胚具制作钢筋笼骨架。采用 TYGJL3000 型数控地笼机,将钢筋笼加工成型,如图 2 所示。

图 2　钢筋笼骨架胚具和地笼机

(4)钢筋笼必须严格按设计图进行焊接,保证其焊接焊缝长度、焊缝质量,吊点处钢筋笼内箍圈筋应设置吊点加强短筋,短筋沿箍圈均匀布设,直径应与主筋相同,长度不小于 5 cm,数量不少于 4 个与钢筋笼主筋双面满焊,以防吊装过程中吊点脱焊,如图 3 所示。

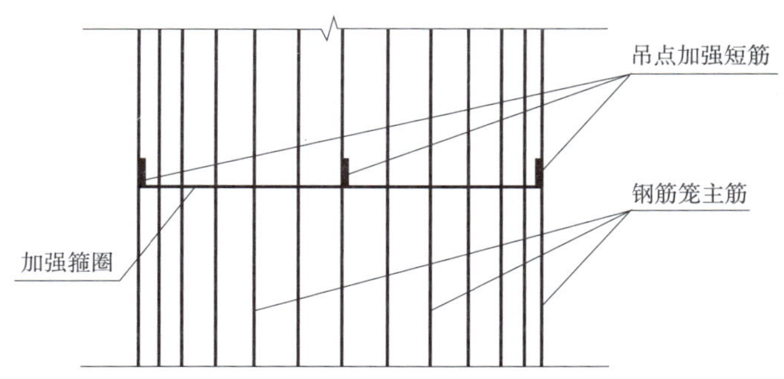

图 3　钢筋笼吊点加强短筋示意图

(5)钻孔灌注桩定位。现场放线定出桩位并做好桩位的轴线标记,引出相互垂直的 2 条线,共计 4 个护桩,护桩位置应满足施工过程中不被破坏,且应埋设牢固,不易松动。

(6)钻孔灌注桩护筒设置。护筒要根据设计桩位中心线埋设,埋设深度 1.2～1.5 m,其位置偏差应不大于50 mm;护筒四周采用黏土压实密封,防止泥浆渗漏。埋设过程中后,利用护桩反复拉线校正护筒位置。

(7)钻孔桩成孔。施工时每台钻机最少要配备 2 个护筒,护筒预先埋设在桩位上,实现钻孔流水作业。钻机就位时,应保持底座平稳,不发生倾斜移位。在钻进过程中,现场技术人员利用双向调节标尺和线坠复核钻杆垂直度,必要时采用全站仪进行复核,保证钻孔灌注桩的垂直偏差符合要求。

(8)钻孔灌注桩清底。钻孔至设计高程,应立即进行清孔,清孔必须彻底,保证孔底沉渣厚度符合规范要求。

(9)履带式起重机整体吊装钢筋笼

①钢筋笼吊点设置:共设置 6 处吊点,钢筋笼长度 $L>13$ m,各吊点应在钢筋笼上均匀布设,选择最近的加强箍与主筋交叉点为吊点,设 $a=L/5$,则第一吊点为距离笼底为 a,第二吊点距离笼底 $2a$,第三、五吊点距离笼顶 $2a$,第四、六吊点距离笼顶 a。钢筋笼吊点布置如图 4 所示。

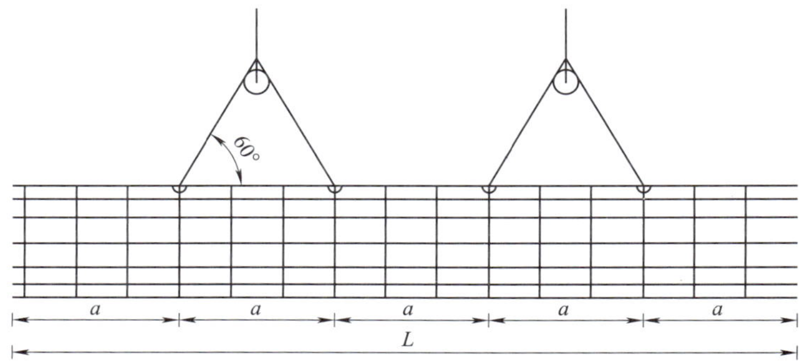

图 4　钢筋笼吊点布置图

重心估算为笼体纵向中点处，取 $L/2$。

②起吊点重量计算。T_1、T_2 分别为小钩、大钩钢丝绳拉力，钢丝绳与钢筋笼夹角不小于 60°；笼长 L，质量为 t，重力加速度为 g。

$$2T_1\sin 60° + 4T_2\sin 60° = tg$$

以笼底为旋转轴，达到平衡时满足力矩为 0，可得下式：

$$T_1 a\sin 60° + T_1 \times 2a\sin 60° + T_2(L-2a)\sin 60° \times 2 + T_2(L-a)\sin 60° \times 2 - tgL/2 = 0$$

解方程组得 T_1、T_2 值，根据 T_1、T_2 数值选择履带式起重机型号。

③吊点吊环验算：主吊点为主筋钢筋直径 R，可知设计剪切应力为 σ_0，实际最大应力为 $T_1/(\pi R^2/4)=\sigma_1$，计算应力 σ_1 应小于 σ_0，方可满足要求。可根据 T_1K 查《起重吊装常用数据手册》选用钢丝绳型号，K 为安全系数，此处取值为 5，钢丝绳长度为 $2a+1$。

④钢筋笼安装采用履带式起重机全笼起吊，起吊时必须使吊钩中心与钢筋笼中心重合，保证起吊平衡。起吊钢筋笼采用扁担梁滑轮组＋辅助滑轮组，如图 5 所示。

图 5　整笼起吊

⑤钢筋笼吊放具体步骤：

a. 钢筋笼平铺于地面之上，将滑轮组、扁担梁卡环安装于吊点处，小钩连接于滑轮组，扁担梁连接于吊车大钩。

b. 检查钢丝绳安装情况及受力重心后，开始平吊。

c. 钢筋笼吊至离地面 0.3～0.5 m 后，应检查钢筋笼是否平稳，后大钩起钩，根据钢筋笼尾部距地面距离，小钩配合起钩。

d. 司机按照信号工的指挥，大钩逐渐升高，小钩及时下落，直至钢筋笼完全直立。

e. 随后信号工指挥引领履带式起重机转向，行走，应挑选平整，起伏小，坡度缓的道路，保证钢筋笼行走过程中不剧烈晃动，引起履带式起重机失稳。

f. 到达孔口，将钢筋笼中心对准孔口，缓慢下放，过程中摘除滑轮组，下放到位后，安装串杠临时固定于孔口，焊接吊筋，继续下放钢筋笼至设计高程。

3.1.6 质量控制

(1)钢筋原材进场后,及时进行进场验收和检测,检测合格后,方可进行加工;钢筋笼应按设计下料长度下料,按规范要求进行连接,保证接头质量符合要求,钢筋笼验收合格后方可进行吊装运输。

(2)钻孔前,提前校核钻机状态,保证钻杆垂直度在3‰以内,钻孔孔过程中也应不断校对钻杆垂直度,保证成孔垂直度符合要求,避免后期出现倾斜。

(3)钢筋笼吊装严格控制起吊速度,应缓慢匀速进行,避免造成钢筋笼变形。

(4)钢筋笼垫块每2 m不少于4块,保证围护桩保护层厚度符合设计要求。

(5)混凝土灌注前再次检查孔底沉渣厚度,必要时需二次清孔,保证浇筑前应符合规范要求,并及时灌注混凝土。

(6)混凝土浇筑前,需及进行混凝土性能检测,保证其性能满足配合比要求。

(7)混凝土浇筑开始后,应紧凑、连续地进行,严禁中途停工,并应尽量缩短拆除导管的间断时间,每根桩的浇筑时间不应太长,宜在8 h内浇筑完成。

(8)明挖隧道围护桩放样前按设计位置计算孔位坐标,并报测量监理工程师审批,保证计算数据准确。放样前放样数据应经测量班长、监理工程师核对,核对无误后方可进行放样;围护桩桩位放样一般采用RTK技术,放样前先对RTK校核。桩位放样采用放样和复核两次控制,由测量人员放样钻孔围护桩位置,劳务人员按放样位置埋设护筒。护筒埋设完成后,由测量人员对护筒位置再次测量复核,检查护筒和护桩拉线中心点位置准确。

3.1.7 安全环保措施

1. 安全措施(吊装安全)

(1)履带式起重机司机、信号工等应进行进场培训,考试合格后持证上岗。

(2)起重臂和吊起的重物下面有人停留或行走不准吊。

(3)起重指挥应由技术培训合格的专职人员担任,无指挥或信号不清不准吊。

(4)起吊前,应再次确认吊点状态,保证各吊点牢靠。

(5)钢筋笼整笼吊装前应再次检查各吊点焊接质量,起吊前进行进行试吊,吊装时应对吊装区域设置警戒,禁止任何人员进入。钢筋笼吊运过程中,应安排专职安全员进行监督,提前清理运输路线上障碍,吊运路线禁止任何车辆和人员通行。

(6)钢筋笼吊装前后,不得安装垫块,避免吊运过程中垫块掉落伤人。

(7)6级以上强风区不准吊。

(8)斜拉重物或超过机械允许载荷不准吊。

2. 环保措施

(1)旋挖钻机、起重机、装载机等排放标准应能满足环保要求,必要时需设置尾气过滤装置。

(2)现场应设置独立的废料区,存放钢筋废料、焊渣等废物,按规定集中处理。

(3)钢筋笼焊接应设置焊烟吸附装置,禁止将焊烟直接排放至大气中。

(4)按规范要求设置泥浆池,钻渣应集中存放,按规定到指定地点进行消纳。

(5)应调整施工时间,避免夜间施工;必须夜间施工时,应办理夜间施工手续,并公示。

(6)合理安排工作人员轮流操作机械,穿插安排低噪声工作,减少接触高噪声时间,并配备耳塞,同时注意机械保养,降低噪声的声级水平。

3.1.8 工程实例与效益分析

1. 工程实例

中铁二十二局新建城际铁路联络线一期工程站前3标段DK35+770～DK40+300范围设计榆安1号隧道、榆安2号隧道、新航城车站三个单位工程,全部采用明挖法施工,围护结构设计为钻孔灌注桩+止水帷幕,设计7 649根围护桩,原计划施工工期406 d,施工采用该工法,实际工期301 d,为全线第一家完成围护桩施工的标段。加快了围护桩施工速度,降低安全风险,保证了施工质量,优化了施工组织,为工期目标实现奠定了基础。

2. 效益分析

明挖隧道深基坑小直径围护桩快速施工技术,实现围护桩流水作业,将孔口钢筋笼连接工序提前到吊装前,有效减少了孔口作业时间,单桩平均节约4.95 h,全线共计7 649根桩,共计节约工期105 d;钢筋连接工效提升1.5倍,节省人工费28.35万元;节省起重机台班315个,25 t汽车起重机月租2.5万元,履带式起重机月租4.8万元,总计节省14.3万元;单工作面总计节约成本约14.05万元,总计节约210万元。同时提高了围护桩的施工质量,保证了施工安全,具有很好的推广意义。

参编单位:中铁二十二局集团有限公司
参编人员:吕广军、李林

3.2 明挖隧道基坑开挖与监测施工技术

随着明挖隧道工程在城市郊区的日益普及，基坑深度越来越深，支撑越来越密，场地越来越窄，施工难度越来越大。为了加快土方施工速度，减少支撑干扰等问题，城际铁路联络线一期工程榆安隧道采用"预拉槽"开挖方法，并与监控量测紧密结合，形成了明挖隧道深基坑开挖与监测施工工艺，该工艺速度快，抗干扰能力强，安全可靠，能较大程度的满足施工要求，无额外增加成本，适宜明挖隧道深基坑工程推广使用。

3.2.1 工艺（工法）简介

明挖隧道基坑开挖深度 22.0～24.0 m，开挖宽度 14.2～15.7 m，采用钻孔桩围护＋钢支撑支护结构，内设横向钢支撑（ϕ609 壁厚 16 mm 和 ϕ800 壁厚 16 mm），横向间距 3 m，竖向间距 4～4.5 m，施工空间狭小，施工受限。

为了提高工作效率、节约成本，本工程通过综合对比，采用预拉槽分台阶开挖的施工方法，以钢支撑层高为开挖循环；钢支撑层间范围内，中心预拉槽留边缘土反压，安装支撑后余土分层开挖的施工工艺；辅以监控量测技术，分层分段开挖，机械相互配合，逐台阶布置，逐级倒运完成开挖。

3.2.2 施工准备

施工前应根据设计图纸，认真核对地形地貌，施工时注意核对地质资料，确认无误后再进行施工，如与设计不符，应及时与设计单位联系。施工前详细了解整个设计文件和相关规范，编制施工方案，组织专家论证，并报送业主及监理单位审批，根据方案内容和相关规范对进场人员进行交底和培训。

3.2.3 人员、材料与设备

1. 人员方面

根据不同的施工作业面提前规划布局，合理安排劳务人员及施工管理人员。单工作面劳动力组织情况见表 1。

表 1　劳动力组织

序号	工　种	单　位	数　量
1	挖掘机司机	人	4
2	自卸车司机	人	12
3	起重机司机	人	1
4	钢支撑安装	人	5
5	焊接工人	人	1
6	疏干工人	人	2

续上表

序号	工　种	单　位	数　量
7	喷锚工人	人	2
8	监测人员	人	5

2. 材料方面

土方开挖施工前需准备桩间喷锚用钢筋网和喷射混凝土原材，同时钢支撑材料齐全，具备安装条件。主要材料配置见表 2。

表 2　主要材料配置

序号	材　料	规　格
1	钢支撑	ϕ609/800，t=16 mm
2	钢筋	HPB300ϕ8
3	喷射混凝土	C25

3. 设备方面

根据不同施工任务合理安排洞内施工机械，提前规划、提前安排，保证施工过程中机械的功效最高。主要机具设备见表 3。

表 3　主要机具设备

序号	设　备	型　号	单位	数量
1	挖掘机	PC400-6	台	4
2	起重机	80 t	辆	1
3	自卸车	红岩	辆	12
4	湿喷机	TK-500	台	1
5	备用发电机	100 kW	台	1
6	电焊机	BX-300	台	2
7	全站仪	TC702	台	1
8	GPS 全球定位系统	中海达	台	1
9	水准仪	DS3	台	1
10	精密水准仪	DSZ2	台	1
11	水位计	50 m	台	2

3.2.4　工艺流程

施工工艺流程如图 1 所示。

3.2.5　工艺方法与操作要点

1. 放坡段开挖

放坡段土体开挖采用分层退挖方式，分层开挖①→②→③→④→⑤，直至冠梁底部下 0.5 m，分层厚度不大于 2 m，根据开挖进度施作土钉墙，如图 2～图 4 所示。

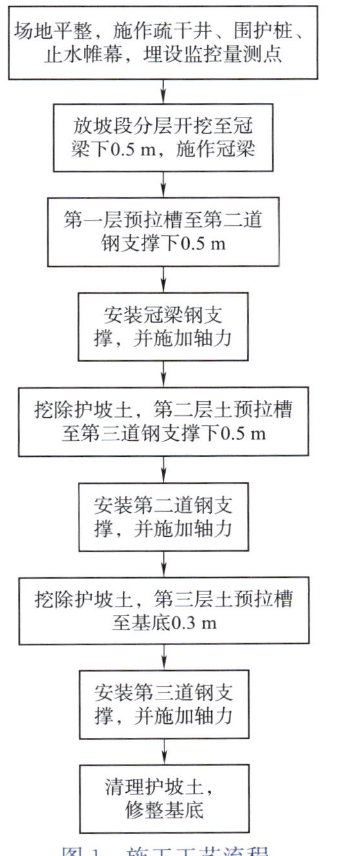

图 1　施工工艺流程

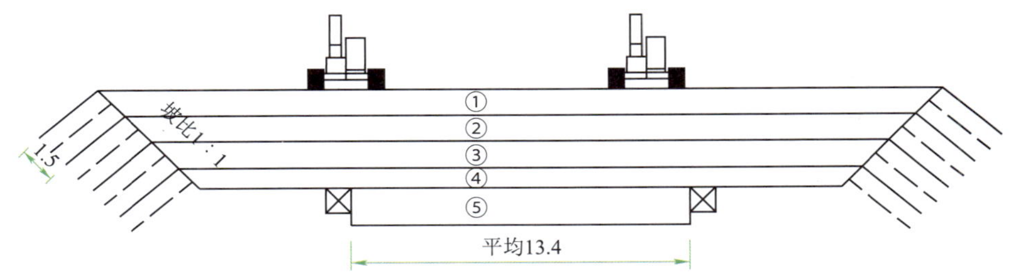

图 2　开挖横断面示意图(分层退挖)(单位:m)

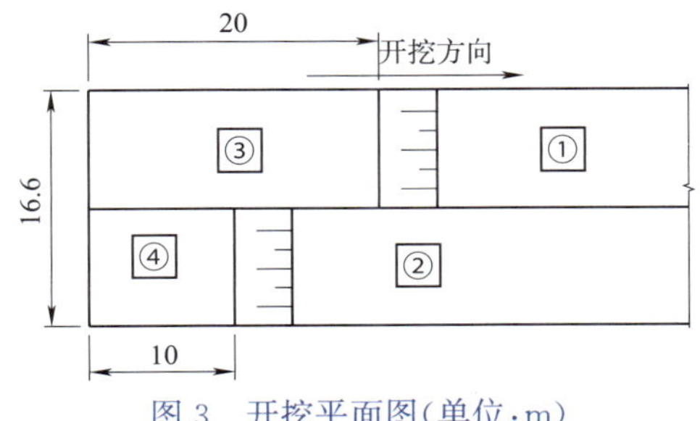

图 3　开挖平面图(单位:m)

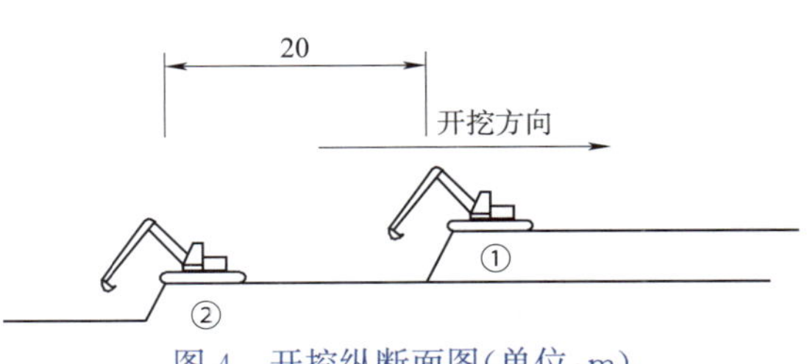

图 4　开挖纵断面图(单位:m)

2. 基坑土方开挖施工方案

(1)施工原则

基坑采用明挖法。基坑开挖宜分层分段均匀对称进行,在开挖过程中掌握好“分层、分步、对称、平衡、限时”五个要点,遵循“竖向分层、纵向分段、先支后挖、严禁超挖”的施工原则,尽可能减少基坑开挖面上围护结构无支撑暴露时间及变形。按先撑后挖,开槽支撑的原则进行。

(2)基坑开挖工艺

工程根据地质情况、施工机械、施组安排等因素,分别选择三种不同的开挖方式进行比选,分别为全断面开挖、预留核心土开挖、预拉槽开挖。

全断面开挖、预留核心土开挖、预拉槽开挖示意分别如图5~图7所示。

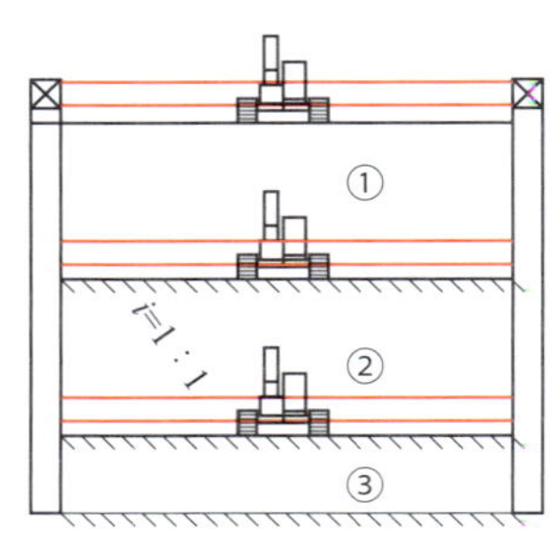

图5 全断面开挖示意图

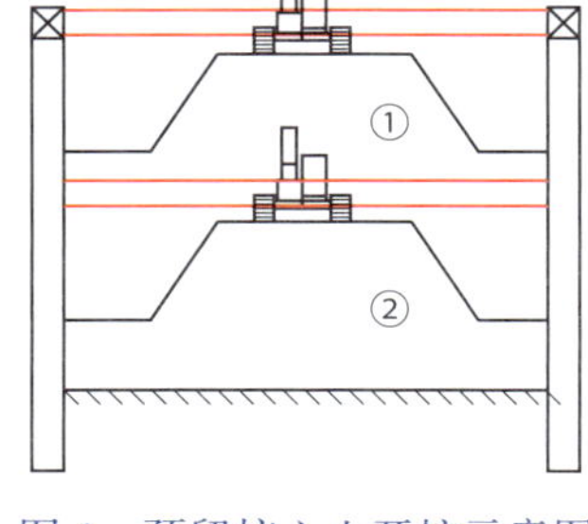

图6 预留核心土开挖示意图

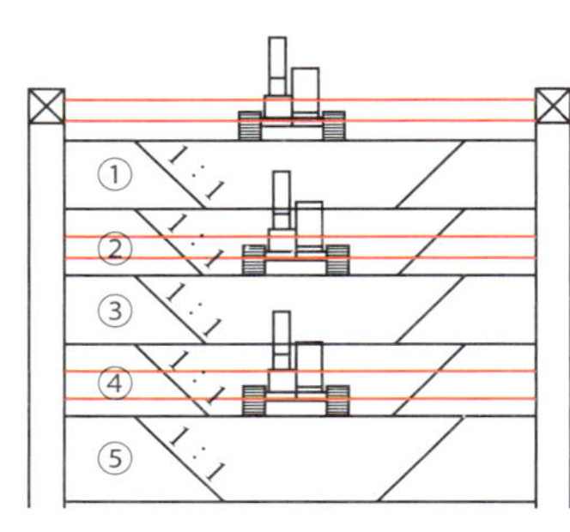

图7 预拉槽开挖示意图

平台宽度可根据钢支撑安装操作空间预留,一般不小于2 m。

挖掘机临边边坡应根据地质情况进行放坡处理,工程多为粉土、粉质黏土及砂土,深层土方处于硬塑状态,边坡保留时间较短,故按照1∶1的边坡比例进行放坡。

根据设计方案钢支撑间隔,分大小段分大小层开挖,竖向分大层高度小于5 m(为钢支撑间距),大层中小层开挖不超过3 m(钢支撑间再分层),纵向分大段小于20 m,大段中小段长度不大于6 m。预拉槽开挖第①小层土如图8所示。

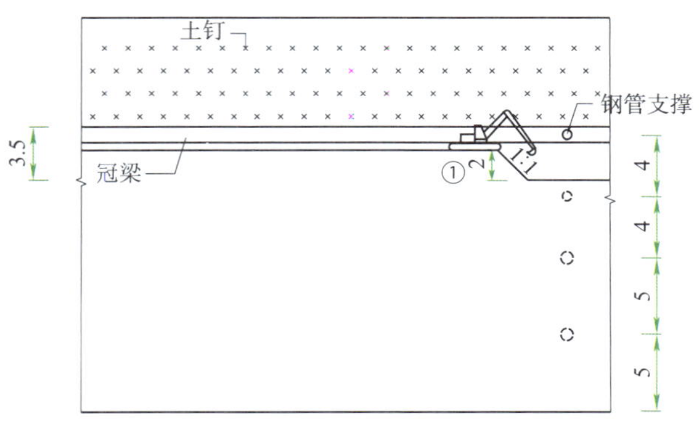

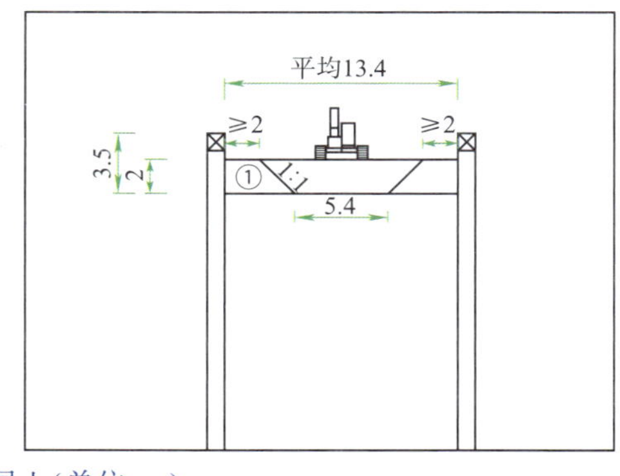

图8 预拉槽开挖第①小层土(单位:m)

分层开挖至第二层钢支撑设计位置。边坡平台随开挖下降,开挖过程中随时观察基坑变形情况,如图9所示。

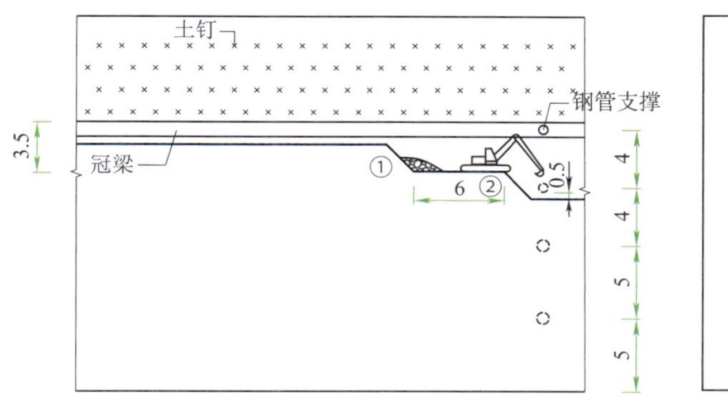

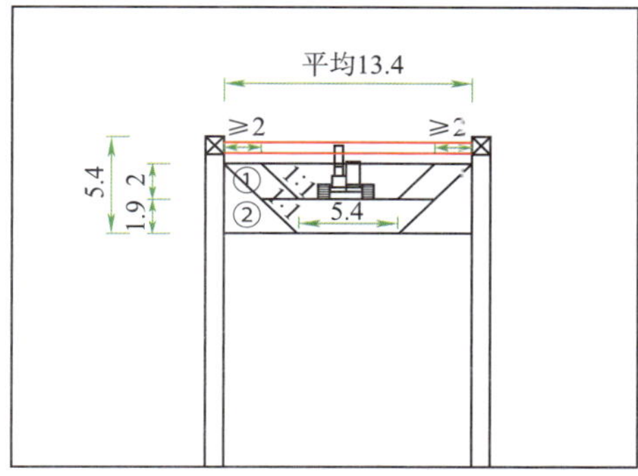

图 9　预拉槽开挖第②小层土(单位:m)

注:①②均为小层编号,每小段段落长度不大于 6 m,①②共同成为一大层,每大层段落总长度不超过 20 m,下同。

①②拉槽开挖完成,完成第一层钢支撑安装,清理护坡土后,③④层挖掘机驶入开始施工,如图 10 所示。

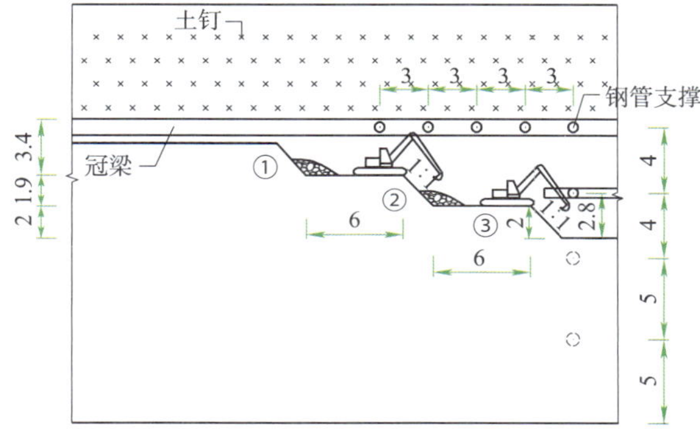

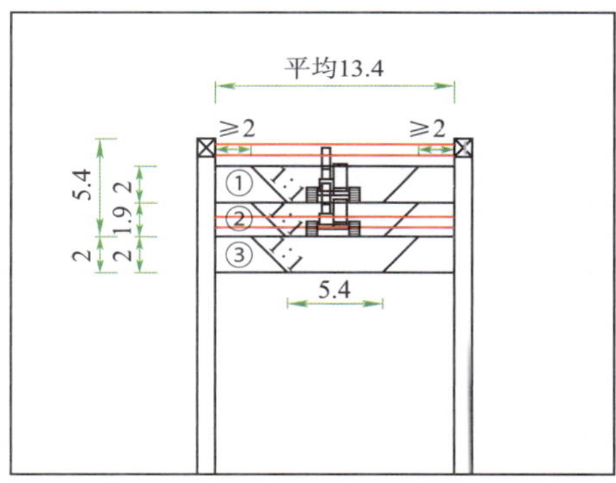

图 10　预拉槽开挖第③小层土(单位:m)

由于有被动土,可先不安装第二层钢支撑,③④层挖掘机边清除护坡土,边完成第二层钢管支撑安装,然后③④层挖掘机分层掏槽开挖至三层钢管支撑下 0.5 m。预拉槽开挖第④小层土如图 11 所示。

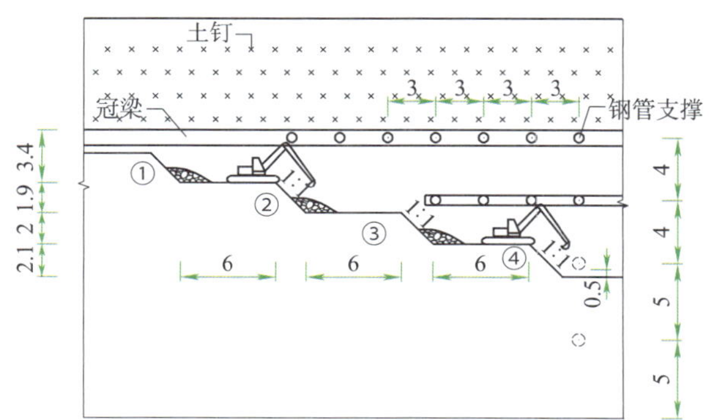

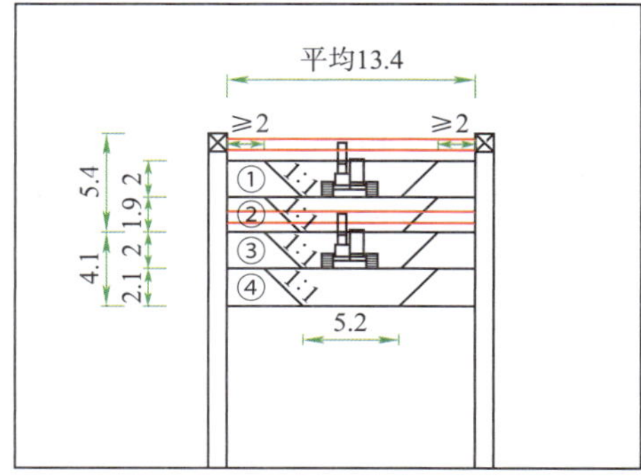

图 11　预拉槽开挖第④小层土(单位:m)

④层掏槽开挖至三层钢管支撑下 0.5 m,⑤⑥层挖掘机驶入下层,如图 12 所示。

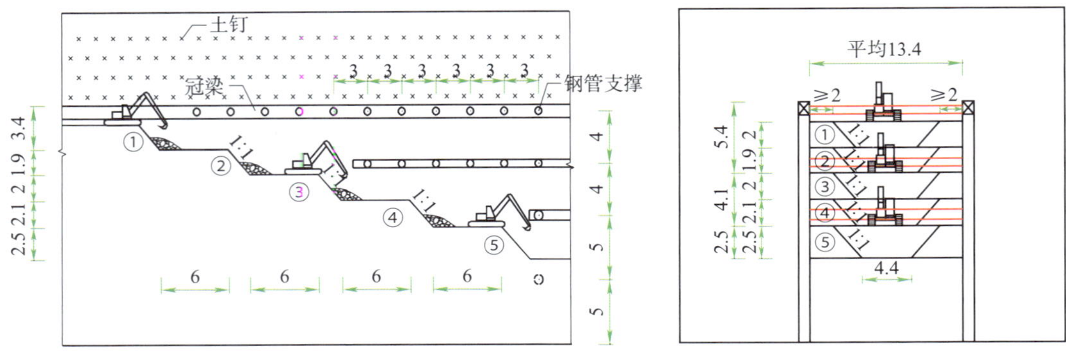

图 12 预拉槽开挖第⑤小层土(单位:m)

完成第三层钢管支撑安装,⑤⑥层掏槽分层开挖至四层钢管支撑下 0.5 m,⑤开挖深度 2.5 m,如图 13 所示。

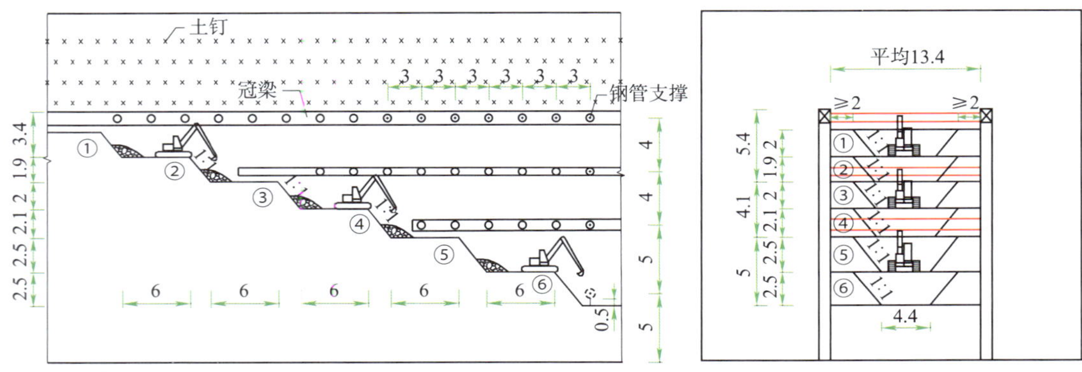

图 13 预拉槽开挖第⑥小层土(单位:m)

⑥层开挖深度 2.5 m,⑦⑧层挖掘机驶入下层,如图 14 所示。

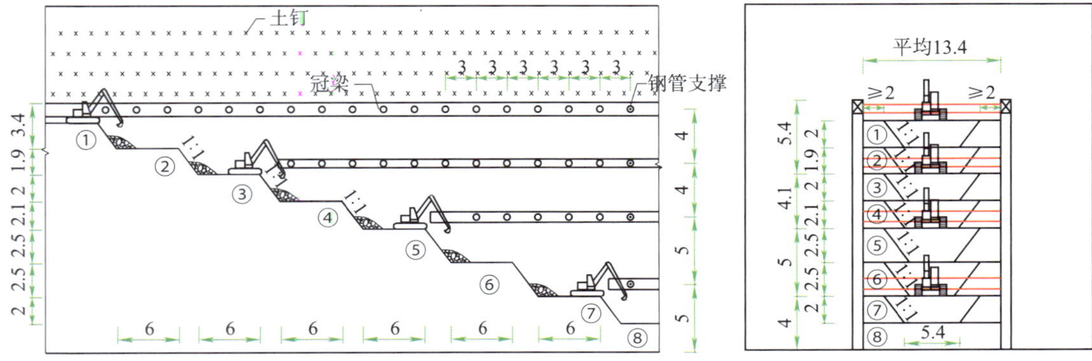

图 14 预拉槽开挖第⑦⑧层土(单位:m)

完成第四层钢管支撑安装，⑦⑧分层掏挖至基坑底，⑦层开挖深度 2 m，⑧层开挖至基底。

(3)出土位置垂直开挖

在两端堵头墙处设置坡道，第三层土未开挖到坡道处与基底交接处时，由挖掘机坑内接力倒运出土，如图 15 所示。

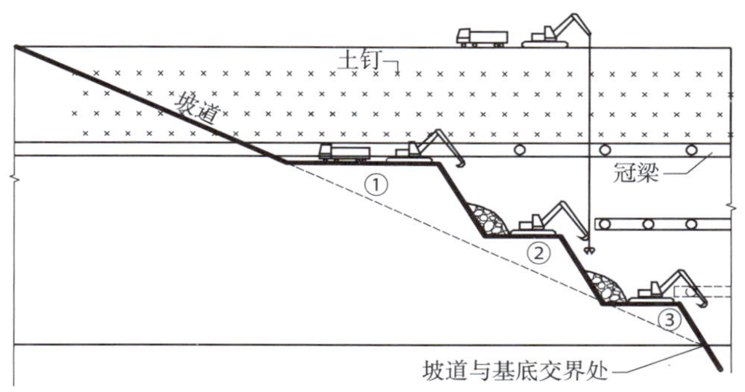

图 15　开挖最后收尾土方 1

开挖到坡道与基底交界处后，退挖清理坡道土方，最后采用抓斗机运出坑内，如图 16 所示。

清理第一层坡道土方并施作冠梁处第一层钢支撑，如图 17 所示。

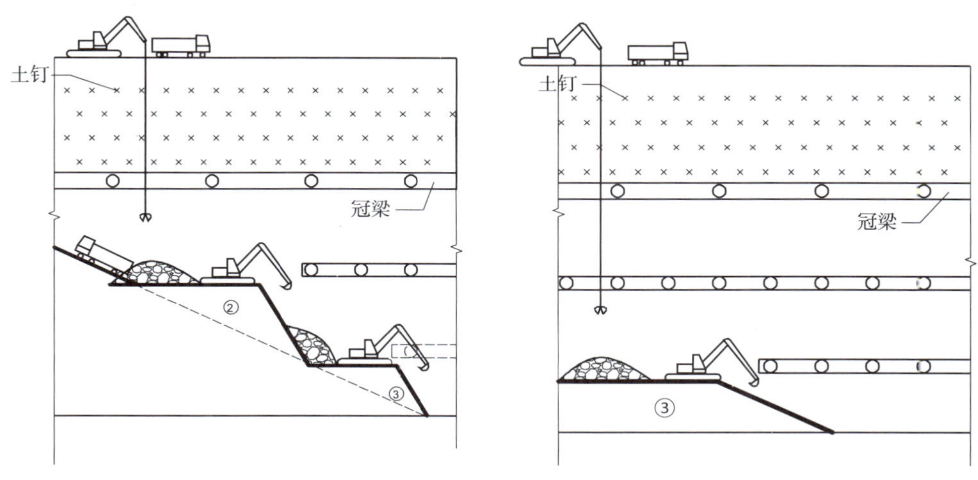

图 16　开挖最后收尾土方 2　　图 17　开挖最后收尾土方 3

清理第二层坡道土方并施作第二层钢管支撑，清理第三层坡道土方并施作第三层钢管支撑，同上做法；弃土采用 20 m^3 自卸车运至指定弃土场。

3. 过程监控量测

明挖隧道深基坑施工，监控量测是施工过程中的重要环节，是保证施工质量及安全的重要手段。通过监控量测手段，获得监测信息，并及时反馈至设计单位，经过预报及反分析，采取得当措施，指导后续施工，保证施工质量及安全。

(1)基坑主要监测项目

为保证基坑安全，以便获得全方位数据，全面掌控深基坑总体稳定状况，根据设计及相关规范要求，合理设置监测项目，具体内容见表 4。

表 4　监测项目一览

序号	类别	监测项目	图例	方法及工具	测点距离	监控量测控制值	量测频率	备　注
1	周边环境	基坑内外情况观察		现场观察及地质描述	每次开挖后立即进行		(1)周边环境监测：基坑开挖期间 $H \leqslant 5$ m，1 次/2 d；5 m $< H \leqslant$ 10 m，1 次/d；$H >$ 10 m，2 次/d；基坑开挖完成以后 1～7 d，2 次/d；7～14 d，1 次/d；14～28 d，1 次/2 d；28 d 以后，1 次/3 d，经数据分析确认达到基本稳定后 1 次/月。 (2)基坑围护结构体系检测：基坑开挖期间 $H \leqslant$ 5 m，1 次/2 d；5 m $< H \leqslant$ 10 m，1 次/d；$H >$ 10 m，2 次/d；基坑开挖完成以后 1～7 d，1 次/d；7～14 d，1 次/d；14～28 d，1 次/2 d；28 d 以后，1 次/3 d，经数据分析确认达到基本稳定后 1 次/月。 (3)当地面、支护结构或周边建筑物出现裂缝、沉降，遇到降雨、降雪、气温骤变，基坑出现异常的渗水或漏水，坑外地面荷载增加等各种环境变化或异常时，应立即进行连续监测，直至连续三天的监测数值稳定。 (4)当位移速率大于前次监测的位移速率时，则应进行连续监测	应测
2		坑边地面沉降	▽	精密水准仪	每 15～30 m 布设一处观测断面	一级基坑 $\leqslant 0.15\%H$ 和 30 mm		开挖面前一定距离就开始量测。拆撑时频率适当加密。应测
3		边坡顶部水平位移	↔	精密水准仪	每 15～30 m 布设一处观测断面	一级基坑 $\leqslant 0.15\%H$ 和 30 mm		应测
4		地下水位	○	打水位观测孔、水位管、地下水位仪	坑内四角点、长短边中点，坑外每 40 m 一处，距边缘 2 m	基底以下 0.5～1.0 m		应测
5	基坑围护结构体系	支护结构顶部水平位移及沉降	●	精密水准仪、电子全站仪	沿纵向每侧 15 m 布设一处	水平位移：一级基坑 $\leqslant 0.15\%H$ 和 25 mm		应测
6		支护结构深部水平位移	⊡	测斜管、测斜仪	每 45 m 布设一处	一级基坑 $\leqslant 0.15\%H$ 和 45 mm		应测
7		围护桩内力		钢筋计、电阻应变仪	钢筋计布置在桩的钢筋上、竖向间距 5 m，沿纵向每 40 m 布设一处	(60%～70%)f		在结构断面宽度相差较大断面，均需布设。应测
8		基坑回弹	□	精密水准仪	100 m 布设一处	一级：$\leqslant$ 25 mm		基坑中央，距坑底高程边缘 1/4 底宽处以及特征变形点布设
9		支撑轴力		轴力计、频率接受仪	每 40 m 布设一处	(60%～70%)f		在结构断面宽度相差较大断面，均需布设。应测

注：H 为基坑深度，f 为构件承载力设计值。

(2)监测预警值

监控数据录入信息系统，24 h 监控，随时掌握现场施工情况，实现动态无间隙控制。三级预警状态判断见表 5。

表 5　三级预警状态判断

预警级别	预警状态	管理状态
黄色预警	支护水平位移值 34 mm，围护桩内力值 930 kN	应加密监测频率，加强对地面械筑物沉降动态的观察，尤其加强对预警点附近的检查和处理
橙色预警	支护水平位移值 38 mm，围护桩内力值 1 054 kN	继续加强监测、观察、检查和处理，完善预警方案，同时对施工方案、支护参数、工艺方法等做检查和完善，在获得设计和建设单位意后执行
红色预警	支护水平位移值 43 mm，围护桩内力值 1 178 kN	立即停止开挖，启动应急预案

（3）监控量测数据工况分析

按照施工顺序，基坑开挖设置见表 6。

表 6　工况设置

序号	工　况	工况描述
1	工况一	放坡开挖，坡顶高程 21.2 m
2	工况二	开挖第一层土至高程 16.4 m 并施作冠梁
3	工况三	开挖第二层土至高程 12.0 m
4	工况四	施工第一道钢支撑，并施加钢支撑预应力 120 kN
5	工况五	开挖第三层土至高程 7.9 m
6	工况六	施工第二道围檩及钢支撑，并施加钢支撑预应力 810 kN
7	工况七	开挖第四层土至高程 2.9 m
8	工况八	施工第三道围檩及钢支撑，并施加钢支撑预应力 1 950 kN
9	工况九	开挖第五层土至基底高程－2.2 m
10	工况十	施工第四道围檩及钢支撑，并施加钢支撑预应力 2 040 kN

（4）围护结构各工况累积水平位移监测分析

各工况累计监测数据统计见表 7。围护结构水平位移监测结果如图 18 所示。

表 7　各工况累计监测数据统计表

工　况	水平位移（mm）		围护桩内力最大值（kN）		地表沉降变形（mm）	
	允许限值	最大实测值	允许限值	实最大测值	允许值	17 m 处最大值
工况一	18	0	930	49.5	5.4	0
工况二	34	3.985	930	49.5	13.8	3.8
工况三	34	9	930	152.7	16	6.4
工况四	34	10	930	206.1	22.5	8
工况五	34	12	930	340.8	22.5	9
工况六	34	13	930	568.5	22.5	11
工况七	34	16	930	626.5	22.5	16
工况八	34	21	930	794.2	22.5	20
工况九	34	23	930	855.5	22.5	20
工况十	34	26	930	49.5	22.5	21

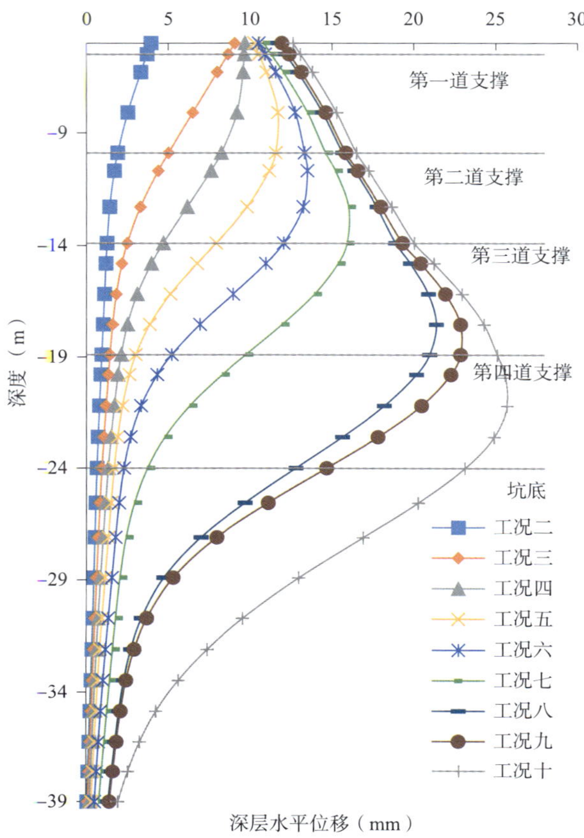

图 18　围护结构水平位移监测结果

基坑随着开挖深度的增大，围护结构深层水平位移也逐步增大，位移最大值均处于开挖面与支撑之间，且随着开挖深度加大，变形量及变形速度增大，其中开挖第四层变形速度最为明显，与围护桩内力变化相吻合，最大变形 25.6 mm，位于第四道支撑与坑底之间，小于受控制值 40 mm。

(5)围护桩内力值分析(图 19、图 20)

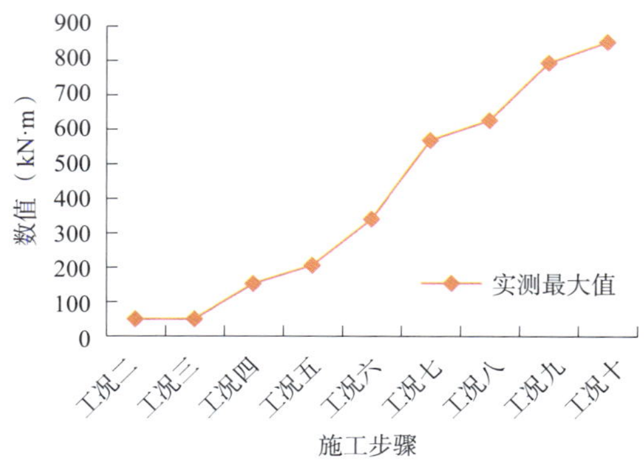

图 19　围护桩内力实测最大值与计算最大值对比

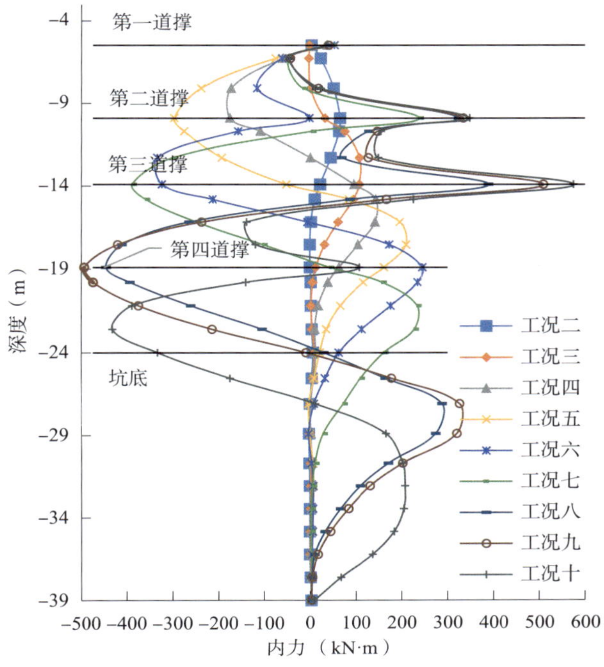

图 20 围护桩内力值变化

由上图可知第三层钢支撑受力最大，同时围护桩变形内力值较大，为重点监控对象。均小于控制轴力 1 200 kN，满足要求。

(6)沉降变形监测分析

地表沉降量如图 21 所示。

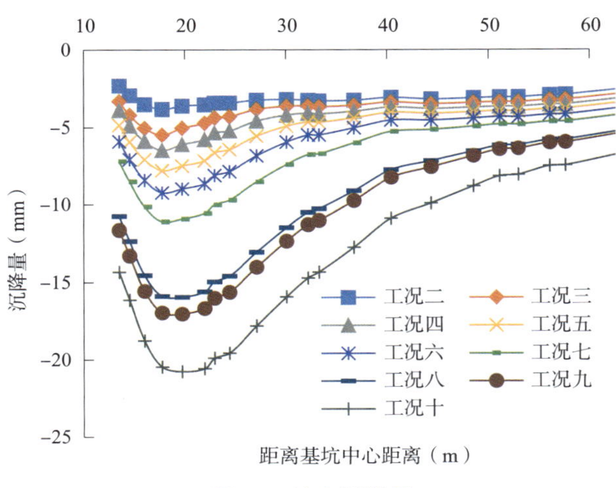

图 21 地表沉降量

由上图可知，随着开挖的增加，基坑边缘的沉降逐步增加，基坑开挖到底部，最大沉降量为 20 mm 左右，最大沉降点出现在基坑边缘 1 倍基坑深度左右，影响范围约为2 倍的基坑深度范围。

(7)数据分析结论

基坑开挖全过程，辅以监控量测手段指导，通过实测值与允许限值相比较，实际监测结果均小于允许限值。钢支撑轴力与围护桩内力增大不超过10%，满足设计要求。

(8)监测应急处理措施

分级预警应急措施：当出现黄色预警时，减慢开挖速度或停止开挖，增加巡视频率和监测频率为原来的1倍，严格监视监测数据，直到数据稳定后继续开挖；当出现橙色预警时，停止开挖，增设临时支撑加固，持续监测，待数据稳定后，继续开挖；当出现红色预警时，停止开挖，疏散人员，并向基坑内回填土方，坑外采取坑外卸荷、注浆加固、增加围护桩等方法，持续监测，待监测数据稳定后再恢复开挖。

3.2.6 质量控制

1. 质量控制措施

(1)做好挖土高程、截面尺寸、放坡和排水工作。

(2)全面检查原有排水系统，进行疏通或加固，增设基坑边坡坡顶和坡底排水措施，保证水流畅通，并制定好防汛措施。

(3)土方开挖严格按照施工方案施工，严禁随意乱挖、超挖。

(4)基坑开挖后，应尽量减少对基土的扰动，如果基础不能及时施工时，可在基底高程以上预留200～300 mm土层不挖，待施工基础时再挖。

(5)基坑开挖完毕后及时进行检查、验槽，核对地质资料，检查地基土与工程地质勘察文件、设计图纸要求是否相符，有无破坏原状土结构或发现较大的扰动现象。并及时填写基坑验收、隐蔽工程记录，及时办理交接手续。

2. 质量验收标准

对深基坑工程验收，主要从外观质量、设计要求、验收标准等方面进行，具体的评定标准为以下几个方面：

(1)工前现场准备工作是否充分、精细。

(2)各工序施工操作是否规范。

(3)是否能达到相关施工规范及验收标准的要求。

(4)工序检查申报、批准手续是否齐全、及时。

(5)各项监测指标是否符合设计要求。

(6)工程外观是否精美无缺陷。

(7)各项安全措施是否到位，是否无安全、质量隐患。

3.2.7 安全环保措施

1. 安全措施

(1)深基坑土方开挖安全保证措施

①由专人指挥，做好上下信号联络。对司机进行安全技术培训和技术交底。

②土方运输过程中，渣土车要遵守交通规则，进出场地清洗轮胎，避免扬尘，场内车速控

制在 30 km/h,坡道车速控制在 5 km/h,严禁肆意鸣笛,超速行驶;每班应提前检查人员、车辆状况,重点检查人员状态,是否有疾病,是否饮酒,刹车系统能否正常工作,轮胎是否完好无损,若发生损坏,应及时修理,严禁带病工作,保证车辆正常使用。

③挖掘机距离边坡不少于 1.0 m,边坡外禁止集中堆放物品,保证 20 m 范围内路面荷载不高于 20 kPa。

④开挖顺序按批准的施工组织设计或施工方案进行,不得随意开挖,并适时按设计架设钢管支撑。

⑤基坑四周用钢管设置防护栏,并设安全警示牌。

⑥做好基坑排水,保持开挖过程中土体和基底的无水作业,除疏干降水井措施外,基坑周边设置的排水沟,并设置集水井。

⑦开挖过程中应注意疏干井的保护,采用反光条进行标识,夜间补充照明,防止挖掘过程中碰撞损坏。

⑧开挖过程中应及时收集整理监控量测数据,及时发布数据指导施工。

(2)钢支撑安全措施

①钢支撑安装前对钢支撑安装的操作人员进行培训和技术交底。

②钢腰梁与围护桩内壁面务必密贴,然后设置钢支撑,并施加一定预应力。

③在钢支撑端头采取固定支托措施,防止钢支撑滑落。

④在吊装钢支撑时,现场应有专人指挥。

⑤对围护结构和钢支撑按进行监控量测,确保基坑安全。

2. 环保措施

(1)固体废弃物的管理措施

由与基坑开挖修筑便道产生的砖渣,修整基坑侧壁产生的混凝土碎块,喷射混凝土回弹废料等固体废弃物,应集中收集,并运送至指定弃土场进行集中处理,严禁乱丢乱弃。

(2)施工排水系统

根据施工现场排放废水的水质情况,采用以明沟、集水池为主的临时三级排放系统。

①一级排放系统:地下疏干水,可直接排入市政污水管,或应排入远离基坑外的既有管沟中回补地下,减少水资源浪费。

②二级排放系统:以排放雨水为主,水中含泥量较少,可直接排入市政污水管,但必须在出口端设置集水井,拦截水中垃圾。

③冲洗车辆等排放含泥量较多的水应流入布置在基坑、施工便道旁的沉淀池内,必须经过二次沉淀处理后排入市政污水管,严禁直接排入市政污水管。

④定期对临时排水设置进行疏通工作。

⑤重点工程工地及各驻地,每逢汛期、雨季来临之前都要对下水道及场内各排水系统进行疏通。

3.2.8 工程实例与效益分析

1. 工程实例

城际铁路联络线一期工程榆安 1 号、2 号隧道及新航城车站采用预拉槽开挖施工,辅以全过程监控量测，采用该工法进行深基坑开挖监测数据稳定，符合设计要求，整体安全可控。

2. 效益分析

此工法具有开挖步序明确，机械工效高，施工速度快，人工使用少，节约成本等特点，配合基坑监测技术，解决了场地狭长，钢支撑密布条件下开挖工效低的问题，能够快速安全地完成基坑开挖，实现了目标工期，在一定程度上预判基坑变形引发的坍塌风险，降低了安全风险。

工期方面：同全断面开挖相比，安装钢支撑时间不变，增加了操作空间，使用大机械进行开挖，同时减少了中间土方开挖难度，以 1 km 深度 18 m、宽度 13.4 m 明挖隧道为例，开挖总方量 24 万 m^3，二、三、四层中间土方量约为 10.5 万 m^3，开挖效率由原 500 m^3/d 增加至 750 m^3/d，节约工期约 70 d。

经济方面：主要节约了人工成本 21.35 万元，机械成本 172.9 万元，节约费用见表 8。

表 8　深基坑每公里节约成本计算

序号	节约成本项目	每天使用金额（元）	节约天数（d）	数量（辆或人）	节约金额（元）
1	220 挖掘机	2 600	70	4	728 000
2	汽车起重机 100 t	5 000	70	1	350 000
3	渣土车 20 m^3	1 500	70	5	525 000
4	挖掘机司机	300	70	4	84 000
5	渣土车司机	300	70	5	105 000
6	起重机司机	350	70	1	24 500
7	钢支撑安装	300	70	6	126 000
合　计					1 942 500

综上所述，该工法能有效节约工期，减少成本，具有推广价值。

参编单位：中铁二十二局集团有限公司
参编人员：吕广军、佟峰

3.3 明挖隧道分体式模筑台车施工技术

随着市郊地下铁路的快速发展，明挖法隧道施工被普遍采用，受支撑体系转换影响，明挖隧道衬砌需分侧墙和拱顶两次进行浇筑，如何处理衬砌施工和支撑体系之间的关系，成为明挖隧道衬砌施工的研究重点。

城际铁路联络线一期工程明挖隧道开挖深度为22.0～24.0 m，开挖宽度14.2～15.7 m，结构形式为拱形明洞衬砌结构，线间距分4.2 m、4.4 m和4.6 m三种，全断面高度为11.580～12.862 m，宽度13.0～14.51 m。目前国内外隧道衬砌施工，台车是隧道施工过程二次衬砌中必须使用的专用设备，主要有简易衬砌台车、全液压自动行走衬砌台车和网架式衬砌台车。全液压自动行走衬砌台车又可分为边顶拱式、全圆针梁式、底模针梁式、全圆穿行式等，其中边顶拱式衬砌台车应用最为普遍，常用于公路、铁路隧道及地下洞室的混凝土二次衬砌施工。本工程设计拱墙分体式施工，边墙施工完成后，需安装倒撑后方可施工拱顶，常规边顶拱式衬砌台车工艺难以满足设计要求，为解决明挖隧道衬砌施工和支护体系之间的关系，榆安隧道采用侧墙和拱顶分体施工方式，研发了12 m侧墙台车和24 m拱顶台车，总结了明挖隧道分体式模筑台车施工工法，该工法适用于设有支撑的明挖隧道，解决了支撑体系与台车之间矛盾关系，保证了施工安全。相比满堂支架施工，节省了工期和成本。相关成果于2019年11月获得国家实用新型专利，适宜在有钢支撑体系的明挖隧道推广应用。

3.3.1 工艺(工法)简介

本工法从保证基坑安全考虑，在衬砌施工的同时，实现钢支撑之间的体系转换。利用12 m侧墙台车和24 m拱顶台车，依次完成侧墙衬砌、支撑体系转换和拱顶衬砌施工。

仰拱和填充施工完成，并达到设计强度后，拆除临近仰拱的第一道钢支撑；施作侧墙钢筋，侧墙12 m台车自行至侧墙位置，施作侧墙衬砌；拱顶台车将倒撑与台车相结合，台车主体共分为3部分，第一部分前12 m台车为倒撑台车，用于满足施作侧墙倒撑的设计要求，第二部分为12 m拱顶模板支撑台车，用于支撑拱顶模板，第三部分为拱顶模板，坐落于12 m拱顶模板支撑台车之上，与下部台车通过滑道相对移动。拱顶台车原理为：拱顶施工前，移动倒撑台车至预浇筑混凝土位置，施加倒撑，拆除侧墙上部的支撑，完成换撑，同时为拱顶模板提供工作空间。然后通过台车顶部滑道移动拱顶模板，就位后锁定牢固，施工拱顶衬砌。浇筑完成达到设计强度后，松动上部滑道锁死装置，移动下部倒撑台车，依次循环推进。拱顶台纵断面如图1所示。

3.3.2 施工准备

施工前，应完成台车试拼装，根据设计图纸，核对台车尺寸、功能，满足设计要求。根据隧道施工实际情况，确认台车安装位置。依据现场施工条件，确认台车吊装环境，确保台车吊装安全。依据设计文件和相关规范要求，核对台车设计资料，台车设计尺寸、受力应满足设计及规范要求。结合施工内容，编制台车安拆方案，并按要求组织专家评审，报送建设单位及监理单位审批。及时对进场人员进行安全技术交底和培训。编制台车验收记录、施工记录等相关内业表格。

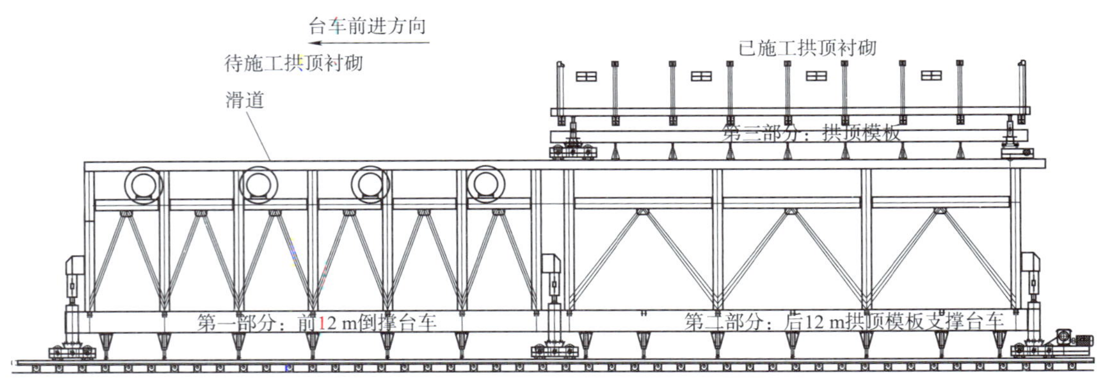

图 1　拱顶台纵断面图

3.3.3　人员、材料与设备

1. 人员方面

根据不同的施工作业面提前规划布局，合理安排劳务人员及施工管理人员。劳动力组织见表 1。

表 1　劳动力组织

序号	人员配置	单　位	数　量
1	技术员	人	2
2	安全员	人	2
3	试验员	人	2
4	测量员	人	2
5	起重机司机	人	2
6	钢筋工	人	20
7	模板工	人	10
8	焊工	人	4
9	混凝土工	人	10
10	司索工	人	2

2. 材料方面

衬砌施工前，除准备钢筋和混凝土原材料外，还需准备止水带、透水盲管等相关材料，具体见表 2。

表 2　主要材料配置

项　目		材料配置
衬砌	拱部	C35 钢筋混凝土
	边墙	C35 钢筋混凝土
	仰拱	C35 钢筋混凝土（C40 钢筋混凝土）
	钢筋	HRB400ϕ32、ϕ22，HPB300ϕ10
	垫块	C35，3 cm×5 cm

续上表

项　　目		材　　料
防水	无纺布	质量 400 g/m^2
	中埋式钢边橡胶止水带	宽 400 mm,厚 10 mm
	透水盲管	ϕ80、ϕ100 盲管,外裹无纺布

3. 设备方面

根据不同施工任务合理安排施工机械,提前规划、安排,保证施工过程中机械的功效最高。分体式台车模板施工主要机具设备见表 3。

表 3　主要机具设备

名　　称	单位	数量	备　　注
侧墙台车	台	1	12 m
拱顶台车	台	1	24 m
钢筋防水板台车	台	1	铺设防水板、绑扎钢筋
起重机	台	4	吊装模板、吊运钢筋
运输车	台	2	运输钢筋

3.3.4　工艺流程

以三道支撑为例,施工顺序见表 4。

表 4　隧道衬砌施工顺序

说　　明	图　　示
第 1 步:开挖到坑底,施作 C20 垫层、防水;施作底板和部分侧墙防水层及结构,施作仰拱填充	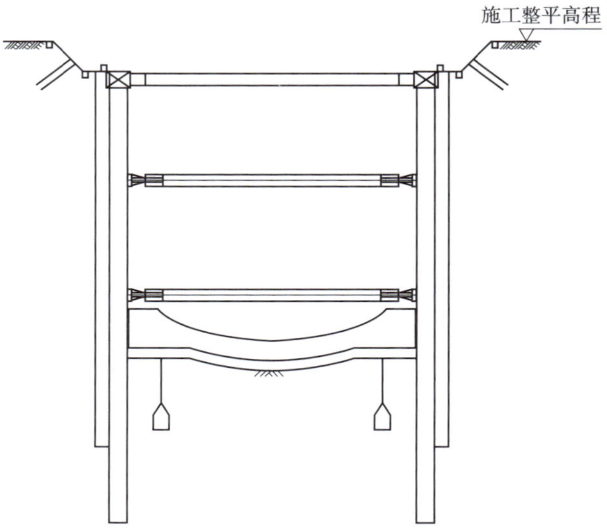 施工整平高程

续上表

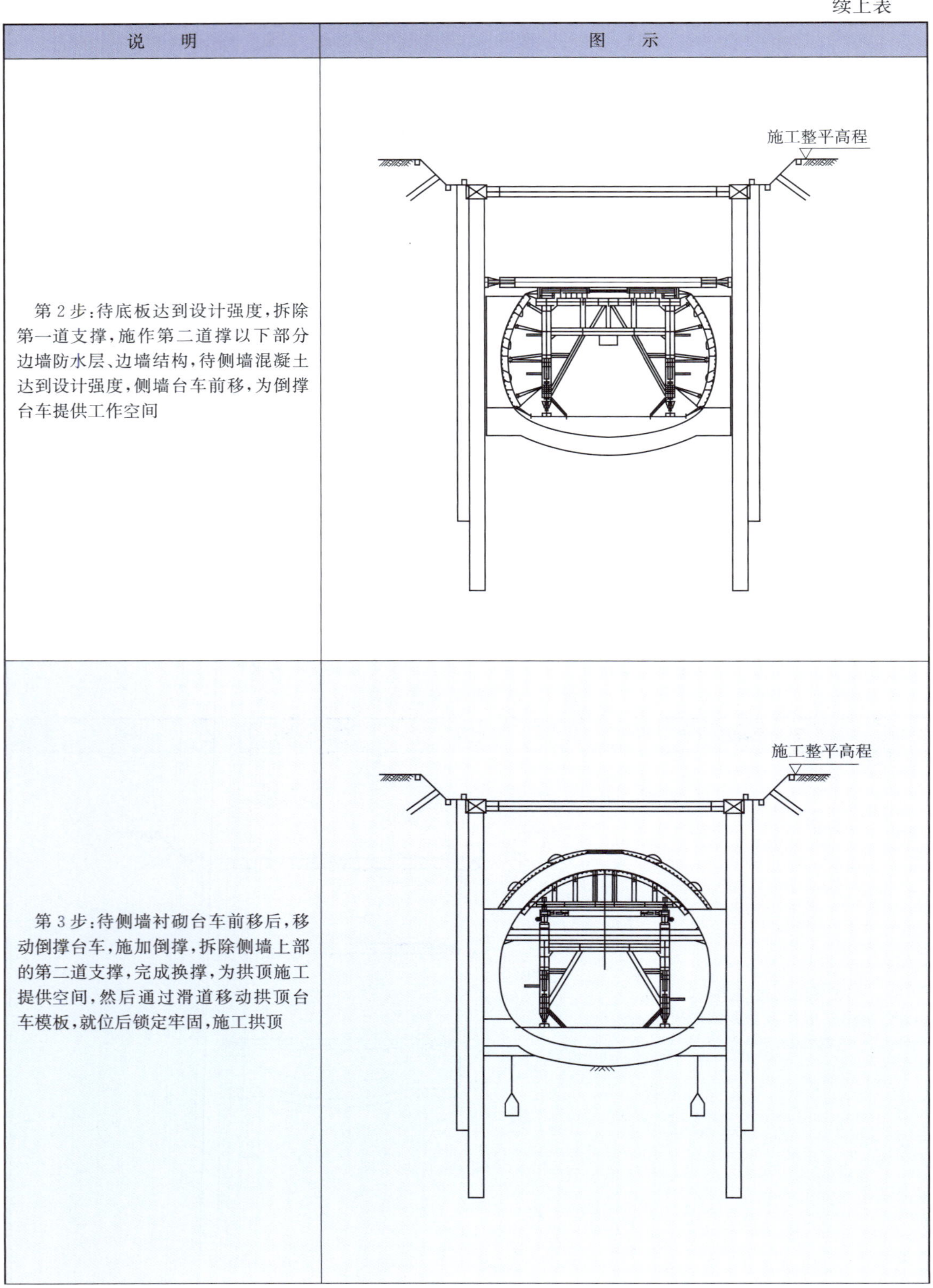

说　明	图　示
第 2 步:待底板达到设计强度,拆除第一道支撑,施作第二道撑以下部分边墙防水层、边墙结构,待侧墙混凝土达到设计强度,侧墙台车前移,为倒撑台车提供工作空间	施工整平高程
第 3 步:待侧墙衬砌台车前移后,移动倒撑台车,施加倒撑,拆除侧墙上部的第二道支撑,完成换撑,为拱顶施工提供空间,然后通过滑道移动拱顶台车模板,就位后锁定牢固,施工拱顶	施工整平高程

续上表

说　　明	图　　示
第 4 步：待主体结构混凝土达到设计强度后，拆除支撑台车。封堵疏干井，分层夯填土，拆除第三道支撑，恢复原状地面	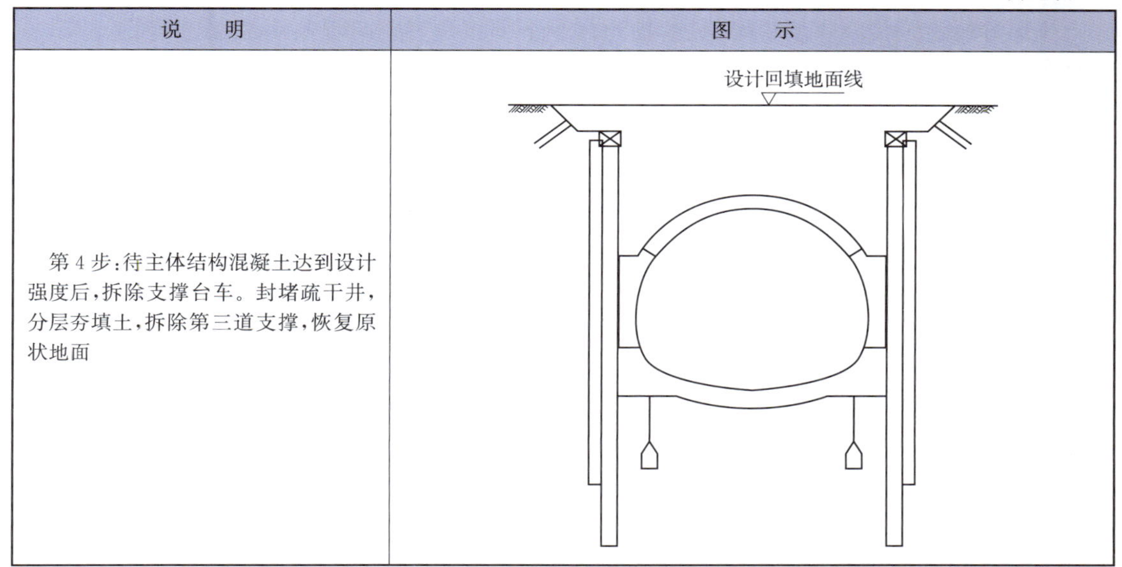

3. 3. 5　工艺方法与操作要点

1. 工艺工法

(1)基底防水保护层施工完成后，施作仰拱衬砌和填充层。待混凝土强度达到设计强度后，拆除临近仰拱的第一道钢支撑。

(2)施作侧墙防水和侧墙钢筋，12 m 侧墙衬砌台车(图 2)行驶到设计位置，施作侧墙衬砌，待侧墙衬砌达到设计强度，台车前移，施作下一板侧墙。

图 2　侧墙台车

(3)拱顶台车(图 3)松开上部拱顶模板和下部台车轨道锁死装置,台车下部向前行走,倒撑支撑部分行走至预浇拱顶衬砌位置,锁死台车下部轨道,施作倒撑,拆除第二道钢支撑,移动台车拱顶模板部分至预浇拱顶处,锁死上部轨道,放样调整顶模至设计位置,施作拱顶钢筋,安装盖模和堵头模,浇筑拱顶混凝土。

图 3　24 m 拱顶台车

2. 控制要点

(1)侧墙防水板施工并验收完成后。绑扎侧墙钢筋,待钢筋、止水带等检查项目验收合格后,走行侧墙台车,台车模板定位曲线隧道考虑内外弧长差引起的左右侧搭接长度的变化,保证弧线圆顺,减少接缝错台。测量放样无误后安装端头模板。因模板高度可能会影响振捣质量,特在侧墙顶部设置预留通道,振捣工人可以进入模板内部进行振捣,进而保证混凝土浇筑质量。

(2)拱顶衬砌施工。

①台车行走就位前的轨道安装。轨道选用 P43 kg/m 型钢轨,高度为 140 mm,支承在枕木上,轨道必须固定;轨道中心距必须达到设计要求,误差不大于 10 mm;轨道高程误差不得大于 20 mm;轨道中心与隧道中心误差不得大于 20 mm;枕木强度应满足承载要求,其截面为200 mm×200 mm,长度为 600 mm,铺设间距为 500 mm。台车行走前应再次确认轨道固定状态,检查道钉是否打设齐全,保证轨道稳定。

②台车设计时,将拱顶模板动力轮和台车底部动力轮设计为相同直径,并采用同一动力装置,将上下两部分动力轮设计成相反方向同步转动,实现同步相反移动。同时还应能够保证拱顶模板动力能单独运转,实现拱顶模板单独移动。

③拱顶混凝土达到设计强度后,方可移动拱顶台车,拱顶台车移动和倒撑体系转换应严格按以下工序进行:

第一步,拆除拱顶模板丝杠,操作拱顶模板台车油缸,收缩拱顶模板。控制倒撑工作油缸,收回倒撑。准备台车行走前,松开拱顶台车上部和下部行走锁死装置。再次检查台车倒撑和拱顶模板是否收缩到位。检查无误后，方可开始行走。砌台车行走前如图 4 所示。

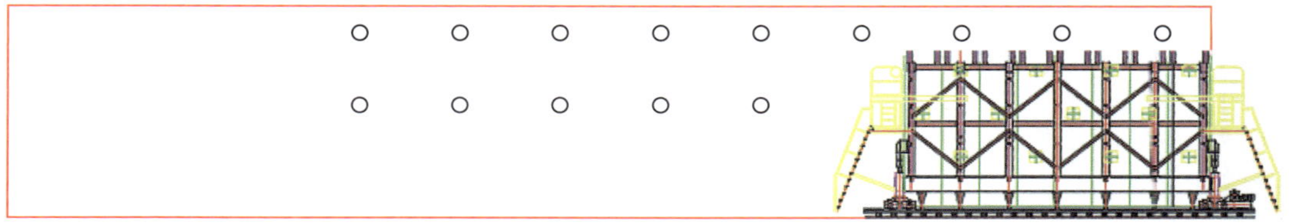

图 4　衬砌台车行走前

第二步，操作拱顶台车行走系统，控制台车向前行走，拱顶模板保持不动。待前部 12 m 倒撑支架台车全部进入预浇拱顶位置，锁死下部轨道系统，操作倒撑油缸，按倒撑设计位置，完成倒撑安装。待倒撑完成后，拆除第二道钢支撑和围檩（图 5），完成体系转换。

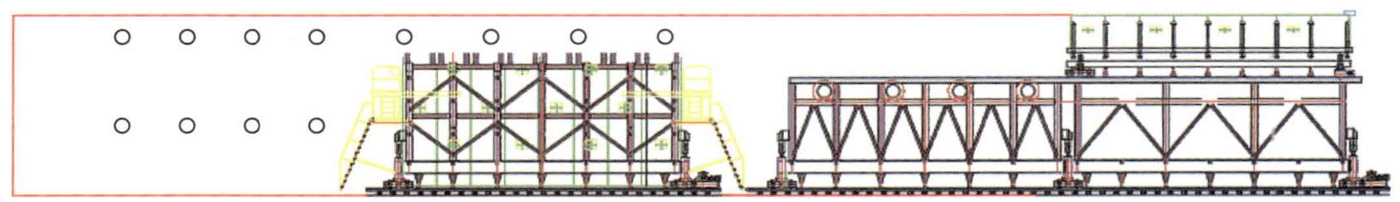

图 5　倒撑支撑台车工作并拆除第二道钢支撑

第三步，打开拱顶模板独立行走系统，控制其向前移动至预施做拱顶衬砌位置（图 6），锁死拱顶模板行走系统。根据放样结果，调整定位拱顶模板。

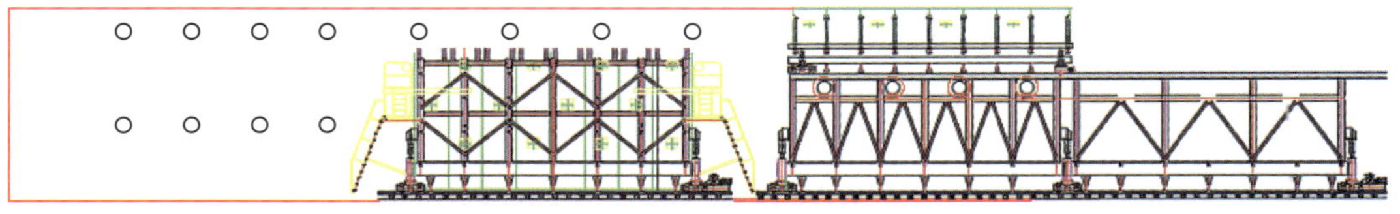

图 6　拱顶模板行驶到位

④拱顶台车移动到位后，安装倒撑前，应检查清理倒撑和衬砌混凝土面，保证倒撑与侧墙衬砌混凝土紧密接触。

⑤第二道钢支撑拆除时，应检查倒撑工作状态，保证倒撑已完全工作；第二道钢支撑拆除时，派专人观察侧墙衬砌混凝土，如出现裂纹等现象，必须立刻停止拆撑，分析原因，制定措施后，方可继续拆撑。

⑥第二道钢支撑拆除前后，应进行基坑监测数据对比，并加密监控量测频次，发现数据异常，应及时采取对应措施。

⑦拱顶模板行走时，应安排专人检查拱顶预留筋与台车的位置关系，如发现预留筋与拱顶模板行走线路冲突，必须停止行走，调整钢筋后，方可继续行走，禁止拱顶模板与预留筋剐蹭。

⑧台车行走过程中，禁止操作倒撑和拱顶模板油缸，所有行走系统锁死后，方可进行倒撑和拱顶台车定位作业。

⑨拱顶台车模板与侧墙台车模板施工步骤相反，拱顶模板先行定位。定位完成后安装预埋槽道，预埋槽道与台车模板上预留口采用T形螺栓连接。依照设计图纸绑扎钢筋，安装拱顶盖模，拱顶盖模拱腰位置设置振捣窗。浇筑完成后，顶部裸露混凝土及时覆盖塑料薄膜保湿养护。

3.3.6 质量控制

在工程施工过程中，严格执行质量管理“三检”制度，即“自检、互检、交接检”，制定不低于现行施工检验评定标准的质量内控标准，对照内控标准对工程质量进行自我检查对照，对自检中发现的质量问题和隐患，及时进行自行纠正和解决。对隧道分体式台车施工的各个环节制定作业指导书，严格按照批准的实施性施工组织设计和工艺流程施工，加大管理力度，衬砌施工中所有质量控制要点要有技术员和质检员旁站监督，做好季节性施工保障措施。

1. 模板工程保证措施

(1)台车必须事先在地面进行预拼，校核平面尺寸和平整度等，并检查模板的连接节点，全部合格后方可使用。

(2)台车模板定位必须正确控制轴线位置及截面尺寸，模板拼缝要紧密，不得漏浆。为保证模板接缝宽度符合标准要求，施工中加强对模板的使用、维修管理。

(3)台车定位完成后，应保证丝杠安装到位，避免在浇筑混凝土过程中出现变形问题。

(4)孔洞、预埋件须正确留置。安装要牢固，经复核无误后方能封闭模板。

(5)模板拆除依据规范和设计的要求统一进行，不得随意拆模。

(6)模板拆除后，必须及时进行清理，要铲除浇捣混凝土时留于模板表面的残浆，及时对模板表面进行打磨，并涂刷脱模剂。

(7)模板安装施工允许偏差及检验方法见表5。

表5　模板允许偏差

项　　目		允许偏差(mm)	检验方法
轴线位置		5	尺量检查
底模上表面标高		±5	水准仪或拉线、尺量
模板内部尺寸	基础	±10	尺量
	柱、墙、梁	±5	尺量
垂直度	柱、墙层高≤6 m	8	经纬仪或吊线、尺量
	柱、墙层高>6 m	10	经纬仪或吊线、尺量
相邻两块模板表面高差		2	尺量
表面平整度		5	2 m靠尺和塞尺量测

2. 混凝土施工保证措施

(1)成立混凝土作业工班，选择有丰富混凝土施工经验的技术工人，对组建后的班组人员不定期进行混凝土浇筑技术质量培训，考核合格者上岗。

(2)混凝土浇筑实行技术人员盯班制。

(3)浇筑前将模板内清理干净，脱模剂要均匀刷涂，不漏刷。板缝内贴止水胶带保证平整严密。

(4)混凝土浇筑前对模板、钢筋、预埋件、预留孔洞、止水带进行检查，验收合格后，方可开始浇筑。

(5)每次浇筑前，需备好一台机况良好的发电机，并备足足够面积的塑料薄膜，防止新浇混凝土雨淋或暴晒。

(6)混凝土到达工地后，现场核对坍落度，严禁任意加水。罐车卸出的混凝土不得发生离析现象。

(7)混凝土结构施工位置、尺寸允许偏差及检验方法见表 6。

表 6　混凝土结构尺寸验收标准

项　目			允许偏差(mm)	检查方法
轴线位置	整体基础		15	经纬仪及尺量
	独立基础		10	经纬仪及尺量
	柱、墙、梁		8	尺量
垂直度	柱、墙层高	≤6 m	10	经纬仪或吊线、尺量
		>6 m	12	经纬仪或吊线、尺量
	全高(H)≤300 m		H/30 000+20	经纬仪、尺量
	全高(H)>300 m		H/100 000 且≤80	经纬仪、尺量
标高	层高		±10	水准仪或拉线、尺量
	全高		±30	水准仪或拉线、尺量
截面尺寸	基础		+15,−10	尺量
	柱、梁、板、墙		+10,−5	尺量
表面平整度			8	2 m 靠尺和塞尺检查

3. 施工缝处质量控制措施

(1)止水带布置必须居中，止水带需可靠连接。

(2)止水条遇水后膨胀，浇筑前必须对失效止水条进行更换，安装后注意保护。

(3)可重复注浆管通过注浆盒注浆施工，必须保证注浆盒的位置。

(4)纵向施工缝设置在底板顶面 30 cm，设置止水条的环向施工缝预留宽 30 mm、深 10 mm 的浅槽。

(5)凿毛后露出新鲜混凝土面，浇筑前去除表面浮浆及杂物。

(6)止水条接头重叠搭接后再粘结固定，搭接长度大于 50 mm。

(7)变形缝位置、宽度、构造形式等必须符合设计要求。

(8)止水带连接接缝必须平整、牢固，不得有裂口和脱胶现象。

(9)混凝土浇筑前校正止水带位置，保证其位置准确、平直。

(10)变形缝填塞前,缝内应清扫干净,保持干燥,不得有积水和杂物。

3.3.7 安全环保措施

1. 安全措施

(1)严格执行操作规程,不得违章指挥和作业,对违章的指令有权拒绝,并有责任制止他人违章作业。

(2)台车工作平台应设置围栏,高度不低于 1.2 m,围栏底部按要求设置踢脚线,下部设置安全网,防止坠物。

(3)定期对台车进行检修、保养,检车台车轨道、油压系统等,保证施工过程安全。

(4)台车行走和混凝土浇筑过程中,派专人对周边环境和台车模板状况进行排查,提前排除安全隐患。

(5)台车未使用或行走系统锁死时,应对台车轨道设置铁鞋,双重保证台车不移动。

(6)螺杆、螺栓等杆件应逐根检查紧固情况。

2. 环保措施

(1)做好台车废弃液压油的收集工作,禁止随意乱洒,污染环境。

(2)养护用水应实现循环利用,并对养护用水沉淀处理完成后,再进行排放。

(3)台车模板打磨时,工人配搭防护口罩,及时采取降尘措施。

3.3.8 工程实例与效益分析

1. 工程实例

新建城际铁路联络线一期工程榆安 1 号隧道、榆安 2 号隧道,全部采用明挖法施工,结合明挖隧道特点,针对基坑支护体系,通过技术攻关,研发了 24 m 分体式拱顶换撑台车,形成了明挖隧道衬砌分体式模筑台车施工技术,该技术在实践中进行了验证,有效解决了支撑体系转换与衬砌施工的矛盾关系。分体式模筑台车相比满堂支架法施工,具有速度快,机械化程度高、施工安全等优点,保证了明挖隧道的施工安全和质量,圆满完成了明挖隧道施工任务。

2. 效益分析

榆安 1 号、2 号隧道明挖隧道长 3 430 m,分 300 段进行浇筑,9 个工作面同时施工,分体式模筑台车相比满堂支架施工,每个工作面满堂支架需 15 人搭拆支架,模板工比分体台车多 5 人,施工人员比台车施工多 20 人;支架和倒撑安拆配合起重机和平板车 6 台班/板;满堂支架法平均 10 d 能完成一板拱顶衬砌,分体式模筑台车 6 d 可完成一板拱顶衬砌,总计节约工期132 d。分体式模筑台车每工作面节约工费 52.8 万元,节省起重机费用 39.6 万元,节省平板车费用 29.7 万元,增加台车成本 108 万元,节省满堂架和模板费用约 32 万元,每工作面可节约成本 46.1 万元,分体台车施工工法合计节省费用 414.9 万元,每米隧道衬砌综合成本可节省 1 152.5 元。经济效益显著,机械化程度高,衬砌施工质量有保障,具有推广意义。

参编单位:中铁二十二局集团有限公司
参编人员:吕广军、王凯

3.4 下穿高速公路暗挖隧道沉降控制施工技术

随着社会发展,城市铁路建设愈加普遍,为减少施工对城市的影响,通常采用隧道法施工,隧道施工不可避免地对邻近既有建构筑物产生影响。尤其是在软弱围岩条件下,隧道施工将对周边建构筑物产生一定的影响。传统的施工一般采用超前小导管注浆来控制沉降,该方法具有施工简单、施工空间小、节约成本等特点。然而,对于高速公路下穿段的施工,其存在沉降控制要求高、注浆深度深等问题,导致超前小导管注浆工艺控制效果差。为解决下穿高速公路隧道施工问题,结合本工程特点,采取了袖阀管注浆为主,配合管幕+超前小导管,辅助自动化监测技术,形成了隧道下穿既有建筑物沉降控制技术。该技术具体注浆次数和注浆压力等各个参数根据现场测量数据动态调整,可有效控制沉降,确保了高速铁路安全。该技术适宜在软弱围岩、穿越既有建构筑物的隧道施工。

3.4.1 工艺(工法)简介

城际铁路联络线一期工程下穿京台高速公路暗挖隧道全长 140 m,覆土厚度 8.89～18.12 m,交角 84.07°,采用 CRD 法施工。外业钻探期间,钻孔深度 20 m 范围内未见地下水。在拟建场地附近取得的勘察资料和北京市地下水动态观测资料综合分析,近 3～5 年的最高水位高程约 21.0 m,历史最高水位接近地表。前期在隧道开挖掘进过程中,隧道实际地下水位高、开挖工序长造成京台高速公路沉降值超限,经多次专家评审会议研究,各专家均建议采用全断面注浆加固隧道开挖范围内土体,一方面进行土体加固,增强土体结构承载力,另一方面达到止水效果,可实现全断面施工,尽早封闭成环,以达到降低沉降效果。

袖阀管注浆法是在灌浆压力作用下将浆液通过袖阀管无压损地输送到注浆区域,注浆芯管上下两个止浆塞形成的止浆系统,能将浆液限定在注浆区域的任一段范围内进行注浆,进而实现分段分层注浆且可根据施工需要将注浆的区域控制在设计范围之内或跳段注浆。此工法在需要全程注浆的施工中,通过分段注浆形成有效的网状浆脉结构,使得松散的地层和较密实的地层均得到很好的注浆加固效果,浆液在土层中扩散的不均匀性正好弥补了土层强度的不均匀性,避免了以往的注浆工艺在松散地层和较密实地层同时存在时,松散地层注浆量大、较密实地层注不进浆的现象的发生。其工艺特点如下:

(1)按注浆工程的设计要求,通过下入刚性袖阀管,在孔内纵向形成全程注浆通道,确定注浆的位置和扩散范围。

(2)不易产生注浆盲区和薄弱区,适合高风险注浆施工。

(3)通过止浆系统在光滑的袖阀管内的自由移动,实现根据需要可在注浆区域内某一段反复注浆,同时满足注浆质量要求。

(4)根据地层特点,可在同一根注浆管内采用不同的注浆材料,选用不同的注浆参数进行注浆施工。

(5)浆液通过刚性袖阀管无压损地输送到注浆区域,提高地层的可注性、安全性。

3.4.2 施工准备

为保证施工过程的工程质量，正式施工前应做好充足的准备工作。

1. 内业准备

首先，组织项目技术人员、现场管理人员、质量员及测量人员认真审核施工图纸，学习设计文件资料，认真领会设计意图，分析施工过程中的技术重难点，把握工程质量控制要点，核算工程量。

其次，组织制定相关安全质量控制要求，明确过程管控任务目标，编制施工方案、作业指导书和安全技术交底，组织施工队伍管理人员和作业人员进行交底学习，使其明白设计意图，了解控制关键点和施工操作方法。

最后，测量人员对施工现场的作业区域及周边环境场地进行采点并反馈给技术部门，根据设计要求绘制注浆孔位布置图并做好现场物料机械存放施工区域的统一规划，从而达到文明施工要求。

2. 外业准备

当工程量核算完成、场地规划好后，组织机械进行场地平整，保证三通一平，并根据工程量准备施工材料和机械设备。

3.4.3 人员、材料与设备

（1）劳动力组织见表 1。

表 1　劳动力组织

人员配置	施工任务划分	数量	备　　注
经理＋副经理	现场负责人	1＋2	
技术主管	现场技术负责人	1＋4	
安全主管	现场安全负责人	1＋2	巡视
试验主管	现场试验负责人	1	
监控量测	路面监控	3	
	洞内监控	4	
注浆工班	下半段周边加固注浆	32	

（2）主要材料配置见表 2。

表 2　主要材料配置

序号	材料名称	型　　号	单位	数量	备　　注
1	水泥	P·O42.5	t	2 480	水泥浆
2	水玻璃	38～42Be′	m^3	1 450	
3	膨润土	钠基质	t	38	套壳料拌和物
4	无缝钢管	ϕ48×3.5	m	9 250	袖阀管原材
5	接驳器	ϕ48	个	3 850	袖阀管接头
6	外加剂	碱性粉剂	t	180	改性水玻璃外加剂
7	水	自来水	m^3	3 000	

(3)主要机具设备见表 3。

表 3　主要机具设备

序号	设备名称	型　号	单位	数量	备　注
1	注浆机	KBY90/15	台	3	注套壳料、双液浆等
2	多功能钻孔机	MC-6(意大利)	台	1	袖阀管钻孔
3	空压机	SA110A/W	台	2	钻机打孔和喷混凝土用
4	水泥浆搅拌机	JBJ	台	4	现场水泥浆搅拌
5	挖掘机	SY60V	台	2	现场配合
6	湿喷机	TK600	台	1	止浆墙喷混凝土
7	汽车起重机	100 t	辆	1	竖井吊装作业
8	桥式起重机	10 t	台	1	竖井吊装作业
9	打孔机	SYK-3	台	2	袖阀管加工
10	套丝机	S65B	台	2	袖阀管加工

3.4.4　工艺流程

工艺流程如图 1 所示。

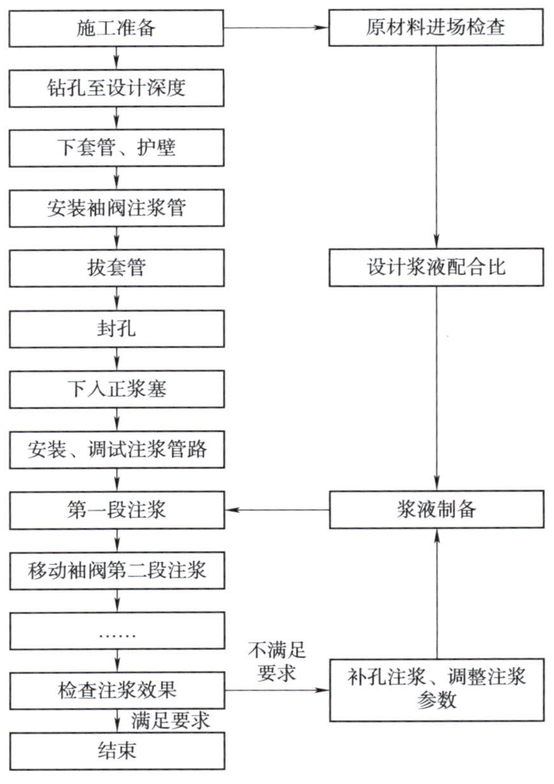

图 1　工艺流程

3.4.5 工艺方法与操作要点

1. 封闭掌子面后测量放样

每循环注浆施工利用掌子面封闭 100 cm 厚混凝土作为止浆墙。测量员根据设计尺寸在掌子面放出孔口位置，打点标记。

2. 钻　　孔

(1)钻孔前，精确测定孔的平面位置、倾角、外插角，并对每个孔进行编号，钻孔顺序由外向内打设，采取跳打的原则。

(2)为防止钻杆在推力和振动力的双重作用下，上下颤动，导致钻孔不直，钻孔时，把扶直器套在钻杆上，随钻杆钻进向前平移。

(3)根据孔口管的倾角和方向，利用钻杆的延伸和吊垂准确确定钻孔的方向，即可固定钻机。钻孔倾角的确定应视钻孔深度及钻杆的强度而定。利用钻机的变角度油缸，参照设计倾角，确保钻杆线与开孔角度一致，以达到钻进的导向作用。

(4)钻机开孔时钻速不宜过高，钻进 20 cm 后转入正常钻速。第一节钻杆钻入岩层尾部剩余 20～30 cm 时钻进停止，人工先将其松动后采用两把管钳卡紧钻杆，钻机低速反转，托开钻杆，钻机沿导轨退回原位，人工装入第二节钻杆。钻孔达到设计深度后，按照同样的方法拆卸钻杆，钻机退回原位。

(5)换钻杆时应检测钻杆垂直度，有无损伤，中心喷水孔是否顺畅等，不符合要求的应及时更换以确保正常作业。

(6)钻进过程中应采用铅锤和红外线测距仪定时检查钻杆的垂直度和钻孔深度，发现偏差应立即调整，并根据钻机钻进的状态判断成孔质量，及时处理钻进过程中出现的事故。

(7)配合项目技术人员做好钻进过程的原始记录，确保数据如实反映现场施工情况。

3. 清孔验孔

用螺旋钻杆配合钻头进行反复扫孔，清除浮渣，确保孔径、孔深符合要求，防止堵孔塌孔。

4. 袖阀管安装

清孔完成后，立即组织安装袖阀管，采用套管跟进工艺，钻进至设计孔深；然后退出钻杆，在套管内根据设计注浆段落下袖阀管束，再拔出套管，使袖阀管束置入加固地层中。在安装前应检查袖阀管加工是否合格，检查钢管丝扣、长度、钻孔等，安装时测量配合下管角度，防止下管角度与成孔不吻合，造成下管长度不够或塌孔等一系列不利影响；若有此类情况，则停止下管，拨出袖阀管采用螺旋钻头重新清孔。

(1)止浆墙施工。止浆墙施工纵断面如图 2 所示，各个导洞如图 3 所示。

注浆作业施工前，将下导洞②④号洞掌子面封闭，采用 I16 工字钢作止浆墙骨架，ϕ22 螺纹钢做锚钉，ϕ8 网片满铺掌子面后喷射 100 cm 厚 C30 混凝土止浆墙。

(2)打孔及袖阀管安装。根据施工方案将孔位布置标记在止浆墙上，通过打孔设备(MC-6)调整打孔角度，螺旋钻杆进行钻进成孔，钻孔深度达到设计深度(22 m)后，退钻头，立即安装袖阀管(袖阀管提前加工，丝扣连接，长度有 3 m/根和 1 m/根)。②部共计 61 个孔位，④部共计 67 个孔位。

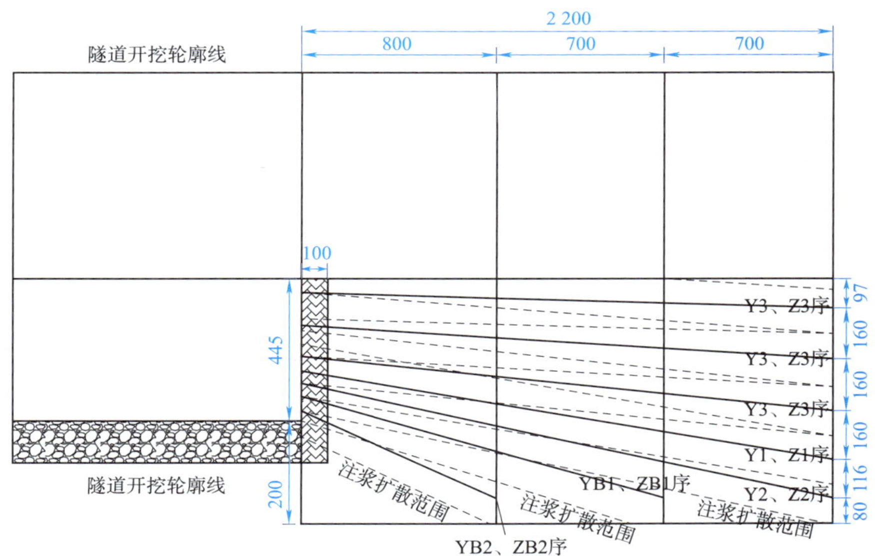

图 2　止浆墙施工纵断面示意图(单位:cm)

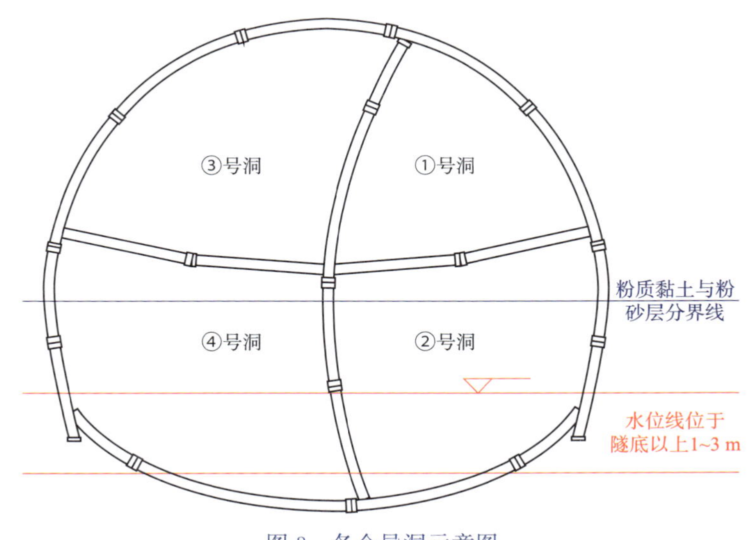

图 3　各个导洞示意图

(3)注套壳料。袖阀管安装完成后,将现场拌制的套壳料采用泥浆泵经钻杆注入孔内立即进行封孔,减少钻孔土体流失对地质造成沉降影响。套壳料为钠基膨润土,水泥及水拌和物。

(4)下导洞全断面袖阀管注浆。根据现场及图纸地勘地质情况,隧道②④部主要地质构造为粉砂层,且隧底水位线较高,为了防止地下水对水泥浆液稀释和满足隧道开挖过程中无水作业条件,②④部下半段孔位第一次注改性水玻璃进行封堵,每延米单耗量按 240 L 控制,注浆压力 1～1.5 MPa;改性水玻璃由 38～42Be′和外加剂和水组成。

下半段完成第一次注改性水玻璃后,第二次注浆采用水泥浆进行下导洞全断面注浆,水泥浆配比 $W:C=0.8:1$,每延米单耗量按 200 L 控制,注浆压力 1.0～2.0 MPa,浆液在施工现场进行搅拌，两台注浆机同时注浆。第三次注浆浆液为水泥浆与水玻璃双液浆，每延米单耗量按 200 L 控制，注浆压力 1.0～2.0 MPa。下导洞全断面袖阀管注浆实施过程如图 4 所示。

（a）止浆墙施工现场　（b）注浆孔钻孔现场

（c）袖阀管安装现场　（d）套壳注料现场

（e）双液浆注浆现场　（f）注浆完成后掌子面

图 4　下导洞全断面袖阀管注浆实施过程

5. 注　　浆

注浆顺序：刚性袖阀管单孔注浆分段长度 1 m，注浆顺序按发散—约束型注浆原理进行，注浆从外侧开始，先注两侧部分止水，后中间采取跳排跳孔的方式进行施工，实施约束挤压注浆。保证注浆质量和范围，不留死角。为选择合适的浆液及配比，在使用不同水灰比的情况下加入不同体积的水玻璃，对其凝结时间、流动性等工作性能进行调试，确定适合本地层注浆施工的最佳参数。注浆材料采用 P·O 42.5 普通硅酸盐水泥、水玻璃双液浆为主进行堵水加固。

(1)设计参数

①材料：ϕ48 钢管采用外径 48 mm、厚 3.5 mm 的热轧无缝钢管。钢管周边钻设注浆孔，孔径 8 mm，纵向孔间距 500 mm，每环钻设 4 孔。为便于袖阀管插入土体内，钢管前端做成尖锥状；注浆采取水泥—水玻璃双液浆，水胶比为 1∶1，水泥浆与 38～42Be′水玻璃体积比为 1∶0.4。套壳料配比(质量比)为水∶水泥∶膨润土＝3∶2∶1。

②连接方式：每根袖阀管长度 3 m，采用套筒连接。

③注浆压力：注套壳料压力为 0.5～1.0 MPa 或根据现场确定；注双液浆压力，单孔注浆压力逐步升高至设计终压（2 MPa）。

④注浆结束标准；各孔段注浆压力达到设计终压并应稳定 10 min，注浆后检查孔的吸水量不大于 1.0 L/(min·m)。

⑤打设范围及长度：注浆范围为隧道下导洞全断面及开挖轮廓线外 3 m 范围内；每循环长度 22 m，搭接段 3 m。

⑥自动化监测反馈：注浆过程中根据系统实时对沉降值进行监测分析，严格按照管幕打设、注浆完成后的沉降控制值 3 mm，对注浆进行调整。

⑦注浆效果检查：注浆完成后，在开挖轮廓线范围内打设 5 个检查孔，检测注浆效果，检查孔应布置在注浆效果较差的部位，若检查孔的吸水量不大于 1.0 L/(min·m)，则可认为达到注浆效果，否则应进行补充注浆，达到注浆效果后进行开挖。袖阀管注浆断面如图 5 所示。

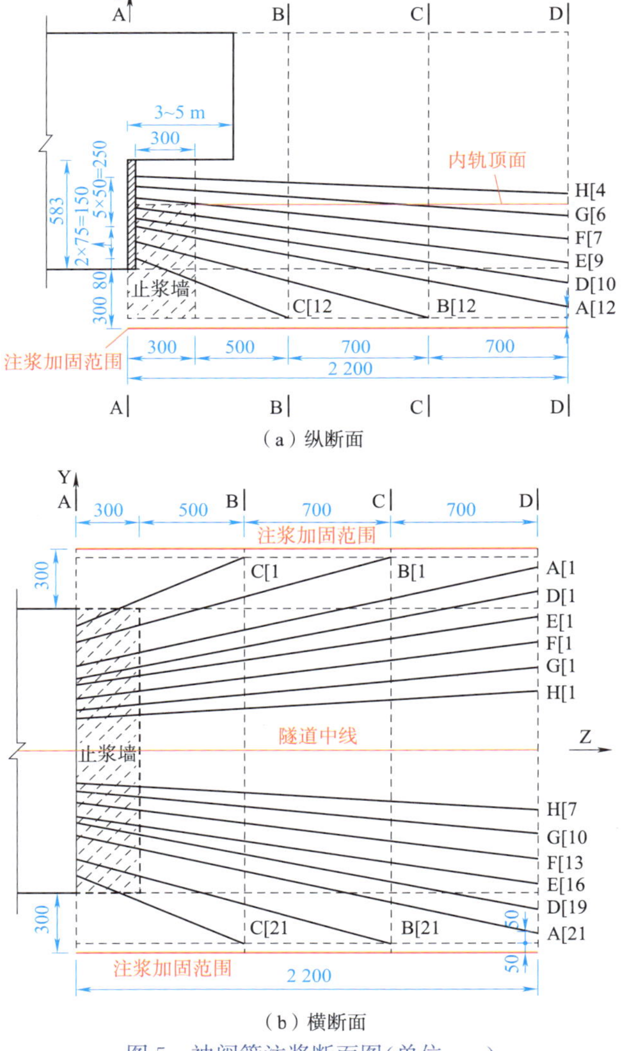

图 5 袖阀管注浆断面图（单位：cm）

(2)工艺参数

全断面注浆参数见表4。

表4 全断面注浆参数

序号	参数	取值	备注
1	浆液扩散半径	1.0 m	
2	终孔间距	1.5 m	
3	注浆压力	0.5～2 MPa	根据注浆材料及次数调整
4	注浆终压	2.0 MPa	施工中根据情况调整
5	注浆孔径	ϕ110 mm	
6	注浆速度	10～70 L/min	
7	注浆方式	刚性袖阀管后退式注浆	施工中根据情况调整
8	后退式分段注浆长度	50～100 cm	
9	水泥-水玻璃浆液配比	$W:C=1:1$(质量比)	
		$C:S=1:0.4$(体积比)	
10	普通水泥单液浆配比	$W:C=1:1$	
11	套壳料配比(质量比)	水:水泥:膨润土=3:2:1	
12	注浆孔数量	128个	2、4号洞总计孔数

6. 监测项目及测点布置

监控量测是施工的重要组成部分。通过监测掌握土体、支护结构、地表及建筑物的动态,及时反馈和预测,用其成果调整设计、指导施工,预防工程事故的发生,并为以后的工程做好技术储备。为验证设计数据而设的测点布置在设计中最不利位置和断面上,其在暗挖段范围内地表沿隧道方向每10 m设置一个测量断面,结合施工现场实际地形,北侧布点涵盖桥台,南侧布点涵盖到3倍埋深范围。

根据设计预先布置好的各监测点,基于静力水准仪的自动化监测系统的监测数据实时分析信息,对于注浆后沉降的发展变化及时做出调整。该系统由于其连续性监测、稳定性好、不受障碍物干扰等优点,作为一种高精度测量竖向差异沉降的工具已广泛运用于沉降监测。自动化监测系统现场监测仪器主要由静力水准仪系统(静力水准仪、连接线及采集器等)组成,数据传输设备则依靠GPRS/CDMA通信模块经Internet网络传回静力水准仪服务器。静力水准仪系统自带的数据采集软件可以在数据处理工作站上设置为每隔N小时自动采集数据,静力水准仪系统采集到的数据包含测点的高程数据和温度两部分;数据处理工作站的主要功能是将采集到的原始数据进行温度补偿、相对沉降计算,最终转换成所需的测点相对沉降数据。同时,将得到的相对沉降数据及原始数据上传到云端服务器进行存储,通过安装在个人计算机或移动终端上的软件客户端可以实现对监测信息的实时查看,以便进行基于监测数据的反馈施工,动态指导施工。

3.4.6 质量控制

(1)注浆前全断面按设计施作不低于 100 cm 厚止浆墙,防止注浆过程出现泄压或漏浆现象。

(2)现场采用多功能液压打孔机钻孔,孔径为 110 mm,每循环钻孔 128 孔,钻孔纵向深度为 22 m,钻孔角度按设计角度及坐标控制。打孔时测量员根据设计孔位及坐标进行放线和设备定位。

(3)袖阀管安装前检验袖阀管加工合格后入场,安装过程中套筒连接需符合要求。顶进时人工配合机械施工,做好相关安全防护和成品保护措施,若袖阀管出现变形或跑偏则拔出重新打孔安装。

(4)打孔时采用跳孔或梅花形打设,安装完袖阀管后及时注套壳料进行填充及封口。

(5)注浆机及拌和机具根据施工要求进行配置,并做好相关的检验和维修保养工作,安排专人进行操作。

(6)注浆材料根据地质条件、注浆目的和注浆工艺全面考虑,确保满足下列要求:浆液具有良好的流动性和流动性维持能力,以便在低压力下获得尽可能大的扩散和填充能力;浆液析水性要小、稳定性要高且具有良好粘结力和较高早期强度,以防在注浆过程中和注浆结束后,发生颗粒沉淀和分离。当有水侵蚀作用时,采用耐侵蚀材料。

(7)注浆压力及注浆量:注浆按设计注浆压力进行控制,注浆效果达不到较好效果时现场适当进行调整优化,并做好记录。根据北京市城市轨道交通隧道工程注浆技术规程,参考表 4.2.1 地层孔隙率表计算浆液在土层的填充率(范围值),并通过现场实际情况最终确定注浆量。本次注浆土质为粉砂层,孔隙率按规范查得比例为 33%~49%。注浆量 $V=\pi R^2 H\eta\alpha\beta$($R$ 为扩散半径,取值 1.0 m;H 为有效注浆长度,长度 1 m;η 为孔隙率,取值 33%,α 为注浆系数,一般为 0.7~0.9;β 为浆液损耗系数,一般为 1.1~1.4)。因此每延米袖阀管注浆量 $V=3.14\times1.0\times1.0\times1\times0.33\times0.7\times1.1=0.797\ \mathrm{m}^3$。根据注浆结束标准进行控制,结束标准有注浆压力和注浆量(注浆量不超过 797 L/m)。

效果检查:注浆完成后,在开挖轮廓线范围内打设了 5 个检查孔,检测注浆效果,检查孔布置在注浆薄弱处(轮廓线底部布置 2 孔,轮廓线左右侧各 1 孔,轮廓线顶部布置 1 孔)并采用钻孔取芯法对注浆效果进行检查,取芯检查浆液的扩散、固结情况,并进行压水试验,实测检查孔的吸水量不大于 1.0 L/(min·m)。

3.4.7 安全环保措施

(1)进洞需佩戴安全帽和其他防护用品,遵章守纪,听从指挥;同时加强安全保卫,禁止无关人员进入。

(2)进洞前进行登记并接受洞口值班人员检查,经班组长点名,并执行进洞挂牌、出洞摘牌制度。

(3)施工中发现隧道内有险情,工班长、领工员立即在危险地段设立明显标识或派人看守,并迅速报告施工负责人及时采取处理措施。若情况严重,立即将工作人员全部撤离危险地段。

(4)在洞口或适当处所,设置急救材料储备库,储备防火、防水、防毒器材,支撑用料和各种适用工具等。备品保质保量,并不能随意挪动,使用一次后立即进行补充。

(5)隧道掘进时加强沉降观测,在浅埋段指派专人观测地面变化有无沉降,确保施工的安全。

3.4.8 工程实例与效益分析

1. 工程实例

1)周边环境及主体结构概况

该隧道暗挖段位于北京市,下穿高速公路路基段。公路路基高 7.12 m,宽 105 m,沥青混凝土路面,车流量大,沉降控制指标严格。暗挖隧道全长 140 m,覆土厚度 8.89~18.12 m,交角 84.07°,采用 CRD 法施工。

暗挖段与高速公路位置关系图和洞身断面如图 6、图 7 所示。

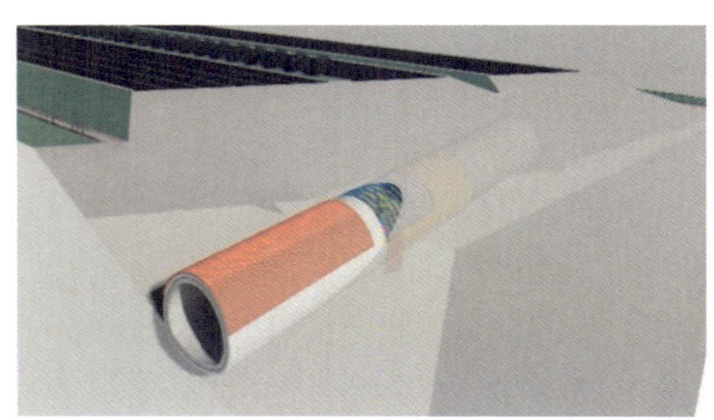

图 6 暗挖段与高速公路位置关系

图 7 暗挖洞身断面

2)水文地质条件

经设计钻探隧道下穿段下半段为粉砂地层,隧道上半段为粉质黏土,地下水位随季节变化,最高水位线位于隧底上 3~5 m。

3)下导洞全断面注浆施工背景

前期在隧道开挖掘进过程中,隧道实际地下水位高、开挖工序长造成高速公路沉降值超限,路面有明显下沉凹陷和路面开裂现象。经研究决定采用袖阀管注浆加固隧道下导洞全断面开挖范围内土体,一方面进行土体加固,增强土体结构承载力,提高稳定性,另一方面达到止水效果,可实现快速开挖,尽早封闭成环,以达到降低沉降、提高安全性的效果。

2. 效果分析

由于施工穿越段邻近大礼路桥且属于高路基,开挖会引起地下水位下降、地层损失和对周围围岩的二次扰动,使既有建筑物产生不均匀沉降,为控制沉降和变形,减少施工风险,减少施工对地层的扰动,采取帷幕袖阀管注浆方案进行土体加固和止水处理,在掘进过程中高速公路路面沉降控制获得显著的效果,路面下沉完全符合公路行车安全的标准要求,土体稳定,施工安全系数得到巨大提高。并且在后期现场开挖过程中揭示注浆效果明显,底部止水效果明显,开挖过程中不再出现显著的渗流水现象,有效加固了周边的土体,减少了施工过程中对周围土体的扰动,实现了对高速公路路基结构沉降的有效控制。下导洞全断面注浆后各导洞开挖断面效果对比如图 8、图 9 所示。

图 8　全断面注浆前掌子面

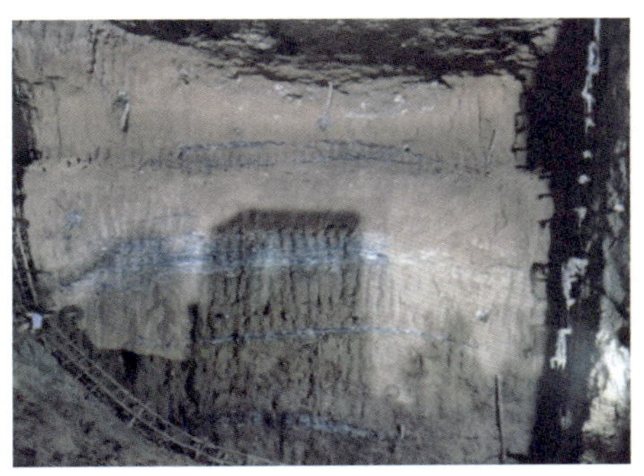

图 9　全断面注浆后开挖断面效果

参编单位：中国铁建大桥工程局集团有限公司
参编人员：陈鹏、钟国祥

第4章　轨 道 工 程

4.1　CRTSⅢ型轨道板流水机组法智能化生产线

针对CRTSⅢ型轨道板生产，目前国内常用的流水机组法模式有管片式、轨枕式两种。宝坻轨道板场为了更好完成京唐铁路全线46 772块CRTSⅢ型先张法预应力混凝土轨道板的预制和运输任务，自主研发出一种全新的生产线。

相较于国内现有常见的流水机组生产，全新的CRTSⅢ型轨道板流水机组法智能化生产线，具有"一字形"布置、生产自动化、独立式养护、运输智能化等特点。能够有效解决管片式流水机组法生产线存在的蒸养环节中的模具碰撞问题、蒸养各温控区分区不明显等问题。

4.1.1　工艺(工法)简介

宝坻轨道板场建设谋划阶段开展了科技创新及生产技术研究，采用辊道式传输"一字形"布置，生产线布置21个工位。整条生产线各工位基本实现自动化，大大减少了劳务用工，同时提高了生产效率。形成了新一代CRTSⅢ型轨道板流水机组法自动化生产技术。自动化生产采用智能化控制的流水机组法施工，在控制轨道板预制质量、提升生产效率等方面效果明显，技术先进，具有明显的社会效益和经济效益。

4.1.2　施工准备

针对轨道板预制组织项目管理人员和作业班组进行培训，下发技术交底和安全技术交底，确保施工方法、施工工艺、质量标准、安全措施等交底到作业班组每个成员。

检查施工现场用电准备，施工前施工场地、人员、材料、机具就位情况。

自动流水线是以中控室为中心，生产线采用辊道式传输，生产线与蒸养窑间采用智能搬运机器人运输，循环经过各工位，来完成整个Ⅲ型轨道板的生产流程。生产线设置放张、脱模、清模、喷涂、预埋件安装、钢筋骨架入模、温控工位、绝缘检测、张拉、浇筑振捣、过渡工位等21个工位，每个工位节拍为10 min。

4.1.3　人员、材料与设备

劳动力组织见表1。

表1　劳动力组织

序号	人员配置	数　量
1	管理服务人员	45
2	钢筋工班	9

续上表

序号	人员配置	数　量
3	生产线工班	22
4	配套工班	10
5	拌和站	6
6	特殊工种	4

主要材料配置见表 2。

表 2　主要材料配置

序号	名　称	规格型号	备　注
1	碎石	5～10 mm 和 10～20 mm	
2	河砂	中砂	细度模数宜为 2.3～3.0
3	水泥	P·O 52.5	
4	掺合料		
5	减水剂	HL-HPC2	
6	引气剂	AE	
7	预应力筋	ϕ10	螺旋肋钢丝
8	构造筋	CRB600H	
9	快速封锚砂浆	JH-FMⅠ	
10	起吊套管	玻纤增强聚酰胺 66 套管	
11	预埋套管		

主要机具设备见表 3。

表 3　主要机具设备

序号	名　称	规格型号	单位	数量	备　注
1	办公生活区彩钢房		m^2	5 300	
2	钢结构生产车间		m^2	9 300	
3	拌和站包封		m^2	170	
4	砂石料场包封		m^2	4 200	
5	轨道板生产线	1+6	套	1	
6	轨道板模具		套	120	按照每天 1 循环，日产量 120 块
7	张拉系统		套	2	
8	放张系统		套	1	
9	自动安装套管系统		套	1	
10	自动清模系统		套	1	
11	蒸养温控系统		套	1	
12	拌和站	HZS240	套	1	混凝土拌和

续上表

序号	名　　称	规格型号	单位	数量	备　　注
13	行车	5 t	台	2	车间钢筋骨架吊装入模
14	行车	16 t	台	2	轨道板出入水养池 2 台
15	行车	20 t	台	1	轨道板脱模吊装
16	门式起重机	10 t	台	8	存板区轨道板存放
17	锅炉	4 t	套	1	
18	地磅	150 t	套	1	原材料进场计量
19	轨道板运输车	20 t	台	2	轨道板场内运输
20	电瓶车	20 t	台	1	轨道板吊装运输至封锚区

4.1.4　工艺流程

施工工艺流程如图 1 所示。

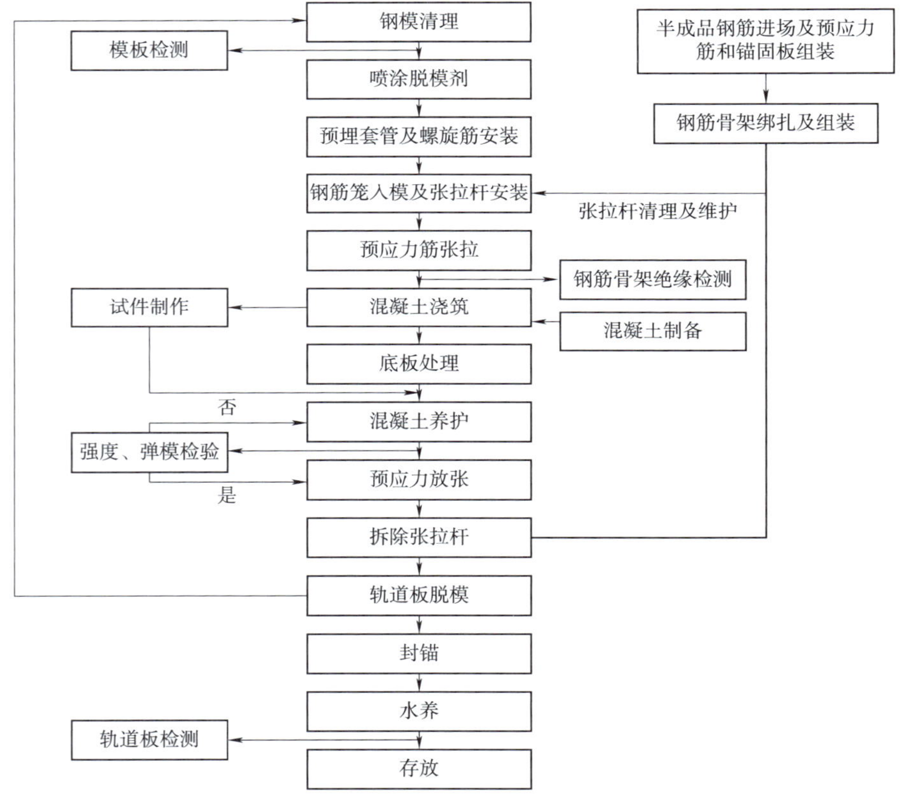

图 1　施工工艺流程

4.1.5 工艺方法与操作要点

1. 轨道板模型

制作要求：

(1)轨道板钢模应采用具有足够强度、刚度和稳定性的预应力抗弯型整体式钢模，模板应能保证轨道板各部形状、尺寸及预埋件的准确位置。

(2)轨道板钢模采用厚钢板组拼焊接成型，成型后对焊接后的钢模进行时效处理，消除焊接应力，最后对模型的工作面进行数控机床处理。保证钢模型具有足够的刚度、稳定性、可靠性、耐久性和钢模制造的工艺尺寸精度要求。

(3)钢模型上预留各类预埋件的安装孔，底模上预埋套管定位孔采用可更换装置。

(4)模型的加强肋板避开安装孔一定距离，保证预埋件安装时留有足够的操作空间。为了保证钢模型的加工精度，钢模型设计尺寸必须采用统一基准面进行标注，并明确标注该基准面及要求加工精度，加工时先进行该基准面的处理。

(5)使用前应对模板的非弹性变形模量进行消除，底模采用箱形结构，端、侧模通过增加横、竖肋筋提高抗弯强刚度；钢模底部增设(纵向 5 根钢棒，横向 8 根钢棒)反预应力结构，同时，底模预设−0.5 mm 反拱以平衡部分轨道板预应力筋张拉力。

2. 模具清理

模具自动清理设备，采用自动化清理系统，清模时间短速度快，单块模具 5～7 min，并且只需 1 人进行系统操作，代替了人工清模单班需 4 人操作工人的现象，达到了自动化换人的目的，如图 2 所示。

图 2　自动清模

3. 喷涂脱模剂

脱模剂自动喷涂系统，通过机械臂与自动化喷涂系统的有机结合，实现了脱模剂喷涂的自动化，如图 3 所示；并且喷涂均匀、效果好，避免浪费。通过安全防护系统阻止了脱模剂向周边飘散，避免了脱模剂对周围环境的污染，降低了职业病的发生。

图 3　自动喷涂脱模剂

4. 预埋件与钢筋网片安装

1)预埋套管安装

预埋套管自动安装机器人,安装速度快,精度高,能在 5～6 min 完成单块板 36 个套管的自动安装(图 4),流水节拍紧凑,避免了时间的浪费,实现了该工位的完全自动化;同时全防护系统确保人机分离,保障人员的工作安全。

图 4　自动安装预埋套管

2)张拉杆安装

(1)张拉杆材质验证。张拉杆具有足够的强度和抗拉刚度,应采用合金钢,并进行调质热处理,硬度不应低于 HRC35,弹性模量不应低于 200 GPa。

(2)张拉杆外形尺寸检验。张拉杆直径为 24 mm,横向张拉端张拉杆长度 628 mm(628 mm±1 mm),纵向张拉端张拉杆长度 637 mm(637 mm±1 mm),固定端张拉杆长度 418 mm(418 mm±0.5 mm),和预应力筋连接处应设置锥度,与预应力筋端部螺纹公差带应采用 6H/6g 组合。

沿预应力筋方向关键尺寸偏差不得大于 1.0 mm，受力中心和钢筋张拉中心之间的偏差不得大于 0.1 mm。

5. 预应力筋张拉

生产线设置 2 套自动张拉系统，每套自动张拉系统能够同时满足 P5600、P4925 和 P4856 三种板型的张拉需求，实现同步张拉，张拉力实时显示，张拉力精度高，产品受力均匀性好。

6. 混凝土配制、灌注和养护

1）混凝土浇筑和振动（此工序为特殊工序）

（1）混凝土浇筑前检查

①混凝土浇筑前，应确认钢筋及预埋件的位置和间距，同时用 500 V 兆欧表测量确认钢筋骨架的绝缘性能，电阻值应不小于 2 MΩ。

②混凝土浇筑前，应确认接地钢筋、接地端子的位置和焊接质量满足设计要求。

（2）混凝土及模板温度控制

①混凝土浇筑时，模板温度在 5～35 ℃。

②混凝土拌和物入模温度控制在 5～30 ℃。

③混凝土布料。布料人员要确保下灰均匀，并保证安全。下灰量要适度，分三次布料，第一次布料约为边模高度的 1/2，第二次布料至边模的 4/5，第三次布料将完成整个钢模的浇筑，以振动后混凝土平齐钢模顶面为准。

（3）混凝土振动

混凝土自动振捣系统，采用变频设备，振动时按照先低频后高频最后低频的顺序，有效将混凝土中的气泡排出，使混凝土振捣密实。混凝土浇筑采用整体式振动，单个振动台设置 11 个附着式振动器，振动频率在一定范围内可调，振幅、振动力按照振动产品的重量设计。可进行需要进行低频、中频、高频振动方式转换，保证振捣密实。

2）混凝土蒸汽养护、试件制作和强度检验

（1）蒸汽养护

蒸养窑设在车间，在车间进行养护任务，有效地减少轨道板与外部的接触，蒸养窑具有良好的保温性，能够有效地减少热量的损失，如图 5 所示；蒸养窑内模具依次按照从下至上的顺序从摆渡车进入到蒸养窑内，一条养护线的蒸养窑推送个数足够后，两侧门可以关闭，可以计时进行养护作业，按照模式循环这种模式不断循环。在中央控制室内设有整体监控装置，可对蒸养窑内的温度进行实时监控，并能够对蒸养窑温度进行控制，当温度过大或过小时可通过控制蒸汽来对蒸养窑内温度进行控制，以实现达到理想温度的目的，如图 6 所示。

混凝土浇筑完成后转移至蒸养窑在 5～30 ℃的环境中静置 3 h 以上方可升温。

（2）试件制作和强度检验

混凝土浇筑过程中，以不大于 10 块轨道板为一批，每批以最后一块轨道板浇筑成型过程中取样制作 2 组混凝土抗压强度试件，用于预应力筋放张时抗压强度检测；每工班制作 1 组混凝土抗压强度试件，用于 28 d 抗压强度检测；每隔 7 天取样制作 2 组混凝土弹性模量试件，用于预应力筋放张和 28 d 混凝土弹性模量检测。试件应与轨道板相同条件下振动成型和养护，28 d 试件应在脱模后进行标准养护，试件制作、养护应符合 GB/T 50081 的规定。

图 5　混凝土入窑

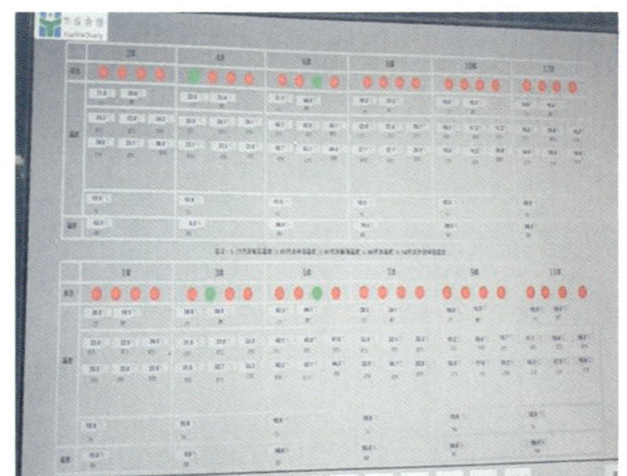

图 6　蒸养系统界面

按规定的养护制度养护完成后，取出一组试件送试验室做放张强度检验，混凝土轨道板脱模强度不低于 45 MPa。强度合格后，下发脱模通知单，方可停气缓慢降温，待降温温度达到规定要求方可揭蒸养池盖脱模。

做混凝土张拉强度检验和弹性模量的试件在生产线上随产品一起养护。混凝土28 d 强度检验和弹模的试件在生产线上随产品一起按规定的养护制度养护完成后，立即转入标准条件下养护。

7. 预应力筋放张

生产线设置 1 套钢丝的自动放张系统，能同时满足 P5600、P4925 和 P4856 三种板型的要求，该放张系统能够做到 80 个张拉杆同步缓慢放张，单根预应力筋放张速率不大于 2 kN/s，保证了钢丝张拉力从模具导入混凝土的可靠性。

8. 脱　　模

产品的自动顶升脱模系统，通过 4 个液压缸将产品顶升至完全脱离模具，避免了采用行车直接从模具中“生拉硬拽”，易造成产品损伤、由于外力造成模具变形的弊端。

9. 封　　锚

采用挤入式封锚砂浆时，采用气动锚枪封锚，砂浆应由锚穴底部开始注入，并随注入量增加逐渐撤出枪头，封锚过程中，应保持枪头始终埋入砂浆。封锚砂浆填压完毕后应立即在砂浆表面喷涂养护剂，表面宜凹入轨道板侧面 0～4 mm。封锚砂浆填压完毕至先张轨道板水养的时间间隔应根据封锚材料进行工艺性试验，一般不宜小于 2 h。

10. 水　　养

(1)轨道板水中养护时间为 3 d，且保温、保湿总时间不应少于 10 d。养护期间，养护水温不应低于 10 ℃，轨道板表面温度与养护水温之差不应大于 10 ℃，当大于 10 ℃时应采用水养池蒸汽管道进行升温，因室内施工所以不需要采取降温措施。

(2)水养完成(若冬期施工，应轨道板表面干燥后)，轨道板表面温度与室外环境温差不大于 15 ℃时，方可室外存放，且宜覆盖养护至 28 d。

11. 成品轨道板检验

(1)轨道板检验分型式检验和出厂检验。

(2)型式检验应符合下列规定:

有下列情况之一者,应进行型式检验:

①正式投产前。

②材料、工艺有重大变更时。

③连续生产两年时。

④停产 6 个月及以上又恢复生产时。

型式检验项目包括:原材料及预埋件检验报告;混凝土碱含量、氯离子含量、三氧化硫含量;混凝土抗压强度、弹性模量;混凝土抗冻性,混凝土电通量;混凝土 56 d 收缩率;混凝土氯离子扩散系数,封锚砂浆抗压强度、抗折强度、抗渗性、收缩率及氯离子含量;预应力筋、锚固板、预应力筋-锚固板组装件、预应力筋-张拉杆组装件性能;绝缘热缩管性能;轨道板外形尺寸和外观质量;扣件预埋套管抗拔力;轨道板绝缘性能;轨道板静载试验和保护层厚度检验。

(3)轨道板外形尺寸和外观质量的抽检数量为 10 块。扣件预埋套管抗拔力从外形尺寸和外观质量抽检的轨道板中抽取 1 块,抽取 3 个套管进行试验。轨道板绝缘性能试验的抽检数量为 3 块。轨道板静载抗裂性能试验的抽检数量为 2 块。轨道板钢筋保护层厚度试验的抽检数量为 10 块。

抽样基数根据现场实际情况确定,当正式投产、材料工艺有重大变更、连续生产两年、停产 6 个月及以上恢复生产时进行型式检验。

4.1.6 质量控制

1. 工程质量控制标准

(1)钢筋施工。钢筋制作、绑扎检查项目需符合要求。

(2)模板检查。模板应实行日常检验和定期检验 ,日常检查应在每次使用前进行 ,内容包括模板外观质量和密封性能;定期检验每 10 d 进行一次 ,检验内容包括底板、承轨槽尺寸、预埋套管位置等。

(3)混凝土。混凝土搅拌、灌注、养护需符合相关要求。

2. 质量保证措施

(1)模型采用高刚度、高精度的钢模型,预埋件采用螺栓定位,确保定位误差不超过规定。每套模型的加工精度控制在轨道板成品允许偏差的 1/2。模型每天进行常规检查,每 15 d 进行定期检查,常规检查包括外形尺寸、平整度及各部位工作状态的检查,定期检查对模型全面进行检查,作出评估。

(2)轨道板生产所用原材料必须有出厂合格证明书或检验报告,进场后须进行进场复验,合格后方可使用。钢筋加工绑扎采用专用模具进行,保证钢筋加工绑扎精度。钢筋笼绑扎完成后做绝缘性能检验,入模后进行绝缘性能复核检验,保证轨道板的绝缘性能。加强对预埋件位置及精度的检查,检查各预埋件是否固定牢固。

4.1.7 安全环保措施

1. 安全措施

(1)现场用电

①每月至少检查一次漏电保护器使用情况,发现失效漏电保护器及时更换。

②规范布置用电线路,根据安全操作规程操作用电设备。

(2)轨道板存放

①每周至少检查一次存板区轨道板支撑情况,发现支撑不到位现象,要求相关班组及时支护。

②定期检查轨道板存放用的夹具,发现开焊的夹具及时更换。

③要求吊装班组吊装完轨道板后做好轨道板的临时支护工作。安全员不定期检查支护情况。

(3)轨道板运输

①对进场所有运板相关车辆司机进行安全教育,设置专职人员现场检查现场车辆停放情况。

②安排专职人员在轨道板装车完毕后,逐个检查轨道板装车情况。

(4)起重作业

①所有从事桁车、门式起重机起重吊装的作业人员均要求进行持证上岗,人证合一。进入作业现场佩戴好相应的防护用品。

②对所有作业人员进行技术交底,明确施工作业过程中的安全隐患注意事项及危险源。经考核合格方可上岗。

③现场专职安全员加强现场检查巡视频次,发现隐患及时制止,并按期整改,严防带病作业。

④物资部加强现场设备的日常检查,杜绝带病作业。

2. 环保措施

文明施工涉及工程附近人民群众的切身利益,同时又是取信于民、维护施工声誉的大事,一旦在文明施工方面发生不良问题,造成的损失和影响是无法弥补的,因此严格按照“集中施工、快速施工、文明施工”的十二字方针,精心组织,合理安排。

成立对应的环境卫生管理机构,在施工过程中严格遵守国家和地方政府下发的有关环境保护的法律、法规和规章,加强对施工燃油、工程材料、设备、废水、生产生活垃圾、弃渣的控制和治理,遵守有防火及废弃物处理的规章制度,做好交通环境疏导,充分满足便民要求,随时接受相关单位的监督检查。严格遵守国家环保、水保有关法律法规和铁路相关规定,制定科学合理的环、水保措施并切实落实,避免对沿线水质及周围环境产生污染,杜绝发生重大环境污染事件。

4.1.8 工程实例与效益分析

CRTSⅢ型轨道板流水机组法自动化生产工法全面应用于新建京唐城际铁路轨道板的生产之中,使用该工法生产出的产品质量优良,节约人力,节约能源,提高工效环保效果显著,可在Ⅲ型板流水机组法生产领域大力推广。

1. 经济效益分析

与同规模台座法相比，厂房面积缩减 30%，流水线生产总投入可节省 10%，人工节省 30%，生产效率提高 30%，成套设备可实现转场再利用。生产线改善了劳动条件，缩减了生产占地面积，降低了生产成本，缩短了生产周期，保证了生产均衡性，有显著的经济效益。与传统轨道板生产产品相比，提高了模板周转效率，减少了模具的投入和折旧。流水生产作业，大大加快了轨道板生产进度，缩短了工期，降低了工程造价，为新建北京至唐山铁路提供了优质的产品。

2. 工期效益分析

CRTSⅢ型轨道板流水机组法智能化生产线，各工位基本实现自动化、智能化，流水线布局合理，占地面积少，科学高效，保证工序的衔接，提升生产效率等方面效果明显，技术先进。

3. 质量效益分析

CRTSⅢ型轨道板流水机组法智能化生产线，采用辊道式传输、工序自动化、搬运机器人、独立式养护等关键技术，产品脱模、混凝土搅拌、输送、浇筑、振捣、养护等生产流程均在工业计算机全自动控制下有序运行。施工作业规范化、程序化、标准化，人为干扰因素少，生产更快捷安全，质量更稳定。

参编单位：中铁十四局集团有限公司

参编人员：陈浩、阮涛

4.2 CRTSⅢ型板式无砟轨道底座板施工工法

CRTSⅢ型板式无砟轨道，是我国具有完全自主知识产权的新型无砟轨道技术。目前，CRTSⅢ型板在国内无砟轨道上采用超过 3 200 km，为高速铁路无砟轨道的首选结构形式。京唐铁路无砟轨道采用 CRTSⅢ型板式无砟轨道结构，在底座板施工过程中常存在底座板错台漏浆、伸缩缝不顺直、锚栓孔安装精度差和混凝土裂纹等质量通病，严重影响底座板外观质量和耐久性。

京唐铁路在无砟轨道底座板施工中，通过“小改小革”，优化工装工艺，总结形成了 CRTSⅢ型板式无砟轨道底座板施工工法，有效解决了底座板施工质量通病问题，使得无砟轨道底座质量大幅提升，项目工期提前 46 d，节约成本约42 万元，相关成果获得 2022 年实用新型专利。该工法在无砟轨道底座板施工上应用较为新颖，具有创新性，国内尚未全面普及，极具推广价值。

4.2.1 工艺(工法)简介

CRTSⅢ型板式无砟轨道底座板施工工法是通过优化底座板模板和限位凹槽模板固定方式、底座增加防裂钢丝网片、采用五遍收面法和滴灌养生等措施，解决了底座板错台漏浆、伸缩缝不顺直、锚栓孔安装精度差和混凝土裂纹等质量通病问题，提高了施工效率，节约了成本，使得无砟轨道底座质量大幅提升，取得了良好的经济社会效益。

4.2.2 施工准备

无砟轨道施工前，首先要完成路基、桥梁沉降变形观测和 CPⅢ测设评估，对梁面高程、平整度及宽度进行验收。对轨道中心线两侧各 1.35 m 范围内的梁面进行凿毛处理，凿毛以露出不少于 90%新鲜混凝土面为准。

底座施工前，应完成与之相关的排水、沟槽等基础工程施工。

4.2.3 人员、材料与设备

根据资源配置，每个底座施工作业面配置 4 孔(双线梁)底座模板，每天浇筑 2 孔；每个作业面劳动力组织见表 1。

表 1 劳动力组织

序号	人 员	人 数	备 注
1	队长	1	负责现场指挥，机械设备调配、安全工作
2	普工	5	梁面拉毛处理 2 人，清理套筒 3 人
3	技术员	2	测量放样、高程测量 2 人
4	钢筋工	11	钢筋网片安装 5 人，安装垫块和 L 形钢筋 2 人，绑扎 U 形架立筋和防裂钢筋 4 人
5	模板工	10	模板打磨，涂刷脱模剂 2 人，安装 4 人，标高调整 2 人，模板倒运 2 人
6	混凝土工	13	混凝土浇筑 4 人，收面 5 人，拆除凹槽及端头模板 2 人，养护 2 人

续上表

序号	人员	人数	备　　注
7	安全员	1	负责现场安全
8	驾驶员	3	混凝土运输车 2 人，起重机 1 人
合计		46	

以单公里底座板施工为例，主要材料配置见表 2。

表 2　主要材料配置

序号	材料名称	型　　号	单位	数量	备　　注
1	混凝土	C40	m^3	580	底座板
2	钢筋焊网	CRB600H	kg	35 986	
3	钢筋	CRB600H	kg	9 438	
4	聚乙烯泡沫塑料板	厚度 20 mm	m^2	89.011	

以单个施工班组为例，主要机具设备见表 3。

表 3　主要机具设备

序号	设备名称	型　　号	单位	数量	备　　注
1	混凝土拌和站	HZS180	套	1	标段共用
2	混凝土运输车	14 m^3	台	4	
3	混凝土泵车	SYM5419THB	台	1	
4	汽车起重机	50 t	台	1	
5	发电机	75 kW	台	1	
6	电焊机	BX1-500	台	2	
7	钢筋切割机	QJ-40	台	2	
8	钢筋弯曲机	WJ-40	台	2	
9	插入式振捣棒	5.0	台	2	
10	电动抹子	80 型	台	2	

4.2.4　工艺流程

CRTSⅢ型板式无砟轨道底座板施工工艺流程如图 1 所示。

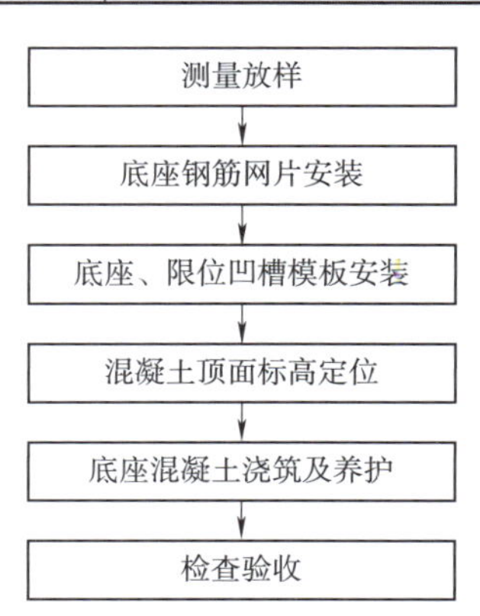

图 1　CRTSⅢ型板式无砟轨道底座施工工艺流程

4.2.5　工艺方法与操作要点

1. 测量放样

施工前复核高程、中线、平整度、相邻梁端高差等几何要素；采用 CPⅢ轨道控制网，根据布板数据计算底座坐标，然后对无砟轨道底座施工段进行测量放样。

2. 底座钢筋网片安装

钢筋焊接网片由工厂集中焊接制作并经检验合格后，用平板车运到现场，底座设上下两层网片。钢筋网片用门式起重机吊运至梁顶面，并下垫上盖，做好保护以免污染。

钢筋安装前清理杂物、污水，露出新鲜混凝土面。放样后用墨线弹出钢筋轮廓线。根据不同型号轨道板对应的底座安装相应的钢筋网片。按照底层网片→L 形连接筋→顶层网片→架立筋→凹槽防裂钢筋顺序进行安装。

安装时，下部网片放置 C40 保护层垫块，按照梅花形布置，每平米不少于 4 个，并确保保护层满足设计要求，上下层钢筋焊接网片绑扎牢固，绑扎完毕后，严禁人员随意踩踏。

限位凹槽四角及底座板顶面两侧边中部增设网眼规格 10 mm 的防裂钢丝网，使用扎丝绑扎在钢筋网片上，防止限位凹槽四角和底座板顶面开裂，防裂钢丝网布置如图 2、图 3 所示。

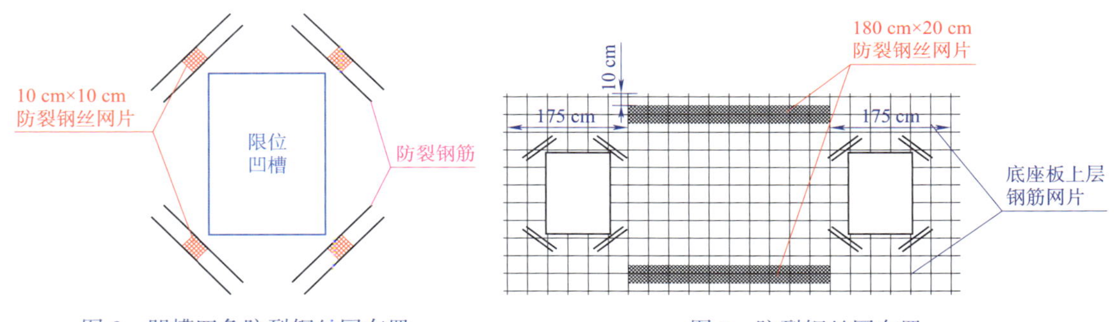

图 2　凹槽四角防裂钢丝网布置

图 3　防裂钢丝网布置

3. 底座、限位凹槽模板安装

底座侧模采用定型钢模板，根据每块底座平面测量位置弹墨线支立对应型号的模板，在每块外侧模板背面设置 5 道可调节正反丝支撑装置(紧线器)，侧模板背楞上设置预留孔，支撑装置一端固定在梁面上，另一端固定在侧模背楞预留孔上，通过紧线器灵活调节模板位置(图 4)。底座模板底部的缝隙采用发泡胶封堵，从内向外注打，将多出部分沿着模板面切整齐。

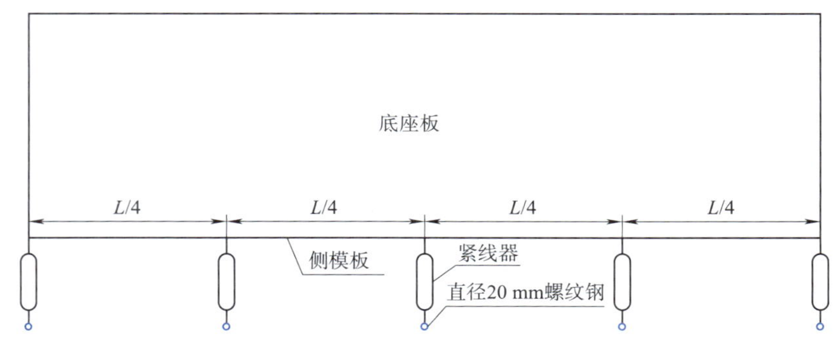

图 4　侧模固定方式平面图

相邻侧模板采用插销式连接(图 5)，伸缩缝模板两端夹在侧模连接位置处进行固定，伸缩缝模板顶端自带卡槽将伸缩缝泡沫板进行固定，确保伸缩缝泡沫板顺直。

在压紧装置对应底座位置，预埋长 20 cm ϕ25 mmPVC 管，为轨道板压紧装置提供锚栓孔，锚栓孔设置在底座下层钢筋网片下方，PVC 管下口边缘距离模板下边缘 25 mm，预埋 PVC 管设置一定向下的角度，靠近模板侧对准模板预留孔后使用锥形橡胶塞封堵，另一端绑扎在下层钢筋网片上，确保绑扎牢固。PVC 管固定方式如图 6 所示。

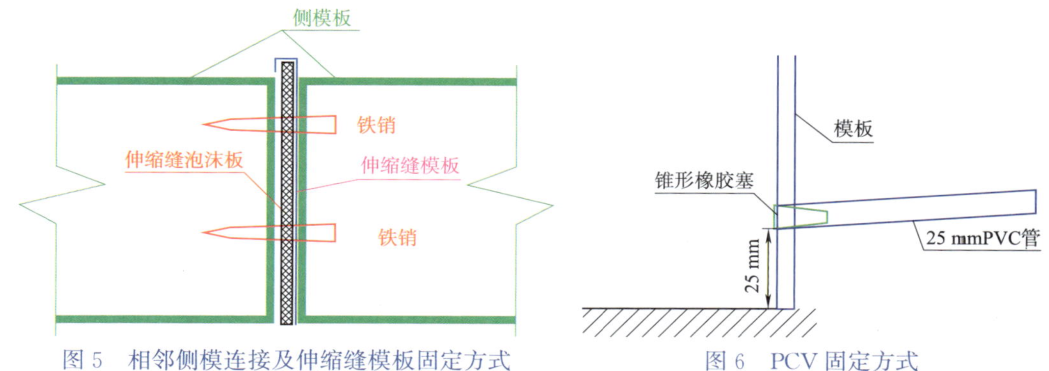

图 5　相邻侧模连接及伸缩缝模板固定方式

图 6　PCV 固定方式

限位凹槽模板使用凹槽模板定位架初步将模板位置定位。在凹槽模板上两圆孔位置所对应的梁面上使用电钻打孔；将膨胀塞塞入孔内，A 型螺杆穿过凹槽模板将模板支撑在梁面上，B 型螺杆穿过角钢后从模板上两圆孔位置穿过拧入膨胀塞内；以侧模板上测量放样的高程控制线为基准，同时微调 A 型螺杆的位置和高度以及微调 B 型螺杆的高度，使用凹槽模板定位架将凹槽模板精确定位，A 型螺杆起到支撑模板的作用防止模板下沉，B 型螺杆起到下拉的作用，防止混凝土浇筑过程中模板上浮。模板定位牢固后，撤离定位架进行下一个凹槽模板定位；混凝土浇筑后初凝前，将 A 型螺杆和 B 型螺杆拧出，将凹槽模板拆除，用抹子将凹槽底面抹平收光，限位凹槽模板固定如图 7 所示。

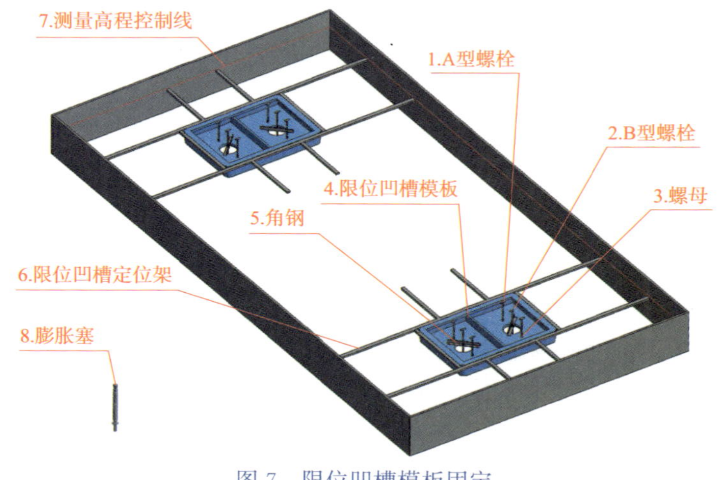

图 7　限位凹槽模板固定

4．混凝土顶面高程定位

混凝土浇筑前，在侧模两端放样出混凝土顶面高程，然后通过两点拉线方式每隔 1 m 贴双面胶定位相应位置底座板顶面高程。

5. 底座混凝土浇筑及养护

C40 混凝土浇筑前对梁面进行洒水湿润，使用泵车采取一端向另一端推进，一次浇筑成型。施工时应严格控制混凝土的入模温度，夏季施工时，入模温度≤30 ℃，混凝土坍落度控制在 170～180 mm。

在设置防裂钢丝网处，混凝土从中部向外侧进行布料，混凝土入模后采用插入式捣固棒振捣，避免漏振或过振，凹槽四周应振捣密实；混凝土底座两侧 25 cm 处同步形成 6％的横向流水坡。

混凝土收面采用五遍收面法：第一遍振捣后用 2.7 m 长刮尺、木抹子收浆搓平；第二遍初凝后终凝前用振动式平板抹平机二次提浆、找面；第三遍人工用铁抹子全表面抹光，排水坡用定长 25 cm 铁抹子一次抹光成型；第四遍用旋转式电动抹平机整平收光；第五遍再用铁抹子全面压光一遍。

混凝土浇筑完成后及时进行养护，底座板采用一布＋一膜＋滴灌养护方式进行，浇筑完成后先用养护土工布对底座板进行覆盖，在土工布上铺设两道水管，水管每隔 1 m 进行开孔，圆孔直径 2 mm，以便注水后滴漏，然后用塑料布进行覆盖，在锚栓孔内插入钢筋，将绑扎塑料布的绳子拴在钢筋上，保持湿润状态养护不得少于 14 d。

6. 检查验收

底座板养护完成后进行验收，混凝土结构表面应密实平整、颜色均匀，不得有露筋、蜂窝、孔洞、疏松、麻面和缺棱掉角等缺陷；底座板主要外形尺寸允许偏差满足验标要求。

4.2.6 质量控制

1. 质量控制标准

无砟轨道施工按照以下标准要求进行控制：

(1)《铁路工程沉降变形观测与评估技术规程》(Q/CR 9230—2016)。

(2)《高速铁路轨道工程施工技术规程》(Q/CR 9605—2017)。

(3)《高速铁路轨道工程施工质量验收标准》(TB10754—2018)。

(4)《高速铁路工程测量规范》(TB 10601—2009)。

2. 质量保证措施

1)底座及限位凹槽模板

(1)模板及支撑杆件的材质及支撑方法应符合施工工艺设计要求。

(2)模板安装必须稳定牢固，接缝严密，不得漏浆。模板必须打磨干净并涂刷脱模剂。混凝土浇筑前模板内的杂物必须清理干净。

(3)模板拆除应确保混凝土表面及棱角不受损伤。

(4)拆模时混凝土表层与环境温差不应大于 15 ℃。

2)混凝土质量控制措施

(1)混凝土坍落度控制要满足 170～180 mm。

(2)混凝土表面做好收光。

(3)混凝土布料要避开钢丝网位置，避免骨料分离。

3. 防止底座板开裂控制措施

(1)钢筋表面防裂钢丝网在底座板混凝土浇筑前及浇筑过程中需严格查验,保证绑扎牢固。

(2)底座板浇筑完成后需保证收面次数不小于 5 次,避免表面开裂。

(3)底座板在保持湿润状态下养护时间不应低于 14 d。

4.2.7 安全环保措施

(1)收集的各种固体废弃物必须按照相关规定进行处理或统一运输到指定位置,避免洒落污染周边环境。

(2)施工用水必须规范。在冲洗或养护混凝土的过程中,避免施工用水对周边环境的污染。

(3)底座板施工机械在施工或修理过程中必须加强油料管理,避免洒落、污染,且进行必要的回收处理。

(4)混凝土等材料运输过程中注意便道要洒水,避免尘土飞扬。

4.2.8 工程实例与效益分析

1. 工程实例

京唐铁路站前 7 标管段内 CRTSⅢ型板式无砟轨道设计速度为 350 km/h,共 36 铺轨公里。无砟轨道自 2019 年 8 月开始施工,2022 年 5 月施工结束,在施工中通过工装优化、工艺创新、“小改小革”成功解决了 CRTSⅢ型板式无砟轨道施工中底座板质量问题,节约了成本,提高了工效,受到了业主和监理单位的一致好评。国铁集团组织相关单位多次进行观摩交流,取得了良好的社会效益。

施工现场如图 8～图 13 所示。

图 8　梁面铣刨凿毛

图 9　底座钢筋绑扎

图 10　模板支设

图 11　底座混凝土浇筑

图 12　底座板养护

图 13　底座成品

2. 经济效益分析

本标段无砟轨道长度共 36 铺轨公里，按照无砟轨道的资源配置，采用本工法与常规施工方法相比，模板费用节约 29.59 万元，人工费用节约 12.08 万元，共节约费用 41.57 万元，经济效益分析如图 14 所示。

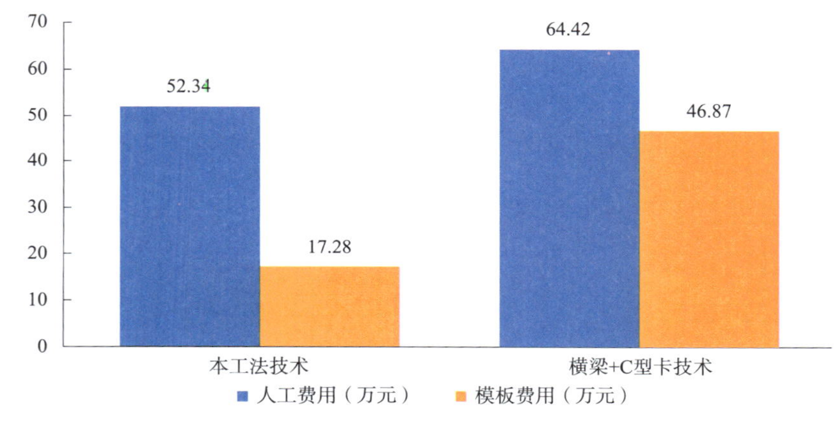

图 14　经济效益对比

3. 工期效益分析

本标段无砟轨道长度共 36 铺轨公里，每个凹槽模板安装时间较优化前减少 5 min，模板安装效率提升 33.3%，凹槽模板安装节约了工期 46 d，确保了节点工期的顺利实现，减少了成本投入，工期效益分析如图 15 所示。

4. 社会效益分析

本工法在京唐铁路 7 标全过程进行了实践应用，无砟轨道的施工质量得到大幅提升，大量减少克缺整治维修的工作量。在实践过程中，提炼总结了 CRTSⅢ型板式无砟轨道底座板施工工法，并申请了“一种无砟轨道凹槽模板的快速、准确定位装置”（申请号专利号：ZL2022 2 0079436.4）实用新型专利，形成了企业自主知识产权。

2021 年度，国铁集团红线检查组对该标段无砟轨道施工质量给予高度评价，建设单位组

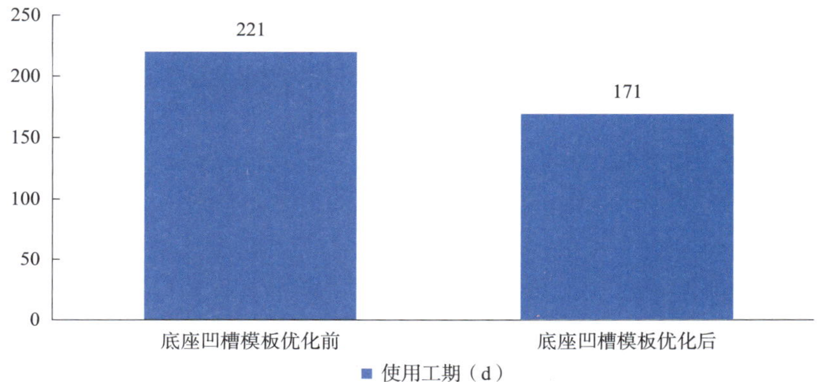

图 15　模板优化前后工期对比

织参建单位进行观摩学习，并给予“绿牌”奖励。在施工过程中，国铁集团工管中心、北京城市铁路投资发展有限公司、广铁集团、京沈辽宁公司等单位先后来京唐铁路 7 标观摩学习无砟轨道施工(图 16)，对无砟轨道精品工程创建进行调研交流，产生了良好的社会效益。

该工法的推广应用前景广泛，将对 CRTSⅢ型板式无砟轨道的精品工程创建产生指导作用。

图 16　现场观摩

参编单位：中铁四局集团有限公司
参编人员：许宝富、李双贺

4.3 CRTSⅢ型板式无砟轨道自密实混凝土层施工工艺

CRTSⅢ型板式无砟轨道，是我国具有完全自主知识产权的新型无砟轨道技术。目前在全路超过30条高铁线路应用，总里程已超过3 200 km，自密实混凝土应用方量超过200万m^3。CRTSⅢ型板式无砟轨道施工过程中，轨道板铺设和自密实混凝土灌注使用汽车起重机或单悬臂门式起重机，汽车起重机在吊装轨道板过程中需要重复移动位置，施工效率低下；单悬臂门式起重机受现场便道方向设置而吊装作业受影响。自密实混凝土灌注时传统方法采用百分表对轨道板位移进行监测，监测耗费人工多，夜间观测记录数据操作性不强。养护方式一般采用塑料薄膜加养护剂，养护效果较差。

京唐铁路在无砟轨道自密实混凝土层施工中，通过使用双悬臂龙门吊、轨道板位移监测装置和高分子节水养护膜等措施，有效解决了轨道板和自密实混凝土垂直吊装和水平运输问题，杜绝了轨道板位移超限后期揭板现象的发生，延长了持续保湿养护时间，采用该工艺提高了自密实混凝土层的施工工效，节约工期30 d，节约成本约17.95万元。

4.3.1 工艺(工法)简介

在京唐铁路无砟轨道自密实混凝土层施工过程中，首次使用双悬臂门式起重机进行轨道板和混凝土的吊装，提高了施工效率。自密实混凝土灌注采用位移监测装置监测轨道板位移，对轨道板的位移状态提供预警，提高了监测效率，避免发生揭板现象；自密实混凝土养生采用高分子节水养护膜，减少水分散失，延长持续保湿养护时间，提升了施工质量。通过该施工工艺，无砟道床自密实混凝土层施工工效大幅提升，混凝土灌注质量优良，取得了良好的社会经济效益。

4.3.2 施工准备

无砟轨道底座板施工完成，并通过验收。

组织对项目管理人员和作业班组进行技术、安全交底培训，下发技术交底和安全技术交底，将施工方法、施工工艺、质量标准、安全措施等交底到作业班组各成员。

施工现场用电已准备完毕，施工场地人员、材料、机具已就位。

4.3.3 人员、材料与设备

根据施工段工程任务的大小情况、工期情况合理组织，以达到最优的资源配置，保证自密实混凝土浇筑每天至少保证4孔双线梁，每个作业面劳动力组织见表1，每32 m梁主要材料配置见表2，每个作业班组主要机具设备见表3。

表 1　劳动力组织

序号	人员	人数	备　　注
1	队长	1	负责现场指挥，机械设备调配、安全工作
2	技术员	2	测量放样、高程测量 2 人
3	普工	2	伸缩缝弹线、开槽、清理、贴防护胶带、涂刷界面剂、灌注硅酮胶 2 人
4	钢筋工	6	自密实钢筋网片安装 4 人，凹槽钢筋、垫块安装 2 人
5	混凝土工	6	自密实指挥及操作料斗 2 人，四角出料口 4 人
6	试验员	2	负责配合比的调整、试件制作和现场检测
7	安全员	1	负责现场安全
8	驾驶员	3	自密实混凝土运输车 2 人，起重机 1 人
合计		23	

表 2　主要材料配置

序号	材料名称	材料型号	单位	数量	备　　注
1	轨道板	P5600	块	123	轨道板铺设
2	轨道板	P4925	块	61	
3	轨道板	P4856	块	0	
4	自密实混凝土	C40	m^3	255	自密实混凝土
5	钢筋焊网	CRB600H	kg	29 633	
6	非焊网钢筋	CRB600H	kg	7 737	
7	土工布	厚度 4 mm	m^2	2 600	隔离层、弹性垫层
8	A1 型弹性垫板	900 mm×60 mm×8 mm	块	736	
9	A2 型弹性垫板	600 mm×60 mm×8 mm	块	736	
10	泡沫板	—	m^2	60.663	

表 3　主要机具设备

序号	设备名称	型　　号	单位	数量	备　　注
1	混凝土拌和站	HZS180	套	1	标段共用
2	混凝土运输车	14 m^3	台	4	
3	双悬臂门式起重机	10 t	台	1	
4	发电机	75 kW	台	1	
5	喷雾器	20L20AH	台	1	
6	角磨机	S1M-FF03-100A	台	4	
7	电热切刀	NH8	把	4	
8	橡胶锤	—	个	4	
9	灌注料斗	—	个	1	
10	线间灌注平台	—	套	1	
11	模板	—	套	12	

4.3.4 工艺流程

施工工艺流程如图1所示。

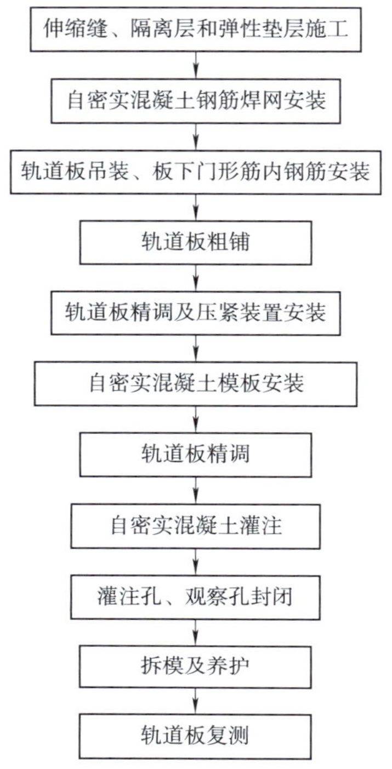

图1 CRTSⅢ型板式无砟道床自密实混凝土层施工工艺流程

4.3.5 工艺方法与操作要点

1. 伸缩缝、隔离层和弹性垫层施工

1)伸缩缝施工

伸缩缝按照清理伸缩缝密封区→伸缩缝两端贴胶防护→涂刷界面剂→填充密封胶→保护表面的流程进行施工。

2)隔离层施工

(1)测量放样:土工布铺设放样点位置应选在土工布外侧5 cm,放样后弹出隔离层边线。

(2)铺设要求:采用宽度为2.6 m的隔离层,铺设时隔离层较自密实混凝土四周边缘宽出5 cm,且铺设时应平整、无褶皱、无破损。

(3)铺设方法:先将整张土工布铺设在底座表面,根据凹槽位置画出凹槽边线,按所画线条裁剪隔离层,裁除部分可铺设在凹槽底面;每一块轨道板下的土工布连续铺设,轨道板全长范围内土工布不得有破损,搭接,接缝和空鼓,隔离层土工布铺设如图2所示。

图 2　隔离层土工布铺设

(4)弹性垫层施工。凹槽内垫板(弹性垫层应采用三元乙丙橡胶,厚 8 mm)粘贴前必须保证混凝土表面清洁、干燥,粘接剂涂抹必须均匀;垫板与土工布之间的接茬必须用胶带粘接严密,防止混凝土渗入。

2. 自密实混凝土钢筋焊接网安装

自密实混凝土层纵横向钢筋采用 CRB600H 级冷轧带肋钢筋网片,工厂化生产;凹槽中采用 CRB600H 级冷轧带肋钢筋,通过预先绑扎钢筋骨架现场安装。

凹槽内钢筋与自密实混凝土钢筋网片通过绑扎形成整体,保证良好的受力性能。网片上下两侧均需设置与混凝土保护层厚度相同的混凝土垫块,垫块按梅花形布置且数量不少于 4 块/m^2,强度等级为 C40。自密实混凝土钢筋网片安装如图 3 所示。

图 3　自密实混凝土钢筋网片安装

3. 轨道板吊装板下门型筋内钢筋安装

使用双悬臂门式起重机(图 4)将要铺设的轨道板吊装到要铺设的轨道上方并缓缓降下。较汽车起重机,双悬臂门式起重机在吊装过程中,走形便利,不用重复支立起重机,提高工效,且不受施工便道限制,双侧均可吊装。将轨道板从桥下吊起后,在接近混凝土底座 1.5 m 左右放入门形架,并将 N3 号钢筋穿入门形钢筋内,并以绝缘卡固定,并进行绝缘测试,安装完成后再将轨道板下方,下放时严格控制下降速度,防止损伤轨道板。

4. 轨道板粗铺

用全站仪准确放出轨道板四角的位置,然后用墨线弹出轨道板四条边线,方便轨道板准

图 4　双悬臂门式起重机吊装轨道板

确定位。纵向不应大于 10 mm,横向不应大于精调支架横向调程的 1/2。

5. 轨道板精调及压紧装置安装

1)轨道板精调

(1)使用全站仪分别照准至少 8 个 CPⅢ棱镜进行设站,建站精度为 0.7 mm。精调前利用标准标架对另外 3 个标架进行检校,满足 1 mm 精度要求。

(2)精调标架采用轨道板扣件预埋套管定位结构形式并采用与之配套的精调处理软件。精调前,将 1 号和 6 号,2 号和 5 号标架底脚放置于待调轨道板板端向内数第 2 个承轨台的扣件预埋套管内,将 3 号和 4 号标架放置在前一块已调整到位的轨道板向内数第 2 个承轨台上。测量过程中,全站仪的位置与 1 号标架间距控制在 6～40 m 范围,超过此范围时宜重新设站。全站仪与精调标架布设位置如图 5 所示。

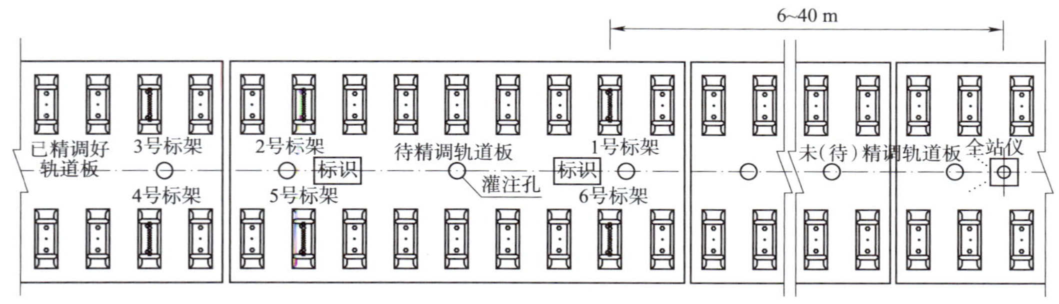

图 5　轨道板精调设备布置

(3)先调整高程,后调整平面位置。4 个精调爪位置各配置 1 名操作人员。通过精调爪三维移动进行轨道板位置调整。调整高程时注意避免单个精调爪受力,调整平面时作业两侧须同向调整，直至满足精度要求。

(4)每块板精调完成后，采用压紧锁定装置进行锁定。按照每块轨道板不少于5道，曲线段防侧移装置5道的标准设置。

2)压紧装置安装

防上浮装置设置要求：一块轨道板安装5道压紧装置。防上浮装置采用14号槽钢做扁担梁，通过对拉螺栓与底座预埋PVC管内的销钉(钢筋)连接，钢筋外露不宜过长，一般在5～10 cm。精调完成后，将压紧装置放到对应位置用对拉螺栓和底座侧面打入的钢筋将轨道板压紧。防偏移装置：曲线段防侧移装置由压紧装置加槽钢改进而成，曲线外侧通过螺栓固定在底座板侧面上，内侧通过螺栓固定在轨道板上(图6、图7)。

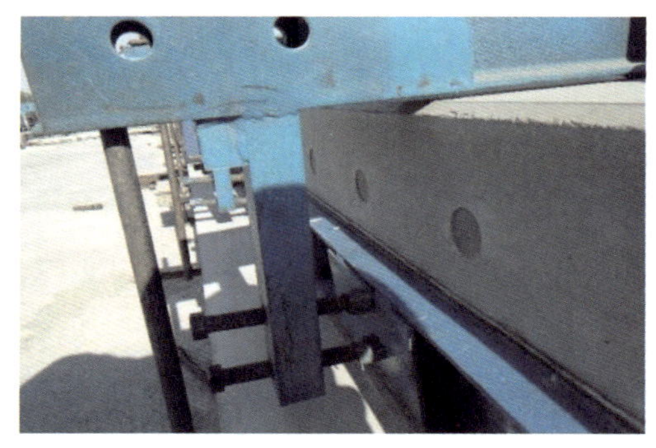

图6　防上浮装置安装现场

图7　防偏移装置安装现场

6. 自密实混凝土模板安装

模板封边装置采用5 mm厚14 cm高钢板分8块加工，在模板内边粘贴透气模板布以利于自密实混凝土的排气和拆模后混凝土表面平整。在轨道板横向模板的端头各预留一个(每个角一个，共四个)排气孔，大小为120 mm×40 mm。

7. 轨道板复测

压紧完成后要再进行一次精调测量，满足精度要求后，进行下步工序施工。

8. 自密实混凝土灌注

灌注方式：采用灌注料斗从轨道板中间灌注孔灌注的方式，检查孔加设防溢管，以免混凝土溢出污染轨道面。

灌注速度：灌注要按照“慢快慢”的方式控制灌注速度，每块板的灌注时间直线板6～10 min，曲线板8～12 min；单块轨道板下自密实混凝土的灌注应连续进行，一次灌注成型，禁止在灌浆过程中对精调后的轨道板产生扰动。

入模温度：自密实混凝土入模温度控制在5～30 ℃，入模前模板和模腔温度不得超过40 ℃。

终灌条件：排气孔出浆应连续均匀，出浆状态与入模前浆体状态一致时可对排气孔进行封堵。

使用轨道板位移监测系统(图 8),在自密实混凝土灌注过程中,监测轨道板的上浮和侧移。使用过程中无需调零,一键启动,采用三色灯分段提醒和预警,并实时显示上浮值,自动记录数据。

图 8 轨道板位移监测装置

9. 灌注孔、观察孔封闭

轨道板灌浆孔、检查孔的自密实混凝土灌注后的顶面应高出轨道板底 50 mm 以上,在自密实混凝土凝固前,插入 1 个 T 形钢筋。轨道板灌浆口采用自密实混凝土,自密实混凝土应加强养护,成型后打磨成圆形,外形美观,顶面应高出轨道板顶面 5~8 mm,直径比轨道板灌注孔直径大 5~10 mm,表面不积水。

10. 拆模及养生

(1)在自密实混凝土达到终凝后方能拆除压紧装置,夏季一般为 8~10 h,气温较低时宜适当延长,以 20 h 左右为宜。混凝土拆模前强度不小于 10 MPa,且带模养护不少于 3 d。

(2)自密实混凝土拆模后使用高分子节水养护膜及时对混凝土表面进行养护,自密实混凝土养护时间不得少于 14 d。

(3)高分子节水养护膜(图 9)铺设完成后,养护水被高分子材料吸收,为固态水,始终能保持养护面湿润但又无液态游离水,能有效平缓昼夜温差,有效降低混凝土内部温度及湿度梯差,有效抑制微裂缝产生,有效延长混凝土碳化时间,养生面干净整洁形象好,铺设后基本无需打理,省工省心,养护面颜色呈青灰色,无浮砂。产品无毒无害,为环境友好型。

11. 轨道板精调复测

在自密实混凝土灌注完成,拆除封边压紧装置后应及时对轨道板灌注后的状态进行复测,自密实混凝土灌注后轨道板位置允许偏差满足规范要求。

图 9　高分子节水养护膜

4.3.6　质量控制

1. 质量控制标准

无砟轨道自密实层混凝土施工按照以下标准要求进行控制：

(1)《高速铁路轨道工程施工技术规程》(Q/CR 9605—2017)。

(2)《高速铁路 CRTSⅢ型板式无砟轨道自密实混凝土》(Q/CR 596—2017)。

(3)《高速铁路 CRTSⅢ型板式无砟轨道隔离层用土工布》(Q/CR 658—2018)。

(4)《高速铁路轨道工程施工质量验收标准》(TB10754—2018)。

(5)《高速铁路工程测量规范》(TB 10601—2009)。

2. 质量保证措施

(1)自密实混凝土所选用原材料要确保稳定性，及时备料。

(2)混凝土运输罐车确保浇筑工作连续进行，且运输能力与混凝土搅拌机的搅拌能力相匹配。

(3)运输过程应快捷、方便，尽量减少混凝土的转载次数和运输时间。

(4)现场施工质量控制措施：

①模板定位准确，安装牢固、平顺、接缝严密，做到不跑模，不漏浆。

②每一段内土工布要连续铺设，一块轨道板下的隔离层土工布不允许搭接、缝接。铺设时采用方管压着进行，做到土工布与底座面密贴平整，表面无褶皱、无破损，边沿无翘起、空鼓。

③自密实混凝土从拌制运抵现场后，经现场试验检测自密实混凝土温度、坍落扩展度、扩展时间 T_{500}、含气量和泌水情况等拌和物性能，满足规范要求后方可灌注。

④自密实混凝土拆模后，在自密实混凝土四周用高分子节水保湿养护膜进行养生。

4.3.7 安全环保措施

(1)收集的各种固体废弃物必须按照相关规定进行处理或统一运输到指定位置,避免洒落在污染周边环境。

(2)在冲洗桥面或养护混凝土的过程中,避免施工用水对周边环境的污染。

(3)自密实层混凝土施工机械在施工或修理过程中必须加强油料管理,避免洒落,污染桥面且进行必要的回收处理。

(4)混凝土等材料运输过程中注意便道要洒水,避免扬尘。

4.3.8 工程实例与效益分析

1. 工程实例

京唐铁路站前7标管段内CRTSⅢ型板式无砟轨道设计时速为350 km,共36铺轨公里,铺设轨道板型号为P5600、P4925、P4856、P3710四种,共铺设轨道板6 688块。无砟轨道自2019年8月开始施工,2022年5月施工结束,项目在施工中通过工艺创新、“小改小革”提升了自密实混凝土施工质量,受到了业主和监理单位的一致好评,国铁集团组织相关单位多次进行观摩交流,取得了很好的社会效益。

施工现场如图10～图12所示。

图10 嵌缝施工

图11 自密实混凝土灌注

图12 轨道板成品

2. 经济效益分析

轨道板采用位移监测装置和传统百分表监测相比，节省人工 3 人，共节约费用约 27 600 元。同时杜绝了由于位移超限引起后期揭板问题。费用对比如图 13 所示。

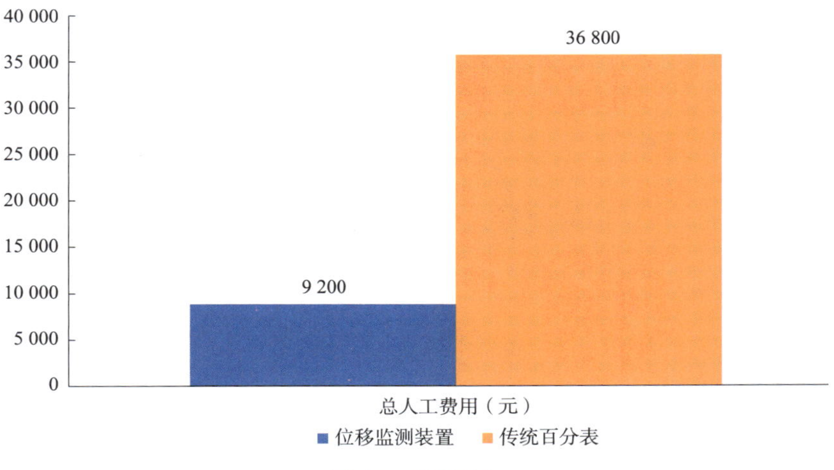

图 13　费用对比

使用高分子节水养护膜养护方式和塑料薄膜加养护剂养护方式相比，每平米节约 5.03 元，本标段共计节约 5.05 万元。养护费用对比如图 14 所示。

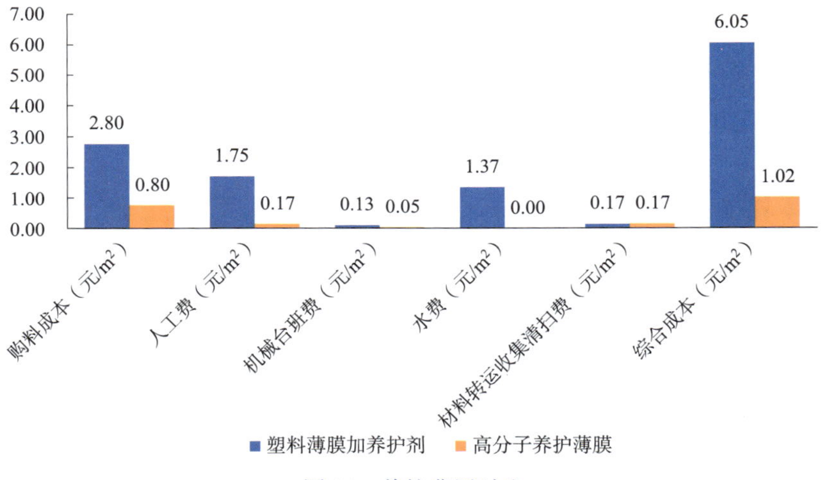

图 14　养护费用对比

以每个作业面为例，轨道板铺设使用租赁的双臂门式起重机和汽车起重机相比，节约费用 10.14 万元。机械费用对比如图 15 所示。

3. 工期效益分析

双悬臂门式起重机铺设轨道板每天铺设 48 块，汽车起重机铺设轨道板每天铺设 36 块，双悬臂门式起重机铺板共节约了工期 30 d。工期对比如图 16 所示。

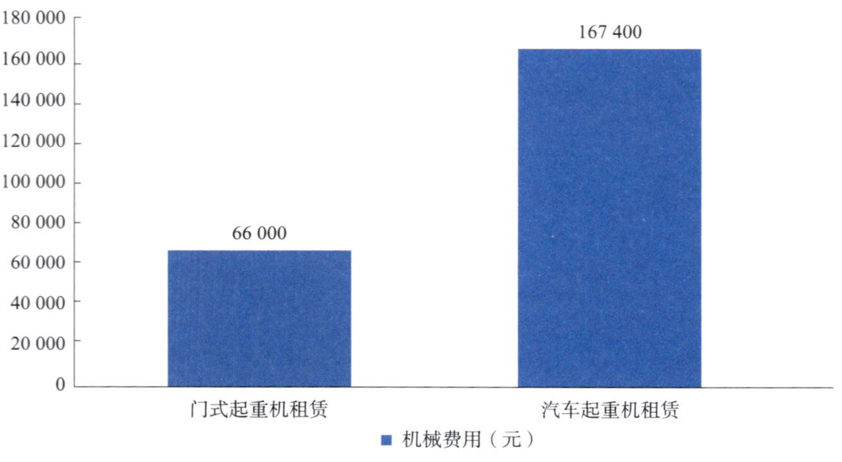

图 15　机械费用对比

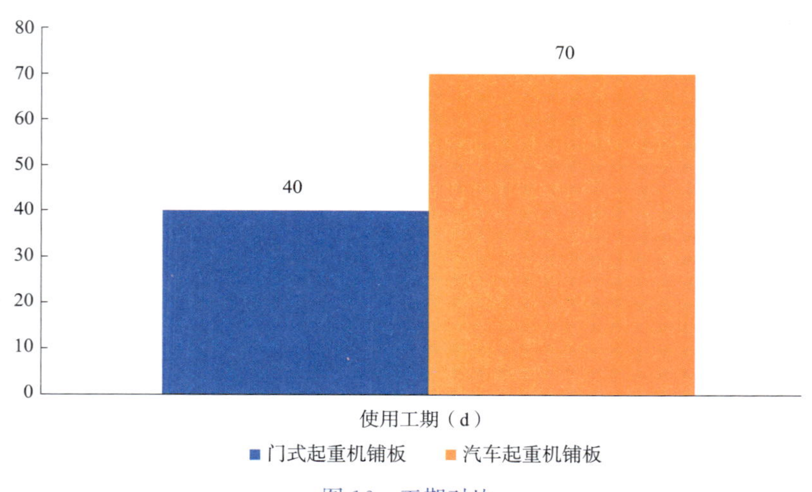

图 16　工期对比

参编单位：中铁四局集团有限公司
参编人员：辛承业、刘聪聪

第5章　房屋建筑

5.1　桥下站钢网架顶升施工工艺

在高铁站房建设过程中，为有效利用既有空间，通常会将站房设置于桥梁下方，由于桥下空间有限，臂式起重设备无法有效伸展，常规吊装方法难以实施。中铁四局站房二标在通过对京唐铁路宝坻站桥下候车厅钢网架结构的施工经验，总结出了钢网架整体顶升施工工艺，该工艺具有可操作性强、针对性强、施工速度快、安全性高等特点，满足了工程质量和工期等各项要求，具有较强的应用与推广价值。

京唐铁路宝坻站候车厅位于铁路桥梁下，屋面采用钢网架结构，平面尺寸 76.2 m×104.8 m，总质量约为 413 t。整个屋盖由 3 块网架组成，各块长度均为 104.8 m，跨度分别为 20.25 m、29.7 m、20.25 m(图 1)。网架采用全焊接球节点。桥梁底距离地面高度约 11 m，钢网架上弦杆距桥底面高度约 1.6 m(图 2)。

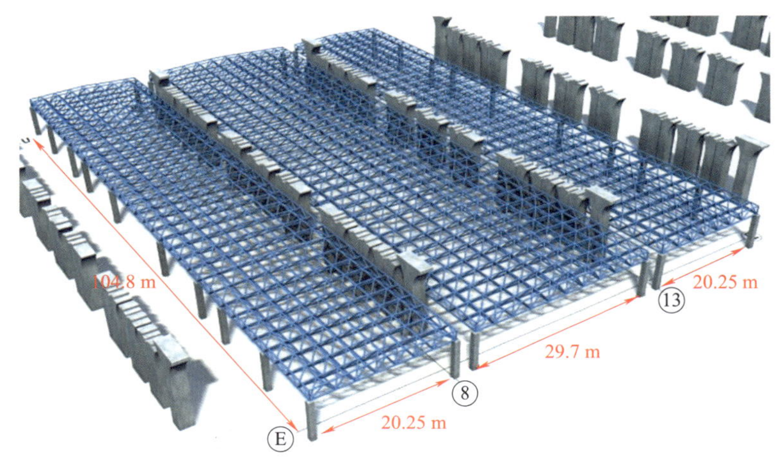

图 1　宝坻站候车大厅屋面钢结构示意图

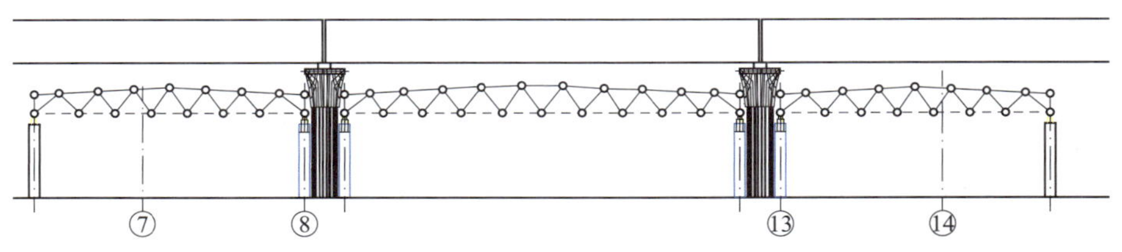

图 2　宝坻站候车大厅屋面钢结构剖面图

5.1.1 工艺(工法)简介

钢网架上弦杆距桥底面高度约 1.6 m,不具备悬臂起重设备吊装条件,无法选用整体吊装和空中散拼施工工艺;采用液压顶推滑移施工工艺,可在南广场空地上预留操作场地,搭设施工平台,进行滑移轨道布置与铺设;采用整体顶升施工工艺,可在地面原位拼装,多台顶升设备同步整体顶升,相对液压顶推滑移施工工艺可减少在南广场搭设施工平台及滑移过程,具有工期短,成本低且安全性更高的特点,施工工艺对比见表 1。

表 1 施工工艺对比

序号	施工工艺	安全性	工 期	成 本	备 注
1	整体吊装	—	—	—	工况不具备
2	空中散拼	—	—	—	工况不具备
3	液压顶推滑移	可控	长	高	工况具备
4	整体顶升	高	短	低	工况具备

整体顶升施工工艺具有以下优点:①有效解决了网架安装时受空间影响的问题。②通过增加侧向导轨和揽风绳的措施,将网架固定在一定范围,有效减少了网架易发生侧向位移的问题。③采用液压同步顶升设备系统具有远程控制功能,电控同步、全自动操作的优点。在顶升过程中,任何一组油缸工作异常,系统自动切断供油,全体设备统一停止,有效保证了顶升的安全性。④大量拼装和焊接等工作可在地面完成,大幅度减少了高空作业,降低了工程的安全管理的难度,同时可提高拼装和焊接质量。⑤无需搭设脚手架做胎架或拼装平台,节约成本。⑥现场可以形成多点、多面流水作业,提高地面拼装效率,也利于控制安装精度。

通过建模计算原设计钢网架的受力工况及顶升钢结构的受力工况,进行部分杆件的替换。钢结构网架顶升作业采用地面原位拼装,通过液压同步顶升设备系统将已拼装完成的钢结构网架顶升至设计标高,再进行高空补杆焊接将网架与支座焊接在一起,最后卸载拆除顶升设备的工艺,达到钢网架安装的目的。

5.1.2 施工准备

施工前编制专项施工方案并通过专家论证评审,现场实施前组织项目管理人员和作业班组进行培训,下发技术交底和安全技术交底,对所有进场材料及设备进行检查验收,经监理工程师同意后方可进行施工,施工现场用电已准备完毕,施工前施工场地、人员、材料、机具已就位。

5.1.3 人员、材料与设备

劳动力组织与主要机具设备见表 2、表 3。

表 2 劳动力组织

序号	人员配置	职责分工	备 注
1	项目经理	负责总体协调工作	
2	项目总工	负责整体顶升过程中的技术问题	

续上表

序号	人员配置	职责分工	备　注
3	安全总监	负责现场安全工作	
4	生产副经理	负责具体组织施工协调	
5	安全员	负责现场安全工作，对现场安全进行管理、监督	2 名
6	施工人员	经过安全、技术培训统一上岗，进行顶升设备安装及顶升过程设备操作具体施工	16 名

表 3　主要机具设备

序号	设备名称	型号规格	数　量
1	顶升油缸	DS150	12
2	液压泵站		12
3	电子控制柜	同步控制型	1
4	油缸行程传感器		12
5	手拉葫芦	2 t	48
6	液压油管		若干
7	电控线		若干

5.1.4　工艺流程

施工工艺流程如图 3 所示。

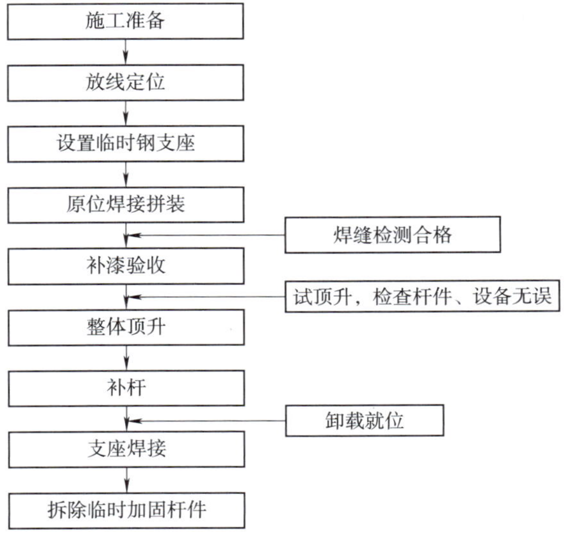

图 3　施工工艺流程

5.1.5 工艺方法及操作要点

1. 钢网架结构安装

钢网架结构安装流程见表 4。

表 4 钢网架结构安装流程

流程	1. 在地面进行网架原位拼装	2. 网架拼装完毕顶升前将檩条在地面安装完成	3. 布置顶升点和顶升支架，进行预顶升
图示	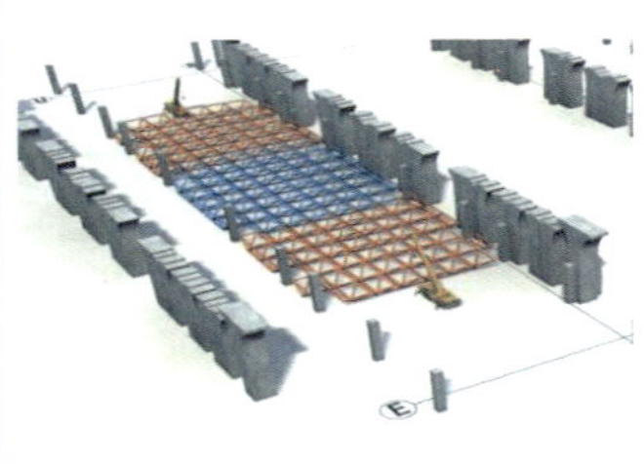	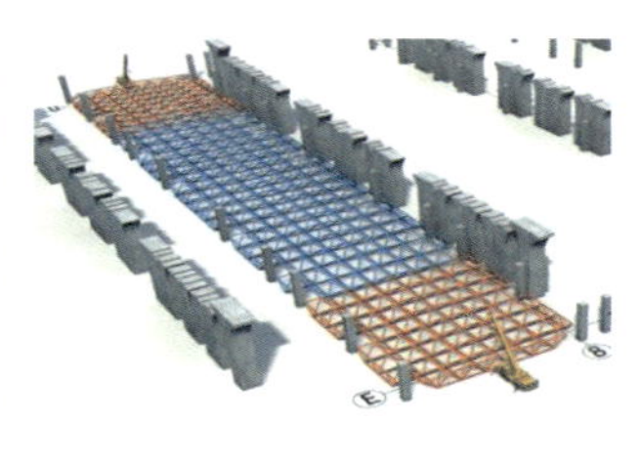	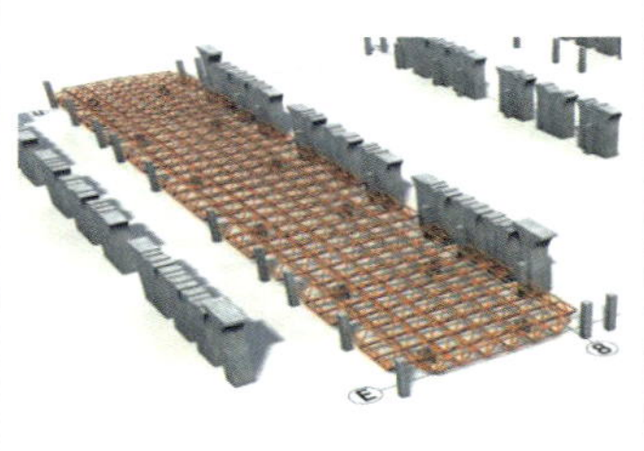
流程	4. 液压同步顶升网架至设计标高	5. 顶升到位后进行补杆，完成网架安装施工	6. 进行卸载，整体就位，拆除临时加固杆件
图示	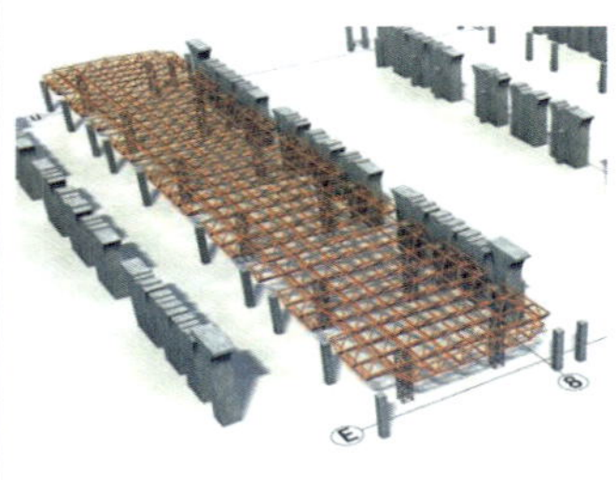	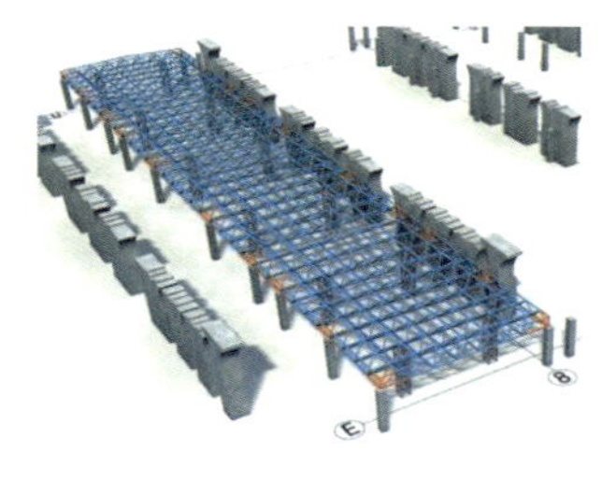	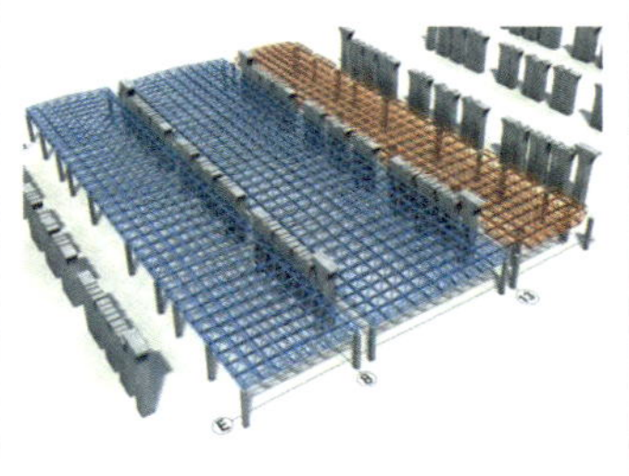

2. 整体钢网架结构顶升建模计算分析

根据设计图纸和现场最不利工况计算原则，需要对结构进行建模计算分析，主要对地基基础、临时支撑架及网架在安装顶升施工中的安全性进行计算，确保所有条件满足要求后方可实施。经计算分析：网架在顶升阶段最大合位移值为－11.889 mm；补杆阶段最大合位移值为－11.932 mm；卸载阶段最大合位移值为－19.912 mm。根据规范取其最大跨度 29.7 m 的 1/250 可得满荷载工况下最大挠度为 118.8 mm，满足施工要求及设计要求。顶升阶段合位移显示如图 4 所示。

3. 主要操作要点

顶升设备由总控制柜、液压同步顶升控制系统、液压油缸、液压千斤顶、顶升吊臂、顶升架组成。每片网架设置 12 套顶升设备，每个顶升设备额定起重量为 50 t，顶升架标准节的长度为 1 m。

选择候车大厅原位作为拼装场地，地基经动力触探检测承载力特征值 f_a>120.00 kPa，经验算最大轴心荷载作用下地基承载力为 96.96 kPa（小于 f_a）。对拼装场地进行硬化作为顶升架基础。

根据定位布置钢支座，网架拼装从中心往四周扩散拼装，焊接球及杆件采用二氧化碳气体保护半自动焊的焊接工艺现场拼装，所有焊缝经检测合格后，进行网架马道、屋面上弦檩

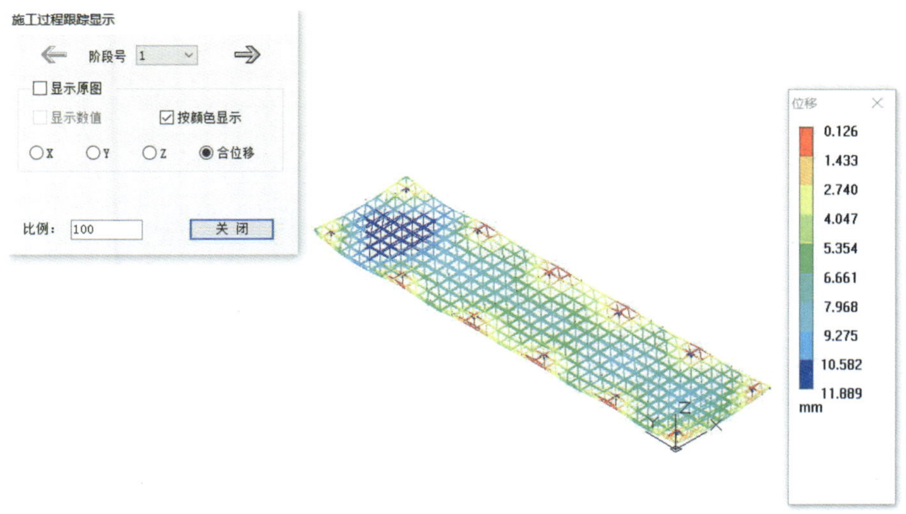

图 4　顶升阶段合位移显示

条、上弦节点支托、下弦节点吊顶支托的拼装与焊接、钢结构油漆等，并在四周安装限位临时装置如图 5 所示，同步安装顶升设备。

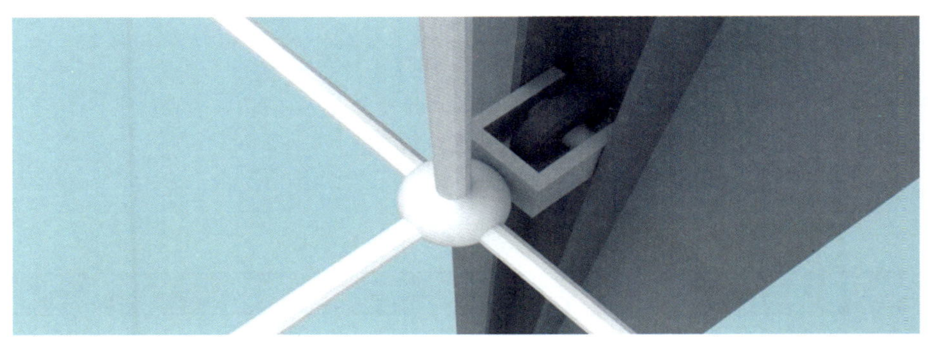

图 5　限位措施示意图

顶升开始并待网架离开支撑点 150 mm 时，应静载观测不小于 4 h，过程中派专人对网架进行检查，检查内容包括：顶升支架是否正常，有无严重的偏斜、网架杆件有无弯曲现象、顶点地面有无沉降等，并即时处理不正常情况。

无异常情况下，即开始正式顶升，每次顶升至顶升架下面的距离大于 1.0 m 后停止顶升，把一个标准节杆件及螺栓球从下部装在架体上，然后油缸回落，使架体平稳落在下面的钢板基座之后，油缸继续回落并取下顶升支架吊臂换到倒数第一个标准节上，继续进行下一循环，如此往复，将网架下弦球顶升至设计标高。

网架顶升至设计标高后，对网架支座处进行高空补杆焊接，采用升降车进行高空作业，并穿戴好安全帽、安全带等防护措施，补杆焊接前核对设计标高及位置无误后，开始嵌补杆件安装，按照先上后下的原则，先焊上弦杆，再焊斜腹杆，最后焊接下弦杆的顺序进行焊接施工，高空补杆如图 6 所示。

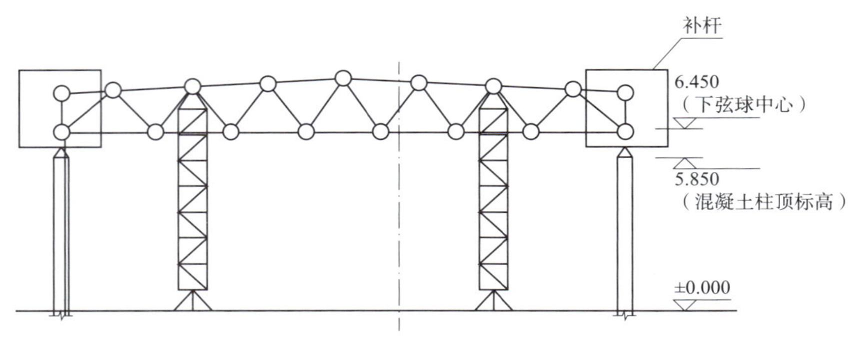

图 6　高空补杆示意图

柱头及周边网架完成安装，检测验收无误 24 h 后，进行整体网架卸载。卸载通过数控控制台十二个油缸同步完全受力，拆除顶升架体下方支墩，开始同步回缩油缸使网架平稳下落，下降高度以 20 mm 为一个单位，每下降 20 mm 停止卸载作业，观测网架位移及位置关系。下落至距离就位 20 mm，再次复核调整网架轴线坐标及支座位置，无误后再与支座接触，支座受力 30%、60%、100%分别进行观测，无异常情况后再进行网架与支座的焊接，完成全部顶升作业。

5.1.6　质量控制

1. 质量控制标准

网架顶升期间变形允许偏差不得大于跨度的 1/250。

网架顶升工装安装精度允许偏差见表 5。

表 5　网架顶升工装设备允许偏差

序号	项　　目	允许偏差(mm)
1	油压千斤顶安装轴线偏差控制	±5.0
2	顶升架上弦固定锚盘尺寸偏差	±5.0
3	顶升瞬间调整偏差	±3.0
4	控制轴线综合偏差	±5.0

小拼单元组装的允许偏差应符合表 6 的规定。

表 6　小拼单元的允许偏差

序号	项　　目	允许偏差(mm)
1	支座中心偏移	2.0
2	焊接支座节点与构件中心线的偏移	1.0
3	杆件轴线的弯曲矢高	L_1/1 000，且不应大于 5.0

注：L_1 为杆件长度。

中拼单元的允许偏差应符合表 7 的规定。

表 7 中拼单元的允许偏差

序号	项目	允许偏差(mm)	
1	单元长度≤20 m,拼接长度	单跨	±10.0
		多跨连续	±5.0
2	单元长度>20 m,拼接长度	单跨	±20.0
		多跨连续	±10.0

网架结构安装完成后,其安装的允许偏差应符合表 8 的规定。

表 8 钢网架结构安装的允许偏差

序号	项目	允许偏差(mm)
1	纵向、横向长度	$L/2\,000$,且不应大于 30.0 $-L/2\,000$,且不应小于−30.0
2	支座中心偏移	$L/3\,000$,且不应大于 30.0
3	网架相邻支座高差	$L_1/400$,且不应大于 15.0
4	支座最大高差	30.0

注:L 为纵向、横向长度;L_1 为相邻支座间距。

2. 质量控制措施

严格控制拼装轴线及标高精度,在拼装前,对所有搭设的支撑架的轴线及标高进行复测,确保拼装精度。

严格执行各道工序之间的交接工作,在拼装过程中执行自检、互检、交接检,每一道工序做到由专人负责。

顶升工装设备的安装按照钢结构施工质量验收规范中构件安装精度要求执行,对于特殊节点焊接必要时进行超声波探伤。

在顶升过程中对网架的变形进行实时监测,确保结构累积安全,分级卸载确保安装后的结构安全。

5.1.7 安全环保措施

作业人员应戴安全帽,高空作业人员应系安全带,穿防滑鞋,带工具袋,特殊工种要持证上岗,顶升及吊装工作区应设警戒线,并有明显标志,设专人警戒,与顶升及吊装无关人员严禁入内。现场用电要设专职电工,电缆的敷设要符合有关标准规定。

顶升过程中构件上严禁站人和放置材料、工具,与顶升无关人员严禁进入。高空作业施工人员应站在操作平台上工作,顶升区应设临时安全防护栏杆或采取其他安全措施防止无关人员进入。

现场安全设施齐备,设置牢靠,施工中加强安全信息反馈,不断消除施工过程中的事故隐患,使安全信息及时得到反馈。

顶升用的液压油、机油、柴油等必须按规定使用,不得随意乱涂或溢洒。液压设备底部必须做好防护措施，防止出现漏油污染结构或地面。

加强现场场容管理，现场保持整洁、干净，施工秩序良好，现场道路必须保证畅通无阻，保证物质材料顺利进退场。

5.1.8 工程实例与效益分析

宝坻站候车厅网架采用整体顶升的施工工艺，加快了施工进度，缩短施工工期，节约了成本，保障了安全和质量，取得了良好的进度效益和经济效益，具有较强的推广价值，为今后类似工程的施工提供了可参考的依据。宝坻站桥下候车大厅网架顶升如图 7 所示。

图 7　宝坻站桥下候车大厅网架顶升

1. 进度效益

该施工工艺采用原位拼装，节省了构件散拼所需要搭设胎架时间 16 d，加快了单项工程的施工进度，节省了施工总工期。

2. 经济效益

该施工工艺采用原位拼装、就地提升的技术工艺，减少搭设大型支撑体系，节省了大量支撑体系材料的搭设、租赁费用及人工费，节省了施工费用近 80 万元。

3. 社会效益

该工艺技术的应用，极大地提升了项目的进度，节约了成本、提高了施工质量，获得了业主及监理、监督站的高度评价。

参编单位：中铁四局集团有限公司

参编人员：苏旸、蒋刚明

5.2 人字形钢结构网架顶升施工工艺

随着建筑行业的不断发展，铁路站房大跨度空间屋面普遍采用钢网架结构，相对于钢筋混凝土结构，具有结构轻盈、施工快捷的特点，具有良好的经济社会效益。

京唐铁路大厂站站房屋面为人字形钢网架结构，相比一般网架结构较为复杂，人字形网架在自重影响下会产生较大水平张力，造成结构在安装过程中稳定性较差，钢结构安装较为困难。中铁电气化局集团京唐铁路站房三标针对本工程特点，科学分析，结合类似工程施工经验，经过方案比选，采用顶升的施工工艺进行钢结构网架的安装，采取有效技术措施，解决了顶升施工难题，提高了施工质量和工作效率，加快了施工进度，减少了施工安全隐患，取得较好的效果。大厂站网架平面及剖面如图 1 所示。

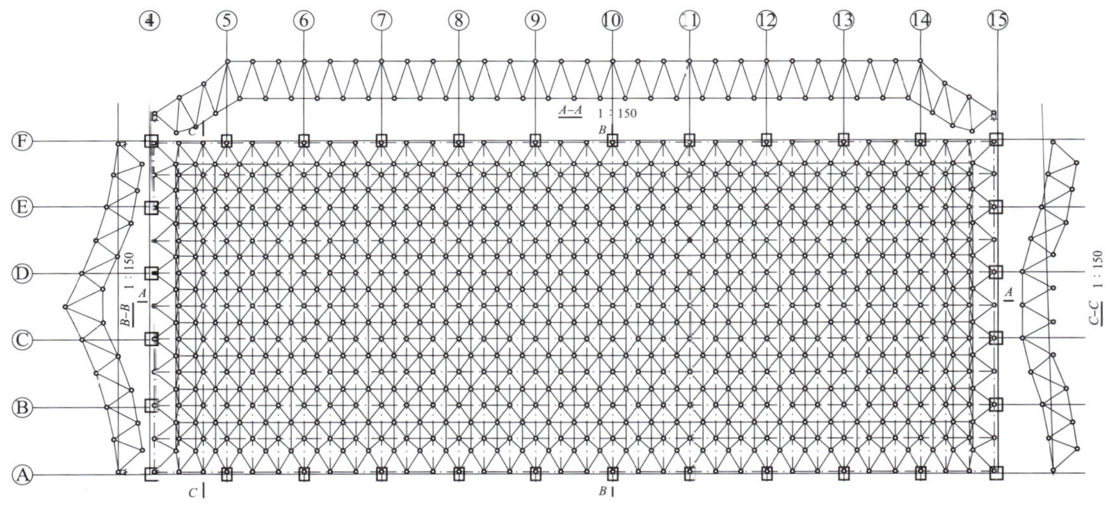

图 1 大厂站网架平面及剖面示意图

网架高度为 2 800～4 465 mm，网架平面尺寸为 98 m×39.9 m。网架质量 175 t，上部檩条质量约为 71 t，总计质量约为 246 t，考虑倒挂及措施材料，顶升重量按照 300 t 计算。支座高度 17.2 m，钢管选用 Q355B 材质。

5.2.1 工艺(工法)简介

大厂站站房屋盖结构采用焊接球节点正放四角锥网架体系，屋盖剖面呈人字形。根据屋盖结构特点、材质和构件尺寸、现场施工条件，采用现场拼装、整体顶升的施工工艺。

为减少屋盖体系后续的高空作业，如檩托、檩条、倒挂构件的焊接及安装，采取在地面与网架体系同步完成后再进行整体顶升的方案，提高了施工质量、施工进度，降低了施工安全隐患。

网架的结构呈人字形，受自重影响会产生较大的水平张力，通过在网架下弦增加紧固装置，以抵消网架水平内力，保证网架在顶升过程中变形可控。

在网架顶升过程中，采取在网架四角设置缆风绳、在混凝土柱设置限位导轨的方法，控制网架顶升过程中的侧向位移。

采用计算机辅助和数据无线传播技术，实现顶升过程中数据实时监测、同步顶升偏差可控。

5.2.2 施工准备

1. 技术准备

进行图纸会审，与建设单位、设计单位、监理单位充分沟通，了解设计意图，进行深化图纸设计。进行工厂和现场焊接工艺评定，确保工地的工艺条件满足施工工艺和设计要求。

2. 材料准备

钢构件材质须满足设计要求，化学成分及机械性能应符合有关规定，所有材料必须有产品合格证书。

钢材进厂时核验钢材的质保书，按规定对原材进行见证取样复试，合格后方可使用。

3. 现场准备

施工现场场地应平整，作业区域进行硬化处理，材料转运、吊装便利。

对顶升设备基础、钢网架预埋件进行验收，主要核查轴线、标高与平整度。可采用经纬仪、水准仪、水平尺和钢尺对其进行复核，对复测数据做好各项记录。

5.2.3 人员、材料与设备

劳动力组织见表1。

表1 劳动力组织

序号	人　员	数量(人)	备　注
1	生产经理	1	对施工现场的安全生产全面负责
2	技术员	1	解决现场作业出现的各项技术问题
3	测量员	2	放线、复核
4	施工员	3	施工现场管理
5	专职安全员	2	对施工现场安全进行巡查、监督
6	质检员	2	进行施工工序检查，对施工的质量负责
7	资料员	1	相关资料收集、整理，施工资料编制报检
8	劳务队管理人员	6	配合项目部管理人员对现场施工作业班组进行管理
9	倒运班组	3	现场材料倒运
10	拼装班组	15	加工场地网架拼装、临时固定
11	架子班组	4	现场上悬球支撑脚手架搭设
12	焊工	15	网架焊接

续上表

序号	人　　员	数量(人)	备　　注
13	起重工	2	吊装、材料倒运
14	电工	1	现场施工用电管理
15	文明施工班组	4	现场文明施工清理及维护
16	顶升班组	10	钢结构网架顶升

主要机具设备见表 2。

表 2　主要机具设备

序号	设备名称	型号规格	数量	备　　注
1	汽车起重机	25 t	2	
2	直流焊机	ZXE1-500	2	
3	CO_2 气体保护焊机	CPXS-500	10	
4	烘干箱	YGCH	1	
5	焊接保温桶	ZYH-15	若干	
6	千斤顶	5 t	5	
7	手拉葫芦	10THSZ-10	10	
8	砂轮切割机	380 mm	5	
9	对讲机	440～470	10	
10	活动扳手		若干	
11	顶升设备	65 t	20	根据顶升方案配置

主要检测设备见表 3。

表 3　主要检测设备

序号	仪器设备名称	型号规格	数　量
1	超声波探伤仪	EPOCH-Ⅲ2300	1
2	磁粉探伤仪	B301S	1
3	数字式测温仪	HY-302	1
4	漆膜测厚仪		1
5	全站仪		2
6	水平仪		2
7	经纬仪		2
8	激光测距仪		1

5.2.4　工艺流程

施工工艺流程如图 2 所示。

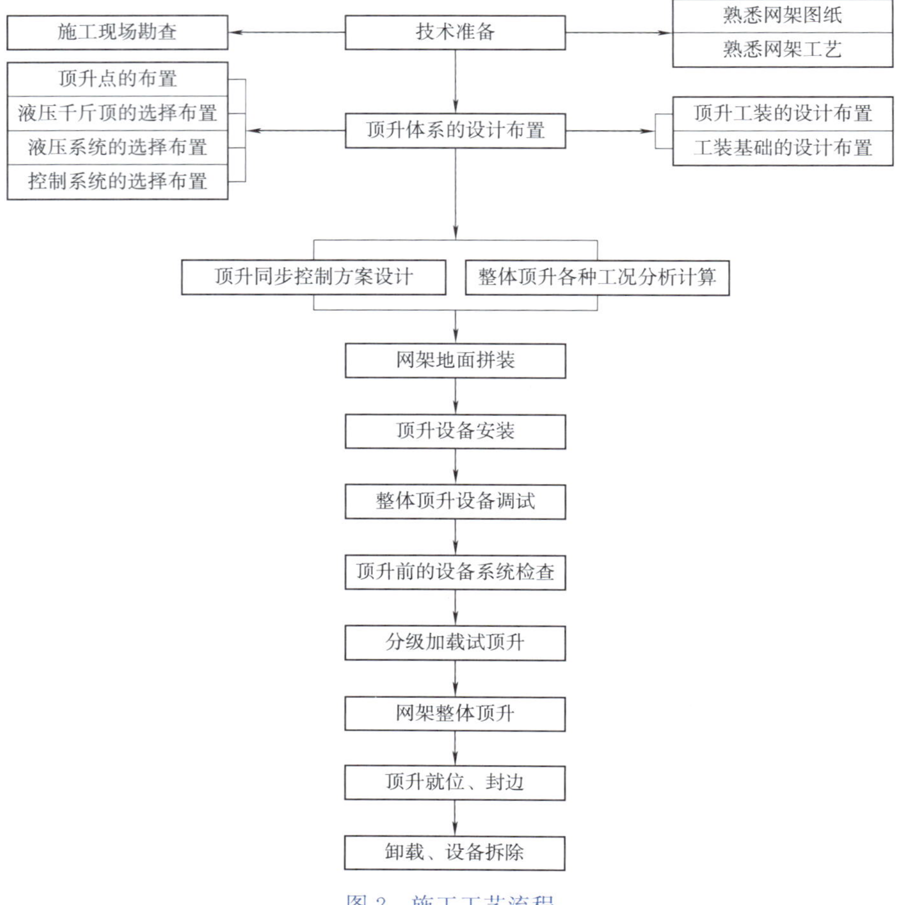

图 2　施工工艺流程

5.2.5　工艺方法与操作要点

1. 地面拼装

(1)测量定位:测设钢网架的中心线、周边控制线,控制钢网架安装的整体精度。以控制线为基准,在平台上测放出球节点中心线,如图 3 所示。

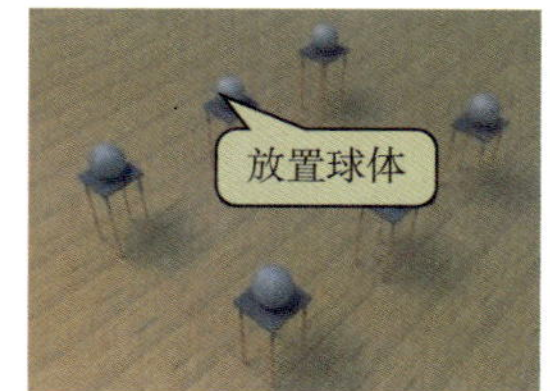

图 3　网架下弦节点定位

(2)组拼下弦球及杆件:依据测放出的球节点位置,采用节点球定位杆件的办法进行安装,如图 4 所示。

(3)组拼上弦球及杆件:搭设上弦焊接球定位支撑架,吊装上弦焊接球就位,同时安装斜腹杆,方法同下弦球及杆件组拼方法。

临时定位完成后,将杆件与上弦球及周边的下弦球点焊固定,并用手拉葫芦将小拼单元与脚手架拉牢,防止构件滑落,同时可对节点球进行微调,如图 5 所示。

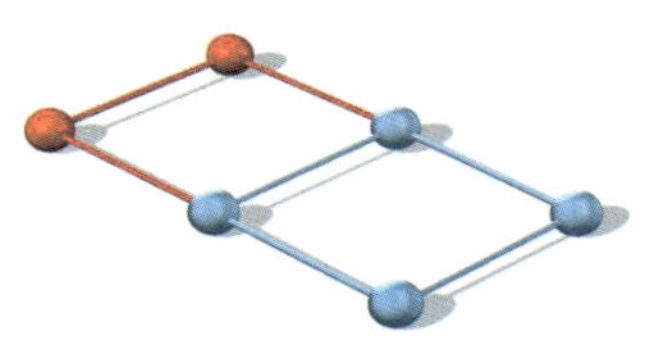

图 4　下弦组拼

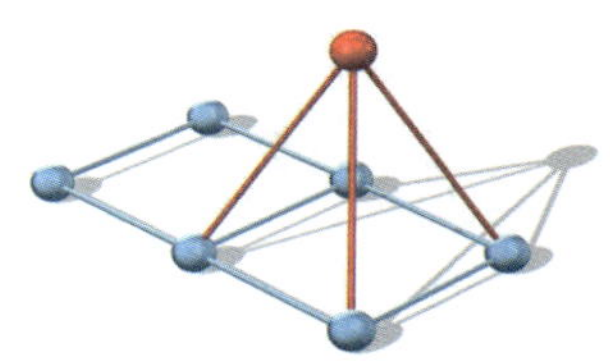

图 5　上弦节点组拼

(4)继续拼装上弦球:安装节点球与旁边的节点球之间的连接杆件,可采用塔式起重机或汽车起重机吊至操作平台上,然后采用手拉葫芦进行调节就位,满足要求后将杆件与球点焊固定,如图 6 所示。

(5)安装下一个网格,逐步向周边扩散,如图 7 所示。

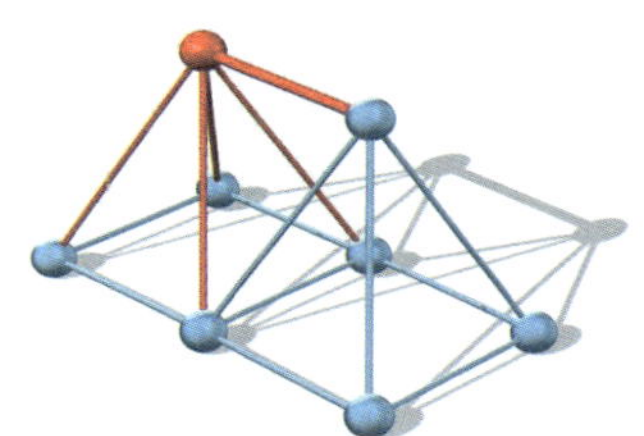

图 6　上弦节点、杆件组拼

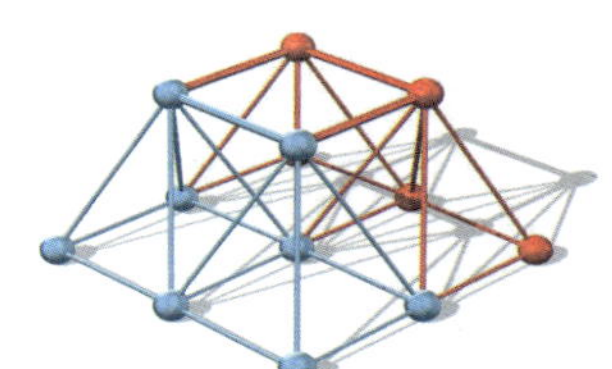

图 7　网架扩展组拼

当安装完成多个网格(一般为 4 个网格)后,可开始焊接施工,焊接顺序的选择应遵循以下原则:①收缩量大的焊接部位先焊,收缩量小的部位后焊;②采用对称焊法;③应便焊接过程中加热量平衡。

(6)焊接施工完毕后,对焊缝周边进行打磨处理,24 h 后采用超声波进行检测,检测合格后,对节点进行清洁处理,补涂底漆、中间漆。

2. 网架顶升

依据大厂站网架屋盖结构特点、材质和构件尺寸、现场施工条件、顶升工况内力计算,设置 20 个顶升点。顶升高度为 18.75 m,使用 20 个顶升支架,最后 27 cm 采用千斤顶进行调节。

顶升设备由千斤顶、泵站、标准节及电脑等组成,每顶升一个标准节为一个有效行程,一个有效行程有四个步骤,见表 4。

表 4　顶升一个标准节步骤

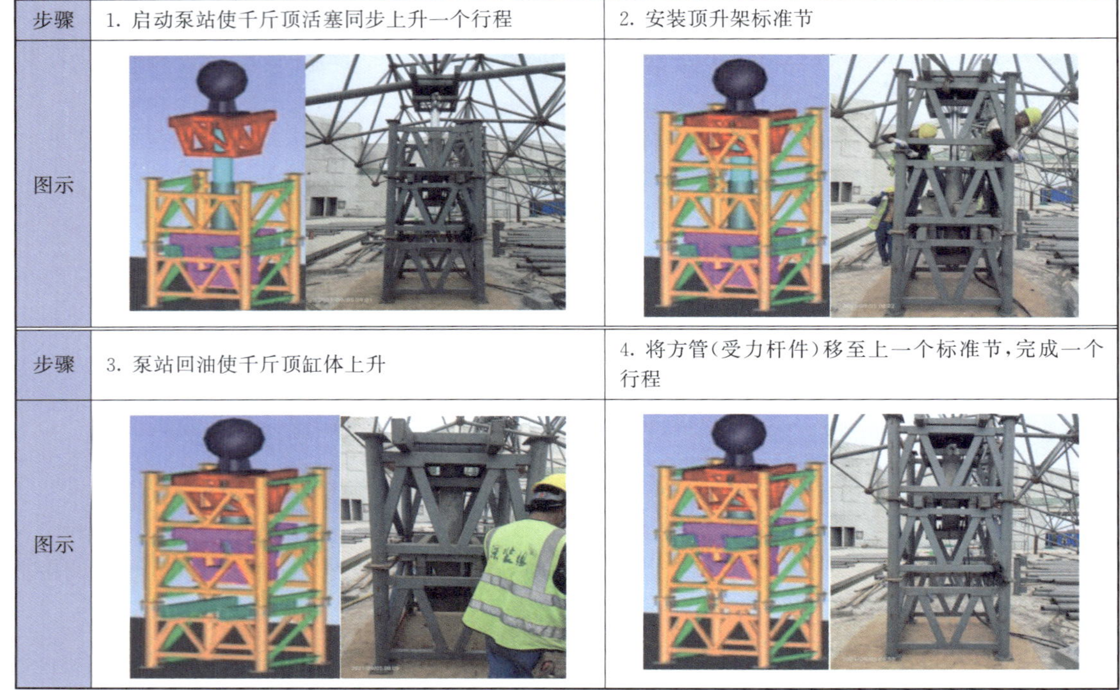

步骤	1. 启动泵站使千斤顶活塞同步上升一个行程	2. 安装顶升架标准节
图示		
步骤	3. 泵站回油使千斤顶缸体上升	4. 将方管(受力杆件)移至上一个标准节,完成一个行程
图示		

(1)试顶

试顶的目的:确定千斤顶的行程速度和压力的关系,即确定顶升速度及加速度;通过试顶确定每级顶升所需的时间;试顶完成后对各关键数据进行分析整理,为正式顶升的各项参数的确定提供依据。

开始试顶升时,液压顶升器伸缸压力应逐渐上调。

待网架支座离开地面 100 mm 时,应悬停 24 h,对网架进行检查。

确认一切正常后,再进行第二、第三步试顶升,第二、第三步每次顶升高度为一个顶升架标准节。第二、第三步试顶升结束,空中停滞 2 h,检查整个顶升系统的情况,包括顶升点受力、结构总质量、各点顶升高度等数据均反馈在计算机据库中。

(2)顶升

试顶升结束后,进行正式顶升工作。

顶升至 4 m 时做斜撑,顶升至 12 m 时,在 12 m 处增加一道缆风绳,以增加顶升支座的稳定性。

考虑预埋件安装误差及网架在顶升过程中网架变形,网架最终顶升高度比实际安装高度超高 50 mm。

3. 网架与支座焊接

顶升到达预定高度,网架四周拉设生命线,工人将安全带挂在生命线上,下方直臂车将人送到支座上方球的位置,焊接弦杆,用杆件将网架与支座焊接成为一个整体。

由于误差的存在,网架与支座连接不可能同时一次性到位,节点相对间距有大有小。调整方法:①网架支座下垫临时钢楔,对相邻节点标高进行微调;②网架卸载时每次下降高度为 10 mm，每次下降后部分网架可与支座进行焊接固定，网架逐级卸载，网架与支座逐渐全部焊接完毕。

4. 网架卸载

网架卸载过程是使屋盖网架缓慢协同空间受力的过程，此间，网架结构发生较大的内力重分布，并逐渐过渡到设计状态，针对不同结构和支承情况，确定合理的卸载顺序和正确的卸载措施，以确保网架安全落位。卸载原则：变形协调、卸载均衡，中间向四周、中心对称。

设备卸载在网架安装完成并验收合格后进行。设备卸载只是油缸卸载，顶升支架需在网架支座、杆件焊接全部完成后进行。一切就绪后，由电脑控制台统一协调 20 台液压千斤顶卸载，使顶升支架慢慢回落。在支座没有完全受力的情况下，液压顶升不应完全卸压。卸载速度控制在≤3 mm/min，保持整体下降稳定性。

卸载步骤：

第 1 步：先将节点降下 10 mm，观察该节点受力情况及周围临时支撑点变形情况，情况良好继续下降。

第 2 步：第一步成功完成后，可参照第 1 步的经验及标准，进行其他步段的卸载操作。

第 3 步：最后一步卸载有可能也是变形最大的一步，卸载下降设计值根据结构施工起拱值进行确定。

第 4 步：液压油泵不再受力，钢网架结构自重荷载完全转移到柱顶支座上，结构受力形式转化为设计工况。

第 5 步：卸载完毕后，拆除顶升临时设备。

5.2.6 质量控制

1. 质量控制技术措施

(1)水平张力控制措施

依据顶升工况下内力计算，为抵消人字形网架水平张力，采用 ϕ20 钢丝绳作为紧固装置，用 10 t 倒链对拉拉紧，消除其水平力，增加网架的稳定性，如图 8、图 9 所示。

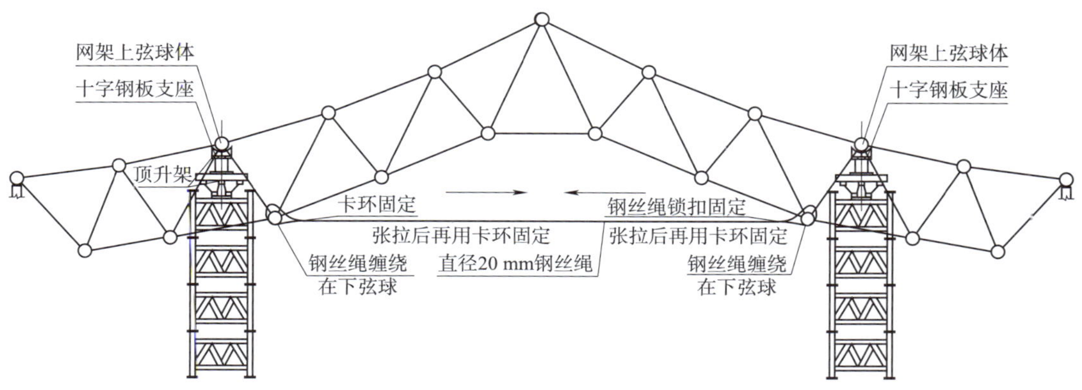

图 8 紧固装置示意图

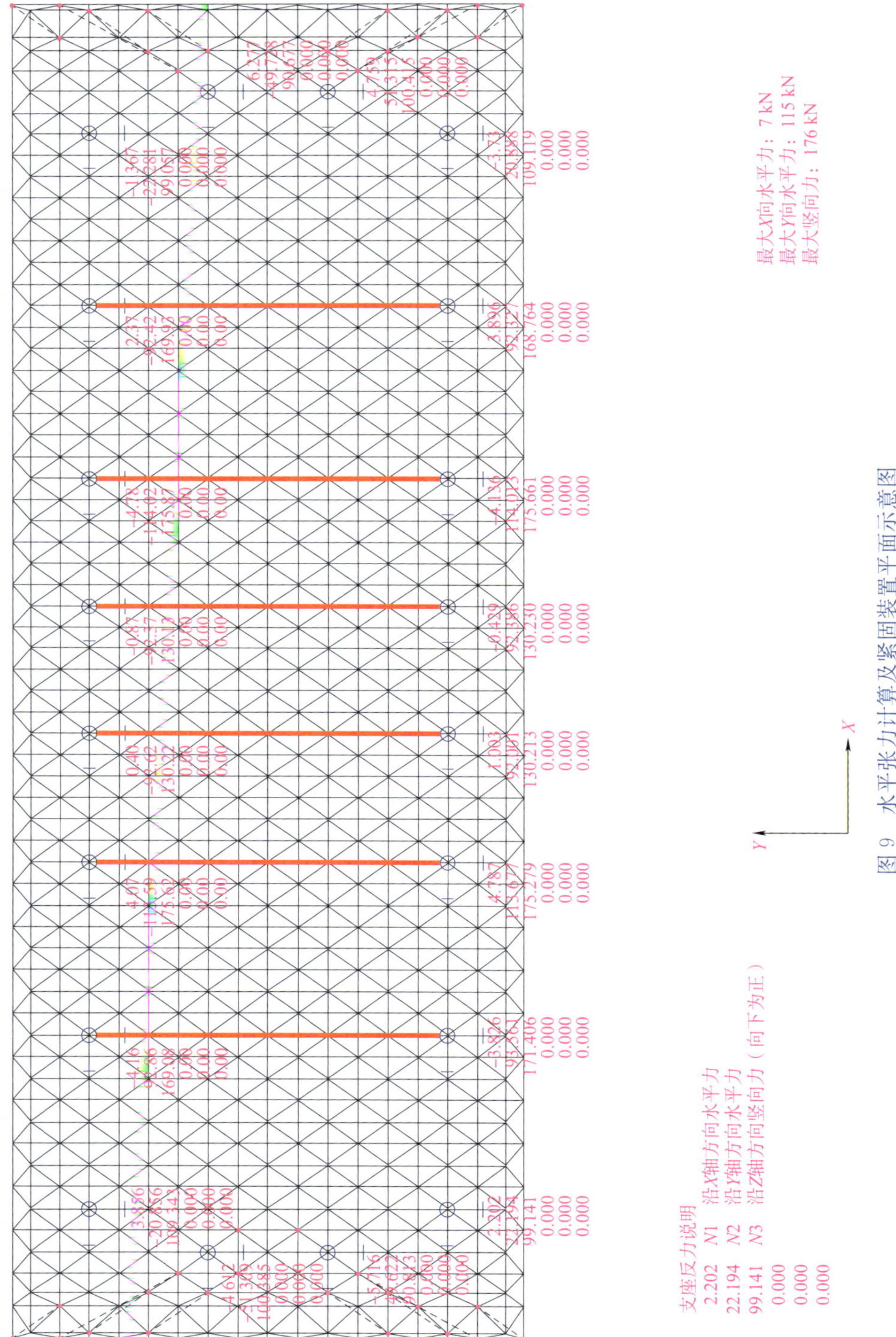

图 9 水平张力计算及紧固装置平面示意图

钢丝绳承受的拉力，使用张力测试仪进行检测。

拆除支撑架前、试顶前，以及顶升到 9 m 和 16 m 时进行检测。检测实际拉力值与计算值进行对比，若差别超出 20%，应重新复核或采取调整措施，保证钢丝绳承受的拉力在其安全性能范围内。

图 10　人字形网架水平紧固装置

(2)侧向位移控制措施

措施 1：网架顶升过程中，为防止大风及顶升基础沉降造成网架水平方向移位，在网架四角设置缆风绳，随着网架顶升的升高，缆风绳应紧随，如图 11、图 12 所示。由于钢丝绳长度受限，顶升时要随时调整松紧，还要测量配合防止移位，采用人工用倒链调节。

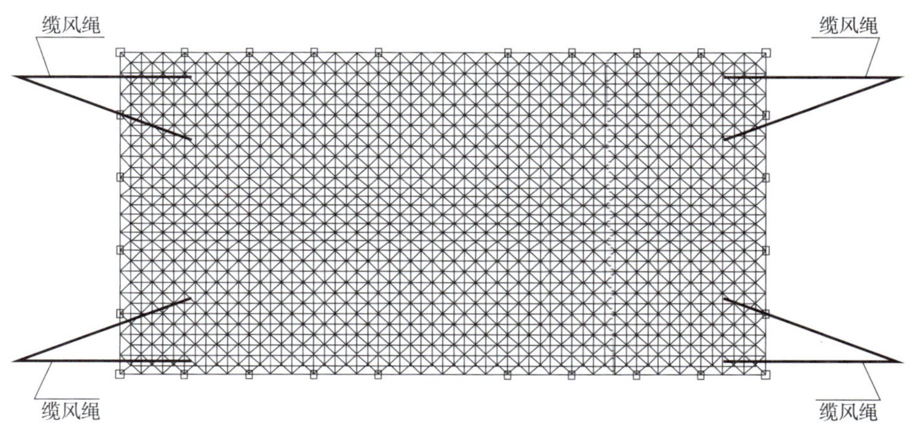

图 11　网架限位平面示意图

措施 2：同时在混凝土柱上增加导轨，通过钢管将网架限制在一定范围内不产生位移，导轨与缆风绳同时设置，双控位移，如图 13、图 14 所示。

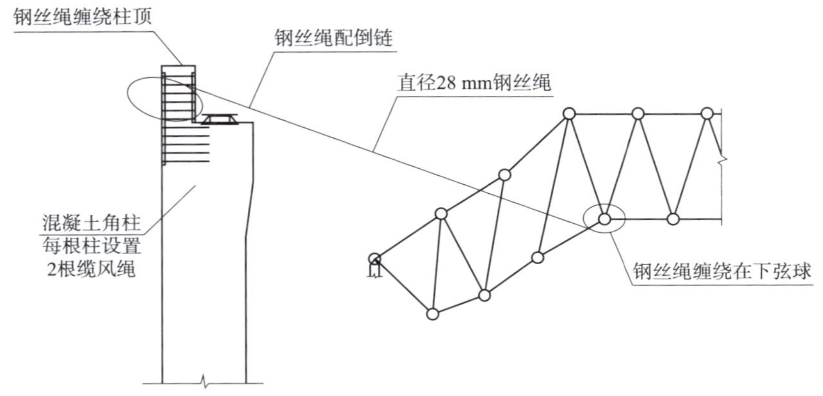

图 12　网架限位剖面示意图

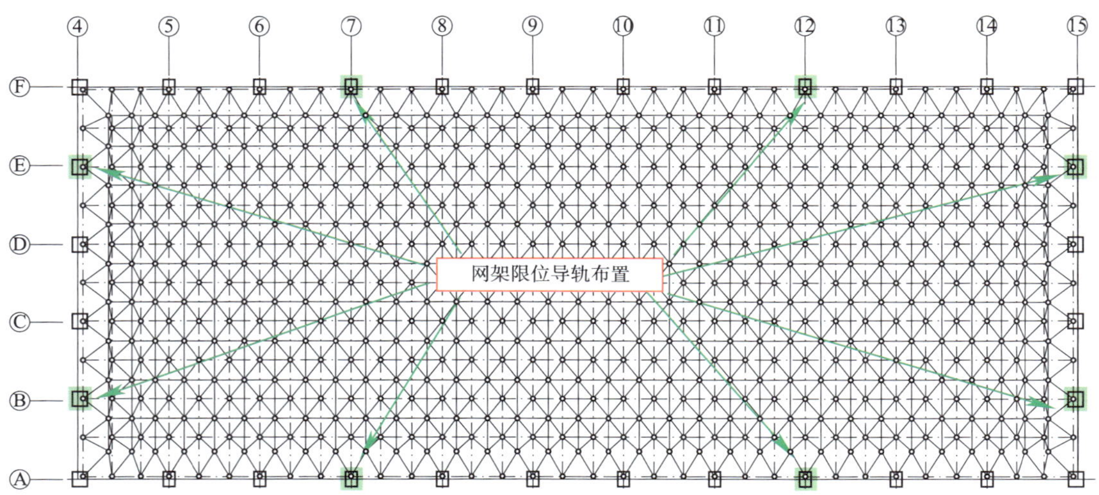

图 13　限位导轨平面布置图

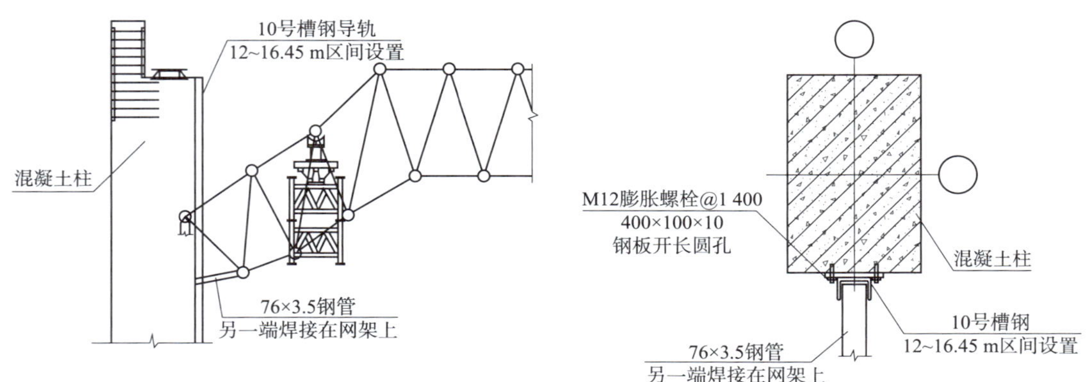

图 14　限位导轨剖面及详图

(3)挠度监测技术措施

设置高程基准点,将该基准点投放到混凝土柱上。在顶升点焊接球上设置观测点,同时在被顶升网架的中部网架挠度变形较大的下弦球设置观测点,如图 15 所示。

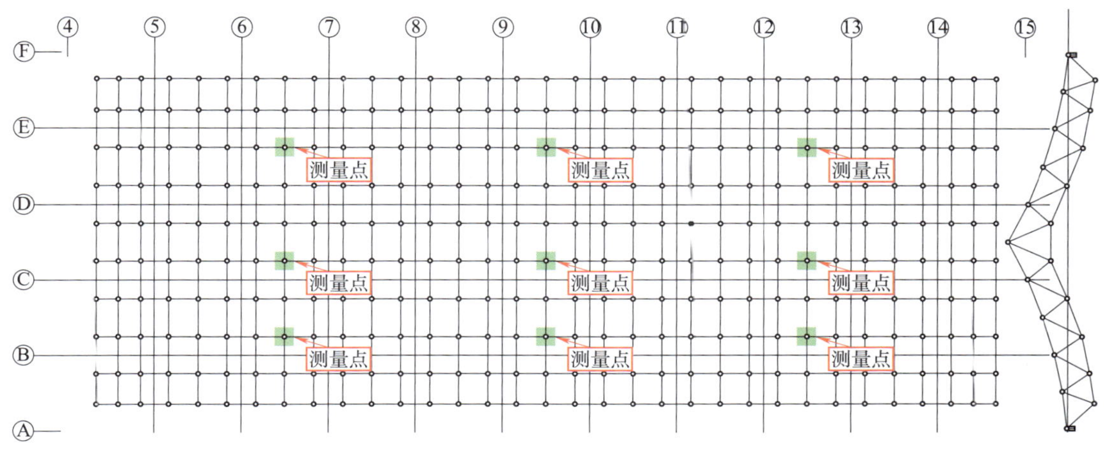

图 15 网架挠度观测点布置

网架顶升前测量各观测点的标高,并做好记录。

采用全站仪、激光反射贴片直接观测的方法,对测设的数据进行分析,如网架挠度超限,应在网架顶升前进行处理。处理方案应经设计同意。主要方法包括局部顶升、构件加强等措施。

(4)网架顶升同步性控制技术措施

采用无线数据传输技术,通过顶升操控台对顶升设备的油泵压力、顶升速率、顶升高程、高差监测、超限报警等进行实时监测,并实现远程控制。

液压千斤顶的控制,当遇到某顶升点实际顶升力有超出设定值趋势时,操控平台自动发出指令采取溢流卸载,使得该顶升点顶升反力控制在设定值之内。

空中停留的稳定性控制,通过液压顶升器的机械和液压自锁装置,保证顶升过程中能够长时间的在空中停留。

通过操控台,远程监测顶升设备高程,当顶升点间高差超过预设值时,系统自动调整油泵工作压力和行程,实现 20 个顶升点同步顶升。

2. 质量控制要求

(1)网架拼装精度要求见表 5～表 7。

表 5 小拼单元允许偏差

序号	项 目	允许偏差(mm)
1	支座中心偏移	2.0
2	焊接支座节点与构件中心线的偏移	1.0
3	杆件轴线的弯曲矢高	L_1/1 000,且不应大于 5.0

注:L_1 为杆件长度。

表 6　中拼单元允许偏差

序号	项　　目		允许偏差(mm)
1	单元长度≤20 m,拼接长度	单跨	±10.0
		多跨连续	±5.0
2	单元长度>20 m,拼接长度	单跨	±20.0
		多跨连续	±10.0

表 7　网架安装允许偏差

序号	项　　目	允许偏差(mm)
1	纵向、横向长度	L/2 000,且不应大于 30.0 $-L$/2 000,且不应小于$-$30.0
2	支座中心偏移	L/3 000,且不应大于 30.0
3	网架相邻支座高差	L_1/400,且不应大于 15.0
4	支座最大高差	30.0

注:L 为纵向、横向长度;L_1 为相邻支座间距。

(2)网架顶升工装安装精度允许偏差见表 8。

表 8　网架顶升工装安装精度允许偏差

序号	项　　目	允许偏差(mm)
1	油压千斤顶安装轴线偏差控制	±5.0
2	顶升架上弦固定锚盘尺寸偏差	±5.0
3	顶升瞬间调整偏差	±3.0
4	控制轴线综合偏差	±5.0

(3)顶升变形要求。网架顶升期间变形允许偏差不得大于跨度的 1/250。

5.2.7　安全环保措施

(1)顶升及吊装工作区设警戒线,并设指示标志,派专人警戒,与顶升及吊装无关人员严禁入内。

(2)起重机工作时,起重臂杆旋转半径范围内严禁站人或通过。

(3)运输、吊装、顶升过程中构件上严禁站人和放置材料、工具。

(4)严格执行起重吊装"十不吊"规定。

(5)现场设专人负责顶升设备和用电线路的安装、维护和管理。

(6)顶升设备使用前,做好设备的调试和试运转,确认正常运转后方可进行顶升作业。

(7)顶升用的液压设备,底部做好防护措施,防止出现漏油污染结构或地面。

(8)顶升用的液压油、机油、柴油等必须按规定使用,不得随意乱涂或溢洒。

(9)场地应整洁,无施工垃圾、无积水,垃圾集中、分类堆放,经处理后可运至环卫部门指定的垃圾堆放点。

5.2.8 工程实例与效益分析

1. 工程实例

京唐铁路大厂站站房候车大厅屋顶围护结构采用人字形网架，网架覆盖面积 3 910 m^2，采用焊接球节点正放四角锥网架体系；支撑形式采用上弦多点柱支撑，网架高度为 2 800～4 465 mm，网架平面尺寸为 98 m×39.9 m。大厂站候车大厅网架顶升作业如图 16 所示。

采用顶升安装施工的工艺，在顶升施工中，采取针对性强的技术措施解决了施工过程中的难题，提高了施工质量、加快了施工进度，减少了施工安全隐患，降低了施工成本，取得了良好的经济效益和社会效益，为钢结构安装施工积累了宝贵经验。

图 16 大厂站候车大厅网架顶升作业

2. 效益分析

(1)相对于空中散拼方案，节省了搭设胎架时间，提高了施工效率，加快了施工进度，节约工期 15 d。

(2)采用地面拼装、就地顶升的技术方案，减少搭设大型支撑体系，节省了支撑体系材料的搭设、租赁费用约 70 万元。

(3)采用顶升方案实现了檩托、檩条、倒挂构件与网架体系同步完成后再进行整体顶升的方案，提高了施工质量，减少了施工安全隐患，取得了较好的综合效果。

参编单位：中铁电气化局集团有限公司

参编人员：马江明、江铁铮

5.3 复杂空间桁架结构焊接施工工法

钢结构在建筑结构形式中逐渐占据主体位置，为了实现建筑物的使用功能、结构安全性能、外观造型等多方面的需求，传统的H形、箱型钢梁钢柱已经不能满足这些要求，钢结构的形式也向着多样化发展，一些异形截面钢构件，复杂的桁架类构件逐渐用于大型的工程中，其焊接技术就成为建筑形式及使用功能实现、结构安全性得以保证的关键技术。

唐山西站站房屋盖为钢桁架结构，其用钢量约556 t，桁架最大标高28.8 m，最大跨度57.5 m，屋盖结构外形尺寸201 m(长)×76.5 m(宽)，属于大跨度双曲桁架结构，该结构由主桁架、次桁架、檩条、H形钢梁等组合而成，主桁架采用空间倒三角形钢管结构体系，钢管之间采用直接相贯的焊接方法，该工程结构类型复杂，桁架焊接方式种类繁多，焊接难度和焊接量较大，管件下料难度大。本项目通过对焊接工艺研究，解决种类繁多管件下料、复杂相贯接口焊接，并总结形成本工法。

5.3.1 工艺(工法)简介

应用BIM技术解决杆件碰撞，复杂相贯接口优化设计，焊接方案确定。利用BIM模型在施工前对钢桁架施工进行预拼装，实现对钢桁架焊接、安装可视化，优化复杂相贯接口，通过BIM模型完成局部节点修改，由多管相贯接口优化为焊接球节点。

BIM建模解决桁架原材料下料问题，BIM与工厂加工工艺结合，通过计算机完成双曲桁架的弧度及角度计算，精准下料，减少管件返工。施工过程中通过建立BIM监测平台对钢桁架的焊接、杆件拼接节点等关键节点实现实时监控，保证钢构件焊接质量，保证桁架的安装质量和工艺水准。

对于复杂相贯节点焊接总结出了对称同时焊接、焊接补偿加热、远红外线预热后热等方法，达到最终对主次桁架以及相贯焊接变形起到有效的控制作用；经过深入分析研究，在采用上述焊接方法及补偿加热方法的同时，通过有效的测量检验方法证实，此工法对复杂相贯节点焊接施工变形控制起到有效的控制作用。

合理确定复杂相贯节点，钢结构的后焊接固定构件，如管桁架支座节点、桁架下弦杆吊点节点的焊接时间以减小压缩沉降差异对桁架焊缝内应力的影响。

5.3.2 施工准备

施工前编制专项施工方案并通过论证评审，现场实施前组织项目管理人员和作业班组进行培训并考核，下发技术交底和安全技术交底，对所有进场材料及设备进行检查验收，经监理工程师同意后方可进行施工，施工现场用电已准备完毕，施工前施工场地、人员、材料、机具已就位。

5.3.3 人员、材料与设备

1. 劳动力组织

劳动力组织见表1。

表 1　劳动力组织

序号	职　务	人数	职责分工
1	副经理	1	负责现场施工组织
2	技术员	1	负责技术管理
3	测量员	1	现场测量
4	质检员	1	质量监督
5	安全员	1	安全监督
6	试验员	2	试验检测
7	焊工	25	操作焊机焊接
8	普工	40	配合钢桁架施工

2. 主要材料

主要材料配置见表 2。

表 2　主要材料配置

材料名称	规　格	材　质	单　位	数量（暂定）
钢桁架	φ60×3.5、φ75.5×3.75、φ88.5×4、φ114×4、φ140×10、φ140×4、φ140×6、φ140×8、φ159×10、φ159×12、φ159×6、φ159×8、φ168×10、φ168×8、φ180×10、φ180×12、φ180×14、φ194×10、φ203×10、φ203×12、φ219×12、φ219×14、φ219×15、φ245×14、φ273×14、φ299×14。钢板厚度 25 mm、30 mm、50 mm、60 mm、70 mm	Q355B	t	556

3. 主要机具设备

等离子焊机，NBC-500 CO_2 保护焊机，远程计算机加热控制系统，经纬仪，全站仪，测温计，钢尺。

5.3.4　工艺流程

施工工艺流程如图 1 所示。

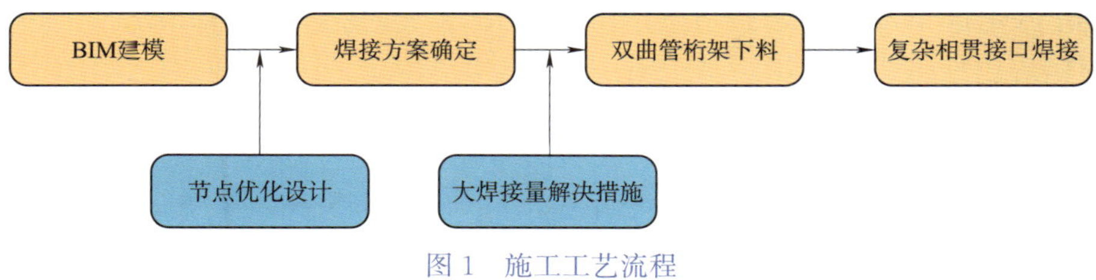

图 1　施工工艺流程

5.3.5　工艺方法与操作要点

1. BIM 建模

应用 BIM 模型在施工前对钢桁架施工进行预拼装，实现对钢桁架焊接、安装可视化，拼装前发现杆件是否碰撞、矛盾，各节点是否合理，杆件尺寸、规格是否满足要求。通过 BIM 技术修改局部节点，优化复杂相贯接口，对多管相贯接口优化设计，变更 48 处多管相贯接口为焊接球节点，并经设计验算确认(图 2、图 3)。

图 2　原节点

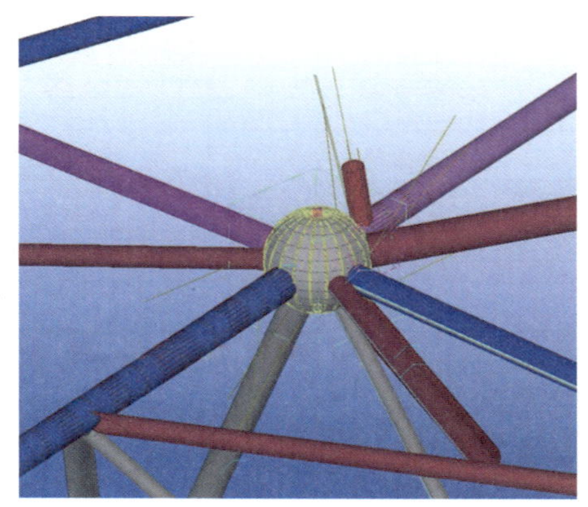

图 3　优化后节点

2. 焊接方案确定

对直径大的钢管对接焊，宜由 2 名焊工同时对称焊接，该焊接方法能够保证管各个面同时收缩，在减小各截面焊接变形收缩差异的同时，也为各个焊接面焊接应力的有效释放提供了条件，减小了焊接应力，从而有效地控制了钢管焊接变形与热裂纹现象的产生。

桁架斜腹杆与桁架主管相贯处多为斜立和斜仰位置焊接，需要在施焊之前组织焊工进行培训，以便总结出较成熟的焊接工艺，通过培训和附加考试合格的焊工方可进行进场作业，并将焊工培训及附加考试成熟的工艺制定成工艺卡。

3. 双曲管桁架下料及拼装

建立 BIM 模型解决桁架原材料下料问题，应用 BIM 技术与工厂加工工艺结合，运用计算机完成双曲桁架的弧度与角度计算，工厂精准下料，减少管件返工。

根据 BIM 模型在施工现场 1∶1 定位放线，制作桁架拼装胎架，严格核实胎架尺寸，核实主体混凝土结构尺寸及位置，根据现场实际点位，建立三维视图，与桁架 BIM 模型比对，无误后开始现场组装。

4. 大焊接量解决措施

针对现场焊接工程量大的特点，可根据工程具体需要，配备足够数量的焊工，在开工之前对现场典型复杂相贯接口、大直径厚管对接接口进行专项培训，进入现场的焊工对典型节点的焊接必须试焊，经检验合格后方可开始大面积焊接。

现场采用 CO_2 气体保护焊接，焊接效率高，焊接变形小。焊前预热和焊后后热保温采用远红外电加热技术，加热效率高、温度控制准确。采用计算机远红外电加热技术，可对复杂相贯截面多点多面同时进行加热，根据焊接工艺评定中的焊前温度计算，设置加热温度对焊接部位进行预热，且在焊接过程中自动控制层间温度，保证了施工质量。

5. 复杂相贯接口焊接

因杆件种类与数量多，规范杆件坡口打磨的标准，减少在施工现场进行人工坡口打磨的工作量，强化杆件焊接质量，在工厂加工杆件时完成坡口打磨，并形成坡口保护。

针对桁架斜腹杆与弦杆连接，设计优化时将该位置坡口朝向斜腹杆外侧，腹杆与下弦杆焊接为平焊，与上弦杆的焊接为仰焊。

针对这些特殊位置的焊接，需在焊接工艺评定的基础上，根据焊工大多自左向右焊接的操作习惯，通过分析，将焊枪与焊接面沿焊道方向及垂直于焊道方向均控制在80°～90°，能增加焊接熔池在焊道内附着能力，减少焊道内未熔合及夹渣等缺陷，获得较高的焊接质量，且对于斜向位置的焊接采用焊缝成型更好的THY51-B氧化钛型CO_2气体保护药芯焊丝，在焊接过程中保持中速焊接，并在焊后进行焊缝无损检测，保证焊缝质量。

5.3.6 质量控制

1. 有针对性的焊工附加考试

针对结构形式及节点形式复杂，焊接量大，焊接要求高的特点，作业焊工必须通过焊工附加考试，并在施工现场对典型节点焊接试焊，经检验合格后方可正式进场大面积焊接。对钢结构现场焊工操作水平情况和现场实际情况分析之后，在钢构件正式施焊之前，需对工程中的十字接头狭小空间焊接、厚钢板双面坡口清根、斜立斜仰桁架斜腹杆等特殊节点的焊接进行专项技术培训，并进行相应的附加考试和现场试焊，以保证工程斜向位置及特殊节点的焊接质量。

2. 焊接过程的测量

(1)钢梁变形监测

为了更有效地监控桁架焊接变形，在焊接首榀桁架过程中用经纬仪对桁架主管进行双向位移的实时测量，如果出现过度偏斜，应随时调整焊接顺序或在变形部位的另一侧增加焊接量予以纠正变形。在实际的焊接过程中，焊后钢梁的变形控制在5 mm之内，满足设计及规范要求。

(2)支座焊接收缩量的测量

因支座部位钢板厚度较厚、节点复杂、受力形式多样等特点，其支座焊接收缩量对结构标高控制有一定影响，因此需根据工程的实际情况，结合《钢结构工程施工质量验收标准》(GB 50205—2020)中关于支座焊接收缩的参考数值，在结构焊接的过程中调整支座标高以满足结构总体标高要求。

(3)焊缝检测

为保证焊缝100%合格率，现场二级焊缝按一级焊缝检测要求进行全检，现场自备一台焊缝检测仪，焊接完成后首先自检，自检不合格焊缝返工处理，焊缝自检合格后委托两家第三方检测单位交叉检测，对不合格焊缝及时进行返工，确保自检及外委两家检测单位检测结构全部合格后方可进入下道工序。

(4)焊接质量保证措施

质量保证措施按表3执行。

表 3　质量保证措施

序号	质量控制要点	质量保证措施
1	焊接准备	(1)进行焊接工艺评定和焊工附加考试。 (2)焊工必须持证上岗,检查焊工合格证及其认可范围、有效期。 (3)检查接头坡口角度、钝边、间隙及错口量,均应符合要求。 (4)装焊垫板或引弧板,其表面应清洁,要求与坡口相同,垫板与母材应贴紧,引弧板与母材焊接应牢固
2	焊接材料	(1)检查焊接材料的质量合格证明、中文标志及检验报告等是否符合现行国家产品标准和设计要求。 (2)检查复验报告。 (3)检查焊条是否按规定进行烘干、保温,焊条的外观是否完好,焊丝有没有破损、污染弯折或紊乱,如果有,应废弃
3	焊前预热	检查预热温度是否达到要求
4	停缝后热	检查后热时间、温度
5	焊后保温	检查岩棉保温被的厚度,保温被是否包裹牢固,是否符合焊后保温的要求
6	焊缝检查	焊缝外观检查应按《钢结构工程施工质量验收标准》(GB 50205—2020)的要求,所有焊缝冷却到环境温度后进行外观检查,敲掉焊渣后检查焊缝外观质量,是否存在焊缝尺寸不符合要求、咬边、焊瘤、弧坑、飞溅、母材表面电弧擦伤等外观质量缺陷 
7	焊接顺序	为防止焊接引起的偏移,采用对称焊接
8	焊缝无损检测	(1)无损检测须在焊接完成 24 h,焊缝冷却至环境温度后方可进行检测。 (2)无损检测在外观检查后进行,一级焊缝应进行 100%无损检测,二级焊缝按一级焊缝要求全检。 (3)对外观检查发现有可疑缺陷的部位可采用磁粉检测 

3. 冬季焊接质量控制措施

焊接需重点加强焊前预热、焊接时的风力控制和焊后保温措施。采用移动式双层防风棚(图 4),以保证焊接不受风力影响。焊前预热和焊后后热保温采用远程红外计算机控制,保证温度控制准确。焊后加热的温度提高 50 ℃,并严格控制焊后保温时间,后热的焊缝缓慢冷却至环境温度,冷却速率低于 10 ℃/min。

图 4　移动防风棚

5.3.7　安全环保措施

1. 安全管理措施

电焊机外壳及接地端必须接地良好,其电源的装拆应由电工进行;焊钳与把线必须绝缘良好,连接牢固,更换焊条应佩戴手套,在潮湿地点工作应站在绝缘胶板或木板上。

把线、地线禁止与钢丝绳接触,更不得用钢丝绳或机电设备代替零线,所有地线接头,必须连接牢固;更换场地移动把线时,应切断电源,并不得手持把线爬梯登高。

雷雨时,应停止露天焊接作业;施焊场地周围应清除易燃、易爆物品,或进行覆盖、隔离。

严禁在起吊部件的过程中,边吊边焊;焊接时需确保个人安全防护到位,作业完毕后必须及时切断电源锁好开关箱。

2. 安全技术措施

施工作业人员必须持证上岗并穿戴防护用品(口罩、工作服、工作鞋、手套、安全帽等),按规程操作,不得违章。

焊接预热工作时,应有湿棉布或挡板等隔热措施;清除焊渣,采用电弧气刨清根,必须佩戴手套、口罩,并将粉尘及时排除。

施工材料的存放应选择阴凉、干燥、通风良好的房间,材料应分类存放,并设有消防器材(灭火器等)。

现场施工人员在施工过程中要戴专业的防护口罩,施工班组在施工时应采取人员轮换制,同一施工人员连续施工时间不得超过 2 h,应保证施工 1 h 以上时到室外休息 10 min。

现场施工人员应按区域施工,各区域在施工完成后应注意成品保护,各区域人员不得串岗,在材料未达到强度前禁止踩踏。

3. 环保措施

零星建筑垃圾袋装化，及时清运出现场，用密封式圈桶装卸建筑垃圾，严禁直接抛掷。

焊接场地无焊条或焊条头。焊接设备尽量集中布置，统一布线，完工后焊接线，氧气、乙炔管带全部收回。

施工用电源要集中布置，统一接线，标志清楚，明确责任人，定期检查维护。施工机械要进行定期检查与保养，安全制动装置必须完善，由主管部门进行定期检验和试验合格后，严禁带病运行。

5.3.8 工程实例与效益分析

唐山西站站房屋盖为钢桁架结构，共计一级焊缝 290 条，二级焊缝 3 360 条。该工程焊接过程中，在总结以往焊接经验的基础上，对于新的节点形式在施工之前进行焊接工艺评定、焊接试验及焊工附加考试、试焊，使得整个现场的焊接工程在试验基础上进行，保证了现场焊接质量，极大提高钢结构焊接的一次合格率，焊缝一次自检合格率达 100%，经两家第三方检测单位相互复检，一级、二级焊缝合格率达 100%。本工法通过对焊接工艺的优化，焊接顺序的改进，以及准确控制焊接前预热、焊接后保温，解决了负温焊接质量问题，节约了工期，更杜绝了由于焊接方法不当而产生浪费原材或额外增加材料的可能，极大降低了施工成本，为工程实体增值。钢桁架贯口焊接节点如图 5 所示。

通过对复杂空间钢结构的焊接技术以及变形控制，确保了工程质量，强化了钢结构安装精度，实现了建筑结构的安全性、实用性，对加快钢结构施工进度，控制工程整体工期有着重大意义。

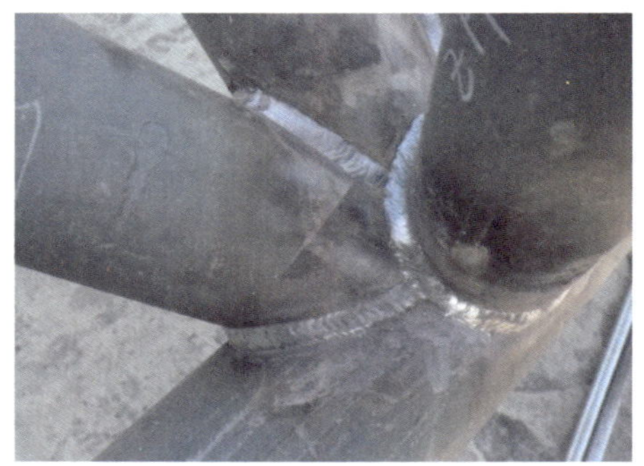

图 5　钢桁架贯口焊接节点

参编单位：中铁十一局集团有限公司

参编人员：曾伟、叶雄伟

5.4 异型遮阳玻璃幕墙施工工艺

随着生活水平的不断提高和经济水平的不断发展，铁路客站在为旅客提供便捷交通的基础上，还需提供以人为本的便捷化服务。京滨北辰站站房设计取意于门户概念，寓意京津门户，以开放包容的姿态欢迎各方来客。以河流之美的曲线进行塑造，意将河流之水凝练成流线形态，同样也彰显了高铁的流线与速度。建筑外立面呈曲面造型，飘带雨棚以下为直面玻璃幕墙，以上部位为曲面玻璃幕墙造型，曲面玻璃幕墙外侧安装铝合金格栅和星形造型铝板，完美实现了建筑设计师的设计意图。

其中玻璃幕墙外立面星形造型铝板采用无龙骨构造工艺系统，采用工厂化加工成品构件，现场机械式螺栓连接安装方式，避免了现场大体量的钢龙骨焊接作业。该工艺生产效率高、安全可靠、节能降耗，质量控制效果好。

5.4.1 工艺(工法)简介

项目部运用三维软件建模与施工现场相结合的方式对玻璃幕墙骨架进行定位。采用全站仪进行定点投射，在每一段曲线变化的地方进行多点标注，并在主体钢结构上设置标高和水平位移控制点，有效控制大体量渐变玻璃幕墙曲线变化。整体建模如图 1 所示。

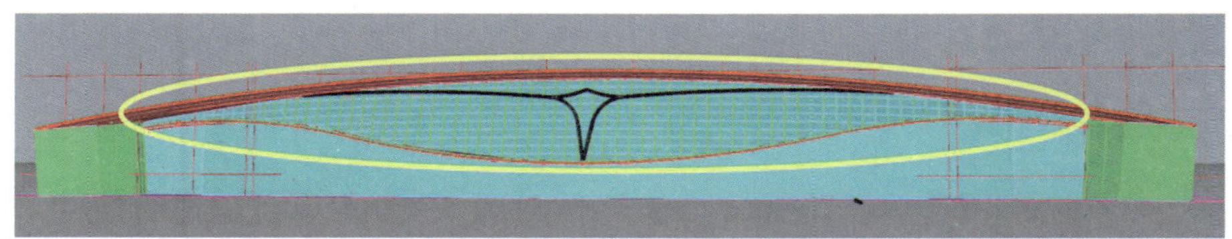

图 1 整体建模

该工艺采用三维软件建模可以解决曲面玻璃幕墙造型玻璃板块、铝合金格栅造型和星形造型铝板下单难、现场定位安装难的问题，提高材料下单的准确性和现场安装精密度。经现场实践应用，取得了良好效果。

5.4.2 施工准备

对幕墙图纸进行深化、编制技术交底、复合标高及坐标控制点，进行安全技术交底。组织项目管理人员和作业班组进行培训，下发技术交底和安全技术交底，施工方法、施工工艺、质量标准、安全措施等交底到作业班组各成员。

施工现场用电已准备完毕，施工前施工场地人员、材料、机具已就位。

现场加工区应满足原材料堆放、下料、制作及成品堆放及运输路线，现场安装位置路线应进行统一规划，现场道路基础平整，应进行道路硬化。

5.4.3 人员、材料与设备

主要材料配置见表 1。

表 1 主要材料配置

序号	材料名称	规　　格	单　位	数　量
1	钢材	Q235B	t	120
2	钢化中空玻璃	8 mm+19AR+6 mm+1.52PVB+6 mm	t	3 000
3	铝单板	3 mm 厚	m^2	6 000
4	铝合金型材	6063-T5	t	40

主要机具设备见表 2。

表 2 主要机具设备

序号	设备名称	型　号	单　位	数　量
1	汽车起重机	50 t	台	2
2	升降车	28 m	台	10
3	交流焊机	BX1-500	台	10
4	切割机	IE24	台	2
5	电动起子	TE-24	台	10
6	八爪玻璃吸盘	MUNBELPC/1104DC	台	2
7	空压机	2 V-6/8	台	2

5.4.4 工艺流程

施工工艺流程如图 2 所示。

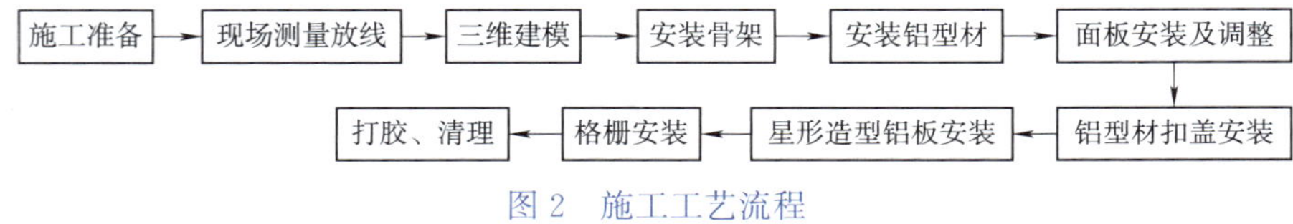

图 2 施工工艺流程

5.4.5 工艺方法与操作要点

1. 施工准备

施工前，对幕墙图纸进行深化、编制技术交底、复合标高及坐标控制点，进行安全技术交底。

2. 现场测量放线

(1)根据建筑的控制轴线，按照先整体后局部，以双曲面的屋面边缘在正负零面上的水平投影线中心点为原点，建立三维空间测量控制网。

(2)利用全站仪、水准仪、钢卷尺测量出铝板钢骨架的空间坐标,标注在钢结构上,作为玻璃幕墙骨架施工的基准点。

(3)骨架施工完毕后,将玻璃板块轮廓分格线引到钢龙骨上,作为玻璃板块二次深化设计和玻璃安装的依据。

3. 创建三维模型

根据现场实测实量数据,运用CAD软件画出轮廓图,用三维软件进行建模,有效控制玻璃幕墙板块曲线的变化和下料的准确性,如图3所示。

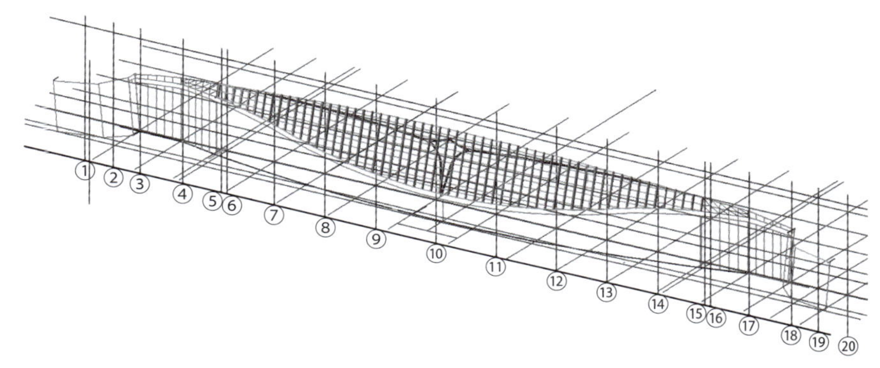

图3　三维CAD图

4. 玻璃的深化设计及加工制作

龙骨安装完成后进行实测实量,并根据幕墙施工蓝图的设计分格,运用三维软件进行三维建模,导出CAD图纸,拆解玻璃板块加工图。玻璃板块编号如图4所示。

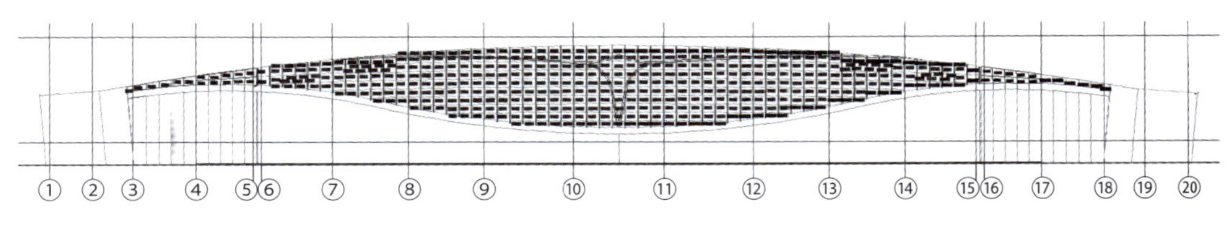

图4　玻璃板块编号

5. 钢龙骨安装

(1)根据三维模型的详细数据进行钢龙骨连接件安装,钢龙骨上部安装节点采用滑槽式,下部安装节点采用直径60 mm钢销轴,整个斜面玻璃幕墙下部钢梁承受竖向荷载,上部桁架承受水平荷载。上部和下部连接件安装完成后,采用汽车起重机吊装钢立柱就位,安装人员借助升降车进行安装钢立柱。钢龙骨上下部安装节点如图5、图6所示。

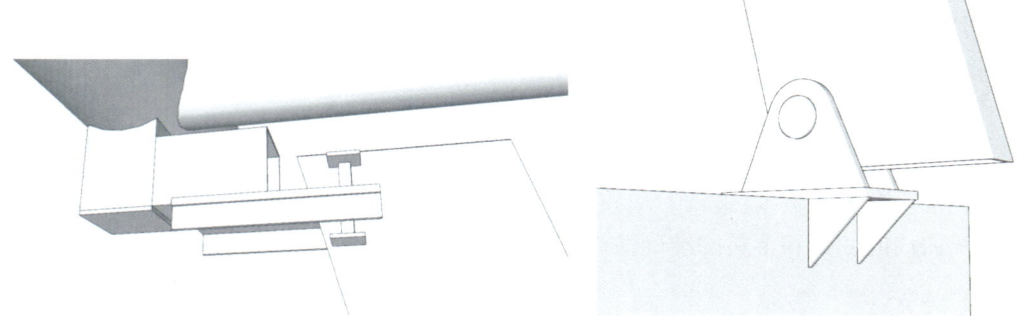

图 5　钢龙骨上部安装节点　　　图 6　钢龙骨下部安装节点

(2)安装星形造型铝板(图 7)、铝合金格栅连接件(图 8),将钢连接件与竖向钢立柱按照三维放样点位进行点焊固定,校核后进行满焊。

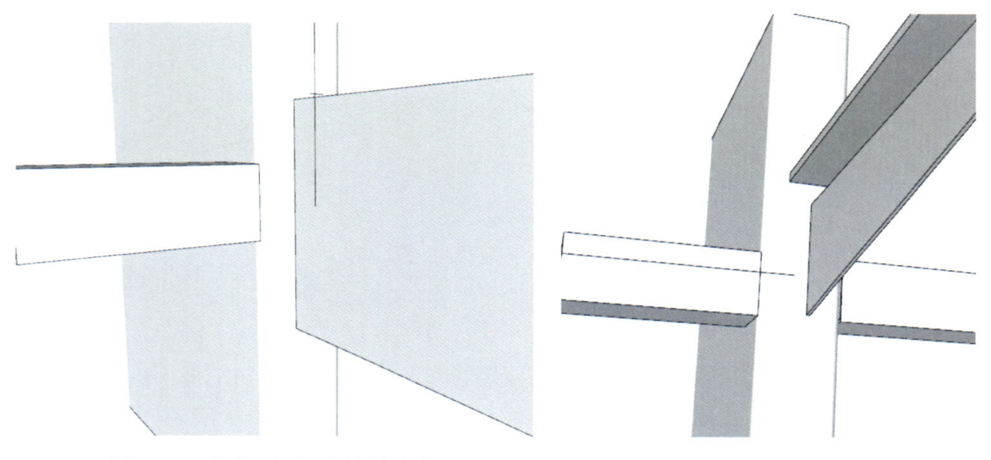

图 7　星形造型铝板连接件安装　　　图 8　铝合金格栅连接件安装

(3)加焊及固定:对每根钢龙骨进行位置信息核对,位置无误后进行加焊,焊接按照规范操作要求进行。焊缝部位无夹渣、漏焊、缺焊、气泡等问题。

(4)钢龙骨安装完成后进行测量复核,其轴线标高必须复核设计及规范要求后,再进行下道到工序。

(5)龙骨焊接完成后,项目部技术人员对每道焊缝进行验收。

(6)防腐:清理焊接部位的焊渣、垃圾等污染物,喷涂氟碳漆两遍。

6. 玻璃安装及调整

(1)初安装:安装前对安装部位进行清洗。

(2)调整:玻璃板块初安装完成后对玻璃板块进行调整。调整的标准:玻璃板块表面平整顺滑,不能出现错台、拼缝过大的现象。

7. 安装铝型材底座

用自攻钉将铝型材与钢龙骨固定，间距 300 mm。

8. 玻璃、铝合金扣盖、格栅、星形造型铝板安装

(1)玻璃安装前应将表面尘土和污物擦拭干净。热反射玻璃安装应将镀膜面朝向室内，非镀膜面朝向室外；玻璃与构件不得直接接触。玻璃四周与构件凹槽底应保持一定空隙，每块玻璃下应设不少于两块弹性定位垫块；垫块宽度与槽口宽度应相同，长宽不小于 100 mm；玻璃两边嵌入量及空隙应符合设计要求；玻璃四周橡胶条应按规定型号选用，镶嵌应平整，橡胶条长度宜比边框内框口长 1.5%～2%，其断口应留在四角；斜面断开后应拼成预定的设计角度，并应用胶粘剂粘结牢固后嵌入槽内；在橡胶条缝隙中均匀注入密封胶，并及时清理缝外多余胶粘剂。

(2)安装铝合金扣盖、铝合金格栅(图 9)，保证装饰扣盖压紧和横平竖直。

(3)玻璃幕墙外侧星形造型铝板采用新型无龙骨工艺构造系统，安装成品星形铝板造型构件与连接件栓接固定，如图 10 所示。

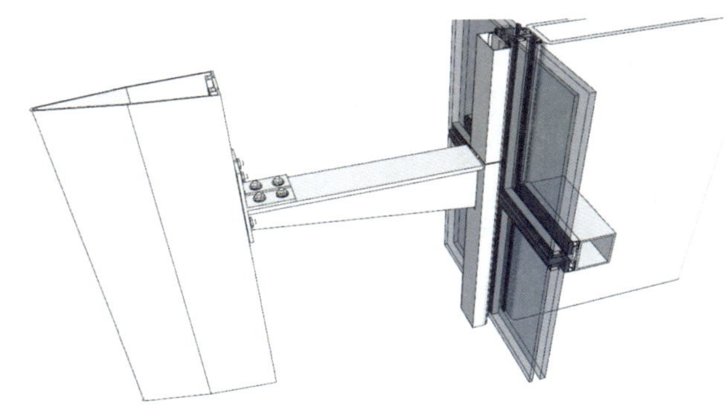

图 9　铝合金格栅安装

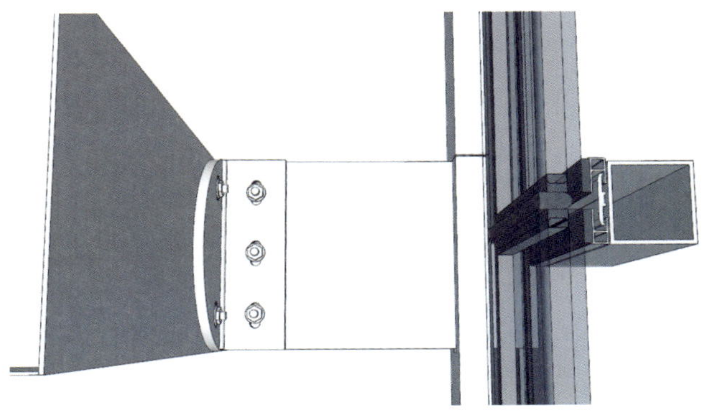

图 10　星形铝板安装

9. 打胶、保洁

(1)玻璃板材施工安装后,板材之间的间隙须用中性耐候胶嵌缝。注胶前打胶面干燥程度应符合要求,避免雨天打胶,对注胶表面和板材间缝隙进行清理,用带有凸头的刮板填装聚乙烯泡沫圆形垫条,缝两侧玻璃上贴保护胶纸(普通美纹纸)。

(2)垂直节点自下而上地打胶,这样可利用胶的自重使它自动充满胶缝之间;注耐候胶在操作时间内用刮板压下,去掉多余的胶,使表面光滑平整。

(3)检查胶缝是否有漏注,空隙气泡等缺陷,如存在这些缺陷及进行补救,切除不合格部分,重新注胶;注胶完毕后,撕掉保护胶纸,必要时可用溶剂拭取,且注意注胶后的养护。

(4)型材饰面的保护膜揭开时,若已产生污染,应用中性溶剂清洗,并用清水冲洗干净,若洗不净则应通知供应商寻求其他办法解决,玻璃表面不得大力擦洗或用刀片等利器刮擦,只可用中性溶剂或清水清洁,清洗全过程注意成品保护。

5.4.6 质量控制

(1)大体量渐变玻璃幕墙模型图绘制后由幕墙深化设计进行确认。

(2)幕墙工程所用各种材料、附件及紧固件、构件及组件的产品合格证书、性能检测报告、进场验收记录和复验报告满足设计要求。

(3)玻璃幕墙与主体结构连接的各种预埋件,其数量、规格、位置和防腐处理必须符合设计要求。

5.4.7 安全环保措施

(1)贯彻文明施工的要求,科学组织施工,做好施工现场安全管理工作。

(2)作业人员必须经过安全技术培训,掌握本工种安全生产知识和技能。新工人或转岗工人必须经入场或转岗培训,考核合格后方可上岗。

(3)严格执行现场各种安全规章制度和遵守操作规程。

(4)进入现场的人员必须正确戴好安全帽,系好下颏带;按照作业要求正确穿戴个人防护用品,着装要整齐;严禁赤脚穿拖鞋、高跟鞋进入施工现场。

(5)施工现场的各种安全设施、设备和警告、安全标志等未经领导同意不得任意拆除和随意挪动。需临时拆除或变动安全防护设施时,必须经施工技术管理人员同意,并采取相应的可靠措施。

(6)作业人员要服从领导和安全检查人员的指挥,工作时思想集中,坚守作业岗位,未经许可,不得从事非本工种作业,严禁酒后作业。

(7)幕墙所选用的玻璃、铝型材、钢材等均为绿色材料,都不会对环境造成污染,且都可回收利用。

(8)各种清洗剂、油漆及稀释剂等对空气、环境会造成污染的材料,在存放、运输、使用及垃圾处理时均有严格的管理程序,定点存放,完工后彻底清除。

5.4.8 工程实例与效益分析

材料下单前进行精确测量，运用CAD软件绘图，三维软件建模下料加工，保证了基层材料、面板制作的一次性合格率。减少了材料的浪费，提高了现场材料安装效率。

星形造型铝板采用无龙骨构造工艺系统，提高了生产效率。

参编单位：中铁建设集团有限公司

参编人员：孙鹏、张晓龙

5.5 高压防护棚施工工艺

当前,随着铁路基础建设的加快,城际高铁建设覆盖范围越来越广泛,一些城际之间的电力建设与新建城际铁路难免会出现交叉。电气化铁路设计过程中,当铁路下穿电力线路时,需考虑电力塔可能出现的倒塌及线路断线对铁路运行安全影响,同时电力迁改或铁路设计变更过程复杂,存在高压电力线路迁改周期长、手续烦琐、费用高、工期不可控、安全性差等问题。

我国电气化铁路尤其是高速铁路快速发展,铁路线路以重要交通枢纽为中心成辐射状发展,纵横交错。同时,我国能源分布东西差异较大,存在西电东送、北电南送情况,电气化铁路运营线路与电力线路不可避免存在跨越或下穿的情况,同时我国因经济快速发展的需求,电气化铁路及电力线路在规划、设计及工程建设因素的方面相对快于其他国家。针对以上情况,结合京津冀地区实际状况,对高速铁路与电力线交叉时的施工,形成了一套在有限空间内施作防护棚新建铁路下穿电力线的施工工艺。

5.5.1 工艺(工法)简介

新建天津至北京大兴国际机场铁路,在 DK30+727.9 位置与固洛Ⅰ、Ⅱ两条500 kV 线交叉,高压线距离地面净空 47 m,轨顶距离地面高 35.7 m,线路交叉情况如图 1 所示。结合河北省廊坊市地质及水文情况,最大冻土深度 0.8 m,地下水以第四系孔隙潜水为主,勘探揭示含水层为第四系全新统、上更新统冲击粉土、粉砂层,其主要补给方式为地下径流及大气降水补给,并通过径流、自然蒸发及人工开采排泄。勘察期间测得钻孔地下水位埋深为 5.8~8.6 m,地下水位高程 7.14~10.32 m。

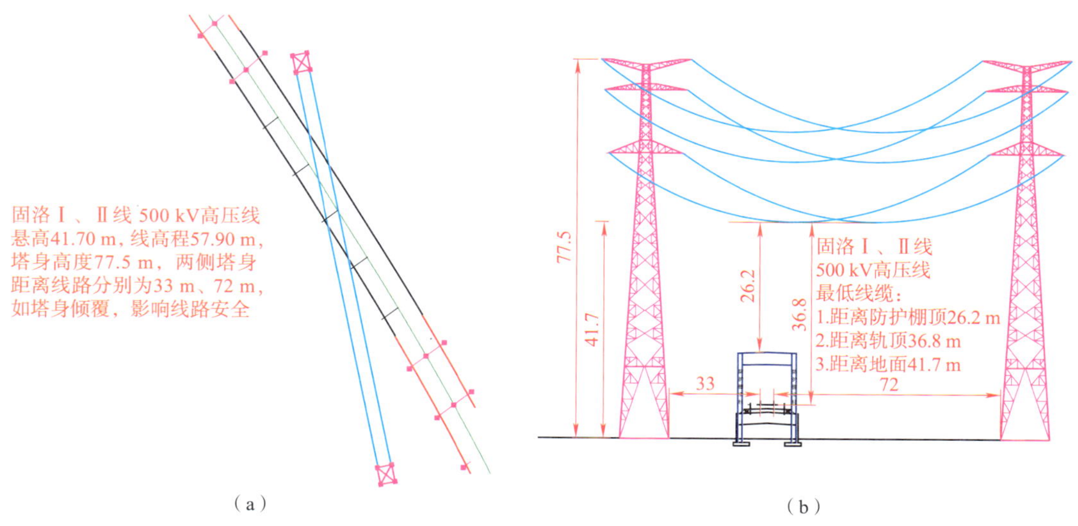

图 1 线路交叉情况示意图(单位:m)

为预防固洛Ⅰ、Ⅱ高压线意外掉落影响线路及行车安全，在此段路基上设置高压线防护棚，减少对高压线迁改产生的工期、投资、安全等一系列问题的影响，并通过设置高压防护棚，节省了土方使用量和永久性用地数量。

通过设置高压线防护棚，消除线路上方的500 kV高压线对新建铁路产生的影响，对铁路运行进行有效防护，根据北京交通大学《津兴铁路DK30＋730、DK31＋319处与固洛Ⅰ、Ⅱ和洛霸Ⅰ、Ⅱ(500 kV)超高压电力线路交叉跨越力学影响特性与防护设计研究报告》，该工程完全满足：对既有高压线抗倾覆的相关要求；对新建铁路进行防护，消除对列车运行的安全隐患。

高压线迁改手续烦琐，迁改周期长，需要到省级供电部门协调。500 kV高压线迁改困难，每年只停电一次，一次只停电一天，导致迁改时间无法确定，至少需要2～3年的迁改时间。因迁改制约项目整体开通时间，对项目的投资成本费用和对整个项目产生重大影响。考虑高压线本身迁改费用，以及供电单位的停产、停业损失，约数亿元，采用防护棚方案，该费用可大大节省，同时因防护棚设计，取消路基坡脚，减少了土方使用量及永久性用地数量，结合津兴二标路基施工长度的实际情况，征地拆迁费用可节省约1 000万元。另外，采用防护棚施工工艺不对高压线进行迁改，整体工期可有效提升，对津兴铁路开通具有极其重要的促进作用。

高压线防护棚设置里程分别为DK30＋530.02～DK30＋812.35、DK31＋066.22～DK31＋624.92，棚宽17.40 m，层数为1层，层高10.55 m(檐口)，棚顶距离高压线净空26 m，依据《中华人民共和国电力法》及《电力设施保护条例》相关要求，施工安全距离不少于15 m，施工过程中大型机械设备满足安全净距要求。其结构采用钢筋混凝土结构的桩基、承台、立柱、梁板及附属相关设施，高压防护棚洞基础钻孔桩采用反循环法施工成桩，承台采用机械开挖，定型模板浇筑混凝土，立柱采用钢筋笼预制吊装分次拼装成型，定型模板浇筑混凝土，梁板采用满堂支架现浇，经研究总结形成在高压线下施工确保安全质量的工艺工法。

5.5.2 施工准备

认真阅读和审核设计图纸及相关设计要求，熟悉施工现场交通条件等施工环境。完成施工方案编制，做好相关施工技术交底，并向作业人员进行技术交底和相关知识的培训教育。完成现场测量放样，施工所需要使用的材料及设备已进场，做好施工前的各项准备工作。

5.5.3 人员、材料与设备

劳动力组织见表1。

表1 劳动力组织

序号	人员	人数	职责
1	现场负责人	1	现场施工总体协调
2	技术负责人	1	负责方案制定、实施
3	技术员	4	方案实施、技术交底落实
4	测量员	4	各部位放样、测量、线型监控

续上表

序号	人　　员	人数	职　责
5	安全员	3	各项安全检查、盯控
6	木工	60	模板打磨、安装、拆卸
7	钢筋工	60	钢筋制作及安装
8	架子工	40	满堂式脚手架搭设及拆除
9	电焊工	20	防雷接地连接等焊接

主要材料配置见表2。

表2　主要材料配置

序号	材料名称	数　　量
1	钢筋	4 889.097 t
2	混凝土	35 271.71 m^3
3	盘扣式脚手架	5 460 t
4	模板	14 683 m^2

主要机具设备见表3。

表3　主要机具设备

序号	设备名称	数　　量
1	挖掘机	2台
2	振动压路机	2台
3	推土机	2台
4	自卸车	6台
5	平地机	1辆
6	装载机	1台
7	电焊机	1台
8	混凝土运输车	10辆
9	25 t起重机	6台
10	钢筋弯曲机、切断机	2台
11	混凝土汽车泵	2台

5.5.4　工艺流程

施工工艺流程如图2所示。

5.5.5　工艺方法与操作要点

1. 高立柱、大规模支架的快速施工

由于立柱高且截面小的特点，如果采用常规钢筋绑扎的方式，容易导致立柱钢筋整体倾斜，

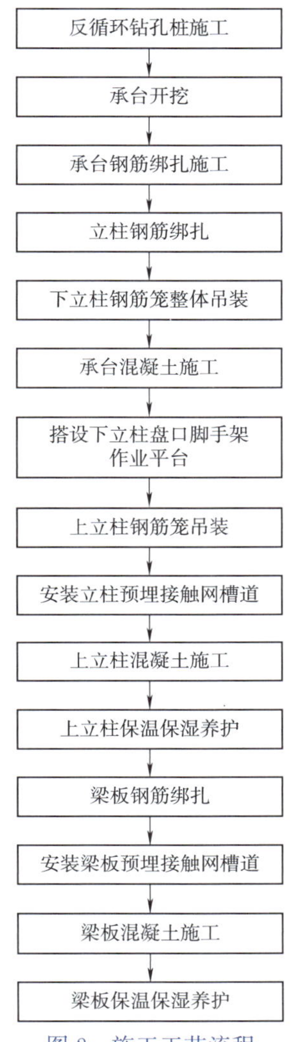

图 2　施工工艺流程

且保护层控制难度大。通过现场研究、试验，高立柱钢筋采用了场内焊接，分节整体吊装后进行连接的方式。在钢筋厂制作简易绑扎胎具，立柱钢筋笼进行场内焊接，保证了钢筋骨架的尺寸及保护层的厚度控制。立柱模板采用快速安拆的定型钢模板，钢模板强度高，采用抱箍连接，拼装速度快。立柱钢筋笼分节吊装后，同步跟进立柱模板安装，保证了立柱钢筋的垂直度。为保证立柱的整体垂直度符合要求，便于振捣，高立柱分两次施工。二次施工的立柱以第一节立柱为基础进行中线对位，保证了施工的质量和安全。钢筋施工现场如图 3 所示。

2. 高立柱及梁板支架搭设

防护棚立柱高度为 13.5～14.8 m，梁板高度为 15.5～17.8 m，需搭设支架进行施工，现场采用承插式盘扣满堂支架的方式施工，如图 4 所示。支架搭设前，首先对基底进行处理，达到地基承载力要求，结合现场实际情况，采用填筑架体区域路基，保证了支架搭设地基的质量，满足了承载力要求，同时降低了支架搭设高度，节省周转料及施工时间。

图 3　钢筋绑扎及防护施工现场

图 4　支架搭设

建议今后采用防护棚结构时，高立柱及梁板浇筑除在上述施工方法，也可用整体移动式支架体系或立柱及梁板装配式施工，但需注意防护棚结构与既有高压线空间高度差，防止出现因距离高压线过近，导致发生安全事故。

3. 预埋槽道精确安装定位控制技术

防护棚接触网基础同桥梁及路基接触网基础有所区别，采用隧道式接触网预埋槽道，如图 5 所示。

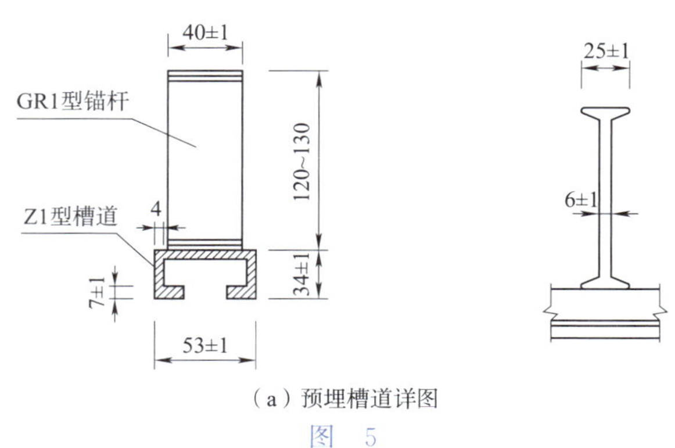

（a）预埋槽道详图
图　5

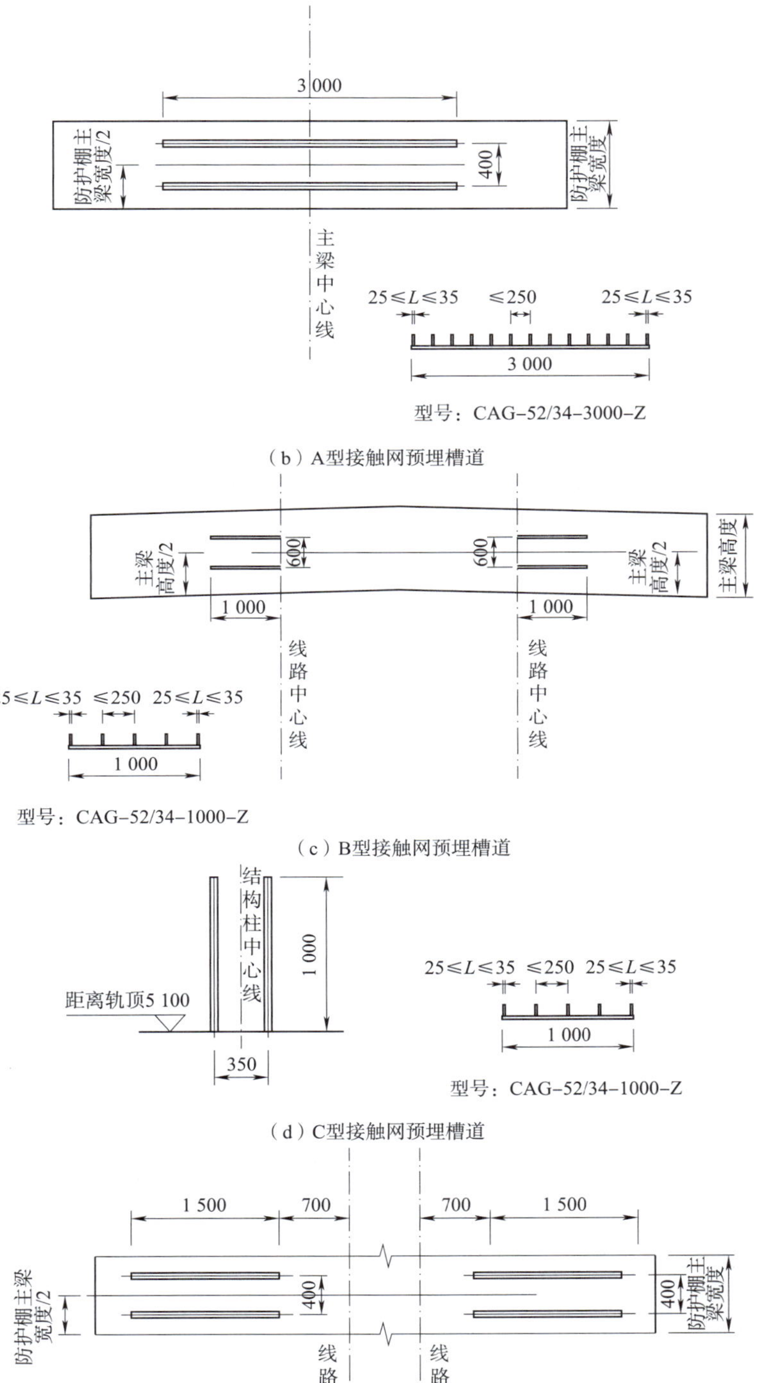

（b）A型接触网预埋槽道

（c）B型接触网预埋槽道

（d）C型接触网预埋槽道

（e）D型接触网预埋槽道

图 5　隧道式接触网预埋槽道(单位:mm)

防护棚接触网预埋槽道的安装定位精度要求高，为确保接触网槽道安装精度满足要求，预埋槽道采用模具定位的方式将槽道组固定（图 6）。调整好间距后用两根扁钢（顺线路方向）、ϕ16 钢筋（垂直线路方向）将两组槽道焊接，焊接后整体进行热浸镀锌防腐处理。槽道组整体安装，利用卡环、垫块、主体钢筋、定位钢筋，将整组槽道切实固定。保证混凝土振捣期间的槽道固定不变。为保证槽道内不被混凝土污染，槽道内填充泡沫进行防护。

图 6　预埋槽道安装

4. 立柱及防护棚的冬期夏期自动保温保湿养护

冬季施工期间，高立柱模板采用了自动加热温度控制系统。对模板进行了改造，附着自动加热带，并在外侧包裹阻燃隔热棉。加热带配置自动温控装置，根据设定的温度自动启停，保证养护温度。在梁板顶部采用暖棚覆盖，配置蒸汽发生器，保证温度的同时，也保证了湿度。冬期施工措施如图 7 所示。

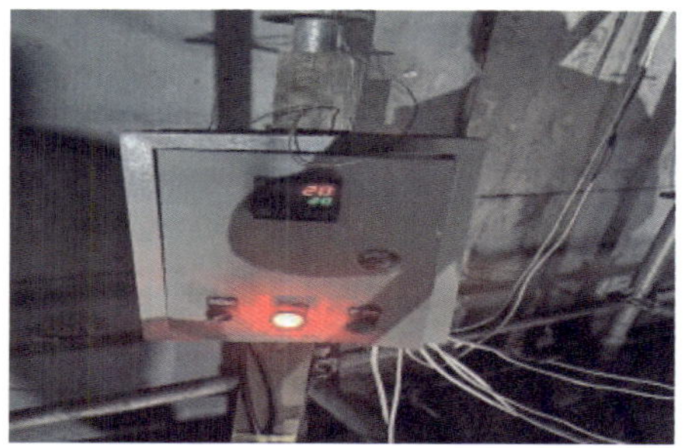

图 7　冬季施工措施

夏天设置了自动喷淋装置(图 8),通过多个喷淋头保证了养护湿度。根据实际气温,设定喷淋装置的起停时间,代替了人工操作,保证了养护的同时,确保了混凝土质量。

图 8　自动喷淋装置

5. 高压线下有限作业空间安全施工

高压线距离地面净空 47 m,轨顶距离地面高 35.7 m,棚顶距离高压线净空 26 m,净距始终大于安全距离 15 m,立柱及梁板浇筑时使用泵车,各种大型机械设备基本满足在该空间内进行作业的要求,施工现场示意如图 9 所示。为确保在有限空间内施工过程中不发生安全事故,采取了以下相关措施:

(1)在起重机及其他大型机械设备上安装静电感应器,并在起重机操作室配置有距离显示器,防止因距离高压线过近产生静电反应,造成设备损坏及安全事故的发生。

(2)梁板施工时,需搭设承插式盘扣脚手架,架体高度约 14 m,架体基础为已填筑压实的路基主体,搭设过程中做好接地措施。

(3)高空作业施工人员要求必须穿绝缘鞋作业。

(4)大型机械设备及高支架采用接地针连接,做好接地处理。

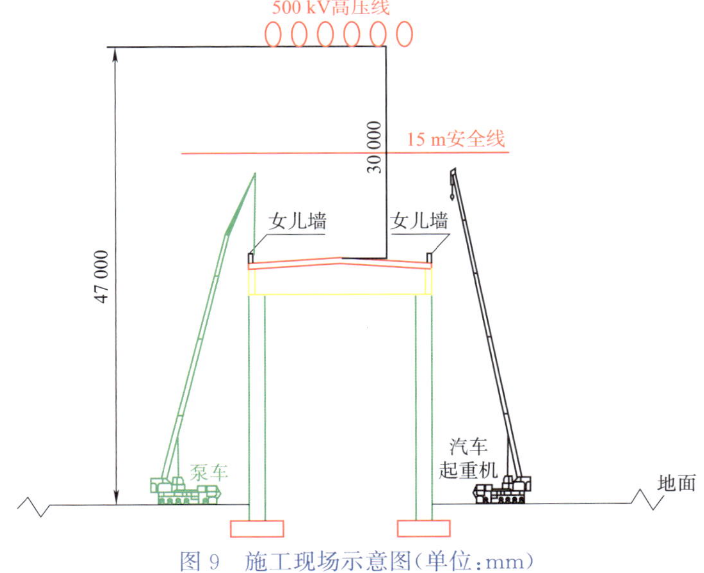

图 9　施工现场示意图(单位:mm)

5.5.6 质量控制

1. 立柱质量控制措施

(1)柱笼运至现场进行对接时,采用定制的十字形吊具,确保吊装各节点的连接性良好,吊装节点不得在箍筋或加劲钢筋,应吊装在预先设计的吊环,吊环不得锈蚀。

(2)吊装应分节吊装,分节对接,不得两节或多节吊装。对接套筒的扭矩不得小于320 N·m。

(3)起重机吊装柱笼时,应时刻检测大臂高度,检测与高压线之间净距,确保不小于15 m。

2. 混凝土质量控制措施

(1)混凝土每盘搅拌时间不得少于2 min,冬期施工期间搅拌时间不得少于3 min。

(2)炎热气候条件下,混凝土的入模温度不宜超过30 ℃。应避免模板和新浇混凝土受阳光直射,控制混凝土入模前模板和钢筋的温度以及附近的局部气温不超过40 ℃。

(3)当室外日平均气温连续3 d低于5 ℃或最低气温低于0 ℃时,应按冬期施工办理,混凝土入模温度不应低于5 ℃。

(4)新浇混凝土入模温度与邻接的已硬化混凝土或岩土、钢筋、模板介质间的温差不得大于15 ℃。与新浇混凝土接触的已硬化混凝土、岩土介质、钢筋和模板的温度不得低于2 ℃。

(5)泵送混凝土的最大摊铺厚度不宜大于60 cm,其他混凝土最大摊铺厚度不宜大于40 cm。

(6)混凝土养护期间,混凝土芯部温度不宜超过60 ℃,最高不得超过65 ℃;混凝土芯部温度与表面温度、表面温度与环境温度之差均不应大于20 ℃。

(7)混凝土芯部与表面温差、表面与环境温差大于20 ℃时不得拆模,大风或气温急剧变化时不应拆模。

5.5.7 安全环保措施

1. 安全措施

(1)应遵守高处作业安全技术规范的有关规定。

(2)钢筋、模板及其支撑系统在安装过程中必须设置防倾覆的可靠临时设施。施工现场应搭设工作梯,工作人员不得爬模上下。

(3)登高作业时,各种配件应放在工具箱或工具袋中严禁放在模板或脚手架上,各种工具应系挂在操作人员身上或放在工具袋中,防止掉落。

(4)装拆模板时,上下要有人接应,随拆随运,活动部件固定牢靠,严禁堆放在脚手板上和抛掷。

(5)装拆模板时,必须搭设脚手架。装拆施工时,除操作人员外,下面不得站人。高处作业时,操作人员按规定配戴安全防护用品。

(6)在阴天、雨雪雾大风等恶劣天气环境下,需停止大型机械设备及高空作业。

(7)作业现场和作业完成后,所有的废弃物、覆盖物均要压实或清理,避免刮风卷起造成线路短路触电事故。

2. 环保措施

(1)防止水土流失,废料及泥浆按规定要求处理。

①在施工期间始终保持工地的良好排水状态。

②建立废旧物品回收、保管和处理制度,设废物收集箱,生活区设化粪池、污水沉淀池。

③施工过程中的废弃物,要在工程完工时及时清除干净,运输到指定位置处理。

(2)防止和减轻水、大气污染。

①施工废水、生活污水不得直接排放,施工现场与驻地设置污水集水池,污水在集水池滤清后排放。

②施工期间,施工物料应堆放整齐,防止物料随雨水径流排入附近水域造成污染。

③施工机械要防止漏油,禁止机械在运转中产生的油污水与维修施工机械时的油污水未经处理直接排放。

④施工现场与施工机械经过的道路,要随时进行洒水抑尘,易于引起粉尘的细料或松散料要予以遮盖或适当洒水润湿,运输时用帆布或塑料布覆盖。

5.5.8 工程实例与效益分析

1. 工程实例

(1)工程概况

新建天津至北京大兴国际机场铁路 DK30+727.9 位置与固洛Ⅰ、Ⅱ两条 500 kV 线交叉,高压线距离地面净空 47 m,轨顶距离地面高35.7 m,棚顶距离高压线净空 26 m。

高压防护棚宽 17.40 m,层数为 1 层,层高 10.55 m(檐口);高压防护棚分两段,第一段里程 DK30+530.02～DK30+812.35,长度 282.330 m,第二段里程 DK31+066.22～DK31+624.92,长度 558.700 m。钻孔桩 536 根,承台 218 个,采用 C45 混凝土。立柱 268 根,立柱±0.00 m 以下采用 C45 混凝土,±0.00 m 以上采用 C40,立柱尺寸为 1.4 m×1.4 m。框架梁 260 片,屋面板 27 片,均采用 C40 混凝土。

(2)应用效果

防护棚设置在固洛Ⅰ、Ⅱ两条 500 kV 线下方,安全压力大,在容易出现安全事故的有限空间施工条件下,形成了一套在无需对高压线迁改且对铁路运行起到防护作用的施工工艺。同时该工法不仅可用于路基工程中,当桥梁工程与高压线交叉时,空间限界满足要求的情况下,也可采用改工艺工法对线路进行防护避免迁改高压线。

通过在高压线下设置防护棚结构,有效地对新建铁路进行防护,确保安全事故不发生。截至目前,国内仅商合杭、京张高铁采用设置防护棚洞的做法进行高压输电线防护,有效保证行车安全。津兴铁路设置的位于 500 kVA 高压线下施工的新建防护棚为全国首例。为今后类似项目起到一定的启示作用,可以推广应用于其他类似工程。

2. 效益分析

(1)经济效益分析

费用分析:考虑高压线本身迁改费用,以及供电单位的停产、停业损失,迁改费用巨大,约计数亿元。通过优化设计,采用下穿高压线防护棚,通过防护棚的设置,取消了路基坡脚,减少了土方使用量及永久性用地数量，综合比对后，节省征地拆迁费用约 1 000 万元。

(2)社会效益分析

新建津兴铁路站前 2 标段以 500 kV 高压防护棚洞综合技术为实例进行研究，针对高速铁路与高压输电线路交叉，通过研究设置防护棚的方法对铁路投资、安全施工的意义，以及最不利条件模拟试验、受力检算、经济效果评价等对不迁改高压线且通过在有限空间内采用防护棚的施工方法，施工方便快捷，避免了电力线路迁改周期长的制约因素，大量节省了施工工期，保证了安全质量，满足列车行车安全，同时节约了投资。对于指导今后类似工程的施工具有重要意义，将成为新建铁路与高压线交叉施工综合技术研究的领先者。防护棚施工效果如图 10 所示，

图 10　防护棚施工效果图

参编单位：中铁十局集团有限公司

参编人员：刘富涛、褚梓璇

第6章 “四电”工程

6.1 高速铁路接触网腕臂智能预配和安装工法

近年来我国铁路建设项目逐步推行机械化、智能化施工装备及技术的研究和使用。依托京唐、京滨铁路接触网施工，结合智能建造的要求，在接触网施工中应用通用型腕臂预配生产线和高速铁路智能化腕臂安装设备，接触网腕臂预配实现了由人工向机械化、自动化的转变，逐步走向智能化，减少人工劳动强度，提升了施工质量和效率，可在类似项目中推广应用。

6.1.1 工艺(工法)简介

本工法适用于高速铁路接触网腕臂的预配及现场安装施工。

1. 智能建造数据化管理

通过开发数字化的数据管理平台，实现了对各子系统的信息驱动和指令收发。主要是建立数据管理平台，保证项目数据的唯一性、安全性和有效性，采集建造过程中各子系统的数据，数据管理平台下达任务，达到对各子系统及其装备的管理。

2. 接触网腕臂预配

腕臂预配采用机器人技术为核心的通用型智能腕臂预配生产线，将计算核准后的预配数据导入自动化预配装备，其自动完成零部件装配及螺栓力矩交互式紧固等操作，加工输出预配好的平、斜腕臂。接触网智能腕臂预配平台如图1所示。

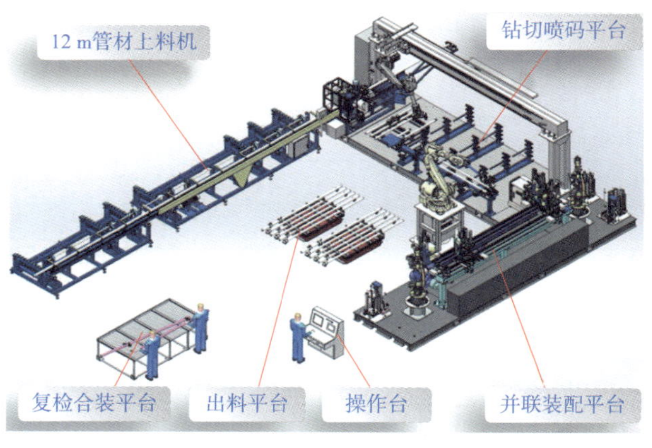

图1 接触网智能腕臂预配平台

3. 接触网腕臂安装

现场安装通过应用高速铁路智能化新型接触网腕臂安装轨行智能组，完成接触网腕臂的整组转移、自动对位、机械安装功能，施工过程以机械化施工为主，人工辅助为辅，提升腕臂安装智能装备械化水平、减少人工。智能腕臂安装装备如图 2 所示。

图 2　智能腕臂安装装备

6.1.2　施工准备

(1)预配前全面查检并调试自动化预配生产线具备加工状态，预配材料放置到位。

(2)复核计算数字化的数据管理平台中的预配数据准确无误。

(3)现场安装作业前完成现场检查、清理。

(4)将需要安装的接触网腕臂各组件及绝缘子装车，运抵现场。

(5)辅助作业人员工器具准备齐全并检查完毕，关键受力工具检查完好。

6.1.3　人员、材料与设备

本工法使用的主要材料配置见表 1，主要机具设备见表 2。

表 1　主要材料配置

序号	材料名称	规　　格	单　位	数　量
1	腕臂管	ϕ70 mm	根	若干
2	承力索座	ϕ70 mm 夹紧型	套	若干
3	套管座	ϕ70 mm	套	若干
4	套管单耳	ϕ70 mm	套	若干
5	管帽	ϕ70 mm 紧胀型	个	若干
6	绝缘子	复合	支	若干

表 2　主要机具设备

序号	设备名称	型　　号	单　位	数　量
1	通用型腕臂预配生产线	自制	套	1
2	叉车	5 t	台	1
3	自行走式高速铁路腕臂智能安装装备	自制	台	1

续上表

序号	设备名称	型　号	单　位	数　量
4	对讲机	—	台	4
5	靶标	—	件	6
6	安全带	—	条	2

6.1.4　工艺流程

工艺流程如图 3 所示。

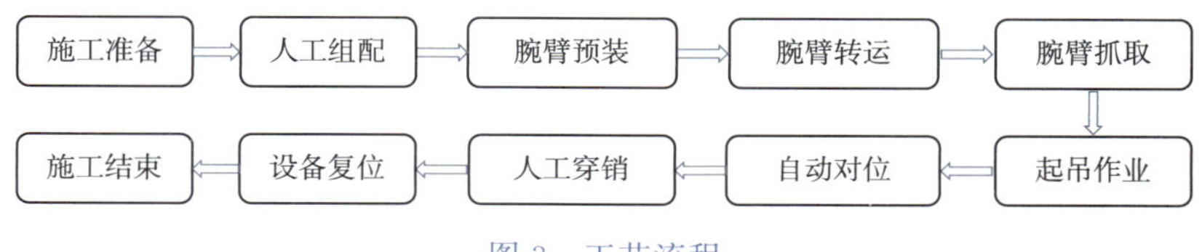

图 3　工艺流程

6.1.5　工艺方法与操作要点

1. 施工准备

施工机具、材料及防护用品齐全、完好，通信畅通；腕臂安装设备状态良好，靶标安装到位。

2. 人工辅助组配

按照通用型腕臂预配生产线操作指引流程，组织培训且考核合格人员开展预配工作，辅助施工生产。智能预配现场作业如图 4 所示。

图 4　智能预配现场作业

3. 停车引导

根据智能底座传输的支柱位置，通过停车引导屏精准监控停车。

4. 腕臂底座检测

腕臂安装前，使用腕臂底座对位工装预先辅助定位，进一步提高腕臂自动安装的可靠性，如图 5 所示。

图 5　腕臂底座检测示意图

5. 腕臂预装

人工将腕臂安置在组对模板上，对齐绝缘子与模板定位孔，插入定位销；硅橡胶绝缘子需加装尼龙垫套后夹紧固定；记录组装后的角度值，取下定位销，如图 6 所示。

图 6　腕臂预装示意图

6. 腕臂转运

作业平台人员手动操作，将机械臂引导至后方平板车上。在视觉系统检测到视觉标签后，切换至自动模式。通过视觉系统自主引导，完成机械臂在后方平板车的定位。经配合人员将组对模板旋转 90°，由折臂吊辅助人工推动组对模板与安装模板对齐，夹紧装置释放。

7. 腕臂抓取

通过控制器（图 7）操控折臂吊完成腕臂至安装模板的柔性转移，插入定位销。在液压油缸驱动夹紧机构固定腕臂后由人工拔出定位销，完成安装模板抓取腕臂过程。

8. 腕臂自动对位安装

人工操作机械臂移动至视觉相机检测到提前安装在支柱上的视觉标签时，取下安装在旋转双耳的视觉识别靶标，将机械臂切换至自动对位模式，在视觉系统自主引导下完成腕臂底座耳孔与绝缘子耳孔的对位。下方 2 名操作人员可在预装模板上同步组装下一组腕臂，实现腕臂预配和安装的并行操作。腕臂安装如图 8 所示。

图 7　控制器面板

图 8　腕臂安装示意图

9. 人工穿销

机械臂携腕臂组件自动微调移动到满足待安装位置，人工穿入连接腕臂底座双耳与绝缘子单耳的螺钉销，进行紧固；取下立杆视觉引导板以及安装基座的定位磁铁块。

10. 设备复位

打开安装模板上的夹爪，取下固定腕臂绝缘子的尼龙垫套，释放腕臂。机械臂和安装模板回位。

11. 施工结束

安装结束后清理现场余料、包装物等，移动设备，准备下一作业。

6.1.6　质量控制

1. 进场质量控制

按照产品规格书和技术标准要求，主要检查合格证和检验报告、腕臂型号与标识、外观尺寸、预留孔位、挠度与平直度、防腐和表面等质量情况。

2. 过程质量控制

检查腕臂各紧固件紧固力矩。

3. 竣工质量控制

腕臂投运初期，加强巡视检查，发现问题及时处理。投运后，进行巡视检查，主要观察工作状态是否良好、是否损坏等。

6.1.7 安全环保措施

1. 安全技术措施

(1)设置了急停开关，在按下急停开关后，电气控制系统立即切断动力电源，腕臂安装智能装备停止动作。

(2)当出现故障问题，具有手动装置保证装备能手动收回。

(3)电气控制系统设置有断电保护、过载保护等。

(4)设备设置有防雷保护措施，主要是各单系统独立几种接地，在接地回路中安装有熔断器，熔断器的选择躲过设备正常工作电流和短时过载电流和断路器速断保护的盲区，当有雷电流进入后，熔断器速断，保护设备不受损坏。

2. 进场环保措施

腕臂材料进场整齐堆放并远离火源，在未开箱前必须具有防雨、防盗、防潮措施。腕臂开箱后箱体整齐堆放，检测完毕后及时将包装杂物等清理干净。

3. 施工结束环保措施

腕臂安装完毕及时收集废料，将堆放材料处清扫干净，因施工的准备和安装调试都是在铁路线路上进行，线路上不得遗漏施工物品、废料。

6.1.8 工程实例与效益分析

1. 工程实例

本装备应用于京唐、京滨铁路工程，并于2022年开通运营。

本工艺应用研发的铁路通用型腕臂预配生产线和高速铁路智能化新型接触网腕臂安装轨行智能组实现接触网腕臂数字标准化工厂预配和铁路站场和区间腕臂安装作业。该接触网腕臂安装装备搭载机器视觉引导系统和多自由度执行设备，可同步完成绝缘子和腕臂安装，施工效率较传统方式大幅度提高，充分发挥了其高精度、高效率、高质量的技术特点，在降低人工成本的同时也加快了施工进度，为后续工作的顺利开展争取了宝贵的时间，具有实用价值和推广价值。

2. 效益分析

按照本工法进行腕臂安装的施工，与传统方法相比，可实现以机械自动化和人工辅助方式同步完成绝缘子、腕臂及支撑的安装。据实践应用数据统计，安装一组腕臂由2名操作人员8 min即可完成(含走行准备时间)，同时也可实现安装模板和组对模板的并行作业。利用视觉相机引导自动对位技术，实现了施工控制和管理的数据化、信息化、智能化，进一步提升了高速铁路接触网系统安全性、可靠性，推进了建筑企业接触网施工的机械自动化步伐。

参编单位：中国铁建电气化局集团有限公司

参编人员：韩超、杨桂林

新技术

中铁十八局集团

第1章　综合技术

1.1　路基连续压实检测技术应用

1.1.1　工程背景

传统路基填筑质量检测方法为每 200 m 选定 3 个断面，每个断面 4 个点进行压实度检测，每填筑 90 cm 还需进行 K_{30} 地基系数检测，在检测过程中，如检测数据不达标，需将该区段路基全部重新压实，施工时间长，且造成资源浪费；采用路基连续压实检测技术，可实现全过程实时检测，断面可追溯，针对不达标区段重点碾压，减少资源浪费，提高工效。

1.1.2　主要技术特点和应用范围

路基连续压实检测技术适用于路基填筑方量大，压实面积广的路基填筑，能够有效保证路基压实质量、加快施工进度和节省施工成本，该技术主要有以下 3 个特点：

(1)提高路基填筑质量

实现路基填筑质量检测数据实时传输、即时可控，压实质量不合格位置可准确追溯并快速整改，提高了路基填筑质量。路基连续压实检测技术实现了实时过程控制和数据记录。过程碾压数据实时显示在操作台控制屏幕上并进行记录，满足工艺要求，即时反映路基压实全过程检测数据，能够有效保证路基填筑质量。

(2)提高施工效率

大幅提升路基填筑碾压施工效率，加快了施工进度。操作手能够直接从驾驶室里的操作台控制屏幕上实时掌握当前压路机所处碾压段落的压实质量，减少重复检测时间以及无效碾压时间，加快路基施工进度，提高了施工效率，节约了碾压工序时间。

(3)降低施工成本

大幅降低质量缺陷整改施工成本，实现质量缺陷处位置追溯准确，整改到位及时。当压路机操控台的连续压实控制系统检测数据 VCV 值(连续振动压实数据)达到目标时，方可进行路基压实度验收检测，减少重复碾压检测所需资源和重复检测时间，提高检测和机械工作效率，缩短了路基填筑的作业时间，实现了节能降耗、安全环保的目标。

1.1.3　技术控制要点

(1)设备安装

须将振动传感器垂直安装在振动轴上，同时在机械操控室安装数据处理单元及操作展示单元，机械顶部安装定位信息单元，各单元必须安排专人定期检查，保证安装牢固、工作状态良好，如图 1 所示。

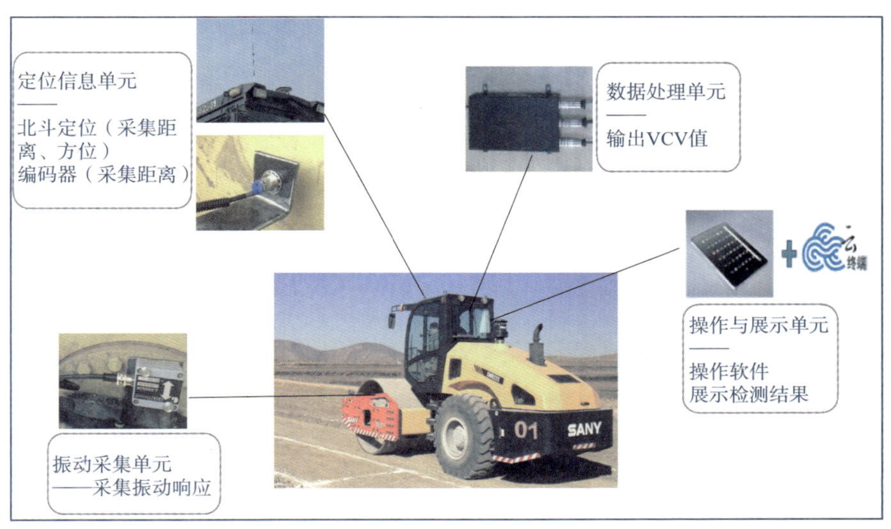

图 1　设备安装图

(2)相关性校验

为实现检测数据与路基压实指标真实对应、线性相关，在施工前通过试验段采集相关试验数据，在轻度、中度和重度三种压实状态区域内至少选取各 6 个点将连续压实检测数据与常规质量验收标准进行数据分析对比，得出压实质量线性相关公式：

$$y=6.0761x+31.92$$

式中　y——K_{30} 检测数据；

x——VCV 值。

数据分析如图 2 所示。

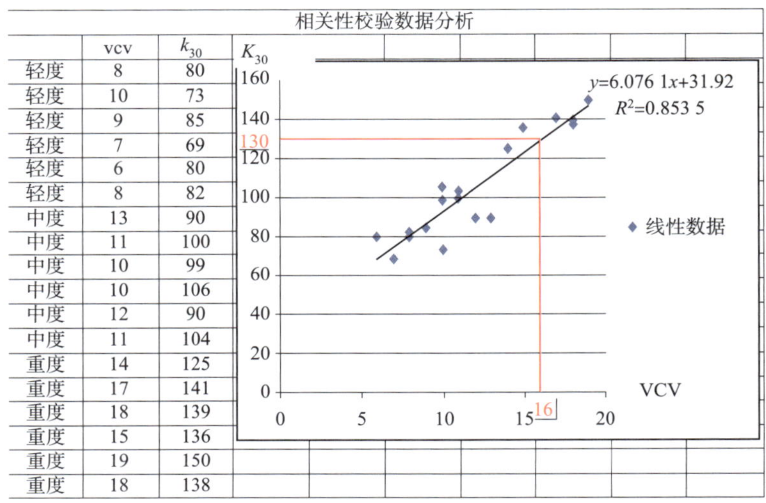
相关性校验数据分析

	vcv	k_{30}
轻度	8	80
轻度	10	73
轻度	9	85
轻度	7	69
轻度	6	80
轻度	8	82
中度	13	90
中度	11	100
中度	10	99
中度	10	106
中度	12	90
中度	11	104
重度	14	125
重度	17	141
重度	18	139
重度	15	136
重度	19	150
重度	18	138

图 2　数据分析图

(3)过程控制

过程控制主要是在碾压过程中对压实程度、压实均匀性和压实稳定性进行实时检测。以校验后的 VCV 目标值为依据,得出压实效果是否满足质量要求。压实质量检测如图 3 所示(其中红色为需整改的质量不合格区段,绿色为质量合格区段)。当压实过程通过率小于 95%时,在该区域改进工艺或更换压实机械进行补充碾压,也可局部改善填料性质、调整含水率,提高压实质量。每层压实完成后及时编制压实过程报告和连续压实质量控制报告,为后续检测数据的校验提供依据。

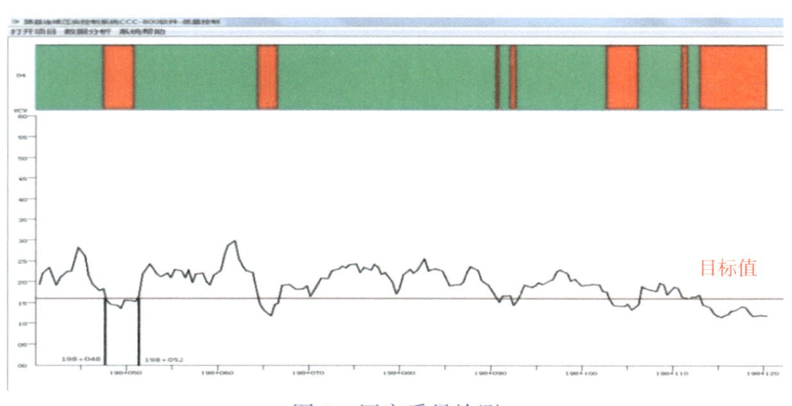

图 3　压实质量检测

1.1.4　应用实例及效果分析

在新建石衡沧港城际铁路沧州西站的路基碾压施工中,实现了路基填筑质量检测由“以点代面控制”提升为“全断面控制”,大幅提升了施工、检测、整治效率。应用此项新技术后,在路基填筑施工中取得了良好的经济效益,每一路基填筑区段可节约综合成本约 3%以上。路基压实检测现场如图 4 所示。

(a)确定路基填料压实状态

(b)获取连续振动压实数据

(c)获取相应位置K_{30}数据

图 4　路基压实检测

参编单位:中铁六局集团有限公司

参编人员:付书锋、刘明宇

1.2 高速铁路大跨节段胶拼连续梁测量技术

1.2.1 测量控制简介

测量控制是保证大跨节段胶拼连续梁节段制梁精度、拼装质量的关键工序。通过高精度的测量和校正使得节段梁预制及节段梁胶拼安装到设计位置上，满足制架梁毫米级精度的要求。

1. 节段预制测量主要内容

(1)临建龙门吊轨道基础，钢筋棚基础以及制梁、存梁台座基础的施工测量；包括基础位置放线以及高程控制。

(2)观测塔立柱安装的垂直度控制，基准点预埋的高程和线形控制；制梁模板拼装的高程和中线控制。

(3)箱梁预制的线形和高程的控制，梁场所有基础的沉降变形观测。

(4)桥梁节段拼装线形和高程控制和梁体徐变观测。

2. 节段预制、胶拼主要测量设备

测量器具的精度质量直接影响着测量结果的好坏。为了保证测量质量，准备的测量仪器见表1。

表1 测量设备统计表

序号	名　称	型　号	精准度
1	全站仪	TS60	0.5″
2	电子水准仪	DNA03	0.3 mm/km

1.2.2 主要技术特点和应用范围

1. 节段预制测量控制网建立

1)平面、高程控制网

(1)梁场施工控制网为梁场建设与箱梁预制等工序的测量工作提供位置基准，控制点布设范围应覆盖整个梁场作业区，点位个数一般为4～6个为宜。

(2)高程控制点同平面控制点点位。等级应采用二等水准测量高程控制网。

(3)平面控制网应采用导线网或全球定位系统(GPS)测量方法进行，等级应采用三等GPS测量控制网或三等导线测量控制网。

2)观测塔的设置

观测塔(图1)是梁段预制测量控制的固定测控位置，本预制场设置3个观测塔，3个观测塔均采用固定塔标装置。所有制梁台座和B观测塔的中心线与A和C测量塔的连线相重合。测量塔上设置轴线强制定位基准点与高程定位基准点，分别控制节段模板的纵横轴线与高程，从而确定整个预制节段的空间几何位置。观测塔的设置如图2所示。

图 1　观测塔

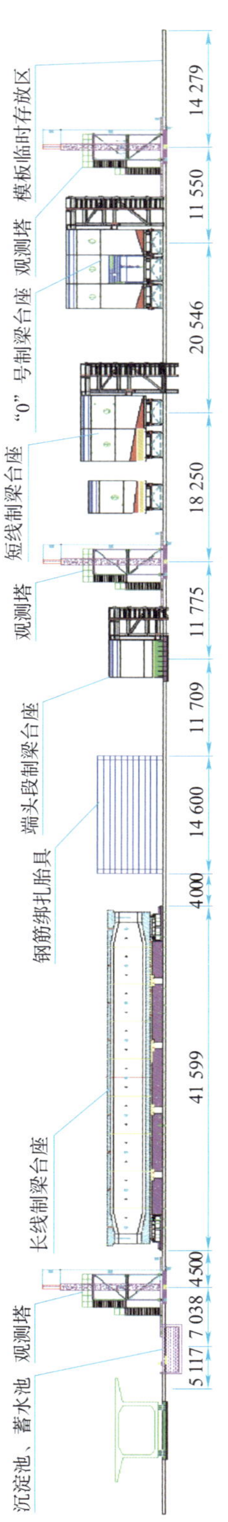

图 2　观测塔设置示意图(单位:mm)

2. 节段预制测量及计算方法

节段预制测量控制应严格依据施工工艺流程，实施不同工况下的测量与控制。总体测控程序包括首节段的测量定位、浇筑后的测量及分析、待浇段的测量定位，所有这些是一个测量、调整、复核、再调整的过程。为此特研发了短线法节段预制测量软件“Measure Data Calc”，简称 MDC（图 3），通过蓝牙技术的介入，现场设置观测塔建立了精密水平控制网和高程控制网，采集梁段数据信息，通过高精度自动化测量系统建立实时预警、远程监控的信息平台。

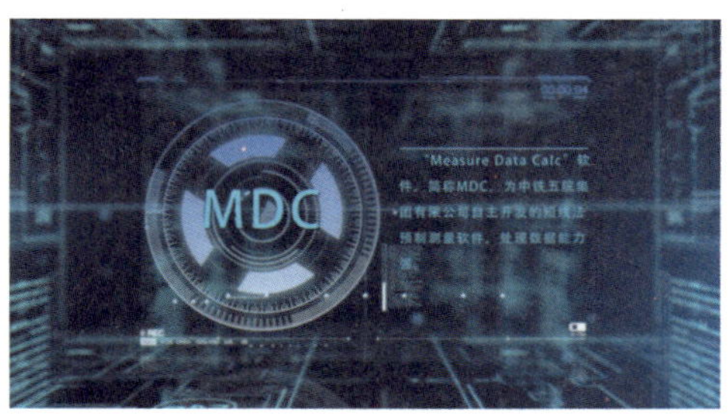

图 3　MDC 软件

控制程序主界面分为工具栏（新建、打开、保存）、计算、高程数据、平面数据，其中计算栏中包括数据输入、数据分析等，如图 4 所示。

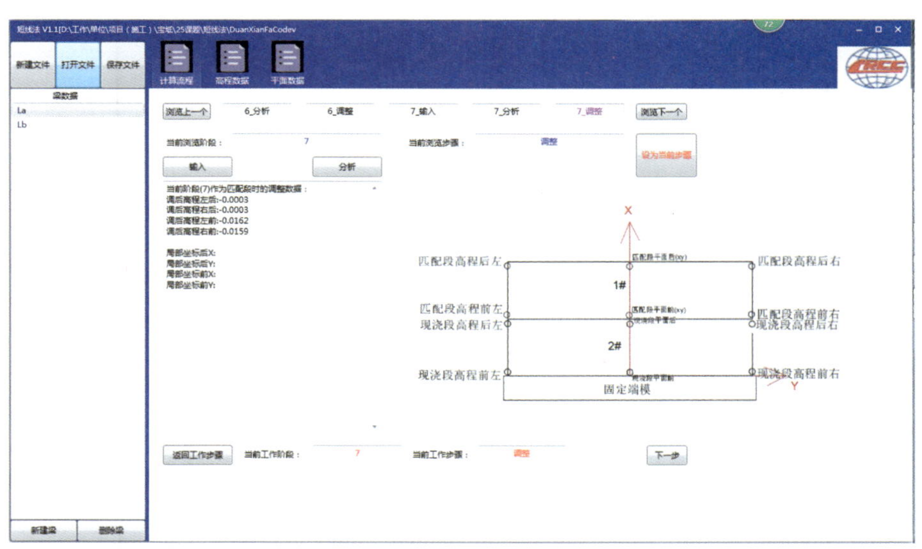

图 4　程序主界面图

短线匹配预制的施工方法是按照主梁纵断面的变化将整联主梁划分成多个彼此匹配关联又相对独立的单个浇筑单元，在制梁台座上利用液压可调整的模板系统逐段浇筑完成。第一节段浇筑完成后，利用台车将其拉至匹配位置作为下一节段的端模（即匹配梁段），利用匹配梁段及模板系统调整后完成下一节段浇筑。测量控制采用六点法节段预制线形控制原理。需将匹配节段上两个中线标和四个水准钉的自身局部坐标转换成待浇节段的局部坐标。匹配节段位置的确定其实就是从一个局部坐标系到另一个局部坐标系的坐标转换过程,这就是短线法节段预制线形控制的原理。

六点法坐标系统的建立。每一梁段在对应的水平准线和垂直准线上设 6 个测量控制点,其中 4 个用作高程控制,分别标识为 A、B 和 C、D;两个用作轴线控制,分别标识为 E、F。不同的节段上的控制点应设在相对统一的平面位置上,以便于测量数据在同一条件下的比较,正确地进行测量控制中的数值换算,提高实际调整时的精确度。控制点布置位置如图 5 所示。

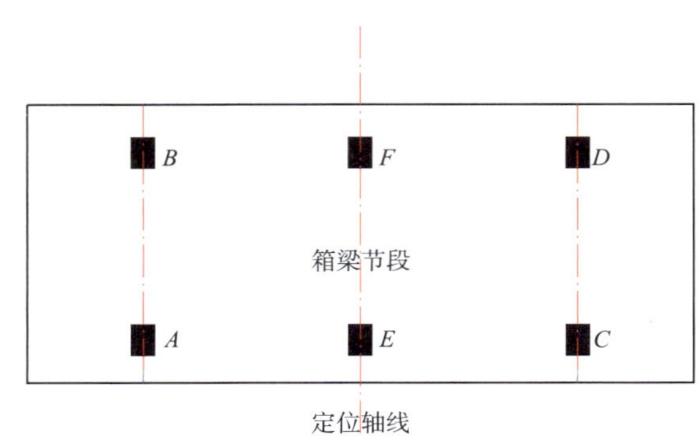

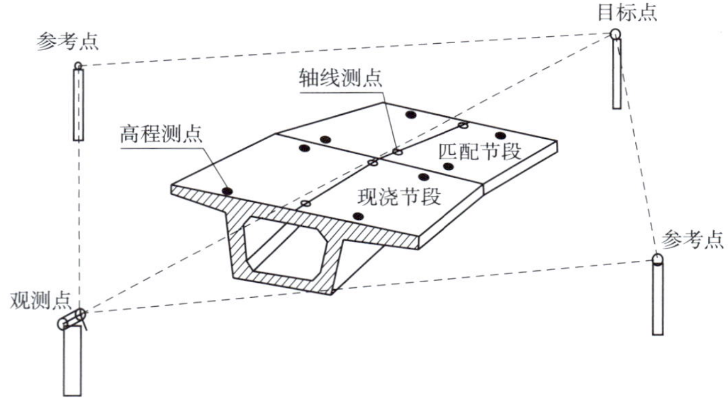

图 5 控制点布置位置

1.2.3 技术控制要点

1. 理论分析预测

理论分析预测是施工测量控制的依据,它包括建模计算、设计的力学复核等部分。

1)建模计算

建模计算的主要内容就是对结构从施工开始到成桥所有阶段的内力和变形按照与设计相同的材料参数、荷载、边界、环境等条件下进行模拟计算分析,针对应力、变形等某一监控项目找出其关键控制工况、关键控制截面及关键点。

本桥利用 Midas /Civil V15.0 计算软件，将造桥机与主梁看作一个整体受力体系，采用正装分析法建模，求得各施工阶段的主梁应力、挠度等值。整体计算模型如图 6 所示，模型概况如下：

(1)施工工况划分，完全按照施工分阶段及持续时间进行；

(2)主梁、造桥机杆件采用空间梁单元，吊杆采用只受拉的桁架单元；

(3)桁架杆件采用刚性连接；主梁与桥墩临时固结时也采用刚性连接；

(4)材料参数与设计取值相同。

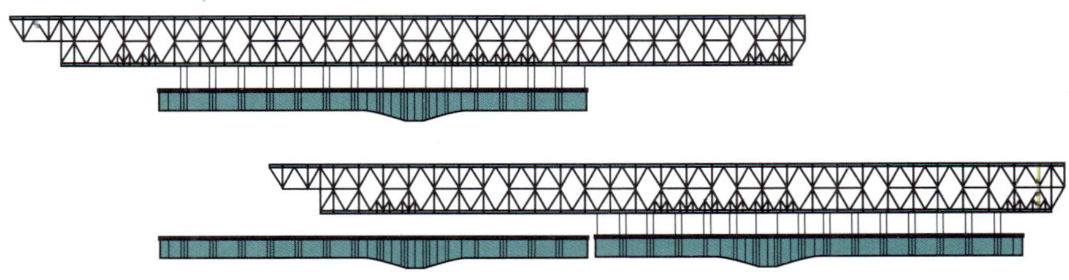

图 6　整体计算模型图

2)对梁体结构进行力学复核

建立的计算模型所取用的各种参数、边界及环境等条件与设计一致，但由不同的人员独立完成这项工作，两个计算结果可以复核对照，达到对设计图纸的力学复核目的。

2. 架设测量控制

首先建立轴线控制和高程控制网，箱梁首节段直接控制着整跨的线形及轴线，决定了后续节段的走向及平面高度，需要精确控制轴线及高程，首节段准确就位固定完成后，就可以进行后面节段箱梁的拼装工程。通过测量数据，将理论值与测量数据进行对比分析，采用临时支架、配重、增设垫片等方式进行后续节段的拼接控制。

整跨拼装完成预应力张拉后，进行第二次箱梁顶面监控点的数据采集，与理论状态下节段的计算数据进行对比分析，计算偏差若超过要求，则要借助梁段临时支撑系统对箱梁进行整体纠偏，通过调整跨使该跨梁空间位置符合要求。在完成一联的中横梁湿接缝预应力张拉前后，都要进行监控点的数据采集，用以对比分析箱梁整联张拉前后的坐标的变化。

3. 节段预制、架设误差修正

梁段预制、架设过程中产生的误差可以分为梁长误差和偏角误差两种。

(1)误差曲线

模拟一条通过节点 1、2、……和 k 的三次样条曲线，并且保证其在边界节点上保持和理论控制线相同的切线斜率。用这样的样条曲线替代直接纠正法后，修正夹角 β_1 改善成为 β_1'。待浇筑节段修正的理论控制线经过若干个节段后再次与原理论控制线重合。节段修正原理如图 7 所示。

(2)误差的纠偏

在 $n-1$ 节段预制完成后，测量发现实际轴线偏离理论轴线，如果节点 1 轴线偏离在

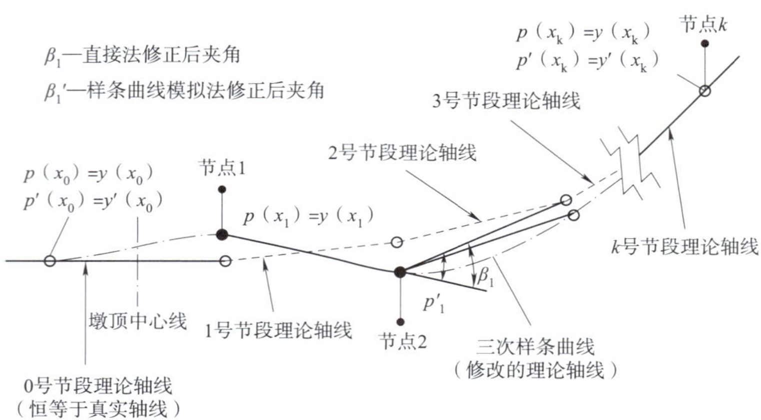

图 7　节段修正原理图

±2 mm 以内，在 n 节段预制时直接将节点 2 调整至理论位置；如果节点 1 轴线偏离在±5 mm 内，在 n 节段预制时直接将节点 2 轴线调整反向 2 mm，在 $n+1$ 节段预制时在节点 3 调整至理论位置；如果节点 1 轴线偏离超过±5 mm，需要经过更多后续预制节段梁进行调整。

(3)模板精度控制

模板精度控制主要体现在固定端模的精度控制。固定端模面须保持竖向垂直并与预制单元中线成 90°，其上缘须保持水平，轴线偏位控制在 2 mm 之内，端面垂直度为 $H/1\,000$ 且小于 3 mm。对于等高节段梁，底模需水平安置并与固定端模下缘良好闭合。

(4)匹配梁定位

根据两个相邻梁段设计的位置关系，计算出匹配段与待浇段的位置关系，并计算出匹配段中心控制点匹配时的坐标，进行坐标放样定位匹配段(图 8)，依据建模计算预设梁底预拱度，精确调整完后进入下一工序最终浇筑混凝土。

图 8　梁段匹配图

1.2.4 应用实例及效果分析

通过对节段预制测量控制网、节段预制测量系统的研究，开发了一套梁段预制施工过程中的测量控制软件。该测量体系及对应的计算方法很好地指导了京唐铁路潮白新河特大桥(48+80+48)m 双线连续箱梁节段预制施工，提高了施工精度，测量控制精度达到1 mm，满足高速铁路预制梁尺寸精度要求。最终节段预制线形符合设计和规范要求。取得的相关成果如下：

(1)连续梁变截面节段采用短线匹配法预制的梁段，匹配梁定位时纵轴线、高程允许偏差控制在±2 mm 内，能够满足施工控制的要求。节段预制短线法对于误差调整更具精准性及灵活性。

(2)首次采用短线法预制测量软件“Measure Data Calc”，简称 MDC。通过蓝牙技术的介入，可在观测塔建立精密水平控制网和高程控制网，采集梁段数据信息，通过高精度自动化测量系统建立实时预警、远程监控的信息平台。

参编单位：中铁二十四局集团有限公司

参编人员：李雷、郭振

1.3 大跨度节段胶拼连续梁移动支架法拼装技术

1.3.1 工程背景

1. 大跨度连续梁概述

(48+80+48)m 节段胶拼连续梁设计预分为 43 个节段。设计最大节块 0 号块最大高度 6.65 m,长 3 m,0 号块重 347.13 t。其余节段最大长度小于 5 m,最大重量小于200 t。连续梁总重 6 900 t 左右。采用一次拼装 3 对预制节段终张拉压浆,即"小节段预制、大节段拼装"的平衡悬臂拼装工艺,中跨合龙段采用现浇施工。采用 TPZ80/2500 型移动支架进行胶拼施工。

2. 大跨度连续梁拼装主要设备

(1)TPZ80/2500 型移动支架主要结构参数见表 1。

表 1 TPZ80/2500 型移动支架主要结构参数

序号	技术要求	性能参数
1	额定满悬挂能力及天车最大起重量	2 500 t 及 200 t
2	架设梁跨	≤64 m 简支箱梁或(48+80+48)m 连续梁
3	架设方式	胶、湿接缝节段拼装法架设
4	适应曲线半径	R≥2 500 m(摆臂 1.7 m)
5	适应线路纵坡	3%
6	天车纵移速度	0~5 m/ min(重载)0~10 m/ min(空载)
7	过孔方式	迈步纵移式
8	运梁车	轮胎式,重载 200 t:21.5 m/ min,空载:43 m/ min
9	适应工作环境温度	-20 ℃±50 ℃
10	适应风力	6 级(工作状态)11 级(非工作状态)
11	作业效率	10 天/孔(30 天/联)
12	外形尺寸	169.39 m×11 m×6.95 m
13	装机容量	200 kW
14	整机自重	1 200 t

(2)主体结构

采用上行悬挂、两跨迈步纵移式总体方案,主要由主桁框架系统、支撑体系、吊梁天车、悬挂体系、纵移过孔装置、操作平台和运梁车等部分组成,如图 1~图 6 所示。

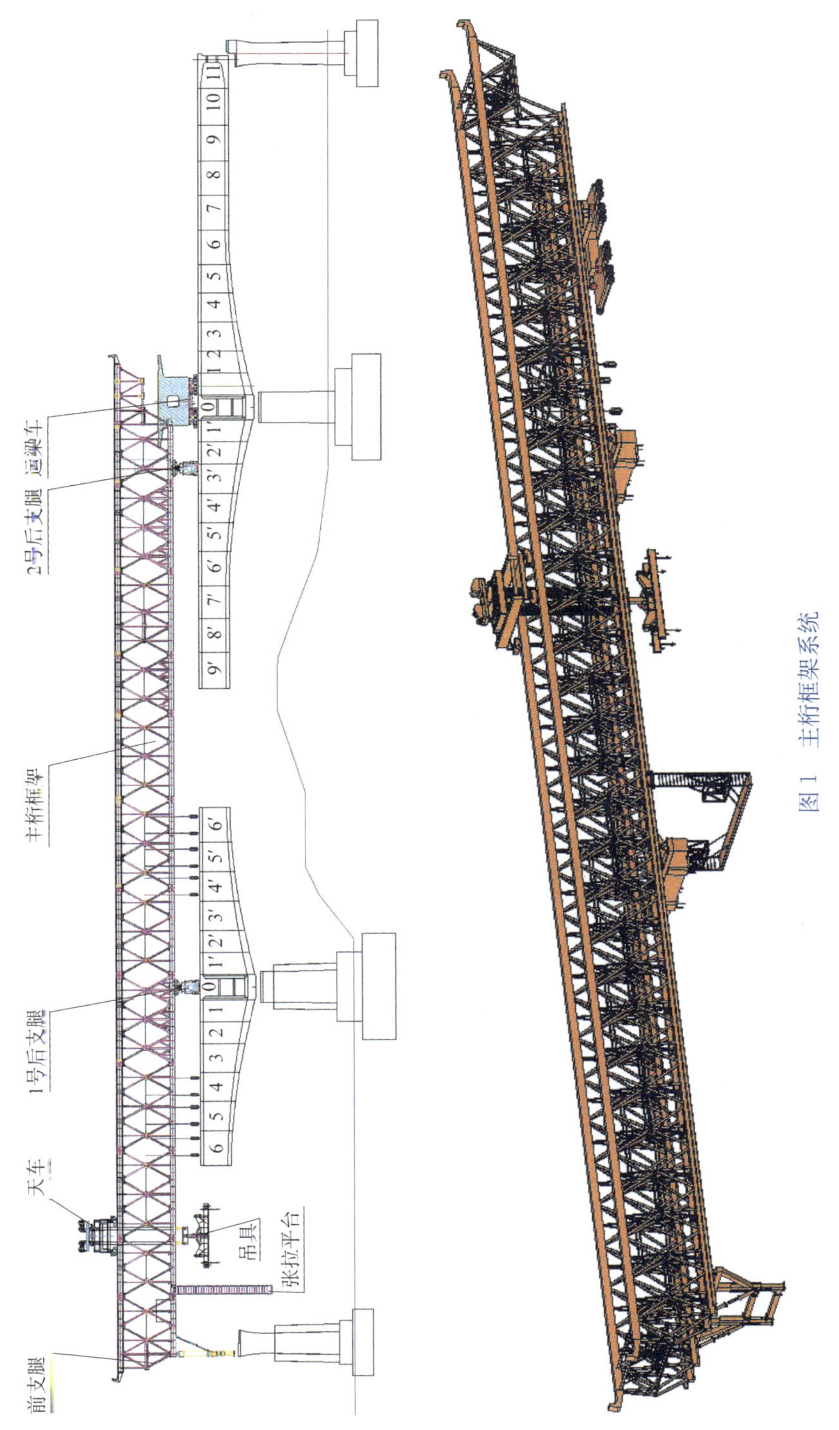

图1 主桁框架系统

图 2　液压迈步式走行系统

图 3　200 t 吊梁天车

图 4　节段梁悬挂体系

图 5　移动支架支撑支腿

图 6　运梁车

1.3.2　主要技术特点和应用范围

1. 移动支架施工概述

对称下梁段，分别为 1 号、1′号、2 号、2′号、3 号、3′号梁段，然后调整线形并临时张拉胶接，再一次终张拉拼装 3 对预制节段即“小节段预制、大节段拼装”的平衡悬臂拼装工艺成桥。依次拼装梁段、半联连续梁、整联连续梁、合龙段施工，如图 7 所示。

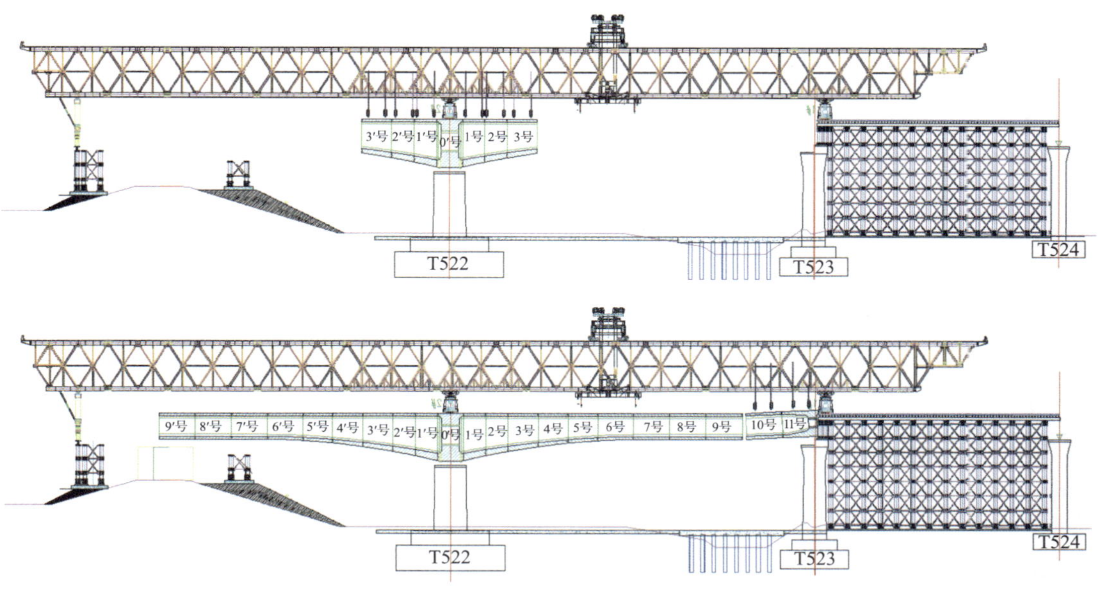

图 7　移动支架施工

2. 移动支架应用范围

TPZ80/2500 型移动支架适用于≤64 m 节段拼装简支箱梁或(48+80+48)m 节段拼装连续梁架设。额定满悬挂能力 2 500 t,天车最大起重量 200 t。

1.3.3　技术控制要点

1. 0 号段定位与锚固

造桥机拼装前先使用 200 t 龙门吊进行 0 号段吊装,根据垫石十字线将支座粗略就位,0 号段落梁后将支座锚固在梁底上,0 号段精确定位采用节段拼装移动支架造桥机的 200 t 天车吊具的两根横倾油缸和两根纵倾油缸控制调整方向,墩顶设置微调千斤顶精确调整 0 号段位置,其精度能达到 1 mm 以内,相对高程误差 1 mm 以内。

1)准备工作

移动支架进入造桥状态后,应马上开始以下各种测量及准备工作:

(1)测量两桥墩间距离和高差,支承垫石位置及高度。

(2)检查并复核桥墩的纵、横向中心线。

(3)检查支承垫石上锚栓孔位置及深度。

(4)安装支座(设置预偏量)。

(5)检查运梁车、回转天车的安全使用性能。

2)梁段起吊、运输、安装

梁段由存梁区通过 200 t 大龙门吊提升至喂梁平台的轮胎式运梁车上,运梁车通过已架设桥面送入移动支架尾梁,利用移动支架的回转天车将梁段提起运送摆放至设计位置,通过吊杆、扁担梁将梁段悬挂于支架主梁上,如图 8 所示。

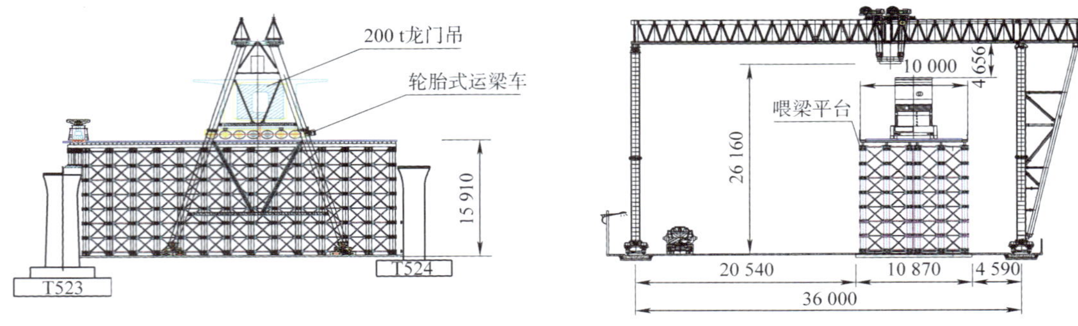

图 8　梁段起吊、运输、安装

3)梁段就位

梁段就位是指梁段纵向、横向和竖向三个方向的调位。纵向利用天车调节、横向利用天车顶推油缸来调节、竖向用千斤顶进行调整,以线路的中心线为基准,即要求线路中心线和梁体中心线重合;考虑预应力张拉后及后期徐变引起梁跨收缩,梁段在摆放时,纵向收缩量通过设计梁图提供值计算求得。梁段线型按设计间距布置。

在施工中按先纵向调整→横向调整→竖向调整→纵向调整→横向调整→竖向调整的次序反复循环调整,直至达到轴线、高程偏移量小于 10 mm 要求。

4)梁段受力监控

主梁内埋应变仪,节段梁安装过程中对各工况下各测点的坐标及内力值进行检测(图 9),及时核验节段梁内应力实测值与数值分析理论值的差异,通过监测,可迅速发现过程中出现的问题且测量精度高。避免安装过程中梁体出现拉应力,且压应力均小于混凝土设计容许值。

图 9　梁段受力监控

2. 节段吊装顺序(图 10)

连续梁梁段吊装顺序依次为:

1)1 号、1′号、2 号、2′号、3 号、3′号、(吊装、胶拼、张拉)。

2)4 号、4′号、5 号、5′号、6 号、6′号(吊装、胶拼、张拉)。

3)7 号、7′号、8 号、9 号、9′号、11 号、8′号、10 号(吊装),其中 7 号、9 号、9′号为下放梁段,9′号梁段下放至路面上,8′号、10 号为旋转梁,10 号旋转后并下放以保证 9 号段张拉空间。

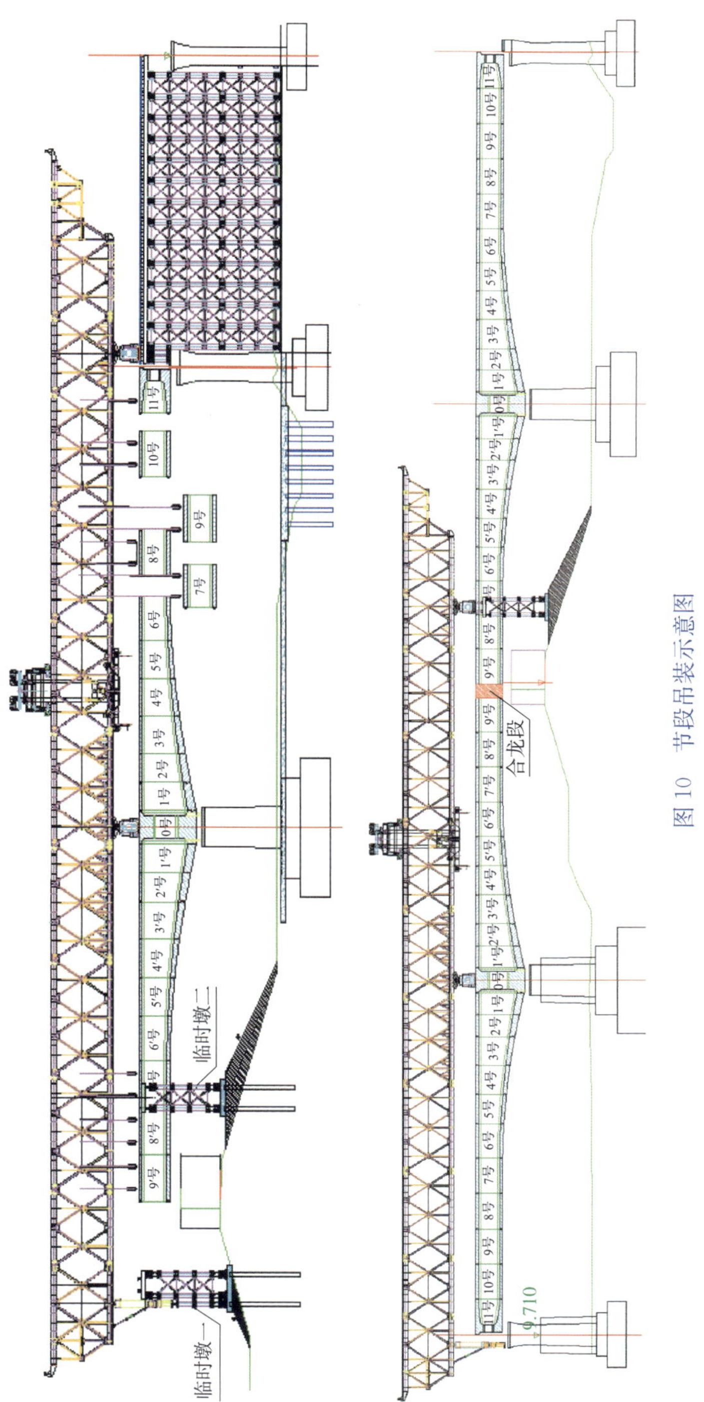

图10　节段吊装示意图

4)7 号、7′号、8 号、8′号、9 号、9′号(胶拼、张拉)就位。

5)10 号、11 号就位(张拉)。

6)架桥机过孔,使用上述步骤架设 80 m 另外半联。

7)对左右半联进行钢结构加固,并浇筑合龙段混凝土,最后张拉通桥钢绞线,80 m 连续梁架设完成。

3. 涂环氧树脂胶

涂胶前保证接缝两侧端面清洁、干燥,孔道无杂物。在预应力孔道周围贴单面胶制的环型海绵垫(10 mm 厚),保证预应力孔道的密封,防止环氧树脂胶挤进孔道内。回转天车起吊梁段向组拼好梁体靠拢至 20~30 cm 缝时,粗调梁段高程和中线基本符合。顶板和腹板安装临时张拉用的钢锚块、ϕ32 mm 精轧螺纹钢和张拉穿心顶。

在梁段调整及各项准备工作就绪后,开始拌制胶浆。单面涂胶 3 mm,涂刷厚度均匀,45 min 以内完成一道接缝涂胶。

4. 临时张拉(图 11)

当梁段涂胶完成后,再次对梁段高程、中线进行调整。临时张拉作业以四组人员及设备同时作业,螺纹钢施加预应力作业时确保以箱梁断面对称同时进行。张拉时专人指挥,分级张拉。

临时张拉完成后,立即组织人员清理接缝挤出的胶,并用通孔器清理预应力孔道,排除可能被挤入预应力孔道的胶体。

图 11 临时张拉

5. 预应力施工

80 m 连续梁全桥通桥纵向预应力束长 178.8 m,单束由 19 根钢绞线组成,节段胶拼梁波纹管接头多、管道长、阻力大,如何穿束钢绞线束通过通桥纵向预应力束张拉是施工的难点之一。为此开发了大跨连续梁钢绞线液压穿束工艺,如图 12 所示。

穿束前应用压力水冲洗孔道内的杂物,并观察孔内有无穿孔现象,而后吹干孔内的水分。穿束采用引线进行,先由人工穿入单根钢绞线作为引线,再用 20 t 液压穿束机将编好束的 19 根钢绞线穿入。

图 12　钢绞线液压穿束施工

1.3.4　应用实例及效果分析

结合京唐铁路潮白新河特大桥 80 m 连续梁上部结构节段拼装梁(胶接缝)架设施工,扩大了 TPZ80/2500 型移动支架施工应用范围。该架梁移动支架由铁五院研发,已获得国家发明专利(ZL.2016.1 0515921.0)。本项目取得以下几方面成果:

(1)80 m 大跨节段胶拼连续梁架设在高速铁路施工中得到首次应用。研发了大跨连续梁一次拼装 3 对预制节段终张拉压浆,即“小节段预制、大节段拼装”的平衡悬臂拼装工艺。

(2)改进 TPZ80/2500 型移动支架悬吊系统,满足大跨连续梁节段拼装施工要求。

参编单位:中铁二十四局集团有限公司

参编人员:陈恒刚、毛雪波

1.4 大跨度节段胶拼连续梁短线法液压数控模板技术

1.4.1 工程背景

京唐铁路潮白新河特大桥的2联(48+80+48)m连续梁及其间的16孔40 m简支梁采用节段预制胶拼法建造,桥长1.01 km。制梁区共设置1条长线台座、3个短线制梁台座。其中连续梁的变高段在短线台座上预制,等高段在长线台座上预制。胶拼梁场制梁区布置如图1所示。

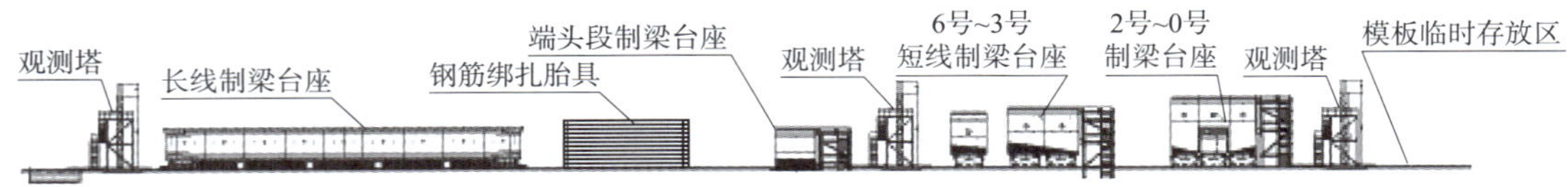

图1 胶拼梁场制梁区布置图

1.4.2 主要技术特点和应用范围

1. 模板总体设计

节段模板系统的设计是短线节段制作中几何尺寸控制的重要环节。通过对节段位置和几何尺寸的控制来实现期望的节段结构形状,如图2所示。

图2 模板

2. 固定端模

固定端模是短线法预制线形控制的关键,其在设计阶段要充分考虑梁段高度、混凝土浇筑过程对模板的侧向压力及施工精度等要求。

节段梁齿形剪力键采用实体钢制剪力键固定在固定端模侧(或临时端模),浇筑时形成凹面键槽。当此端面作为匹配面时,待浇节段便成为凸形键。实体钢制剪力键也可以为收分结构，以适应梁段腹板厚度的变化。

固定端模采用整体形式，由面板和纵横肋组成。底模与侧模间设置橡胶条密封，防止混凝土浇筑时漏浆。为适应各梁段的不同底板厚度，在固定端模底板位置设置可拆卸的活动节，通过螺栓连接于整体固定端模，如图 3 所示。

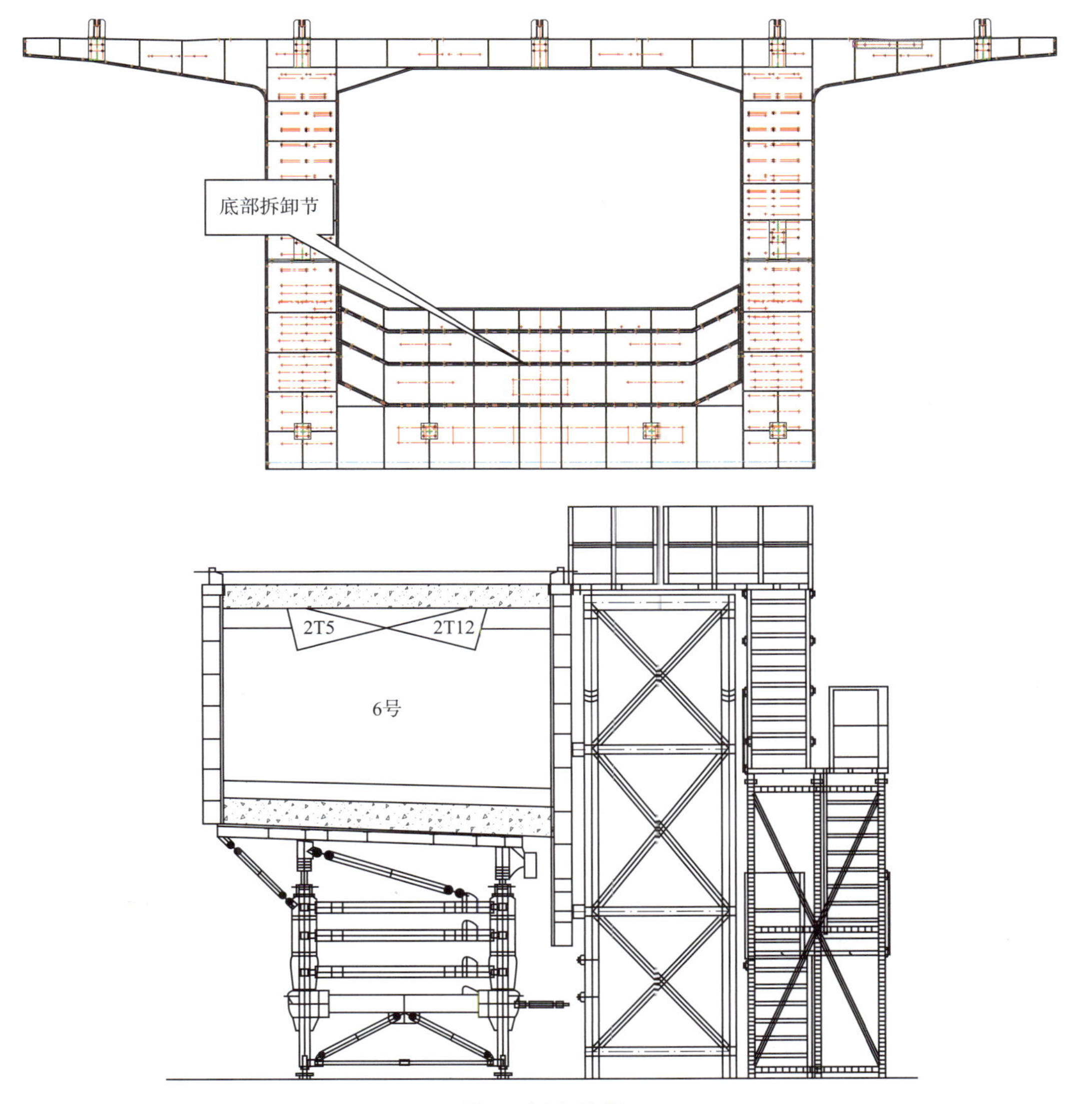

图 3　固定端模

3. 侧　　模

侧模系统由侧模、翼模、外模桁架等组成。外模桁架下部的每个节点处均设有螺旋千斤顶，用于调整外模的安装高度和脱模。外侧模板面采用整体大版面，采用侧包底、侧包端的处理方式。在底模和侧模间增加对拉装置。侧模支架的调整（合模、张开）可通过液压油缸及可调支撑杆来实现，提高了侧模的机械化程度。

4. 底　　模

由于承受梁体的绝大部分重量，需要设置刚度更大的加劲肋板，同时底模支撑腿需要选用大尺寸的型钢，螺旋支撑需要选用大直径小螺距，保证调梁后的体系转换时对匹配梁体的位置影响降至最低。满足变截面梁的预制，底模设置高度调整节及精调丝杆，保证底模的共用特性。底模布置如图 4 所示。

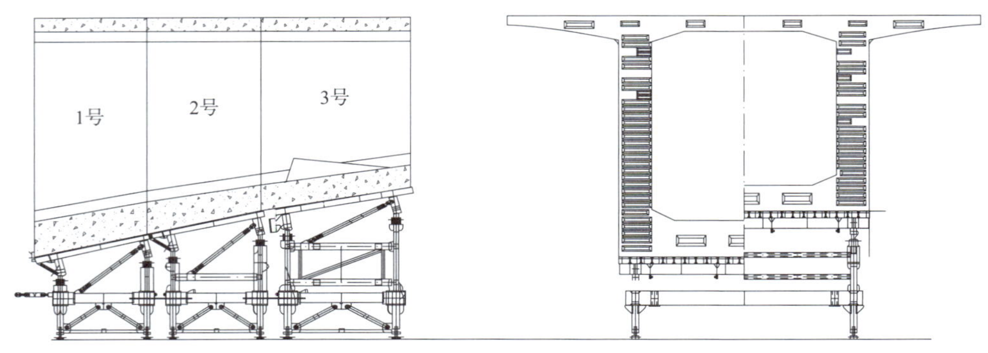

图 4　底模

底模板安装在底模支架上，支架上设调节支架，采用丝杠和底模台车调节定位。

5. 内　　模

内模设计形式为液压式伸缩内模。对于连续梁节段梁箱内锯齿块种类多，位置不定性大以及变截面梁的内模侧板高度变化等情况，内模设计初要充分考虑模板共用特性及拆换部分模块的便捷性，内模分为标准块和异形块，可根据不同的断面布置进行不同组合。整个内模系统固定在内模台车上，内模台车由液压马达牵引前进后退。内模布置如图 5 所示。

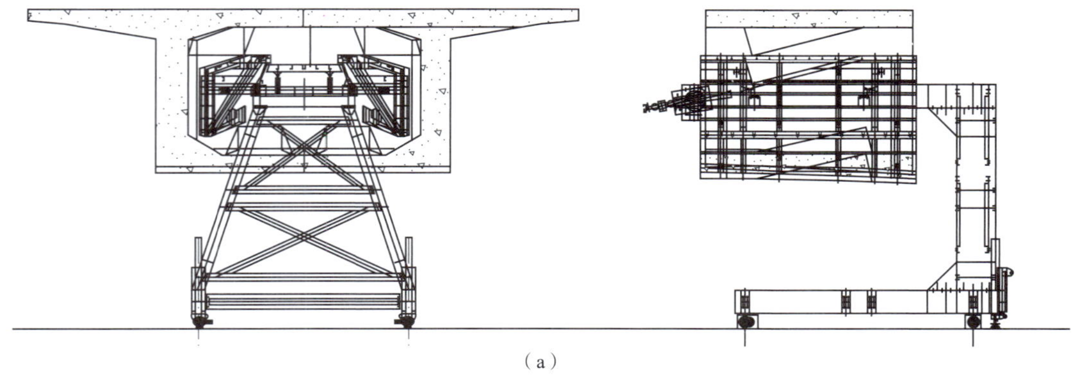

(a)

图　5

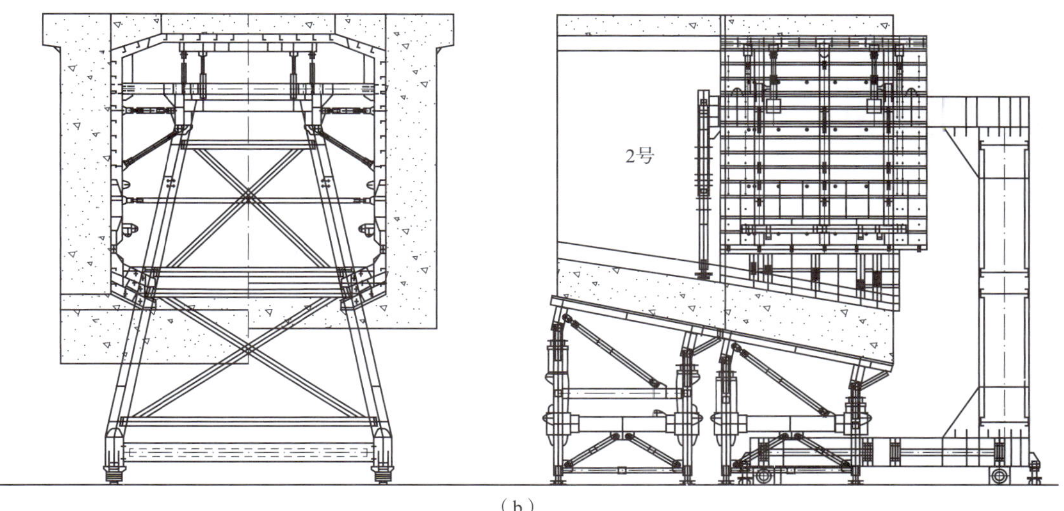

（b）

图 5　内模

6. 三维调梁小车

三维调梁小车是放置匹配节段的装置，匹配节段的调整就位由它完成，如图 6 所示。运梁小车运行于滑轨上，采用液压千斤顶动力走行，一旦调整就位，立即锁死。运梁小车工作面一共有三层，上面两层为平面调节工作面，调节节段纵向和横向的位置，每一层均通过滑槽与下一层连接，使用液压装置调节，滑槽可以允许匹配节段在平面内两个正交方向的平动，以此进行平曲线的调整。底下一层为高程调节工作面，四个角点安置四台液压千斤顶，用以调节节段控制点的高程，即竖曲线位置和超高。

图 6　三维调梁小车

1.4.3 技术控制要点

首先匹配梁就位主要靠调梁小车的三维调节功能，调梁小车的可操作精度达到1 mm，高于预制梁预制控制精度；其次确保底模刚度，降低其受外力作用后的相对位置移动；最后在固定端模与匹配梁间设置对拉装置，保证其相对位置不变。

匹配节段的调整定位是整个模板系统调节中的重要环节。匹配节段在浇筑时首先应该控制好与侧模接合处的浇筑质量。匹配节段移动到匹配位置后，根据高程和轴线测量记录，通过对底模运输车上液压千斤顶、竖向滑梁和横向滑梁的操作，将匹配节段的高程和平面位置移动到指定位置。

调整侧模支架的千斤顶调节竖向和纵向高度以及侧向位置；使侧模内侧与固定端模、底模和匹配节段连接紧密，然后锁定。安装钢筋笼和预埋件完毕，开始内模调整就位。内模的运行采用固定在轨道上内模台车，送入待浇节段对应的内箱室，纵向伸入匹配节段内至指定长度，用内模千斤顶将内模张开至设计箱内壁位置，然后锁定。内模横向位置以内模台车控制。内模各转角处设置有连接螺栓，可以自由开合，到达指定位置之后，由可调节螺栓锁定支撑。

1.4.4 应用实例及效果分析

研发短线法成套预制模板系统，使节段预制工艺更具机械化，施工效率更高、操作更安全，并减少预制场的占地面积。铁路连续梁节段胶拼施工首次采用全自动三维数控液压模板系统。该模板系统申请了实用新型专利《一种铁路节段胶拼连续梁短线法预制系统》(专利号：ZL202121218558.9)。

参编单位：中铁二十四局集团有限公司
参编人员：陈恒刚、王谨

1.5 连续梁冬期施工温度自动调控施工技术

1.5.1 概 述

新建铁路越来越多需要跨越构筑物，大跨径混凝土连续梁因为其结构受力均匀，造价成本低等优点成为设计首选。目前在施工过程中大多采用连续梁施工工艺来跨越构筑物，但连续梁施工工期长，往往成为控制性工程，为了保证整体项目工期进度目标，连续梁存在部分节块进入冬期施工范围内，而混凝土保温养护成为冬期连续梁施工质量控制的重难点。

以往冬期施工采用覆盖、暖风机和桑拿炉等方式进行升温保温，在安全、质量和进度方面存在明显缺陷。津兴铁路连续梁冬期施工期间，采用温度自动调控系统，该系统包含一套多功能时间温度控制器及电加热丝、铝模保温岩棉、电热毯等材料。施工中采用温度自动调控系统对模板进行加热保温，可根据每一段时间混凝土温度变化随之调节变化养护温度，养护效果好，施工安全保障大大提高，节省了每一节块使用人力机械配合安装保温措施的费用，为施工节点工期提供了保证，也为同类冬期施工中提供了宝贵经验。

1.5.2 主要技术特点和应用范围

1. 主要技术特点

(1)采用工业级加热丝，加热保温稳定。

电加热丝是模板加热的热源，对于加热丝的要求高，应选用原材质量好的加热丝；在安装过程中没有弯折。附着式保温材料加热丝如图1所示。

图1 附着式保温材料加热丝

(2)保温效果好，能源消耗低。

能对连续梁节块的底板、腹板和顶板部位分别进行加热保温。直接对模板进行加热，通过隔绝混凝土与外界的热交换，并且对混凝土表面的模板和混凝土表面覆盖物直接加热进行温度控制，使混凝土在最佳温度状态下养护，避免混凝土表面和芯部温度温差过大，防止混凝土冻害发生。附着式保温板施工如图 2 所示。

图 2　附着式保温板施工

(3)安全性能高，高空作业风险小

温度自动调控系统使用铝模保温岩棉材料，具备防火保温性能，整个施工过程未进行明火加热，火灾风险大大降低。同时，保温材料在连续梁模板安装前铺设，减少高空作业风险。附着式保温板材料如图 3 所示。

图 3　附着式保温板材料

(4)自动调控温度

混凝土养护期间，混凝土温度不得低于 5 ℃，细薄截面结构不宜低于 10 ℃；混凝土芯部温度与表面温度、表面温度与环境温度之差均不宜大于 15 ℃。自动调控系统分为低、中、高三个功率挡位，当环境温度过低或梁体表面温度与芯部温度超限时，自动调控系统自动选择挡位开启加热，以保证养护效果。自动温控系统运行如图 4 所示。

(5)保温材料跟随挂篮模板一同行走，施工工序简单

附着在挂篮模板外侧的保温材料只进行一次铺设安装。保温材料跟随挂篮模板一同前移，避免重复施工，避免保温材料浪费，如图 5 所示。

图 4　自动温控系统运行

图 5　保温材料跟随挂篮模板一同行走

2. 应用范围

京津冀地区属于暖温带亚湿润大陆性季风气候，历年最低气温 −19 ℃，累年最冷月平均气温 −6.7 ℃。累年平均风速 3.1 m/s，累年最大风速 20 m/s，主要为北风、西北风。结合本工程已完成连续梁冬期施工经验，今后可在京津冀区域类似冬期或低温条件下连续梁、现浇梁及梁板等使用钢模板施工的结构或安全环保要求高的地区，推广使用该新技术。

1.5.3　技术控制要点

1. 施工准备

材料进场：电发热丝、保温岩棉和热源反射板等材料进场。

模板背面清理：将模板背面的铁锈、油污和粘连的混凝土清除，并将破损的模板进行修补打磨平整。

2. 模板加热装置安装

将夹有电热丝的保温材料粘贴在模板背肋之间的空档内，粘贴热反射膜。按照背肋的间距尺寸，将裁割合适的保温材料安装在背肋之间的空档内。将发热丝引出模板外，用以连接温度自动调控系统。

装置工作前，重点检查线路有无受损，有无漏电部位，自动温控开关是否完好，漏电保护装置是否合格，线路接头绝缘是否满足要求。检查在施工过程中有无对电热丝的伤害，特别是在施工中电气焊对电热丝的烧伤导致的电热丝与模板发生粘连漏电故障必须排除，每次使用前必须做通电实验。

混凝土浇筑后顶板表面使用电热毯覆盖完成，将系统电源连接，进行自动温控工作。当温度较低时，为防止混凝土浇筑过程中出现冻害，可以提前一段时间对模板进行温控预热。

3. 温度自动调控系统安装

温度自动调控系统含有温度传感器、温差分析系统和电路安全保护装置。

4. 监测要求

采用温度自动调控系统控制混凝土加热模板的施工装置进行冬期施工。现场通过在连续梁表面及芯部预埋测温芯片进行温度监测。测温点布置如图 6 所示。

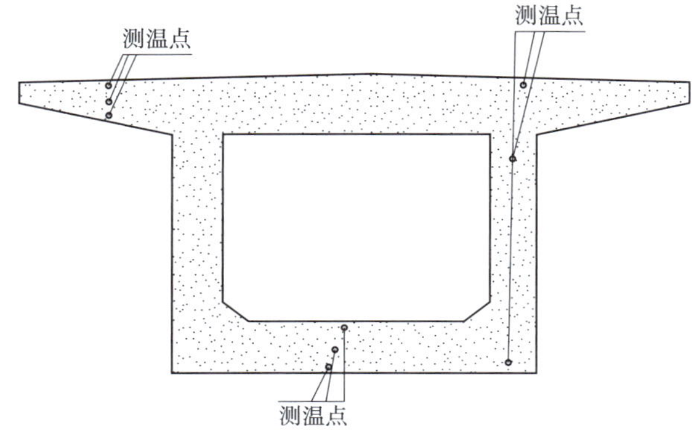

图 6　测温点布置图

混凝土浇筑完成后的 48 h 之内混凝土的表面及芯部温度上升，60～150 h 混凝土温度下降，150 h 之后温度趋于稳定。连续梁冬期温度变化见表 1。

表 1　连续梁冬期温度变化表

序号	时　间	芯部温度	上表面温度	下表面温度
1	1～24 h	上升	上升	上升
2	24～48 h	上升	上升	上升
3	48～72 h	下降	下降	下降
4	72～100 h	下降	下降	下降
5	100～150 h	下降	下降	下降
6	150～220 h	稳定	稳定	稳定

混凝土处在设定的恒温下，强度快速提升。当温度超过设定温度时装置自动断电停止加热，当温度低于设定时，自动调控装置开始加热，整个过程在自动调控装置调节下完成。在养护 5 d 后强度和弹性模量能够达到设计的 100%，可以进行张拉，施工效果良好。连续梁

温度控制曲线如图 7 所示。

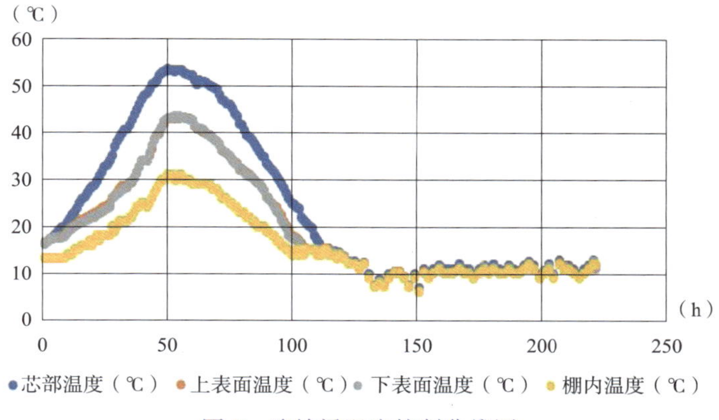

图 7　连续梁温度控制曲线图

1.5.4　应用实例及效果分析

1. 应用实例

津兴铁路二标永清特大桥工程跨燃气管道(48＋80＋48)m 连续梁和跨廊沧高速(60＋100＋60)m 连续梁位于永清县。2021 年 11 月 6 日至 2022 年 3 月 15 日进行了冬期施工,冬期施工涉及的部位分别有:永清特大桥工程跨燃气管道(48＋80＋48)m 连续梁的 25-8 号、24-7 号、25-9 号、26-A11 号、24-8 号、25-10 号、24-9 号、25-C1 号、23-A11 号、24-10 号、24-C1 号节块;跨廊沧高速(60＋100＋60)m 连续梁的 228-10 号、230-15 号、229-12 号、228-11 号、227-15 号、229-13 号、228-12 号、229-14 号、228-13 号、228-14 号、228-229 号节块。

本技术在津兴铁路二标连续梁冬期保温施工过程中,对内部混凝土进行封闭处理,对其进行加热、控温、保温处理,提高了混凝土养护效率,保证了实体工程质量,减缓了架梁通道的工期压力,消除了施工过程中高空作业的安全隐患,同时降低了冬期施工的材料成本,节约人工费用,取得了良好的使用效果。

连续梁采用自动控温系统施工如图 8 所示,连续梁合龙后效果如图 9 所示。

图 8　连续梁采用自动控温系统施工

图 9　连续梁合龙后效果

2. 应用效果

(1)进度方面

按照以往的冬期施工养护方式,混凝土结构受热不均匀,温度调节难以把控,从而导致养护时间长,影响施工进度。采用本技术后,自动温控系统可以自动调节温度,保证了混凝土结构物的养护,混凝土强度提升快,从而节约工期。

(2)安全方面

自动温控系统所用的保温材料都是工厂定制加工,对材料损耗小。使用交流 220 V 电源提供能源,不存在明火,无碳排放,安全节能环保。

(3)质量方面

本技术改变了搭设保温棚、水蒸气加热等传统工艺耗能大、效率低的缺点。直接将热量作用在混凝土表面和内部,使热能利用率提高,同时在模板加热作用下激发混凝土水化热集中释放,增强养护效果,保证了施工质量。

(4)经济效益

传统工艺中每个节块在冬期保温中需要 6 人 24 h 进行棉被覆盖和桑拿炉加热,人工费约 1 200 元。桑拿炉升温需要养护 14 d,成本约 21 000 元。而搭设温棚需要 25 t 吊车 2 台,机械台班费约 1 000 元。钢管、棉篷布等材料合计约 2 000 元。则每个节块所需人工、材料和机械费用约 25 200 元。使用连续梁冬期施工温度自动调控系统后,每个节块养护需要人工 2 人,人工费约 400 元。平均每天消耗电量约 2 400 kW,养护 5 d,电费约 12 000 元。则每个节块所需人工、材料和机械费用约为 12 400 元。每个节块可节约 12 800 元,合计节约成本 28.16 万元。传统工艺与自动控温系统经济对比分析见表 2。

表 2　传统工艺与自动控温系统经济对比分析表(元)

序号	项　　目	传统工艺	自动控温系统	节约费用
1	人工费	1 200	400	800
2	机械费	1 000	0	1 000
3	材料费	23 000	12 000	11 000
合　　计		25 200	12 400	12 800

(5)社会效益

该新技术使用保温阻燃材料,模板安装前铺设,减少高空作业风险,安全节能环保,节约成本,缩短工期得到了社会各界的一致好评。但要注意,该技术只适用于钢模板施工,保温材料粘贴在模板背肋之间的空档内需要提前量取尺寸,且保温材料较轻,不适宜在大风区域使用。结合京津冀区域气候特点及环保要求,建议可以在京津冀区域墩身高度大、跨度大,采用定型钢模板结构冬期施工的工程中推广使用。

参编单位:中铁十局集团有限公司

参编人员:孙禄、姬腾飞

1.6 廊坊制梁场 80 t 门式起重机防冲撞体系应用技术

本技术以廊坊制梁场门式起重机防冲撞体系成果应用为核心，通过技术特点、适用范围、主要技术控制要点、工程实例及效果分析等内容介绍，呈现监理单位在安全监控方面采取的先进实用方法和经验，为后续监理项目工程实践提供参考和借鉴。

1.6.1 工程背景

城际铁路联络线一期工程廊坊制梁场，位于廊坊市广阳区万庄镇境内先锋道路北侧，紧邻廊坊市西环路，距西环路 450 m，位于线路左侧，对应线路中心里程 DK22＋827（廊坊特大桥 158 号墩处，墩高 11.5 m）。

梁场共承担 460 榀箱梁预制任务。投入两台 80 t 龙门吊用于预制箱梁钢筋笼、布料机以及防雨棚等生产区吊运作业。

1.6.2 主要技术特点和应用范围

在门式起重机红外线探测防撞技术应用前，廊坊制梁场的门式起重机防撞措施主要以大车走行 LX10-12 限位器控制。

1. 大车走行 LX10-12 限位器及红外线防撞系统工作原理

（1）大车走行 LX10-12 限位器

廊坊制梁场两台门式起重机安装 4 套大车走行 LX10-12 限位器，如图 1 所示。

图 1　大车走行 LX10-12 限位器系统

（2）大车走行 LX10-12 限位器组成及功能

①行程开关主要由外壳、滚轮、上转臂、定位弹簧、接触点、杠杆限位尺、支持件及接地螺钉等组成。

②行程限位开关，用于控制机械设备的行程及限位保护。在实际使用中，将行程限位开关安装在预先安排的位置，当装于另一台设备上的限位尺撞击行程开关时，行程限位开关的

触点动作，实现电路的切换。它的作用原理与按钮类似，用以控制其行程、进行终端限位保护。

2. 红外线探测防撞装置

(1)红外线探测防撞装置包括红外线发射器、红外线接收器和反光板，如图 2 所示。红外线发射器和接收装置设置在一台门式起重机防撞区的一侧，反光板安装在另一端。红外线发射器发出的红外线照射到反射器上后，被反射回来的红外线被接收器接收。

图 2　红外线探测装置防撞系统

(2)距离检测装置与接收器相连，接收到反射回来的红外线信号时，判断与反射板的距离，并输出检测距离信号。

(3)距离判断装置与距离监测装置相连。根据距离监测装置输入的检测距离信号，判断所测距离是否小于 2 m(根据廊坊制梁场两台起重机的情况设定值)。若所测两台门式起重机间距小于该数值，则输出信号至制动装置，使两台门式龙门吊停止移动，避免相撞。

1.6.3　现场监控要点

(1)检查预制梁场管理龙门吊的组织机构设置和规章制度建立情况。设置专门机构负责大型设备的维护保养和日常检查。

(2)两台门式起重机进场前，及时审查安装施工方案，旁站安装过程，严格按照安装方案上的要求进行施工，对现场安装作业进行监控。安装完成后，督促安装单位和使用单位(预制梁场)进行交接检查，确保安装作业的质量。

(3)严格核查门式起重机操作人员和司索工的证件，保证证件在有效期内且人证相符。特种作业人员经安全培训，考核合格后持证上岗作业。

(4)督促预制梁场及时向工程所在地的市场监管局报备登记，在取得使用登记证后方可正式投入作业工序。

(5)为保障龙门吊使用安全，梁场使用的两台门式起重机采取“双限位”防冲撞系统：一种为前期使用的大车走行 LX10-12 限位器，另一种为红外线探测防撞装置。监理负责敦促施工单位安装上述防撞系统，并进行调试，确保使用有效。

(6)现场监理要求施工单位在正常使用工况下，每周对两套防撞系统进行检查，现场监理每月现场见证其中的一次防撞系统检查，并在使用过程中对红外线探测防撞装置的工作性能进行观察评估。

1.6.4 经济效果分析

(1)红外线探测防撞装置型号比选

根据廊坊制梁场门式起重机型号及作业环境,红外线探测装置根据测量距离、反馈时间及单价等参数对以下型号红外探测装置进行了比选,见表1。

表1 红外探测装置比选表

型号	项目			
	探测距离(m)	反馈时间(s)(灵敏度)	单价(元)	备注
E3JK-LX5M	5	0.8	150	电源要求36 V
ZT-A2	5	0.2	600	电源要求380 V
E3K-100-5M	5	0.8	200	电源要求36 V

在探测距离都是5 m的情况下,红外线探测装置反馈时间越短,整个系统的安全性越高,故选择ZT-A2型红外线探测装置。

(2)传统单限位和改进型双限位门式起重机安全和经济效益分析

1台门式起重机的传统型单限位系统与改进型双限位系统安全和经济效益对比见表2。

表2 传统型单限位系统与改进型双限位系统安全和经济效益对比

限位系统	对比项目		
	使用设备		增加费用
传统型限位系统(单限位)	2台走行限位器		—
新型限位系统(双限位)	2台走行限位器	2台红外线探测限位	600×2(元)

门式起重机安装了双限位后,同时减轻了地面上信号工和操作室内操作手的工作强度。加装红外线探测装置防撞系统后,在双限位防撞系统的工况下,廊坊制梁场已完成制梁405孔,门式起重机零事故安全运营至今,在增加低投入的情况下,对门式起重机安全作业产生良好的效果,该装置具有高可靠性和推广应用价值。

参编单位:北京铁城建设监理有限责任公司
参编人员:韩振明、李红卫

1.7　移动式钢木结合侧墙三脚架模板施工技术

1.7.1　工程背景

对于隧道断面形式复杂的衬砌结构通常采用传统小钢模拼接施工，需要投入大量劳力反复拆卸，效率低，材料周转投入大。为简化施工步序、提高施工效率、降低施工成本，城际铁路联络线一期工程榆安 3 号隧道经过技术革新，多方面比选，最终采用了移动式钢木结合侧墙三脚架模板施工技术，进行变截面侧墙施工。该技术可根据侧墙高度需求调节高度，不受钢支撑影响，能够有效保证施工质量，提高施工效率，降低施工成本。

1.7.2　主要技术特点和应用范围

1. 主要构成要素

(1)直墙移动式

本模板支架主要由胶合板面板、H20 木工字梁主龙骨、12 号双拼槽钢次龙骨、三角桁架、埋件系统、行走系统、走行配重块等 7 部分组成。本模板支架可根据侧墙长度需求进行组装，灵活简便。支架主要依靠三角桁架及埋件系统抵抗混凝土及振捣产生的侧压力，如图 1 所示。

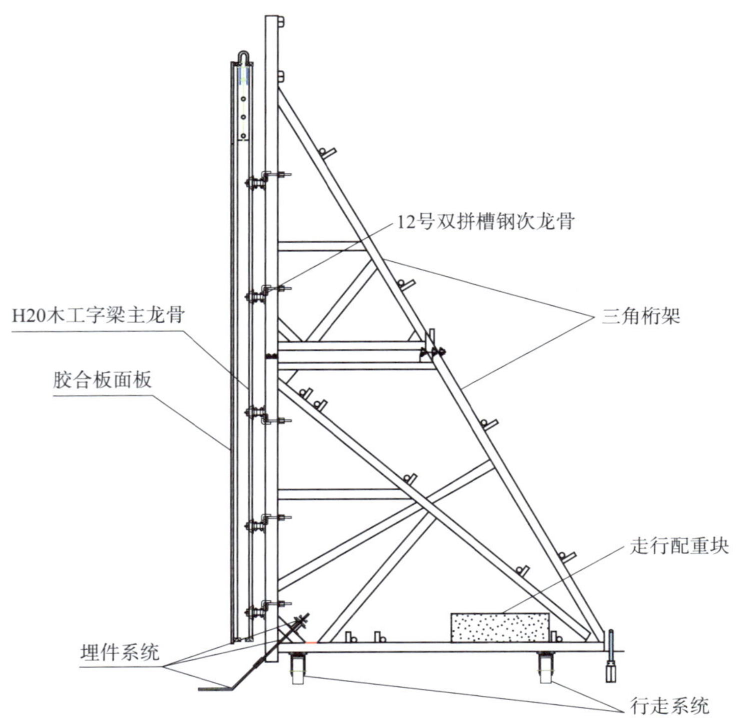

图 1　直墙移动式钢木结合侧墙三脚架模板结构件图

(2)拱墙、直墙微拱移动式

本模板支架较直墙移动式钢木结合侧墙三脚架模板采用弧形桁架替代12号双拼槽钢次龙骨,其他组成要素同直墙移动式钢木结合侧墙三脚架模板,如图2所示。

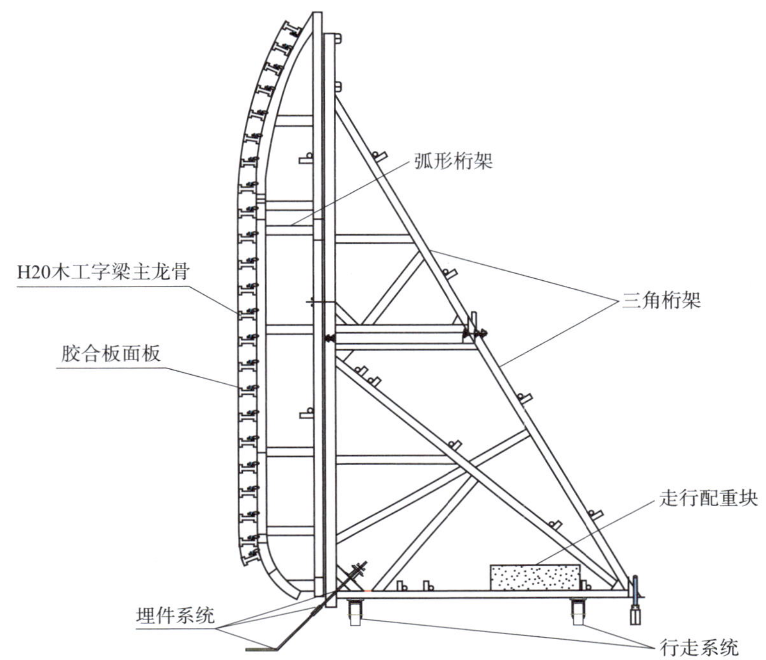

图2　拱墙、直墙微拱移动式钢木结合侧墙三脚架模板结构件图

2. 结构特点

本模板采用钢木结合,自重轻、吊装方便。主次龙骨及面板、三角桁架均可提前组装,不受场地限制,待衬砌具备施工条件模板可进行整体吊装,功效快、操作简单。在三角桁架下方设有万向轮,衬砌施工完成后可将架体推行至下一工作面进行施工,大大缩短了模板的安拆时间。

3. 应用范围

移动式钢木结合侧墙三脚架模板施工技术主要适用于隧道断面形式复杂且底面平整具备走行条件的衬砌结构施工。

1.7.3　技术控制要点

1. 埋件系统施工

在底板施工过程中进行预埋件预埋,预埋件规格、间距、埋入深度等技术参数根据结构受力验算进行确定,预埋件倾斜角度为45°。预埋件预埋时要求拉通线,保证埋件在同一条直线上。

2. 模板拼装(以直墙为例)

面板选用维萨板,该模板具有强度高、自重轻、耐磨性强、可周转次数多等特点;主龙骨采用H20木工字梁;次龙骨采用12号双拼槽钢。先将次龙骨按设计间距放置在平整的地面上,采用木工字梁连接爪将主龙骨与次龙骨连接(图3),面板与主龙骨采用铁钉连接。三角桁架使用ϕ48 mm钢管将三榀三脚架连成一个单元,采用背楞扣件将次龙骨与三角桁架连接(图4)。

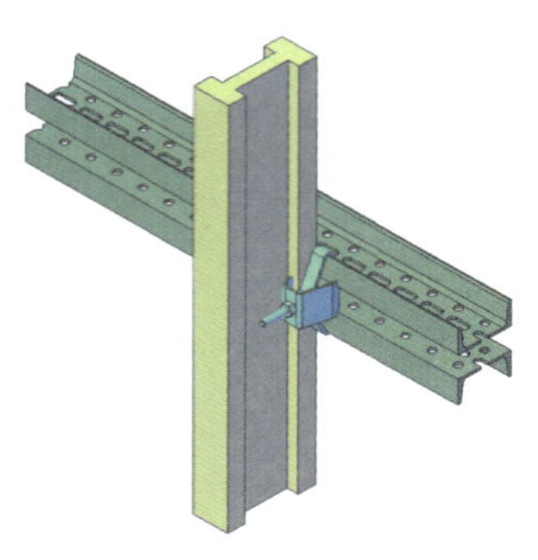

图 3　主次龙骨连接示意图

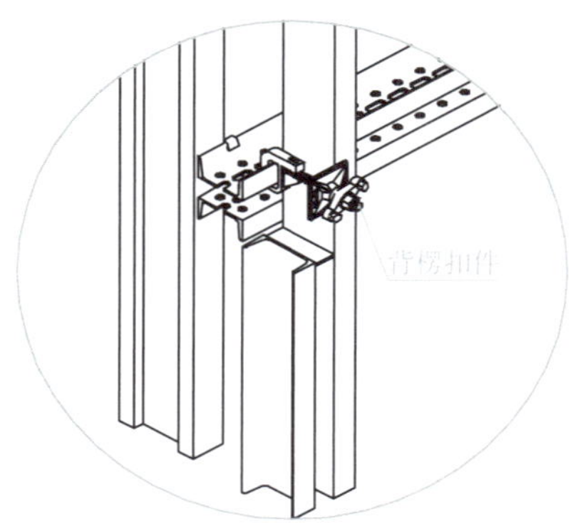

图 4　次龙骨与三角桁架连接示意图

3. 模板吊装

待模板拼装完成后，将模板按单元整体吊装至工作面内，采用连接螺母将外连杆与预埋件进行连接，通过压梁与三角桁架进行连接(图 5)。压梁为纵向布置的 12 号双拼槽钢，外连杆通过蝶形螺母与压梁进行连接，蝶形螺母与压梁之间设置垫片，增加锚固效果并防止蝶形螺母磨损。固定完成后通过丝扣杠杆(图 6)进行微调。成品效果如图 7 所示。

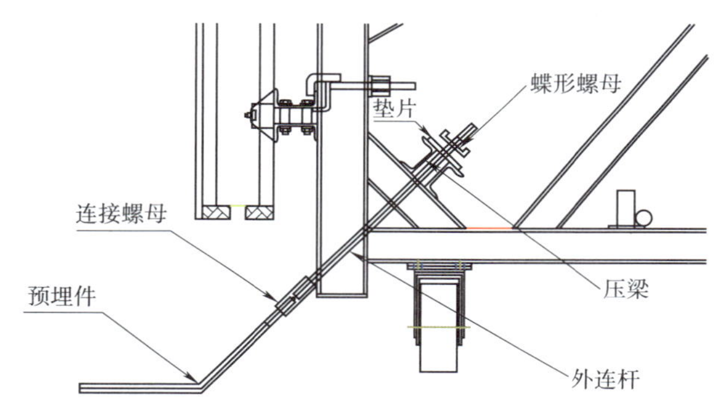

图 5　压梁及连接件示意图

图 6　丝扣杠杆

图 7　成品效果图

4. 节点做法

(1)H20 木工字梁接长连接节点

H20 木工字梁两端设有 ϕ22 mm 孔洞,采取对接方式连接,两侧设置 25 mm 厚连接钢板,采用 M20×60 螺栓螺母将钢板与 H20 木工字梁固定。主龙骨接长节点如图 8 所示。

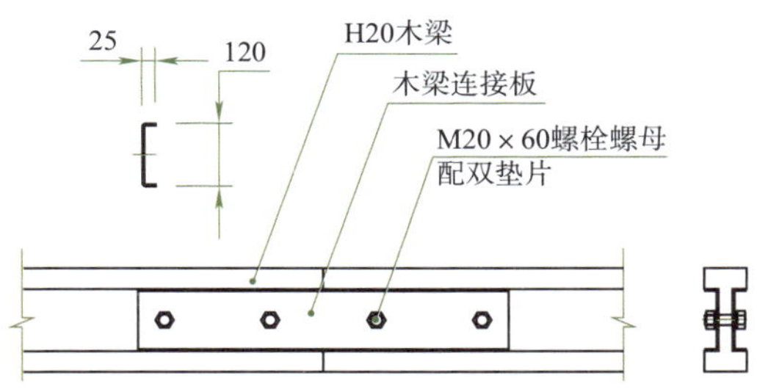

图 8 主龙骨接长节点(单位:mm)

(2)直墙次龙骨拼缝节点

直墙 12 号双拼槽钢次龙骨通过芯带进行连接,当次龙骨之间直接拼缝时,将芯带销孔与槽钢次龙骨销孔对齐并采用芯带销固定牢固,如图 9(a)所示。当次龙骨之间不能拼在一起时,则增加拼缝模板,用芯带压住拼缝模板,如图 9(b)所示。

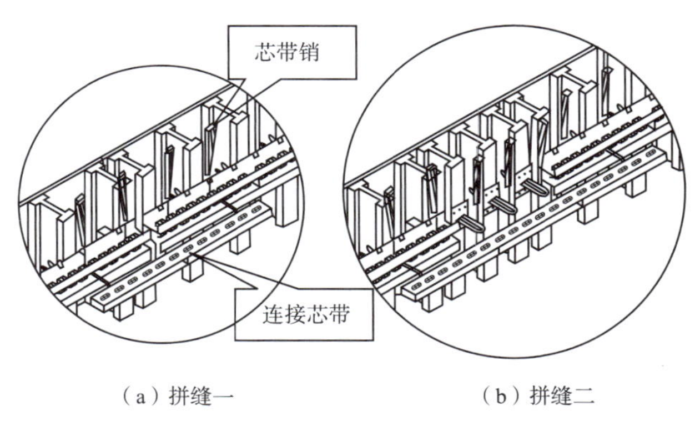

图 9 次龙骨连接节点

5. 模板周转走行

待混凝土强度达到设计强度,完成脱模后进行三脚架的走行周转。移动式钢木结合侧墙三脚架模板设有走行系统,无须重新进行拆除吊装。待模板松动后可采用叉车将模板推行至下一工作面,在行走过程中加设混凝土配重块防止模板倾覆。具有节约时间、减少人力资源消耗、可周转次数多、施工机具利用率高、提高施工效率等优势。

1.7.4 应用实例及效果分析

新建城际铁路联络线一期工程榆安 3 号隧道位于北京大兴区,隧道全长 5 472 m,均为明挖隧道衬砌结构。隧道断面形式复杂,包含直墙、拱墙、直墙微拱等多种结构形式,通过分析、比较、筛选,最终选定采用移动式钢木结合侧墙三脚架模板隧道侧墙施工。采用该技术较传统的钢模板和钢龙骨具有裁剪方便、脱模清洁方便、拆卸方便、自重轻、灵活性大、利用率高等特点。能够提高施工效率、节省投资,适用于变截面主体结构侧墙衬砌施工领域,推广前景广阔。

参编单位:中铁六局集团有限公司

参编人员:任广益、李东

1.8 BIM 技术在变截面明挖隧道施工中的应用技术

1.8.1 工程背景

明挖隧道在线路预留、车站等特殊部位普遍存在基坑开挖深度大、横向跨度大，隧道结构断面复杂多变，配套设施繁多等情况。采用传统的二维图纸施工存在较大的技术风险和管理风险。为此，根据城际铁路联络线一期工程站前 2 标榆安 3 号隧道中的实际施工情况，具体分析了 BIM 技术在多变截面、深大基坑明挖隧道施工中的应用，为今后明挖隧道 BIM 技术应用提供了建设性参考意见。

1.8.2 主要技术特点和应用范围

BIM 技术可以可视化展示工程的整体结构，在施工前对施工步骤进行合理规划，有效避免施工过程中的工序冲突，进行碰撞检查和施工优化，以便施工人员进行施工交底、施工模拟，有效提高施工质量与进度。

1. 场地布置

项目部在工程建设初期，利用 BIM 技术对项目驻地、钢筋加工场、搅拌站等临时建设工程开展了场地布置(图 1)、复核图纸、路径规划、进度管控、监控模拟、文明施工场地布置等。建设实景如图 2 所示。

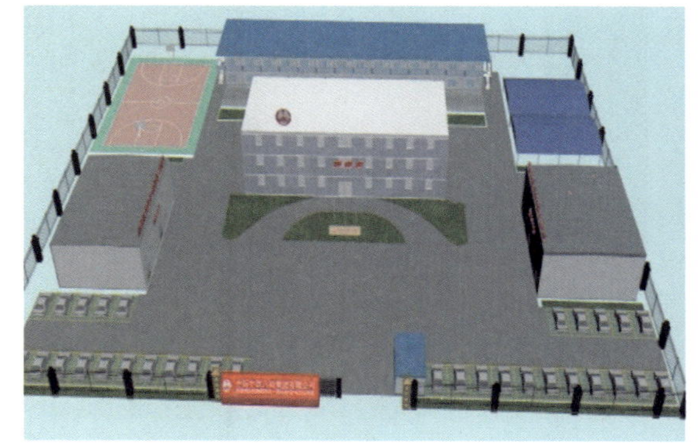
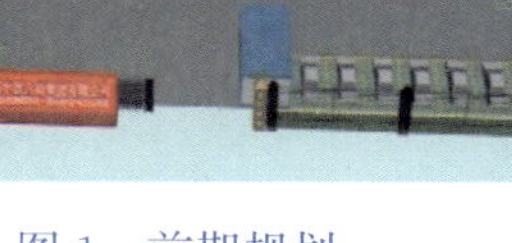

图 1 前期规划

图 2 建设实景

2. 碰撞检查及深化出图

在前期三维模型搭建过程中，发现碰撞、图纸错误等问题形成报告反馈设计，施工前优化图纸，利用 Revit 软件实时提供隧道任意角度、任意剖面、不同构件的二维图，完成图纸的深化设计，为施工保驾护航，确保工程顺利实施。衬砌建模、图纸问题汇总如图 3、图 4 所示。

图 3　衬砌建模

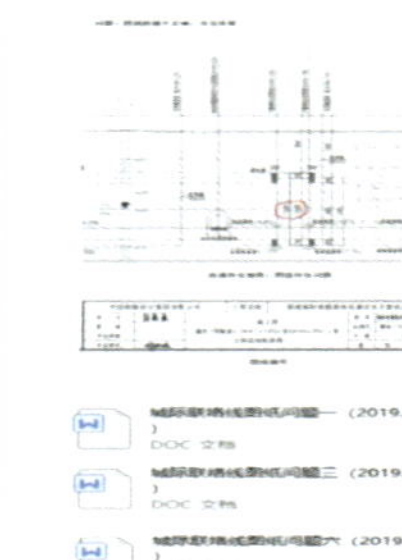

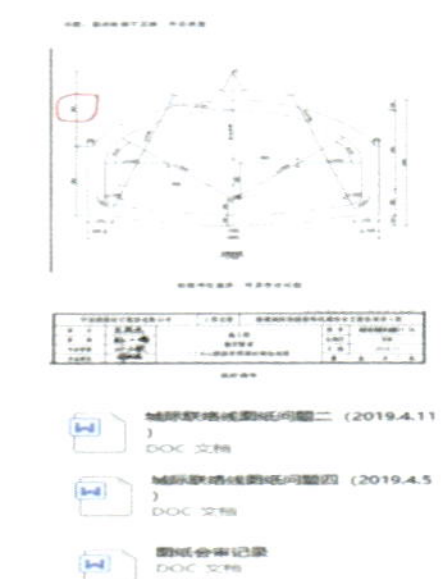

图 4　图纸问题汇总

3. 施工工艺模拟及台车方案优化

针对工程深大基坑这一特点，项目部组织编制专项施工方案，利用 BIM 技术将工序进行超前模拟，提前模拟出施工环境，辅助合理划分进度计划、资源供给、施工流水等，使得基于工作面内外工作协调一致，更加合理安排资源，保证深基坑安全施工。利用 BIM 技术在施工前对新型台车方案设计进行了超前模拟（图 5），提前进行施工模拟，确定方案可实施性，快速有效的比选出最佳台车施工方案，并对方案进行优化，提高工作效率。三脚架模板模型如图 6 所示。

图 5　衬砌台车模型

图 6　三脚架模板模型

4. 工程量计算及信息数据的添加

建立全线隧道及附属洞室三维信息模型，利用 BIM 技术对混凝土及钢筋量统计形成报表（图 7），加快概预算速度，提高计算精确度，并用作物资管控依据。随着施工进度，定制添加构件的属性信息，方便查看每个构件的属性信息、浇筑情况等，每个构件责任到人，后期作为电子版存档，更易保存，如图 8 所示。

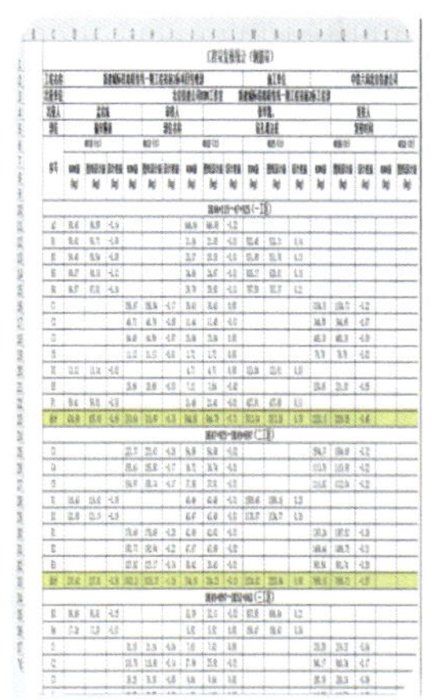

图 7　工程量计算

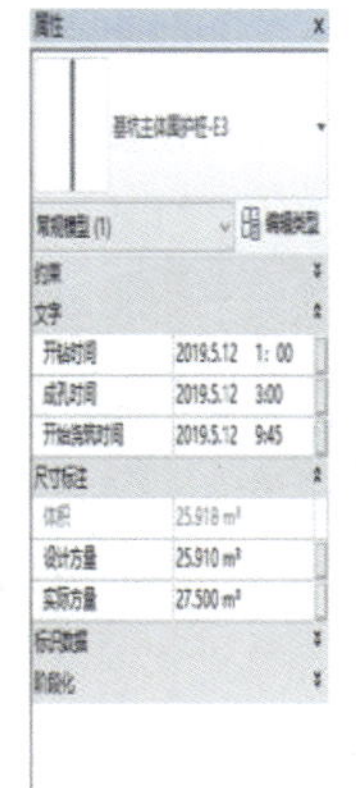

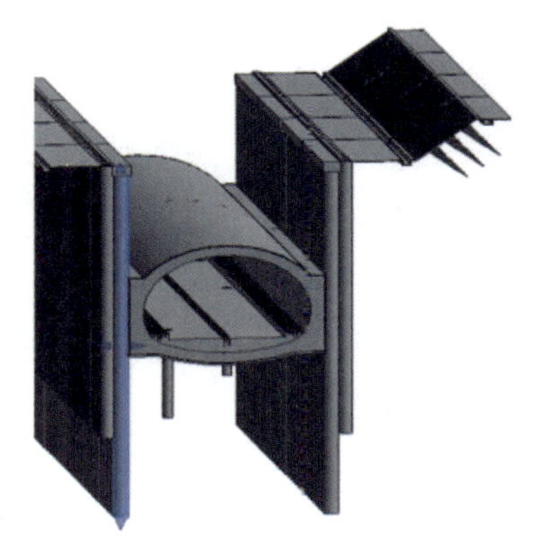

图 8　电子信息存档

5. BIM 作业指导书+三维技术交底

利用 BIM 技术制作三维作业指导书，定期召开三维技术交底例会(图 9)，将三维模型通过可视化设备放置在交流屏幕上，技术人员通过观看三维模型和三维作业指导书，更直观的学习施工并对现场施工人员进行技术交底，有效提高现场施工人员施工效率。

图 9　三维技术交底例会

6. BIM 模型轻量化

使用软件完成模型轻量化处理，在 PC 端、网页端、安卓端上浏览模型及交互操作。同时，利用 3D PDF 技术，在 PDF 中显示 3D 模型，可以查看高质量的 3D 内容并与之交互打开 3D 工具栏，并可播放所有动画。隧道模型展示如图 10 所示。

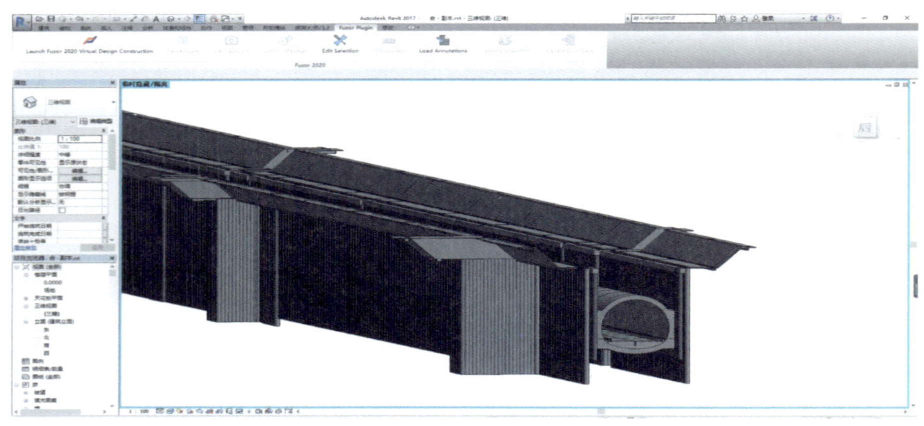

图 10　隧道模型展示

7. BIM+二维码使用

结合不同工种、不同部门编制《二维码使用手册》形成统一管理。随着施工进度的推进，可实时查看构件信息。现场二维码交底如图 11 所示。

图 11　现场二维码交底

8. BIM 建模编码及可视化

项目部根据现有信息模型表达及交付精度标准等有关要求，对标段进行建模，建模及交付均符合现行铁路 BIM 应用标准，对标段内整个场景进行漫游展示(图 12)，从不同视角加深对工程的了解，提高管理水平。建模及编码如图 13 所示。

9. BIM+3D 打印

利用 3D 打印技术打印出各类模型，以实物展现隧道主体的设计细节，同时将所有构件拼成一个整体部位，展示隧道结构成果，如图 14 所示。

图 12　标段漫游

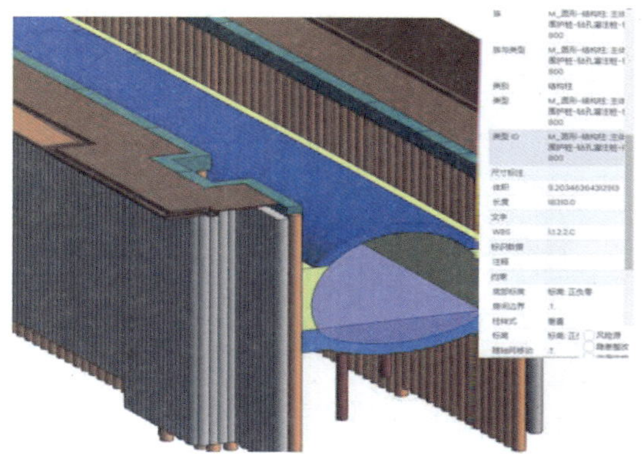

图 13　建模及编码

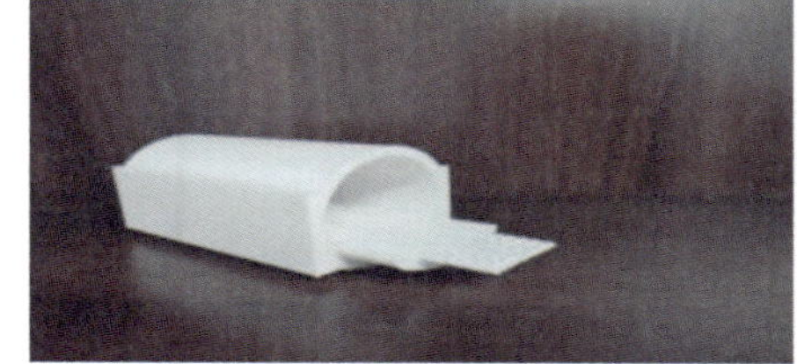

图 14　3D 打印模型

10. BIM＋VR 虚拟安全教育体验(沉浸式交互体验)

为提高 BIM 应用真实体验,将 BIM 技术和 VR 技术有机结合,建立体验馆,开展 VR 安全体验教育(图 15),通过将现场 BIM 模型和虚拟危险源的结合,让体验者可以走进真实的虚拟现实场景中,通过沉浸式和互动式体验让体验者得到更深刻的安全意识,以提升全员的生产安全意识水平,如图 16 所示。

11. 管理平台应用(质量、安全管理)

通过 BIM 平台移动端进行安全问题的上报和闭合,与质量问题上报流程相同,选取照片后填写安全问题的相关描述、责任单位、责任人等信息,并选择是否发送整改单,填写完毕后发送至云端,问题责任人收到消息提醒后立即对安全问题进行整改并以文字和照片的形式进行安全问题闭合,如图 17 所示。

图 15　开展 VR 安全教育

图 16　沉浸式交互体验

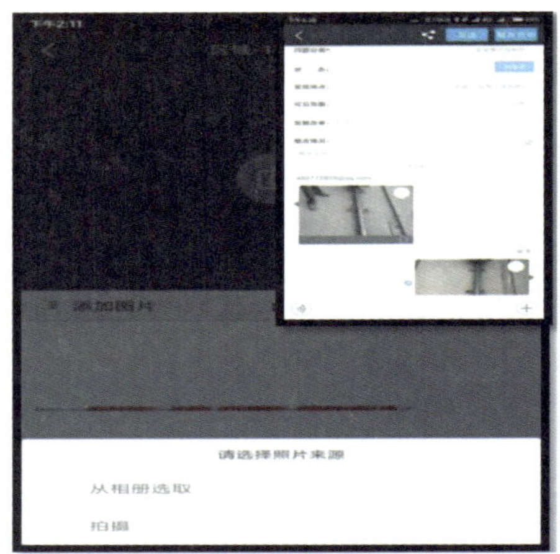

图 17　质量、安全管理

12. 管理平台应用(协同管理)

实现施工过程中各专业人员协同工作，通过导入管理平台，现场质量安全管理人员只需要按照流程，发起整改通知，明确责任人、参与人，定好整改时间。而整改人需要按照推送问题的要求，及时整改并报请验收，发起人通过赶赴现场实地验收，拍照验收整改完成至此完成整个流程的闭合。加强了内部管控手段，也按照权限实现了数据共享。协同管理如图 18 所示。

13. 施工现场管理(手机移动端应用)

一线技术人员和安全员通过手机移动端将进度照片按照工点进行上传，并对进度照片予以详细描述，具体到部位，同时输入日工程量和作业人数及设备投入情况。质量、安全模块持续使用，包括巡检任务下达，同时能够查询资料库数据。随时查看施工资料信息，直接

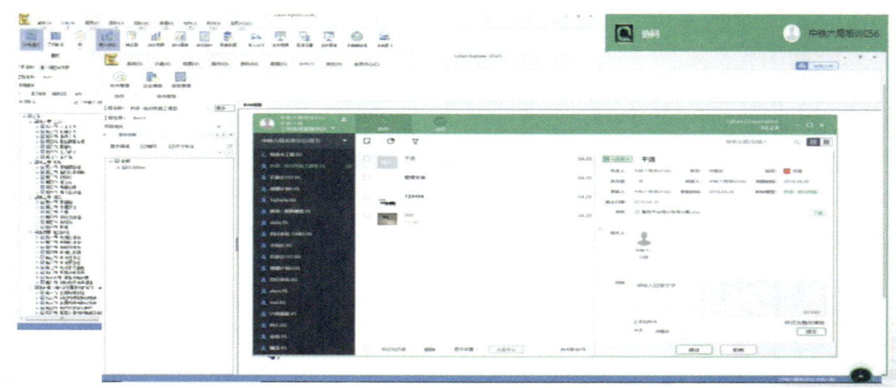

图 18　协同管理

解决了一线技术员手机上随时查看技术交底，施工工艺，质量验收标准等内容，减少了信息传递的流程，减短了时间，保证 BIM 应用结合现场具体情况，从而加快信息化的推进。资料库数据及实体模型如图 19 所示。

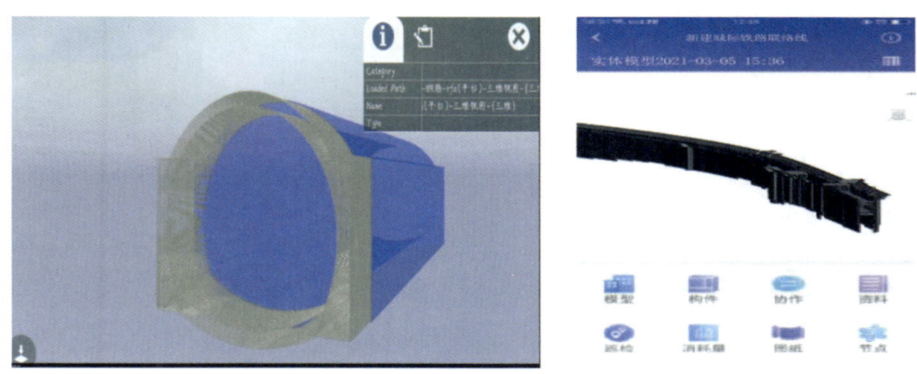

图 19　资料库数据及实体模型

14. 数字化智能加工

利用 BIM 技术参数化、模型化的设计方式为钢筋工厂的信息化管理提供了有力的基础保障与支持，以 BIM 技术为基础数据源，搭建信息化网络平台，将钢筋加工所发生的业务都集中在平台内完成，BIM 人员通过建立精确化模型，提供准确的钢筋数据，辅助现场人员根据排产情况进行数字化下料加工，如图 20 所示。

15. BIM 智慧工地管理平台

项目部采用公司自主研发的智慧工地平台，对施工现场进行管理(图 21)，通过“云大物移智＋BIM”等技术和综合应用，对“人、机、料、法、环”等各生产要素实时、全面、智能的监控和管理；配合智慧建造平台的搭建与实施，将标段模型与平台结合，运用 BIM 技术形象展示施工进度、进度计划模拟，形象展示现阶段施工管理情况，分析并把控各项施工作业情况。

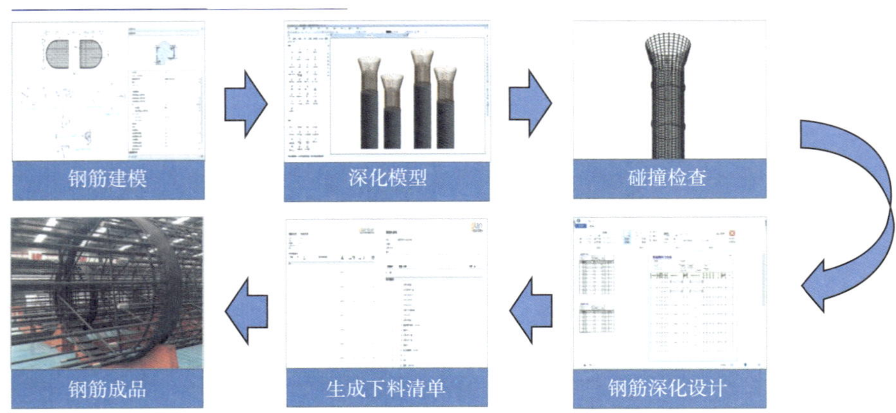

图 20　钢筋数字化加工流程

图 21　智慧管理平台

1.8.3　技术控制要点

本隧道明挖基坑开挖深、宽度大，基坑平均深度 18 m，最深处 27 m，标准段宽度 13.1 m，最大宽度为 36.696 m，土质松软，荷载大，存在基坑易失稳、围护结构变形大的风险隐患。特利用 BIM 技术对明挖基坑进行工艺控制，保证深基坑稳定。

工程规模大、明挖隧道工程量大、施工组织难度大，工作面多(2 工区 12 工作面)，按照“分段施工、流水作业”的原则，有效组织施工流水，合理分配资源、劳力对施工成本影响较大，是施工控制的重点，利用 BIM＋管理平台对工程进行精细化管理，指导现场施工。

工程施工过程中钢筋原材的使用量是巨大的，现实中传统的钢筋加工，由于工人下料不规范或不按图纸下料造成大量钢筋原材浪费的例子比比皆是，为杜绝这一现象，规范现场施工，特利用 BIM 技术模型化、参数化的设计方式为钢筋加工厂提供有力的数据支持，BIM 人员通过建立精确化模型，提供准确的钢筋数据，加工厂根据订单要求及 BIM 数据安排内部综合生产及管理，从而做到节工节材，节约资金成本。

1.8.4 应用实例及效果分析

利用管理平台并结合物联网、传感器、BIM 等技术，在城际联络线一期工程明挖隧道施工过程中，进行集约化、智能化管理和技术指导，为城际联络线顺利施工全方位的保驾护航。

对各种复杂结构进行精细化建模，构件碰撞检查，并模拟工艺，优化施工方案，过程中实现三维可视化交底。

通过管理平台和移动端，实现进度管理、物资管控、数字化资料、安全质量管理等，为现场管理以及项目管理提供了一整套的解决方案。

综合运用 BIM 各项技术，强化了信息化技术在现场的应用，在成本节约、工期缩短、提高质量、过程管控等方面进步明显。

参编单位：中铁六局集团有限公司

参编人员：任广益、张华凯

1.9 CRTSⅢ型轨道板流水机组法智能化生产线

1.9.1 工程背景

针对CRTSⅢ型轨道板生产，目前国内常用的流水机组法模式有管片式、轨枕式两种。京唐铁路宝坻轨道板场为了更好完成京唐铁路全线46 772块CRTSⅢ型先张法预应力混凝土轨道板的预制和运输任务，自主研发出一种全新的生产线。

相较于国内现有常见的流水机组生产，全新的CRTSⅢ型轨道板流水机组法智能化生产线，具有“一字形”布置、生产自动化、独立式养护、运输智能化等特点。能够有效解决管片式流水机组法生产线存在的蒸养环节中的模具碰撞问题、蒸养各温各区分区不明等问题。国内外同类技术优缺点对比见表1。

表1 国内外同类技术优缺点对比表

技术要点		技术对比	
		国内外同类技术	本项目技术
CRTSⅢ型轨道板预制成套技术	提出了模具辊道式传输优化设计方案	固定台座生产区占地面积大；流水机组法横移较多	一字形布置，辊道式传输，车间布局紧凑，占地面积较小
	优化了产品生产建设布局	固定台座式土建工作量较高或者钢结构用钢量大	土建工作量小
	提高了钢丝预应力张拉系统的安全性与有效性	固定台座式张拉台座承受预应力筋张拉力；流水机组法预应力筋锁紧方式不符合规范要求	模板承受预应力筋张拉力，预应力筋张拉力采用螺母锁紧
	更新了养护线模具出入窑的运输方式	摆渡车运输	AGV平板运输车
	提出了适合工艺要求的产品蒸汽养护方式	坑式养护或者通过式养护	独立单元养护
	发明了钢丝新型张拉、放张系统	一种设备对应一种板型	一种设备对应多种板型

1.9.2 主要技术特点和应用范围

1. 智能生产线

包括智能化生产部分及独立养护部分；产品生产部分采用辊道式传输“一字形”布置，简洁、紧凑，占地面积小，减少车间内行车使用数量，减少模具横移次数，避免造成混凝土扰动。生产中，模具清理、喷涂脱模剂、安装预埋套管、张拉、振捣、养护、放张、脱模顶升等工序均采用自动化设备进行生产，减少了劳务用工30%以上，同时提高了生产效率。创新性采用独立单元式蒸养方式，减少了对混凝土扰动，蒸汽效率高，符合目前预制构件养护要求。

2. 信息化控制及管理

根据京津冀铁路公司及京唐城际铁路有限公司要求，设置板场信息化系统，采用先进的信息化管理平台，对试验室、混凝土拌和站、轨道板生产过程进行全方位控制。例如，通过钢丝的自动张拉、混凝土的蒸汽养护系统与信息管理平台对接，将轨道板场的张拉及蒸养工序纳入业主信息化管理系统，对张拉、蒸养信息进行数据集成和传递、参数判别和预警、进度和质量动态跟踪，最终达到张拉、蒸养质量闭环式信息管理，如图 1 所示。

板场信息化管理系统

进入板场平台　欢迎您，陈××｜退出｜帮助文档

基本信息　进度与质量　工序控制与验收　生产台账

生产方法 流水法　张拉日期　2019-05-07　至　2019-08-07　请输入轨道板编码　查询

说明：点击轨道板编号、张拉、养护、放张时间和验收结果可查看对应工序控制详情及验收详情。　表示该生产工序存在不合规

序号	轨道板编号	规格型号	板类型	张拉完成时间	浇筑完成时间	蒸养完成时间	水养完成时间	验收完成时间	验收结果	检验批	制造技术证明书	入库时间	库位	出场时间	目的地
1	JTCJ01SG03[illegible]B010102636A	P5600	直线板	2019-05-22 00:59	2019-05-22 02:41	2019-05-22 16:57	2019-05-25 21:22	2019-07-26 17:07	合格	查看	查看	2019-05-26 06:28	A2		
2	JTCJ01SG03[illegible]B010103136A	P5600	直线板	2019-06-02 20:35	2019-06-02 23:02	2019-06-03 13:12	2019-06-06 17:45	2019-07-26 17:20	合格	查看	查看	2019-06-06 20:09	A2		
3	JTCJ01SG03[illegible]B010103133A	P5600	直线板	2019-06-02 19:56	2019-06-02 23:02	2019-06-03 13:12	2019-06-06 17:45	2019-07-26 17:20	合格	查看	查看	2019-06-06 20:09	A2		
4	JTCJ01SG03[illegible]B010103140A	P5600	直线板	2019-06-02 22:44	2019-06-02 23:02	2019-06-03 13:12	2019-06-06 17:45	2019-07-26 17:20	合格	查看	查看	2019-06-06 20:09	A2		
5	JTCJ01SG03[illegible]B010103135A	P5600	直线板	2019-06-02 20:11	2019-06-02 23:02	2019-06-03 13:12	2019-06-06 17:45	2019-07-26 17:20	合格	查看	查看	2019-06-06 20:09	A2		
6	JTCJ01SG03[illegible]B010103138A	P5600	直线板	2019-06-02 22:27	2019-06-02 23:02	2019-06-03 13:12	2019-06-06 17:45	2019-07-26 17:20	合格	查看	查看	2019-06-06 20:09	A2		
7	JTCJ01SG03[illegible]B010102635A	P5600	直线板	2019-05-22 00:34	2019-05-22 02:41	2019-05-22 16:57	2019-05-25 21:22	2019-07-26 17:07	合格	查看	查看	2019-05-26 06:28	A2		
8	JTCJ01SG03[illegible]B010102638A	P5600	直线板	2019-05-22 02:02	2019-05-22 02:41	2019-05-22 16:57	2019-05-25 21:22	2019-07-26 17:07	合格	查看	查看	2019-05-26 06:28	A2		
9	JTCJ01SG0[illegible]ZB010102639A	P5600	直线板	2019-05-22 02:10	2019-05-22 02:41	2019-05-22 16:57	2019-05-25 21:22	2019-07-26 17:07	合格	查看	查看	2019-05-26 06:28	A2		
10	JTCJ01SG0[illegible]ZB010102637A	P5600	直线板	2019-05-22 01:54	2019-05-22 02:41	2019-05-22 16:57	2019-05-25 21:22	2019-07-26 17:07	合格	查看	查看	2019-05-26 06:28	A2		

10　第 1 共586页　显示1到10,共5860记录

图 1　板场信息化管理系统

3. 智能化设备

(1)生产线设置 2 套自动张拉系统(图 2)，每套自动张拉系统能够同时满足 P5600、P4925 和 P4856 三种板型的张拉需求，实现同步张拉，张拉力实时显示，张拉力精度高，产品受力均匀性好。

图 2　自动张拉系统

(2)生产线设置 1 套钢丝的自动放张系统(图 3),能同时满足 P5600、P4925 和 P4856 三种板型的要求,该放张系统能够做到 80 个张拉杆同步缓慢放张,单根预应力筋放张速率不大于 2 kN/s,保证了钢丝张拉力从模具导入混凝土的可靠性。

图 3　自动放张系统

(3)产品的自动顶升脱模系统(图 4),通过 4 个液压缸将产品顶升至完全脱离模具,避免了行车直接从模具中“生拉硬拽”,易造成产品损伤、由于外力造成模具变形的弊端。

图 4　脱模顶升系统

(4)模具自动清理设备,采用自动化清理系统,清模时间短速度快,单块模具 5～7 min,并且只需 1 人进行系统操作,代替了原人工清模单班需 4 人操作的现象,达到了自动化的目的。模具自动清理机器人如图 5 所示。

图 5　模具自动清理机器人

(5)脱模剂自动喷涂系统(图 6),通过机械臂与自动化喷涂系统的有机结合,实现了脱模剂喷涂的自动化;并且喷涂均匀、效果好,避免浪费;通过安全防护系统阻止了脱模剂向周边飘散,避免了脱模剂对周围环境的污染,降低了职业病的发生。

图 6　自动喷涂脱模剂

(6)预埋套管自动安装机器人(图 7),安装速度快,精度高,能在 5～6 min 完成单块板 36 个套管的自动安装,流水节拍紧凑,避免了时间的浪费,实现了该工位的完全自动化;同时全防护系统确保人机分离,保障人员的工作安全。

图 7　预埋套管自动安装机器人

(7)采用 4 台自动导引运输机器人(AGV)搬运模具(图 8)。将模具从生产线快速运输至蒸养窑指定位置,并能快速返回,速度快、平稳性好,减少对混凝土的扰动,搬运速度满足工艺节拍 8 min 的要求。

图 8　AGV(自动导引运输机器人)搬运模具

4. 产品的生产及智能化养护

(1)混凝土自动振捣系统,采用变频设备,振动时按照先低频后高频最后低频的顺序,有效将混凝土中的气泡排出,使混凝土振捣密实。附着式浇筑振捣工位如图 9 所示。

图 9　附着式浇筑振捣工位

(2)独立式养护能更好地满足工艺的要求,使混凝土养护中的静停、升温、恒温、降温区分明确,有效保证混凝土的养护质量。独立蒸养窑如图 10 所示。

图 10　独立蒸养窑

5. 产品及模具的 3D 智能检测

整个检测过程一键式操作,自动采集控制、自动分析处理、自动输出成果报表,无须人工干预,全方位检测,保证了产品外观检验的准确性。该系统达到了国际领先水平。3D 智能检测系统如图 11 所示。

图 11　3D 智能检测系统

1.9.3　技术控制要点

1. 智能生产线运行及管理

实时监控生产线的运行控制，保证各工序的自动化运行。保证在无太多人工干预的情况下，智能化生产线的正常运行；由于采用了辊道式传输，流水线作业多工序平行施工，减少了相互干扰，提高了模具周转效率；减少劳务用工 30%以上。

2. 信息化控制及管理

通过信息化管理系统，实现试验室、拌和站、轨道板生产过程的远程监控，对施工现场的安全、质量、进度进行实时便捷管理，完成生产数据的实时跟踪监控，方便数据后期调用及应用。

3. 智能化设备

采用自动张拉放张系统、模具自动清理、搬运机器人等关键技术，通过设置固定工位完成工序操作，实现多项工作平行施工，减少作业等待时间，提高模具周转效率。操作工人分工明确，专业化程度高，施工效率快，生产流程环环相扣，降低了人为操作产生的误差，提高了产品质量。

4. 产品的生产及智能化养护

混凝土浇筑采用整体式振动，单个振动台设置 11 个附着式振动器，振动频率在一定范围内可调，振幅、振动力按照振动产品的重量设计。可根据需要进行低频、中频、高频振动方式转换，保证振捣密实。

单个蒸养窑内均匀设置 5 个环境温度测点，3 个湿度测点，3 个板面温度测点以及 1 个板芯温度测点，所有测点数据实时显示，整个蒸养过程满足静置、升温、恒温和降温要求，实时显示温度曲线，确保产品质量。

5. 3D 智能检测

无砟轨道板 3D 智能检测系统，集成了工业机器人、光学跟踪仪、激光扫描仪等核心部件。采用 3D 检测技术，一键式操作，5 分钟内完成轨道板所有几何尺寸的自动检测，提高了检测效率和精度，检测精度优于 0.1 mm。

1.9.4 应用实例及效果分析

1. 应用实例

京唐铁路宝坻轨道板场应用 CRTSⅢ型轨道板流水机组法智能化生产线进行新建北京至唐山铁路宝坻至唐山段全线 46 772 块 CRTSⅢ型轨道板预制生产，投入 1+6(1 条生产线，6 条养护线)流水机组法轨道板生产线1 套，投入模具 120 套，日产量 120 块。生产出的产品质量优良，节约人力，节约能源，提高工效环保效果显著，可在Ⅲ型板流水机组法生产领域大力推广。

2. 效果分析

(1)进度

CRTSⅢ型轨道板流水机组法智能化生产线，各工位基本实现自动化、智能化，流水线布局合理，占地面积少，科学高效，保证工序的衔接，提升生产效率等方面效果明显，技术先进。

(2)质量

CRTSⅢ型轨道板流水机组法智能化生产线，采用轨道式传输、搬运机器人、独立式养护等关键技术，产品脱模、混凝土搅拌、输送、浇筑、振捣、养护等生产流程均在工业计算机全自动控制下有序运行。施工作业规范化、程序化、标准化，人为干扰因素少，生产更快捷安全，质量更稳定。

(3)安全

自动生产线在少许人干预的情况下按规定的程序或指令自动进行操作或控制，将人从繁重的体力劳动、部分脑力劳动以及恶劣、危险的工作环境中解放出来。生产线采用辊道式传输进行，减少了行车在空中的交叉作业，提高了生产安全性。

(4)效益

与同规模台座法相比，厂房面积缩减 30%，流水线生产总投入可节省 10%，人工节省 30%，生产效率提高 30%，成套设备可实现转场再利用。生产线改善了劳动条件，缩减了生产占地面积，降低了生产成本，缩短了生产周期，保证了生产均衡性，有显著的经济效益。与传统轨道板生产产品相比，提高了模板周转效率，减少了模具的投入和折旧。流水生产作业，大大加快了轨道板生产进度，缩短了工期，降低了工程造价，为北京至唐山铁路提供了优质的产品。

(5)环保节能

轨道板施工过程中，实现了产品废品率为零，减少固体废物污染、空气污染、水污染及噪声污染，有利于文明施工及标准化生产。

参编单位：中铁十四局集团有限公司

参编人员：陈浩、阮涛

1.10 高速铁路车站首层候车厅空间净高优化技术

1.10.1 工程背景

铁路客站对室内装饰空间高度要求较高，由于站房建筑高度受限，存在车站首层空间净高相对较低的情况；京滨铁路北辰站首层候车厅结构梁底净高为5.65 m，如按照常规施工将会受梁高及管线排布制约，影响北辰站首层候车厅吊顶装饰高程，造成首层整体空间效果受到较大影响，为使吊顶装饰空间效果得以提升，需对候车厅首层空间净高进行优化。

1.10.2 主要技术特点和应用范围

首层候车厅空间优化从以下四个方面着手：

(1)通过适当调整结构安全冗余度优化结构梁高度。

(2)用BIM技术对机电管线进行综合排布，优化管线平面位置及层叠关系，同时将部分管线通过穿梁方式调整到梁高范围，减少梁底空间占用。

(3)做好现场细节施工控制，确保优化方案得以实现。

(4)结合结构形式，划分吊顶空间区域，优化吊顶方案。

1. 技术特点

综合管线穿梁施工会对结构应力产生影响，在初步设计及施工图阶段，通过改善结构形式，对于空间优化效果最为有效。

对于建设投资、结构安全、空间效果均有影响，需要联合建设、设计、施工各单位共同参与并决策。

本技术需做好前期策划方案，便于在施工阶段落地应用，对后期空间效果呈现有很好的提升。

2. 应用范围

适用于对空间净高要求较高的建筑工程、铁路客站工程等。

1.10.3 技术控制要点

(1)通过适当调整结构安全冗余度，优化结构梁高度。

北辰站首层候车厅结构形式为单向密肋预应力结构，预应力采用后张有粘结工艺，主梁截面尺寸为1 000 mm×2 200 mm、1 500 mm×2 600 mm，一级次梁截面尺寸为700 mm×2 000 mm，小次梁截面尺寸为300 mm×800 mm。综合分析，主要影响因素为主梁和一级次梁。原首层候车厅结构布置如图1所示。

①前期与结构设计共同研究，将14 m层背立面雨棚混凝土结构优化为金属屋面结构，减小首层梁柱结构受力，为首层结构优化提供条件。

②与设计共同研究方案，对首层候车厅本体结构优化，主要有两种方案：

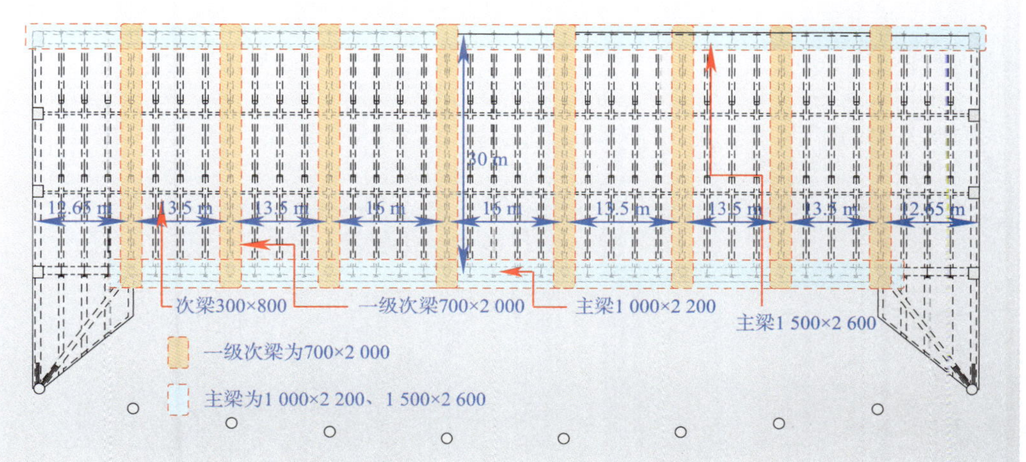

图 1　原首层候车厅结构布置图(单位:mm)

方案 1:调整结构形式,采用井字梁结构

经验算调整后结构主梁 1 200 mm×2 200 mm、1 500 mm×2 600 mm,一级次梁为 1 200 mm×2 200 mm、400 mm×900 mm、400 mm×700 mm,预应力筋调整 13×7(原为 3×7),此方案未能整体优化净高。井字梁方案优化后结构布置如图 2 所示。

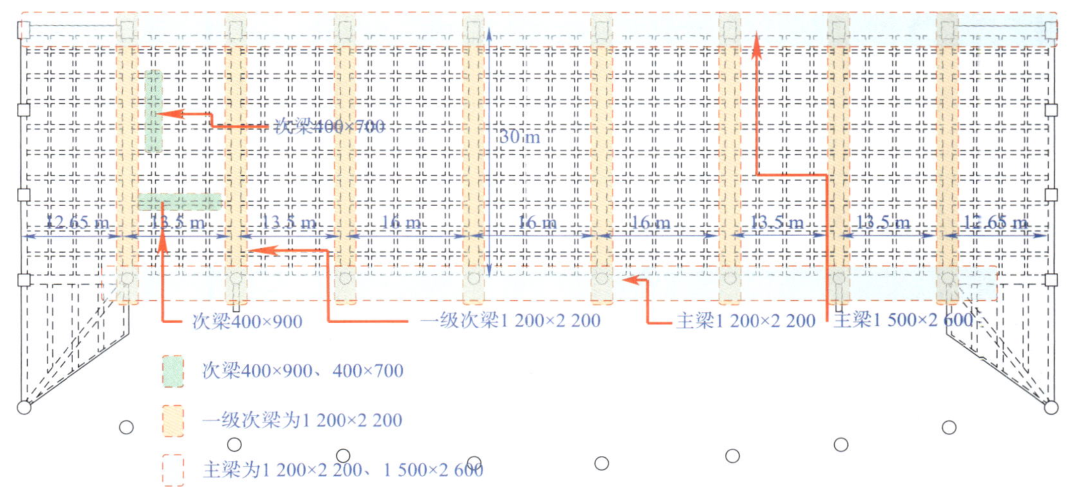

图 2　井字梁方案优化后结构布置图(单位:mm)

方案 2:保持单向密肋结构,减小结构梁尺寸

经验算主梁截面尺寸 700 mm×2 200 mm、1 500 mm×2 600 mm,一级次梁为 700 mm×1 800 mm,预应力配筋保持不变,与原结构对比主梁高度保持不变,一级次梁截面可压缩 200 mm。单向密肋结构优化后结构布置如图 3 所示。

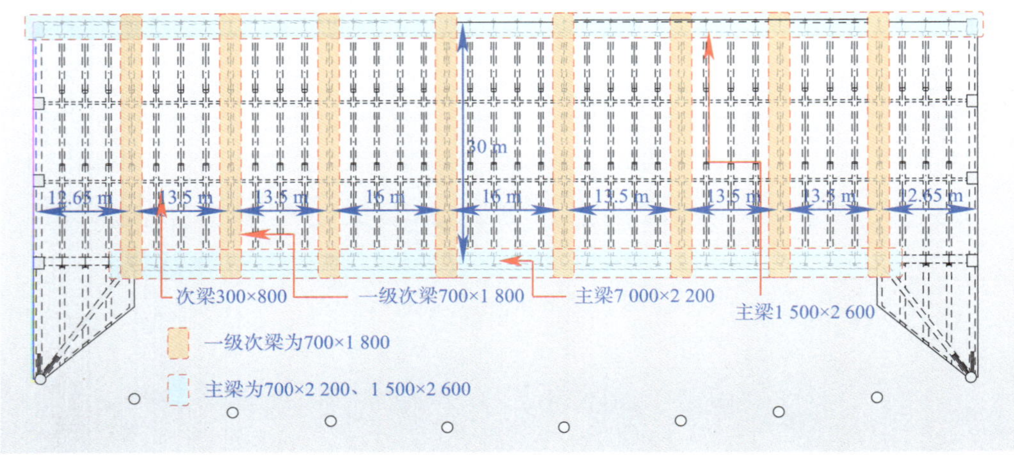

图 3　单向密肋结构优化后结构布置图(单位:mm)

井字梁结构优化方案未能整体提升结构净高,单向密肋结构可将结构净高提高 200 mm,经比选采用方案 2。

(2)利用 BIM 技术对机电管线进行综合排布。

北辰站综合管线排布根据截面尺寸分为两类:

①截面尺寸大于 300 mm。主要为通风管道、排烟管道,此类管线穿梁需要设计进行检算,对结构有较大影响,可采用优化平面位置及层叠关系提高净高。

北辰站原设计通风管道最大截面尺寸为 1 600 mm×800 mm,经过与设计共同商榷,将原通风管道截面尺寸调整为 1 400 mm × 500 mm;排烟管道由原设计截面尺寸 2 000 mm×750 mm 调整为 2 000 mm×700 mm。

同时,原设计首层候车厅为下排风,存在横向支管。北辰站消防、桥架等管线主管为纵向布置,为满足穿梁条件,将风管排风形式进行优化,取消支管,排风形式改为侧面排风。优化前后首层候车厅风管布置如图 4、图 5 所示。

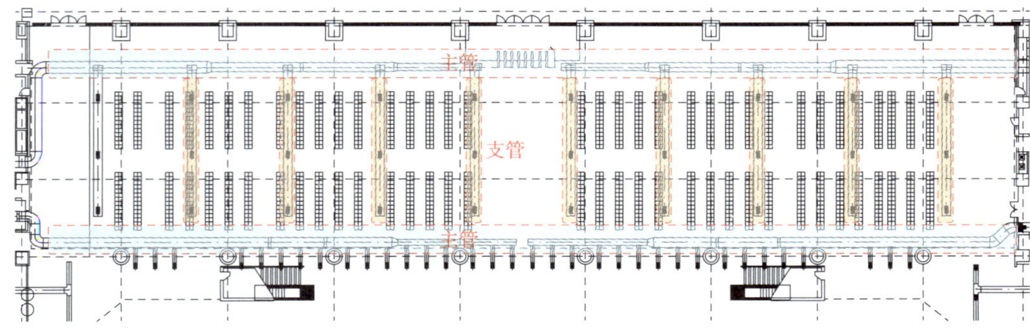

图 4　原设计首层候车厅风管布置位置

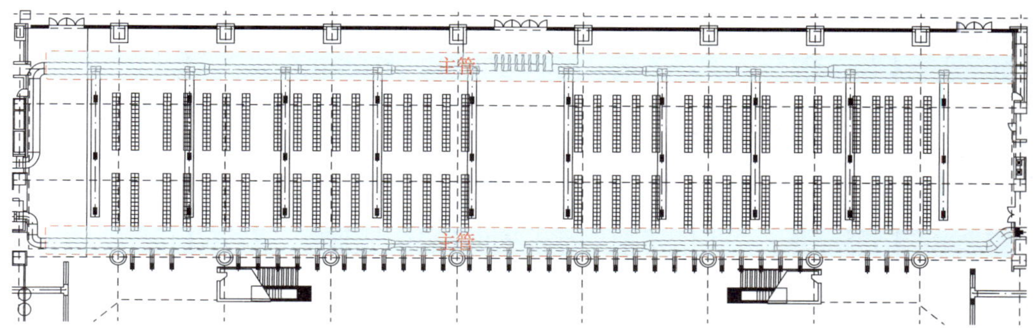

图 5　优化后首层候车厅风管布置位置

②截面尺寸小于 300 mm。主要为消防管道、弱电桥架、强电桥架，此类管线穿梁腹时，采用洞口配筋加强即可，对整体结构无较大影响，采用穿结构梁的形式来提高净高。

经设计复核，北辰站管线穿梁洞口均采用洞口加强处理，无须调整结构主筋，桥架洞口采用 700 mm×300 mm 矩形洞口，消防及给水主管采用直径 220 mm 圆形洞口，消防支管采用 70 mm 圆形洞口。各类管线洞口配筋如图 6 所示。

(3)做好现场细节施工控制，确保优化方案得以实现。

①预应力优化：首层候车厅结构为预应力结构，根据核算 30 m 结构跨度难以取消预应力，采用后张有粘结预应力需要埋设波纹管，波纹管直径一般为预应力直径的 3～4 倍，增加了预应力线形与洞口冲突的风险，经优化采用缓粘结预应力，减少预应力所占用的截面尺寸，如图 7 所示。

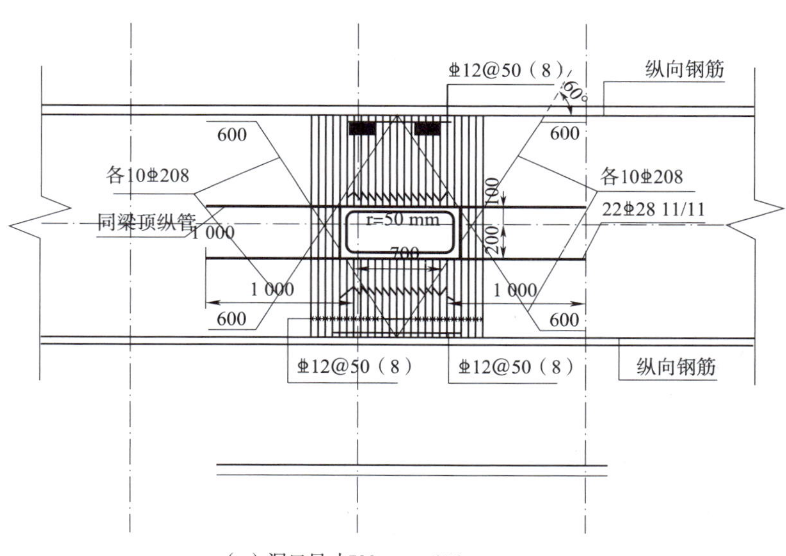

（a）洞口尺寸700 mm × 300 mm

图　6

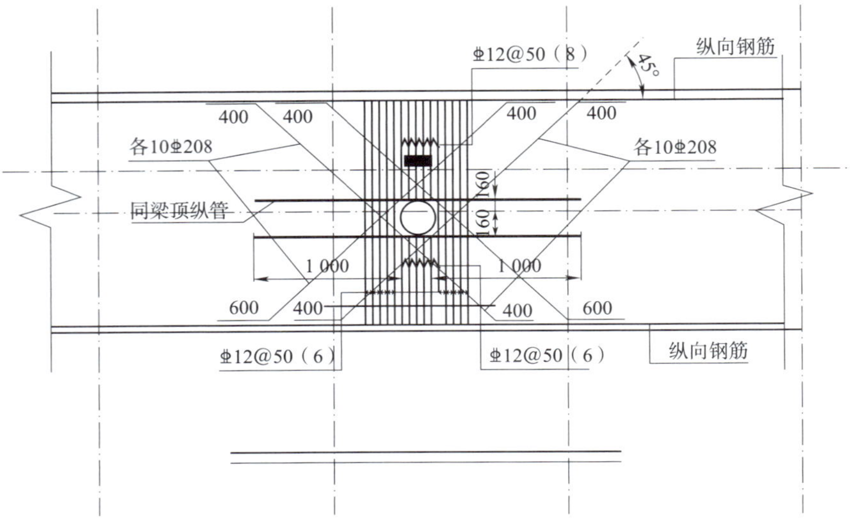

（b）洞口直径220 mm

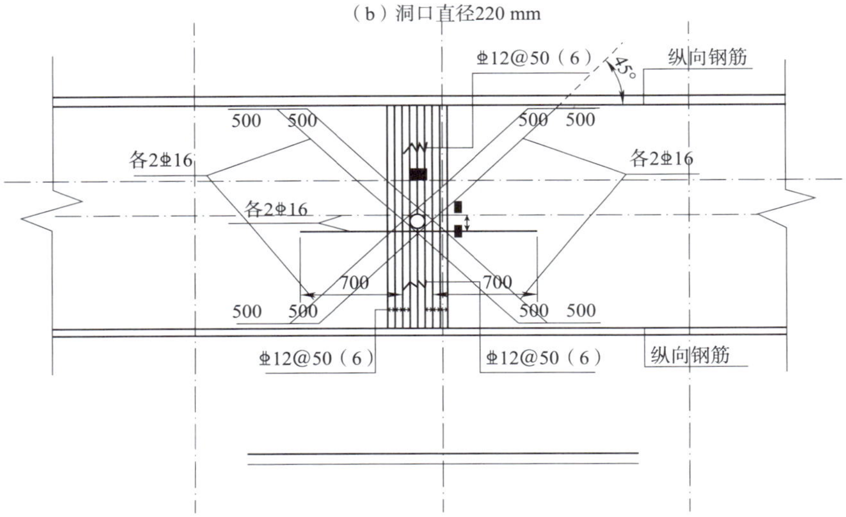

（c）洞口直径70 mm

图 6　各类管线洞口配筋图(单位:mm)

图 7　缓粘结预应力

②楔形橡胶缓冲垫:管线前后设置楔形橡胶缓冲垫(图 8),有防脱、减振效果,避免管线与结构碰撞,造成破坏,管线安装实例如图 9 所示。

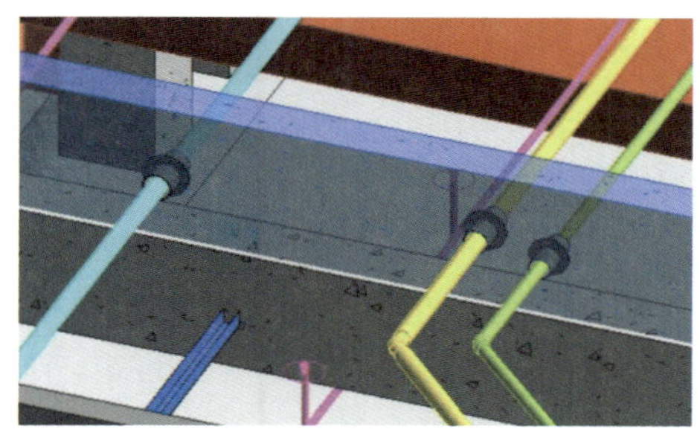

图 8 楔形缓冲胶垫示意图

图 9 管线安装实例图

③其他注意事项:应加强洞口模板强度,可采用型钢支设,满足洞口截面尺寸要求;应采取可靠措施确保洞口成排成线、标高一致。

(4)结合结构形式,划分吊顶空间区域,优化吊顶方案。

吊顶深化阶段,将吊顶分为主梁区、次梁区、板区三个空间区域,再结合车站文化元素优化相应的吊顶造型。经优化,北辰站首层候车厅吊顶主梁区净空 4.8 m、次梁区 5.65 m、板底 6.1 m,相比原设计优化净空 600 mm,整体效果层叠有序、主次分明、美观大方,空间效果有效改善,如图 10 所示。

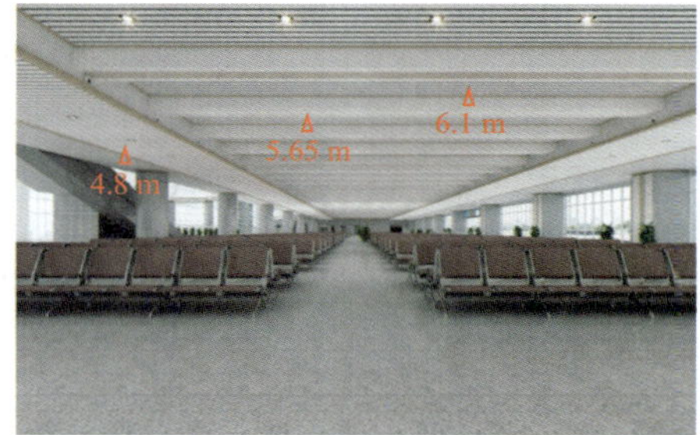

图 10 吊顶优化方案对比

1.10.4 应用实例及效果分析

(1)应用实例

京滨铁路北辰站首层候车厅。

(2)效果分析

通过该技术可以减少固定支架及管道的使用量,加快了安装速度。有效提升车站首层候车厅空间效果,改善旅客空间体验,提升车站服务品质,契合精品客站“畅通融合、绿色温馨、经济艺术、智能便捷”的十六字建设理念。

参编单位:中铁建设集团有限公司

参编人员:刘洋洋、刘文龙

1.11 新型单龙骨背栓体系干挂石材施工技术

1.11.1 工程背景

铁路站房装饰装修工程中墙面装修大量采用花岗岩石材干挂方法，对整体安全性、牢固性要求较高。行业内多采用常规背栓 SE 挂件，在京滨铁路站房工程中采用新型单龙骨背栓体系，有效减少龙骨含量，解决安装烦琐、焊接工作量大、材料用量大等问题，节约费用约 20～25 元/m^2。

1.11.2 主要技术特点和应用范围

1. 技术特点

常规背栓干挂体系中，横向龙骨数量为 $2n$（n 为墙面干挂石材水平层数），在满足受力计算的前提下，采用新型单龙骨背栓体系，横龙骨用量可降低为 $n+1$，整体减少龙骨体系中钢材用量，且安全性、稳定性与常规背栓干挂体系持平。新型单龙骨背栓体系对横龙骨定位、开孔点位精度要求相对较高，需要施工作业人员精准实施。常规龙骨排布如图 1 所示，新型龙骨排布如图 2 所示。

2. 适用范围

适用于铁路客站室内干挂石材墙面龙骨体系。

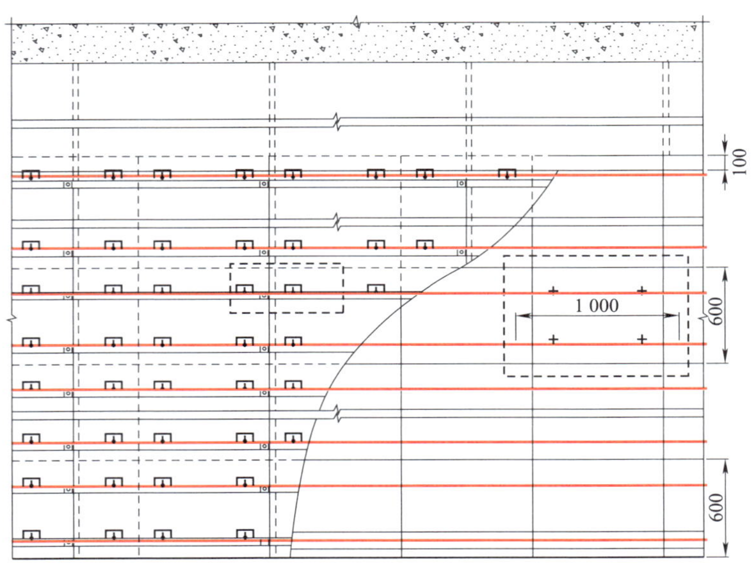

图 1　常规龙骨排布（单位：mm）

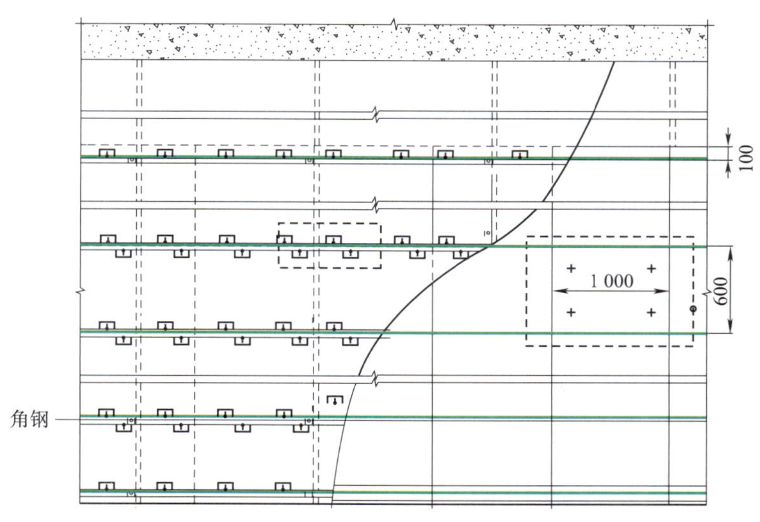

图 2　新型单龙骨排布(单位:mm)

1.11.3　技术控制要点

1. 排版定位

对墙面石材进行排版,确定每一块石材的规格型号。

由于采用单龙骨体系进行石材干挂,因此每块石材上下两排背栓孔必须错位开孔,同时要确定好背栓挂件的宽度,预留挂件调节位置。背栓开孔如图 3、图 4 所示。

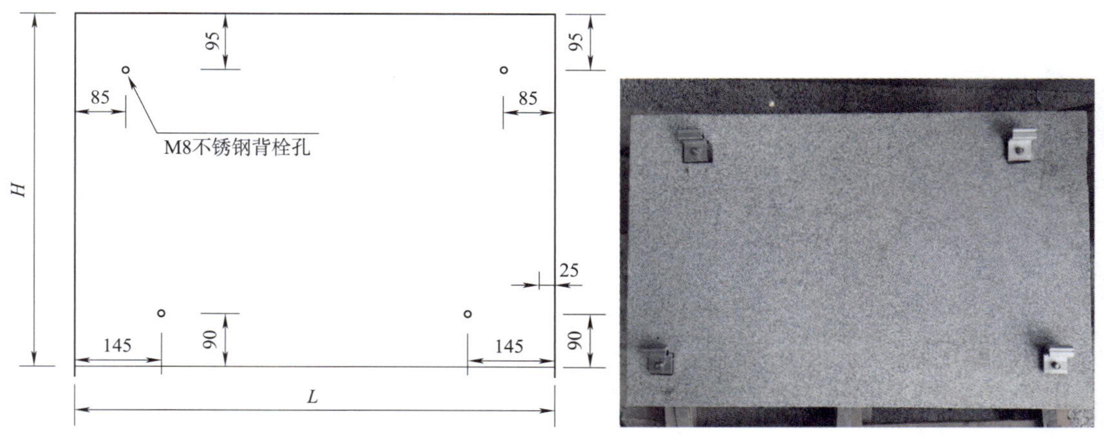

图 3　背栓开孔示意图(单位:mm)

图 4　背栓开孔示例

2. 横龙骨开孔

根据墙面排版图及石材背栓开孔位置,将每根横龙骨提前进行开孔,便于操作,尽量避免先焊接横龙骨后开孔,如图 5 所示。

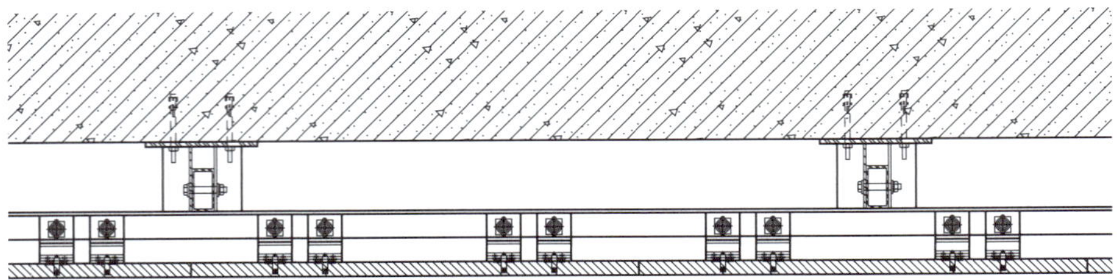

图 5　横龙骨开孔定位示意图

3. 挂件安装

背栓挂件采用定制单龙骨铝合金挂件，单龙骨挂件分为上挂件及下挂件，因此在安装过程中需根据石材的背栓开孔位置进行背栓挂件定位安装。挂件安装如图 6、图 7 所示。

上挂件及下挂件与石材交接部位采用 M8 不锈钢膨胀螺栓进行固定，挂件与石材交接处采用橡胶垫片进行隔开；与副龙骨交接处采用 M10 不锈钢对穿螺栓进行固定，挂件与钢龙骨交接处采用橡胶垫片进行隔开。

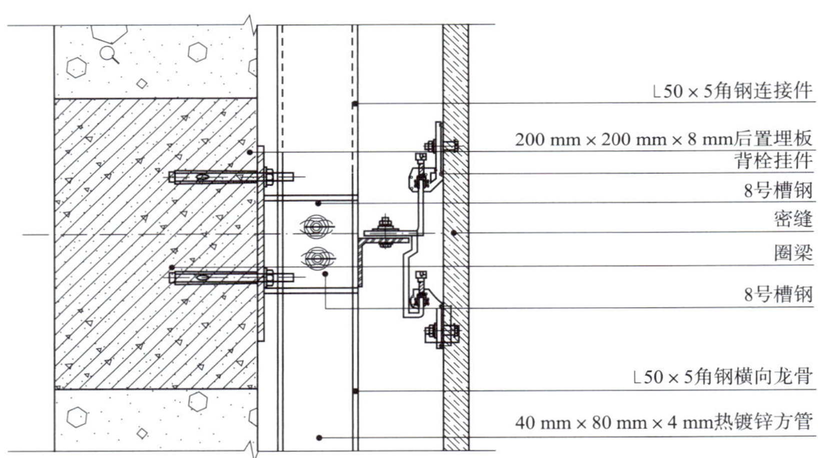

图 6　挂件安装示意图

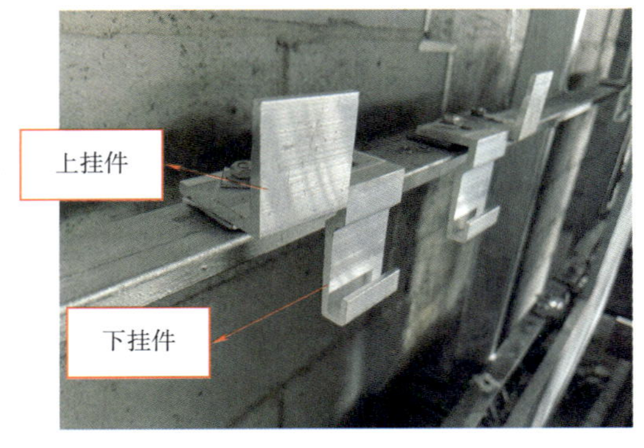

图 7　现场挂件安装

4. 石材安装

根据图纸排版对墙面石材进行分类摆放，墙面石材自下而上进行安装。

首先安装最底排两侧石材，确定墙面石材完成面及位置。墙面石材安装时需对应挂件位置，单块石材安装完成后需对石材位置进行调整，确保每块石材纵横保持一致。

调整完成后，需调节螺丝紧固到位，避免石材偏位；第一排安装完成后，后续石材以此类推，末端设备洞口处需进行石材预留。石材干挂如图 8、图 9 所示。

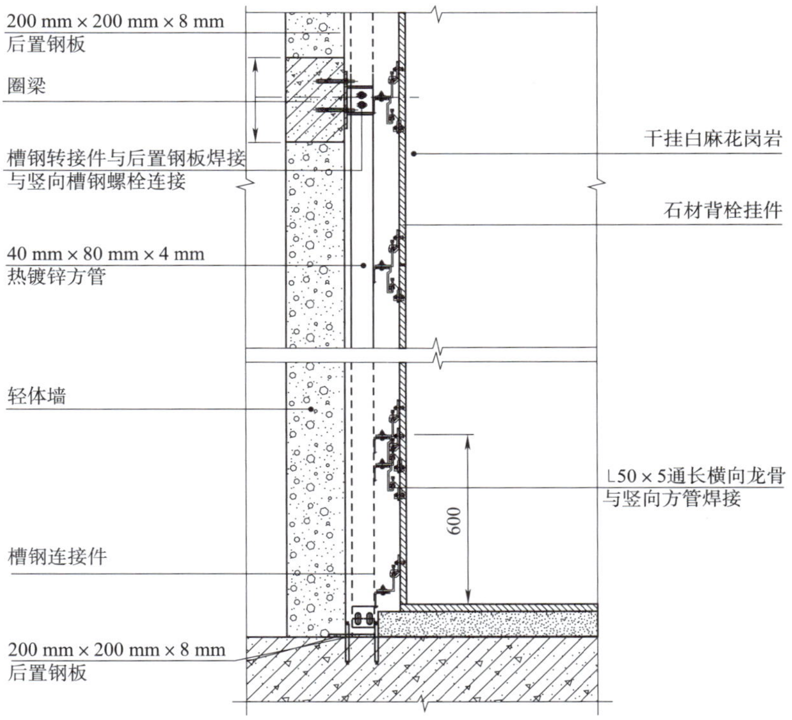

图 8　石材干挂示意图

图 9　墙面石材干挂

1.11.4 应用实例及效果分析

1. 应用实例

京滨铁路北辰站室内墙面。

2. 效果分析

本技术代替了传统的安装方式，加快了安装速度，缩短了施工工期，节约了人工和材料成本。

(1)工期效益

本技术综合节约墙面石材干挂约 7～10 d。

(2)经济效益

本技术综合节约费用约 20～25 元/m^2，北辰站应用面积为 3 500 m^2，节约费用 8.7 万元。

(3)社会效益

本技术节约了材料、减少人工，对整个社会资源也起到良好的保护和节约作用。通过本技术的成功运用，使铁路站房装修工程技术有了进一步提高。

参编单位：中铁建设集团有限公司

参编人员：张晓龙、刘洋洋

1.12 中小站能源管理新技术应用

为进一步推动铁路信息化、智能化建设，响应国家双碳目标的要求，京唐铁路新增设能源管理系统，该能源管理系统在北京铁路局范围内中小客站属首次应用。本系统采用集中数据集中处理的方式，将大厂站、香河站、玉田南站及唐山西站四个车站的能源信息传送到宝坻站，在宝坻站的能管系统上对上述四个车站的用能信息进行统计、分析。

1.12.1 宝坻站能源管理系统平台简介

宝坻站能源管理系统与铁科院客站旅客服务与生产管控平台对接，将本站收集并分析的设备信息及运行情况上传至北京局平台，并预留接收来自路局平台的指令和要求，调整节能策略的功能。此外，系统预留接口可以接收车站旅服信息，依据售票及进站旅客情况调整控制策略，并保留了人工录入旅服信息的方式进行节能策略的调整。基于国内多年从事能源管理系统并参考北京朝阳站实施经验，控制策略与国内大型客站基本一致。该平台是一个集设备综合监测、能耗与环境参数监测、节能控制、能源管理、节能诊断、智慧运维管理于一体的综合平台，如图1～图3所示。该系统充分考虑宝坻站站房结构、建筑风格、办公及票务、站房、站台等空间因素，通过大数据分析制定专家级节能策略。宝坻站能源管理系统处于当前国内技术先进水平。

系统平台下联车站内机电设备监控(BAS)系统中的冷热源部分、暖通空调器部分、多联机部分、各类环境参数传感器、给排水部分、智能照明部分、电扶梯部分、能源数据智能电表水表热量表等部分、变配电部分、EPS设备部分等，通过数据交互、联锁和分析，实现对站房内能源站、变配电、照明、扶梯、直梯、空调末端、给排水、送排风机、消防、环境参数等分散的机电设备的统一接入，实时监控、报警、运维联动、节能控制，并通过用能统计、诊断、分析，不断优化节能策略。

图1 能源管理系统登录界面

平台基于“一个数据库、一个平台、一站式”提供智慧运维系统，可实现设备和能源报警，故障的自动报单、接单，减少人员巡检量和误报漏报情况。智慧运维系统还提供巡检、维保、

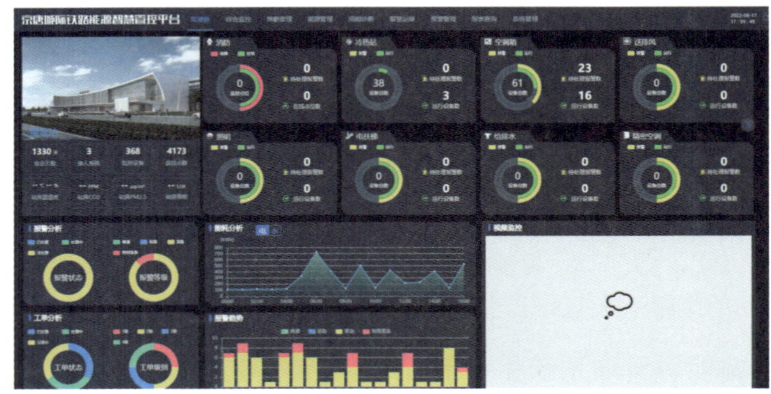

图 2　能源管理系统主界面

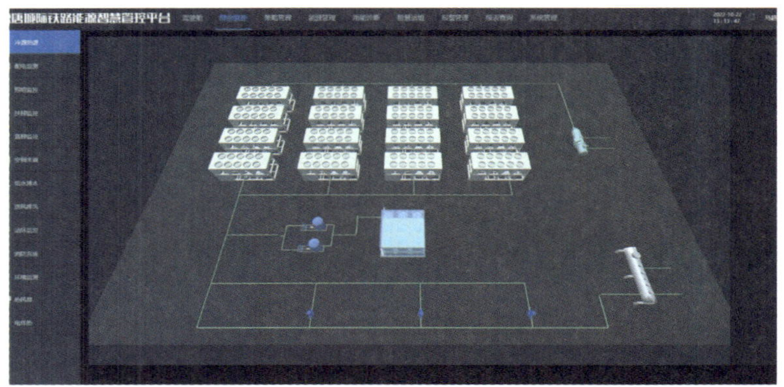

图 3　能源管理系统示意界面

仓库、知识库、设备全生命周期管理等信息化功能，保障车站机电设备运维工作的高效、有序，如图 4、图 5 所示。

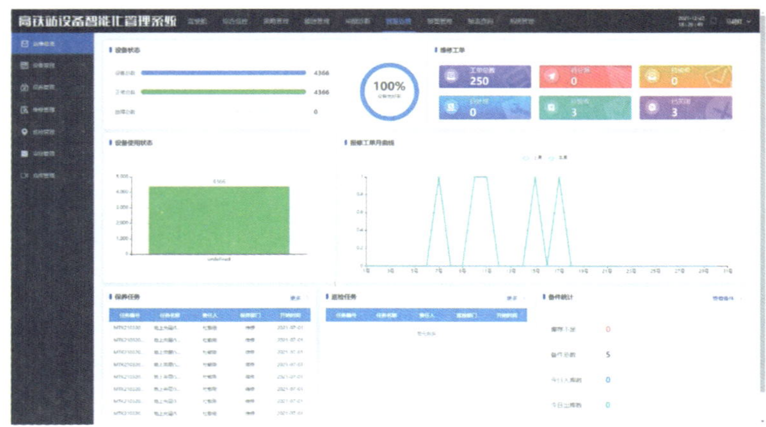

图 4　能管系统统计分析界面

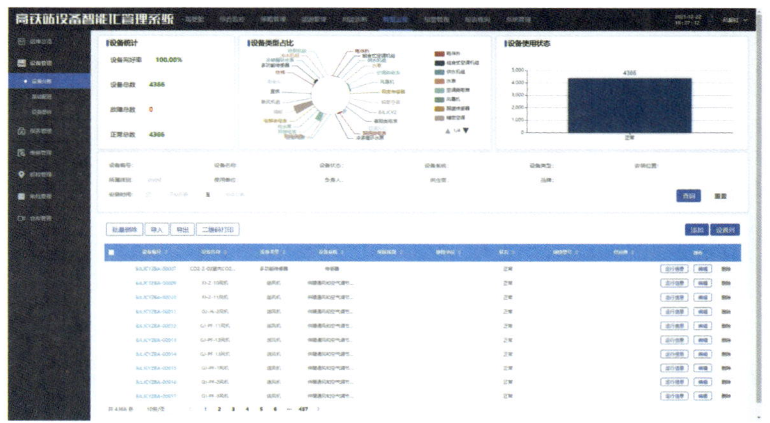

图 5　能管系统设备统计界面

平台采用先进的 Web 组态技术，通过可视化界面实现综合监测和控制，平台应于同一数据库，展示关键运行参数、报警预警故障信息、能耗能效信息。系统内置完善的节能策略，AI 模式可以依据本站的历史数据通过自我学习对于运行参数就行优化。冷站群控策略如图 6 所示。

图 6　冷站群控策略

1.12.2　由点及面，集中呈现

大厂站、香河站、玉田南站、唐山西站各站将 BAS 系统数据采集整理后，按照约定协议进行打包处理，通过铁路办公网传输到宝坻站信息机房。宝坻站能源管理系统从信息机房获取数据包后，按照约定协议进行数据解析，分类整理，数据加工整合到数据库，最终呈现在能源管理平台上。以宝坻站能源管理系统为核心，同时呈现五个车站能源信息。能管系统网络如图 7 所示。

1.12.3　能耗采集及能耗分析

能源数据分析与节能管理模块是对车站采集的电、水、冷、热等一二次能源进行深度的挖掘、分析，通过统计、分析、报警等一系列自动处理，及时发现用能过程中的跑冒滴漏和浪

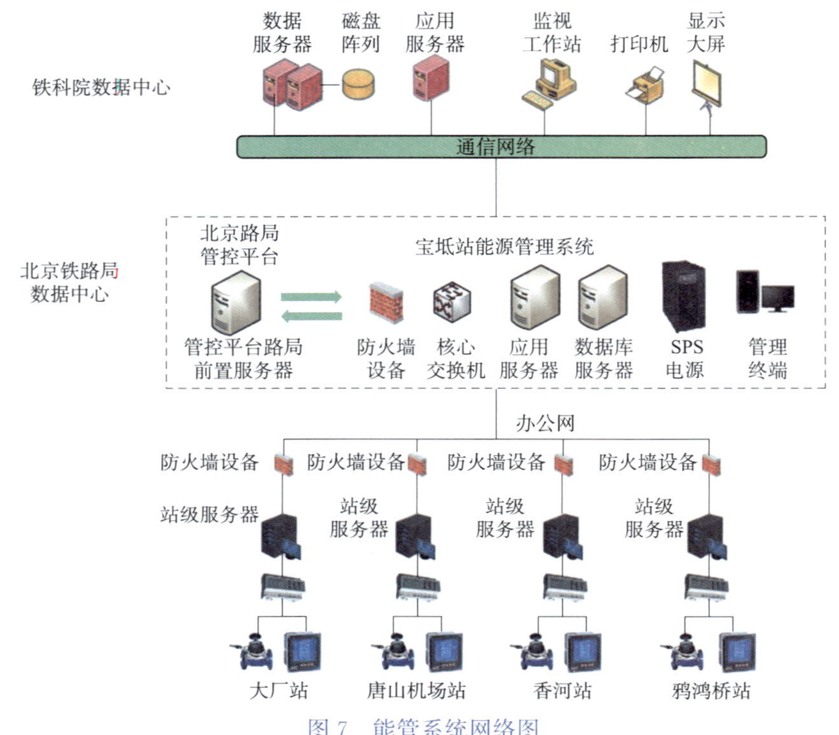

图 7　能管系统网络图

费现象;采用对比、追踪、诊断等数据深度挖掘技术,为车站节能管理提供更强有力的数据支撑;并通过指标评定、用能排名、公示、定额制定、用能考核、节能量验证等系列管理功能,有效提升能源管理水平,从而实现减少能耗费用、降低运营成本,最终践行节能减排的社会责任。

1. 能耗统计分析

平台统计分析能力强大,根据车站节能管理需求,可以从单位面积能耗指标、能耗分项、分区域拓扑、分户拓扑等维度进行统计。也可以进行各种横向、纵向、同比、环比、关联等分析,及时发现用能问题,如图 8 所示。

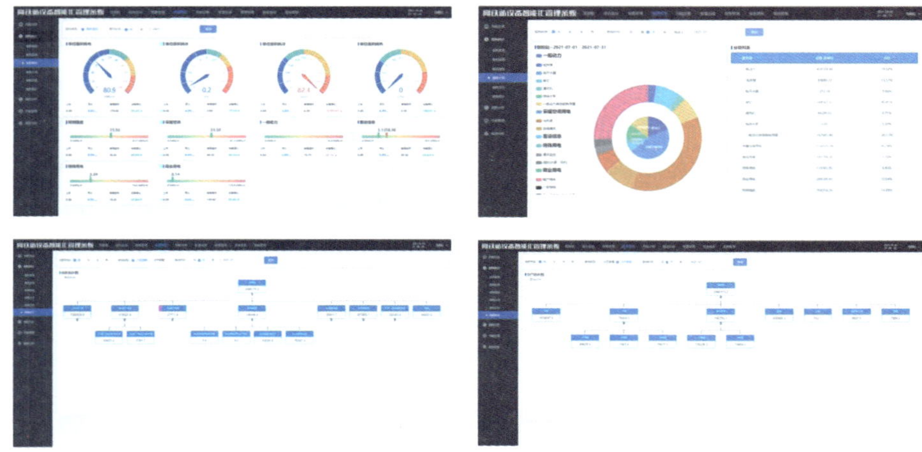

图 8　能管系统能耗统计分析界面

2. 用能管理、预警报警

平台支持定额设定，可以设定车站年、月的用能定额，软件实时自动追溯定额消耗，从而进行用能预警报警，如图 9 所示。

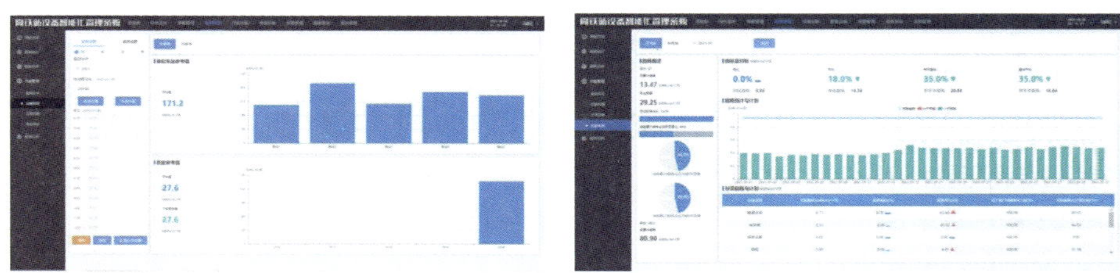

图 9　用能管理及报警界面

3. 大数据挖掘、节能诊断、用能建议

平台内置专家诊断算法，对车站能耗、能效、环境等参数进行自动诊断，通过数据钻取直接定位问题，并自动给出节能改进建议，如图 10 所示。

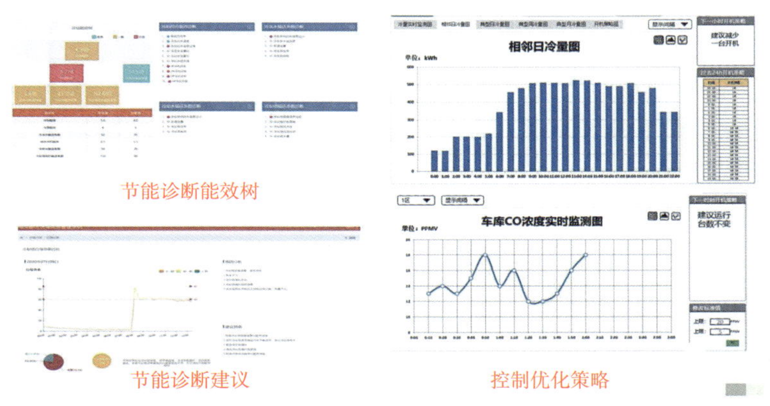

图 10　节能诊断及用能建议界面

1.12.4　效益分析

上述能源管理系统通过大数据、云计算等先进技术，实现技术节能和管理节能双管齐下，可以有效提升设备运行能效，降低能耗；同时系统通过“一托四”统一监控、报警、标准化运维管理能耗，实现设备和运维管理的机制和模式创新，并从根本上保障车站安全舒适节能运行。根据已完的客站项目实施经验，通常可以实现节能减排 20%、降本增效 20%以上。

参编单位：中铁四局集团有限公司

参编人员：苏旸、刘军校

1.13 高速铁路 10 kV 配电所施工技术

1.13.1 工程背景

10 kV 配电所是高速铁路电力系统重要组成部分，承担着电能交换与分配功能，是铁路通信、信号、防灾、信息、客服系统及其他生产生活配套设施的能源供应中枢。配电所内高低压设备种类繁多、进出电缆径路错综复杂，提高配电所细部施工工艺，可有效降低运行故障发生概率，从而提高供电质量及通信信号等系统的运行可靠性。

本文结合京唐铁路玉田南 10 kV 配电所工程，从设备安装、缆线敷设、防火防尘等方面出发，阐述配电所内关键部位的施工工艺。

1.13.2 主要技术、材料的应用

1. BIM 技术在高速铁路 10 kV 配电所施工中的应用

(1)整体布局及接口工程模拟

高速铁路 10 kV 配电所涉及房建、给排水、电力、通信等专业施工，合理的布局和精准的接口预留，可大大提升配电所整体观感和后续工序的施工效率。因此，在施工前，结合各专业图纸，利用 BIM 技术对房屋、道路、电缆沟槽、设备基础、路灯、视屏杆塔的位置进行模拟排列，提前避免了可能出现的布置冲突，提高了配电所整体布局的合理性；另外，利用软件渲染和漫游功能，对配电所的装饰装修进行了仿真，直观地体现了配电所完工后的整体效果，如图 1 所示。

图 1 玉田南 10 kV 配电所整体效果图

(2)电缆线路的模拟敷设

应用 BIM 技术，对电缆敷设、支吊架安装位置、电缆排列等进行了模拟碰撞检查，有效避免了同路径敷设电缆间的干扰，不同路径电缆交叉等问题，实现了不同回路高压电缆之间，高压电缆与动力电缆、控制电缆之间完全不同路径或不同空间敷设，不仅提高了施工效率和

质量工艺，还彻底解决了强弱电干扰及电缆故障起火情况下影响范围扩大的问题；另外，利用模拟成果指导物资计划的提报，有效降低了材料浪费，节约了工程成本。模拟成果如图2、图3所示。

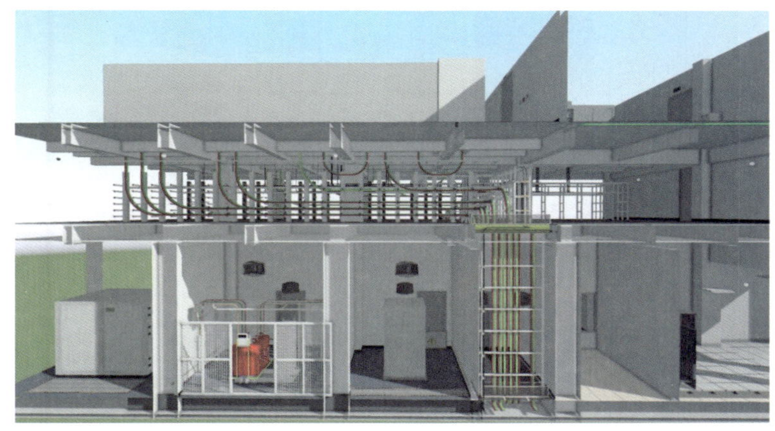

图2 配电所电缆引入间及电缆夹层模拟效果图

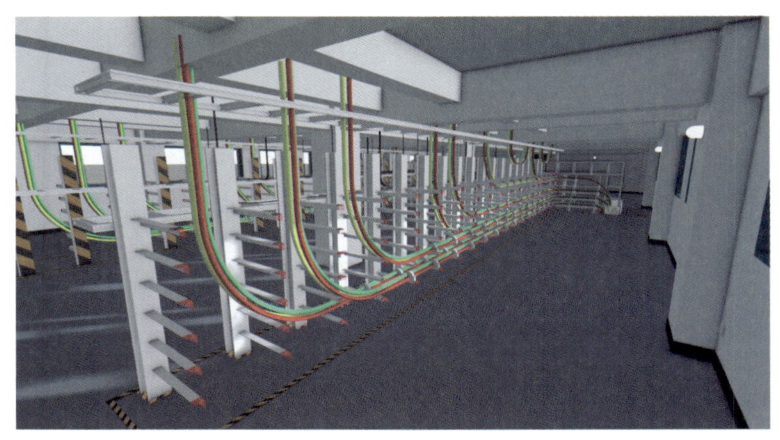

图3 配电所电缆夹层内高压电缆排列模拟效果图

2. FCS密封组件在电缆引入洞口封堵中的应用

配电所内电缆入口处采用了耐火砖＋FCS密封组件进行防火封堵施工，淘汰了使用防火板＋防火泥进行洞口封堵的施工工艺。军工品质的FCS密封组件具有气密性、水密性好、耐火性能强等特点，结合耐火砖进行防火封堵，具有长期不变形、不膨胀、不掉落等优点；其次，组件安装简单，备用回路一步预留到位，组件可反复拆卸而不破坏防火封堵整体工艺；封堵组件根据电缆外径定制，安装时与电缆严密贴合，成品工艺优良。封堵成品照片如图4、图5所示。

图 4　电缆引入间内 FCS 密封组件防火封堵

图 5　调压器室电缆引出口处 FCS 密封组件防火封堵

3. 复合材料柔性卷材在配电所地面处理中的应用

所内首次使用了复合材质柔性卷材进行地面铺装，替代了传统环氧树脂工艺。柔性地面具有伸缩性好，防滑、耐磨性能优良等特点，卷材采用焊接工艺连接，完工后平整度好，且不起皮、不开裂，经久耐用。柔性材料地面照片如图 6 所示。

4. 铝合金走线架、固线器在配电所二次电缆敷设中的应用

所内使用铝合金走线架代替传统电缆槽工艺进行二次电缆固定。相比金属电缆槽，走线架具有安装简单灵活、不需要加工各类弯头等优点，且走线架各类连接、固定配件产品成熟，配合固线器对电缆进行分层固定，完工后电缆路径简单明了，后期维护检修方便简单，可提高故障处理及检修效率，成品照片如图 7 所示。

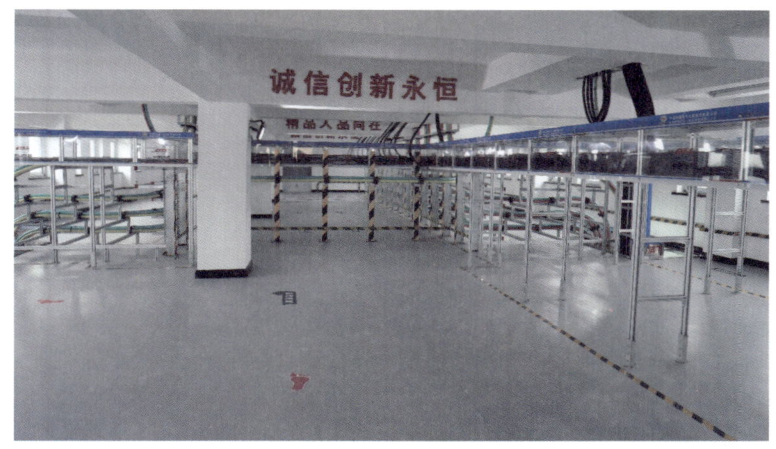

图 6　电缆夹层内柔性材料地面

图 7　采用铝合金走线架及固线器工艺固定的二次电缆

1.13.3　关键工艺优化

(1)室内外电缆沟及隔离开关箱位置优化。

将原设计沿一侧布置的电缆沟及开关箱优化为房屋前后布置,与道路位置冲突的电缆沟优化为电缆排管并利用软件进行模拟(图 8),实现所内两路电源高压电缆不同路径敷设,彻底避免一路电源故障时影响另一路电缆安全运行。

(2)在电缆引入间、小电阻室、调压器室、电抗器室增加二次电缆沟(图 9),解决了一层电缆沟内一、二次电缆同沟敷设问题,降低了高、低压电缆间互相干扰及故障时影响范围扩大的风险。

(3)将室外隔离开关箱底部电缆孔由中间一个优化为均布三个,三根单芯电缆分别垂直引上,彻底解决了电缆由一个孔引上时因两个边相电缆弯曲受力,容易造成电缆外护套破损,导致电缆发生故障。优化前后对比照片如图 10 所示。

(4)电缆引入间高压电缆支架采用加厚方钢管结合铝合金走线架制作,承重能力强、可靠性高;低压及控制电缆沿贴墙面安装的铝合金走线架敷设,整个电缆引入间高、低压及控制电缆独立敷设,提高可靠性,工艺美观,如图 11 所示。

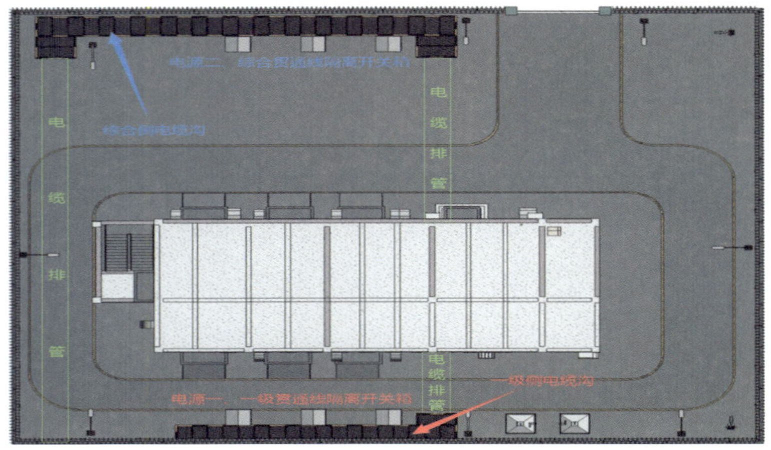

图 8　配电所室外电缆沟及开关箱位置 BIM 模拟图

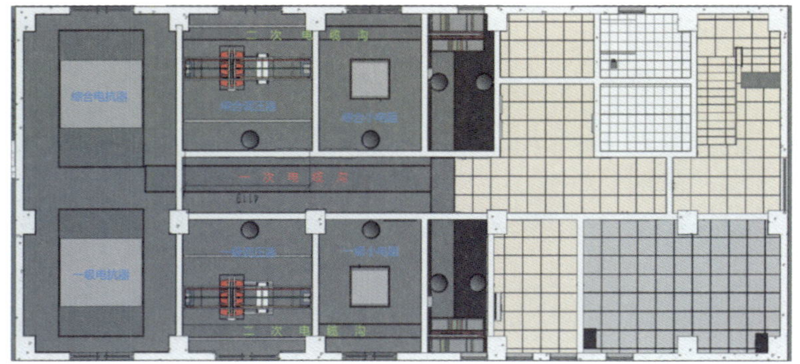

图 9　配电所一层增加二次电缆沟走向 BIM 模拟图

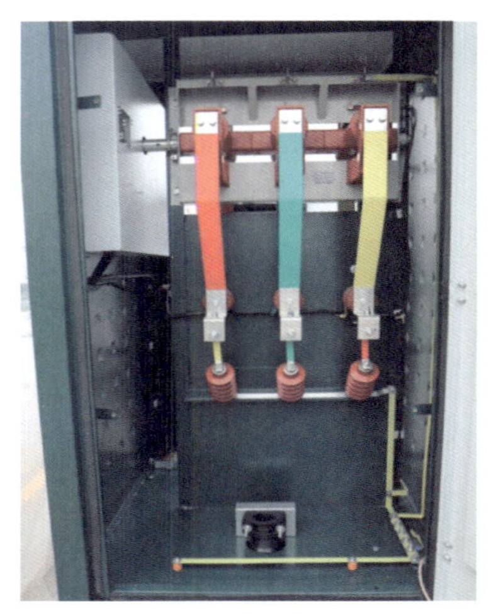

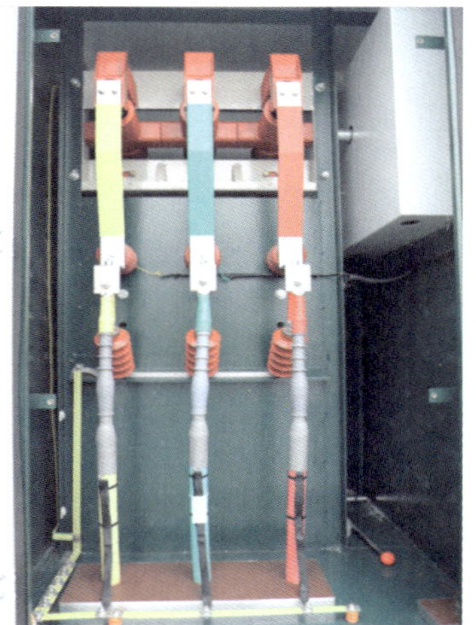

图 10　室外隔离开关箱电缆引入孔优化前后对比效果

图 11　配电所电缆引入间电缆排列效果

(5)调压器母线支架及母线安装工艺优化。

调压器传统安装方式,母线支架受力大,母线距离调压开关分接箱距离小,调压器绝缘子受母线压力存在断裂风险(图 12)。优化后的母线支架为整体支架,母线支架安装更稳固,母线离有载调压分接开关箱距离远,保证了安全距离;其次,母线由两个支持绝缘子支撑,调压器绝缘子不受力,防止运行过程中绝缘子断裂引发故障且调压器检修或更换时不用拆卸母线,便于维修(图 13)。

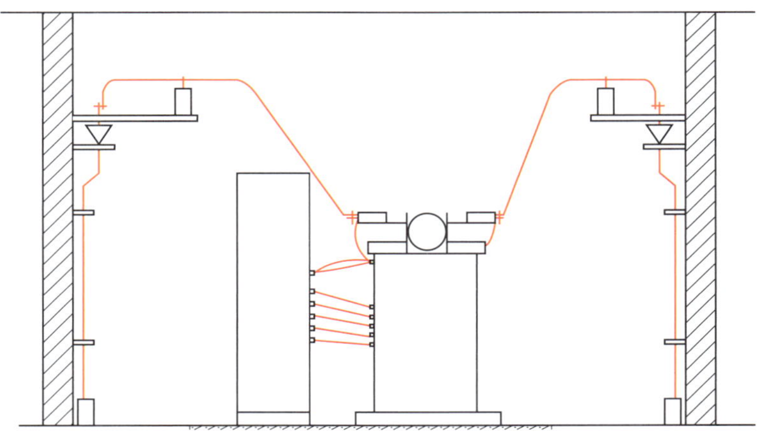

图 12　调压器母线传统安装方式示意图

(6)对电缆夹层电缆支架的安装位置、走向及层数进行了优化,将高压电缆的排列、转弯、固定、引入弧度等进行了模拟优化(图 14)。通过调整支架层数,实现每层支架仅敷设两根高压电缆,电缆根据高压柜远近由下往上排列,所有电缆平直顺畅、无交叉,弧度优美自然。另外,在每层电缆支架的端部加装橡胶护套,防止检修人员刮碰受伤。夹层内高压电缆照片如图 15 所示。

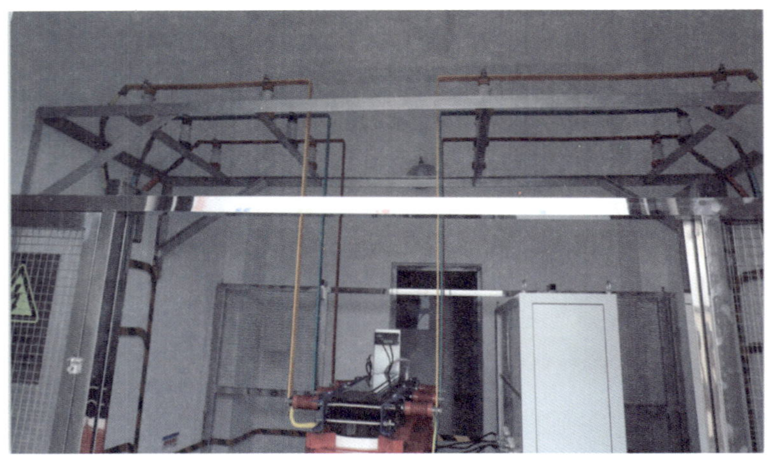

图 13　优化后的调压器母线支架及母线

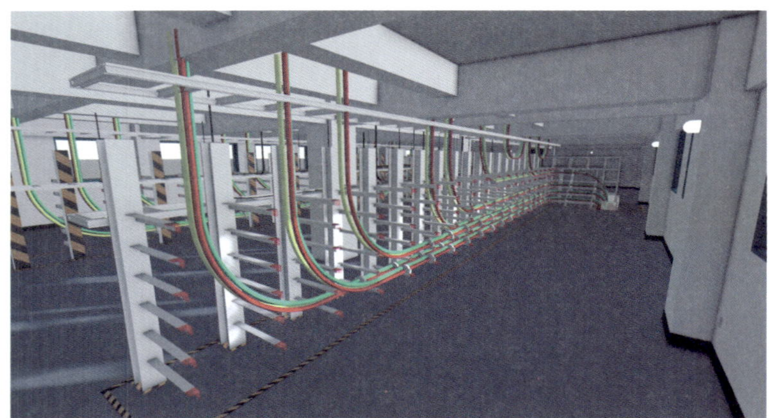

图 14　配电所夹层内高压电缆敷设 BIM 模拟图片

图 15　配电所电缆夹层内高压电缆敷设走向

(7)将控制室下方动力电缆和控制电缆优化为上下层敷设,动力电缆和控制电缆实现了空间分离,降低了电缆间相互干扰及故障扩大的风险,转弯处对走线架进行倒角,即满足电缆弯曲半径要求,又使电缆转弯弧度自然优美,如图 16 所示。

图 16 电缆夹层内控制电缆与动力电缆分层敷设

(8)巧妙利用夹层楼板洞口空间进行二次电缆从左侧到右侧的过渡,既实现了高、低压物理路径分离,又避免了电缆在引入间发生交叉,如图 17 所示。

图 17 电缆间与电缆夹层间电缆引入口二次电缆过渡处理

(9)根据穿心流互固定螺栓孔间距在高压柜下方设置了穿心流互专用支架,穿心流互安装高度整齐划一、牢固可靠,工艺优美大方。并且在高压柜对应位置的下方的支架上粘贴了高压柜名称及编号,方便维护检修,如图 18 所示。

(10)在技术规格书审查中,经研究控制屏内取消二次电缆走线槽,并要求设备厂家加深二次电缆走线空间。二次施工时控制电缆在屏柜内采用侧走线分束打把,电缆芯线引出弧

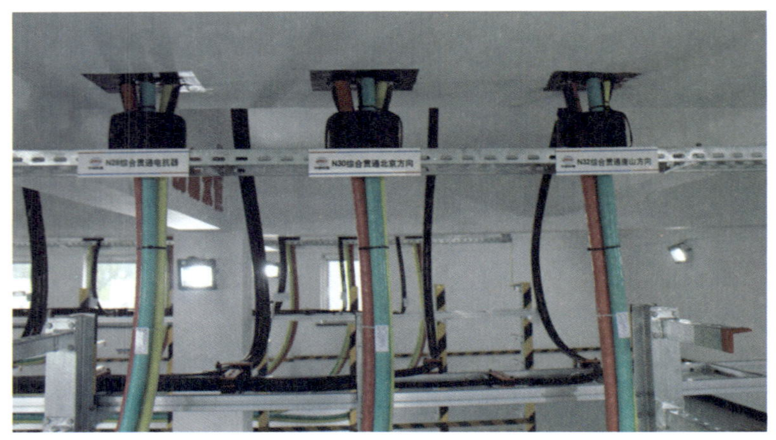

图 18　高压柜穿心流互安装工艺施工效果

度一致，线号管长度一致，备用芯线戴绝缘胶帽，预留至屏柜顶部，如图 19 所示。

图 19　屏柜内二次电缆接线工艺施工效果

(11)提前完成高压柜名称及开关编号的编制并交设备管理单位审核，设备出厂前，由厂家将设备名称及编号喷涂到位(图 20)，设备安装完成后不再进行编号制作、粘贴，省时、省力、节约工程投资，且工艺优良、不易脱落。

(12)室内电缆沟盖板采用 8 mm 花纹钢板，盖板背面增加了方钢边框及龙骨，增加盖板承重能力，设备更换时盖板可承受设备重量，防止盖板变形；盖板边框下安装了减振胶垫，人员行走踩踏后稳定安静。室内电缆沟钢质盖板照片如图 21 所示。

(13)在设备间通风百叶窗和钢制大门百叶窗上加装了防尘窗(图 22)，在满足设备间通风需求的同时可有效减少扬尘进入设备间，提高了设备运行可靠性。防尘窗框架采用铝合金材质，外层为钢丝纱网，内层安装了防尘棉，防尘窗采用卡扣式设计，方便拆卸防尘棉进行吹扫或更换，如图 23 所示。

图 20　室内高压柜安装工艺效果

图 21　室内电缆沟钢质盖板

图 22　设备间钢质大门安装防尘窗效果

图 23　防尘窗采用卡扣式设计方便开启，内部安装防尘棉

1.13.4　工程实例与效益分析

(1)玉田南 10 kV 配电所施工工艺在京唐铁路电力工程首件工程评估时受到了国铁集团工管中心、北京铁路局供电部、唐山供电段等各方的高度好评，一致认为达到路内领先水平。后续多家单位专程到现场进行参观学习，取得了良好社会效益。

(2)配电所采用 BIM 技术对整体布局、装修效果、接口工程、缆线支架及电缆支架进行了实体模拟，实现了配电所施工的可视化三维交底，有效指导了全程施工，避免了专业或接口冲突引起的返工，较好地提高了全所施工质量。

(3)利用 BIM 模拟结果指导部分物资材料采购，一定程度上避免了相关物资材料的浪费，具有良好的经济效益。

参编单位：中国铁建电气化局集团有限公司
参编人员：杨爱、黄杰

1.14 站场“四电”接口集成一体化技术

1.14.1 工程背景

京滨铁路宝坻南站站场范围设站房1座、信号楼及值守点1座、宿舍区及警务1座;路基长1.444 km,设置2台4道,正线采用CRTSⅢ型板式无砟轨道,18号单开道岔8组。

四电施工基础工程多由站前工程预留提供,接口形式复杂,实施专业跨度大,标准掌握不清晰。公司多方向创新施工组织理念,寻求能够直接有效实现接口工程一次性成优,减少因接口标准不熟悉而产生的使用功能缺陷和返工等情况的最佳解决方案。

1.14.2 主要技术特点和应用范围

1. 技术特点

站场四电接口集成化设计“一张图”,以1∶1的比例,范围涉及各专业施工内容和以同一站形为基准底图进行绘制,专业技术人员可通过平面布置图形直观检查发现各单位施工内容和预安装设备的冲突点。

在接口集成化设计“一张图”基础上,利用计算机辅助软件BIM工程,生成三维模型,通过空间不同角度对隐蔽工程部位、高差重叠或交叉部位进行解剖细致分析,解决了不同专业技术人员互通问题,以形象的视觉效果进行解析,形成可视化交底,提高了接口工程质量和工艺标准,提供了优化方案和施工组织的有利依据。

2. 应用范围

铁路工程站场与四电工程接口施工。

1.14.3 技术控制要点

公司组织设计单位、站前和站后施工单位编制站场四电接口集成化设计“一张图”,通过会审的方式,并利用BIM软件建立模型,对各种管线和设备进行检查,对检查出存在优化的点位,组织编制专题方案,进行优化调整,形成最优方案后,用于现场施工。站场综合BIM模型如图1所示。

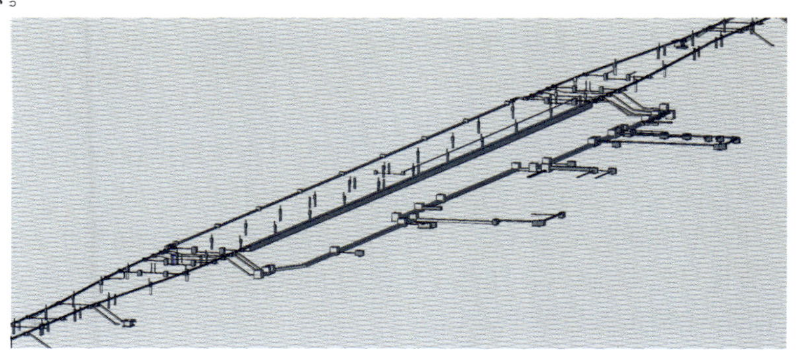

图1 站场综合BIM模型

1.14.4 应用实例及效果分析

1. 应用实例

京滨铁路宝坻南站站场站前和四电接口工程。

2. 效果分析

京滨铁路宝坻南站站前与四电工程接口主要有过轨管预埋、桥梁与路基过渡井、电缆井、站场电缆排管、电缆槽(上下护坡)、接触网全补偿下锚、接触网基础等,通过接口集成化设计“一张图”和 BIM 技术模拟,校验接口点数 120 余处,施工前进行可视化交底,使得站场接口一次性达标 100%,接口工程返工率 0%成为现实,具体主要优化案例如下:

1)四电线缆贯通径路方案

(1)优化原因

由于宝坻南站站台侧的站房屋面落水管、进出户给排水排污管的高程限制,基本站台与站房间若按照传统的综合管沟排水,其结构深度达 2.4 m(内深 1.9 m)、埋深 2.0 m,开挖深度超过 4 m,均位于所在地区地下水位线以下。考虑宝坻南站地下水较丰富,后期运营期间因不可控因素可能会出现排水困难,客观上会造成通风不足和永久性潮湿问题,管沟内的电缆运营条件将会逐步恶化,一定程度上将增加后期维护作业量。宝坻南站常规综合管沟方式如图 2 所示,站房(站台)区域贯通综合管沟断面如图 3 所示。

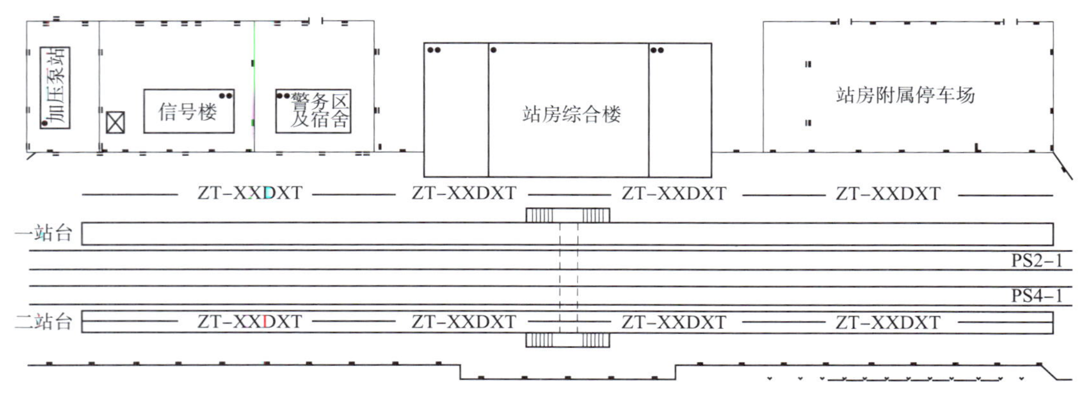

图 2 宝坻南站常规综合管沟方式综合管沟示意图

(2)研究解决的问题

统筹考虑电缆径路的功能性需求、线缆运行可靠和检修维护便捷等因素,结合运营维管、施工、监理等单位的意见,组织反复推敲、研究,形成如下优化方案:

①将二站台综合管沟调整至基本站台,系统线路径路位于整个站区中心位置,满足南北站区间衔接的所有信号电缆、通信主径路干线电缆和电力高压主电缆的径路需求。宝坻周良站综合管沟(排管)平面示意如图 4 所示。

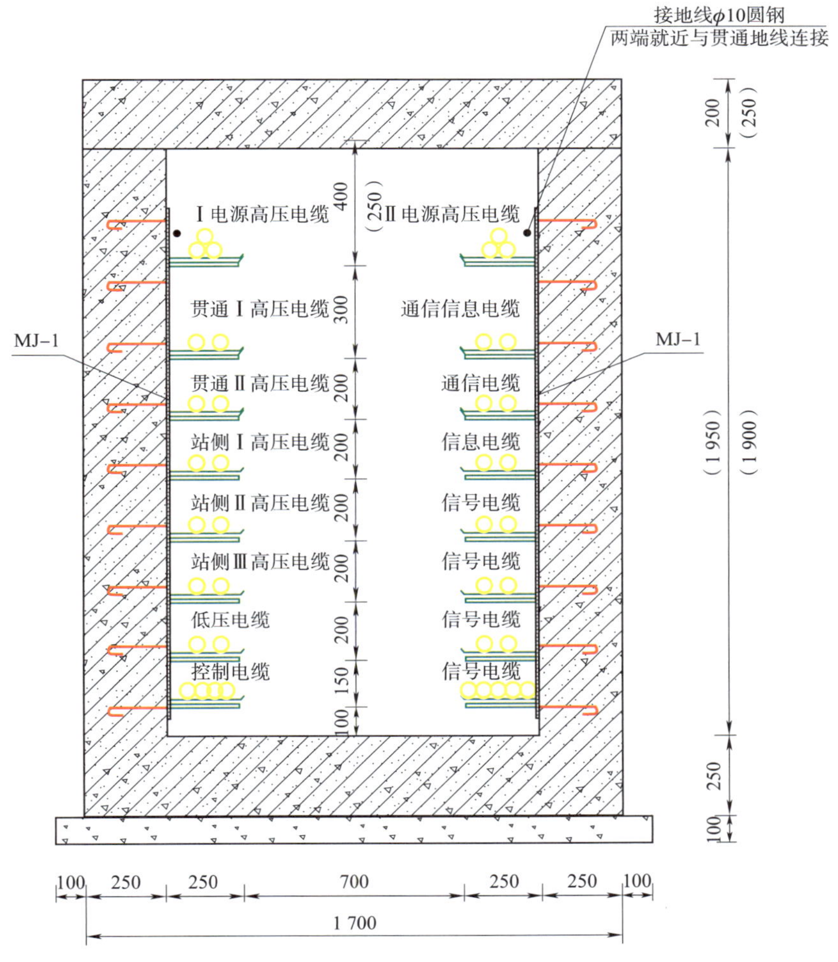

图 3　站房(站台)区域贯通综合管沟断面示意图(单位:mm)

②将基本站台挡墙外侧综合管沟改为排管方式(图 5),主要为站场高压电力、站房低压电力及通信支线电缆使用。此区域排管电缆井创新采用了“沟＋井”的融合形式,“井底设沟”的方式最大限度地解决了“强弱电”“高低压”和“主备电”线缆的物理隔离或空间隔离,“沟顶设井”的方式节省了平面占地空间并兼顾解决与其他管线交叉冲突问题。

③考虑到通信专业干线需不同物理路径需求,兼顾电力高压主、备电缆最大限度隔离的要求,但两专业位于此径路的线缆较少,二站台优化增设小型综合排管(图 6),主要为站场内干线通信电缆、电力外电源和贯通线使用。

(3)取得的优化效果

优化后站场地面管沟调整为综合排管后,不仅解决了运营维护不便的问题,且最大干限度地避免了站场积水病害对电缆管井的干扰;将混凝土管沟优化为综合排管,降低工程投资的同时也减少了后期维护工作量,提高了电缆使用寿命。

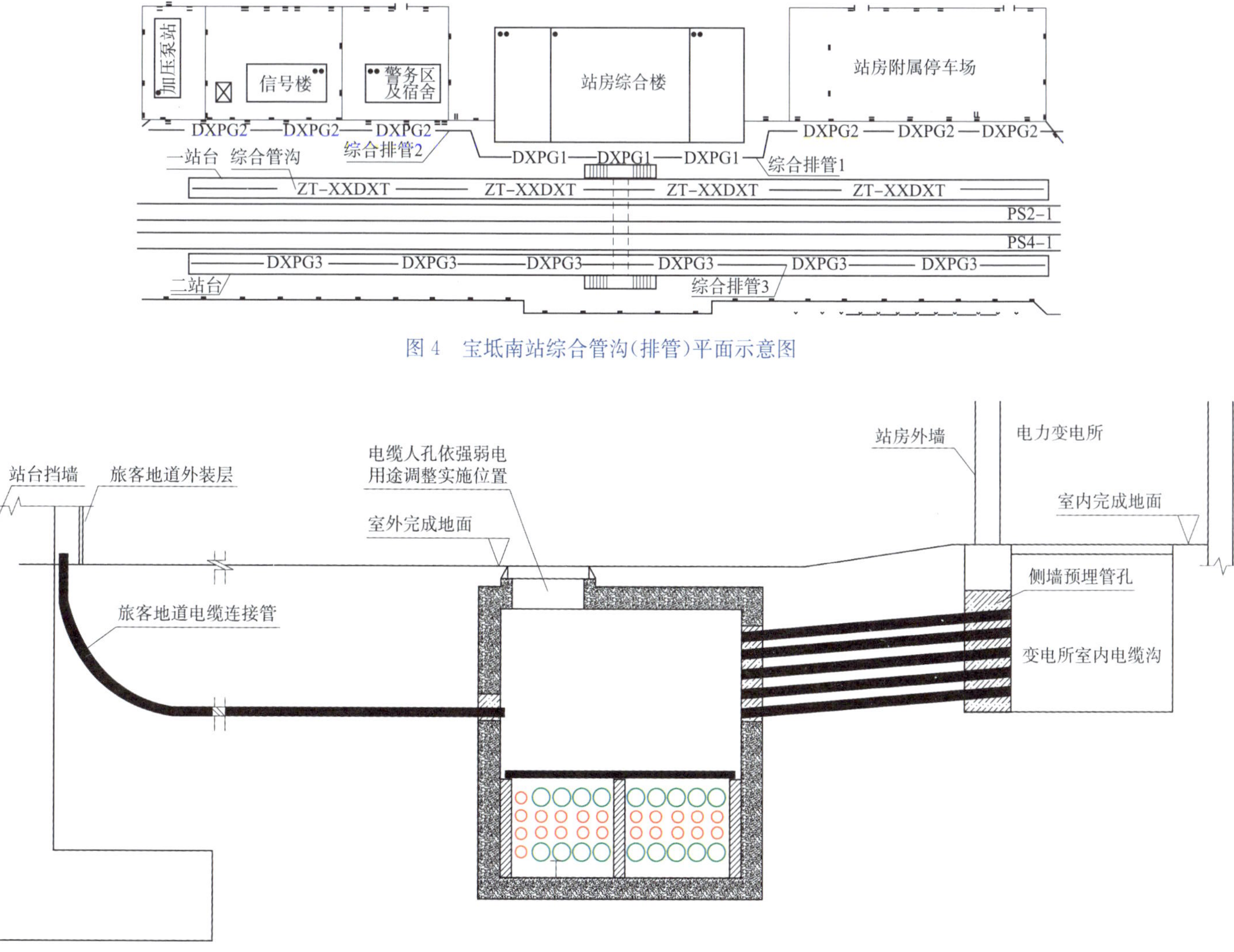

图4 宝坻南站综合管沟(排管)平面示意图

图5 宝坻南站综合管沟排Ⅰ型排管电缆井剖面示意图

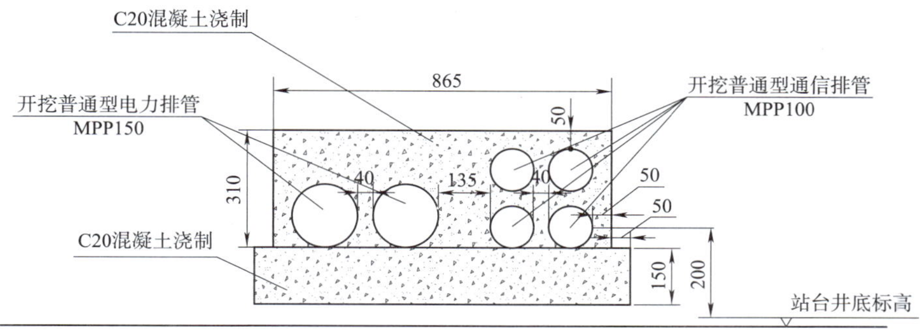

（a）电力、通信信息综合排管3断面示意

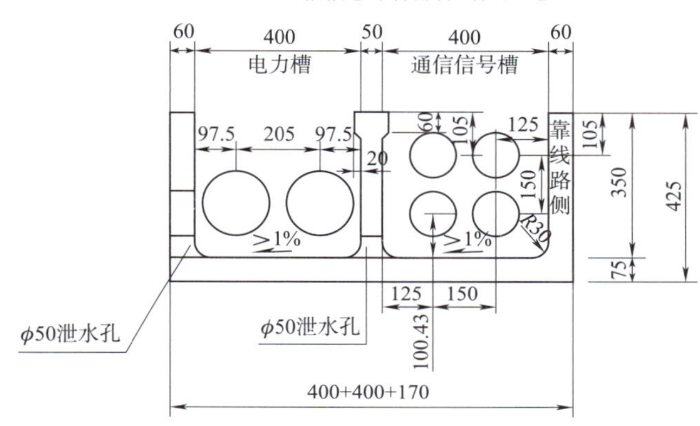

（b）电力、通信信息综合排管3与站台端头电缆槽过渡示意

图6　排管方式3断面图(DXPG3)(单位:mm)

2)电缆井强弱电隔离槽优化设计

(1)优化原因

根据《高速铁路设计规范》(TB 10621—2014)要求“信号电缆与10 kV贯通电力电缆平行敷设时,两者之间应设实体隔断”,但是相关规范及标准中未明确实体隔断类型及做法,目前在建及已开通项目做法上不统一,存在整改的情况。

(2)研究解决的问题

经过对京津城际、京沪高铁等运营线路进行现场调研交流,组织设计、施工单位详细研讨,结合本工程的实际情况对站场不同电缆井的类型(包括Ⅰ型井、Ⅱ型井、强电井、弱电井等)的隔离槽进行细化设计,进一步减少了工序接口并提高隔断可靠性,如图7、图8所示。

(3)取得优化效果

实施单位提前组织优化电缆井、槽衔接工序,减少整改及逆做工法,实现了标准化、一体化施工的目的。

3) 上下路基综合电缆槽优化设计

(1)优化原因

在咽喉区道岔融雪箱变上下路基电缆槽,需满足电力高压、电力低压和通信运动及维护通道光缆的径路,且必须满足强弱电、高低压的物理隔离的要求。但通用图集上下路基电缆

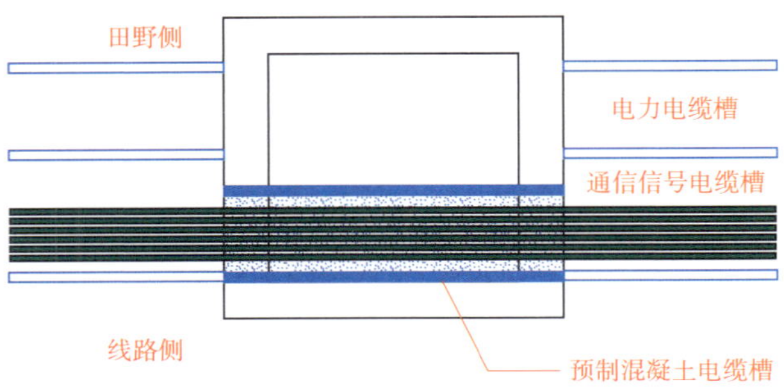

图 7　强电井强弱电隔离做法

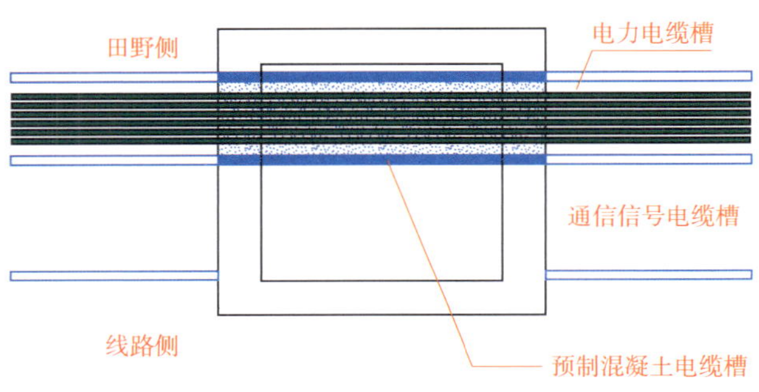

图 8　弱电井强弱电隔离做法

槽为“双孔”形式，仅满足两种不同形式电缆径路要求，若同一地点另行增加上下路基电缆槽和电缆井将增加工程投资且对护坡拱架造成不规则分割。

(2)研究解决的问题

经组织通信、电力等专业充分研究，将通用图集中的“双孔”槽道改进为“三孔”槽道，通信槽孔居中布置，通信光缆在路基电缆井内自隔离电槽预留至对应上下路基电缆“通信”槽孔采用保护管衔接，满足不同线缆的径路需求和隔离需求。

(3)取得优化效果

通过方案优化，减少了通信独立电缆井数量，避免了上下路径电缆槽对护坡骨架的不规则分割，同时避免通信光缆坡脚下直埋敷设的径路，提高了远动及运维系统的运行可靠性。

参编单位：京滨城际铁路有限公司

参编人员：耿德虎、荆晶

1.15　自制位置标定装置的轨道电参数测量工具车

1.15.1　工程背景

轨道区段长度及电参数(载频、电压、电流)是铁路信号工程所必需的数据,京唐铁路各单位交叉施工,站后四电专业工期十分紧张,同时京唐铁路沿线弯道较多,这也就造成人工测量区段长度误差大、电参数测量效率低下等问题。针对上述问题,研制一种基于位置标定装置的轨道电参数测量工具车并获得国家专利保护,自制位置标定装置的轨道电参数测量工具车使测量数据更加精准,工作效率更高,并节约人工成本。

1.15.2　主要技术特点和应用范围

1. 主要技术特点

工具车包含"位置标定系统""电参数测量系统""无线数据通信装置"以及"锂电池供电系统"。其大小规格为:长 1500 mm,略大于钢轨间距;宽 500 mm;高 1 200 mm;质量约为 120 kg,其实物如图 1 所示。

图 1　自制位置标定装置的轨道电参数测量工具车实物图

位置标定系统,是工具车运行距离测量装置与计算机数据处理功能的联合实现,通过记录轮对转动次数,处理获得与列车运行里程一致的数据,尤其是弯道区段,精确度远高于人工拉尺测量结果。

电参数测量系统,是通过改造传统移频表结构,使其可搭载于工具车内部,配合顶针压轨装置,实现定点参数测量。

无线数据通信装置,包含数据在线记录更新、蓝牙通信控制功能,移频在线测试表和测量连线自动切换与蓝牙通信装置以蓝牙的方式进行数据通信,测量连线自动切换与蓝牙通信装置和现场主机则以 RS232 串口通信连接,它们的关系如图 2 所示。

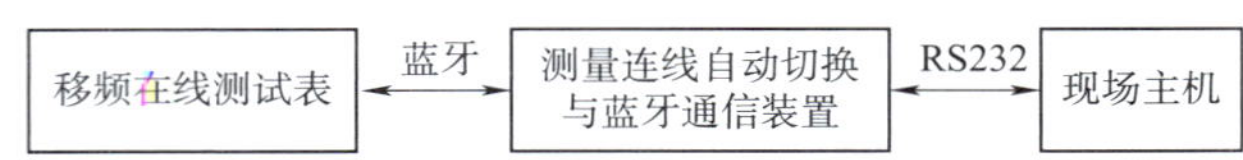

图 2 轨道电路参数测量数据通信系统结构示意图

锂电池供电系统,主要用于为工具车行进与搭载系统提供电力供应。

2. 应用范围

该工具车主要适用于新建线路或天窗计划点内的既有线路,采集现场轨道电路数据、LKJ 数据。

不足之处在于,工具车测量现场需要人工辅助核对,目前还不具备载人功能,在一定程度上影响测量效率。

1.15.3 技术控制要点

(1)工具车行驶会造成区段的占用,必须提前申请好该区段的施工计划。

(2)移频在线测试表用于测量轨道的电路参数,无须人工抄录数据,系统将自动从移频在线测试表中获取有效的测量数据并存入数据库之中,可随时调阅查看。

(3)车载的现场主机以 RS232 串口通信的方式与测量连线自动切换及蓝牙通信装置通信连接,控制测量连线自动切换和获取来自移频在线测试表的测量数据,计算并保存测量数据。

(4)图 3 为轨道参数测量工作流程图,在人工选择测试项目后,电流电压自动切换电路连线,伸出探头以实现测量;载频和补偿电容需人工连接测试线。人工核对确认后,系统自动记录并上传数据。

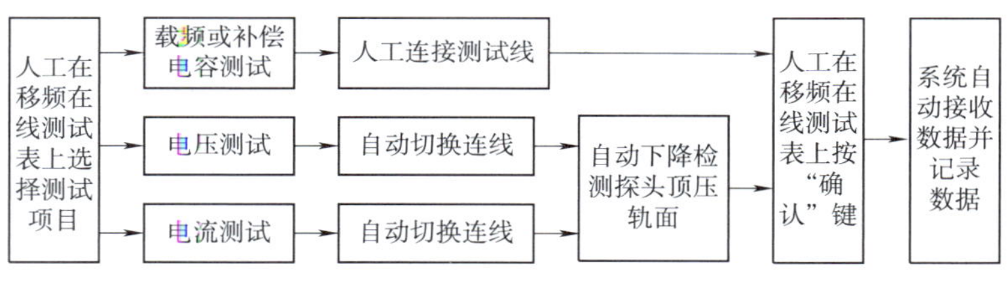

图 3 轨道电参数测量工作流程图

1.15.4 应用实例及效果分析

京唐铁路应用了自制位置标定装置的轨道电参数测量工具车,极大地提高了施工效率,缩短了工期,测量数据的精准程度也有了更进一步的提高,取得了良好的效益,其对比见表 1。

表 1 人工测量与工具车成本对比

项 目	人工测量	自制位置标定装置的轨道电参数测量工具车
每公里所需时间(h)	0.8	0.2
每公里所需工时量(人·h)	2.4	0.2

续上表

项　　目	人工测量	自制位置标定装置的轨道电参数测量工具车
每公里测量成本(元)	144	12
总成本(元)	36 000	2 400
总时长(h)	200	50

京唐铁路全线区段数据测量节约了大量的人工成本，仅此项达 33 600 元，加上时间及计划等成本，经济效益更加明显。

平均每公里测量用时仅为原来时长的四分之一，大幅度缩短了四电工程在此项环节中所需的施工周期，轮对测量高度还原了列车运营里程实际数据，精确程度远高于人工拉尺。

随着施工需求量的不断增加，效率、准确度要求的不断提高，四电测量工程的智能化是未来发展趋势，自制位置标定装置的轨道电参数测量工具车的应用，是一次成功的尝试，在未来还将继续改进。

参编单位：中国铁建电气化局集团有限公司
参编人员：王聪、韩超

1.16 高速铁路信号机房智能焊线机器人技术应用

1.16.1 工程背景

信号机房是信号工程系统的大脑，而机柜端子的焊线，构成了其内部导通的神经网络。信号工程的调试阶段最常见的问题有端子线缆的错焊漏焊、接点不实等，其主要是由人工焊线的不可靠性引起的。因此，研发应用高速铁路信号机房智能焊线机器人技术，提升焊线质量，缩短工期，节约成本。

1.16.2 主要技术特点和应用范围

1. 主要技术特点

信号机房智能焊线机器人是将“机器视觉技术”“计算机控制技术”“多轴机械臂及其衍生终端技术”进行了契合信号施工的有机集成。可以实现线缆的智能分类、抓取、焊接的系列复杂动作，可以避免焊接错误发生，提高焊接效率与美观性。

机器视觉技术：用于线缆分类、梳理、识别，基于图像处理和计算机分析运算功能，通过对图像进行捕捉及预处理，计算机分析获得线缆梳理路径，并对线缆进行识别。在焊线中，识别线头对应端子，辅助焊接臂、抓取臂进行端子焊接。

计算机控制技术：除图像处理功能外，主要用于控制各机械臂之间的联动配合，包括各机械臂的控制系统和联动指令的处理。

多轴机械臂及其衍生终端技术：主要是柔性平行四夹头爪和正交四夹头焊穿一体机器夹爪，通过他们之间的配合，来实现对应线缆的梳理、穿线、焊接。

2. 应用范围

智能焊接机器人主要适用于信号机房内对组合柜侧面端子板的线缆焊接，进场时机通常在室内放线和静电地板铺设完成以后。但不足之处在于当前使用机械臂工装所需活动范围较大，受信号机房排架间距离制约。日后将改良其所需活动空间，以适应更多焊线要求。信号机房智能焊线机器人如图 1 所示。

1.16.3 技术控制要点

(1)机器人的线缆识别功能是施工图与现场放线的对应，需要提前按施工图将参数录入机器人系统。

(2)机器人工作范围内不能有杂物堆放。

(3)机器人消耗焊锡需及时进行补充。

(4)需人工监督机器人焊接第一块端子板，核验无误后，方可授权进行全部端子板的智能焊接，防止初始端子板认知错误导致后续错焊。

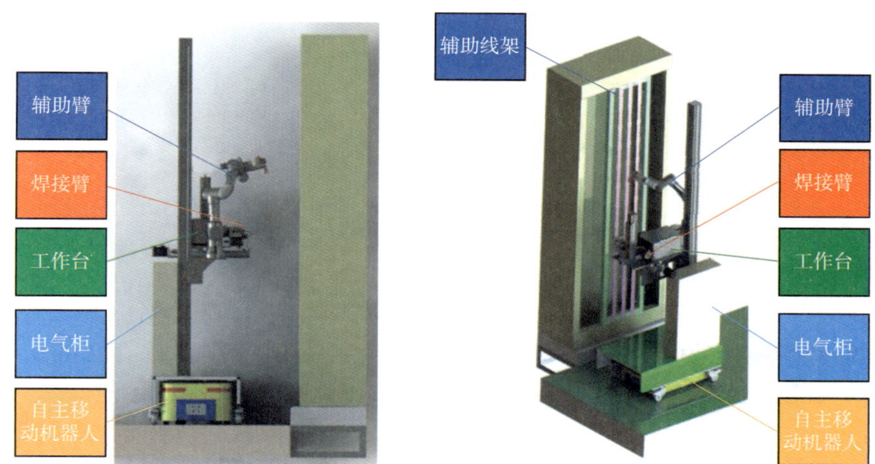

图 1 信号机房智能焊线机器人示意图

1.16.4 应用实例及效果分析

该机器人于 2018 年起开始立项研究，经反复改进形成当前型号，首次在京唐铁路 2 号中继站应用。在应用过程中，未出现系统故障或硬件报警，焊接成果牢固可靠、接点位置准确无误、工艺美观简洁。

对比 1 号中继站人工焊接，2 号中继站应用该机器人后，焊接准确率达 100%，焊接质量和效率具有明显提高，节约大量人工成本，具体见表 1。

表 1 成本对比

项　目	1 号中继站(人工焊线)	2 号中继站(智能焊线机器人)
人工成本(元)	24 000	2 000
每中继站站时间成本(d)	7	2
焊接准确率(%)	94.38	100

参编单位：中国铁建电气化局集团有限公司
参编人员：赵波波、王照涵

第 2 章 “五小”成果

2.1 钢筋加工系列技术

为有效解决钢筋加工中钢筋笼、钢筋骨架的弯折、绑扎、吊装等工序存在的缺陷问题，通过分析原因并提出改进措施，总结提炼了 4 项钢筋加工系列技术，提升了钢筋加工的规范化和标准化，确保了工程结构的安全质量，具有较高的实用性和推广应用价值。

2.1.1 灌注桩钢筋笼垫块快速安装技术

1. 技术背景

灌注桩施工中，传统钢筋笼垫块安装技术采用圆形饼式垫块，常因磕碰导致垫块脱落、损坏，需再次焊接辅助筋安装垫块以保证灌注桩的保护层厚度，增加了施工成本、降低了施工效率，多次焊接降低了钢筋局部强度，造成严重的质量安全隐患。

2. 技术特点

将传统圆饼形垫块（图 1）改进为单向开口月牙形垫块（图 2），用榫卯结构原理将单侧开口垫块和塑料插件固定，解决了垫块快速安装和更换问题。

安装时作业人员将垫块按照设计及规范要求安装到钢筋笼对应位置，在单向开口位置穿入钢筋，然后将塑料插件固定在垫块与钢筋之间，快速固定垫块。

图 1 传统钢筋笼垫块安装图

图 2 月牙形垫块安装图

2.1.2 钢筋笼加强筋搭接端弯弧加工技术

1. 技术背景

传统灌注桩施工钢筋笼外侧加强箍筋设计为直径 20 mm 的 HRB400 钢筋，除在钢筋笼的两端各设置一根外，在钢筋笼的中部每隔 2 m 设置一根。传统钢筋笼加强筋经弯弧机弯折成形后，钢筋两端存在搭接端直线无法弯弧，造成焊接面不完整，存在质量隐患。

2. 技术特点

钢筋笼加强筋搭接端弯弧加工装置采用弯弧加工平台，设置竖向弯弧模具，模具弧度与设计要求一致，模具可根据设计要求预设不同弧度，加工时将加强筋搭接端固定于设计弧度的模具处，通过加压机床完成精确弯弧，实现加强筋搭接端满足设计要求弧度，焊缝饱满，确保质量。传统加强筋接头如图 3 所示，强筋接头弯弧加工如图 4 所示。

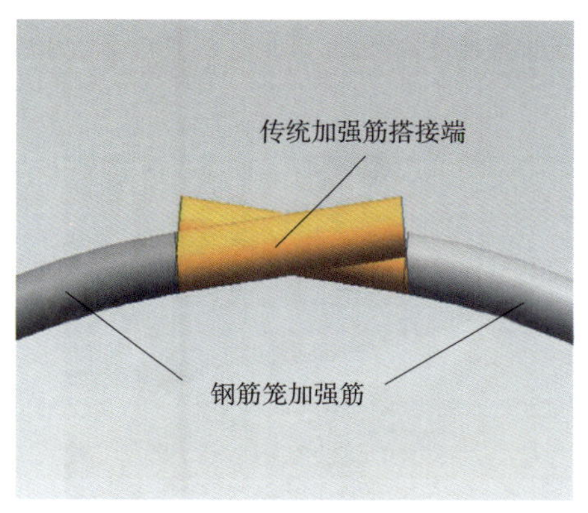

图 3 传统加强筋接头示意图

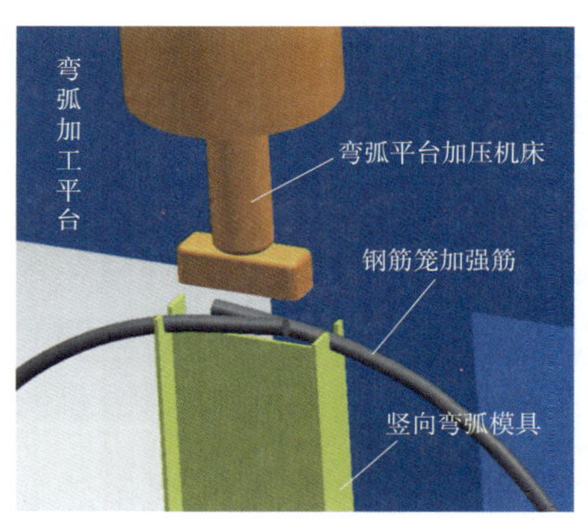

图 4 加强筋接头弯弧加工示意图

2.1.3 钢筋搭接端部弯折装置

1. 技术背景

钢筋搭接端部焊接前需对钢筋末端进行弯折，以满足钢筋同轴焊接的要求，当钢筋直径较大时，不易操作。传统预弯加工无法精确控制角度，极易产生钢筋不同轴现象，修复调整难度大，极易造成质量隐患。

2. 装置特点

钢筋搭接端部弯折装置以液压钳为基础，顶部根据钢筋预弯角度安装限位模具，利用液压钳和限位装置使钢筋搭接部位满足设计弯折要求，同时可根据钢筋焊接长度不同调整限位模具尺寸，该装置可广泛适用于桥梁桩基、承台、墩身施工过程中的钢筋搭接端部弯折及调整。主筋同轴液压装备设计、实物及现场如图 5～图 7 所示。

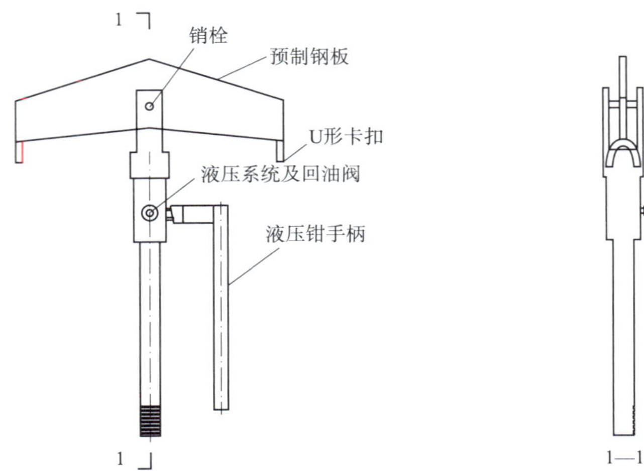

图 5　主筋同轴液压装备设计图

图 6　主筋同轴液压装备实物图

图 7　主筋同轴液压装备现场图

2.1.4　箱梁钢筋整体吊装装置

1. 技术背景

箱梁钢筋整体吊装过程中，单体钢筋重量约为 60 t。传统钢筋吊装设备采用无缝钢管与槽钢焊接加工成整体吊具，出现破损、断裂时修复难度大，影响吊装安全，当制梁完成后整体吊具无法周转使用，钢材浪费较大。

2. 装置特点

参考桁架结构原理，运用球绞将各钢构件联结成一个整体吊具，尺寸可调、安拆方便、修复简单,可适用不同规格箱梁钢筋骨架整体吊装,而且安全可控、可重复利用,降低工程成本。箱梁钢筋整体吊装设备及施工如图8、图9所示。

图8　箱梁钢筋整体吊装设备图

图9　箱梁钢筋整体吊装施工图

2.1.5　应用效果

灌注桩钢筋笼垫块快速安装技术,利用月牙形垫块有效保证了钢筋笼的安装质量,节省了传统施工中焊接脱落垫块消耗的钢筋,同时操作简便,提高了工效。

钢筋笼加强筋搭接端弯弧加工技术,简单方便、快捷高效,可有效改善焊接接触面积,提升焊接整体质量,防止钢筋笼施工过程中发生变形。

钢筋搭接端部弯折装置,可直接进行现场预弯,方便便捷、操作简单、效果良好,提高了钢筋同轴焊接合格率,同时可节省机械及人工费用,经济效益显著。

箱梁钢筋整体吊装装置,装配化程度高,能够根据需求快速调整吊装装置尺寸,现场装配化组装具有低碳高效、节能降耗、组拆方便、安全环保等优点。

上述4项钢筋加工系列技术通过工程实践验证,有效地解决了传统钢筋在加工、制作、安装施工中存在的技术难题,装备简单、操作简便、效果明显、效益突出,具有较大的实用推广价值。

参编单位:中交第一航务工程局有限公司

参编人员:王龙、程琪

2.2 桩基钢筋笼循环吊筋装置

2.2.1 工程背景

桩基施工中钢筋笼的定位和安放,传统做法是采用吊筋定位,吊筋焊接在桩基钢筋笼顶部。缺点是无法重复利用,材料浪费严重。为降低工程成本,提高工作效率,研制循环吊筋装置,该装置可节省钢材,缩短焊接时间。

2.2.2 装置及特点

桩基钢筋笼循环吊筋装置是由吊钩、吊杆、调节杆、吊环、销栓等组成。两根循环吊筋通过吊环固定在护筒上方的水平支撑上。其特点是利用钢格栅人工调节吊筋长度,通过底端挂钩连接钢筋笼,安拆方便,可重复利用。

循环吊筋装置如图 1 所示,整体吊装如图 2 所示。

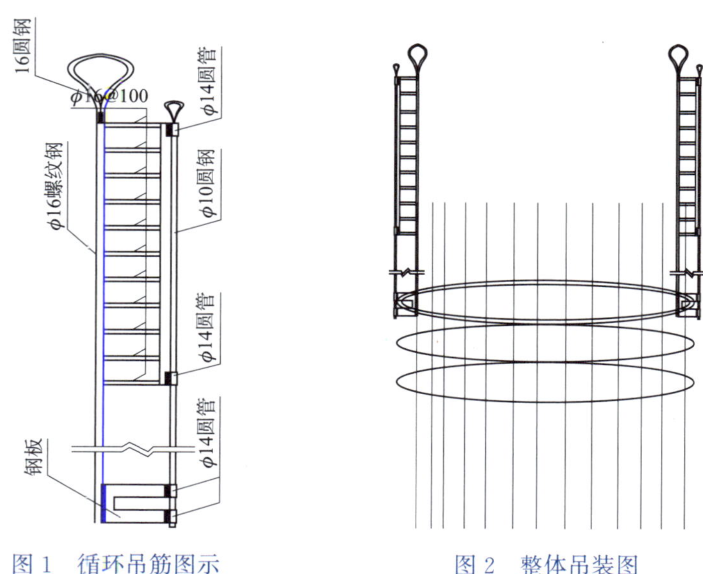

图 1　循环吊筋图示　　图 2　整体吊装图

2.2.3 装置操作要点

(1)桩基钢筋笼循环吊筋装置通过调节钢格栅位置固定在水平支撑上,吊筋钢筋根据桩基钢筋笼重量合理选择。

(2)桩基施工前通过计算确定水平横支撑与钢格栅位置,施工中再进行精确调节,钢筋笼位置达到设计高程后进行固定。

(3)安装时,将循环吊筋底端挂钩的销栓锁定,防止挂钩脱落,挂钩开口方向朝向护筒壁。

(4)循环吊筋在桩基混凝土浇筑至设计高程后适时拔出定位销栓,90°转动循环吊筋,使得钢板卡口与钢筋笼上端加强箍筋分离后拔出循环吊筋装置。

2.2.4 应用效果分析

以石港城际站前四标 8 500 根桩基为例,吊筋钢材节约 52.4 万元,加上时间及其他人工成本,经济效益明显。每 10 000 根桩基吊筋消耗及成本对比见表 1。

表 1 每 10 000 根桩基吊筋消耗及成本对比表

施工工艺	成本对比		
	钢筋消耗(t)	钢筋消耗成本(万元)	安装时间(min)
一次性传统吊筋	126	62	30
循环吊筋装置	1.2	0.6	5

钢筋笼循环吊筋装置的使用,实现了钢筋笼定位快速、准确,减少了吊筋用量,且该装置加工简单,安拆方便,长度可自由调节,既提高了工作效率,又节约了成本,取得了良好的经济效益。

参编单位:中铁六局集团有限公司
参编人员:田岳、孟瑞

2.3 钻孔灌注桩桩顶高程控制技术

2.3.1 工程背景

铁路桥梁钻孔桩灌注采用传统的方法施工，易出现桩头灌注高程与设计高程出现偏差；超设计高程造成一定浪费并增加施工成本，低于施工高程可能会造成桩头质量问题。传统方式主要靠人员经验、手感控制，主观因素较大，施工效果易出现较大差异，桩顶高程控制偏差问题经常发生。为解决这一问题，采用灌注桩监测仪控制钻孔桩桩顶灌注高程精度，克服混凝土少灌引起的成桩质量风险，避免混凝土超灌浪费，从而起到减少环境污染、避免资源浪费、降低成本，缩短工期，提高管理和经营效率的目标。

1. 主要技术特点

通过工前的精确测量以及成孔钻进过程中的严格控制，有效地保证了厂制钢筋笼尺寸与孔深孔径吻合。

加强钢筋笼吊放安装过程中的偏差控制。对安装到位的钢筋笼采用相应固定措施，防止灌注过程出现上浮问题，保证后续安装的灌注监测设备探头位置准确。

利用灌注监测设备自动识别浮浆及混凝土密度，控制钻孔桩成桩高程，保证成桩质量。

通过信息化管理手段，进行数据分析和统计，实时控制钻孔桩灌注进度，方便拌和站管理人员对剩余混凝土及时调配。

2. 应用范围

此技术适用于铁路桥梁钻孔桩桩顶高程的精准控制施工。

2.3.2 技术控制要点

1. 内业准备

开工前组织技术人员阅读、审核施工图纸，澄清相关技术问题，熟悉规范和施工技术标准。认真学习施工方案、作业指导书等。

严格落实三级技术交底制度，并对参加施工人员进行上岗前技术培训，考试合格后持证上岗。针对运用“四新” 技术关键施工环节，组织进行专项交底。

2. 外业准备

桥位施工控制网复测工作已完成，复测成果报告审批完成且程序完善。根据设计资料对桥位钻孔桩坐标复核无误。

3. 测量定位

加强施工技术管理，坚持技术和测量复核制，现场桩位测放时坚持闭合复核和换手复核制，测量放样资料必须经审核后方能交付施工，钻进深度数据需测量工程师与现场技术人员签认交接。桩中心定位必须埋设护桩，并用红油漆标记，确保桥梁桩位定位准确无误。

4. 钻进施工

钻进过程中，宜每进尺 4 m 通过测量钻杆垂直度校正钻孔的垂直度，发现问题及时采取措施纠偏。终孔前要慢速钻进，加强钻渣取样频率和泥浆循环净化，进行地质核对，并控制终孔高程，防止少钻或超钻。

5. 钢筋笼吊放

钢筋笼采用分节吊放，应将钢筋笼逐步接长后放入孔内。利用先吊入孔内的钢筋笼上部架立筋将笼体固定在护筒上，利用吊机将上节钢筋笼临时吊起进行两节钢筋笼的接长，钢筋笼接长后需对焊缝检查验收，冷却后再沉入孔内。

6. 钢筋笼上浮防治措施

钻孔桩应将钢筋笼副笼骨架延伸至孔底，主笼骨架上端在孔口处与护筒相接固定，或采用硬质吊筋固定于孔口过桥枕木，枕木上附方钢等重物压顶。

灌注过程中，当混凝土表面接近钢筋笼底时，应放慢混凝土灌注速度，并应使导管保持较大埋深，使导管底口与钢筋笼底端间保持适当距离，以便减小对钢筋笼的冲击。

混凝土液面进入钢筋笼适当深度后，应适当提升导管，使钢筋笼在导管下口有一定埋深，但应注意导管埋入混凝土表面应不小于 2 m。

7. 灌注监测设备工作原理和安装

(1)工作原理

灌注监测设备通过传感器智能识别浮浆及混凝土中不同电解质及骨料的密实程度，有效判断混凝土是否到达设计高程，合理控制超灌高度，达到指定高度后实时声光提醒。灌注过程中关键数据，通过无线模块实时传送至云平台，管理人员通过智能终端设备有效掌控灌注过程及钻孔桩施工进度。工作原理示意如图 1 所示。

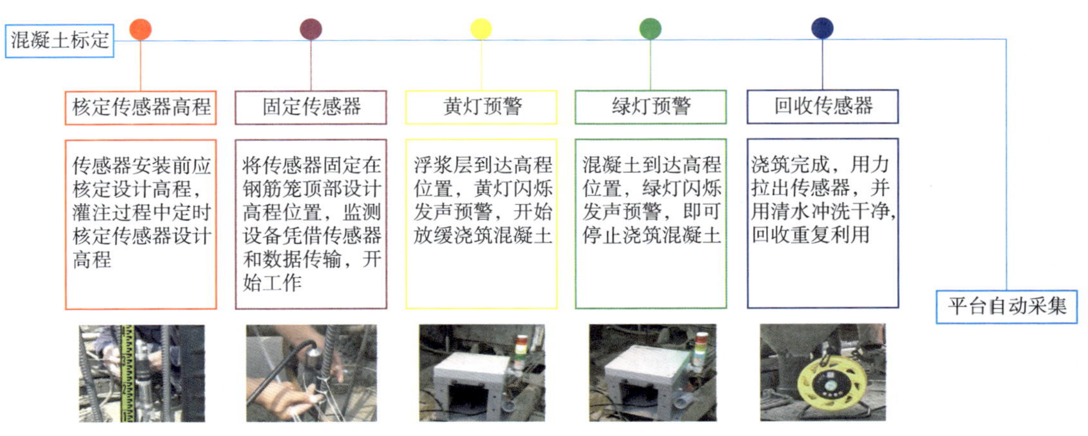

图 1　工作原理示意

(2)设备安装

焊接吊筋完成后，将传感器使用扎带安装到钻孔桩设计桩顶高程对应的钢筋上，传感器探头安装高度位于混凝土最后浇筑到达的高度。传感器安装尽量居中，不要过于偏向钢筋笼内侧或钢筋笼外侧。

传感器要远离吊筋和声测管，防止传感器线材缠绕。安装时不能将传感器直接固定到钢筋笼上，先将特制塑料卡扣采用扎带固定于钢筋笼主筋上，再将传感器插入卡扣内并用扎带固定，同时注意传感器与箍筋保持一定距离，以免传感器采集数据不准确或者造成传感器不能顺利取出，记录传感器埋设深度位置。

(3)灌注监测

灌注混凝土过程中当设备检测到混凝土接近高程，黄灯闪烁同时蜂鸣示警，此时应放慢混凝土浇筑的速度；当设备检测到混凝土到达指定位置，绿灯常亮同时蜂鸣示警，此时应停止灌注。灌注完成后将设备关机，取回传感器将探头用清水冲洗干净后，线材绕回卷筒。

8. 孔口捞取混凝土验证

为有效避免灌注监测设备失灵，灌注完成后采用项目自制捞渣漏斗捞取混凝土进行辅助验证灌注效果，于孔口沿钢筋笼四角分别按照上述灌注监测设备探头埋设深度位置快速插入捞渣漏斗，缓慢回收后查看漏斗内混凝土骨料是否均匀验证灌注质量。

9. 数据上传

灌注监测设备开机后参数标定及闪灯示警均自动记录并上传云平台(图 2)，其中桩号、剩余方量、记录人等信息需人工填录。各移动端和 PC 端可实时查看记录，方便拌和站管理人员对剩余混凝土实时进行动态调配。

云平台数据采集

设备号	桩号	泥浆标定		混凝土标定		黄灯示警	绿灯示警	预估剩余方量	车辆编号	记录人
		比重	时间	比重	时间					
JBSG1-001	246-4	1.24	2018-4-26 19:46	2.38	2018-4-26 20:07	2018-4-26 21:48	2018-4-26 21:49	1.2	01	沈兵
JBSG1-002	248-1	1.18	2018-4-26 20:11	2.38	2018-4-26 20:25	2018-4-26 22:06	2018-4-26 22:07	1.7	23	沈兵
JBSG1-001	249-3	云端1.22	2018-4-26 22:14	云端2.38	2018-4-26 22:32	2018-4-27 0:13	2018-4-27 0:14	0.6	12	沈兵
JBSG1-002	251-5	云端1.14	2018-4-26 22:23	云端2.38	2018-4-26 22:55	2018-4-27 1:47	2018-4-27 1:48	1.1	08	沈兵

图 2　云平台数据采集界面

2.3.3　应用实例及效果分析

1. 应用实例

新建北京至天津滨海新区铁路宝坻至滨海新区段 JBSG-1 标段，全线桥梁钻孔桩共计 6 191 根，采用此应用技术控制桩顶高程灌注的钻孔桩为 4 950 根，其中直径 1.0 m 的为 4 148 根，直径 1.25 m 的为 529 根，直径 1.5 m 的为 228 根，直径 2.0 m 的为 45 根。

2. 效果分析

灌注监测设备每台费用约为 2.9 万元(不含传感器)，一次性传感器探头费用约 20 元/个，灌注 4 950 根钻孔桩费用约为 9.9 万元。循环传感器探头费用约 6 000 元/个，以往经验所得探头损毁概率约为 300 桩/个，灌注 4 950 根钻孔桩所需探头 16 个费用约为 9.6 万元，考虑循环探头数据采集较为精准，且费用测算少 0.3 万元，经济比选后一致同意选用循环探头用于项目。

通过综合测算分析，采用传统技术时灌注 1 241 根钻孔桩费用超耗 59 万元(材料费47 万元和人工费 12 万元)，平均单根钻孔桩费用超耗 475 元；采用新型技术时，平均每根桩的超灌高度减少约 1.3 m，灌注 4 950 根钻孔桩费用节耗 201 万元（材料费 186 万元和人工费 47.8 万元，扣除设备费 32.8 万元），平均单根钻孔桩费用节耗 406 元。经济性分析计算见表 1。

表 1　经济性分析计算表

<table>
<tr><td rowspan="7">传统技术</td><td>桩径（m）</td><td>桩数（根）</td><td>混凝土超耗（m^3）</td><td>材料费超耗（万元）</td><td colspan="2">破桩超耗（工日）</td><td colspan="2">人工费超耗（万元）</td></tr>
<tr><td>1</td><td>1 036</td><td>1 058</td><td>34.02</td><td colspan="2">518</td><td colspan="2">9.32</td></tr>
<tr><td>1.25</td><td>134</td><td>214</td><td>6.88</td><td colspan="2">87</td><td colspan="2">1.57</td></tr>
<tr><td>1.5</td><td>56</td><td>129</td><td>4.14</td><td colspan="2">48</td><td colspan="2">0.86</td></tr>
<tr><td>2</td><td>15</td><td>61</td><td>1.97</td><td colspan="2">15</td><td colspan="2">0.32</td></tr>
<tr><td colspan="2">合计费用超耗（万元）</td><td colspan="6">59</td></tr>
<tr><td colspan="2">平均单桩费用超耗（元）</td><td colspan="6">475</td></tr>
<tr><td rowspan="7">新型技术</td><td>桩径（m）</td><td>桩数（根）</td><td>混凝土节耗（m^3）</td><td>材料费节耗（万元）</td><td>破桩节耗（工日）</td><td>人工费节耗（万元）</td><td>辅助设备（台）</td><td>设备费用（万元）</td></tr>
<tr><td>1</td><td>4 148</td><td>4 235</td><td>136.20</td><td>2 074</td><td>37.33</td><td rowspan="4">8</td><td rowspan="4">32.80</td></tr>
<tr><td>1.25</td><td>529</td><td>844</td><td>27.14</td><td>344</td><td>6.19</td></tr>
<tr><td>1.5</td><td>228</td><td>524</td><td>16.84</td><td>194</td><td>3.49</td></tr>
<tr><td>2</td><td>45</td><td>184</td><td>5.91</td><td>45</td><td>0.81</td></tr>
<tr><td colspan="2">合计费用节耗（万元）</td><td colspan="6">201</td></tr>
<tr><td colspan="2">平均单桩费用节耗（元）</td><td colspan="6">406</td></tr>
</table>

参编单位：中铁一局集团有限公司
参编人员：张煜、张韧

2.4 桩头整体破除技术

为保证桩头切除的施工质量，提高施工工效，基于现场实践经验，提出桩头环切装置。该装置包括导轨环、滑动安装在导轨环上的滑座、安装在滑座上可径向滑动的支座。桩头切除时，先将工装的导轨环套装到钻孔桩桩头上，通过装置自带的竖向和横向刻度尺，自由调节装置高度和深度，并采用切割机在桩顶位置切割出两道环切面，通过液压劈裂机进行劈裂，使得桩头脱离，再用吊机将桩头整体吊出基坑。该技术已获得实用新型专利。装置和实施现场效果如图 1 所示。

与传统技术相比，机械法切割桩头整体破除技术对桩身完整性的保护效果好，桩顶高程易控制，施工周期短，节约人力成本。

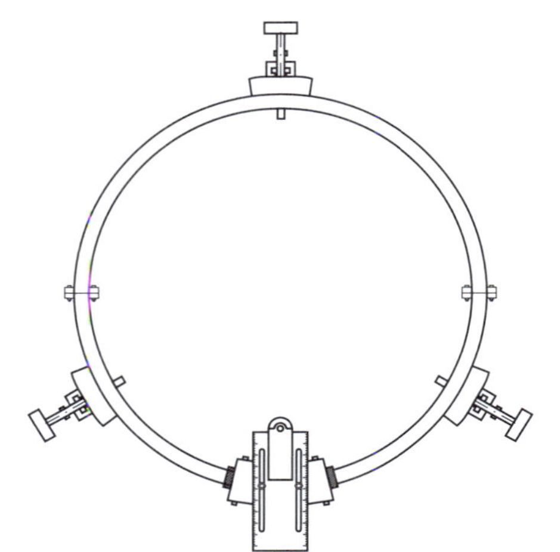

图 1　钻孔桩桩头环切装置及效果图

参编单位：中铁二十四局集团有限公司

参编人员：毛雪波、夏开兵

2.5 墩身钢筋定位盘技术

墩身钢筋定位卡盘是用于墩身钢筋定位的一种施工装置。定位卡盘呈封闭环状，采用耐变形高强度角钢或钢板材料。卡盘内侧吻合墩身形式、钢筋布置截面和间距加工成带钢筋卡槽的胎具，外侧视内制胎具形状制作长方形封闭固定工具，与内侧卡槽胎具稳固连接，如图 1 所示。该装置可根据不同的墩身型号制作使用，定位卡盘的槽口卡住钢筋，有效防止墩身钢筋移位，提高了墩身钢筋的定位精度。本墩身钢筋定位卡盘安拆方便，简单易操作，较大提高了墩身钢筋的安装效率和质量。

图 1 墩身钢筋定位盘效果图

参编单位：中铁二十四局集团有限公司

参编人员：夏开兵、宋军

2.6 承台凿毛环切技术

承台凿毛是墩身施工前的一项重要工序,目前承台凿毛环切技术是一种广泛应用于承台凿毛的施工方法,公司在建项目中也得到了普遍应用,并取得了良好效果,如图1所示。该方法要点是在墩身施工前,测量定位墩身轮廓线,使用墨线弹出边线,通过预先制作好的工具卡固于墨线边缘,用小型切割设备沿线切出 2～3 cm 深边线,后续人工将轮廓线范围内混凝土面凿毛。作业过程中持续喷水湿润,避免扬尘。该技术改进了原有凿毛工艺,精确控制凿毛面积,提高了凿毛质量。

图1　承台凿毛环切效果图

参编单位:中铁二十四局集团有限公司
参编人员:毛雪波、宋军

2.7 箱梁预应力定位网筋智能焊接设备

为提高预制箱梁预应力定位网筋焊接精度、质量及工效，城际铁路联络线一期廊坊制梁场研发应用了箱梁定位网筋智能焊接设备，如图 1 所示。

该设备通过放线盘储存盘圆钢筋，利用矫直轮对钢筋进行矫直并储存至储料架，通过送丝机构进行纵向钢筋长度精准送丝至焊接机构，横向钢筋通过钢筋储料箱自动落料，由磁铁吸附至焊接电极处。压下电极利用电流通过工件及焊接接触面间所产生的电阻热，将焊件加热至塑性或局部熔化状态，再施加压力形成焊接接头。网筋焊接完成后由步进机构精准输送至剪切机构进行剪切，剪切后形成底、腹板半成品钢筋网片，通过组装胎具对底、腹板半成品钢筋网片进行组装焊接形成成品定位网片。

图 1　廊坊制梁场设备

参编单位：中铁十局集团有限公司
参编人员：谢军、成昌盛

2.8 梁场智能喷雾降尘系统

由于砂石料仓堆运料产生的粉尘大，若不配套相应的除尘系统，粉尘就会弥漫在厂区内，严重影响人体健康，污染周边环境。

智能控制喷淋系统利用光电型粉尘探测传感器技术，可对生产区固定监测点的扬尘、噪声、气象参数等环境监测数据进行采集、存储、加工和统计分析。监测数据和视频图像通过4G无线方式传输至梁场BIM平台，BIM平台与数控智能喷淋系统连接，根据粉尘浓度自动启停喷雾系统，实现自动扬尘喷淋，自动间隔喷淋，一键手动喷淋等功能。系统原理和现场情况如图1所示。

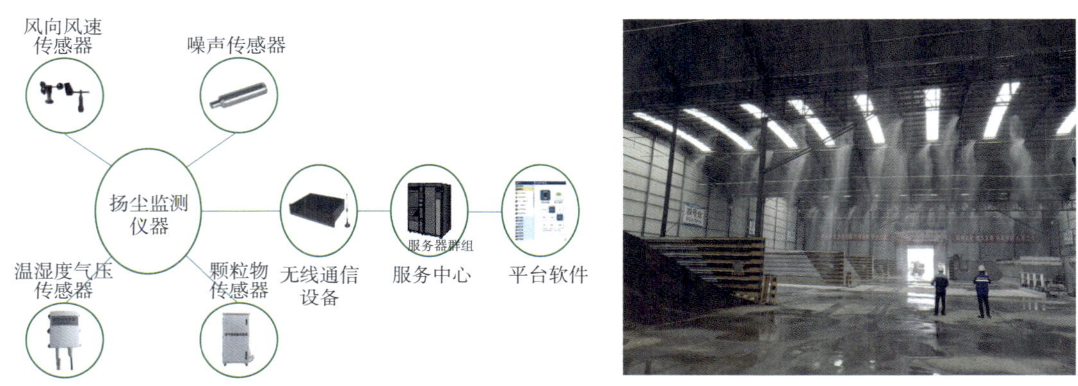

图1 廊坊制梁场智能喷雾降尘系统

参编单位：中铁十局集团有限公司
参编人员：谢军、成昌盛

2.9 连续梁支座安装快速定位标尺装置

2.9.1 技术背景

连续梁支座安装，传统钢楔子法进行高程调整时，耗时较长、精准定位难度较大。为实现支座安装的快速定位，制作了连续梁支座安装快速定位标尺装置，实现支座安装快速定位，解决了传统钢楔子法支座定位难题。

2.9.2 装置及特点

连续梁支座安装快速定位标尺装置制作简单，一般用钢筋边角料精确打磨制成，通过与垫石钢筋焊接完成固定。根据支座设计高程，对定位标尺进行切割及精确打磨，结合人工配合校对支座中心，实现支座准确定位，如图 1 所示。

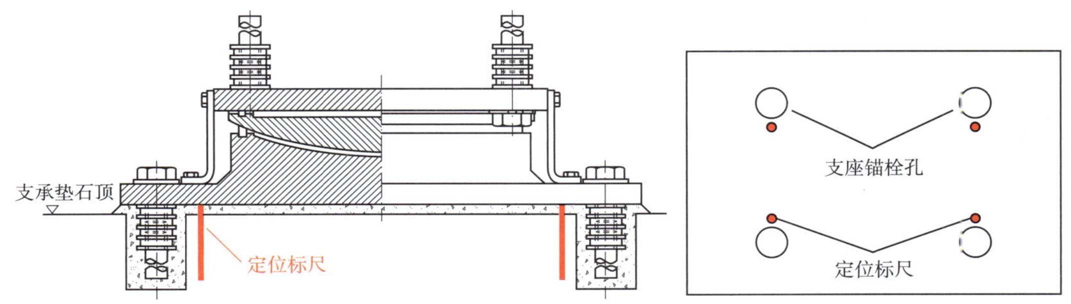

图 1　定位标尺安装示意图

2.9.3 操作要点

(1)定位标尺加工

一般采用 ϕ25 mm 钢筋边角料制作支座定位标尺，长度约 30 cm。

(2)定位标尺安装

定位标尺宜设置在支座四角预埋锚栓孔边缘 2～3 cm 处，与垫石钢筋焊接。外露垫石高度约 5 cm。

(3)定位标尺高程控制

根据支座设计高程，标定定位标尺高度，充分考虑预留灌浆空隙，将高出部分精确打磨，并保证水平平整，四角定位标尺的高差≤1 mm。

(4)支座安装

按照设计将支座吊装入位，利用预埋的定位标尺支撑支座四角，复核支座中心和四角高程，同时校准支座中心线，灌浆后完成支座安装。

2.9.4 效果分析

以石港城际站前五标 118 个连续梁支座安装为例，施工成本可节约 11.6 万元，经济效益明显。每 100 个连续梁支座安装成本对比见表 1。

表 1　每 100 个连续梁支座安装成本对比表

施工工艺	每 100 个连续梁支座安装施工费用(万元)			合计费用(万元)
	劳务费	材料费	机械费	
传统钢楔子法	8	1	6	15
定位标尺法	2	0.2	3	5.2

连续梁支座安装快速定位标尺装置的使用，实现了连续梁支座的快速定位，且该装置加工简单，安装方便，控制精度高，既提高了工作效率，又降低了施工成本。

参编单位：中铁十四局集团有限公司
参编人员：黄亮伟、杨尚

2.10 垫石锚栓孔精准定位施工技术

2.10.1 工程背景

铁路桥梁垫石作为将上部结构荷载传递至下部基础的重要传力结构，其结构上方承载的预应力混凝土简支箱梁及行车荷载较大。支座地脚螺栓通过灌浆料固结于垫石锚栓孔内，预埋锚栓孔的精准定位及成型是保证结构有效传力的关键。

2.10.2 主要技术特点和应用范围

1. 主要技术特点

通过改进垫石模板一体化工装(图 1)，用于垫石锚栓孔精准定位施工，提高垫石施工质量，达到锚栓孔平面位置、深度、垂直度均符合设计要求的目的。

图 1　一体化工装设备

2. 应用范围

此技术适用于铁路桥梁和公路桥梁垫石锚栓孔精准定位施工。

2.10.3 技术控制要点

1. 模板安装

预先加工成型的模板应考虑纵向定位杆限位孔与模板预留限位孔位置关系，纵向定位杆一端应适当加长宜与模板连接肋顶紧处理。

2. 定位骨架安装

限位盘、横向定位杆与纵向定位杆焊接形成整体定位骨架，均采用∠36 mm×4 mm 角钢制作，限位孔边长比对应位置锚栓孔模具外径大 2 mm。定位骨架通过纵向定位杆限位孔与模板限位孔螺栓连接固定。

3. 锚栓孔模具加工及安装

采用 4 mm 厚镀锌钢板加工制作锚栓孔模具，锚栓孔模具为圆柱体长度 50 cm。底部采用镀锌钢板封死，中心开直径 1 cm 圆孔，防止脱模时形成真空负压。顶部向下 5 cm 处开直径 1 cm 对穿孔。

4. 压杆安装

压杆采用∠36 mm×4 mm 角钢制作，压杠对应锚栓孔模具中心位置焊接长 7 cm 角钢，并于距压杠 5 cm 位置开直径 1 cm 圆孔，锚栓孔模具与压杠通过穿入一根销棒连接固定，压杠与定位骨架立柱通过螺栓联结。脱模时可再次将销棒穿入锚栓孔模具上端对穿孔，便于扭转上提。

2.10.4 应用实例及效果分析

1. 应用实例

新建北京至天津滨海新区铁路宝坻至滨海新区段 JBSG-1 标段，全线除连续梁 9 联外均为预应力混凝土简支箱梁，共计垫石 1 316 个，采用此施工技术控制锚栓孔精准定位的垫石为 1 206 个。

2. 效果分析

采用本施工技术有效地解决了铁路桥梁垫石施工预留锚栓孔平面位置不准、深度不足、垂直度不足等问题，节省了大量洗孔返工费用和工期，施工效率提高约 3 倍。高质量成孔控制，有效避免了洗孔扩孔造成灌浆料超耗，以及对原有垫石实体结构的破坏，经济和质量效益显著。采用特制工装设备，钢板锚栓孔模具代替了原有的一次性 PVC 管材，节省了项目成本，避免了白色污染，环境效益显著；钢板成孔模具较 PVC 成孔模具刚性大，混凝土初凝后甚至终凝后更利于模具拔出，有效地规避了 PVC 成孔模具拔出不及时粘连孔洞，后期需要大量人工进行剔除，工期效益显著。

通过对比分析测算，采用新型技术与传统技术施工一个垫石的综合成本约节省 312 元，合计成本节约高达 37.6 万元。经济性分析计算见表 1。

表 1 经济性分析计算表

技术类别	项目名称	数量	单位	单价	合价（元）	周转次数	摊销费用（元）	综合成本（元）
传统技术	竹胶板	3.6	m^2	105	378	8	47.25	424
	PVC 管	4	m	16	64	1	64.00	
	人工费	0.6	工日	180	108	—	108.00	
	洗孔费（按 15%考虑）	1.2	个	120	144	—	144.00	
	灌浆料超耗费（按 20%考虑）	24.2	kg	2.5	60.5	—	60.50	
新型技术	钢模板	3.6	m^2	550	1 980	60	33.00	112
	角钢	17.5	m	36	630	60	10.50	
	镀锌钢板	2.02	m^2	600	1 212	40	30.30	
	螺栓	24	个	4	96	60	1.60	
	销棒	2.8	m	6	16.8	60	0.28	
	人工费	0.2	工日	180	36	—	36	
综合价差								312

参编单位：中铁一局集团有限公司

参编人员：郑建武、马朋

2.11 明挖隧道L形悬臂式龙门吊施工技术

2.11.1 工程背景

对于线路较长的明挖隧道基坑内吊装作业，由于基坑内各类吊装作业繁多，普通龙门吊不便于吊装基坑两侧重物，汽车吊占地面积大，对基坑四周施工作业及运输造成严重阻碍，影响施工进度。

为保证基坑内各类吊装作业的有序开展，合理优化基坑施工吊装作业的空间利用率，保证施工工期，经过多方面方案比选，最终选定采用L形悬臂式龙门吊施工技术进行基坑内吊装作业，确保了吊装作业的安全、快速、高效。

2.11.2 主要技术特点和应用范围

1. L形主要构成要素

L形悬臂式龙门吊包括支腿(1)、主梁(2)、电葫芦(3)、大车运行机构(4)和地梁(5)等部分，如图1所示。其中主梁由两侧支腿支撑，支腿使用螺栓连接在主梁单侧；两个电葫芦安装在主梁下部滑道上；两支腿分别用螺栓连接在两侧地梁上；大车运行机构分别安装在地梁两侧，共同控制龙门吊水平整体移动。

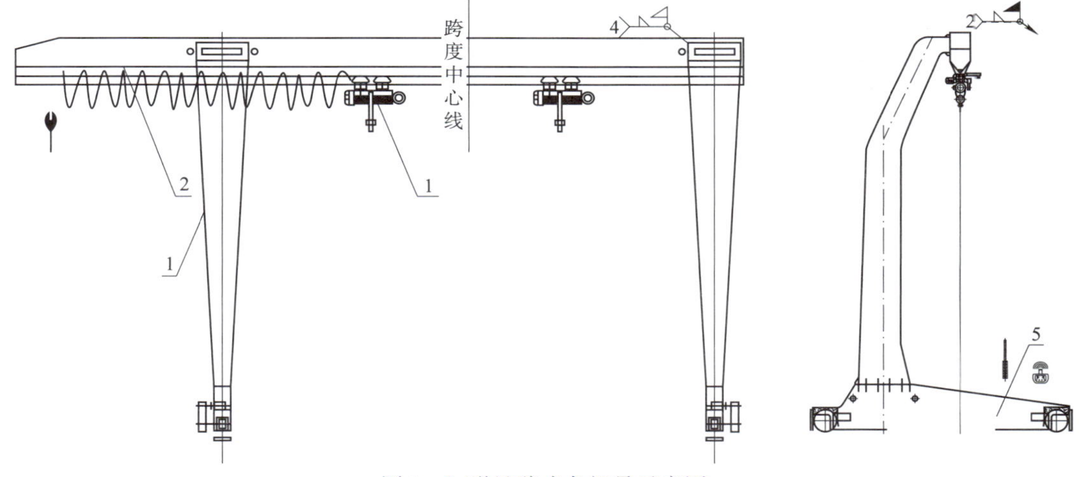

图1 L形悬臂式龙门吊示意图

2. L形主要技术特点

主梁探出一侧支腿轴线6.5 m，形成悬臂，电葫芦可运行至主梁悬臂侧，吊装龙门吊悬臂侧重物。支腿与地梁组成L形结构，支腿距吊钩垂直距离1.5 m。远离悬臂侧地梁可根据吊装需要增减配重。

3. 应用范围

L形悬臂式龙门吊施工技术主要适用于线路较长、基坑两侧场地受限的明挖隧道基坑坑内吊装作业。

2.11.3 技术控制要点

1. 组　　装

为节省作业空间，将L形悬臂式龙门吊轨道安装在基坑两侧冠梁上，轨道采用43 kg/m钢轨，沿冠梁布置，轨道固定采用25 cm螺栓埋入冠梁混凝土中，螺栓间距60 cm，采用压板固定钢轨，压板通过螺母连接到螺栓上，保证轨道可靠固定。

轨道复检后进行地梁、支腿、主梁、电葫芦及大机运行结构等部件的组装。

2. 应　　用

以钢支撑吊装为例进行阐述，当需要使用本实用新型进行钢支撑吊装作业时，先将需要吊装的钢支撑运送到龙门吊悬臂下方，操作人员开动龙门吊到达吊装位置后锁定龙门吊。电葫芦沿主梁向龙门吊悬臂侧运行，放下吊钩吊起沿龙门吊轨道方向摆放的钢支撑。操作员将葫芦吊钩提升到距离轨面5 m的位置，向跨内移动到距离轨道中心2 m的位置后，待将钢支撑调整至与龙门吊主梁平行时停止，操作员控制电葫芦吊着钢支撑向跨内运行，在适当位置降下吊钩将钢支撑安装到基坑内。待此处吊装作业完成后，可解除龙门吊锁定，龙门吊沿基坑两侧轨道移动到下一吊装位置。L形悬臂式龙门吊使用示意如图2所示。

图2　L形悬臂式龙门吊使用示意图

2.11.4 应用实例及效果分析

城际铁路联络线一期工程榆安3号隧道位于北京大兴区，隧道全长5 472 m，通过分析、比较、筛选，最终确定采用L形悬臂式龙门吊进行吊装作业。L形悬臂式龙门吊解决了在不使用大量人力物力及场地空间有限的情况下基坑内吊装作业问题。在实际施工中，L形悬臂式龙门吊能够在快速完成吊装作业的同时，提高吊装作业的空间利用率。此外，L形悬臂式龙门吊吊装过程高效灵活，吊装重物类型多，安全性较高，有利于现场施工使用。

参编单位：中铁六局集团有限公司
参编人员：康立波、张渊

2.12 GRF绿色装配式护坡代替传统网喷技术

新建城际铁路联络线一期榆安隧道位于京畿腹地，环保标准高且工期紧张，经综合分析、比较和工程实践，最终选定采用GRF绿色装配式边坡支护技术，如图1所示。

该技术在传统土钉墙支护机理的基础上，采用绿色装配式面层取代编网喷混面层，通过连接构件、锚固构件将锚面层与土钉连接成一个整体。该技术材料刚柔相济，具有抗拉强度高、反滤、防水等特点。可阻止降雨对坡面的冲蚀，防止水渗入坡体，保证土体稳定，有效控制边坡失稳。面层材料均为工业化生产，指标稳定。具有绿色环保、工效快、装配易操作、环境限制小等优点，材料可循环使用，大大降低了工程造价。

本技术适用于土体具有一定自稳能力的边坡临时防护结构施工。

图1　GRF绿色装配式护坡

参编单位：中铁六局集团有限公司

参编人员：任广益、康立波

2.13 “四电”工程智能建造中心

为推进落实工程建设“四化”工作要求，发挥智能建造和规模化加工优势，立足京唐、京滨铁路四电工程，京唐铁路设置了四电工程智能建造中心。中心占地总面积 25 000 m^2，主要包含 7 区 1 室，以智能化装配、建造为核心，兼容仓储、工艺展示、安全体验、室外实训、信息管理等工作内容。

智能建造中心配备了国内领先的以机器人技术为核心的通用型接触网腕臂智能预配及吊弦预制生产线，并且实现了在预配中心检验螺栓紧固力矩，减少现场施工环节，接触网腕臂预配效率及质量大幅提高，如图 1～图 3 所示。此外，腕臂生产时在腕臂上喷涂专用标识，提前考虑了运营期“6C”检测需求。

接触网腕臂预配自动化率在国内铁路工程建设中处于领先水平。

图 1　机械臂式智能化腕臂预配平台

图 2　接触网腕臂预配生产线

图3 智能吊弦预配平台图

项目通过智能建造中心工艺展示区对施工人员开展岗前培训，提高施工质量及工艺一致性；与设备管理单位开展工艺确认，为首件评估提供支撑，对设备管理单位接管人员进行培训。工艺展示如图4所示。

图4 工艺展示区

参编单位：中国铁建电气化局集团有限公司
参编人员：宋建卿、刘亚明

2.14 “四电”工程 BIM 应用案例

铁路四电专业具有专业性强、接口复杂等特点，BIM 技术在铁路四电工程应用，即在勘察设计、施工建造、生产制造、运营维护等阶段的应用，使得各参与方能在同一个数字化平台上实现信息共享和传递，高效协同工作，从而提高项目建设质量和效率。随着铁路建设高质量发展需要，BIM 技术在铁路四电工程中的应用也将越发广泛和深入。

2.14.1 基于 BIM 技术的四电房屋选址三维可视化模拟验证

京滨铁路建设过程中，因外部环境变化，引起部分四电房屋选址需进行调整。为确保选址调整后新建建筑物、构筑物与既有或新建建构筑物相对位置能满足设备设施技术要求，基于 BIM 技术应用，提前对四电房屋选址进行了三维可视化模拟验证工作，如图 1、图 2 所示。采用正向设计三维数字化模拟，验证设计调整方案可行性，解决了建设过程中方案调整变化与已实施工程间实体关系问题，满足技术要求的可靠性问题，克服了外部条件对工程建设中有效工期的制约，有效保障了工程建设进进度。

图 1　实施效果图一

图 2　实施效果图二

2.14.2　基于 BIM 技术的四电室内施工建模集成

京唐、京滨铁路四电工程建设中，基于 BIM 三维数字可视化集成功能，对牵引变电所、信号楼、10 kV 配电所、中继站、基站等进行建筑、结构、四电等专业建模后整体集成，直观展示出建筑、结构、四电专业的空间位置关系。工程施工前期，对四电房屋内施工设施设备提前规划，对四电房屋内线缆布设进行集成化碰撞检测，优化管线排布方案，并基于 BIM 模型加强图纸会审、方案理解等精细化建设管理工作，提高施工效率。工程施工过程中，全面掌控建筑、结构、“四电”专业的空间位置关系，优化施工作业各道工序，有效减少实施阶段的错误损失和返工等可能。10 kV 配电所 BIM 效果如图 3 所示。

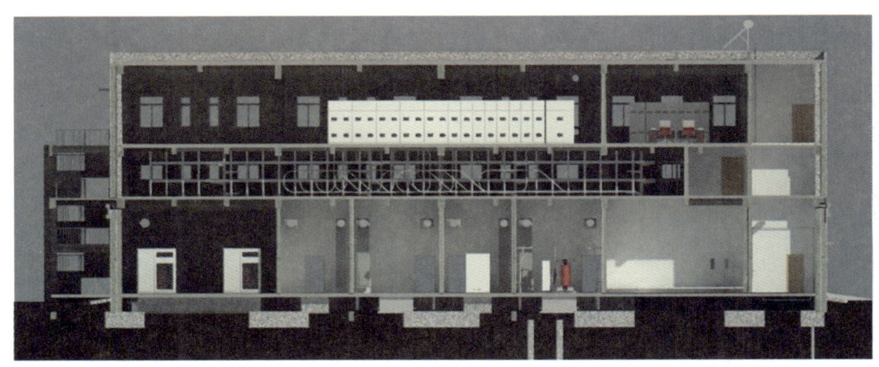

图 3　10 kV 配电所 BIM 效果图

2.14.3　基于 BIM 技术的接口碰撞检测

基于 BIM 技术接口集成化设计应用，通过将二维施工图纸集成化三维数字可视化模型，将站前单位与四电接口工程集成化碰撞检测，使得四电专业施工更加直观，做到提前优化各专业施工作业组织，有效克服四电专业接口施工问题，提前规划，达到四电工程施工绿色高效的目的。具体应用如图 4 所示。

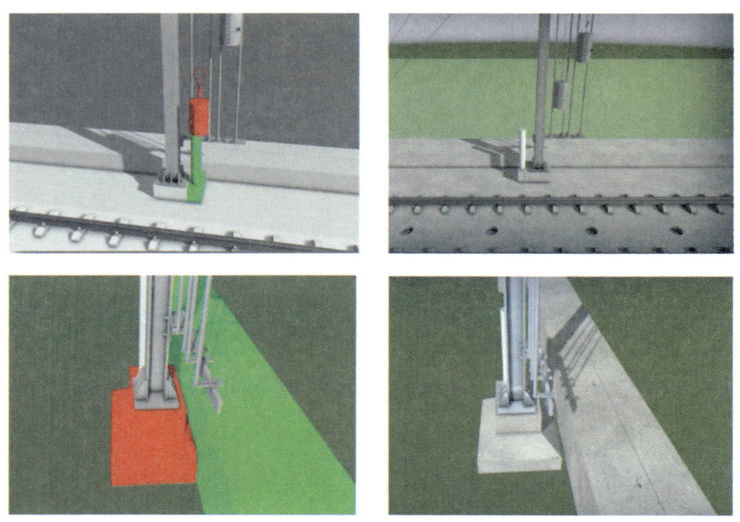

图 4　BIM 辅助施工深化碰撞检测优化前后对比

参编单位：中国铁建电气化局集团有限公司

参编人员：贾亮、高泽广

2.15 单元组合式通信铁塔

单元组合式铁塔是由多个正四边形塔体组合而成，即使个别立柱发生意外缺失或损坏的情况，剩余结构仍能保持稳定，满足现行标准要求；并具备定向加强功能，可使向铁路等重要设施一侧的抗倾覆能力强于其他方向，更有利于保证铁路等重要设施的运行安全；建成后可通过增加单元构件的方式形成高度更高、承载能力更强的铁塔，十分有利于后续 5G-R 等设备的扩容。

较传统四柱钢管铁塔，单元组合式铁塔具有模块标准化、易于安装及运输、防腐性能好、维护方便、安全性和稳定性高等优势，是铁路通信铁塔的发展方向。京唐、京滨铁路通信铁塔均采用单元组合式结构，如图 1 所示。

图 1　京唐铁路单元组合式铁塔

参编单位：中国铁建电气化局集团有限公司

参编人员：王铁、杨帆

2.16 铁路通信物理通道批量测试技术

铁路通信物理通道批量测试技术，不同于传统的铁路通信物理通道（光纤、2M线、网线）测试，各类缆线需分别利用不同的仪表进行，且每次仅能测试单个业务。铁路通信物理通道批量测试技术，通过集成化物理通道测试平台及配套批量测试工具将光纤测试、2M线测试、网线测试集成为一个体积小巧、接口丰富、具备常规仪器测试功能和常用缆线端口的设备。该设备可同时测量12根光纤、8根网线和8对2M线，达到批量测试的效果。其测试结果可直接导出，以excel表格形式进行结果说明。解决了测试效率低、手动记录烦琐等问题。该平台设备运用于京唐、京滨各基站、车站、信号楼、电牵所亭内的光缆、2M线、网线成端后的批量测试，节约了大量人力、物力，提高了通信机房设备安装施工效率和合格率。测试仪表、集成平台设备如图1所示。

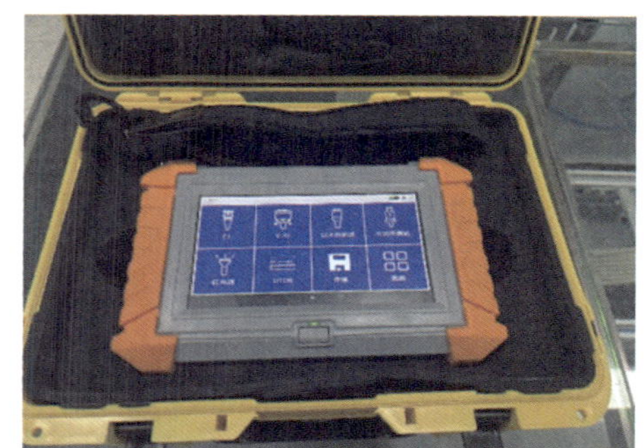
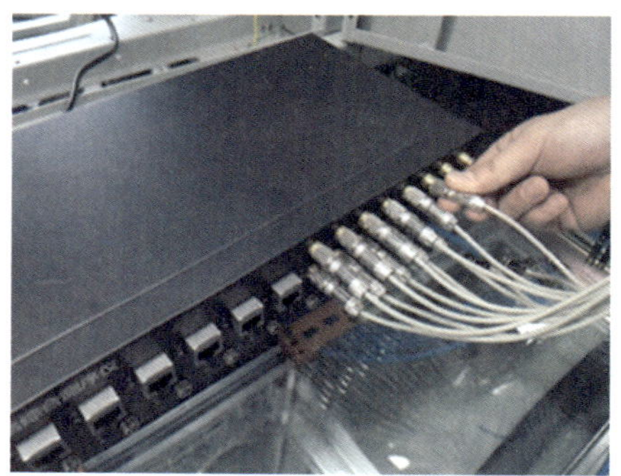

图1　测试仪表、集成平台设备

参编单位：中国铁建电气化局集团有限公司

参编人员：徐剑、曾城

2.17 牵引变电所、分区所及AT所馈线出线方案优化

京唐铁路牵引变电所、分区所及AT所馈线安装采用格构式钢柱替换原设计的门形架，在一根格构式钢柱上实现了电缆转换及悬挂馈出线，如图1所示。相比于原设计方案每组馈线减少门形架1组、钢柱3根及相应的基础，钢材及混凝土使用量节省50%以上。

优化方案减少了材料消耗，安装简易，降低了施工难度，提升了施工效率，缩短了施工周期。室外设备布置统一、简洁，馈出线悬挂安装可靠、稳定性提升。各路馈出线清晰便于识别，减少了检修工作量，提升了运营检修安全性。

图1 京唐铁路大厂牵引变电所

参编单位：中国铁建电气化局集团有限公司
参编人员：刘爽、杨堃

2.18 客运站台地面标识智能引导系统创新

我国铁路客运站台,传统的旅客候车位置引导多采用地贴方式。通过多组地贴(用不同颜色区分)显示不同车型的车厢位置,引导旅客候车登乘。但站台上多组地贴共存,常常给旅客的引导识别带来困扰。为有效提升旅客服务质量,京唐、京滨铁路在各车站站台设置了地面标识智能引导系统。该系统由地标屏、控制设备、网络设备等组成。地标屏设置于站台上,采用 LED 与防水钢化屏结合,宽度 10 cm,与站台安全白线结合安装,具有安全、美观、节能的特点。控制设备、网络设备等设置于机房,与旅服及生产管控平台互联,通过其获取到发列车的车次、车型、编组等信息,并据此对地标屏显示内容进行统一控制和管理,动态显示车次、车厢号、安全提示等信息,引导旅客候车登乘。现场效果如图 1 所示。

(a)

(b)

图 1　京唐铁路宝坻站站台地标屏

参编单位:通号通信信息集团有限公司

参编人员:赵艳明、史雷雨

2.19 预制沟槽地暖模块应用

京唐城际铁路大厂站、玉田南站候车大厅采用花岗岩低温地板辐射采暖地面，传统做法为保温板、反射膜、卡钉安装，工序多、施工效率低下，且地暖管敷设质量不易保证。在本工程施工中，引入预制沟槽地暖模块，利用保温板沟槽固定保护发热管，用于取代传统地暖系统中的保温板、反射膜、卡钉等辅材，简化施工程序，相对传统做法，提高保温板和热管敷设施工效率约5倍，而且减少了向下热传递的热量损失，采暖更加节能有效。地暖模块自带管沟槽，能确保热管敷设间距均匀，而且大大提高热管在施工过程中的成品保护，提高施工质量。预制沟槽地暖模块铺设现场效果如图1所示。

图1 预制沟槽地暖模块铺设现场效果图

参编单位：中铁电气化局集团有限公司
参编人员：贾永康、王直城

2.20 低温环境下混凝土温度监测技术

京唐城际铁路唐山西站、香河站主体结构混凝土施工处于冬季，传统低温环境的施工导致混凝土温度监测过程中频繁操作，传统采用人员实时测量的方式，人员测量频率高，夜晚高层测量的不安全性，人员操作不当产生的数据不准备性，以及人员测量所带来的信息延迟性，增大了工程安全风险和质量风险。因此，唐山西站、香河站混凝土施工时采用了低温环境下混凝土温度监测技术。该技术基于智能监测技术的应用，智能监测设备通过全自动测温、传输、报警等一体化系统，对混凝土实时监测，更精准地把控混凝土温度变化，解决了混凝土无法内部温度测量不准确、湿度无法测量等问题，智能化设备提高了施工工效，管理人员无须现场测量，减少人员投入降低了施工成本，以及夜间巡视潜在的安全隐患，经现场实践应用，取得了良好效果。现场监测数据情况如图 1 所示。

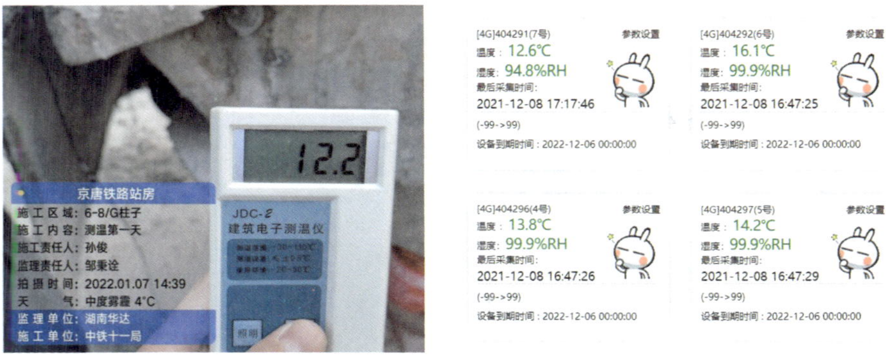

图 1　智能温度监测设备现场数据采集图示

参编单位：中铁十一局集团有限公司

参编人员：曾伟、叶雄伟

2.21 自然保护区金属防护网和超声波驱鸟器

2.21.1 技术背景

随着生态环境保护措施的加强，鸟类的繁衍数量逐渐增多，活动范围日益扩大，为避免运营期高铁列车穿越自然保护区，高速行驶时与鸟类相互碰撞，采取在线路两侧设置金属防护网并安装超声波驱鸟器，解决环保问题，消除行车安全隐患。

2.21.2 装置及特点

该装置由金属防护网（图 1）、反光条和超声波驱鸟器（图 2）等设备组成，通过选取金属防护网的合适材质、硬度、颜色，合理的设计网孔规格，结合超声波驱鸟器配合使用，达到趋避鸟类，避免碰撞的目的。

图 1　金属防护网示例图

图 2　超声波驱鸟器示例图

2.21.3 操作要点

（1）线路两侧桥梁（路基）段落需预留金属防护网安装支座和超声波驱鸟器安装孔。

（2）结合高铁行车密度，合理安装超声波驱鸟器数量和位置，通过超声波脉冲对鸟类听觉进行干扰，实现趋避鸟类的效果。

(3)选取适宜的金属防护网材质、硬度、颜色,编织金属网时考虑一定的弹性,避免鸟类在碰撞金属网时受到伤害。

(4)合理设计金属防护网的网孔规格,保证鸟类误撞时可逃脱。

2.21.4 效果分析

在高铁线路两侧安装金属防护网超声波驱鸟器,可有效避免鸟类直接撞击高速动车,减少鸟类在接触网杆筑巢,降低伤害鸟类与损害行车设备事件的发生,既保证高速铁路行车安全,又有利于实现铁路建设与沿线鸟类和谐相处环保的要求。

参编单位:中国铁路设计集团有限公司

参编人员:赵爱军、于坤宏

研 究 探 索

高压电危险

第 1 章　国铁集团课题

1.1　京津冀铁路基于 BIM 技术的装配式结构协同设计建造关键技术

1.1.1　研究背景

2020 年 7 月，住建部联合发改委、交通运输部、国家铁路局等多部门发布了《住房和城乡建设部等部门关于推动智能建造与建筑工业化协调发展的指导意见》（建市〔2020〕60 号），明确要求加大智能建造在工程建设各环节中的应用，使得装配式建筑在工程建设中的占比逐渐提高。

装配式结构的应用起源于 20 世纪 50 年代，经过十多年发展已相当成熟，构件的标准化、系列化、商品化、专业化程度非常高，但主要集中在工民建领域。目前在铁路建设方面我国大力推进了智能建造技术的应用，其中隧道与地下工程领域中掘进机法开挖的隧道装配式技术应用最多，桥梁领域实现了铁路节段预制拼装连续梁、铁路工程节段预制拼装式桥墩，并且在预制管桩、装配式桥面、装配式桥梁疏散通道、装配式涵洞或管廊方面也均有实际应用。

为严格控制路基沉降变形，高速铁路路基的地基处理工程量较大，工程造价高。近年来，针对高速铁路传统路基工程面临的工程应用困境，提出了以悬臂 U 形路基为代表的槽型路基结构，其在结构承载和荷载传递方面同传统放坡式路基结构以及路肩式挡土墙最为接近，且可实现装配式施工，应用优势突出。但目前铁路路基 U 形结构工程中基于 BIM 装配式技术的应用仍相对有限，相关标准、产品及施工工艺方面存在空白，缺少完整的设计方法。因此，有必要针对铁路路基 U 形结构工业化建造技术存在的诸多亟待解决的关键技术问题，系统研究铁路路基 U 形结构及雨棚结构工程的预制拼装工艺，形成完善的铁路路基 U 形结构一体化设计方法。

京津冀地区高速铁路建设发展迅速，各项目地下隧道连接路基段多为 U 形路基结构，其通过直立挡土墙的设置，可最大限度地减小占地、土石方工程量及对邻近工程的干扰。由于 U 形结构段落（图 1）是涉及多专业交叉的综合设计段落，结构受力复杂，目前均采用现浇法施工，整体施工周期较长，组织不当极易成为整个铁路工程的制约因素。

结合津兴铁路二期工程 EQDK54＋100.00～EQDK54＋602.22 段新建 U 形槽，研究 U 形槽工程紧邻既有高铁路基工况下的设计建造关键技术，明确处于既有沉降区的不利条件下，采用装配式施工来缩短工期、减少对既有线运营影响的效果。新建 U 形槽段落长度 502.22 m，并行既有京雄 K56＋496.29～K57＋011.29 封闭式路堑（U 形槽），线间距 65.4～12.0 m（图 2），两底板外边缘最小距离仅 2.3 m，附加变形产生的运营风险大，且目前国内尚无实例参考。因此在建设期间，对既有京雄高铁路基的沉降变形进行自动化监测研究，动态掌握路

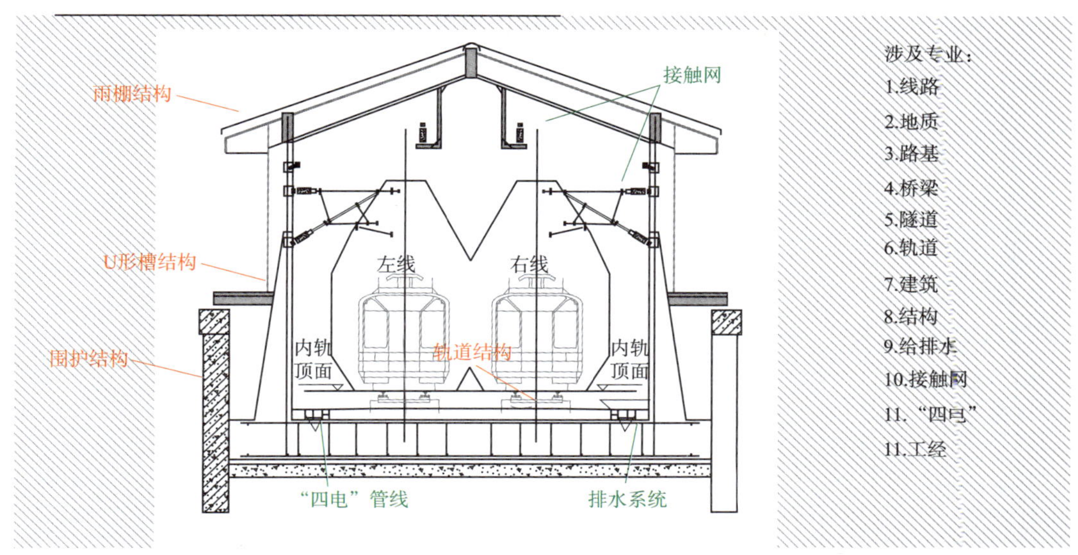

图 1　U 形结构段落组成

基工程沉降变形情况，确保既有高铁安全运营，研究结果可为邻近高铁 U 形槽路基工程的设计、施工和安全运营维护以及邻近既有线高速铁路建设沉降变形控制提供科学依据，保证高铁建设进展及运营质量安全。

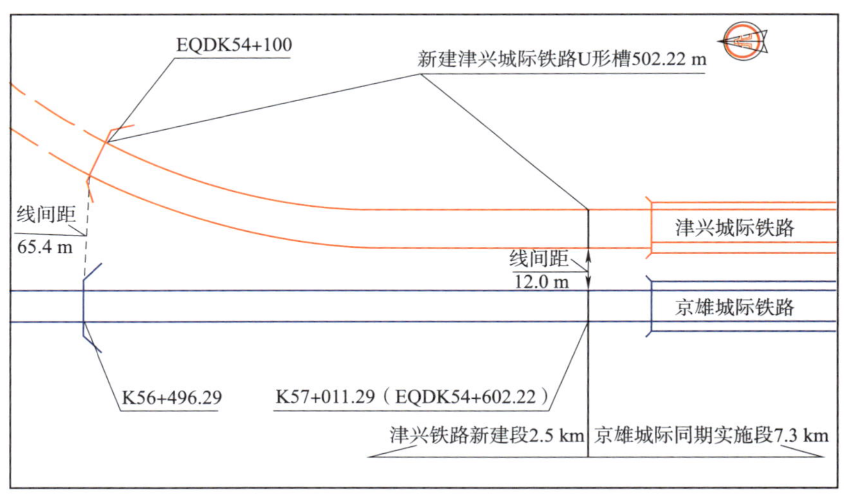

图 2　津兴铁路并行京雄城际平面布置图

研究选取工程交叉面多，设计施工复杂的 U 形结构段落作为试点，以建筑信息模型(BIM)为基础，采用装配式建造，推动多专业全生命周期协同正向设计及新一代信息技术与建筑工业化技术协调发展，对推进 BIM 技术与预制装配式铁路工程结构的结合具有重要意义。

1.1.2 研究内容与关键技术

1. 主要研究内容

(1)U形路基结构与雨棚、接触网、隧道及泵站等工程接口的集成设计研究。

完善支护工程、U形结构与雨棚基础、接触网基础的集成设计,提出考虑雨棚、接触网、"四电"管线等专业预留预埋以及终点与隧道接口位置处结构衔接、管线过渡等集成结构,实现站前、站后一体化设计,如图3～图12所示。

(2)邻近既有线、既有沉降区装配式关键技术研究。

提出邻近既有线工程自动化监测及预警机制技术,分析邻近既有线开挖施工对既有线沉降变形的影响及相应的位移控制技术,明确U形结构地段雨棚装配式建造技术,阐明既有沉降区装配式结构位移变形适应条件,如图13～图17所示。

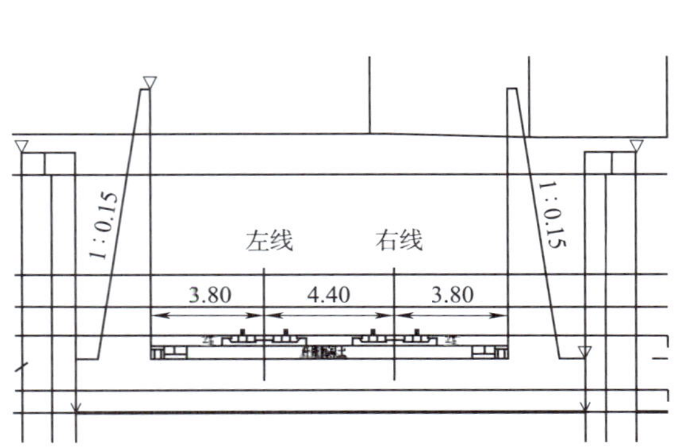

图3 传统横断面布置形式(单位:m)

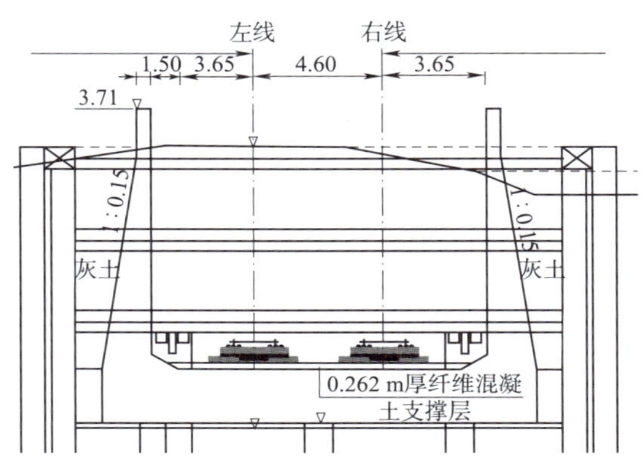

图4 调整后横断面布置形式(单位:m)

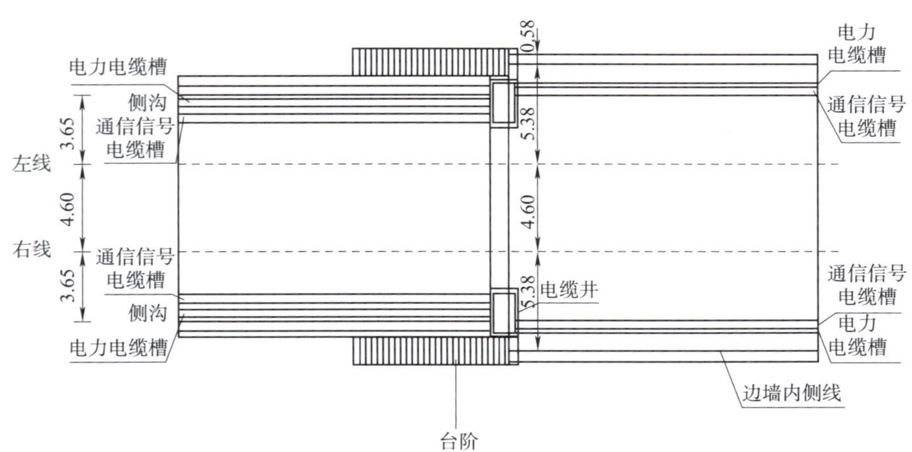

图5 路堤路堑过渡平面设计(单位:m)

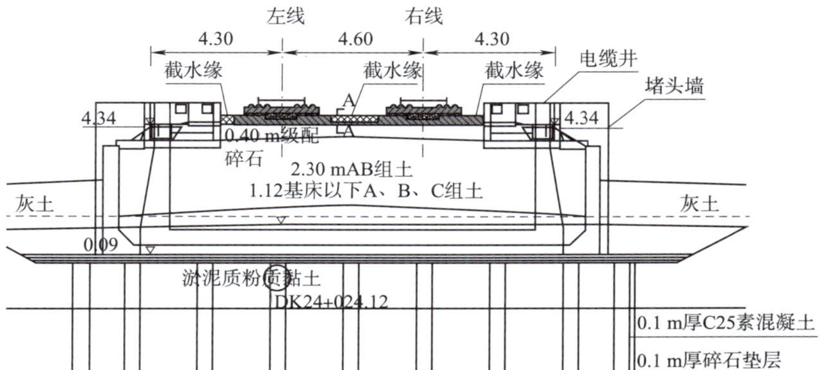

图 6　路堤路堑过渡横断面设计(单位:m)

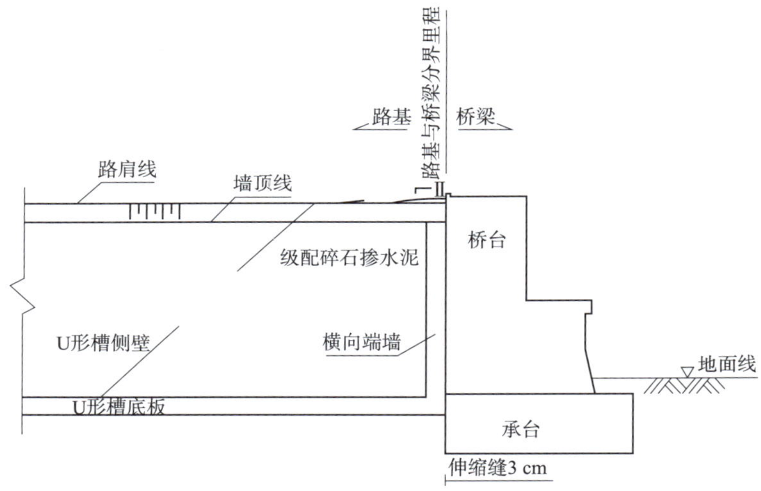

图 7　路桥过渡立面设计

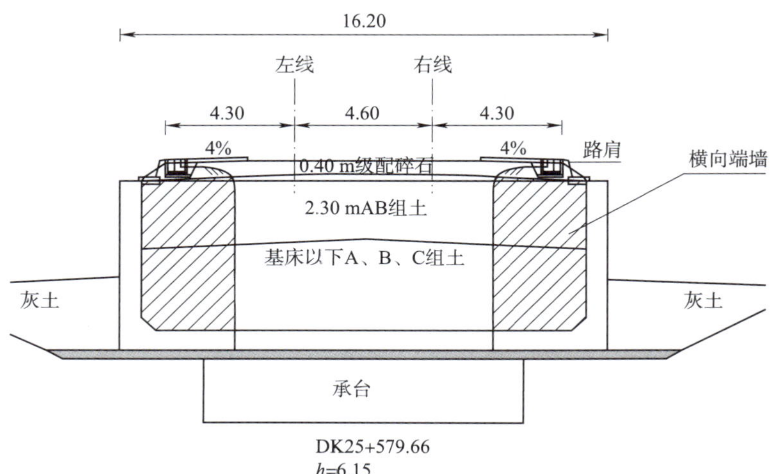

图 8　路桥过渡横断面设计(单位:m)

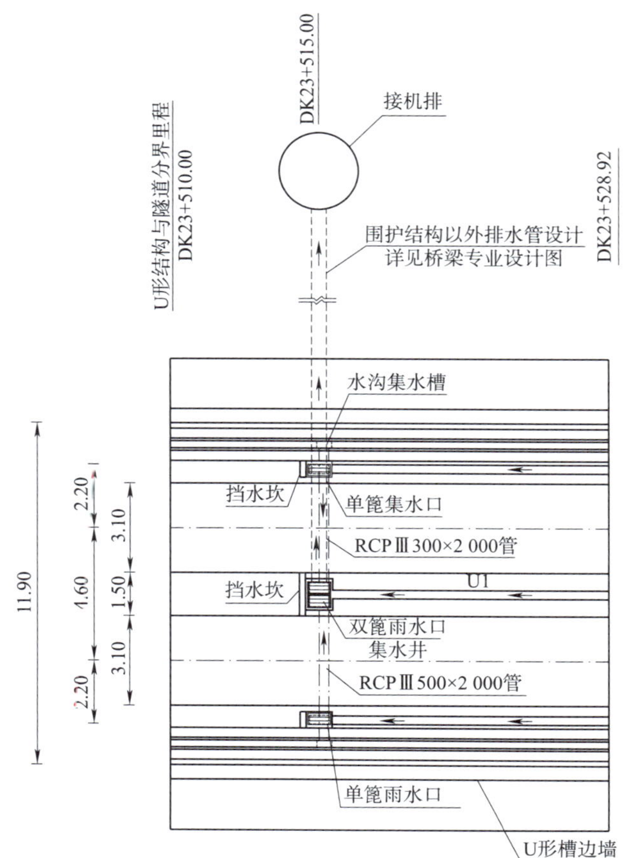

图 9　排水泵房衔接平面设计(单位:m)

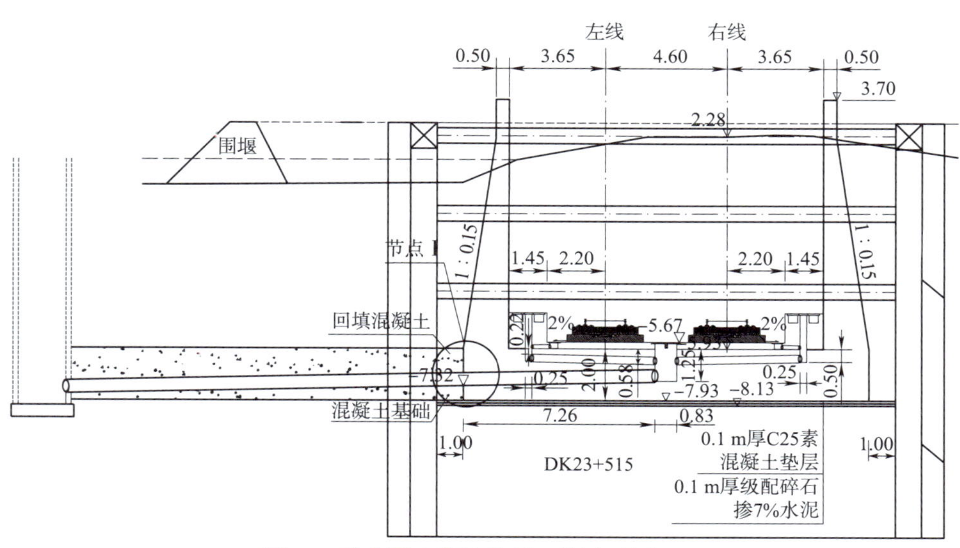

图 10　排水泵房衔接横断面设计(单位:m)

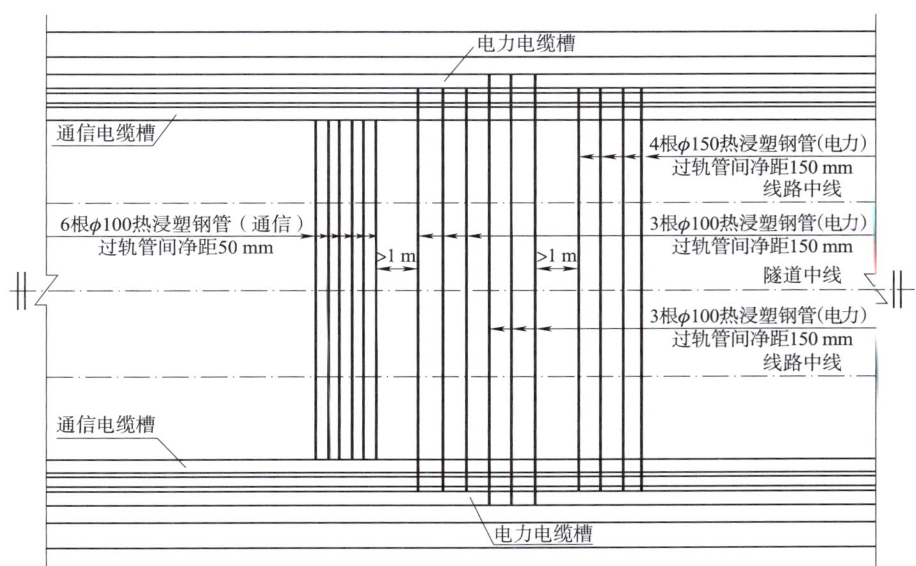

图 11 “四电”专业过轨平面设计

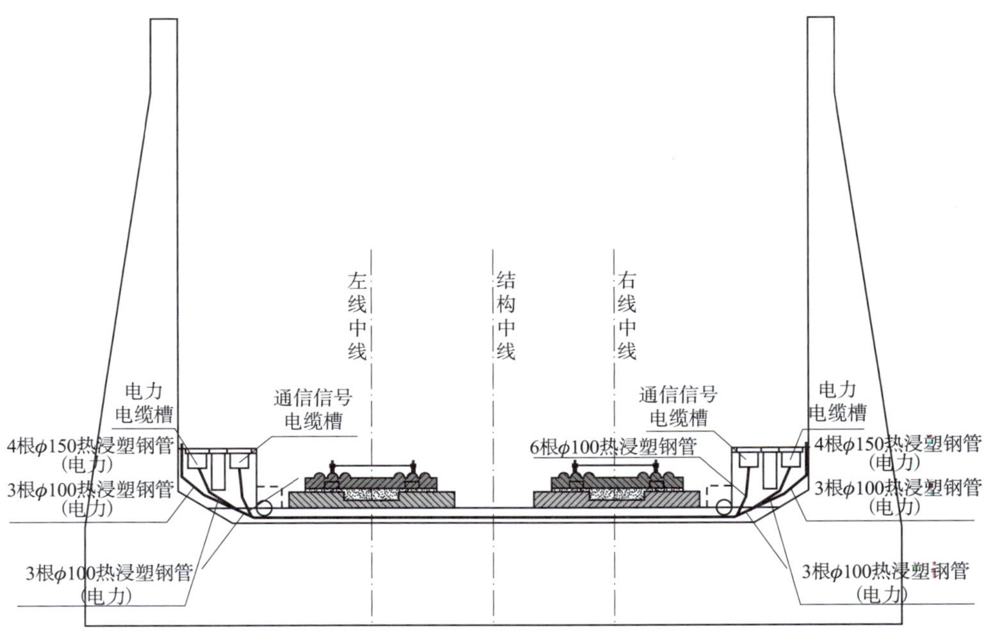

图 12 “四电”专业过轨横断面设计

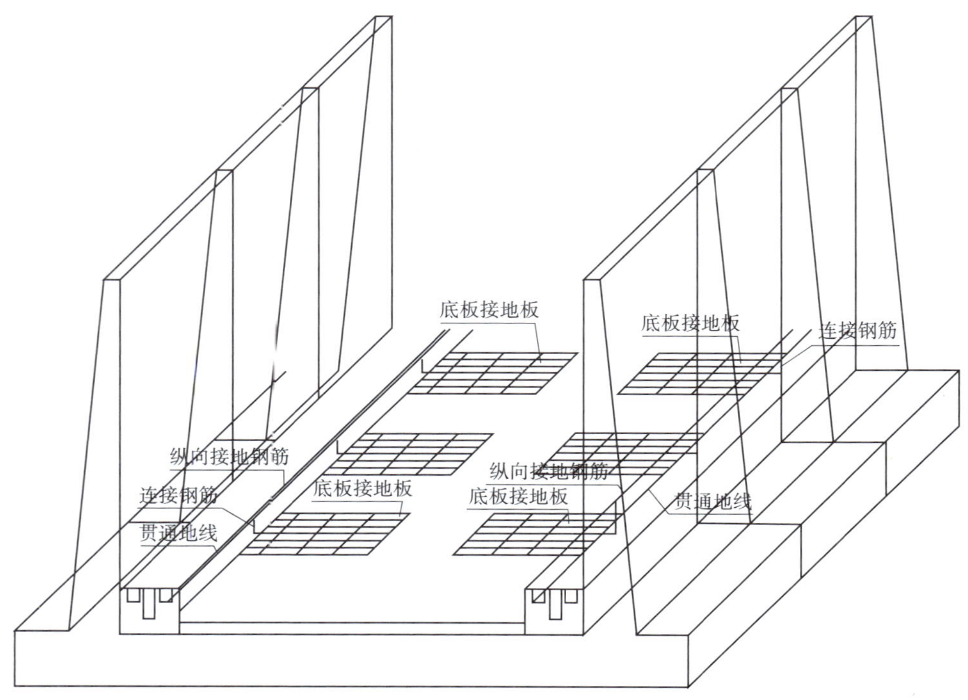

图 13 综合接地平面设计

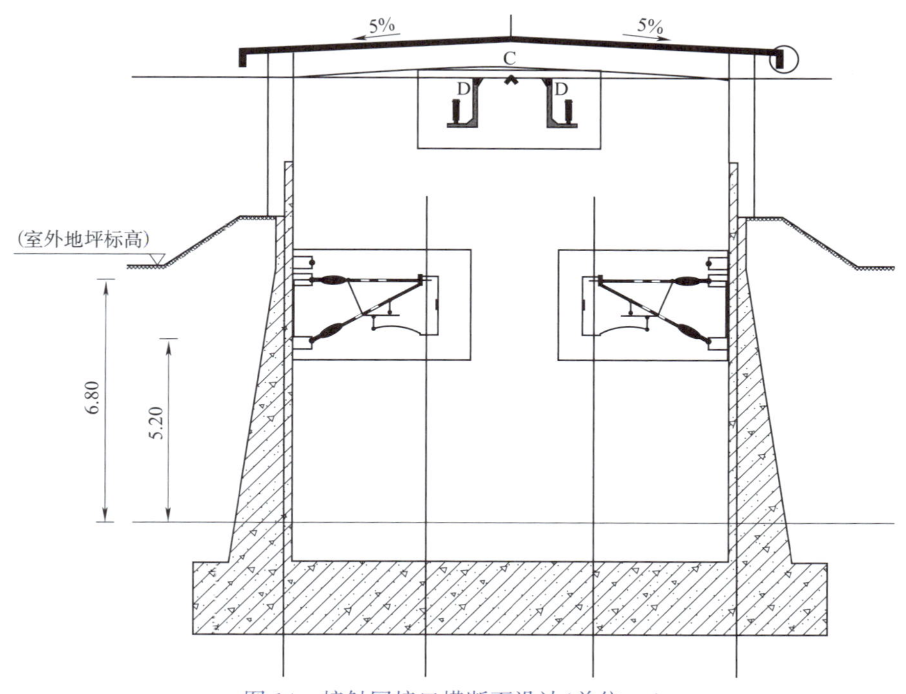

图 14 接触网接口横断面设计(单位:m)

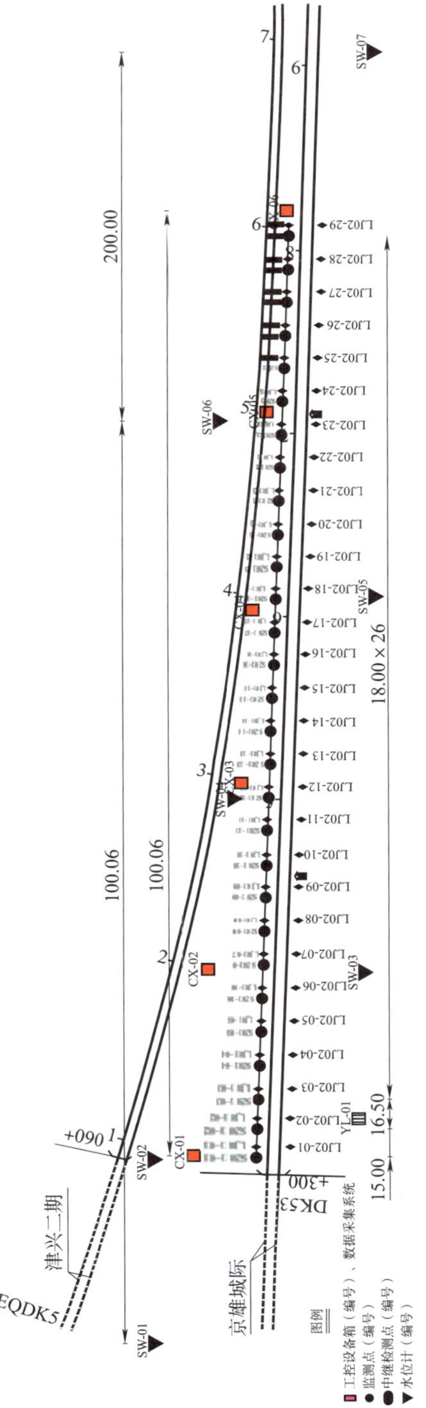

图 15　津兴铁路并行京雄城际平面布置图

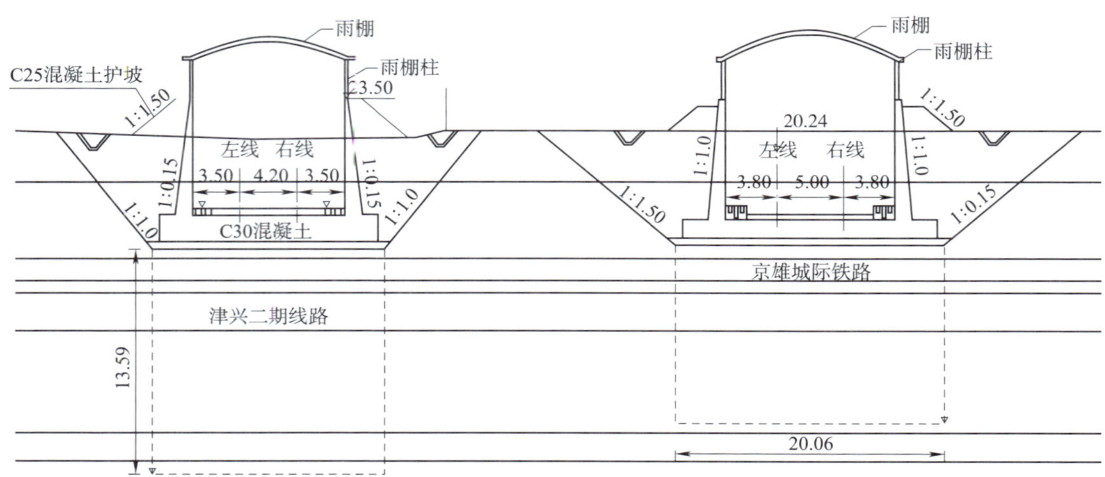

图 16　津兴铁路并行京雄城际横断面图(单位:m)

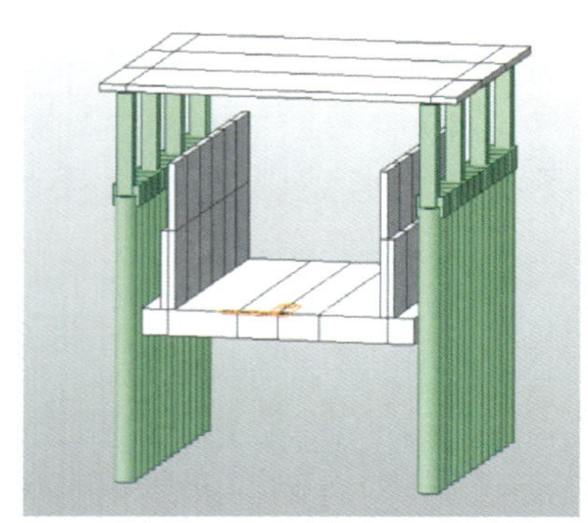
方案1:基于永临结合的U形槽结构

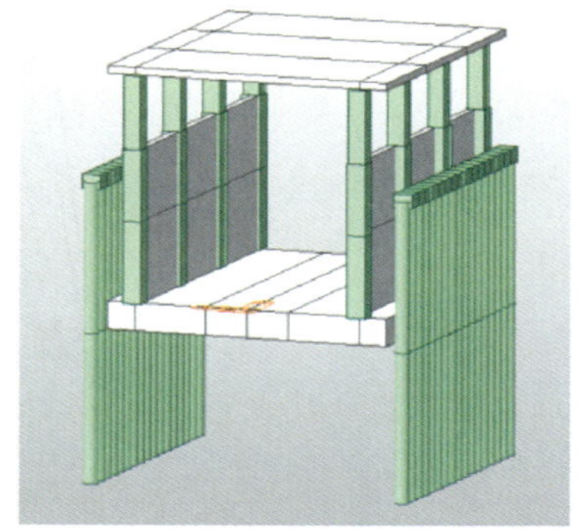
方案2:柱板式U形槽结构

图 17　装配式建造方案

(3)装配式施工的工装设备研究。

U 形结构段落装配式安装时,使用定位模板及临时斜撑对构件进行调节和固定,形成快速调节的新型支撑体系技术。

(4)BIM 技术在跨专业协同设计、装配式构件工厂化预制中的应用与质量控制技术研究。

基于 BIM 多专业协同环境下实现 U 形结构段落装配式工程的设计,并利用 BIM 形成装配式工程施工仿真技术,完成基于 BIM 的钢筋精细化设计研究,如图 18 所示。

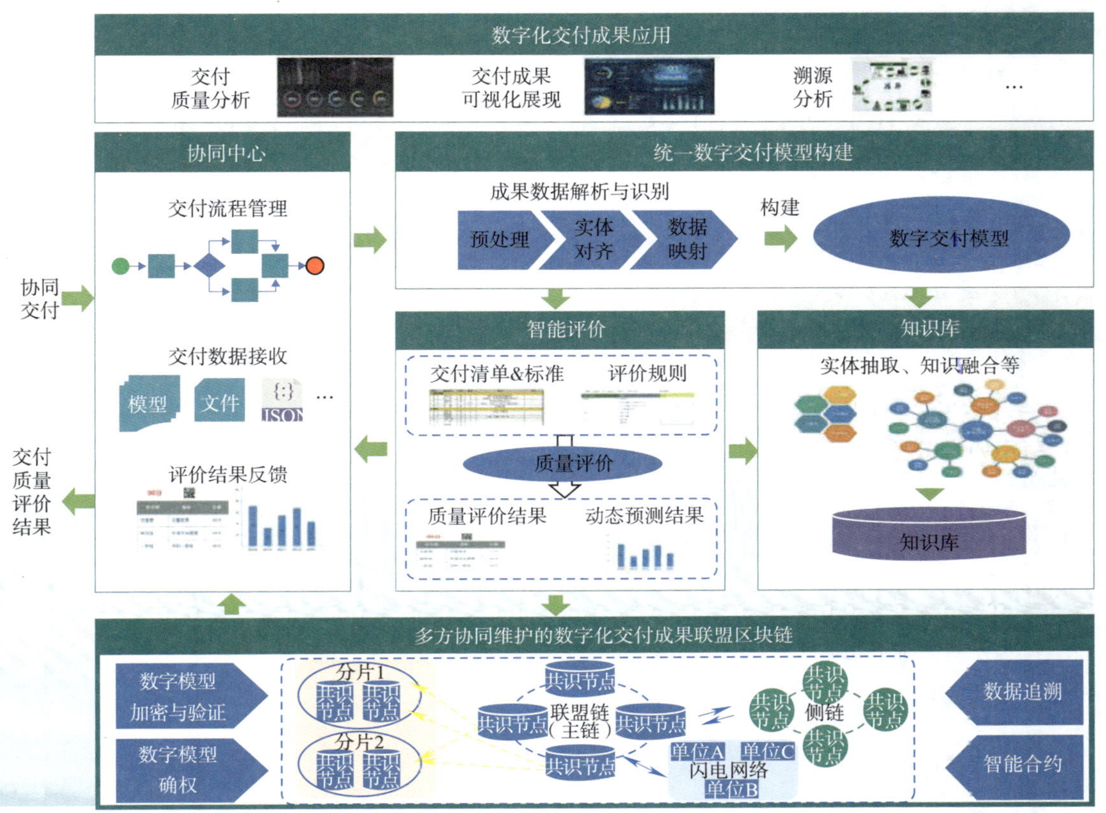

图 18　基于 BIM 的多专业协同环境

2. 关键技术

(1)U 形结构地段装配式建造的设计及施工技术。

提出 U 形槽结构及雨棚结构的装配式设计及工业化建造技术方法，进而形成解决有限空间范围内多专业协同设计问题的装配式路基 U 形结构段落一体化方案。

(2)邻近既有线全生命周期智能监测及预警技术。

对传统邻近既有线工程设计方案进行优化，提出切实有效、安全可靠，可动态反馈在施工过程中既有高铁的附加变形情况的自动化监测及预警技术。

(3)U 形结构地段雨棚装配式工程快速精准定位支撑体系技术。

结合实施中精准定位和快速安装的需求，对雨棚装配式工程中的快速定位支撑体系进行研究，研发一种新型工装设备满足施工需求。

(4)U 形结构及相关工程 BIM 设计及施工仿真技术。

在 BIM 环境下实现多专业的协同设计，进行基于 BIM 的施工仿真辅助工程技术及预制构件质量检测技术。

1.1.3 课题成果和推广应用前景

1. 研究成果

本研究选取工程交叉面多，设计施工复杂的U形结构段落作为试点，以建筑信息模型(BIM)为基础，采用装配式建造，开展对结构自身及周围线路的全生命周期监测，主要成果有：

(1)拓展装配式结构工业化建造在铁路工程中的应用范围。

U形槽结构及雨棚结构的装配式设计及工业化建造技术的实现，提供了在铁路工程建设中，中、大型尺寸构件智能建造的解决方案，技术可覆盖路基支挡结构、承载结构及附属结构。

(2)推进BIM在多专业协同环境下装配式结构工程中的应用能力。

实现多专业BIM协同设计及基于BIM的预制构件外观质量检测，借助BIM技术参数化、协同化、精细化的优势，提高工程整体技术水平。

(3)提升邻近既有线U形结构工程全生命周期监测技术水平。

依据监测数据分析及数据反演，深度优化邻近工程设计方案及自动化监测及预警方案，能够切实有效地动态反馈施工过程中既有高铁的附加变形情况，保证高铁建设进展及运营质量安全。

(4)形成装配式构件快速精准定位的工装设备方案。

2. 推广应用

京津冀铁路装配式结构协同设计建造关键技术研究，解决有限空间范围内多专业协同设计问题，推动多专业全生命周期一体化设计协同设计及新一代信息技术与建筑工业化技术协调发展，提升铁路路基U形结构工程工业化建造的整体水平，推进BIM技术与预制装配式铁路工程结构的结合，向全装配式、智能化、绿色环保方向发展，前景广阔。研究成果可直接运用于京津冀地区铁路项目中，同时对国内其他铁路工程建设也有重大参考借鉴意义。

课题编号：临048

课题类别：重点课题

总体进度安排：2022年7月～2023年12月

参研单位：京津冀城际铁路投资有限公司、中国铁路设计集团有限公司、中国铁路建设管理有限公司

1.2 滨海强腐蚀环境高耐久钢筋混凝土设计施工与性能提升关键技术研究

1.2.1 研究背景

石衡沧港城际铁路位于河北省中部，起自石家庄，经衡水、沧州，终至渤海新区黄骅港区，其设计速度 250 km/h，所采用结构为有砟轨道。在渤海新区黄骅港区范围内，部分桥梁工程途经盐田区域（图 1），地表水中硫酸根离子含量已超过 17 000 mg/L，高出普通海水（2 200 mg/L）的七倍，远超出铁路耐久性规范等级 Y4。此外，氯盐环境的作用等级为 L3，化学侵蚀环境的作用等级为 H4，均为严重侵蚀环境，属于强腐蚀环境。加之本区域处于冻融环境，盐冻腐蚀损伤更为显著（图 2）。因此，上述强腐蚀区域的桥梁墩身、承台和桩基等受到超高浓度腐蚀离子＋冻融＋干湿循环复合作用，耐久性问题十分突出。

图 1　盐田环境

图 2　典型盐类结晶吸附和腐蚀破坏

为保障处于铁路动载作用下桥梁结构的耐久性和安全性，需针对应用于强腐蚀性环境中的高耐久混凝土设计、制备、施工、性能提升等方面开展专项研究，并通过合理的监测与预测手段，实现其全寿命周期的性能评估。

当前,重大基础设施工程的建设均有明确的服役寿命要求。为保证工程的安全性和耐久性,各国广泛开展了相关高性能混凝土制备技术的研究。美国于1989建立了先进水泥基材料研究中心(ACBM)并拨款2 200万美元,对混凝土材料进行了历时11年的系统研究。与此同时,美国USBR将考虑W/C,C_3A含量,粉煤灰掺量等变量的混凝土试样浸泡于2.1%硫酸钠溶液中,观察试样的腐蚀程度与膨胀率。结果表明绝大多数混凝土试样均在浸泡10~30年时间出现腐蚀现象,且膨胀率超过了破坏临界值。欧盟于2003年启动了由37家研究单位及公司参与的NANOCEM项目,从机理上对混凝土材料进行全方位的科学研究。然而,随着我国水泥工业技术的发展,水泥细度、掺合料类型以及熟料质量均发生了改变,且我国的水泥与国外水泥品质、等级划分和应用规程等方面也有较大差别,所以上述研究成果并不能对我国的工程建设提供借鉴。

随着我国近年来跨海桥梁建设进程的不断推进,哈大高铁、温福铁路、青荣城际,杭州湾、港珠澳大桥等相继建成,桥梁混凝土耐久性研究不断深入,然而上述工程多属于浅海区海洋环境,其侵蚀性等级远低于本项目部分桥梁工程所处的侵蚀环境作用等级,如渤海新区特大桥穿越盐田段里程范围为DK215+900~DK221+800为本项目侵蚀性最严重区域(图3)。

图3 盐田地段和结晶盐

近年来随着工程建设规模的不断扩大,很多地区出现了工程原材料资源匮乏的问题。最典型的代表是在建材市场已经很难找到河砂资源,各地区为满足工程建设的需要不得不使用机制砂替代河砂,然而机制砂中石粉含量过高,将严重影响混凝土质量。此外,石子资源也面临着同样的问题,且不同地区之间原材料品质参差不齐。这就对高性能混凝土的配制技术和施工方案提出了更高的要求,需开展具有针对性的系统研究。

1.2.2 研究内容和方法

1. 主要研究内容

(1)石衡沧港城际铁路工程强腐蚀环境调研分析

调研石衡沧港城际铁路沿线的工程地质条件、水文环境及混凝土结构所承受荷载情况,重点探明石衡沧港城际铁路在滨海地区的气候条件、土壤和水环境中腐蚀性离子浓度、地下水位变动和结构荷载情况，将造成混凝土结构损伤的主要因素合理组合并进行腐蚀环境等级划分，为后续工程建设、耐久性设计及安全运维提供基础技术资料。

(2)滨海强腐蚀环境高耐久混凝土耐久性设计指标研究

基于耐久性试验与理论分析，构建滨海强腐蚀环境混凝土损伤、钢筋锈蚀演化方程。依据混凝土结构服役寿命要求，基于可靠度理论，综合考虑耐蚀钢筋对结构耐久性提升，给出桥梁桩基、承台钢筋混凝土保护层厚度、氯离子扩散系数、抗硫酸盐指数、裂缝宽度、抗盐冻指数等关键耐久性设计参数，确定耐久性设计指标，建立滨海强腐蚀环境耐蚀钢筋混凝土结构耐久性设计方法。

(3)滨海强腐蚀环境桥梁高性能钢筋混凝土制备技术

根据桥梁结构桩基础和墩承台所处的环境类别和作用等级，并结合滨海强腐蚀环境钢筋混凝土耐久性设计参数要求，研究提出适用于滨海强腐蚀环境桥梁结构的高性能混凝土制备思路。依据石衡沧港城际铁路的工程勘测、环境气候变化及周边原材料品质调研结果，提出高性能混凝土用原材料的控制指标，形成高性能混凝土用原材料的检测方法和控制指南。针对灌注桩、墩承台混凝土的现浇施工特点，提出新拌混凝土现场质量控制指标，明确混凝土合理的养护工艺、养护时间和拆模时间。

(4)滨海强腐蚀环境混凝土结构耐久性多维提升技术研究

针对滨海强腐蚀环境下混凝土结构腐蚀劣化的特点，拟从混凝土本体、钢筋和涂层等多个维度，研究混凝土结构耐久性提升技术。研究表层混凝土水化程度、水化产物形貌、孔结构对混凝土抗介质渗透性能及抗冻融循环性能、抗硫酸盐腐蚀等的影响，以及无机渗透结晶材料对混凝土抗化学侵蚀及物理破坏等耐久性能的影响，建立基于无机渗透结晶的混凝土表层强化技术；比较分析不同技术北方滨海超高浓度盐渍土冻融作用及土—气交界区的干湿循环灯芯作用下混凝土结构全寿命周期耐久性提升效果的定量影响，提出滨海强腐蚀环境混凝土结构耐久性多维提升技术。研究耐蚀钢筋焊接后相关力学性能，对焊接后耐蚀钢筋进行拉伸实验，如图 4 所示。

(a) 拉伸前

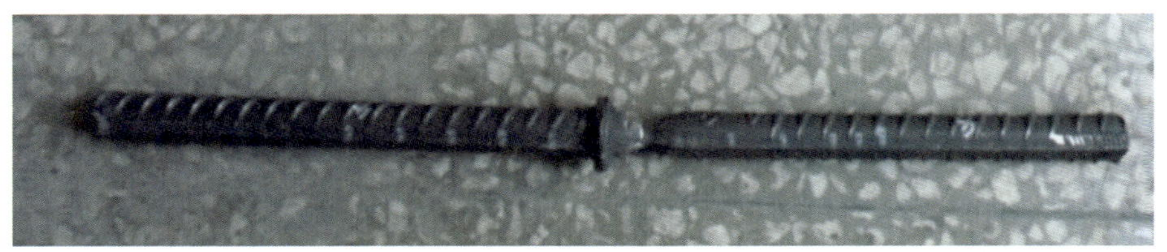

(b) 拉伸后

图 4　焊接件钢筋拉伸实验结果

(5)滨海强腐蚀环境桥梁结构全寿命周期性能评估技术研究

依据滨海强腐蚀环境钢筋混凝土损伤演化模型,构建混凝土结构寿命预测新模型。基于混凝土的二维和三维重构,实现数值混凝土重建和网格划分。依据监测平台与混凝土性能演变的数值再现,构建滨海强腐蚀环境的混凝土全寿命周期评估方法。

在石衡沧港城际铁路盐田区现场建立现场暴露试验站,开展缩尺试验承台及桥墩等现场暴露试验(图5),对工程所用材料的长期性能进行观测分析。

图5　缩尺试验承台钢筋、桥墩

2. 关键技术

(1)基于室内外试验以及工程调研等方法获得石衡沧港城际铁路桥梁钢筋混凝土腐蚀损伤规律,基于现代测试技术追踪其微结构形成与劣化的全过程。在试验与理论推导的基础上,揭示北方强腐蚀盐渍土环境下耐蚀钢筋混凝土结构腐蚀破坏机理。

(2)构建考虑强腐蚀盐渍土环境—荷载耦合的铁路钢筋混凝土服役寿命预测模型,充分考虑耐蚀钢筋对耐久性能影响,基于可靠度理论提出桥梁钢筋混凝土保护层厚度、氯离子扩散系数、抗硫酸盐指数、裂缝宽度、抗盐冻指数等关键耐久性设计参数,建立基于耐蚀钢筋的滨海盐渍土强腐蚀环境混凝土结构耐久性设计方法。

(3)阐明多场耦合作用下早期胶凝体系性能增长与性能衰变的相互关系,探明多元复合胶凝材料体系组成、浆体微结构与免疫防御性能关系,提出多场耦合严酷条件下多元复合胶凝浆体微观结构、钢筋混凝土及浆体混凝土两个界面区的形成及优化方法。

(4)掌握耐蚀钢筋的力学性能,揭示耐蚀钢筋在混凝土中的锈蚀规律和耐蚀机理;掌握耐蚀钢筋的焊接工艺、绑扎工艺,提出基于耐蚀钢筋在强腐蚀盐渍土环境下桥梁高性能混凝土结构设计与耐久性施工方法。

(5)掌握滨海强腐蚀环境钢筋混凝土腐蚀过程中,各物理场、化学场和电化学场信号的变化规律,建立钢筋锈蚀场信号的变化追踪监测体系,探明场信号与钢筋混凝土腐蚀状态、微观结构和宏观性能演变间的关系,揭示钢筋混凝土腐蚀损伤机制,开发出滨海强腐蚀盐渍土环境下钢筋混凝土腐蚀损伤监测技术。

(6)建立滨海强腐蚀环境桥梁钢筋混凝土结构耐久性监测与评估体系。

3. 研究方法

1)石衡沧港城际铁路工程强腐蚀环境调研分析

(1)通过现场地质勘探、查阅资料和文献,调研石衡沧港城际铁路沿线的工程地质条件、水文环境及混凝土结构所承受荷载情况。

(2)通过水质取样化验、查阅资料和文献,探明石衡沧港城际铁路在滨海地区的气候条件、土壤和水环境中腐蚀性离子浓度、地下水位变动和盐冻循环次数。

(3)通过对所得资料的整理和分析,将造成混凝土结构损伤的主要因素合理组合并进行腐蚀环境等级划分。

2)滨海强腐蚀环境高耐久混凝土耐久性设计指标研究

(1)针对石衡沧港城际铁路工程地质、水文环境、现场温湿度变化规律情况,综合分析结构耐久性劣化现状,主要病害表现形式,分析不同荷载水平、不同结构部位的应力状态以及宏微观环境对结构耐久性的影响。

(2)依据石衡沧港城际铁路桥梁桥梁钢筋混凝土腐蚀损伤规律及工程腐蚀调查,构建滨海强腐蚀盐渍土环境下钢筋混凝土服役寿命预测模型,基于寿命预测模型考虑耐蚀钢筋的耐蚀性能,基于可靠度方法获得桥梁钢筋混凝土保护层厚度、氯离子扩散系数、抗硫酸盐指数、裂缝宽度、抗盐冻指数等关键耐久性设计参数。

(3)充分考虑高浓度硫酸盐—氯盐组合、盐冻环境下钢筋混凝土腐蚀机理及管件耐久性参数,确定各耐久性参数和原材料控制指标的取值原则和方法,提出耐久性设计指标,建立我国滨海强腐蚀环境耐蚀钢筋混凝土结构耐久性设计方法。

3)滨海强腐蚀环境桥梁高性能钢筋混凝土制备技术

(1)采用室内加速试验与盐渍土暴露试验,研究带裂缝混凝土结构中腐蚀离子浓度、锈蚀产物渗透、腐蚀电流流向。建立离子传输、钢筋锈蚀与裂缝间的定量关系,提出滨海强腐蚀环境桥梁混凝土结构裂缝控制指标。研究气泡分布与间距等对盐冻剥落与损伤的影响,研究两个界面区及孔结构对离子传输的影响,提出滨海强腐蚀环境下混凝土抗盐冻、抗硫酸盐损伤、抗离子渗透等指标参数。

(2)研究混凝土原材料、配合比、纤维以及各类阻裂外加剂对混凝土抗裂性能的定量影响规律;研究风速、温度、湿度等对混凝土抗裂性能的影响规律,以混凝土收缩与膨胀组成相适应机制,实现混凝土自身减缩与分阶段膨胀,实现混凝土全过程体积稳定。

(3)针对桩基混凝土水下浇筑、承台混凝土现浇特点,根据滨海强腐蚀环境钢筋混凝土损伤劣化规律,从抗盐冻、抗硫酸盐损伤、抗离子渗透等耐久性角度入手,基于最紧密堆积原理与多重复合技术,结合桥梁铁路各重点部位服役环境、力学性能和施工性能要求,进行高性能混凝土高耐蚀、耐冻及抗渗透设计与优化。

(4)依据石衡沧港城际铁路的工程勘测、环境气候变化及周边原材料品质调研结果,提出高性能混凝土原材料的控制指标,制订混凝土用原材料的检测方法,建立原材料控制指南。

(5)以混凝土工作性、混凝土强度和外观质量作为主要评价指标,通过室内试验、现场试验、试验段示范等方式,研究新拌高性能混凝土现场质量控制和检测标准。

(6)以外观质量和混凝土强度、体积稳定、耐久性参数为主要评价指标,研究滨海强腐蚀环境高性能混凝土合理拆模时间及相应的养护制度。

(7)在理论和实验研究基础上，提出施工质量监控的关键技术指标，建立相应的快速测试方法和科学的评价体系，系统的提出我国滨海强腐蚀环境条件下桥梁高性能混凝土养护方法与施工指南。

4)滨海强腐蚀环境混凝土结构耐久性多维提升技术研究

(1)深入分析表层混凝土水化程度、水化产物形貌、孔结构对混凝土抗介质渗透性能及抗冻融循环性能、抗硫酸盐腐蚀等的影响，研究无机渗透结晶材料对混凝土抗化学侵蚀及物理破坏等耐久性能的提升。

(2)针对国内已产品化的耐蚀钢筋、涂层钢筋、FRP 筋等，系统研究其力学性能、施工性能；基于实验室与实海暴露试验，系统评价耐蚀筋材性能演化规律，分析其耐蚀机理，获得其在海洋环境下的耐蚀性能。

(3)研究耐蚀钢筋之间、耐蚀钢筋与普通碳钢的电偶腐蚀倾向，提出防止电偶腐蚀和钢筋接头保护的措施。

(4)对比分析耐蚀筋材、外加电流保护、包裹防护材料、阻锈剂的优缺点，研究各种技术在海洋环境下提升钢筋混凝土寿命的年限，综合全寿命周期成本提出滨海盐渍土强腐蚀环境混凝土结构耐久性多维提升技术。

5)滨海强腐蚀环境桥梁结构全寿命周期性能评估技术研究

(1)开展试验室试验、现场试验、暴露试验，研究混凝土损伤及钢筋锈蚀与各类物理场信号的响应关系，在此基础上研发监测传感器。

(2)优选并自制混凝土耐久性传感器，依据结构设计、施工和传感器自身特点，确定耐久性监测传感器安装方法，建立耐久性监测数据的无线采集与传输，对混凝土结构耐久性进行长期跟踪监控。

(3)基于软件平台与服役寿命预测模型，实现滨海盐渍土强腐蚀环境混凝土性能演变的数值再现，依据监测平台与混凝土性能演变的数值再现，构建滨海盐渍土强腐蚀环境的混凝土全寿命周期评估方法。

1.2.3 研究成果与应用前景

1. 课题预期成果

(1)提出滨海盐渍土强腐蚀环境高耐久性耐蚀钢筋混凝土耐久性设计方法。

(2)提出滨海盐渍土强腐蚀环境桥梁高性能钢筋混凝土制备技术。

(3)提出基于耐蚀钢筋的桥梁高耐久钢筋混凝土结构设计与施工技术。

(4)优选钢筋混凝土监测设备和研究监测方法，实现强腐蚀环境下钢筋混凝土服役性能的数值仿真分析，构建滨海强腐蚀环境下混凝土结构耐久性评估平台。

2. 课题推广应用前景

(1)相较于传统混凝土，本项目制备的高性能钢筋混凝土大幅提升了耐腐蚀性能、抗裂性能和密实性，显著增加了滨海强腐蚀环境下高铁桥梁的服役寿命，且降低了桥梁工程建设的施工难度。

(2)研究提出的滨海强腐蚀环境混凝土结构耐久性多维提升技术，为滨海强腐蚀地区、跨海地区等类似环境条件下的工程建设提供了新的思路。

(3)建立合适的腐蚀损伤识别方法、损伤劣化模型和寿命预测模型，开发混凝土中钢筋锈蚀的精确、实时监测系统，对滨海强腐蚀地区与跨海地区等环境条件下的工程建设提供全生命周期的管理和维护。

课题编号：N2020G055

课题类别：重点课题

课题阶段：2020 年 12 月～2022 年 12 月

参研单位：石港城际铁路有限公司、中国铁路设计集团有限公司、东南大学、中国铁道科学研究院集团有限公司、中铁三局集团有限公司

1.3 京唐铁路穿越通州汉代故城遗址段无砟轨道减振技术研究

1.3.1 研究背景

高速铁路的迅速发展极大地提高了各大城市之间的联系，促进了经济发展和文化交流，但是高铁运行过程中带来的振动问题也引起了各方面重视，特别是线路穿越古建筑、文物保护地段等振动敏感区域。减振轨道作为一种有效的环境振动控制措施，能显著降低振动对铁路沿线环境的影响，成为高速铁路减振措施研究的热点。

目前，国内外轨道结构减振措施主要分为扣件减振和轨下基础减振两大类，城市轨道交通多采用扣件减振和道床减振两种减振措施，减振效果从 5 dB 到 15 dB 以上不尽相同，但其列车运行速度多在 120 km/h 以内；高速铁路、干线铁路中轨道结构减振措施应用情况相对较少，多为针对具体的项目工点进行的试验研究，尚未形成系统、成熟的轨道减振设计标准。现有项目采用的减振措施均为道床减振，主要有板式减振无砟轨道、双块式减振无砟轨道等，减振效果从 6 dB 到 15 dB 以上不尽相同。北京至唐山铁路(简称“京唐铁路”)地处环渤海京津冀地区，线路起自北京市新设的北京城市副中心站，终至河北省唐山市既有唐山站，在 DK25＋894～DK26＋094 范围内下穿通州汉代路县故城遗址文物主城遗址区，如图 1 所示。古城遗址埋深约为 6～8 m，下穿段落隧道埋深约 30～33 m。路县故城遗址出土了大量汉代典型器物，具有重要的历史价值，为做好文物保护工作，有关文物保护部门对铁路通过通州汉代路县故城遗址文物保护区提出了较高的减振要求。

图 1　京唐铁路下穿故城遗址段线路示意图

针对现有研究情况，为尽量减小对文物的影响，有必要开展京唐铁路穿越通州汉代故城遗址段无砟轨道减振技术研究，提出适用于敏感地区的减振技术措施，在满足列车运行安全、舒适的前提下，减小对通州汉代路县故城遗址的影响。

1.3.2 研究内容和关键技术

1. 研究内容

(1)无砟轨道减振技术措施调研分析

充分调研国内外城市轨道交通轨道、干线铁路轨道减振技术措施，总结分析轨道交通减振技术措施的应用情况、减振效果等，通过调研分析得出以下结论：

城市轨道交通中轨道结构减振措施较多，主要分为扣件减振和道床减振两大类，不同减振措施减振效果从 5 dB 到 25 dB 以上不尽相同；高速铁路、干线铁路中轨道结构减振措施均采用道床减振方式，主要有减振板式无砟轨道、减振双块式无砟轨道、梯形轨枕轨道，减振效果从 5 dB 到 15 dB 以上不尽相同。京唐铁路穿越通州汉代故城遗址段无砟轨道可以考虑铺设梯形轨枕、双块式减振轨道或 CRTSⅢ型板式减振轨道。各减振措施减振效果见表 1。

表 1　轨道结构减振效果汇总表

轨道类型	减振效果	工程实践经验
减振扣件	3～5 dB	城市轨道交通
梯形轨道	8～15 dB	城市轨道交通
弹性支承块式无砟轨道	6～15 dB	高速铁路、干线铁路、城市轨道交通
减振型板式、双块式轨道	5～10 dB	高速铁路
浮置板轨道	≥15 dB	高速铁路、城市轨道交通

（2）无砟轨道减振技术理论研究

本项目根据减振无砟轨道等无砟轨道的结构特点，结合本工程具体运营条件合理选取相关计算参数，建立了减振无砟轨道静力及车辆—轨道—基础耦合动力计算模型，如图 2 所示，通过静、动力分析，研究减振无砟轨道结构的力学性能，分析得出：振动由减振道床向隧道结构传递的过程中大幅衰减，采用减振轨道后结构衰减量减弱，梯形轨枕轨道和 CRTSⅢ型板式减振轨道的减振效果为 11 dB、9 dB 左右。

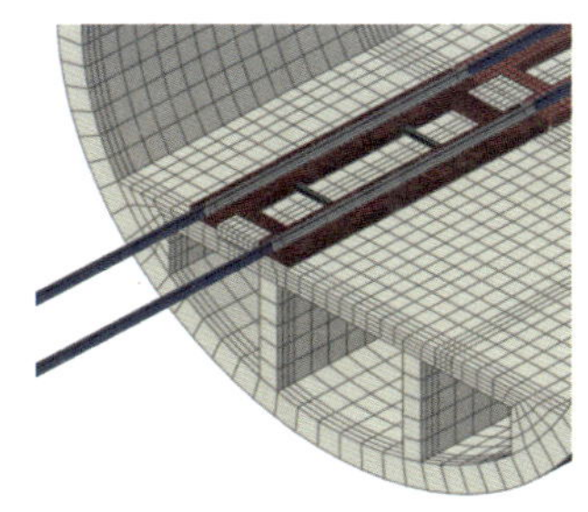
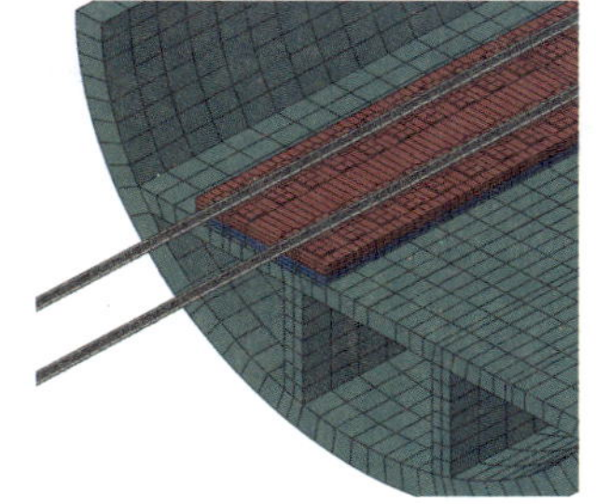
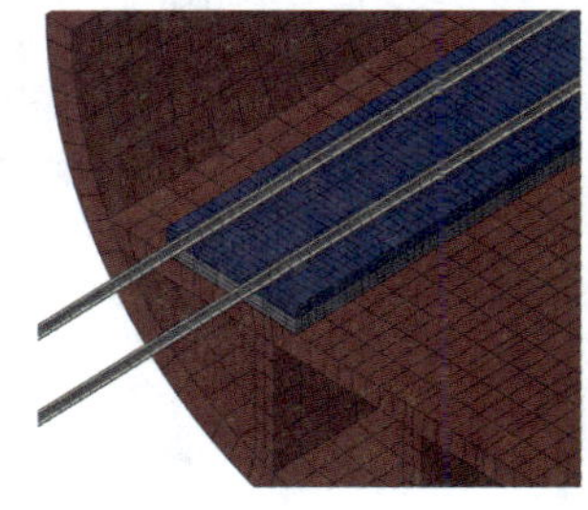

图 2　减振轨道—隧道结构整体模型示意图

（3）减振无砟轨道主要部件研究

针对本项目特点，对减振无砟轨道配套部件减振垫进行了分析，减振垫层由覆盖层、夹层、阻尼层以及骨架材料组成，其结构如图 3 所示，其中编织层即为骨架材料。在受到高频动态载荷冲击时，由于具备高耐磨性和回弹缓冲性能，其形变回复快、动态性能优异，其外观质量、物理性能、成品性能等指标均能满足轨道结构相关要求。

（4）减振无砟轨道试验研究

本项目通过落轴试验对减振无砟轨道结构的振动传递特性及减振效果进行测试，并与理论计算结果进行对比分析，如图 4 所示。测试结果表明减振轨道的垂向振动加速度从钢轨至地表逐渐衰减且逐级衰减明显，梯形轨枕轨道、CRTSⅢ型板式减振轨道与普通轨道的插

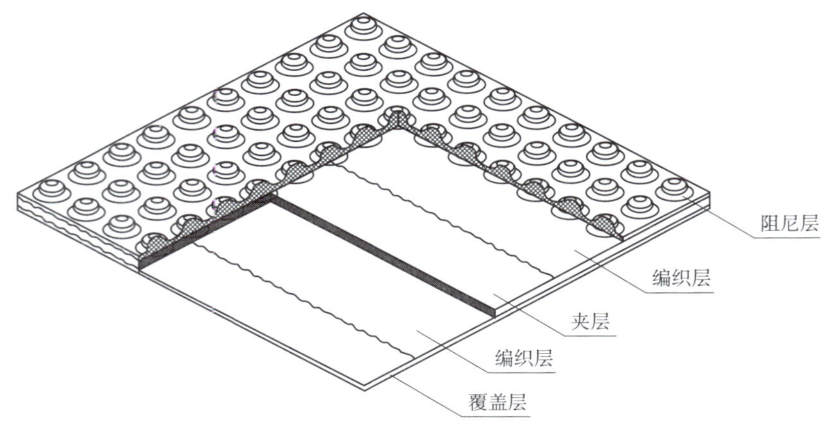

图 3　减振垫层结构示意图

入损失分别为 10 dB、9 dB 左右，与理论仿真结果相当，验证了仿真模型与落轴试验的可靠性。

图 4　室内落轴试验

同时，在国家铁道环形试验线梯形轨枕轨道铺设段选取测试断面，开展了梯形轨枕现场测试试验，如图 5 所示，测试了不同列车速度下轨道结构的动位移、加速度等指标，结果表明梯形轨道的各指标均符合相关要求，减振效果在 10.2～11.7 dB，数值与理论分析结果接近。

2. 关键技术

本研究采用的关键技术如下：

(1)车辆—轨道耦合动力学模型建立、参数选取及求解方法

针对适用于本研究的减振无砟轨道结构建立车辆—轨道耦合动力学模型，选取模型各部件相关参数，保证模型的合理性、准确性。

(2)轨道减振部件主要技术性能指标

减振无砟轨道主要部件应满足减振无砟轨道结构要求的承载力、刚度、最大允许变形量和阻尼比等技术指标。通过研究，提出减振部件的刚度、承载力、疲劳性能、阻尼系数、外形

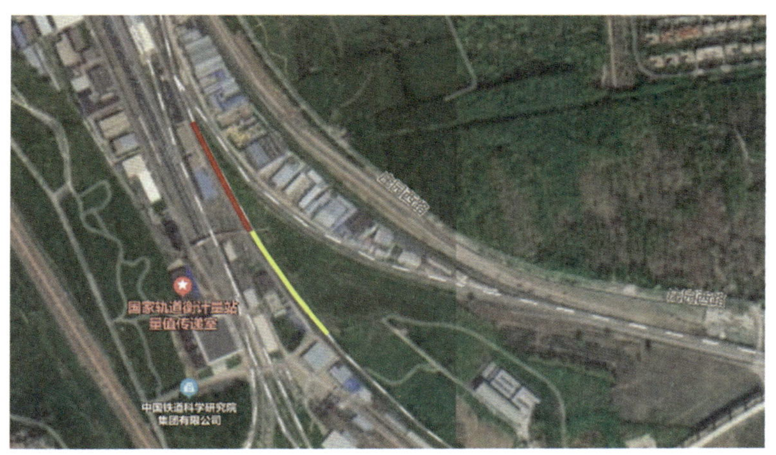

图 5　轨道动力学断面位置示意图

尺寸、安装方式、防水特性等要求。

(3)减振轨道与相邻无砟轨道过渡方案技术研究

针对减振轨道与相邻无砟轨道基础刚度差异较大的问题，基于车—轨耦合动力学模型，对过渡段基础刚度、过渡段长度及评价指标进行研究。

1.3.3　课题成果及推广应用

1. 研究结论

通过开展京唐铁路穿越通州汉代故城遗址段无砟轨道减振技术研究，提出了梯形轨枕轨道、CRTSⅢ型板式减振轨道两种适用于京唐铁路的减振轨道，进一步通过理论仿真、现场测试，得出了以下结论：

(1)梯形轨枕轨道和 CRTSⅢ型板式减振轨道两种减振轨道结构合理，均能适用于高速铁路，能保证列车运行的安全性、舒适性。

(2)两种减振轨道形式均施工方便、便于维修、安全可靠，且满足京唐铁路的减振要求。因此，京唐穿越通州汉代故城遗址段可采用梯形轨枕轨道或 CRTSⅢ型板式减振轨道。

2. 研究成果

本项目建立了一套适用于高速铁路的减振无砟轨道结构设计、施工体系，具备成本低、施工效率高、养护维修方便的特点，能有效降低高速铁路运行对线路沿线环境的影响，主要的创新成果有：

(1)研究了梯形轨枕应用在高速铁路下的力学性能及减振效果，对其服役性能进行了深入研究。

(2)项目在调研、总结的基础上，通过动力学仿真分析了振动对于故城遗址各参数指标的影响，提出了针对文物遗址的减振要求评价指标。

(3)项目通过理论分析和现场测试试验，分析了各轨道类型减振效果，提出了针对故城遗址这一特殊结构的减振措施和评估指标，确定了减振无砟轨道设计方案。

3. 推广应用

减振无砟轨道的运用可有效控制高速铁路振动对线路沿线环境的影响，促进高速铁路轨道交通绿色发展，满足高速铁路的快速发展需求，前景广阔。本项目课题研究成果为京唐铁路穿越通州汉代故城遗址段减振无砟轨道结构设计提供技术支撑，保护线路沿线文物遗存。

课题编号：N2018G071

课题类别：重点课题

总体进度安排：结题

参研单位：京津冀城际铁路投资有限公司、中国铁路设计集团有限公司、北京交通大学

1.4 高速铁路下穿高等级电力线路安全防护关键技术研究

1.4.1 研究背景

近年来，我国高速铁路和电力线路都在快速发展，二者并行或者相互跨越的现象十分普遍。高速铁路下穿电力线路施工不当时会造成电力倒塔，进而导致电力线路断线。电力系统发达的国家在设计之初多经历了系统调研，力求铁路输电线路与电力线路走廊并行，因此在国外，铁路隧道处一般作为铁路与电力线路的跨越交叉点，铁路与电力线路交叉跨越处防护情况并不常见，针对不得已出现的交叉跨越情况，日本学者松尾一郎提出防护棚洞填土法来缓冲沿线出现的落石及其他建筑材料对防护棚的冲击力，并给出了相应的防护方案。

我国因存在快速发展经济的需求，电气化铁路及电力线路工程建设速度快于美意日等国家。以我国的特高压示范工程为例，从规划开始到具备开工条件仅用 2 年时间，而普通线路从前期工作到建成一般为 2～4 年。

为保证电气化铁路与电力线路安全，中国国家铁路集团有限公司在《铁路技术管理规程》中提出电力线路与铁路交叉或平行时，35 kV 及以上的高压线路杆塔外缘至线路中心的水平距离不少于杆塔高加 3.1 m，同时《国家电网有限公司十八项电网重大反事故措施》中对跨越段杆塔及架线结构也提出了明确的规定。针对电气化铁路下穿电力线路防护，国内已经依托相关工程展开研究，如 2018 年开始建设的商合杭铁路与皖电东送等特高压输电线路交叉，2019 年施工的京张铁路与京张高铁定泗桥高压线路交叉跨越（图 1），2020 年津兴铁路与固洛洛霸特高压线路交叉跨越（图 2），同年施工的京唐铁路与廊河特高压线路交叉跨越，电压等级涉及 35 kV、110 kV、550 kV、±800 kV 及 1 000 kV，跨越工况复杂，设计条件差异性大，但均取得了示范性成果。

图 1 京张铁路防护棚洞施工

图 2 津兴铁路防护棚洞

电力线路设计受地势、气候等影响，架构复杂；同时受覆冰、风舞等因素影响的断线工况复杂，同时影响倒塔及断线对铁路防护结构的冲击力。因此针对不同设计条件下的倒塔、断线对铁路防护结构的影响规律及防护结构的设计优化等仍需进一步开展研究。

1.4.2 研究内容和关键技术

1. 研究内容

(1)高速铁路轻型结构防护棚洞与电力线路防护关键参数表征研究

研究跨越铁路的电力线路杆塔与导线的舞动过程。分析塔型、档距、挂线点高度、风速、覆冰厚度等对倒塔及导线承载力的影响。结合铁路与电力线路的交叉跨越特点，明确倒塔、断线的线路关键参数及设计条件，提出用于倒塔断线分析的现场待测关键参数及测试方法。图 3 所示为杆塔模型与防护棚洞模型。

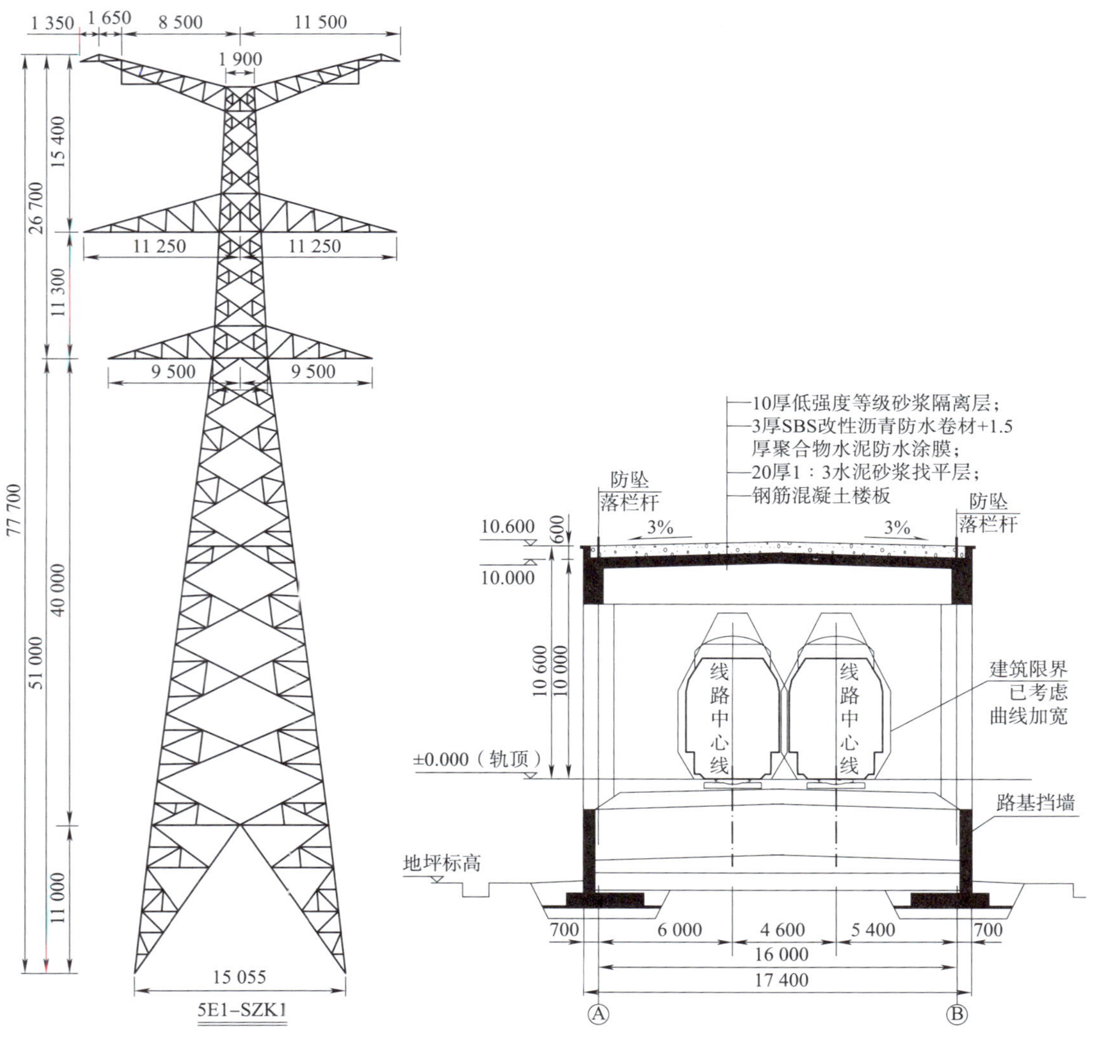

图 3 棚洞与电力线路防护分析模型(单位：mm)

（2）高速铁路与电力线路交叉跨越倒塔与断线模型研究

提出倒塔的物理力学模型，并研究电力线路的舞动特性及倒塔过程，分析杆塔受力后的摆动特征。研究导线的风舞特性，分析档距内导线的应力应变分布特性，并结合导线断线条件，提出断线模型；结合电气化铁路防护棚洞的设计参数，研究倒塔断线与防护棚洞的碰撞模式及碰撞应力的计算方法，高等级电力线路跨越高速铁路倒塔断线范围及冲击特性研究。

研究铁路与电力线路不同跨越方式下倒塔与断线发生时拱顶防护棚的合理防护范围，提出针对倒塔断线的防护棚洞设计长度的计算方法；结合电力线路参数、防护棚洞设计参数，分别研究 35 kV、110 kV、500 kV 下直线杆塔与防护棚洞的碰撞冲击瞬态过程，获得防护棚洞的应力应变特性；研究导线参数、挂点高度，设计风速、覆冰条件等因素对断线冲击瞬态过程的影响，提出防护棚洞抗力设计关键参数。

（3）高速铁路下穿电力线路轻型结构防护棚洞减冲击设计研究

研究防护棚洞与电力线路在倒塔断线的冲击荷载下，减冲击结构的设计方法。基于铁路安全运营保障的需求，通过对不同防护棚洞结构体系的对比分析，考虑设计、施工重要环节以及实施和防护效果，合理设计防护棚洞减冲击结构体系。

2. 关键技术

（1）输电线路典型设计结构与实际运行工况的倒塔断线数据的仿真分析技术（图 4），数据仿真分析流程如图 5 所示。

（2）典型电压等级的杆塔倒塔瞬态过程有限元分析。倒塔过程建模如图 6 所示。

（3）考虑电力线路设计工况的电力线路断线的瞬态过程有限元分析，如图 7 所示。

（4）考虑断线对防护棚力冲击作用的试验技术。

（5）减冲击防护结构设计技术及棚洞结构合理适用性评估技术（图 8）。

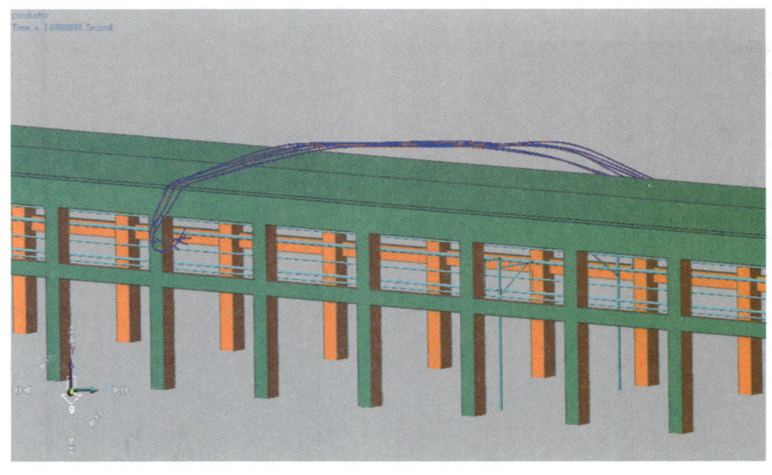

图 4　断线荷载仿真分析

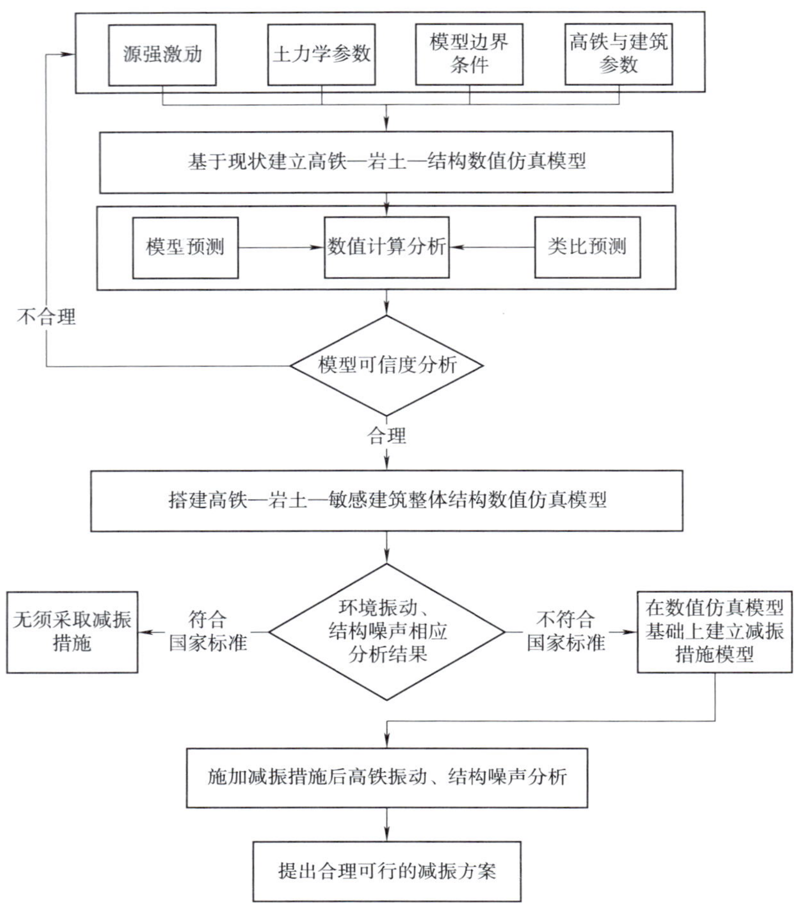

图 5　数据仿真分析流程

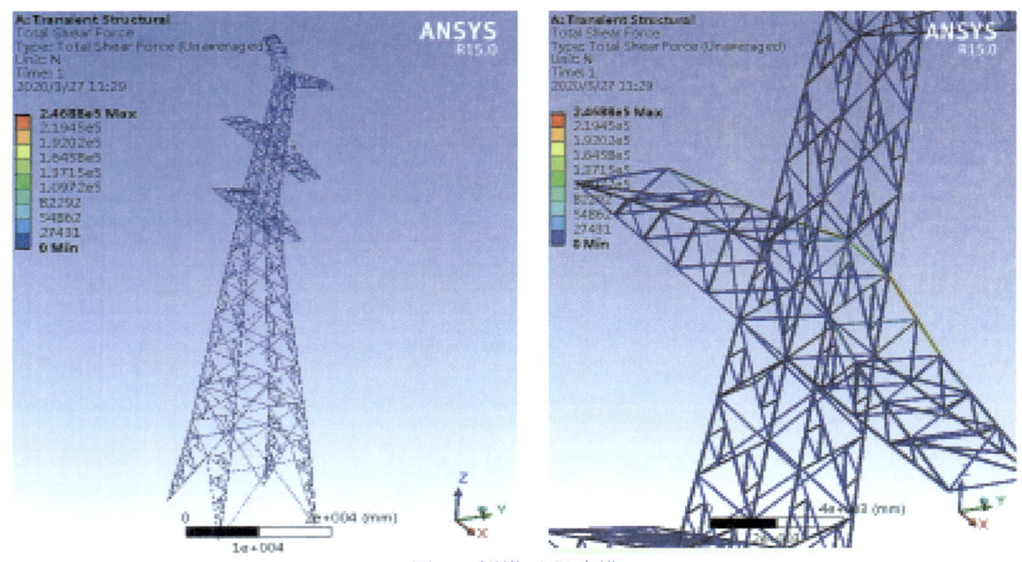

图 6　倒塔过程建模

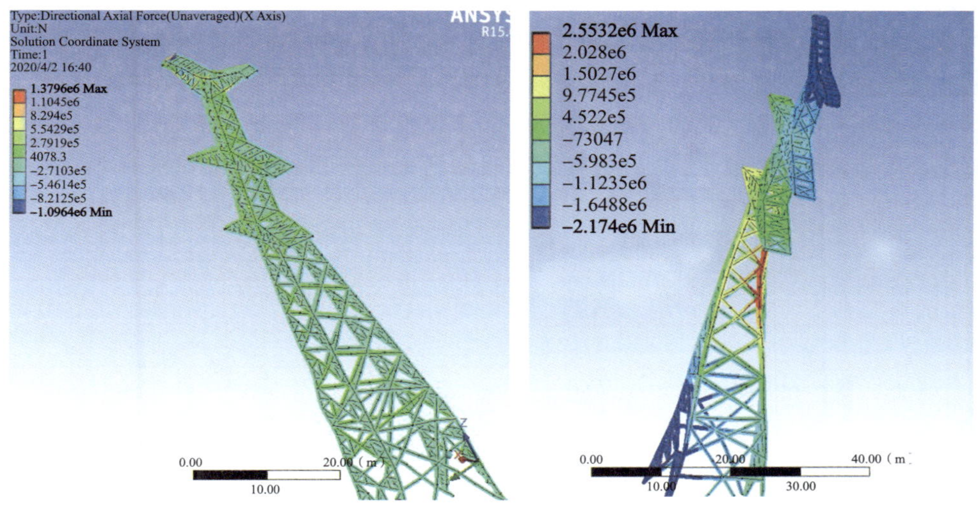

图 7　倒塔冲击分析

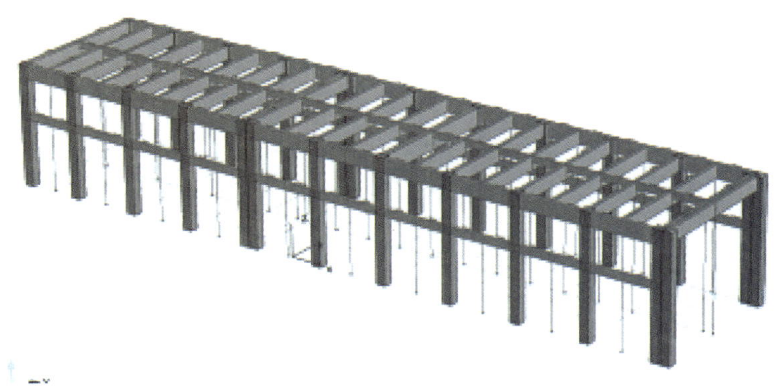

图 8　防护棚洞断面三维示意

1.4.3　课题成果和推广应用前景

1. 研究成果

(1)针对不同设计参数及不同周围环境的电力线路,提出铁路下穿防护设计需求及基础参数测试方法。

(2)提出在倒塔过程和导线断线过程中的防护棚洞防护范围及承力特性计算方法。

(3)提出防护棚洞设计优化方法。

2. 推广应用

本研究形成的高速铁路下穿高等级电力线路安全防护体系可应用于不同倒塔工况下的铁路防护棚洞设计,确保铁路安全运营。研究形成的高速铁路下穿电力线路轻型结构防护棚洞设计理论具有广泛的应用前景,社会效益显著。

课题编号：N2021G010

课题类别：重点课题

总体进度安排：2021年11月～2023年12月

参研单位：中国铁路建设管理有限公司、京津冀城际铁路投资有限公司、中国铁路设计集团有限公司、北京交通大学、中国铁路经济规划研究院有限公司、中国铁路北京局集团有限公司

第2章　京津冀铁路公司课题

2.1　城际铁路盾构隧道装配式智能建造技术研究

2.1.1　研究背景

截至2021年底，中国铁路营业里程突破15万km，其中投入运营的铁路隧道17 532座，长约21 055 km。越来越多铁路隧道的修建，使得标准化、机械化、智能化、绿色环保的预制装配式智能结构成为建设的必然选择。预制装配式结构是将混凝土预制构件经装配连接组成的受力结构，在国内外的隧道与地下工程中已有较多应用案例。如荷兰鹿特丹“壳式装配式”结构地铁车站、日本仙台“双跨箱型”结构地铁车站，我国首个明挖装配式地铁袁家店站（图1）、上海“叠合拱壳”结构地铁车站（图2）、青岛装配式地铁车站、京张“轨下预制”结构清华园隧道（图3），秦岭“整体仰拱”结构Ⅰ号铁路隧道。

图1　预制地铁车站结构现场施工图

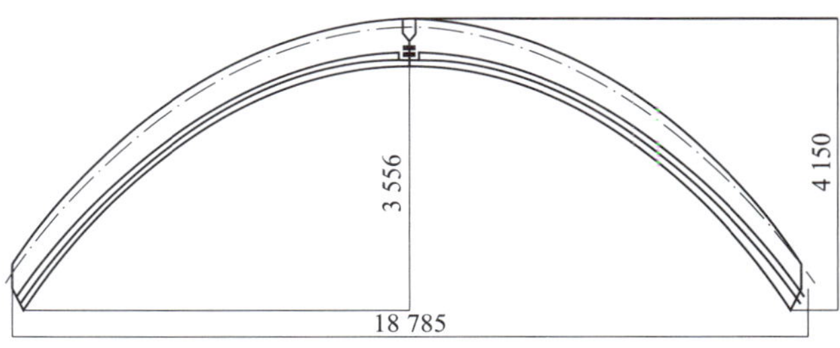

图2　预制拱壳侧面图(单位：mm)

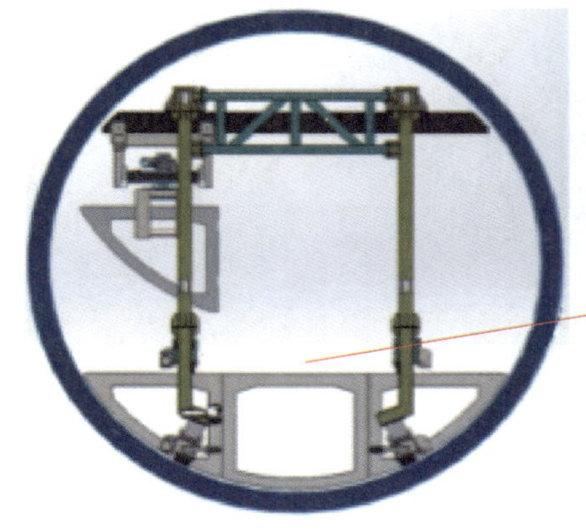

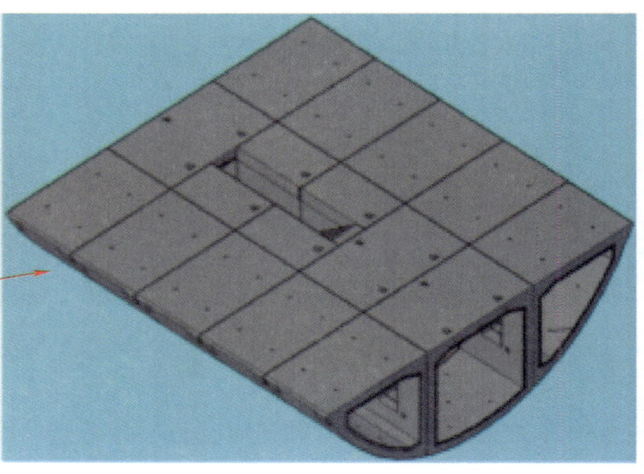

图3　京张高铁清华园隧道标准段轨下预制箱涵

国内外学者对装配式隧道结构进行了研究分析，如，赵有明等提出预制装配式结构的技术体系和关键技术，对尚需研究的问题和亟待开展的工作进行了梳理，并对装配式结构的发展进行了展望。张胜龙等基于荷载—结构模型，对高速铁路隧道预制装配式衬砌的选型进行研究，获得了衬砌分块形式及接头最小刚度值。日本多家企业联合开发了分割型预制装配式衬砌系统，将多块预制构件拼装成马蹄形的山岭隧道衬砌结构，该系统构件易于运输和设置，能够大幅提升施工效率。唐伟对隧底回填结构进行多个装配式方案对比分析，获得了最优装配式预制件方案。王志伟等依托京张清华园隧道，考虑多个方面对结构的稳定性和安全性的影响，获得了比较合理的轨下承力基础布置形式。张宇宁等以京张清华园隧道为例，介绍了大直径铁路盾构隧道轨下结构拼装及附属结构拼装的全预制拼装技术。金张澜等以京张高铁清华园隧道为例，对盾构隧道轨下结构现浇及预制设计方案从工期、施工工序、对隧道结构的影响、结构受力和变形特征、施工环境和环保要求、工程造价等方面进行优缺点分析，并得出全预制方案最优的结论。陶连金等依托袁家店预制装配式车站工程，基于数值模拟软件对车站拼装成环后力学行为进行研究。杨秀仁等对大型地下结构预制装配新技术进行分析，提出了预制装配关键技术及研究要点。

当前国内虽然对地铁车站装配式结构有了一定的研究，但对铁路隧道预制装配式衬砌结构和轨下结构的研究尚处于起步阶段。铁路盾构隧道衬砌结构通过分块预制管片进行环向和纵向拼装施工而成，主体结构已实现装配式。然而铁路隧道轨下结构主要仍采用中箱涵预制＋边涵现浇或全现浇工艺（图 4），内部沟槽等附属结构仍以现浇为主。受隧道内部空间、施工环境限制，隧道内采用现浇面临施工作业环境差（光线暗、空气污浊、潮湿、噪声大等）、质量把控难度大、施工效率低、安全风险大、文明施工差等诸多问题。在此背景下，研究铁路盾构隧道主体及内部结构集成装配建造技术具有重要的现实意义。大直径铁路盾构隧道轨下结构采用全预制结构的工程案例及相关研究相对较少，分块全预制轨下结构在京张铁路清华园隧道中得到应用，清华园隧道设计时速 120 km/h，相关技术在城际铁路、高速铁路隧道中推广仍需进一步论证研究。而且，针对轨下结构整体式预制结构、考虑道床结构的轨下结构一体预制式相关技术研究尚不成熟。

图 4　铁路隧道轨下结构现浇作业

铁路山岭隧道（2007 年）和地铁盾构隧道（2016 年）中已大面积推广使用预埋接触网基础槽道，但现有运营铁路盾构隧道接触网基础预埋槽道均采用后植锚栓形式（图 5）。后植锚栓技术由于密集打孔，对混凝土管片造成不可逆的损伤，影响结构安全性和耐久性，对后期运维易形成隐患。采用接触网基础预埋技术是在管片制造中将槽道事先预埋在管片中(图6),后期设备安装直接固定到槽道上,无须再开孔。预埋基础技术使得盾构隧道内接触网安装快捷方便、降低成本、维护方便、节约工期,同时还避免了因后植打孔造成的管片结构损伤,推广极为迫切,是国铁集团重点关注及大力推进的重点技术。根据目前调研类似技术仅在南崇铁路留村隧道、汕汕铁路汕头湾海底隧道、广湛铁路湛江湾海底隧道、成自高铁锦绣隧道四座隧道在进行试验应用,均未经历运营检验,相关研究仍需进一步完善,缺少槽道的布置对管片自身结构受力、防水、耐久性的影响以及管片生产制作工艺对槽道耐久性影响的相关试验。

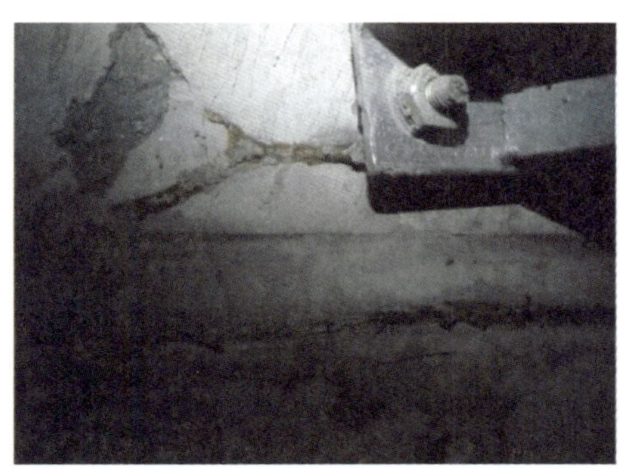

图 5　后植锚栓技术现场情况图

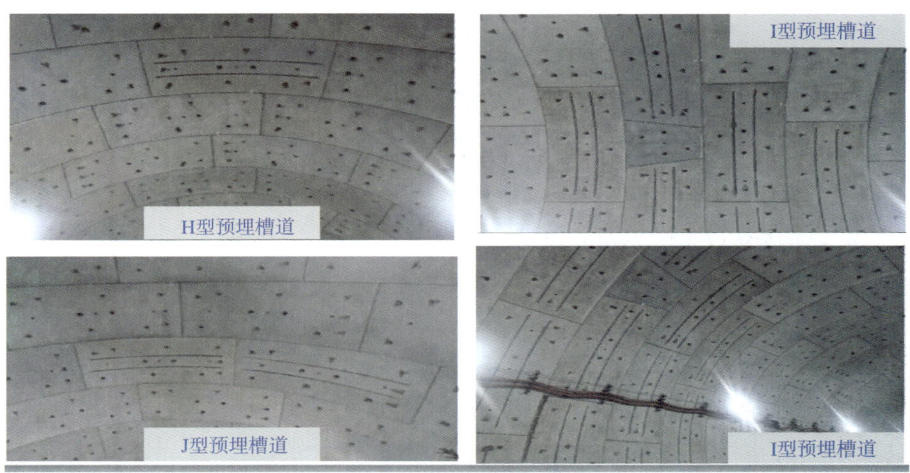

图 6　铁路盾构隧道预埋槽道

此外,随着预制装配化、机械化、智能化水平的发展,利用 BIM、数字孪生、人工智能、5G 通信、北斗导航等先进的信息化技术已成为铁路工程建设管理领域的重要课题。公司承担京津冀区域城际铁路盾构隧道总长约 40 km,开展城际铁路盾构隧道装配式智能建造技术研究,特别是实现城际铁路盾构隧道主体及内部结构装配集成化以及推广盾构隧道智能建造技术意义重大。

2.1.2 研究内容及方法

1. 研究内容

1)城际铁路盾构隧道接触网基础预埋技术研究

(1)结合轨道交通盾构管片槽道预埋技术应用及部分铁路盾构隧道接触网槽道预埋技术实践,系统开展城际铁路盾构隧道接触网槽道基础预埋方案设计,制定研究试验方案,明确相关试验项目、参数和试验计划。

(2)根据制定的试验方案,开展城际铁路盾构隧道接触网基础预埋槽道以及内嵌槽道管片结构力学性能及耐久性试验,进行应用性试验研究。

(3)研究城际铁路盾构隧道接触网预埋槽道的埋置方式及保护措施,比选试验采用槽道缝隙填塞法或槽道内置法。通过针对性设计,验证真空吸盘与带槽道管片的兼容性。

(4)系统总结城际铁路盾构隧道接触网预埋槽道管片生产制作工艺工装、过程控制技术要点,结合管片排布方式,通过掘进线形控制及强制定位方式确保预埋槽道管片拼装精准定位(图7)。

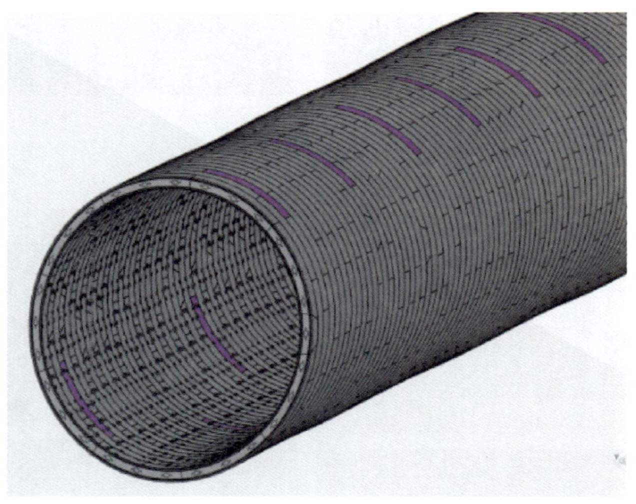

图7 预埋槽道管片精确定位

2)铁路盾构隧道轨下及内部附属结构集成装配式技术研究

(1)铁路盾构隧道装配式内部附属结构设计方案研究

调研现有装配式内部附属结构类型,分析各工程特点及其内部附属结构装配式设计方案,根据铁路盾构隧道装配式预埋接触网槽道及排水沟槽设计,联合设计院共同形成分体预制与整体预制设计与生产方案,根据工程适应性对方案可行性进行分析,形成最终设计方案。

(2)铁路盾构隧道装配式内部附属结构施工工艺研究

内部附属结构采用装配式设计后,研究与新型装配式内部附属结构在运输、抓取、拼装等工序相适应的新型工装。同时,联合设计院、铁建重工分析新型工装与装配式结构协同装配的新工序,对各个工序的施工流程与注意要点进行总结,形成施工新工艺。

(3)基于多自由度的轨下结构智能拼装控制系统研究

装配式轨下及内部附属结构的抓取机械臂的运动与控制为高阶、多变量、强耦合的控制系统。为实现多坐标系空间的多自由度移动与抓取控制,研究机械臂控制系统的解耦与LQR控制,对机械臂的速度控制、位置反馈、事件中断管理等进行设计与仿真。

(4)基于特征识别的装配构件智能识别与拼装技术研究

通过外部设备如射频识别(RFID)获取装配构件的尺寸、类别信息,同时由摄像设备获取构件的图形信息,经过数字信息提取与特征量识别、神经网络分类器训练最终可以通过图形信息直接得到装配构件的外形尺寸与位置信息,实现对装配构件智能化识别与定位。

(5)铁路盾构隧道轨下结构智能拼装工装研发

研发铁路盾构隧道装配式轨下及内部附属结构智能拼装工装,可实现对装配式构件的自动信息识别,自动抓取。融合智能监测系统,对拼装误差实现自动监测与反馈调整优化。通过研发智能拼装工装实现隧道轨下结构拼装的标准化、智慧化,加快施工进度。

3)铁路盾构隧道三维 BIM 智能设计技术研究

(1)考虑预埋槽道布置、管片环错缝拼装及封顶块空间位置需求,开展铁路盾构隧道主体工程智能化 BIM 装配设计技术研究。

(2)通过碰撞检查和设计优化等手段,避免钢筋、预埋件、孔道的空间干扰,开展盾构管片、轨下结构、洞室、洞门等结构的三维精细化 BIM 设计技术研究(图 8)。

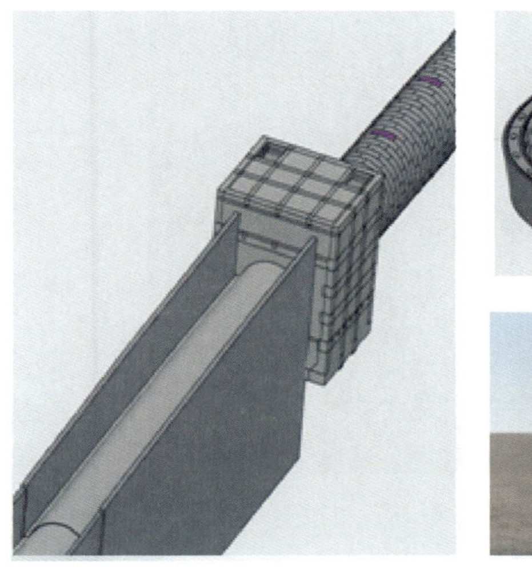

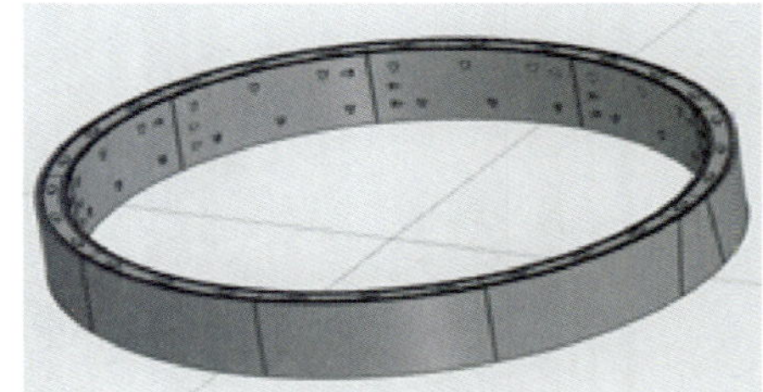

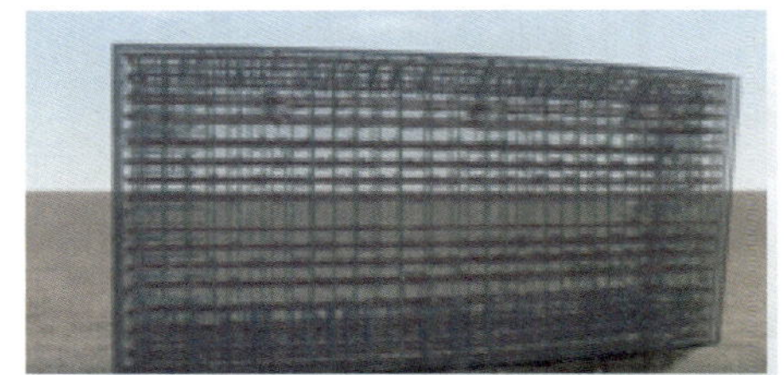

图 8　隧道主体及附属工程三维精细化 BIM

(3)基于统一中心数据库,开展四电、给排水、隧道、线路、轨道等多专业协同化三维 BIM 设计,避免传统二维设计流程的接口不畅问题。

4)铁路盾构隧道三维 BIM 智能化建造技术研究

(1)融合 BIM 和 GIS 手段,考虑三维数字化地形、地质条件,模拟施工过程中的重大或复杂工艺流程,研究铁路盾构隧道三维施工仿真技术(图 9),满足现场施工人员技术交底的要求,并优化施工工艺、提高施工质量,实现数字化建造。

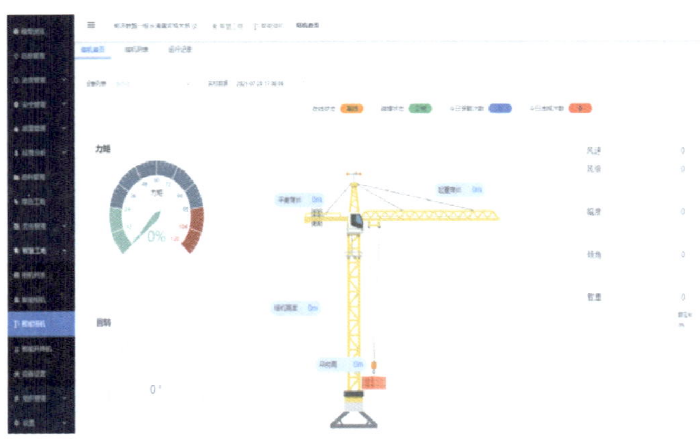

图 9　三维施工仿真技术

(2)融合 BIM 与三维激光扫描、摄影测量等逆向工程技术,开展预制管片外观自动化检测(图 10),避免传统的人眼观察和手工量测手段造成的随机误差。借助点云与 BIM 模型的拼接、配准等手段,开展管片环数字化预拼装技术研究,提高拼装检测精度、降低预制成本。

图 10　管片三维扫描

(3)考虑预埋槽道布置需求,研发管片环三维空间自动化排布算法。基于远程服务系统,开展铁路盾构隧道远程空间排布服务技术研究,实现与盾构机械设备的远程数据交互,达到实时预判后续管片环最优位姿的目标。

(4)基于微服务架构,开展融合三维数字孪生技术的铁路盾构隧道信息化建设管理技术研究,实现盾构隧道施工过程中进度、安全、质量的远程智能化管理。通过物联网技术、远程空间排布服务系统以及其他自动化加工、运输设备实现数字工地建设。

2. 关键技术

(1)铁路盾构隧道管片预埋接触网基础槽道智能建造技术。

(2)铁路盾构隧道轨下及内部附属结构集成装配式智能建造技术。

(3)铁路盾构隧道三维 BIM 智能设计关键技术。

(4)铁路盾构隧道三维 BIM 智能化建造关键技术。

2.1.3 研究方法

(1)技术调研:调研国内外先进技术,查阅相关研究文献,总结现有技术的优缺点,研究前沿技术,联合行内龙头公司、科研院所,邀请行业专家,对项目的难点问题进行研究和攻关,建立成熟完备的理论指导。

(2)理论分析:对技术调研中形成的理论进行分析。

(3)仿真模拟:基于附属结构装配式施工工装控制机理搭建数学模型优化控制效果,建立三维机械模型模拟工装的可完成性;基于 BIM 搭建隧道施工仿真模型,对施工预拼装进行预演。

(4)实验验证:根据理论设计与仿真模拟,试制符合要求的内嵌槽道管片及其他结构,搭建等比或缩比智能拼装平台对施工工艺进行验证。

(5)工程应用:经过实验验证后,通过数据分析进行优化改进应用于京津冀铁路工程。

2.1.4 结论与成果

1. 研究成果

本研究拟建立一套铁路盾构隧道全装配式设计、施工体系,通过在管片厂前置预埋接触网基础(槽道),实现接触网基础的集成装配式,并形成城际铁路盾构隧道预留接触网基础技术规程。通过轨下结构及附属结构全预制设计、施工,实现盾构隧道全预制装配式,彻底解决洞内湿作业带来的工效低、文明施工差、质量不可控等问题,形成一套轨下及附属结构装配式施工工法,并研制配套智能工装。通过利用 BIM、数字孪生、人工智能、5G 通信、北斗导航等先进的信息化技术提升铁路盾构隧道的建设水平、工程品质。主要成果有:

(1)着眼于铁路盾构隧道,形成可实现工厂全预制化、智能化,技术经济合理的装配式智能设计和建造技术方案。

(2)提出基于 BIM 的隧道主体及附属工程的精细化设计方法,对管片拼装进行预研,形成隧道的成型质量自动化检测方案。

(3)提出轨下结构及附属结构的智能同步拼装方案,形成轨下结构拼装施工工艺工法,研制同步拼装工装设备。

2. 推广应用

城际铁路盾构隧道装配式智能建造技术推动铁路盾构隧道向全装配式、智能化、绿色环保方向发展,满足铁路盾构隧道建设快速发展的需要,前景广阔。

轨下预制结构拼装设备实现跟进拼装,相比浇筑构件工效预计提高 30%以上;通过扩大盾构段构件全预制拼装技术应用范围,提高建筑构件的质量和工效,缩短工期;减少了现浇混凝土作业产生的噪声、振动、粉尘等,文明环保。

京张高铁清华园隧道工程首创轨下结构全预制装配体系,实现了中箱涵与边箱涵的预制施工。我公司承担京津冀区域城际铁路网建设任务，各项目预计盾构隧道总长约 40 km（津兴、京唐、京滨、城际联二期）。研究盾构隧道全装配式智能建造技术成果不仅能够直接运用于京津冀地区铁路盾构隧道项目中，同时对国内其他铁路工程建设也有参考意义。

课题编号：JJJ2022A01

课题类别：A

总体进度安排：2022 年 9 月～2024 年 8 月

参研单位：京津冀城际铁路投资有限公司、中铁十四局集团有限公司、中铁十二局集团有限公司、中国铁路设计集团有限公司

2.2 CRTSⅢ型板式无砟轨道施工过程中变形及质量控制措施研究

2.2.1 研究背景

CRTSⅢ型板式无砟轨道是我国拥有自主知识产权的一种新型无砟轨道结构，采用路桥隧轨道结构单元、轨道板与自密实混凝土形成复合板结构，结构组成如图1所示。该结构彻底取消了CRTSⅠ型板的凸台，CRTSⅡ型板的端刺限位方式，同时也取消了作为板下填充材料用的CA砂浆，改用自密实混凝土，改变了板式轨道的限位方式，扩展了板下填充层材料，优化了轨道结构，改善了轨道弹性，完善了设计理论体系。同时也简化了施工工艺，减少了对环境的污染，且工程造价相对较低。目前，针对CRTSⅢ型板式无砟轨道的应用研究工作已十分丰富，但通过调研分析和工程实践经验总结发现，CRTSⅢ型板式无砟轨道在施工现场的质量控制方面还缺乏相关指导。

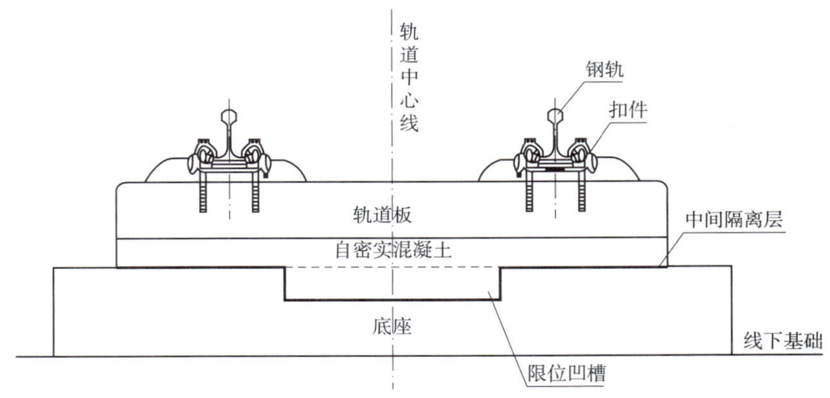

图1　CRTSⅢ型板式无砟轨道结构图示

CRTS Ⅲ型板式无砟轨道的施工工艺主要由底座施工、轨道板铺设定位、自密实混凝土施工、轨道板精调四大部分组成。由于底座板属于薄板混凝土结构，施工过程中极易出现裂纹缺陷，造成结构强度降低，如图2、图3所示。根据相关规定，自密实混凝土灌注后轨道板位置的允许偏差值应控制在2 mm以内，而自密实混凝土厚度的尺寸偏差应控制在10 mm以内。由于工程现场作业浇筑自密实混凝土时灌注高度和扣压装置刚度不是唯一确定值，轨道板上浮和侧移的真实变形量需大量精确计算和现场试验确定，自密实混凝土的灌注及缺陷如图4、图5所示。在灌注自密实混凝土之前，轨道板已经完成精调，过大的上浮和侧向变形都会使轨道板的定位发生变化，影响轨道板的精确定位，增大后期轨道板精调难度，甚至需要通过调整钢轨扣件或更换轨道板来满足其允许偏差。另外，轨道结构施工作业为线性工程，由于工期等原因，经常较多作业面同期施工，工人队伍技术水平差异较大，造成施工质量差异较大，特别是复杂交叉作业条件下影响更为明显。

图 2　底座板浇筑

图 3　底座板缺陷图示

图 4　自密实混凝土灌注及模板、扣压装置

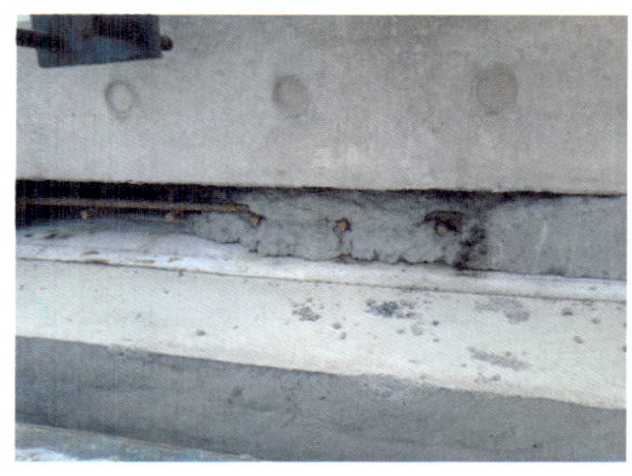

图 5　自密实混凝土层相关缺陷

目前，在 CRTSⅢ型板式无砟轨道施工工艺工装、关键工序施工质量控制方面已有相关现场施工研究。针对自密实混凝土填充层的研究主要集中在自密实混凝土材料、施工质量控制、轨道结构动力性能和层间离缝伤损方面。其中，为控制自密实混凝土灌注过程中轨道板上浮和侧向变形，从灌注工装研发、理论模型建立等方面，取得了较为丰富的研究成果。结合数字化、信息化技术发展，现场作业智能化装备技术，如轨道板变位实时监测、自密实混凝土运输过程中质量监测、轨道板精调装备等，都有一定程度发展，有效提高了施工质效。

随着高速铁路智能建造技术的发展，对 CTRS Ⅲ型板式无砟轨道标准化作业、信息化管理也提出了更高的要求。因此，为提高 CRTSⅢ型板式无砟轨道施工整体质量和水平，并利于后期运营维护，十分有必要对 CRTSⅢ型板式无砟轨道施工过程中变形及质量控制技术开展深入研究，为后续项目建设打下坚实基础，满足铁路建设高质量发展要求。

2.2.2 研究内容和关键技术

1. 研究内容

1)改进工艺工装，完善质量控制指标。

(1)研究分析不同温度、湿度等工况下底座板平整度、坡度、高程、凹槽及表面裂纹等质量缺陷产生的原因，总结底座板施工质量的主要控制因素，对底座板施工工装及工艺工法进行优化改进。

(2)研究分析自密实混凝土施工轨道板变形机制及自密实混凝土超耗的原因，数值模型如图 6 所示，总结轨道板变形及自密实混凝土超耗主要控制因素，提出不同温度、湿度等工况下定量控制指标，如流量、流速、自密实混凝土性能参数、灌注孔预留高度、灌注方式、自密实混凝土运输方式等控制标准。

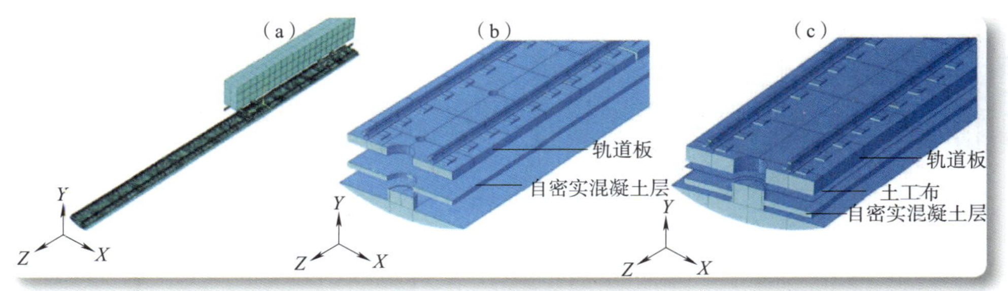

图 6　数值计算模型

(3)研究改进自密实混凝土灌注成套装置。通过对自密实混凝土灌注过程中上浮、侧移力进行监测，掌握其与灌注模板、扣压装置、防侧移装置等之间的位移关系，通过现场可靠性试验反复验证其合理性与实际效果，提出一套自密实混凝土灌注成套装置，如图 7 所示。

2)固化成功经验，流程管理标准化。

通过整理总结大量工程已采取成功经验，结合本次研究成果，从技术措施、装备配置、模板构件制作、操作流程等方面提出 CRTSⅢ型板式无砟轨道底座板、隔离层、自密实、轨道板、轨道精调等现场作业全过程标准化管理文件，提高系统施工质量水平和标准化管理水平。

图 7　自密实混凝土灌注装置

3)便捷式智能管控,信息化集成作业。

(1)集成自密实混凝土流量、流速、性能参数控制系统,轨道板变形便捷式监测系统,以及轨道板精调数据智能化采集分析系统等智控装备(图 8),建立信息化管控平台,实现施工过程质量管控,对施工过程中出现问题及时予以纠正调整,提高轨道板精度,减少后续精调工程量、调整扣件使用量等问题。

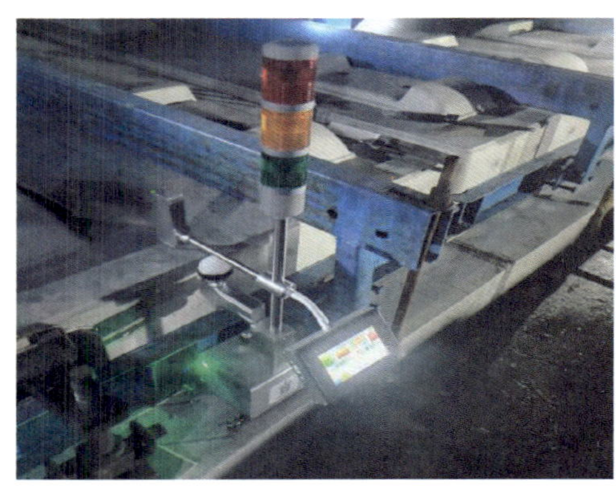

图 8　轨道板变形监测等智控装备

(2)充分利用信息化管控平台的系统数据指导后续整体精调工作方案,将轨道板调整扣件安装工作前置,减少后期轨道精调扣件更换量,降低施工成本,提高工作效率。

(3)信息化管控平台作为后期运营管理数据基础信息平台(图 9),为后续运维实现全寿命周期信息化管理打下数据基础。

2. 关键技术

(1)CRTSⅢ型轨道板变形规律分析有限元模型建立、参数合理性选取及数据分析技术。

通过建立合理可靠的有限元计算模型,选取合理参数,模拟分析 CRTSⅢ型板式无砟轨道在各种变形因素影响下的变形规律,分析主要影响因素和相关控制指标、标准等,结合试验验证模型合理性。

(2)CRTSⅢ型轨道板上浮与侧移动变形现场测试分析技术。

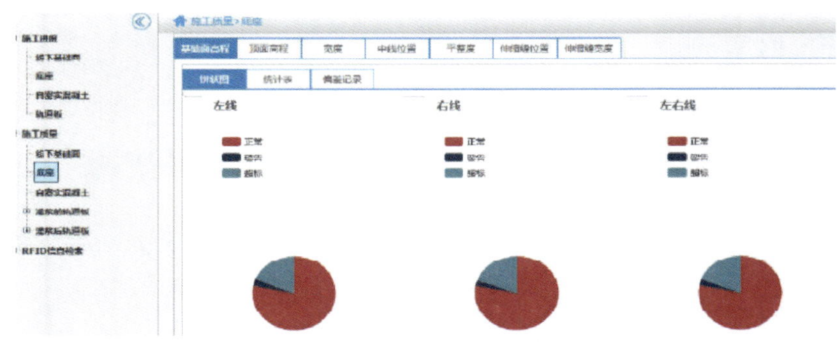

图 9　轨道结构信息管理平台

对自密实混凝土灌注过程中上浮、侧移力进行监测，掌握其与灌注模板、扣压装置、防侧移装置等之间的位移关系，提出一套自密实混凝土灌注成套装置。

(3)CRTSⅢ型板式无砟轨道智能化施工监测与分析系统技术研究。

集成施工控制系统、轨道板变形便捷式监测系统，以及轨道板精调数据智能化采集分析系统等智控装备，建立信息化管控平台，实现施工过程质量管控，对施工过程中出现问题及时予以纠正调整，提高轨道板精度，减少后续精调工程量、调整扣件使用量等问题。

(4)CRTSⅢ型板式无砟轨道施工工艺工法、全过程标准化管理文件研究。

提出 CRTSⅢ型板式无砟轨道底座板、隔离层、自密实混凝土、轨道板、轨道精调等现场作业全过程标准化工艺工法管理文件，提高系统施工质量水平和标准化管理水平。

2.2.3　课题成果和推广应用前景

1. 研究成果

(1)形成 CRTSⅢ型板式无砟轨道施工现状及存在问题研究报告，充分掌握 CRTSⅢ型板式无砟轨道建设现状。

(2)完善 CRTSⅢ型板式无砟轨道施工质量控制指标体系，研究改进 CRTSⅢ型板式无砟轨道施工工艺工法、工装设备。

(3)分析掌握 CRTSⅢ型板式无砟轨道施工智能化发展趋势，集成智能化施工作业手段，以数据化、信息化为基础，搭建信息化管理平台。

(4)形成 CRTSⅢ型板式无砟轨道施工作业全过程标准化管理文件，系统提高标准化管理水平和施工质量水平。

2. 推广应用

本研究形成的 CRTSⅢ型板式无砟轨道成套施工技术研究成果可应用于 CRTSⅢ型板式无砟轨道全过程现场施工控制，形成的整套现场作业全过程标准化管理文件，可在后续建设项目中得到充分运用，对全路无砟轨道现场施工质量提升、施工成本控制也将带来显著效益；研究形成的新型轨道板防变形控制工装及精调作业控制技术可实际解决目前 CRTSⅢ型轨道板由于上浮和侧移变形过大导致的轨道板扣件或轨道板频繁更换问题，具有广泛的应用前景，社会效益显著。研究成果的应用预计将降低底座板裂纹质量缺陷率 20%、降低自密实混凝土质量缺陷率 20%、降低自密实混凝土超耗量 15%、减少调整扣件使用量 30%、轨道板形位超限率降低 50%。

课题编号:JJJ2022A02

课题类别:A

总体进度安排:2022 年 9 月～2023 年 8 月

参研单位:京津冀城际铁路投资有限公司、中铁四局集团有限公司、中南大学、中国铁路设计集团有限公司

2.3 “四电”工程管理标准化研究

2.3.1 研究背景

目前国内高铁建设代表世界领先水平，“四电”工程作为高铁建设中一个重要组成部分，存在与站前专业接口多、受制约条件多、工期压力大、系统调试技术复杂等问题。同时已有的“四电”工程建设管理文件未能从全生命周期角度较系统地规范“四电”工程建设管理，造成“四电”建设管理者在关键节点对现场人员、接口、工艺及进度等未形成检查抓手和统筹管理切入点。

建设轨道上的京津冀，打造“智能、绿色、创新、融合”的智能建造技术体系。其中规范和提高“四电”工程管理标准化，研究“四电”工程管理标准化系统性应用，实现“四电”工程整体化、标准化、信息化和专业化是重中之重。“四电”工程从材料自动化预配加工，到现场智能化安装的工厂化、机械化、自动化和智能化可以提升建设工程品质、促进铁路工程项目一体化管理，强化站前、站后协同管理。

目前，高速铁路“四电”工程建设管理面临以下问题：一是高速铁路站前、站后接口涉及专业繁多且抽象化，设计总体协调性低；二是与土建工程相比，“四电”工程具有很强的专业性和系统性。信息化、智能化应用和集成程度要求很高，还存在系统更新迭代快，软硬件非标产品多，知识产权含量高，从业人员专业性强，相对人数少等问题；三是各“四电”集成商虽然有着成熟的管理体系，但是无统一的工程管理标准。

在此背景下，研究“四电”工程管理标准化具有重要的现实意义，可有效解决上述存在问题。但目前国内“四电”工程智能建造技术百花齐放，尚未形成统一的标准，因此，本课题针对上述现象，提出智能建造中心建设标准化，以标准化的管理方法，通过“三减两降一提升”，即：“减少多余工序、减少工作面闲置、减少资源浪费，降低质量风险、降低建造成本，提升工程品质”。实现以智慧工地系统为核心，通过数字建造中心工厂化智能装配，辐射周边区域内铁路建设项目，优化区间线路的“四电”设备安装、调试和应用，达到科学组织、优化设计和提高效率的目的。

2.3.2 研究内容和方法

1. 研究内容

(1)“四电”工程定位和相互关系研究。对“四电”系统共同特点进行研究，系统分析“四电”系统的结构，便于项目管理人员、项目实施人员更快地掌握“四电”系统的宏观架构，提升“四电”工程者的标准化管理水平。通过研究“四电”系统的功能、特点、结构，使管理人员更容易理解复杂的“四电”系统结构，便于上手，提升管理效率。信号系统基本构成如图1所示。

(2)过程控制标准化研究。对“四电”工程全生命周期内标准化管理手段和服务要点进行研究。分别包括对施工图设计核对、现场调查等设计管理要求；工程技术交底、技术规格书审查与物资招标、开工报告、进场施工等施工安装标准化要求；设备单体调试、子系统调试、网优测试、系统集成试验、列控数据管理、软件编制及仿真试验、接入既有线、接入既有调

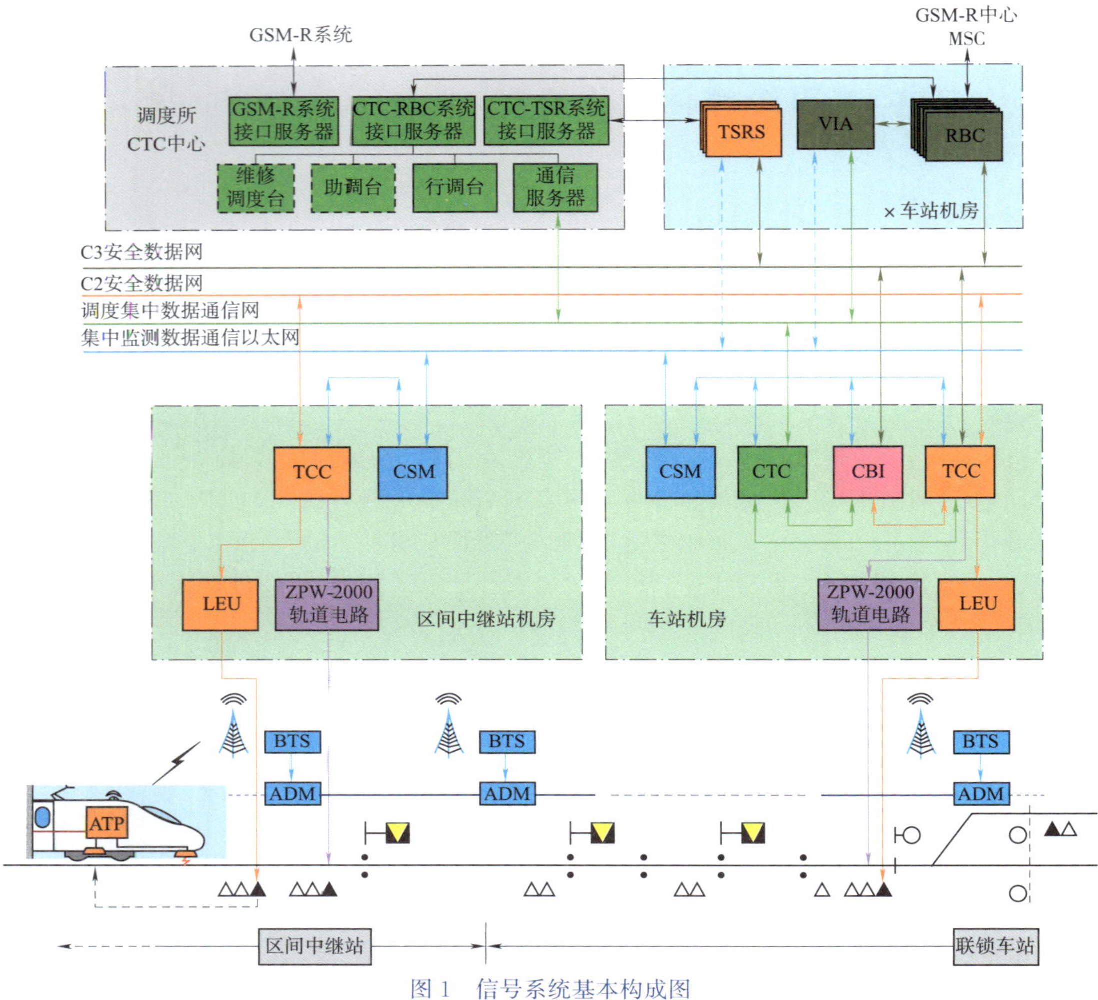

图 1 信号系统基本构成图

度系统等系统调试标准化要求；静态验收、动态验收、达标评定、安全评估、试运行、缺陷责任期等验收交接标准化要求。

(3)接口管理标准化研究。对"四电"工程接口设计、条件、预留工程进行研究。主要包括土建接口预留条件研究、"四电"接口关系研究、接口设计细化研究以及站场接口一体化集成设计研究，该项研究可减少差错漏碰等问题发生。图 2 为电缆槽电缆敷设示意图，图 3 为变电所 BIM 建模细部设计图。

(4)实体工程质量管控标准化研究。对"四电"工程管理标准化体系重点研究。主要包括柜内标准化要求("四电"设备布局、线缆、标识、接地、配线、连接等)、室内标准化要求(设备室内布局、设备安装、上下走线等)、院内标准化要求("四电"站房场坪、院墙、院内排水、平面布局、标识标语、铁塔组立、视频杆安装等)、区间线路标准化要求(光电缆线路敷设、防护、接续、引入成端，漏缆敷设、隧道内直放站、接触网槽道安装等)；轨旁设备安装标准化要求(信号箱盒、信号机、标志牌、补偿电容、钢轨引接线等)。

(5)研究智能建造中心标准化。对数字智能建造中心标准化进行研究，以智能化装配、

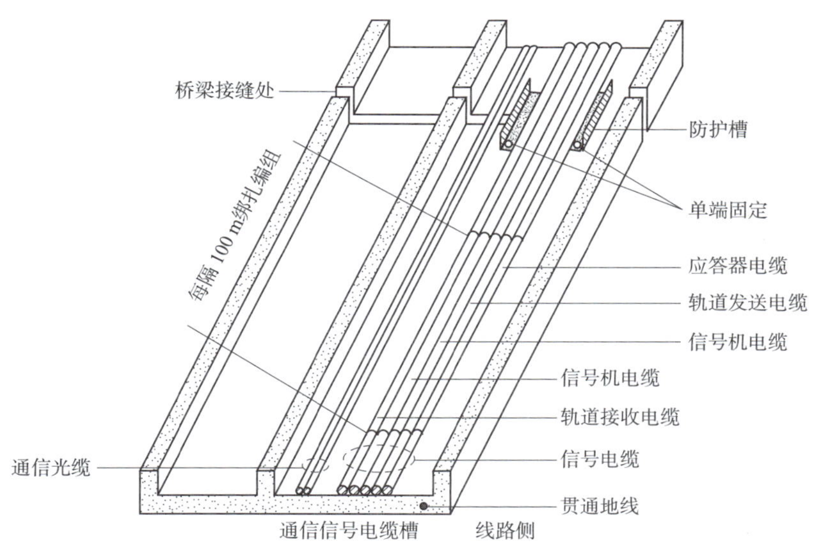

图 2　电缆槽电缆敷设示意图

图 3　变电所 BIM 建模细部设计图

预配为核心，兼容设备生产工厂化、仓储、工艺展示培训、安全培训、信息化管理等内容，制定统一的管理标准。智能建造中心立体模型如图 4 所示。

2. 研究方法

(1)调查国内高铁项目“四电”工程建设管理经验。分析既有的“四电”建设管理过程中存在的问题，研究“四电”工程定位和相互关系、过程控制标准化、接口管理标准化、实体工程质量管控标准化、智能建造中心标准化等内容。

(2)专家评审：根据调查成果，编制“四电”工程建设管理标准化研究指南，聘请业内知名专家共同会审，力争做到课题研究深、立意广，并处于国内行业领先。

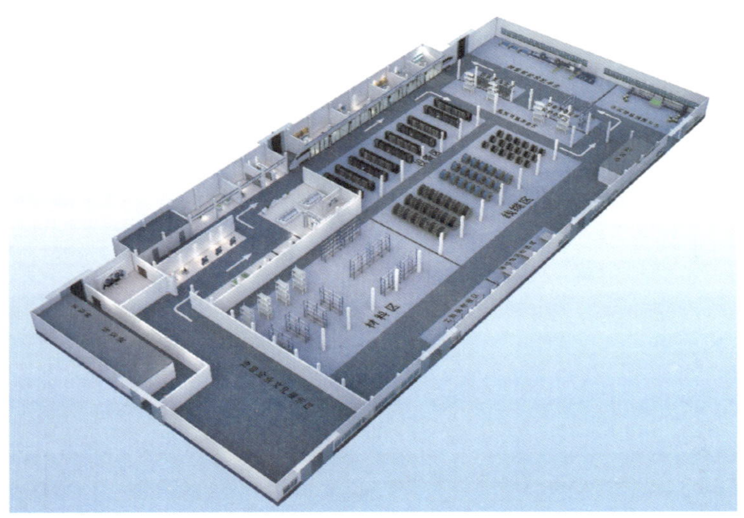

图 4　智能建造中心立体模型图

(3)工程应用:经过专家评审后,通过大数据分析进行优化改进并应用于京津冀铁路等类似工程当中。

(4)成果整理:整理并总结相关技术报告,撰写论文,形成“四电”工程管理标准化指南等成果。

2.3.3　课题成果和推广应用

(1)接口管理技术:本技术从设计层面对设计文件、施工方案、审批流程等进行严格把控;从作业层面对征地拆迁、空间预留、安全接地、线缆敷设、设备安装等进行仔细梳理;从预留层面对工程预留、材料设备预留、移交验收等进行具体阐述。

(2)实体工程质量管控技术:本技术重点从柜内标准化、室内标准化、院内标准化、区间标准化、调试标准化等方面,对标准化检查方式、检查要素、要素详情等方面进行全周期、全方位、逐层、逐项地分析,建立一套“四电”工程施工质量检查的技术方法。图 5 和图 6 为电缆夹层高压电缆敷设模拟和实景对比图。

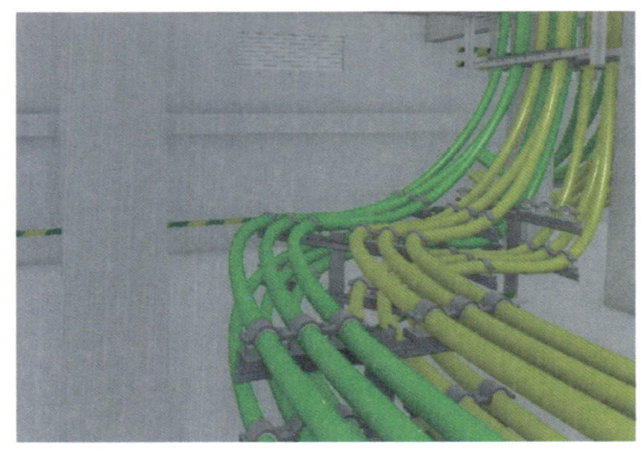

图 5　电缆夹层高压电缆敷设模拟图

图 6　电缆夹层高压电缆敷设实景图

(3)智能化装配预配关键技术:本技术将原先需要在现场完成的部分施工量,关口后移在智能建造中心提前预配完成,通过插接化工艺、重塑施工工序等方法,保证工艺质量水平和施工安全,减少现场施工的用工人数和缩小施工工期。研究"四电"工程管理标准化,提升管理水平、提高管理效率,为未来铁路"四电"工程标准化、工厂化、集约化、智能化建设打下基础。推动铁路"四电"工程向装配式、智能化、绿色环保方向发展。

课题编号:JJJ2022B01

课题类别:B

总体进度安排:2022 年 9 月～2023 年 8 月

参研单位:京津冀城际铁路投资有限公司、中国铁建电气化局集团有限公司、北京全路通信信号研究设计院集团有限公司、通号工程局集团有限公司

2.4 铁路中小型站房能源管控系统关键技术研究

2.4.1 研究背景

随着我国铁路建设的飞速发展，以铁路中小型站房为代表的铁路建筑能耗量日渐上升，加强铁路中小型站房能耗控制管理，降低运营成本，促进铁路科学发展，适应国家发展低碳经济要求的任务十分迫切。

铁路中小型站房涉及照明、空调、电梯等多种用能设备，其能源管理具有一定的复杂性和特殊性。铁路中小型站房能源管控是结合铁路自身运输特点、基于办公及生产建筑能源管控技术的一种综合性节能管控技术。针对铁路能源管理国内外对此开展了大量研究。2015 年之前，能源管理在铁路站房中仅仅是简单应用，能源管理系统与建筑设备监控系统分别独立运行，能源管理系统负责抄表及能耗分析，建筑设备监控系统负责对机电设备进行监控，设备运行与能耗分析间未形成闭环联动。近年来，国外对铁路客运站能源管理系统研究集中于各机电控制系统的融合，提出了分布式综合能源管控系统，该系统能够将不同制造商的设备集成到标准和协议开放统一的管理系统中，结合峰谷电价特点推导系统最佳运行参数，以最大限度地减少建筑的能源运营成本；此外针对铁路客运空调暖通设备，该系统能够基于成本和节能生成最优的节能策略，取得约 25% 节能效果。

近年来，国内铁路大型客站能源管理系统研究应用逐步展开，中小型站房能源管控系统目前研究较少。京张铁路站房应用了基于 BAS 的能源管理系统，该系统对能源管理和建筑设备监控系统进行完善及优化，增强了能源管理分析结果对 BAS 的控制功能。国铁集团在近期的站房批复中，对大于 2 万 m^2 的站房均要求设置能源管理系统，小于 2 万 m^2 的站房可不设置能源管理系统。且能源管理系统仅设置用电管理。上海虹桥站能源管理系统如图 1 所示。

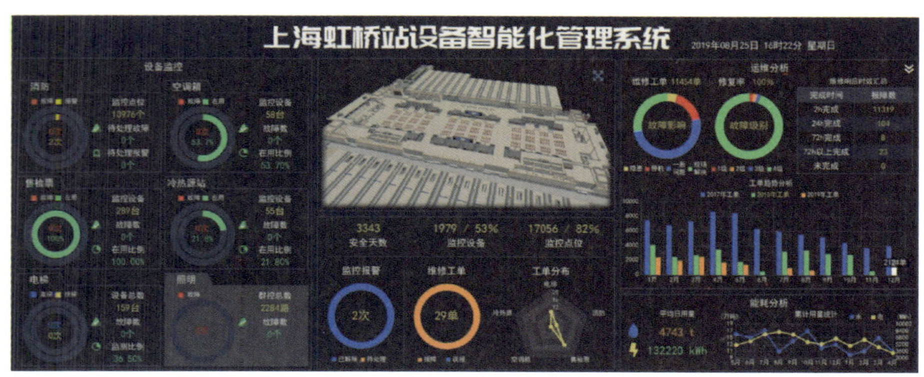

图 1　上海虹桥站能源管理系统

目前，由于对中小站房关注程度不足、应用研究不多，其能源管理方面存在很多问题：

(1)机电设备种类繁多，缺乏配套技术手段对分散而复杂的用能设备设施进行及时有效的管理。

(2)缺乏对用能设备的监测;缺乏用能细节数据,对于能源消耗过程细节不明。

(3)能源管理数字化、集成化水平不高,信息孤岛现象较为普遍。

(4)现有的节能策略没有和车站运输、生产结构相结合,未充分考虑车站实际的客运需求情况。

(5)能源运行管理手段滞后,缺乏经验丰富的运行管理人员;对机电设备的管控主要依据运行管理经验或提前设定的控制操作表,缺乏灵活性和针对性,无法根据实时的环境参数和设施功能需求做出相应的管控调整,从而导致制冷系统冷量供应不均、照明控制过于粗放等能源浪费问题。

随着国家"碳达峰、碳中和"等政策实施,对提高铁路站房能源管理、节能降耗水平都提出了更高要求。在保证车站安全可靠运行、旅客乘车舒适度不受影响的前提下,完善、提高站房能源管控水平,对降低车站整体用能总量和提高能效、减少碳排放意义重大。

2.4.2 研究内容和方法

1. 研究内容

铁路中小型站房能源管控系统通过融合水、电、暖等能耗子系统,实现对能源消耗的精细化管理,包括站房能耗的实时监控、能耗分析、报警提示等功能,同时结合运输生产实际制定机电设备优化运行策略,帮助站房运行管理单位制定科学合理的考核、评价管理制度,提高站房能源管理的数字化和智能化水平,实现节能降耗、降本增效。具体能源管控系统结构如图 2 所示。

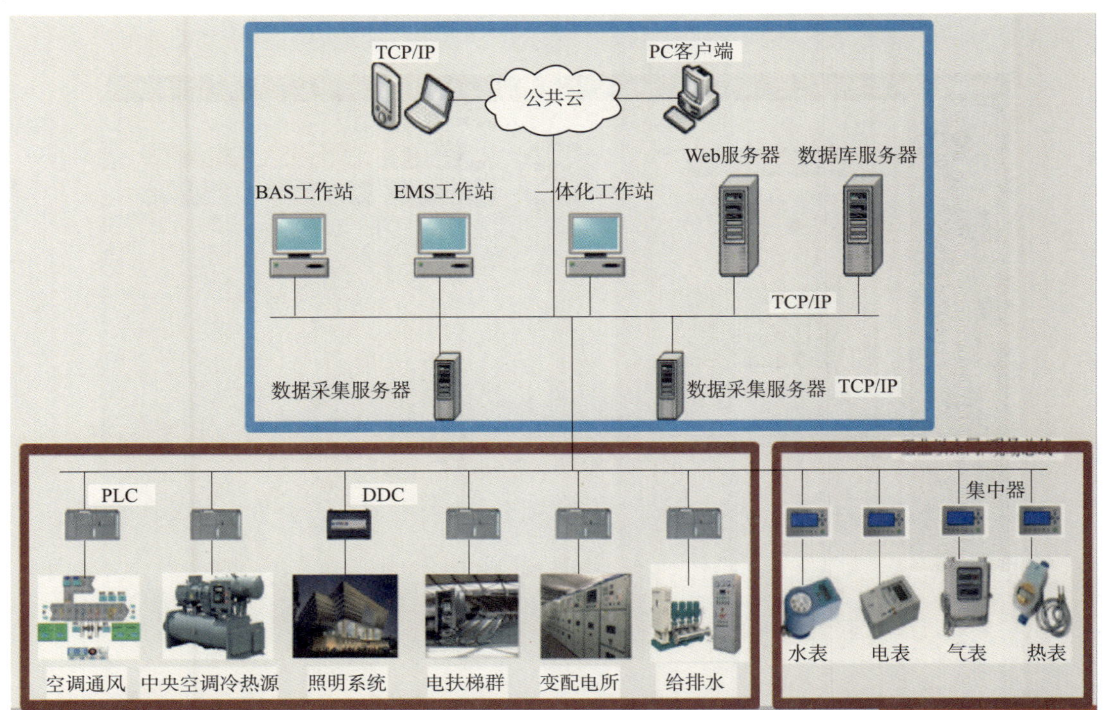

图 2　能源管控系统结构图

通过对京津冀区域内相关客站能源系统实施情况调研，依托京唐铁路宝坻站能源管控系统的实施、运行数据收集及效果分析评价等，重点研究如下内容：

（1）研究与中小型站房运输、生产结构特点匹配的能源管控系统设置方案及优化控制策略，使机电设备系统实现预期节能目标和效果。图 3 为能源管理系统组成界面。

（2）研究能源系统主站管理小站相关模式方案，利用外部通道将小站的 BAS 系统等数据上传至主站，并根据运营需要实现远程监控功能，提供降本增效条件，具体能源系统模型如图 4 所示。

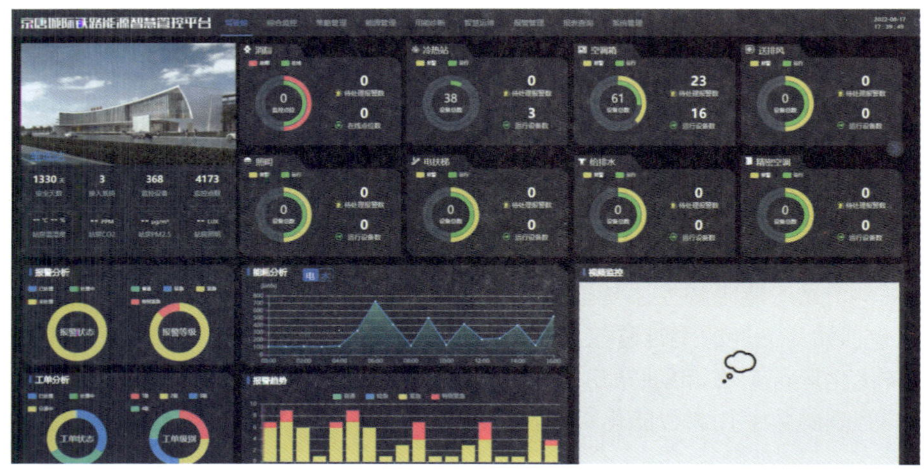

（a）能源管理系统主界面

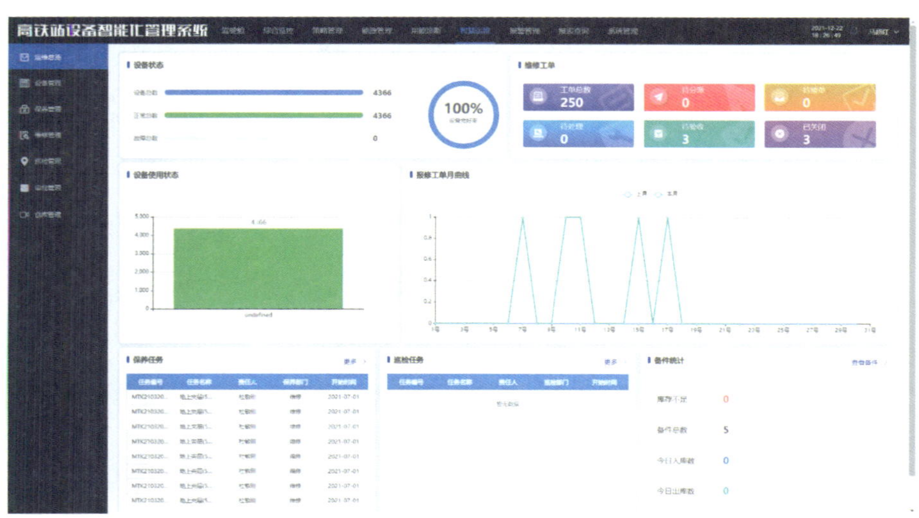

（b）能源系统统计分析界面

图 3

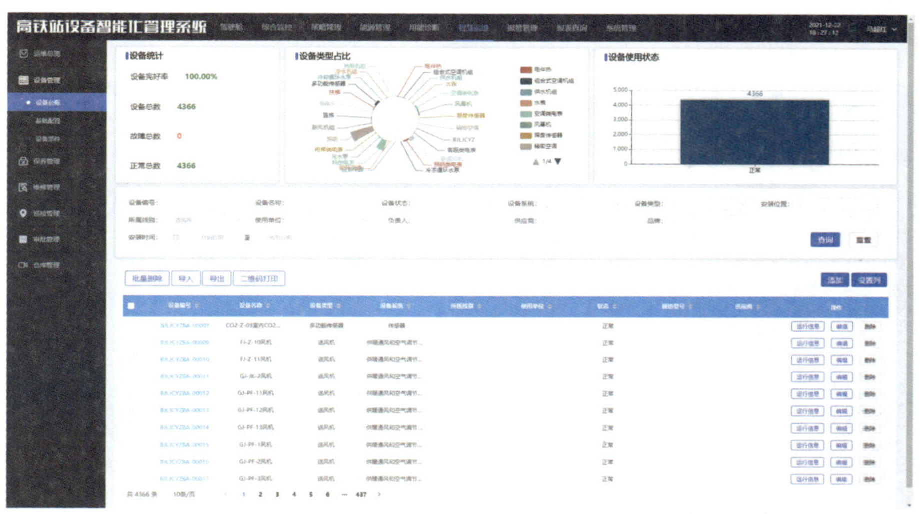

（c）能源系统设备统计界面

图 3　能源管理系统组成界面

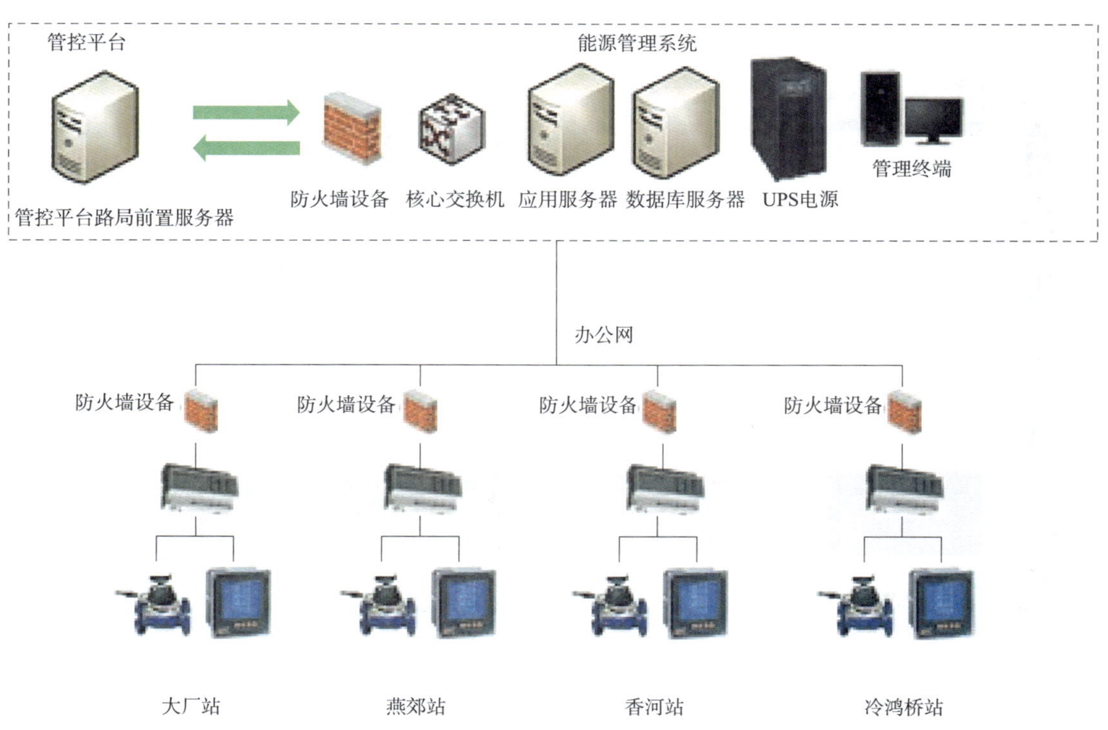

图 4　能源管理大站带小站结构示意图

(3)研究基于用户单位、生产结构的分类计量模式,具体分类计量模式如图 5 所示,为暖通系统管理示意界面。

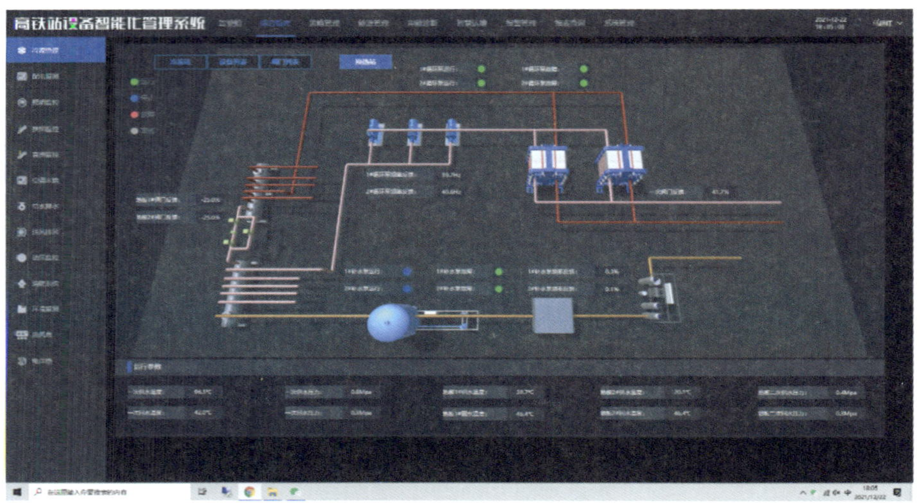

图 5　暖通系统管理示意界面

(4)研究建立与站房实际运输生产情况适应的能耗基准线,如图 6 所示为能耗分析示意界面。

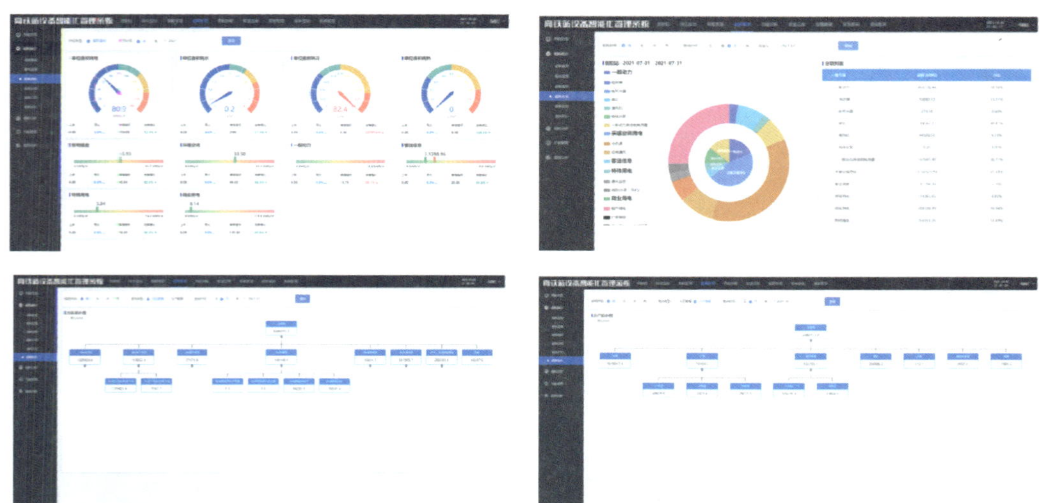

图 6　能管系统能耗统计分析界面

(5)研究完善中小型车站能源考核和评价体系,及相关运营维护管理方案。

2. 关键技术

(1)采用基于 BIM 的信息化管理技术,对车站的用水、用电、用热、用气情况全面管理。节能诊断及用能建议界面如图 7 所示。

(2)能源系统管理终端采用边缘计算技术,提高系统整体效率及管控效果。

(3)通过大数据挖掘技术实现能源管控策略与中小站房运输、生产结构紧密结合,实现系统持续优化。

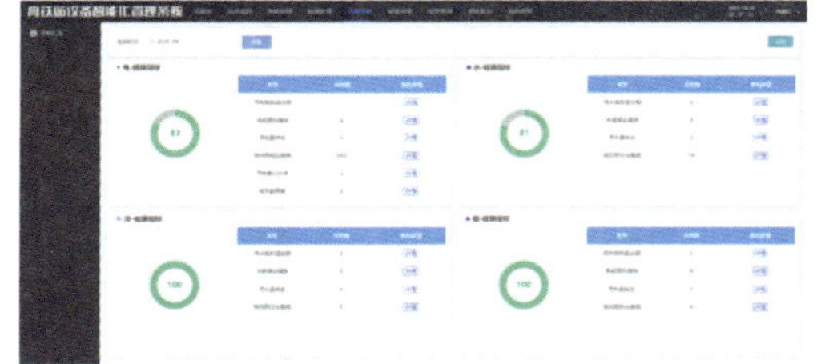

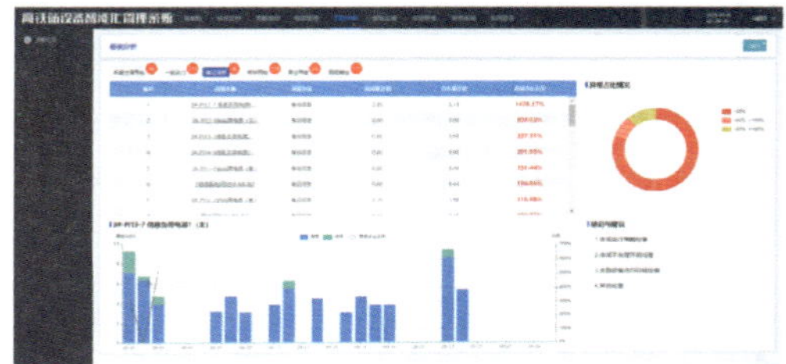

图 7　节能诊断及用能建议界面

3. 研究方法

(1)技术调研及案例研究:调研京津冀区域内相关站房能源系统运行情况,查阅相关研究文献,研究现有方案的优缺点,邀请业内专家,对项目的重难点问题进行指导研究。

(2)工程应用分析:归纳整理宝坻站相关运行数据,通过数据分析对系统构建、控制策略进行改进。

(3)建研结合、建维结合:根据理论设计与现场实施情况,发挥课题团队专业优势,将建设与研究、建设与运维充分结合,构建中小站房能源系统实施方案及维护方案。

(4)总结整理:整理并总结过程技术细节,形成报告。

2.4.3　研究成果及推广应用

1. 研究成果

本研究拟在铁路中小站房能源管控系统设置及运行维护管理制度两方面开拓创新,形成适用于中小站房与生产运输结构相适应的系统构建方案及运维管理建议方案,主要成果有:

提出基于中小型站房运输生产情况的能源消耗基准线;

提出中小型站房能源管控优化策略;

形成中小型站房能源管控系统设置方案报告;

完善中小型车站能源考核和评价体系并提出相关运营维护管理方案。

2. 推广应用

通过对车站耗能设备的有效管控,预计可节能 15%左右,将对打造绿色、环保、智能的铁路客站提供有力支撑,同时,随着节能宏观政策要求逐步深化和落地实施,中小站房能源管控需求前景非常广阔。

本次研究成果不仅能指导公司后续项目站房能源系统应用,同时对国内其他铁路同类工程建设也具有重要参考意义。

课题编号:JJJ2022B02

课题类别:B

总体进度安排:2022 年 9 月～2024 年 4 月

参研单位:京津冀城际铁路投资有限公司、中国铁路北京局集团有限公司、中铁工程设计咨询集团有限公司、中铁四局集团有限公司

2.5 基于BIM技术的智能预制厂研究

2.5.1 研究背景

我国铁路“十四五”发展规划明确将智能建造列入重点公关方向，加快构建安全高效、自主可控、智能绿色、系统完备的铁路技术装备体系，优化技术装备结构配置，提升技术装备智能化、数字化、轻量化及产业链现代化水平。当前，在以创新发展为时代主旋律的背景下，BIM技术的发展将为实现铁路现代化、建设智能铁路提供更广阔的发展空间、更深沉的发展动力。对于基于BIM技术的智能建造，装配式建筑是最易实现的路径，重点在于通用性(标准件、标准流程)，以迭代保证产品的生命力；探索建立专业人员借助智能工具管理工地的新型生产方式，比如现场无人操作、智能施工机械操作及远程控制等施工组织和管理模式，智能管理可作为突破口，重在思维方式的创新；针对当前施工智能化应用缺少系统性的实际情况，把应用上的工序衔接，产品之间的兼容、交互放在第一位；对于预制构件不同场景的适应性、施工使用上的连续性和分部工程工序间的通用性，是智能预制工厂研究的重要方向。通常情况来看，预制场及生产线机器设备生命周期较铁路建设的周期长，满足供应需求后必将拆除，不能充分利用其生命周期内的产能，造成较大的资源浪费。而小型构件，如U形槽、电缆槽、站台、围栏等铁路其他预制构件，多采用小作坊式的生产，缺乏综合性、实用性智能装配预制厂规划布局的统筹指导和示范，存在无相应标准且不成规模的缺点，其质量得不到保证。

本课题采用整合各类预制构件生产线、工艺改进以及智能化技术应用等方法以提高生产效率，将BIM技术应用在项目预制场管片、轨道板、轨枕、小型构件等的设计、生产、运输等过程，能够使施工成本减少、机械化程度提高、工期缩短、能源和材料消耗降低，从而有利于项目实现经济效益最大化。区域化预制场布置除了考虑单条线路需求及预存量、施组安排、施工条件、料源等因素以外，还应充分考虑新土地政策、运输条件(如既有货运线路运输能力)以及预制厂生产能力与供应范围内多条线路的需求量、需求时间节点的匹配性因素等，宜组织工厂化、规模化生产，大力推广工厂化、专业化、信息化。因此，基于BIM技术的智能预制场研究已成为铁路建设过程中的一个重点研究课题。

2.5.2 研究内容和方法

1. 研究内容

(1)数字化设计

以BIM等数字化设计技术为手段、以在三维空间建立的单一的数字化信息模型为媒介，打通装配式铁路工程设计、加工、装配、运维的全生命周期数据渠道，从而满足铁路工程对安全、质量、效率的技术需求，为预制装配式铁路数字化生产、智慧化工地建设提供精准高效的数据保障。

①研究装配式铁路工程构件的全生命周期数据传递模式。

研究全生命周期各阶段数据输入与输出的内容、形式、对象，面向数字化生产和智慧化工地建设目标，梳理各阶段数据传递流程，形成一个以装配式构件全过程管理为目标的数据传递模式。结合我国铁路特点给出详细的设计思路和实现方法，为铁路基础设施全生命周期数据传递奠定技术基础。

②钢筋混凝土预制构件精细化 BIM 设计技术研究。

综合应用已有 BIM 软件并结合 BIM 软件二次开发等手段，对复杂构造节点、预留孔道位置、预埋件位置进行三维精细化设计，生成满足加工制造与现场装配需求的二维图纸与工程数量。BIM 设计技术的应用在钢筋混凝土预制构件工程中可有效提升数据利用效率，减小工程量计算的难度，且能够辅助制定工程方案。

③装配式构件设计优化研究。

针对预制构件三维精细化设计交付的 BIM 模型，从多个角度对装配式构件设计进行完善，达到工程建设中的最大化综合效益。面对现行装配式构件设计的不足，需要对该设计进行足够的重视，建立装配式构件设计体系，规范装配式构件设计流程，实现工程成本的有效降低，保证科学、可行和合理的构件设计，具体表现为可以三维直观可视化检查、碰撞检测、模型合规性检测等多种方法提前发现设计缺陷，避免生产返工和资源浪费。

④装配式铁路工程 BIM 设计交付技术研究。

考虑铁路工程信息化建设管理平台、信息化运营维护平台的数据需求，研究 BIM 设计成果交付技术，预留数据接口，实现多阶段数据无缝衔接。在装配式铁路工程深化设计阶段充分考虑其生产需求，使 BIM 设计信息模型更贴合工程情况。此外，通过对工程需求信息的深度提取，实现装配式铁路工程 BIM 设计的有效交付。

(2)智能化生产

基于产品 BIM 设计的三维模型，通过数据转换系统，直接将图纸应用于产品智能化的生产，减少人工读图的过程；整合目前管片生产先进的自动化生产技术，研发智能化生产装备，打造产品智能化生产线，以提高自动化水平、提升生产效率、提高产品质量、降低生产人员使用量、减低安全隐患，如图 1 所示。

图 1　基于生产控制，建立管片生产数字化车间

①研发智能化单机，实现预制构件(管片、轨道板、双块式轨枕)生产的无人化、少人化操作，缩短工作节拍、提高生产效率。

②研发模具生产线流转自动化单机，实现不同预制构件生产线的现场柔性安装，提高工程建设效率，如图 2 所示。

图 2 智能分区控制养护窑

③研发预制构件模具自动定位系统，优化模具附属结构并配备 RFID（射频识别）标签，实现模具与生产线的实时交互，实现模具的自动定位及生产的可追溯性。

④建立重载 AGV 状态监测系统和与生产线联动的多 AGV 调度系统，如图 3 所示。

图 3 AGV 运载机器人

⑤小构件智能化生产。在小构件智能养护单元的基础上，建立小构件智能生产控制系统，辅以智能清理喷涂设备、智能摆模设备、智能翻转设备等自动化、智能化设备，实现小构件智能生产。

（3）智慧化工地

聚焦工程施工现场，围绕“人 、机、料、法、环”以突出“人”的关键要素。基于 BIM 技术，建立智能预制场信息化管理系统与一体化数字看板，全面覆盖设计、施工、仓储、物流等全过程管理，从而实现一站式综合呈现预制构件生产的进度、质量、安全等各类信息。为预制产品全生命周期管理系统提供有效的数据支撑，如图 4 所示。

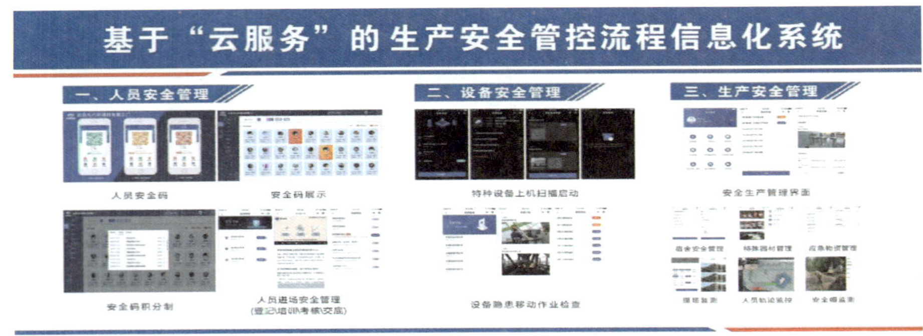

图 4　信息化管理系统

①设备管理：基于 BIM 技术建立设备三维模型，形成设备地图模块、设备健康检测模块、设备能耗监控模块等，并和控制中心对接，实现设备定位、设备监测为一体，提高设备使用寿命，增加设备维修效率。

②物料管理：采用智能物料管理系统，解决场区物资进料环节中出现的各种问题，采用信息化手段对地材、钢材等计重物资收料进行规范化、可视化、可追溯的管理方式。

③工艺管理：基于设计院提供的 BIM 设计模型，自动读取预制构件产品三维设计图，转化为二维图纸和三维可视化施工图，并进行混凝土、钢筋等材料的工程量自动计算。钢筋工程可直接根据三维模型进行下料。

④进度管理：研究分多级权限，由高级权限向次级权限逐层发布任务，底层权限执行完毕后，逐级反馈至高级权限，使进度管理闭合成环。

⑤安全管理：从人机安全定位、电子围栏示警、安全装备识别、安全隐患管理逐级处理等多方面展开研究。

⑥质量管理：对接流水线中央控制系统，实现预制场基础数据库的大数据可视化效果。

⑦成品管理：研究自动化成品养护、存放、发运等，构件自动化、智能存放场。

⑧文件管理：通过平台对设计、生产资料、数据档案进行管理；规范预制场数字化建设工作，同时平台可自动生成部分检验批、合格证等出厂验收资料。

⑨人员管理：包含人员信息管理、人员考勤管理、人员培训管理和人员绩效管理，通过人力资源管理软件、制定人员考勤培训管理制度，实现智能预制场人员管理的高效性。

⑩物流管理：建立车辆智能管理调度系统，实现物料运输车辆、场区内转运车辆、成品运输车辆和办公车辆的分级调度管理。

⑪基础设施(路灯)管理：以智慧灯杆、智慧路贴为核心载体，实现对路灯的远程集中控制与管理，高度集成高清视频显示器、可变信息屏、Wi-Fi 服务、环境检测仪及物联网中继设备实现设备集约化管理、道路全息感知、道路险情预警、智能执法取证、智能定向诱导、环境监测评估和交通控制、泛在互联、车流量自动调节亮度、远程照明控制、故障主动报警、灯具线缆防盗、远程抄表等功能等多元化功能，在此基础上寻求场区其他基础设施，如配电箱等

的智能化数字化管理，大幅节省电力资源，提升公共照明管理水平，节省维护成本。

⑫扬尘监测系统：利用扬尘监测系统，实现场区扬尘监测，对接至中央控制系统，实现数据可视化，并增加预警功能，当扬尘数值超过既定指标时进行预警。

(4)区域化布局

在国家碳中和、碳达峰、集约节约用地政策背景下，结合铁路建设项目规划，探索铁路建设项目密集区域预制构件场集中布局可行性，充分发挥铁路预制工厂生命周期内产能，减少大型临时工程建设、拆除、复垦对土地、环境资源的扰动和浪费，降低铁路建设成本。

①区域化铁路预制工厂总体布局模式研究。结合区域内铁路建设项目规划，研究区域内用地政策以及预制构件需求量、供应能力、运输条件等关键指标，研究区域化预制工厂用地模式、布局原则、布局模式，优化既有铁路临时工程设计理念，如图 5 所示。

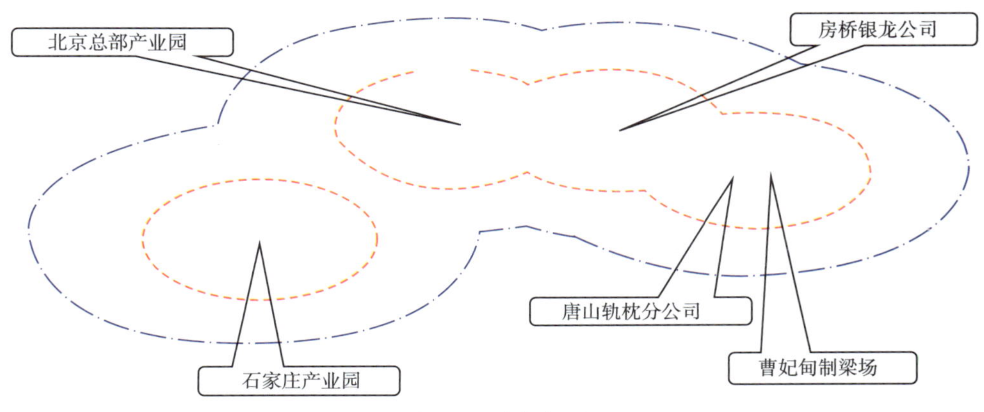

图 5　区域化布局

②铁路预制构件运输模式研究。通过有效利用我国既有运输网络和站点，充分发挥铁路运输的低碳、成本优势，降低公路运输比重，探索铁路预制构件采用公路＋铁路运输模式，构建预制构件运输模型。

③区域化铁路预制工厂布局模式经济性研究。建立铁路预制工厂成本分析模型，对比既有临时工程模式预制工厂与永临结合模式区域化预制工厂的经济性，为设计方案比选提供依据。

2. 研究方法

(1)技术调研：调研国内外先进技术，查阅相关研究文献，总结现有技术的优缺点，研究前沿技术，联合行内龙头公司、科研院所，邀请行业专家，对项目的难点问题进行研究和攻关，建立成熟完备的理论指导；在此基础上，研究 BIM 信息化技术与智能生产相融合。

(2)模型模拟：以现有实际工程为依托，深入研究模型交付标准和数据传递模型，以标准化规则的研究引领数据化设计技术的研究；从而为铁路工程的顺利实施保驾护航。

(3)数字验证：充分发挥各种 BIM 设计软件的技术优势，针对铁路装配式工程的技术特点进行二次开发，开展数字化设计技术研究。对复杂构造节点、预留孔道位置、预埋件位置进行三维精细化设计，生成满足加工制造与现场装配需求的二维图纸与工程数量，提高预制构件深化设计的效率和质量。

(4)工程应用:部分成果应用于工程案例中进行可行性验证,在验证的基础上进行调试,优化改进之后应用于京津冀铁路工程。

2.5.3 研究成果及推广应用

(1)形成预制构件标准化方案。

(2)基于“数字智能+绿色低碳”模式,探索形成可实现工艺流程系统化、工序作业少人化、生产控制智能化、过程管理数字化的预制场建设方案。

(3)提出项目级智慧工地信息化管理平台搭建方案。深度融合新一代信息技术与建造技术,形成智慧工场全生命周期安全管控方案。

(4)结合公司铁路建设项目规划,探索铁路建设项目密集区域预制构件场集中布局可行性,充分发挥铁路预制工厂生命周期内产能,减少大型临时工程建设、拆除、复垦对土地、环境资源的扰动和浪费,降低铁路建设成本。

(5)致力打造成产品种类齐全、先进技术广泛、自动化程度高的小而精、小而全的综合性标准基地和示范基地,并在京津冀铁路公司管理项目上进行推广应用。

课题编号:JJJ2022C02

课题类别:C 软课题

总体进度安排:2022 年 9 月～2023 年 8 月

参研单位:京津冀城际铁路投资有限公司、京滨城际铁路有限公司、中国铁路经济规划研究院有限公司、中国铁路设计集团有限公司、中国图学会、中铁十四局集团有限公司

2.6 京津冀城际铁路投资控制与管理研究

2.6.1 研究背景

“十四五”期间我国铁路固定资产投资规模将维持在3万亿左右，铁路总里程将增加2.5万km，其中高速铁路里程将增加0.8万km。随着“八纵八横”主干线路的逐步完成，未来中长期铁路市场建设增量将集中在城际铁路方面，预计投资总额超过1万亿。城际铁路远期规划投资规模及通车里程远高于高速铁路，这也间接表明未来投资重心向城际铁路转移。

但是目前我国城际铁路主要存在以下问题：

第一，在投资建设方面，尚无明确的建设条件，缺乏对城际铁路建设条件的系统研究，无法形成对城际铁路从规划到建设一系列工作的有效指导和管理。部分项目由于前期准备工作不到位，项目投资超过预计，加重了城际铁路的运营负担。另外，部分地区由于认识不到位，城际铁路的功能被夸大，建成后存在运营无法满足市场经济规律，导致某些城际铁路无法达到预期客运量和经济效益，经营状况不佳的情况。

第二，在运营效益方面，目前已开通运营的城际铁路基本上都处于亏损状态，除沪宁城际公司效益较好略有盈利，但是其净资产收益率也远低于行业社会平均收益率外，经济发达地区的京津城际、广珠城际均较大亏损，中西部欠发达地区情况更为严重。

第三，在融资渠道方面，存在融资渠道单一、资金筹措困难等问题。城际铁路工程具有投资大、公益性强、投资回收慢等特点，需要多元化的融资渠道解决建设资金需求，但是目前城际铁路筹融资体制尚不完善，缺乏吸引社会资本进入的机制。我国现已运营和在建的城际铁路虽然由地方出资建设，但融资瓶颈依然很突出；同时，已开通的城际铁路大多处于亏损状态，运营后财务状况也不容乐观，自然也无法吸引社会资本。

交通是京津冀协同发展三个率先突破的领域之一。京津冀城际铁路公司承担着实现京津冀协同发展的重任，以推进京津冀地区城际铁路网建设为宗旨，项目建设遵循“政府引导、市场化运作”的原则，在项目投融资和土地综合开发方面努力探索创新手段，取得突出成就。

但是京津冀公司同样存在上述城际铁路发展问题。目前城际铁路建设投资主体多元化、管理模式多样化的趋势明显，公司改革调整后，出资方式由原来的三地政府以一地一策变为直接落实全部资本金出资，公司不再承担资本金融资职能，投资体制发生变化，地方资金不能及时足额到位，影响项目开工建设和开通运营。另外，城际铁路投资控制目前采用常规铁路投资控制体系，尚未建立适合自身的投资控制管理体系。铁路建设投资控制总体把控较为复杂，从而导致长期以来在铁路建设项目投资控制中普遍存在重实施阶段而轻前期立项决策和设计阶段的问题。另外，城际铁路因功能定位、建设机制、运输方式等规划框架问题、以及线路相对较短、临近市域施工、站点设置较密等不同于高速铁路的特点，使其投资控制和运营问题具有一定的特殊性，因此急需探索构建科学合理的城际铁路投资控制与运行管理模拟体系，有必要针对城际铁路制定专门的投资、控制与管理机制。本课题结合京津冀城际铁路的实际状况，在参考已有的铁路建设项目投资控制的基础上，进一步对城际铁路的投资体制、实施阶段投资控制以及管理模式展开研究，为后续的城际铁路的建设与发展提供有效指导，为提升“轨道上的京津冀”互联互通水平，推动多层次现代轨道交通网络融合发展做出一定的贡献，具有非常广阔的应用前景。

2.6.2 研究内容和方法

1. 研究内容

通过分析国内外有关铁路建设项目投资管理的研究现状及历史经验，对已实施项目投资控制影响因素进行总结，充分借鉴其他项目成熟经验和先进管理方法，按项目规划、项目建设、项目运营等阶段进行投资控制及管理。针对项目设计深度、精度不够，征地拆迁、三电迁改等难点，实施过程中不可预见因素较多等问题，结合公司实际，超前谋划，创新发展，细化、深化、优化各阶段有利于投资控制的各项工作，树立全员、全过程、全方位投资控制管理意识，正确处理好投资与工期、质量、安全与环保的关系，全程管控，配套出台投资控制相关文件，建立适合京津冀城际铁路建设的投资控制管理体系。

(1)项目决策阶段投资控制方式研究：结合公司发展沿革、公司基本概况、目前投资及管理现状，把投资控制主体加以明确、确定科学合理的建设目标和加强对京津冀建设项目的经济评价来进行投资控制。

(2)项目勘察设计阶段投资控制方式研究：综合考虑公司的管理制度、管理现状，加强设计招标的完善、对工程设计招标和设计方案进行竞选等措施来达到对建设项目投资控制的目的。

(3)项目招投标阶段投资控制方式研究：招投标责任制要严格执行、严格检查招投标工作、投资控制工作中进行工程量清单价方式等。

(4)项目工程实施阶段投资控制方式研究：加强公司与京津冀三地政府的协调、合同管理以及实行监理奖惩制度、索赔管理等方法实现控制投资的有效执行。

(5)项目竣工验收阶段投资控制方式研究：严格执行工程支付控制，加强对价款结算的审核。

(6)项目运营维护阶段投资控制方式研究：从制度上提出合理化建议，形成京津冀城际铁路可持续发展的长效机制。

2. 研究方法

本课题的研究主体为京津冀城际铁路的建设期及运营期全过程投资控制及管理体系，运用理论与实践相结合的同时，把定性和定量相结合进行研究，针对具体问题具体分析的原则，对城际铁路从项目规划、项目建设、项目运营各阶段进行详细分析并提出相应的完善方法。

(1)文献查阅法

通过查阅文献，梳理国内外关于铁路建设的投资管理的研究背景及研究现状，学习和总结国内外经验，以为后续研究提供经验借鉴。

(2)实地调研法

通过访谈法和实地调研等方式搜集京津冀项目投资控制及管理的相关资料，总结当前投资控制及管理存在的问题。

(3)案例研究法

选取京唐铁路、京滨铁路两个项目为案例研究对象,系统地收集项目投资全过程的数据和资料以及两个项目的运营方案,从中发现问题并提出制度性建议。

2.6.3 课题成果和推广应用前景

1. 研究成果

本课题以京津冀城际铁路实际项目工程为依托,将理论经验与现场实践充分结合,在实践性研究京津冀城际铁路建设项目中,充分运用了投资控制与管理的理论与方法,将项目的投资效果进行了准确反映,具体成果如下:

(1)投资体制方面。在推进铁路建设过程中,出现了各种因体制机制、管理审批、土地经营等多方面的问题,因资金不能及时足额到位,影响项目进展和投资成本,制约开工建设和项目开通。项目由国铁集团和京津冀三地出资,三地政府结合自身情况,以一地一策方式推出投融资方案。其中,天津市承担建设期资本金出资,北京市、河北省则要求京津冀铁路公司承担建设期全部或一半的资本金出资,后期通过土地开发收益平衡。改革调整后,三地政府直接落实全部资本金出资,公司不再承担资本金融资职能。

(2)二级管理模式。为推动京津冀地区交通一体化取得新突破,加快推进京津冀城际铁路建设,2020 年 10 月,京津冀工作领导小组会议同意国铁集团制定的京津冀铁路公司改革方案。改革调整后,国铁集团成为公司实际控制人,公司执行国铁集团的制度,纳入国铁集团的管理体系,接受国铁集团的管理。不同于国铁集团大部分铁路公司,公司采用二级管理模式,对项目的前期工作、投融资、建设、运营、综合开发、债务偿还和资产保值增值等全过程负责。项目公司为独立法人,具体负责项目建设。

(3)指导项目投资管理。按照《中长期铁路网规划》,城际铁路建设规模、技术水平、质量标准都有很大提升,对城际铁路工程投资管控提出更高的要求。为节约国家投资成本,提升城际铁路建设综合效益,促进公司持续健康高效发展,公司需深入研究探索进一步降低城际铁路投资成本,强化建设项目全生命周期投资管控措施,规避投资风险,提升投资效益。

2. 推广应用前景

对京津冀城际铁路项目投资控制提出制度性改进建议,达到为同类项目提供借鉴,在全面实现建设目标的基础上,合理控制投资的目的。

课题编号:JJJ2022C01

课题类别:C 软课题

总体进度安排:2022 年 9 月~2023 年 8 月

参研单位:京津冀城际铁路投资有限公司、京唐城际铁路有限公司、京滨城际铁路有限公司、北京交通大学

第 3 章　各项目课题

3.1　高速铁路主跨 80 m 连续梁节段预制胶拼法施工关键技术研究

3.1.1　研究背景

节段预制拼装造桥技术始于 20 世纪 40 年代的法国，引入我国在 20 世纪 60 年代，如 1965 年建设的河南省五陵卫河公路桥（25＋50＋25 m），1966 年竣工的成昆铁路旧庄河 1 号桥（24＋48＋24 m）和孙水河 5 号桥（32.3＋64.4＋32.3 m）。随着我国桥梁技术的发展，节段预制拼装法建造技术在公路、市政、轨道交通等领域逐渐应用开来。早期节段预制拼装技术的应用主要集中于铁路桥梁，包括成昆铁路旧庄河 1 号桥、孙水河 4 号桥、子牙河大桥以及湘江铁路大桥等，2014 年竣工的黄韩侯铁路芝水沟大桥，2015 年建成的黄韩侯铁路芝水沟特大桥，是国内首座节段胶拼铁路桥梁。2018 年建成通车的新建铁路郑阜客运专线周淮特大桥 3 联（40＋56＋40）m 双线连续箱梁，采用节段预制胶接拼装法施工，是铁路首座节段胶拼连续梁（图 1）。2019 年 8 月建成通车的连徐高速铁路东海特大桥跨大沙河（32＋48＋32）m 节段胶拼连续梁。

图 1　郑阜周淮河特大桥连续梁

近年来，节段预制胶拼法施工连续梁及简支梁结构在我国的公路桥梁建设中广泛应用，在国内高铁桥梁工程方面，胶接拼装连续梁施工工艺尚属探索实践中的施工工法。节段预制拼装法作为桥梁绿色建设的代表工法，不仅可以促进传统产业的转型升级，还能降低劳动成本，预制和安装可以分开进行，相互不干扰，施工速度快，大大缩短工期节约建筑材料，降低能耗，对环境干扰小，是符合节能环保产业政策的先进技术。

京唐高速铁路潮白新河特大桥的2联(48+80+48)m连续梁及其间的16孔40 m简支梁采用节段预制胶拼法建造(图2),桥长1.01 km。其中(48+80+48)m连续梁设计预分为43个节段,最大节块0号块重350 t,最大高度6.65 m,其余节段最大长5 m,最大重量小于200 t,连续梁总重6 900 t左右,一次拼装3对预制节段终张拉压浆即“小节段预制、大节段拼装”的平衡悬臂拼装工艺,中跨合龙段采用现浇施工。本项目采用长线台座、短线台座结合法预制(48+80+48)m连续梁节段胶接拼装施工技术,在高铁施工中属于大跨度胶拼连续梁的首次实践,形成了我国铁路自有知识产权的大跨度节段预制胶拼桥梁建造成套技术,将推动我国铁路桥梁建造技术的进步。

图2　京唐高铁潮白河特大桥胶拼连续梁架设

3.1.2　研究内容和方法

1. 研究内容

为实现大跨度、大吨位节段条件下连续梁的智能化、精准化胶拼施工,本项目拟开展如下研究:

(1)高速铁路大跨连续梁预制胶拼梁节段预制测量监控技术研究

开发高精度监测系统对预制梁段几何位置进行测量,编制节段梁预制线形控制软件。利用专业计算软件对整个短线法预制节段及线形监控系统进行智能化数据化处理。

本课题通过对节段预制过程和拼装过程中的线形控制方法及纠偏措施开展研究,给出节段梁理论匹配位置的确定方法和误差调整计算方法,进而提出高铁大跨连续梁预制胶拼梁节段预制测量监控技术方案及高铁大跨连续梁预制节段架设线形监控技术方案。监控智能化系统如图3所示。

(2)高速铁路节段预制胶拼(48+80+48)m连续梁大吨位0号块梁段预制、安装锚固技术研究

通过与设计院合作优化连续梁0号块的设计划分,改进0号块的建造工艺,合理选用吊装设备等来降低胶拼梁的施工成本和施工风险。对大吨位0号块梁段预制、安装锚固技术展开研究。大吨位0号块梁段安装及锚固技术的成功应用,结束了大跨度铁路连续梁节段胶拼施工只能利用墩顶原位现浇施工的应用现状,扩大了节段胶拼梁形施工工法的相关应用。0号块预制与锚固如图4所示。

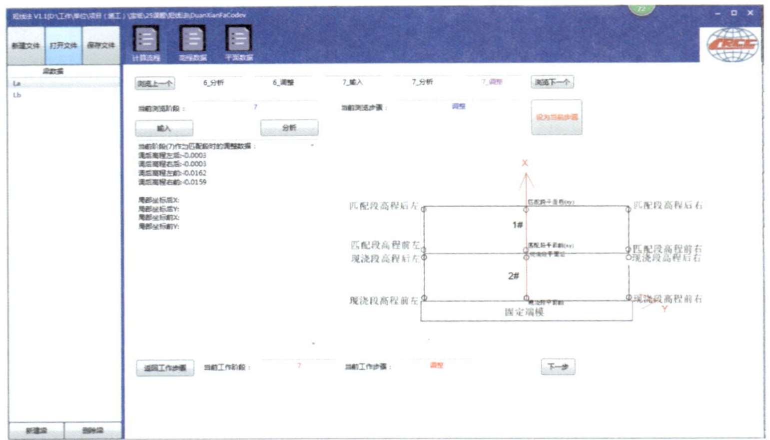

图 3　监控智能化系统

图 4　0 号块预制与锚固

(3)高速铁路节段预制胶拼(48+80+48)m 连续梁流水短线法预制关键技术研究

对国内外逐段胶拼法施工的桥梁节段预制进行有针对性的对比、比选，对方案中的一些难点和关键技术问题(如梁场布置、节段预制、节段存放段、节段运输等关键工序)进行专题研究并加以试验验证。预制现场布置如图 5 所示。

通过对流水短线法预制相关问题的研究，研发了三维调梁小车，设计了成套的短线法预制液压数控模板系统，如图 6 所示。

(4)高速铁路节段预制胶拼(48+80+48)m 连续梁的拼装技术研究

采用文献调研、理论分析及工程类比相结合的方法，通过国内外大量的调研资料、理论计算、案例分析、试验论证以及工程实际应用对现有的节段胶预制拼法进行分析总结。胶拼连续梁拼装如图 7 所示。

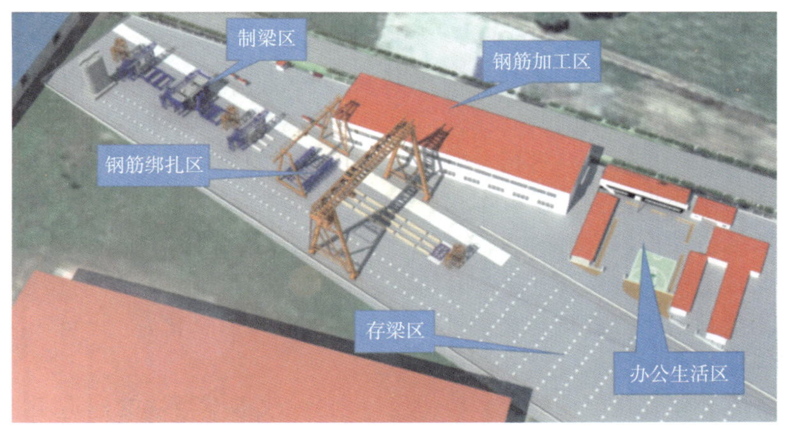

图 5　预制现场布置示意图

图 6　三维调梁小车调整底模

图 7　胶拼连续梁拼装

通过理论分析和数值模拟相结合研究提出适用于大跨度连续梁胶拼法拼装施工技术，确定施加临时预应力的时机以及挤胶张拉过程中的张拉顺序、张拉力大小；利用有限元软件计算出张拉预应力时跨中挠度变化和拆除吊杆时跨中挠度变化的数值，以此判断预应力张拉根数与吊杆拆除的最佳时机。

2. 研究方法

有针对性地对国内外逐段胶拼法施工的桥梁节段预制、拼装方式进行对比、比选，对方案中的一些难点和关键技术问题(如梁场布置、节段预制、节段存放段、节段运输、节段拼装、线形控制、体系转化等关键工序)进行专题研究并加以试验验证。总结形成高铁大跨连续梁预制胶拼梁节段预制测量监控技术方案；高铁大跨连续梁流水短线法预制关键技术方案；大跨度连续梁节段的拼装技术；高铁大跨连续梁预制节段架设线形监控技术方案。

利用有限元数值模拟软件设计出一套符合结构受力的液压数控自动化模板系统。以高精度监测系统测量预制梁段几何位置，推进管理智能化和信息化，降低能耗，提高桥梁标准化、专业化、工厂化生产水平。

通过与设计院合作优化连续梁 0 号块的设计划分，改进 0 号块的建造工艺，提高桥梁施工质量，缩短施工工期。合理选用吊装设备等来降低胶拼梁的施工成本和施工风险。对大吨位 0 号块梁段预制、安装锚固技术进行研究，供类似工程借鉴。

拟对节段预制过程和拼装过程中的有效线性控制方法及纠偏措施开展研究，给出节段梁理论匹配位置的确定方法和误差调整计算方法。缩短施工工期，降低劳动成本。

3.1.3 课题成果

形成预制胶拼架设主跨≤80 m 大跨度高速铁路连续桥梁成套技术；形成大跨节段胶拼连续梁线形监控体系并应用。

(1)高速铁路节段预制胶拼(48+80+48)m 连续梁流水短线法预制关键技术

此项技术研究属于首次实践，研制了成套的短线法预制液压数控模板系统，研发了三维调梁小车，形成机组流水生产线。施工速度加快，大大缩短工期。

(2)高速铁路节段预制胶拼(48+80+48)m 连续梁短线法预制测量技术

连续梁短线法预制测量技术将测量软件“Measure Data Calc”，简称 MDC，用于实际项目中。通过蓝牙技术的介入，在观测塔建立了精密水平控制网和高程控制网，利用软件自动采集梁段数据信息，通过高精度自动化测量系统建立实时预警、远程监控的信息平台。

(3)高速铁路节段预制胶拼(48+80+48)m 连续梁平衡悬臂拼装技术

综合整孔拼装及悬臂拼装工法的施工特点，连续梁创造性的采用一次对称吊装三对节段永久张拉压浆，即“小节段预制、大节段拼装”的平衡悬臂拼装工艺，最后中跨合龙段采用现浇施工，完成整体张拉。减少了节段拼装过程中的钢束张拉过程，加快了施工进度，提高胶接缝拼接质量。

课题编号：2018—24

课题类别：A

总体进度安排：结题

参研单位：京唐城际铁路有限公司、中铁二十四局集团有限公司、北京中铁建北方路桥工程有限公司

3.2 大跨度、大吨位同时跨越京沪高铁等多股线路转体桥梁施工技术研究

3.2.1 研究背景

近年来，我国铁路事业快速发展，高铁网逐步加密，高速铁路相互跨越越来越普遍。在铁路跨越营业线施工中，如何减少施工对营业线行车的影响显得尤为重要。为减少新建跨既有线路桥梁对铁路行车的影响，目前一般均采用桥梁转体施工方法。桥梁转体施工是指将桥梁结构在非设计轴线位置制作（浇筑或拼接）成形后，通过转体就位的一种施工方法，它可以将在障碍上空的作业转化为岸上或近地面的作业。转体施工按转体装置安装位置可分为墩顶转体、墩底转体，根据桥梁结构的转动方向，可分为水平转体施工法、竖向转体施工法（简称平转法和竖转法）以及平转与竖转相结合的方法，其中以平转法应用最多。

目前国内跨越京沪高铁转体的桥梁最大跨度为 48 m、重量为 5 000 t。2019 年中铁十局承建的鲁南高铁曲阜特大桥跨京沪高铁采用 48 m T 构、转体法施工，安全、优质、高效地完成了转体施工，如图 1 所示。

图 1　跨京沪高铁、京沪铁路转体梁施工

中铁十局承建的城际铁路联络线一期廊坊特大桥全长 7.985 km，其中 108 号～111 号墩（起讫里程为 DK20＋817.26～DK21＋038.96）同时跨京沪铁路及京沪高铁，采用（60＋100＋60）m 连续梁。该处京沪铁路为路基段，京沪高铁为桥梁段。为避免施工对运营京沪高铁、铁路的影响，本连续梁设计采用转体法施工，转体前梁体与京沪高铁平行，逆时针转体 88°4′0″就位。转体梁最大转体重量 9 000 t，线路上方中跨合龙，需同时跨越京沪铁路 3 股正线、京沪高铁上下行共 5 股正线。因此，如何克服营业线车次繁忙、施工难度大、安全风险高、工期不可控等问题是本课题重点研究的内容。为减少转体梁部施工对铁路营业线的影响并综合考虑场地情况，梁部施工分为挂篮施工、支架施工及支架顶推施工。

3.2.2 研究内容和关键技术

1. 研究内容

(1)研究连续梁在京沪高铁两侧同时转体就位。针对连续梁体为竖曲线设置形式和连续梁线形控制的相关要求,通过 BIM 技术生成三维立体模型对转体后中线、高程、线形进行精确控制定位进行动态控制和调整,如图 2 所示。

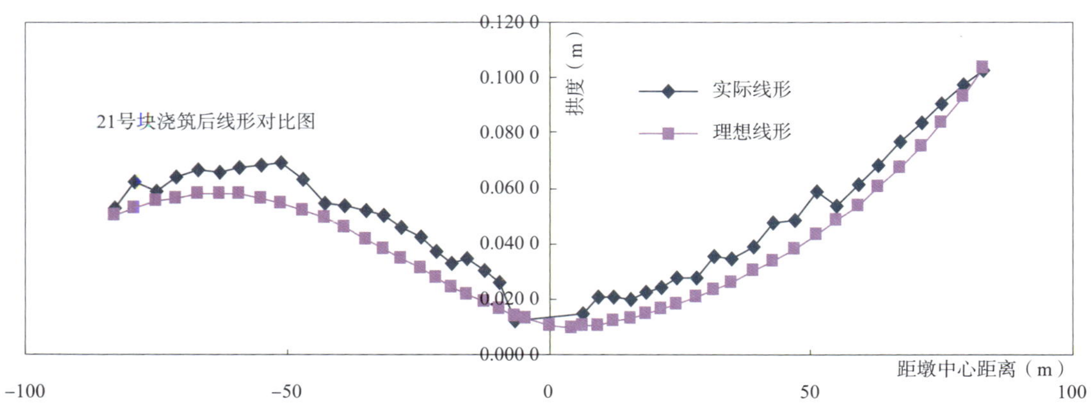

图 2　全桥线性对比图

(2)由于同时跨越 5 股铁路正线转体施工,存在铁路施工封锁时间较短,现场存在时间短、施工难度大、协调组织困难等问题。采用 BIM 技术对转体施工过程进行可视化模拟演练,确定合理封锁铁路的时间流程、人员机具的配备、精调定位等施工组织安排,如图 3 所示。

图 3　BIM 可视化交底

(3)采用 BIM 技术对转体球铰、滑道安装进行可视化技术交底,有序的调整钢筋和预应力束的间距和位置,确保球铰骨架安装精度,简化工序步骤,避免返工,如图 4 所示。

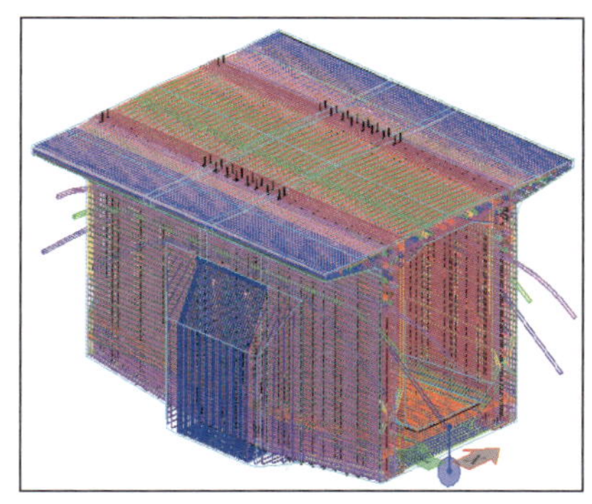

图4　可视化辅助审图

(4)通过在既有京沪高铁桥上、桥墩上设置自动采集传输的沉降观测点，采用全自动监测技术，观测施工阶段对高铁运营影响情况，确保京沪高铁的运营安全。

2. 关键技术

(1)基于BIM优化现场施工组织。

(2)基于BIM控制球铰施工、桥梁下部结构及梁体施工技术。

(3)利用BIM技术的虚拟化模拟演练技术。

(4)邻近营业线全自动监测技术。

3.2.3　研究成果及推广应用

1. 研究成果

通过课题研究，形成了跨越高铁既有线转体梁系统施工技术、工装工法，能够有效解决施工难题，完善技术方案，对今后类似转体工程的施工具有重要借鉴意义。主要成果有：

(1)建立具备转体梁施工信息化、可视化、4D施工模拟及可视化施工交底培训等功能的BIM模型，提出基于BIM模型的检查方案、4D施工模拟方案。

(2)形成大跨度、大吨位、两侧同步转体梁同时跨越5股铁路正线的施工技术方案，提出铁路上方进行中跨合龙段施工的重难点问题解决方案。

(3)提出对既有京沪高铁进行沉降及变形监控的全自动监测技术。

2. 推广应用

大跨度、大吨位同时跨越京沪高铁等多股线路转体梁施工技术，进一步系统总结了跨越多股线路大跨度、大吨位转体梁施工技术，指导和推进了跨越既有线转体梁施工技术，为国内外同类型桥梁施工提供了借鉴。

通过利用BIM可视化辅助审图，规避设计问题，模拟施工中的问题，可减少事故及质量问题造成的经济损失，提高施工效率，具有良好的经济和社会效益。

课题编号：2020—24

课题类别：B类引导

总体进度安排：结题

参研单位：京安城际铁路有限公司、中铁十局集团有限公司

3.3　高速铁路全封闭声屏障技术研究

3.3.1　研究背景

近年来，我国高速铁路迅速发展，列车以 250 km/h 以上速度高速行驶，给人们的出行带来快捷方便和安静舒适的同时，也带来滚动噪声、气动噪声和牵引噪声，严重影响了周边居民的正常工作和休息。声屏障作为高速铁路噪声隔离最主要的措施，在一定程度上能够屏蔽铁路运行所产生的噪声。

为了响应环境保护政策，满足声环境标准规范的要求，减少高速铁路运行时产生的噪声污染，目前通常以控制声波传播路径的方式，通过在铁路线两侧设置声屏障来切断噪声的传播。目前声屏障的形式主要有直立式、整体弧形式、半封闭式以及全封闭式。当沿线为高层建筑密集区域时，传统的直立式声屏障降噪效果难以达到要求，如图 1 所示。而全封闭声屏障(图 2)创造了一个相对封闭、独立运行的环境，进一步切断噪声的传播，此降噪效果明显优于其他形式。

图 1　传统铁路直立式声屏障

图 2　铁路全封闭声屏障

国内全封闭声屏障多用于城市轨道交通之中，而高速铁路中的相关工程案例较为罕见，市场上并未见到相关工装设备可以实现施工精细化、机械化、智能化。随着我国高速铁路的快速建设与发展，全封闭声屏障的施工标准、施工质量不断地提高，采用传统施工工艺显然已经无法满足当前施工需要。因此，研究全封闭声屏障机械化、精细化以及智能化施工工艺和安装，不仅是高质量、高标准、高效率施工的重要前提，也是高速铁路施工技术不断创新发展的必然趋势。

结合在建津兴铁路，研究全封闭声屏障工程在高空和吊装作业多的基本工况下，如何采用工装设备施工来缩短工期、减少安全隐患，同时保障跨越城市道路时的施工安全，进而为全封闭声屏障的设计和施工提供科学依据，保证铁路建设质量及安全。本课题通过研究新型的施工工艺，为后续的全封闭声屏障设计及施工提供有效指导，对全封闭声屏障的施工工艺发展有着深远的意义。

3.3.2 研究内容和关键技术

1. 研究内容

(1)钢拱架地脚螺栓精准预埋研究。

国内常见的地脚螺栓预埋方法采用钢筋和定位钢板焊接牢固,适用于单一基础上螺栓预埋。螺栓施工过程及基础预埋螺栓偏差测量如图 3 及图 4 所示。可以得出,在螺栓预安装后,通过建模、各工序完成前后数据对比、分析,确保箱梁浇筑、梁体架设、预应力施工后,全封闭声屏障基础预埋精度符合设计要求:地脚螺栓横、纵向位置偏差不大于 2 mm,基础高程偏差不大于 5 mm,相邻基础间距偏差不大于 5 mm,基础纵、横向位置偏差不大于 5 mm,相邻基础预埋间距不大于 2 m。

图 3 建模模拟施工过程

图 4 采集基础预埋螺栓偏差数据

（2）机器人自动焊接加工拱架研究。

全封闭声屏障钢构件数量多、焊接作业量大、焊缝质量要求高。如图5所示，采用智能化机器人自动焊接钢拱架，每榀拱架相同位置焊缝自动焊接，机械化作业使焊缝质量稳定，节省加工时间，克服人工焊接的各种质量缺陷，加工后的钢结构一级、二级焊缝无损检测全部合格。

图5　自动焊接机器人焊接拱架

（3）钢拱架精准安装研究。

钢拱架采用吊车高空吊装至安装位置，其自重会使结构产生变形。使用长度可调节的钢拱架水平内支撑装置，吊装时控制拱架不产生变形，实现钢拱架的精准安装（图6）。安装完成后，钢拱架高程偏差不大于5 mm，相邻拱架间距偏差不大于5 mm，相邻拱架间距不大于2 m。

图6　拱架安装后测量采集偏差数据

（4）单元板安装台车改进研究。

国内常见的升降机、门式脚手架需避让桥面上其他来往车辆。从图 7 可以看出，使用吸声单元板安装台车，单元板安装时台车下方可以通行单线箱梁运输车和混凝土运输车，不需移位避让，节省工期且更安全，保证单元板快速高质量安装。单元板安装容许偏差需符合设计要求：处于一般位置处时，单元板与钢拱架限位板两侧需有 25 mm 的伸缩空间，单元板一侧顶到限位板，另一侧与翼缘板搭接大于 50 mm；当位于简支梁伸缩缝位置，单元板与钢拱架限位板两侧有 30 mm 的伸缩空间，单元一侧顶到限位板，另一侧与翼缘板搭接大于 75 mm。

图 7　单元板安装改进台车试用

2. 关键技术

（1）钢拱架地脚螺栓精准预埋技术。

（2）机器人自动焊接加工拱架技术。

（3）钢拱架精准安装技术。

（4）单元板安装台车改进技术。

3. 研究方法

（1）钢拱架地脚螺栓精准预埋技术：分别选取一孔现浇箱梁和一孔预制箱梁，从地脚螺栓定位开始进行高度、位置、垂直度等数据采集，将每道工序完成后的螺栓高度、位置、垂直度等误差数值整理制表，结合建模综合分析，对比螺栓预埋时的数据，调整螺栓预埋的控制标准，减少浇筑梁体混凝土、张拉起拱、沉降徐变等产生的影响，后续施工中快速调整预埋位置和高度，实现对地脚螺栓施工精度的把控。

（2）钢拱架快速精准加工成型技术：选择 3 榀试验拱架进行试生产、试拼装。用 BIM 技术构建拱架模型，结合模型分析优化加工方案。用机器人自动焊接试验拱架，检测焊接质量。试验拱架成型后，结合全部连接杆件和吸声板进行试拼接、安装，检验加工精度。依照试验结果优化调整机器人自动焊接方案，使后续拱架加工快速精准。

(3)钢拱架精准安装技术:使用长度可调节的拱架水平内支撑装置,选择全封闭声屏障区域中吊装高度最大的位置为试验点,吊装前测量并记录拱架柱脚、腰部、顶部横向间距,使用试验装置安装拱架后采集同部位数据,分析拱架变形数据,改进装置,实现后续钢拱架的精准安装。

(4)单元板安装台车改进技术:使用安装台车,其工作平台下方可以通行单线箱梁运输车和混凝土运输车。台车制作完成后试验运行,检验实用性和安全性,实现后续单元板的安全快速安装。

(5)工程应用:经过试验验证后,通过数据分析进行优化改进应用于津兴铁路全封闭声屏障工程。

(6)成果整理:整理并总结相关技术报告,撰写论文,申请专利工法等知识产权成果。

3.3.3 研究成果及推广应用

1. 研究成果

本研究拟建立一套铁路全封闭声屏障加工制造、基础施工、现场安装的精准化和高效化方案。通过建模和采集实际数据进行对比分析,确保箱梁浇筑、梁体架设、预应力施工后,全封闭声屏障基础预埋精度达到设计要求;通过采用智能化机器人自动焊接钢拱架,使焊缝质量稳定,节省加工时间,克服人工焊接的各种质量缺陷;通过使用长度可调节的钢拱架水平内支撑装置,吊装时控制拱架不产生变形,实现钢拱架的精准安装;通过改进吸声单元板安装台车,单元板安装时台车下方可以通行单线箱梁运输车和混凝土运输车,不需移位避让,节省工期且更安全,保证单元板快速高质量安装。主要成果有:

(1)形成适用于铁路全封闭声屏障制造和安装施工精准化和智能化方案。

(2)提出全封闭声屏障预埋件安装、大型构件安装、交叉施工等特殊工况下作业施工难题解决方案。

(3)提出全封闭声屏障施工精度和效率提升方案。

(4)提出全封闭声屏障快速安装的工装设备方案。

2. 推广应用

高速铁路全封闭声屏障技术推动铁路全封闭声屏障向智能化、精准化、高效化方向发展,满足铁路建设向城际化发展的需要,前景广阔。

通过研究全封闭声屏障技术的运用,其加工和安装质量显著加强,提高了构件的质量和寿命,同时施工效率也显著提升,缩短工期,节约成本;减少了高铁运营时产生的噪声、振动、粉尘等,文明环保。

高速铁路全封闭声屏障技术首次在津兴铁路固永特大桥全封闭声屏障应用,我公司承担京津冀区域城际铁路网建设任务,各项目预计均含全封闭声屏障运用。研究高速铁路全封闭声屏障技术成果不仅能够直接运用于京津冀地区铁路声屏障项目中,同时对国内其他铁路工程建设也有参考意义。

课题编号:2021—10

课题类别:B类引导

总体进度安排:2021年1月~2022年12月

参研单位:津兴城际铁路有限公司、中铁十二局集团有限公司

3.4 CRTSⅢ型轨道板流水机组法智能化生产线研究

3.4.1 研究背景

CRTSⅢ型轨道板作为高铁轨道工程的核心部件，具有我国自主知识产权，承担着国家“高铁走出去”的重大使命。目前，我国轨道板生产技术的三种主要模式：(1)固定台座式生产模式：台座法生产模式是CRTSⅢ型先张法轨道板研发初期采用的生产工艺。但该生产模式有较多缺点，主要为占地面积大，用人多，劳动强度大，张拉力控制不精确，生产效率不高。(2)基于管片式流水机组法生产模式：采用管片生产线布局模式，该生产模式采用“轨道传输＋液压传动＋通过式养护”，按“1＋X”模式设置。该生产模式不足之处在于：①张拉系统在施加预应力后采用楔块楔紧，不符合机械旋拧自动锁紧螺母的要求；②蒸养窑内模具采用顶推传动，模具在蒸养窑内采用顶推传动，模具之间会产生撞击，容易对混凝土造成扰动；③模具的蒸养采用通道通过式养护，通道中的静停、升温、恒温和降温区分区不明确，温度难以控制。(3)基于提升版轨枕生产线的生产模式：传动方式为辊道式传输，养护方式为坑式养护。该生产线不足之处在于：①生产线布局复杂，横移传动较多，会对混凝土的稳固产生不利影响；②当采用坑式养护方式时，养护坑内模具会叠加3到4层，底层模具在上部模具荷载作用下容易产生变形；③当采用坑式养护时，车间内行车数量增加且重复吊装，在存在安全隐患的同时还会对混凝土造成扰动。

针对上述三种模式中轨道板生产技术的不足，本课题依托工程实践，研究一种全新的CRTSⅢ型轨道板流水机组法智能化生产线。

3.4.2 研究内容和关键技术

1. 主要研究内容

流水线辊道式传输技术、预应力筋自动张拉技术、预应力筋自动放张技术、脱模顶升技术、模具自动清理技术、自动喷涂脱模剂技术、套管自动安装技术、混凝土自动振捣技术、成品自动检测技术、轨道板混凝土独立蒸汽养护技术。

2. 关键技术

流水线辊道、自动张拉系统、自动放张系统、脱模顶升系统、自动清模系统、自动喷涂脱模剂系统、自动安装预埋套管系统、浇筑振捣系统、智能3D检板系统、蒸养系统、AGV(自动导引运输机器人)。

(1)流水线辊道

生产线采用辊道式传输，流水线作业可以进行多项工序的平行施工，减少了作业等待时间，提高了模具周转效率。流水线作业仅需有限的工人在指定工位进行作业，减少劳动力投入。优点：减少了行车在空中的交叉作业，同时，由于工艺布局更加紧凑，减少了建筑面积，降低了初始投资成本。

(2)预应力筋自动张拉技术

自动张拉系统能够通过纵、横向张拉横梁自动锁紧从而对张拉杆进行张拉,张拉至预设张拉力值后锁紧螺母(图1)。优点:能够同时满足P5600、P4925和P4856三种板型的张拉需求,实现同步张拉,张拉力实时显示,精度高,均匀性好。

图1 预应力筋自动张拉工位

(3)预应力筋自动放张技术

放张过程:放张系统四面横梁对位后,放张爪抓取张拉杠,电机驱动进行张拉杆旋转松卸,放张结束(图2)。优点:①能同时满足三种板型的放张需求;②能够做到80个张拉杆同步缓慢放张,单根预应力筋放张速率不大于2 kN/s。

图2 预应力筋自动放张工位

(4)脱模顶升技术

脱模时，轨道板先通过液压顶升，然后再缓慢出模(图 3)。脱模过程可以保证轨道板不受冲击、各作用点受力均匀。优点：顶升过程同步进行，避免脱模过程受外力影响导致产品质量缺陷。

图 3　脱模工位

(5)模具自动清理技术

系统采用移动桁架结构，并搭载自动清理钢刷和大功率自动工业吸尘器，从而实现轨道板的表面清理(图 4)。优点：如果人工清模单班需 4 人操作，使用自动清模系统，只需 1 人操作即可，同时清模时间短速度快，单块模具 5～7 min，取代人工操作，实现自动化清理。

图 4　模具清理工位

(6)自动喷涂脱模剂技术

在喷脱模剂工位采用喷涂机器人来实现自动化喷涂。模板清理完成后，在表面均匀喷涂脱模剂，以表面无明显堆积为宜(图 5)。优点：喷涂均匀、高效，可根据要求定量调整脱模剂的喷涂效果，并能避免浪费。

图 5　自动喷涂脱模剂工位

(7)套管自动安装技术

通过三轴高精度桁架抓取套管，自动安插在模具中，进行压紧定位操作，完成套管自动安装(图 6)。优点：减少人工安装存在的失误，同时安装速度快、精度高，能在 5～6 min 完成单块板 36 个套管的自动安装。

图 6　套管安装工位

(8)混凝土自动振捣技术

采用整体式振捣,单个振捣台设置 11 个附着式振捣器,振动频率在 60～120 Hz 内可调,振幅 1～2 mm,振动力 8～18 kN。振动时按照低频、中频、高频、低频的顺序循环振动方式,有效将混凝土中的气泡排出(图 7)。优点:整体式变频振捣,振捣效果好。

图 7　混凝土振捣工位

(9)成品自动检测技术

3D 智能检测技术 5 min 内就能自动检测轨道板所有几何尺寸,而且检测精度优于 0.1 mm。整个检测过程一键式操作,自动采集控制、自动分析处理、自动输出成果报表,无须人工干预(图 8)。优点:相对于人工采用全站仪检测单块板需要 50 min,检测效率提高 10 倍。

图 8　成品检测工位

(10)轨道板混凝土独立蒸汽养护技术

采用6条蒸养线,每条蒸养线设2个独立养护单元,每个独立蒸养单元同时养护10块轨道板。单个蒸养窑内均匀设置12个(环境、表面、芯部)温度测点,所有测点数据实时显示,整个蒸养过程满足静置、升温、恒温和降温要求,实时显示温度曲线,确保产品质量(图9)。优点:创新性采用独立单元式蒸养方式,减少了对混凝土扰动,蒸汽效率高,符合目前预制构件养护要求。

图9　混凝土蒸养工位

(11)AGV(自动导引运输机器人)

轨道板在生产线上浇筑完成后,通过AGV运输系统,运输至蒸养系统,蒸养完成后,再次通过AGV运输系统,传送至放张工位。优点:减少车间内行车数量,减少存在的安全隐患,减少了对混凝土扰动。

3.4.3　课题成果和推广应用前景

1. 课题成果

研发出一种全新的CRTSⅢ型轨道板流水机组法智能化生产线。该生产线具有自动化程度高、生产线运行简洁,布局合理,能够实现独立蒸养等特点。

2. 推广应用前景

该技术紧密结合轨道板全自动化流水生产的施工特点而制定,符合产品生产的需要,技术先进、快速实用、经济合理,具有很好的实用性和推广价值。

(1)采用计算机中央控制系统控制模具在轨道上的传输。该控制模式自动化程度高,提升了生产的机械化及科技化程度,减少交叉作业,提高安全生产系数。因为对工序的操作设计了固定的工位,可以实现工序间的平行施工,减少作业等待时间,提高了模具周转效率。同时,操作工人分工明确、专业化程度高,施工效率高、生产的产品质量好。

(2)流水线采用集中式混凝土振捣,能够有效地降低混凝土振捣过程中的噪声和固体废物污染,改善了劳动条件,减轻了噪声对施工作业人员的伤害,减少职业病的发生。

(3)国内首创采用独立窑养护管片的自动化生产技术。采用了密闭型平窑蒸养方式,设置 6 条蒸养线,每条蒸养线设 2 个独立养护单元,保温性能好,避免了蒸汽浪费。通过在蒸养窑内设置温度传感器、喷淋水温传感器以及温度控制执行器(电磁调节阀),实现对各区域温度、湿度的精确控制,使整个蒸养过程中能够严格区分混凝土养护的静停、升温、恒温、降温步序。管片的养护效果好,混凝土早期强度提高快,脱模时轨道板的承载力增加,同时降低混凝土的损坏率,提高轨道板的外观质量。

课题编号:2018—2—51
课题类别:C 类支撑项目
课题阶段:结题
参研单位:京唐城际铁路有限公司、中铁十四局集团有限公司

3.5 京津冀城际铁路监理信息化研究

3.5.1 研究背景

“建设工程监理”的概念是在20世纪80年代由国际通用的FIDIC合同管理模式引入我国。监理是受项目业主的委托依据相关法律法规通过执行业主与承包商之间的合同控制施工进度、质量和投资的项目管理机构。经多年来实践的检验，在铁路建设工程领域中，工程监理作为工程建设主体之一的理念已为政府及社会所认同。“工程监理制”成为铁路建设工程管理的重要内容，是落实项目法人责任制的必要保证。实施监理制是我国工程建设领域与国际接轨的一项重要改革。《铁路建设工程监理规范》(TB 10402—2019)中明确规定：“监理工作是建设管理工作的延伸，监理单位代表建设单位行使所委托的安全、质量、工期、投资等相关权利，并将工程质量作为重点。”因此，监理工作对提高工程质量至关重要。

目前，由于我国开展监理工作的时间短，监理管理制度还不完善，监理用人社会化，监理工作中也存在诸多问题。对于建设单位来说，铁路工程项目建设管理常存在以下问题。一是监理定位与实际存在较大差距，监理组织处于从属地位。二是管理难度大，铁路建设工程项目规模大、技术要求高、参与方众多，建设单位作为铁路建设工程项目的组织实施机构，一般人数较少，管理力量相对不足，管理纵深很难达到预期。三是监理人员来源复杂信息传递不及时，建设单位缺乏对监理企业考核管理的依据和抓手，难以掌握现场监理履职信息及项目现场质量安全管理情况。力量配备不足，人员履约兑现率低，监理上场人数与实际在现场的人数存在差异。四是监理队伍素质参差不齐，现场管理效率较低，现场存在管理强度大、信息化程度低、信息采集及共享困难等问题，已不能满足实际建设管理需要。五是部分监理工作不能满足全方位管控要求，如重质量轻安全、重现场轻内业等。六是监理履职不到位，监理是否到现场较难控制，施工现场存在监理无人管控、监理对现场管控不到位、不按程序进行监理、人员无序流动、现场问题不及时上报、存在问题不及时整改、问题屡改屡犯、监理履职不到位等问题，监理工作不到位。七是监理工作方式不标准，带有偶然性、随意性，依赖于人员个人能力。这些问题导致了建设单位对监理的管理始终处于边探索边强化过程。为提升铁路建设工程质量安全管理水平，强化监理现场质量安全监管作用，着力解决现场监理无人管控、监理对现场管控不到位等问题，开展监理信息化研究至关重要。

国铁集团《关于开展铁路建设项目监理管理试点工作的通知》(铁建设函〔2020〕162号)，文中明确提出利用信息化手段创新监理现场监管方式，明确要求利用铁路工程管理平台及各类信息化管理系统作为部分监理工作的辅助手段创新监理质量安全工作现场监管方式。监理信息化系统，为了进一步探索铁路建设项目监理管理的有效模式和措施，利用信息化技术加强对现场监理的管理，充分发挥监理对施工现场的质量安全监管作用，从而增强建设单位对铁路建设工程项目质量安全的管控能力，督促监理履职、提升监理对标检查、强化问题闭合、为建设单位分析提供数据支撑，起到良好的作用，对监理信息化发展建设有重要意义。

3.5.2 研究内容和方法

1. 研究内容

通过对铁路建设工程质量安全管理现状的分析研究，针对存在的问题运用管理的一般理论和方法，结合铁路建设标准化管理的思路，以标准化、信息化管理为支撑研究铁路建设工程质量与安全管理信息系统。本项目拟开展如下研究：

(1)监理履职管理

加强对各个监理项目的监控与管理。通过对铁路建设管理的模式、质量及安全管理现状进行分析，得出铁路建设项目质量与安全管理中存在管理方式及手段落后，监理履职不到位、不规范等问题。通过提升监理对项目的管理水平，利用数据分析，实施计划与决策。利用信息化系统对监理行为进行履职留痕记录，履职数据统计分析，制定和信息系统契合的管理办法对监理人员进行考核，统一监理服务标准，降低履约风险，以规范监理行为，提高监理履职。

(2)质量安全管理

以铁路建设标准化管理为主要指导思想，对铁路建设工程现场质量、安全管理的内容进行详细分析，对当前铁路建设信息化系统中所面临的问题进行探讨，针对现有相关系统功能不足和模块不完善的情况进行相应的完善和改善，制定施工现场质量检查与安全检查标准，要求监理人员按这些标准进行检查并及时进行问题的整改闭合，以此来提高现场质量安全管理水平。

(3)建立可靠服务平台

针对当前铁路工程项目在建设过程中涉及的安全质量管理信息化需求进行分析，系统建立可靠的服务器和管理支撑平台，能灵活调度网络资源，实现系统备份、安全防范和审计等功能；通过建立数据资源描述管理机制，实现了数据资源的分类管理。在质量和安全管理系统需求分析的基础上，实现身份认证、访问控制、质量安全检查、汇总统计分析等，简化人员劳动，加快工作效率。

2. 关键技术

为规范监理质量安全检查各环节工作，首先要提高监理检查工作的效率和质量，弥补目前质量安全检查工作中存在的不足；其次要强化建设单位对监理检查工作的管控。基于对质量安全检查工作标准化的研究与相关各方实际业务需要，利用移动互联网技术研发了京津冀铁路质量安全管理信息平台及移动应用。系统功能模块如图 1 所示，其中主要功能为质量安全检查、质量安全闭合、隐蔽工程视频采集、汇总统计分析。

本系统将铁路建设工程质量与安全管理与标准化管理、信息化管理理念相融合，利用标准化和信息化管理强化监理工作管理、提升监理工作质量，探讨提升工程质量安全管理水平的新模式、新方法，该研究在铁路行业监理管理方面尚属首创，本研究采用的关键技术如下。

(1)监理工作内容标准化

①信息系统涵盖现场监理日常业务(检查、整改、旁站、验收等)。该系统将相关内容进行标准化，为工作执行提供了辅助手段，同时系统也涵盖管理层管理辅助与决策支持功能(统计分析、消息推送、黑名单)，为管理决策提供可靠的数据支撑；系统 Web 端和 App 端首页示意图分别如图 2 和图 3 所示。

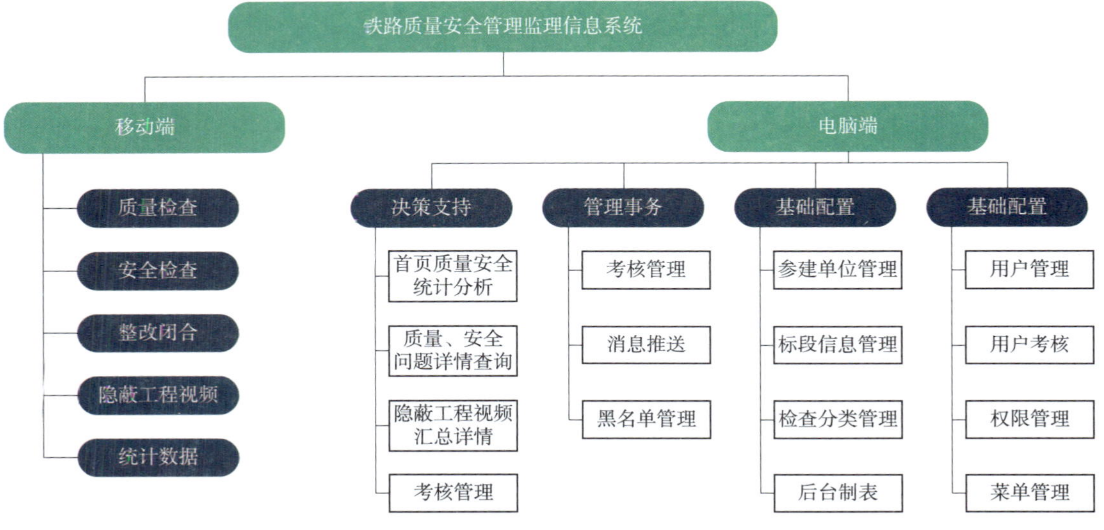

图 1　系统功能模块示意图

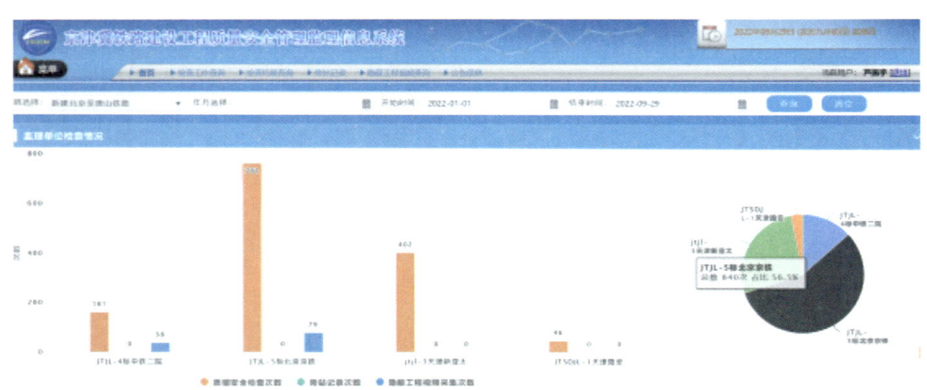

图 2　系统 Web 端首页示意图

②信息系统内嵌强大的检查标准。系统收录 20 余部相关规范以及建设单位管理体系要求，结合铁路工程实际，制定了安全检查约 6 000 余项，质量检查约 20 000 项，涵盖了建设项目的几乎全部质量安全检查内容。这些标准检查项为现场检查人员提供指导，解决了监理人员素质参差不齐、对检查标准掌握不统一、检查工作的质量对人员能力依赖性大的问题。系统质量检查如图 4 所示。

(2)监理工作流程的标准化和工作手段的信息化

①信息系统内嵌闭环检查整改流程，解决了现场监理发现问题不及时整改、不按程序履职的问题。

②信息系统可完整记录现场监理人员检查工作的过程信息，包括现场监理人员人像信息、检查时间、检查发现的问题、问题的整改情况等，解决了现场监理人员不按规定履职的问题，解决了合同监理人员与现场实际监理人员不对应的问题，为强化对现场监理工作的管控

图 3　系统 App 端首页示意图

图 4　系统质量检查示意图

提供了抓手，便于建设单位和监理企业有效实时监控现场监理人员的工作。图 5 所示为系统 App 统计分析示意图。

(3)设置多重安全措施

系统设置了多重安全保障措施来保证系统数据及系统本身的安全，如人员登录实名制设置措施、一机一号唯一性设置措施、权限设置保障、及时消号机制、过程照片水印设置措施。

①[实名制注册]：注册系统账号需提供人员的真实身份信息(姓名＋身份证号＋手机号＋单位工点信息)，同时在检查、保存、上传过程中 App 自动采集使用人员的人像信息，保证系统使用人员身份真实性，便于工作记录追溯，方便管理。

图 5　系统 App 统计分析示意图

②[一人一机一号＋账号审核机制]:人员、账号和设备物理地址绑定,一个人拥有一个账号且只能绑定一台设备,账号需管理员审核通过后才能使用。

③[权限分级设置保障]:根据所辖项目设定账号权限,保证每个账号登录进入系统后只能查看和修改其权限下的相关内容。

④[及时销号机制]:现场监理人员离职及时知会系统维护人员,管理员将其账号及审核信息删除,删除之后使用数据仍继续保留,但该人员不能再登录使用系统,保障人员项目一致性。

⑤[过程照片水印设置措施]:系统在每张照片上加上了不可编辑的水印信息,以防止他人盗取图片挪作他用。

(4)数据真实可靠

系统内嵌刷脸功能模块,监理人员现场检查、上传数据时,系统会自动采集人脸图像信息,检查时必须要拍摄现场照片以及附上文字描述,且必须使用已通过验证的移动设备(手机)打开 App 进行现场照片或视频拍摄再上传,且每条数据系统都会自动打上相应时间标签,以确保检查数据中人员、拍摄场景、拍摄时间和实际情况一一对应,保证数据的真实可靠。

(5)变被动管理为主动管理

系统通过上述一系列技术手段加上建设单位制定配套的管理体系,保证了系统数据真实性和及时性,解决了业主现场质量安全管理情况信息掌握不及时的问题,使得业主能掌控全局、抓关键抓重点、主动出击,变被动管理为主动管理。

3. 研究方法

(1)督促履职

通过对系统的使用,可快速地掌握各个线路及线路下各个监理单位的履职情况,发现检查频次不达标的监理单位,通过对相关监理人员的约谈、通报等方式,大大加强了对现场监理人员的管控能力，提升了监理人员自身的履职意识。

(2)对标检查

目前现场监理流动性强，现场经验严重不足，在现场检查时经常出现不知道怎么查，以及查什么的情况。通过使用该系统移动客户端的对标检查，能够很好地弥补了监理的这一短板，工作人员只需要按照移动客户端上面的步骤进行操作检查即可，既规范了验收程序，又规范了检查流程。通过对该系统在现场的实际应用，目前京津冀监理标段对标检查率能达到 90%以上，充分说明了通过 App 对标检查，辅助监理人员较大程度掌握新验标（铁路质量验收标准 2018 版）、新技术规程（铁路安全技术规程 2020 版），提高了监理人员的专业素养。

(3)强化问题整改闭合

在施工现场中，往往存在很多需要整改的质量安全问题，但由于监理检查复查不到位，或者施工单位整改不到位、不及时，导致问题的发生或扩大。使用系统后，现场监理必须亲自到现场进行检查和复查，并及时对出现的问题进行整改，未及时整改的问题会清楚展示在 App 上并标红预警，大大加强了现场问题的重视程度和缩减整改闭合流程，节约了整改闭合时间，加快了现场的工作效率。

(4)大数据分析

建设单位以及监理单位管理人员，通过系统的大数据统计功能对每天、每周、每月的现场检查情况和质量安全问题进行分析，能够快速发现哪个施工单位问题最多，哪个地方问题最多，是否进行整改等，在每次现场质量安全会议上可以做到抓重点、抓关键，大大提高了管理效率。图 6 所示为系统部分数据统计分析示意图。

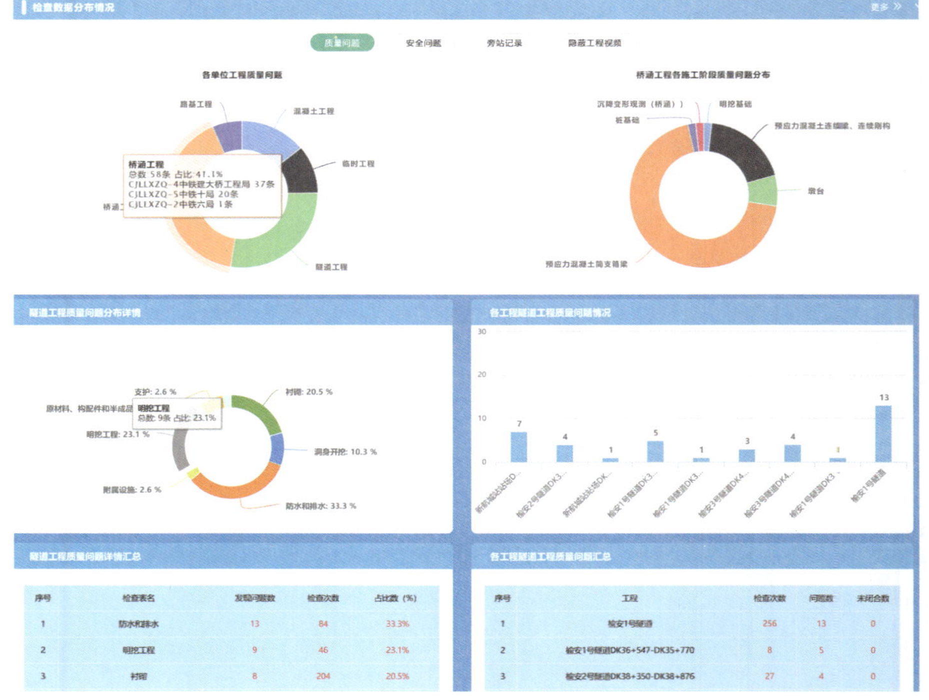

序号	检查表名	发现问题数	检查次数	占比数（%）
1	防水和排水	13	84	33.3%
2	明挖工程	9	46	23.1%
3	衬砌	8	204	20.5%

序号	工程	检查次数	问题数	未闭合数
1	榆安1号隧道	256	13	0
2	榆安1号隧道DK36+547-DK35+770	8	5	0
3	榆安2号隧道DK38+350-DK38+876	27	4	0

图 6 系统部分数据统计分析示意图

3.5.3 课题成果和推广应用

1. 课题成果

(1)公司联合研究开发了“京津冀铁路建设工程质量安全管理监理信息系统”。系统已初步实现了以下四大功能:督促履职、对标检查、强化问题整改闭合以及大数据分析。解决了目前监理存在的大部分问题,在探索利用标准化和信息化管理强化监理工作管理的基础上,对提升监理工作质量,改进工程质量安全管理具有重要作用,在铁路行业监理管理方面尚属首创。

(2)实现快速筛选检查相关问题并及时整改。系统自 2018 年 6 月使用以来共计上传检查数据超过 21 万条,其中质量安全检查数据超过 17 万条,隐蔽工程验收视频数据 4 800 多条,9 家监理单位共计上传质量安全问题 13 000 多个,其中已经整改问题 13 000 多个,问题整改率达 99.7%。

2. 推广应用

系统在工程现场实施取得良好效果。在京津冀铁路公司项目实施后,先后在兰州中兰、兰张三四线,常益长、济青莱荣、潍烟,杭温杭衢等铁路项目实施应用,分别取得了不同程度的成果,具备在铁路项目上广泛推广的价值,起到良好的作用,对监理信息化发展建设有重要意义。同时为相类似的工程提供了较好的参考依据。

成 果 展 示

京津冀城际铁路投资有限公司自成立以来，深入贯彻习近平总书记对铁路工作的重要指示批示精神和党中央、国务院决策部署，全力推动落实京津冀协同发展重大国家战略，自觉担当交通强国、铁路先行历史使命，深入践行京津冀铁路一体化规划建设的主体责任，奋力打造轨道上的京津冀。在京唐、京滨、城际铁路联络线、津兴、石港城际铁路建设工作中，坚持以质量为核心的铁路建设理念，充分发挥科技创新推动铁路建设高质量发展的作用，取得了丰富的建设成果。

公司始终坚持标准化管理理念，以安全质量为核心，以标准化管理为基础，以信息化、专业化、工厂化、机械化等现代化手段为支撑，落实“四个标准化”要求。加强制度管理，公司结合国铁集团相关管理规定，编制了适用于公司的标准化手册，完善标准化管理体系；加强人员培训，定期开展综合性、专业性培训提升全员业务素质、标准化管理理念和作业水平；严抓过程控制，打造精品工程，坚持工装保工艺、工艺保质量，全面提升京津冀铁路的建设运营品质；坚持示范引领，固化现场管理，通过开展观摩、首件验收等活动，实现样板引路，推广标准化工艺和管理方法，让标准化理念深入人心，落地落实。

路基工程

公司建设项目主要位于华北地区，地形以平原为主，属温暖气候区，地下水以第四系潜水为主，受埋深、季节性变化影响较大，部分地区富承压水层，区域由于长期超采造成地下水位大幅下降，不良地质主要是区域地面沉降。

针对区域地形地貌特点、工程地质和项目实际情况，路基工程以填方为主，出入隧道段采用封闭式路堑，坡面防护以骨架护坡，坡面防护采用拱形骨架护坡和六菱块，针对地域气候特点设计绿化方案。

路基工程在建设过程中注重管理与技术双重创新提升，立足工程实际需求，研究新技术、新工艺、新工法，深化节支降耗、提质增效，取得了高工效、低成本、易操作等建设效果。

路堤填筑施工前针对不同的地基条件，采取不同处理措施，软土地基处理一般采用 CFG 桩，特殊部位采用旋喷桩，位于车站内站台两侧及无放坡条件的地段设置挡土墙。本工程采用的路基连续压实检测技术实现了路基填筑全过程实时检测，断面可追溯，减少资源浪费，缩短施工时间；路基填筑液压夯实技术有效解决了过渡段局限空间区域不易压实、施工难度大、质量难保证的问题，实现了路基压实施工全断面、无死角、全过程质量控制。

封闭式路堑主要设置于隧道出口端，钢筋混凝土 U 形结构，公司通过创新性研究设计，将雨棚结构分解为装配式构件，采取场外预制、现场拼装的施工方式，提高了施工效率，有效降低了邻近营业线模架施工风险，缩短施工周期。

坡面防护施工中采用了防排水刻槽施工工法，克服了传统挖掘机开挖基槽超挖严重、边坡土体扰动较大、预留核心土不足、基槽成型质量差、后续回填量大、难度高、质量差等缺陷，路基防护及防排水施工质量得到有效保障。

贯彻“绿色通道”理念，结合区域特点沿线采用针对性的绿色防护方案，改善和美化沿线环境。

区域绿化设计思路：三季常绿、二季有花、乔灌相间，本地种苗。

绿植搭配设计思路：绿色为底、红黄成带、彩色成丛、区段呼应。

京唐铁路地基处理CFG桩帽

京唐铁路路基连续压实作业

京唐铁路鸦鸿桥站边坡防护

京唐铁路路基附属及绿化

京滨铁路宝坻南站路基工程

京唐铁路大厂动车所路基工程

桥梁工程

京津冀区域地势总体开阔、平坦，略有起伏，项目沿线所经河流主要为海河流域水系，纵横丰富，地下水一般埋深较大，多数为孔隙潜水，局部地段具承压性。区域内因连年大规模地下水抽取，局部区域存在大面积地面沉降。存在多条活动断裂带。既有高铁、高速、省道路网发达。

高速铁路对线路平顺性要求很高，桥梁工程能较好地控制线路沉降变形，节约用地，保证列车平稳安全和旅客乘坐的舒适度，公司各项目结构多以桥梁形式为主，桥隧占比共计达 85%以上。综合考虑安全舒适、构造简洁、设计标准化、便于施工架设和养护维修等，桥梁多以 32 m、24 m 孔跨简支梁为主。跨越河流、道路的桥梁多采用大跨简支梁或主跨 128 m 以内连续梁，特殊地段采用系杆拱等较复杂结构。

桥梁工程建设着力发展面向工厂化制造和装配式建筑的设计，提高建筑部品部件的质量和安全性能，实现质量、安全、工期、投资、环保和稳定的建设目标，推动铁路桥梁装配式技术和智能建造技术发展。京唐铁路跨越潮白河的 2 联(48＋80＋48)m 节段胶拼连续梁，属国内首次将节段预制胶拼工法运用于高速铁路 80 m 主跨连续梁施工中，是国内铁路最大跨度该类型桥梁。高新制梁场考虑寒冷地区多梁型箱梁预制的总体要求，着力开展铁路预制箱梁智能建造技术和配套智能设备研制工作，为公司智能化梁场建设标准化打下了良好基础。全线集中小型预制构件联合建场，在小型预制构件质量提升上取得了显著成效。

注重强化新技术成果的发掘、转化、提升和复制推广，将跨越京沪高铁及普速铁路的(60＋100＋60)m 转体连续梁、3 联并联跨越密涿高速的(72＋100＋72)m 连续梁、跨越龙河的 144 m 简支拱、跨青龙弯河等典型工程技术成果进行系统总结，提炼固化形成工艺工法，提升在建和后续项目总体建造水平。

京唐铁路架梁作业

城际联一期跨京沪高铁、京沪铁路连续梁转体作业

京唐铁路潮白新河特大桥胶拼梁

京滨铁路宝坻特大桥左右单线跨宝白公路连续梁

京滨铁路跨永定新河特大桥

京滨铁路宝坻特大桥左线框架墩

津兴铁路永清特大桥全封闭声屏障(一)

津兴铁路永清特大桥全封闭声屏障(二)

京唐铁路大厂制梁场

京滨铁路跨九园匝道

京唐铁路宝坻特大桥

京滨铁路宝坻特大桥左右单线跨津蓟高速连续梁

隧道工程

华北平原区以第四系软土地质为主，受季节气候影响较大，场区内地下水多为第四系孔隙潜水和承压水，其中砂类土层中水量较丰富。公司项目多处于京津冀密集区，在穿越主要城市城郊区域时，为尽量减少对城市规划完整性及当地居民日常生活的影响，多采用入地敷设方式。目前公司在建京唐城际铁路、京滨城际铁路、城际铁路联络线一期、津兴铁路项目均有不同数量的隧道，与山岭隧道不同，隧道特点更偏向于城市隧道，涵盖明挖法、盖挖法、暗挖法、盾构法等工艺工法。

城际联络线一期隧道约 18 km 基本都采用明挖法，结构顺作，全包防水工艺。结合隧道特点及地质属性，公司在总结类似工程经验的基础上优化创新，引入围护桩快速施工技术，强化基坑监测手段，优化 ECB 防水板固定方案，改进工装完成倒撑体系转换，研发投用 24 m 分体式衬砌台车，总结形成了分体式台车模筑施工技术。

盖挖法是地下工程施作时需要恢复地面交通或使用功能而采取的施工方法，京滨铁路的滨海机场站便设计采用了此类工法，主体结构顺作。此工法对结构的水平位移小，安全系数高，对地面的影响小，只在短时间内封锁地面交通，施工受外界气候的影响小。

城际联络线一期下穿京台高速段落(140 m)，采用 CRD 暗挖法通过方式，管幕法对向超前支护，三层衬砌结构，全包防水。高速路沉降控制标准高、下穿地质富水砂层为主、施工控制难度大，通过优化超前加固方案，调整开挖步距，改变衬砌回筑时机，加强信息化监测指导，有效解决了施工问题。

京唐铁路、京滨铁路、津兴铁路和城际联络线二期均含不同数量的盾构隧道合计约 40 km。津兴铁路盾构隧道约 2 km 采用土压平衡盾构施工，公司首次在该项目应用盾构管片接触网基础预埋技术；剩余盾构项目均采用泥水平衡盾构施工，轨下结构应用全装配式。

津兴铁路盾构机

津兴铁路盾构隧道

城际联一期榆安 1 号隧道衬砌台车

城际联一期榆安 1 号隧道边墙衬砌

城际联一期榆安 2 号隧道衬砌养护台车

城际联一期榆安 2 号隧道

城际联一期榆安 3 号隧道下锚段

城际联一期榆安 3 号隧道

轨道工程

轨道工程是保证列车高安全性和旅客乘坐高舒适性的重要结构，必须具备高平顺性、高可靠性和高稳定性。有砟轨道和无砟轨道均能满足高速铁路和城际铁路的运行要求，轨道结构类型的选择受不良工程地质情况、铁路技术标准以及经济技术指标等多方面的影响。按照相关技术标准要求，结合工程实际情况并考虑京津冀区域其他类似工程实施情况，结合不同轨道形式的结构特点，公司在建项目采用了CRTSⅢ型板式无砟轨道、CRTSⅠ型双块式无砟轨道和有砟轨道等多种形式的轨道结构。

CRTSⅢ型板式无砟轨道结构技术在京唐和京滨铁路应用中不断完善。宝坻轨道板场自主研发形成新一代CRTSⅢ型轨道板流水机组法智能化生产线，有效提升轨道板预制质量控制水平和生产效率。底座板和自密实混凝土施工工艺工法的优化改进，有效预防了底座板施工质量通病问题和轨道板变形问题。

城际铁路联络线一期、津兴二期设计速度为200 km/h，津兴铁路、石衡沧港城际铁路设计速度为250 km/h，正线采用形式简单、便于养护维修、工程造价相对较低的有砟轨道为主，特殊地段，如地下车站、隧道及跨高速铁路桥梁地段正线等采用CRTSⅠ型双块式无砟轨道。

各条线均按一次铺设跨区间无缝线路设计，无砟铺轨一般采用“拖拉法”“长钢轨推送入槽法”施工，有砟铺轨一般采用“单枕连续法”施工，并充分利用“四化”支撑手段，保障铺轨质量和效率。京唐铁路运用工程线信息调度指挥系统有效组织铺轨现场行车调度工作，燕郊枢纽段有砟线路采用两台CPG500型有砟铺轨机进行双线双机同时铺轨，日均完成铺轨6 km，大大提高了铺轨效率。

京唐铁路 CRTSⅢ型板无砟轨道

京唐铁路无砟轨道钢轨铺设

京唐铁路无砟轨道线路

京唐铁路有砟轨道钢轨铺设

京唐铁路大厂动车所补砟作业

京唐铁路有砟轨道线路

京唐铁路无砟轨道板厂

京唐铁路铺轨基地

“四电”工程

京唐京滨铁路“四电”工程以信息化、专业化、工厂化、机械化建设为手段，按照建设区域内标杆工程的目标，坚持标准化管理，应用数字化、智能化技术，深入发掘“五小”成果，切实建成工艺、标准与智能融为一体的精品工程。

针对“四电”工程专业化程度高、要求精度高等特点，“四电”工程多环节以工装保工艺、以工艺保质量、以质量保进度，推行机械自动化取代人工，离散工点用料集中化预制、预配。在京滨铁路设置四电物资材料设备集配中心，内设钢筋预制加工车间，实现全线钢筋加工机械自动化、集中化，提高了钢筋预制件的加工效率、精度，辅助电脑自动优化程序，减少了材料消耗和废弃余料量，节省了成本；在京唐铁路设置腕臂智能预配中心，自主研制的全自动机械化流水线采用六轴机械人多工位同步作业，创新优化了既有预配方案，进一步提升了预配自动化程度和装配工艺标准，极大提高了预配效率。国铁集团领导多次到京唐铁路智能预配中心现场观摩，给予高度赞赏并建议推广。

为提升站前站后接口管理创新水平，现场接口工程以京滨铁路宝坻南站为试点，各单位协作绘制接口集成化设计“一张图”，将线下、站后全部工程在一张图上平面布置展示，检查各专业间设计冲突和影响，再通过 BIM 工程转为空间模型，对立体空间，尤其是隐蔽工程部位进行全方位检测，消除接口工程间的各类问题。通过工程推进验证，接口集成化设计“一张图”取得了较好的效果，经国铁集团工管中心领导现场观摩，认为实现了行业首创，起到了行业标杆示范作用。

“四电”工程实施中积极推进首件评估工作，坚持施工工艺首件定标、样板引路原则，通过关键工序定标和首件评估，不断完善工艺流程、接口管理，确定关键工艺控制点、制定管控措施、优化流程及管理要求，提升施工标准，统一全线安装工艺。在首件定标、对标、达标的基础上，总结首件工程施工经验、吸取教训，从细节入手，深入挖掘、梳理可实施、改进、完善的分部、分项及工序亮点，对施工质量标准及工艺标准进行补充、优化，并在全线推广，实现了样板引路的示范作用。

京滨铁路区间接触网导线架设

京滨铁路区间接触网

京唐铁路玉田南牵引变电所

京唐铁路室内机柜及上下走线槽

京唐铁路上走线支架

京唐铁路基站箱变

站房工程

京津冀铁路站房工程坚持以“畅通融合、绿色温馨、经济艺术、智能便捷”建设新理念为引领，以满足功能、融合美感为中心，以技术储备、服务施工为理念，以质量管理、材料先行为重点，以加强检查、现场把关为手段，以整体策划、样板引路为措施，精准控制施工过程、尝试创新施工工艺、抓住细节、打造内实外美工程，精心组织施工，狠抓细节，提升站房品质，建设新时代精品客站。

站城融合和站区综合开发工作得以深度尝试，有效推动四网融合发展。新航城站、廊坊东站同步推进站房和站区综合开发工作，车站规划与城市设计紧密融合，成为城市微中心建设和综合交通枢纽的核心。大兴国际机场站、天津机场站实现航空、城市轨道交通、市政交通一体化无缝衔接。北辰站充分考虑城市轨道交通实施条件。宝坻站、唐山西站等与城市规划充分融合，有效提升城市发展活力。

遵循绿色发展理念。结合区域中小站房特点，推进能源管控技术创新，在京唐铁路宝坻站建立中小站能源管理系统，提高铁路中小客站的能源管理水平，以创新实践推进国家碳达峰碳中和目标在铁路客站实现。

注重以人为本、智能便捷的服务理念。京唐、京滨铁路对站厅综合大屏及客服系统进行专项深度优化，在车站站台设置地面标识智能引导系统，充分依托信息化智能化技术应用，为旅客提供方便的配套服务，有效提升旅客服务质量和出行体验。

文化艺术创新表达。沿线车站地域文化各具特色。从建筑设计、装修设计和文化艺术展示等多层次展现地域特点、城市风貌、人文特点，将站区进行一体化设计，整合并栋，实现一站一景，最大限度体现城市精神，表达新时代价值观念和审美情趣。

燕郊站——行宫文化古建新风

燕郊行宫为出北京紫禁城东行的第一座行宫，以古建屋檐、斗拱、藻井、茶壶档椽为文化元素。

京唐铁路燕郊站站房

京唐铁路燕郊站连廊

大厂站——玉堂富贵景泰之乡

燕郊行宫为出北京紫禁城东行的第一座行宫，以古建屋檐、斗拱、藻井、茶壶档椽为文化元素。

京唐铁路大厂站站房

京唐铁路大厂站候车大厅

香河站——依枕运河环抱潮白

提取香河“枕运河而抱潮白”的文化地理特征，将柔美的运河文化、水文化体现在室内空间设计中。

京唐铁路香河站站房

京唐铁路香河站候车大厅

宝坻站——坻上飞举古城新韵

宝坻自古是商业要地，毗邻潮白河，以潮河飞练、山水文化为内装设计理念，打造古城新韵。

京唐铁路宝坻站站房

京唐铁路宝坻站候车大厅

玉田南站——商贸云集开拓创新

以端庄大气的装饰风格，体现古城的崭新风貌。

京唐铁路玉田南站站房

京唐铁路玉田南站候车大厅

唐山西站——凤凰之城展翅飞翔

以“凤凰城”的历史，选取凤凰浴火重生、展翅飞翔的文化意向，体现城市活力和蓬勃发展。

京唐铁路唐山西站站房

京唐铁路唐山西站候车大厅

宝坻南站——潮白飞练滋养两岸

以潮白新河为纽带，连接宝坻和周良，利用水波纹为文化元素，象征城区之间的重要联系。

京滨铁路宝坻南站站房

京滨铁路宝坻南站候车大厅

北辰站——运河之城北辰星拱

以北辰星为理念，充分应用星形元素，象征北辰站是天津北部一颗璀璨的明星。

京滨铁路北辰站站房

京滨铁路北辰站候车大厅

其他附属房屋、设施等

京唐铁路宝坻站安全防护设施

京唐铁路生产生活房屋

京唐铁路大厂动车所

京唐滨铁路大临设施

附　　录

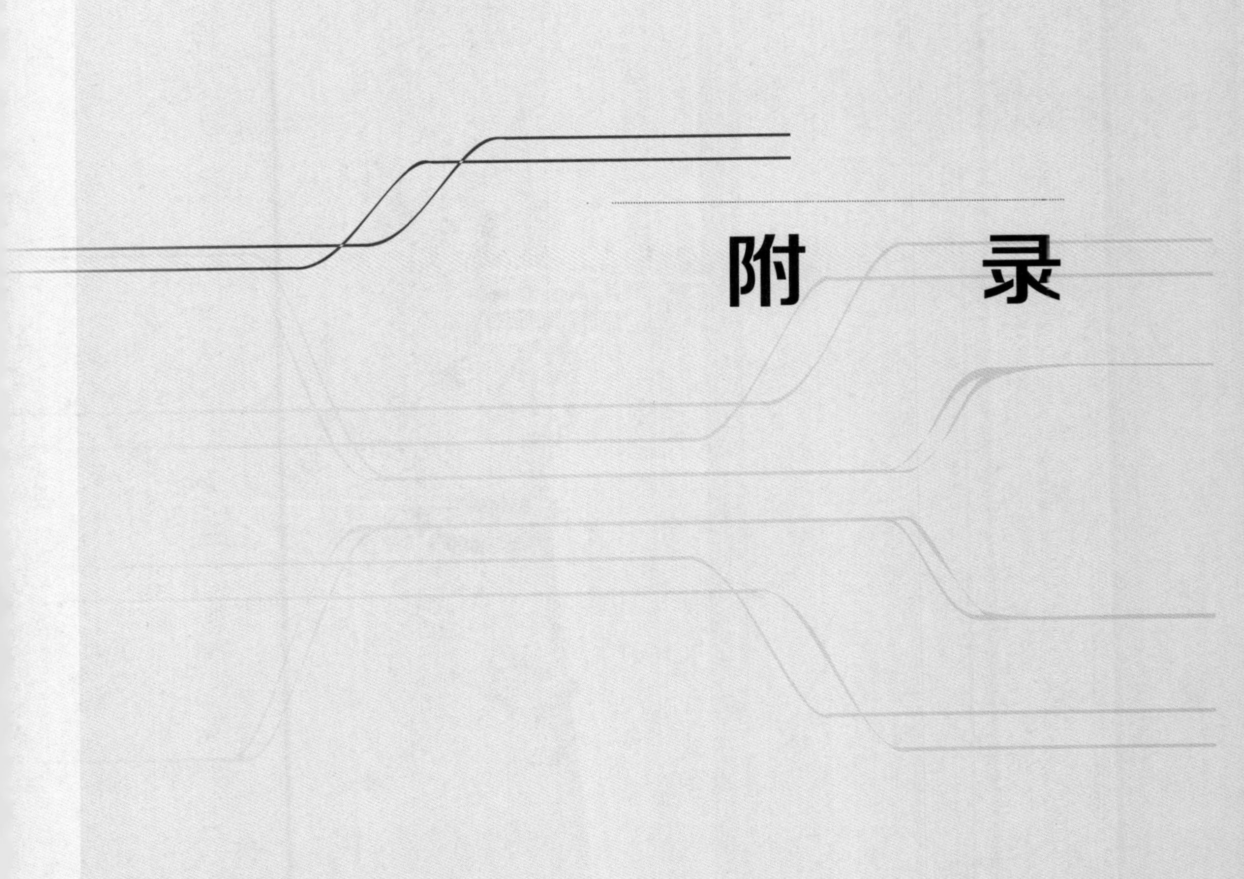

附录一　京津冀城际铁路网规划（2015—2030 年）示意图

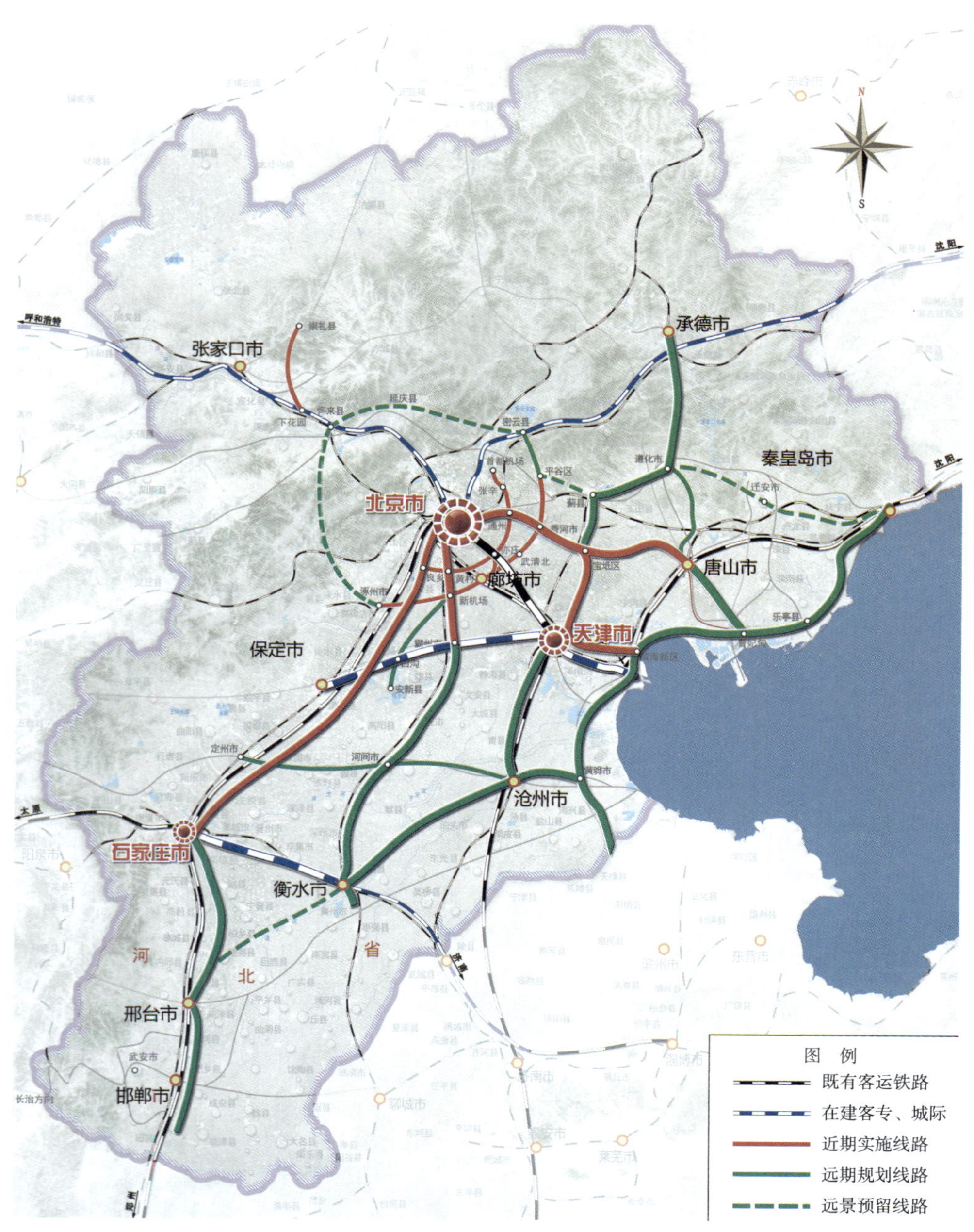

附录二　参建单位

新建北京至唐山铁路

建设单位：

京唐城际铁路有限公司

代建单位：

北京局集团公司天津工程项目管理部

施工单位：

中铁六局集团有限公司

中铁二局集团有限公司

中铁三局集团有限公司

中铁十二局集团有限公司

中铁二十四局集团有限公司

中铁十四局集团有限公司

中铁四局集团有限公司

中铁电气化局集团有限公司

中铁一局集团有限公司

中铁建电气化局集团有限公司

中铁十一局集团有限公司

通号通信信息集团有限公司

监理单位：

河南长城铁路工程建设咨询有限公司

天津新亚太工程建设监理有限公司

中铁二院（成都）咨询监理有限责任公司

北京京铁工程咨询有限公司

中铁路安工程咨询公司

湖南华达项目管理有限公司

设计单位：

中国铁路设计集团有限公司
北京市市政工程设计研究总院有限公司
中铁工程设计咨询集团有限公司和天津华汇工程建筑设计有限公司联合体
中铁时代建筑设计院有限公司和中铁第六勘察设计院集团有限公司联合体

其他参建单位：

施工图审核：中铁第四勘察设计院集团有限公司
沉降及精测网评估：中铁工程设计咨询集团有限公司
轨道控制网测设：中国铁路设计集团有限公司
第三方检测单位：广信检测认证集团有限公司

新建北京至天津滨海新区铁路
（宝坻至北辰段）

建设单位：

京滨城际铁路有限公司

施工单位：

中铁一局集团有限公司
中铁十八局集团有限公司
中铁建电气化局集团有限公司
中铁建设集团有限公司

监理单位：

上海先行建设监理有限公司
河南长城铁路工程建设咨询有限公司

设计单位：

中国铁路设计集团有限公司

其他参建单位：

施工图审核：中铁第五勘察设计院集团有限公司
沉降及精测网评估：中铁工程设计咨询集团有限公司
轨道控制网测设：中国铁路设计集团有限公司
第三方检测单位：甘肃交达工程检测科技有限公司
　　　　　　　　中铁西北工程检测有限公司

新建城际铁路联络线一期工程
（廊坊东至新机场段）

建设单位：
京安城际铁路有限公司

施工单位：
中铁十四局集团有限公司
中铁北京工程局集团有限公司
中铁电气化局集团有限公司
中铁六局集团有限公司
中铁二十二局集团有限公司
中国铁建大桥工程局集团有限公司
中铁十局集团有限公司
中铁电气化局集团有限公司与中国铁路通信信号集团有限公司联合体

监理单位：
北京中铁诚业工程建设监理有限公司
中铁济南工程建设监理有限公司
河南长城铁路工程建设咨询有限公司
铁科院（北京）工程咨询有限公司
北京铁城建设监理有限责任公司

设计单位：
中国铁路设计集团有限公司
北京市市政工程设计研究总院有限公司
北京市建筑设计研究院
中铁第六勘察设计集团有限公司

其他参建单位：
施工图审核：中铁第四勘察设计院集团有限公司
地勘监理：中铁工程设计咨询集团有限公司
水保监理：北京地拓科技发展有限公司
　　　　　中国电建集团华东勘测设计研究院有限公司

环保监理：北京中咨华宇环保技术有限公司

第三方检测单位：广信检测认证集团有限公司

中铁资源集团勘察设计有限公司（原名：廊坊市中铁物探勘察有限公司）

新建天津至北京大兴国际机场铁路
（胜芳至固安东段）

建设单位：

津兴城际铁路有限公司

代建单位：

中国铁路北京局集团有限公司京南工程项目管理部

施工单位：

中铁十二局集团有限公司
中铁十局集团有限公司
中铁六局集团有限公司
中铁建设集团有限公司

监理单位：

河南长城铁路工程建设咨询有限公司

设计单位：

中国铁路设计集团有限公司

其他参建单位：

施工图审核：中铁第四勘察设计院集团有限公司
地勘监理：中铁工程设计咨询集团有限公司
环保监理、监测：中铁第五勘察设计院集团有限公司
水保监理：中国电建集团西北勘测设计研究院有限公司
水保监测：贵州中水建设管理股份有限公司
第三方检测单位：北京铁城检测认证有限公司

新建天津至北京大兴国际机场铁路
（固安东至城际铁路联络线一期终点段）

建设单位：

津兴城际铁路有限公司

代建单位：

京安城际铁路有限公司

施工单位：

中铁十二局集团有限公司与中铁十二局电气化工程有限公司联合体

监理单位：

北京铁研建设监理有限责任公司

设计单位：

中国铁路设计集团有限公司

其他参建单位：

施工图审核：中铁第四勘察设计院集团有限公司
水保监理：中国电建集团西北勘测设计研究院有限公司
环保监理：中铁第五勘察设计院集团有限公司
第三方检测单位：广信检测认证集团有限公司

新建石衡沧港城际铁路衡黄段

建设单位：

石港城际铁路有限责任公司

代建单位：

中国铁路北京局集团有限公司石家庄工程项目管理部

施工单位：

中铁五局集团有限公司
中交第一航务工程局集团有限公司
中铁十八局集团有限公司
中铁六局集团有限公司
中铁十四局集团有限公司
中铁三局集团有限公司

迁改单位：

中铁电气化局集团有限公司
通号工程局集团有限公司

监理单位：

天津新亚太工程建设监理有限公司
天佐京铁工程咨询有限公司
北京中铁诚业工程建设监理有限公司

设计单位：

中国铁路设计集团有限公司

其他参建单位：

施工图咨询：中铁工程设计集团有限公司
沉降评估：四川西南交大铁路发展股份有限公司

第三方检测单位:河北道桥工程检测有限公司
中铁咨询集团北京工程检测有限公司
山东广信工程试验检测集团有限公司

附录三　视 频 资 源

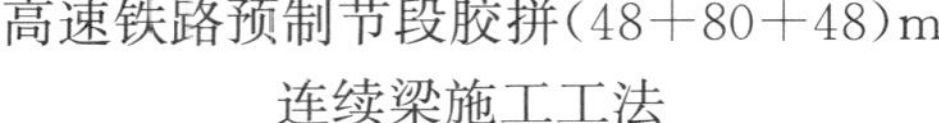

高速铁路预制节段胶拼(48＋80＋48)m
连续梁施工工法

CRTSⅢ型轨道板流水机组法智能化生产线

京唐铁路 CRTSⅢ板式无砟轨道施工

城际铁路联络线一期工程密涿高速连续梁

津兴铁路声屏障

后记

京唐、京滨铁路建成通车，是建设“轨道上的京津冀”的一个标志性事件。科学总结项目建设的经验教训，为后续工程提供可资借鉴的方案做法，是项目开通仪式最好的献礼，是对拼搏奉献建设者的最高礼赞。根据京津冀城际铁路投资有限公司年度工作的安排，我们组织编写了这本《京津冀城际铁路建设技术成果集》，在京唐、京滨铁路开通运营时同步出版发行，这是一件非常有意义的事情。

纸上得来终觉浅，绝知此事要躬行。如果说“建成学会”是我们对建设团队的基本要求，“能干会讲”则是对一线骨干技术人员提高理论联系实际能力的迫切期望。本书本着忠于现场、原汁原味的初衷，由京津冀铁路一线参建的技术干部执笔起草，参与现场管理的技术骨干提炼加工，尽可能如实反映现场实际，记录真实做法，全景展现一个成熟工法由跬步之始而致千里之成的蝶变历程。许多专家、大师在回忆录中分享成功秘诀，往往起步于对小灵感、小成功的总结提炼，进而形成一种注重总结的习惯，聚沙成塔，终成伟业。如果我们这次总结工作能够助推年轻技术人员和管理骨干形成自己善于总结、归纳的工作习惯，培养理论联系实际的工作作风，干好工程，讲好经验，不断探索追求提高技术水平，也算是京津冀铁路建设的一个额外收获。

中国高铁从无到有进而引领世界，依靠的是体系恢弘的科技创新成果。回望历史，每一项创新成果除了工程技术人员的聪明才智，无不根植于水滴石穿的坚守和持续迭代的韧性。京津冀铁路建设正立潮头，任重道远，我们的技术创新不能奢求毕其功于一役。我们相信每一次微小进步都是技术创新长河中的激越浪花，都是下一次潮涌的前奏。如果本书能够阶段性总结固化已建项目的技术成果，成为京津冀铁路技术进步的铺路石和里程碑，我们的目的也就达到了。

本书编写工作由京津冀铁路公司统筹组织，所属项目公司和机关各部门密切配合，负责运营管理的北京局集团公司以及各项目设计、施工、监理等单位广泛参与，从 2022 年 4 月开始，经过了宣传发动、企业自荐、项目公司审核推荐、公司确定架构、篇目分解下达等多轮次,多环节研讨,收集了大量素材;至 2022 年 7 月,在项目联调联试工作最紧张的阶段,公司抽调了部分管理和技术骨干组成专题评审组,进行封闭式集中研讨审核,再反馈到各篇目编写组修改完善,最终完成全部编写工作。这本书是公司全体参建干部员工集体智慧的结晶。

本书的编撰由钟生贵、朱鹏飞同志全面领导;张贵忠、冉红玲、许建军为全书统稿;王志强、邹青平、冯丛、吴广盛分别负责一、二、三、四篇的组稿;张旭彪、王鹏建等参编人员为本书成稿加班加点,数易其稿。整个团队克服验收阶段繁忙工作,做了大量扎实有效的工作。为提升文字内容的专业性,我们还特地邀请了轨道交通方面的专家学者审阅样书,为本书呈现京津冀地区城际铁路建设特色,提炼有价值的技术成果,提出了宝贵意见。

值此本书付梓之际,谨向对本书付出辛勤工作的所有领导、专家、学者以及参编人员表示衷心感谢;向为本书提供优秀成果、精美图片的单位和同志表示衷心感谢;向为本书出版发行做出积极努力的中国铁道出版社有限公司的同志表示衷心感谢!

铁路建设工作是一项系统工程,技术成果总结更是一件专业技术性很强的工作,因时间仓促,受专业知识、能力、水平所限,难免有错误、不足之处,敬请读者不吝指正。

编委会

2022 年 12 月